DO RENASCIMENTO
À PÓS-MODERNIDADE

GILBERT HOTTOIS

DO RENASCIMENTO
À PÓS-MODERNIDADE

*Uma história da filosofia
moderna e contemporânea*

DIRETOR EDITORIAL:
Marcelo C. Araújo

EDITORES:
Avelino Grassi
Márcio Fabri dos Anjos

TRADUÇÃO:
Ivo Storniolo

COORDENAÇÃO EDITORIAL:
Ana Lúcia de Castro Leite

COPIDESQUE:
Denílson Luís dos Santos Moreira

REVISÃO:
Bruna Marzullo

DIAGRAMAÇÃO:
Juliano de Sousa Cervelin

CAPA:
Alfredo Castillo

Gilbert HOTTOIS
Título original: De la Renaissance à la Postmodernité
Une histoire de la philosophie moderne et contemporaine
© De Boeck & Larcier s.a., 2002, 3ª edição
Éditions De Boeck Université
Rue des Minimes, 39, B-1000, Bruxelles
ISBN 2-8041-3937-9

Todos os direitos em língua portuguesa, para o Brasil, reservados à Editora Idéias & Letras, 2008

Editora Idéias & Letras
Rua Pe. Claro Monteiro, 342 – Centro
12570-000 Aparecida-SP
Tel. (12) 3104-2000 – Fax (12) 3104-2036
Televendas: 0800 16 00 04
vendas@ideiaseletras.com.br
www.ideiaseletras.com.br

Dados Internacionais de Catalogação na Publicação (CIP)
(Câmara Brasileira do Livro, SP, Brasil)

Hottois, Gilbert
Do renascimento à pós-modernidade: uma história da filosofia moderna e contemporânea / Gilbert Hottois; [tradução Ivo Storniolo]. – Aparecida, SP: Idéias & Letras, 2008.

Título original: De la renaissance à la postmodernité.
Une histoire de la philosophie moderne et contemporaine
Bibliografia.
ISBN 978-85-7698-016-2

1. Filosofia moderna 2. Filosofia moderna - História 3. Filósofos - História I. Título.

08-08748   CDD-190

Índices para catálogo sistemático:

1. Filosofia moderna 190

A Roland

Sumário

Prólogo 9

Uma introdução em memória.. 15

1. A chegada do pensamento moderno na Renascença 53

2. Os racionalismos na Era Clássica...81

3. Ciência, moral e política no empirismo inglês...................... 117

4. A filosofia francesa no "Século das Luzes".......................... 145

5. Kant e a filosofia crítica ou transcendental 163

6. Dialética e idealismo em G. W. F. Hegel.............................. 193

7. Karl Marx e o materialismo histórico dialético 211

8. O positivismo e a corrente utilitarista 235

9. O pensamento evolucionista: teorias científicas, filosofias,
   ideologias 263

10. Nietzsche: hermenêutica e niilismo....................................287

11. Husserl e a fenomenologia...305

12. O pragmatismo, filosofia americana...................................325

13. Freud e a psicanálise 347

14. O neopositivismo ou positivismo lógico 383

15. Ludwig Wittgenstein e a filosofia da linguagem....................397

16. Martin Heidegger.. 417

17. A hermenêutica filosófica 443

18. A filosofia das ciências depois do neopositivismo.................. 469

19. A Escola de Frankfurt: Teoria Crítica e filosofia da comunicação 493

20. Três filósofos franceses da diferença 523

21. Pós-modernismo e neopragmatismo 577

22. Filosofia da técnica e das tecnociências 605

Índice das palavras-chave 665

Índice dos nomes de pessoas 673

Índice geral 679

Prólogo

A história desta obra é indissociável de um ensino dedicado às "Grandes correntes da filosofia até nossos dias", que apresento na Universidade de Bruxelas desde o fim dos anos 1970 e que se dirige a um vasto auditório interdisciplinar, para cuja maioria a filosofia não constitui uma matéria principal. Este livro traz, portanto, a marca de sua origem e de sua vocação didáticas.

De início, visei à clareza da exposição, explicando e explicitando, sem temer algumas repetições. Eu me ative aos pontos essenciais das filosofias apresentadas; à medida do possível, indiquei as grandes articulações e decompus os principais argumentos e raciocínios complexos em seus elementos. Essa vontade de clareza, que o especialista julgará sem dúvida por vezes muito simplificadora, expressa-se também na escrita e no modo de apresentação. A obra nada tem de literário; não se lê como um romance. Ela é destinada ao estudo e à consulta. Não se dirige ao filósofo bem informado nem ao leigo em busca de informação e de cultura filosófica, mas que não se esforça o bastante para adquiri-las. Ela visa ao estudioso iniciante. A densidade dos desenvolvimentos é compensada por uma apresentação analítica e arejada, para a qual contribuem as linhas diretoras e os termos-chave que encabeçam os capítulos, assim como as numerosas subdivisões destes e as freqüentes enumerações com traços e alíneas que estruturam as explicações. Eu me estendi pouco sobre os dados externos (biografia, contexto sócio-histórico), referindo apenas algumas indicações que permitem situar o pensador, a fim de concentrar a atenção sobre seu pensamento. Na apresentação deste, evitei apelar inutilmente a uma terminologia técnica ou até esotérica, que depois permaneceria sem eco. Contudo, usei abundantemente o vocabulário filosófico geral que pertence à língua portuguesa e que pertence à cultura do "homem correto". Esse léxico é o da abstração conceitual: ele permanece essencial para todo aquele que tem a ambição de se situar de modo lúcido e crítico no mundo complexo que é o nosso. Fugi da paráfrase – geralmente muito pouco esclarecedora para o leigo – e reduzi as citações a um rol ilustrativo, um pouco ao modo de imagens lingüísticas marcantes.

A seleção das filosofias apresentadas corresponde a diversos critérios. Para grande parte essa escolha é "clássica". Eu, entretanto, privilegiei, entre as principais figuras da história da filosofia, as que são típicas de uma posição ou que se encontram na origem de uma corrente filosófica. Eu quis, desse modo, dar chaves e indicar pistas. Essa opção foi necessariamente mais subjetiva e arriscada, à medida que progredimos no século XX, particularmente no que se refere aos últimos decênios. Assumo seu caráter incompleto e parcial, devido principalmente a exigências de limites associados à vocação didática primeira deste livro. Dentro desses limites, esforcei-me para preservar um equilíbrio – sem dúvida imperfeito – entre as áreas (francesa, alemã, anglo-saxônica), as correntes (fenomenologia, filosofia da linguagem, estruturalismo, pós-modernismo etc.) e os centros de interesse (ciência, ética, política, natureza, sociedade etc.). Também dei lugar a duas correntes de pensamento que, sem serem diretamente filosóficas, tiveram uma imensa influência sobre a filosofia contemporânea: o evolucionismo e a psicanálise.

Preocupada em manifestar a riqueza e a diversidade da filosofia contemporânea e de sua gênese histórica, esta apresentação não é, porém, impessoal. Ela não o é, visto que o próprio autor participa dos debates que atravessam seu tempo, em primeiro lugar como filósofo e historiador da filosofia em resposta principalmente a exigências pedagógicas. Esse enraizamento no debate filosófico contemporâneo apresenta pelo menos um aspecto positivo: dediquei, nesta história da filosofia moderna e contemporânea, um lugar extenso à filosofia do século XX e aos problemas debatidos hoje, no limiar do terceiro milênio. Eu quis evitar para o leitor a decepção, muito freqüentemente experimentada ao percorrer histórias da filosofia que se detêm em 1900, na morte de Nietzche, ou que se arriscam apenas a indicações muito tímidas sobre alguns filósofos e problemas filosóficos que são supostos respeitáveis do século XX. Tal imagem da filosofia contemporânea é falsa e deplorável por causa da impressão de miséria a que ela induz, muito particularmente quando comparada a ricas apresentações das ciências e das tecnologias no século XX. É preciso, portanto, dizer e repetir: a filosofia contemporânea é extremamente viva e, principalmente, ela é muito exigida por parte dos praticantes das tecnociências, que refletem sobre suas práticas no seio de um mundo hipercomplexo e instável, atravessado por tensões violentas no caminho de uma possível integração planetária. Essa exigência, à qual o autor é sensível, constitui o fio condutor, mais ou menos visível, desta obra.

Trata-se, mais precisamente, da convicção de que um aspecto totalmente determinante da modernidade é o progresso da ciência experimental, que não cessou de modificar em profundidade nosso mundo e nossa forma de vida. A convicção também de que esse empreendimento moderno de "saber" é fundamentalmente ativo, operatório, prático, técnico e que dá acesso, portanto, necessária e centralmente, a questões éticas e políticas (a sociedade ou a cidade), sem entretanto perder de vista uma relação igualmente importante (e tanto operatória quanto de simbolização) para a natureza (terrestre) e para o universo, considerado em sua imensidade espacial e temporal. A convicção, por fim, de que os problemas destes últimos decênios e dos futuros decênios se referem à articulação entre a PDTC (Pesquisa e Desenvolvimento Tecnocientíficos), de origem ocidental, e a humanidade multicultural, historicamente diversa, muito desigualmente associada e até amplamente estranha à dinâmica tecnocientífica. As opções e os comentários que leremos nesta história da filosofia moderna e contemporânea são, em boa parte, inspiradas por convicções e pelas interrogações e preocupações que tais convicções – que são também hipóteses de interpretação prospectiva – suscitam.

Em poucas palavras, há três etapas nesta obra. A primeira é a *Introdução*, um sobrevôo muito rápido da história da filosofia ocidental anterior à Renascença. Essa introdução se apresenta como memória, a fim de apresentar e de fixar algumas noções em primeira aproximação, como apoio didático para o filósofo iniciante. A segunda etapa vai até a alvorada do século XX e ainda permanece bastante clássica, amplamente previsível e sucinta. A última, finalmente, que ocupa quase dois terços da obra, é a mais pessoal e também a mais problemática. É a respeito dela que as censuras, por não ter falado de tal e tal pensador, são as mais legítimas. Eu teria podido, sem muito custo, multiplicar os nomes próprios e as evocações rápidas em algumas linhas de filósofos significativos, cujos patronímicos teriam inchado o índice. Resisti a essa tentação de demonstrar superficialmente uma erudição, pois ela de nada serviria ao leitor. Ao contrário, ela o mergulharia em uma multidão de referências não consolidadas e desprovidas de substância. Nomes importantes (em todo caso, tão importantes quanto outros efetivamente mencionados) não aparecem, portanto, neste livro, sem que a ausência deles expresse, de minha parte, um julgamento de valor. Foi necessário, simplesmente, escolher, e essa escolha, até no interior dos limites determinados pelos critérios mencionados e pelo interesse diretor, foi, de um lado, arbitrária, fruto de acasos de minhas próprias leituras e encontros. Uma opção parcialmente diferente, entretanto, não teria modificado muito o espírito geral do empreendimento: teria apenas afetado alguns aspectos de sua ilustração.

Quanto aos agradecimentos, minha gratidão é dirigida, em primeiro lugar, aos inumeráveis estudantes, cujas expectativas deram, no decorrer dos anos, consistência e perfil a esta história. Ela também é dirigida a meu editor, que vivamente me encorajou a transformá-la em livro. E se dirige ainda aos leitores da Edição Experimental de 1996, por suas observações e conselhos.

Por fim, ela se dirige a Marie-Geneviève Pinsart, assistente diligente para o curso, e que voluntariamente se encarregou de uma multidão de investigações bibliográficas, principalmente no que se refere às leituras sugeridas (ou de partes de capítulos), conforme a edição mais recente. Essas listas são, evidentemente, apenas indicativas, como portas de entrada, entre outras possíveis.

O leitor poderá completar sua informação geral, remetendo-se a outras histórias da filosofia moderna e contemporânea, tais como: Belaval Y. (ed.) (1974), *Histoire de la philosophie* (vols. 2 e 3), Paris, Gallimard (Bibliothèque de la Pléiade); Besnier J.-M. (1993), *Histoire de la philosophie moderne et contemporaine*, Paris, Grasset (Le Collège de philosophie); Bréhier E. (1981), *Histoire de la philosophie* (tomo 2), Paris, PUF (Quadrige); Châtelet F. (ed.) (1979), *La philosophie* (vols. 2 a 4), Paris, Hachette-Marabout (MU 312-314).

Uma introdução em memória

Há mais de dois mil e quinhentos anos, no século VI antes de nossa era, mutações e processos culturais de grande porte histórico se propagam por meio do mundo oriental. São novos modos de reagir simbolicamente à condição humana, tomando maior ou menor distância em relação às respostas mágico-religiosas ou míticas. Elas se perpetuarão até nós, preservando a memória de personalidades e de textos fundadores.

Zaratustra (Irã atual, por volta de 560 a.C.) funda um dualismo que opõe a Força do bem e da luz à Força do mal e das trevas. Siddharta Gautama (Índia, 560-480 a.C.) prega uma religião sem Deus e chega ao Despertar, tornando-se o Buda.

No decorrer dos mesmos decênios, Confúcio dá à China uma moral individual e coletiva, tradicionalista e rigorosamente ritualizada.

Finalmente, ainda na China, Lao-Tsé ensina o Caminho do Tao, enquanto Mahavira funda, na Índia, o jainismo.

Muito mais próximo de nós, na costa mediterrânea da atual Turquia, na junção entre o Oriente e o Ocidente, então colonizada pelos Gregos sob forma de cidades comerciais florescentes e cosmopolitas, aparece também uma mutação cultural cujos efeitos irão atravessar os milênios.

1. Nascimento da filosofia

Encontramo-nos na Jônia (assim era chamada essa região), mais exatamente na cidade portuária de Mileto, há vinte e cinco séculos. Homens ao mesmo tempo eruditos, técnicos, poetas, mas também viajantes, inventores e exploradores, compõem discursos para dizer *o que fundamentalmente é* e parecem procurar – e encontrar? – nessa nova maneira de utilizar a linguagem um modo inédito de tranqüilizar a inquietude da condição humana, sem apelar para entidades ou para forças sobrenaturais ou sobre-humanas. Eles ainda não são chamados "filósofos" – será preciso esperar Platão (427-347 a.C.) para que o apelativo de fato se imponha[1] –, mas "físicos" ou "fisiólogos", ou seja, indivíduos que "falam da *physis*". Com efeito, a *physis* – que traduzimos por "natureza" – é o termo utilizado por eles para evocar a realidade mais fundamental, que engloba tudo – compreendendo os seres humanos –, uma realidade ao mesmo tempo una e infinitamente múltipla, sempre em devir e em metamorfose, viva, e cuja identidade unitária se mantém como que retraída, para deixar ser a diversidade dos fenômenos efêmeros. *Physis* é o primeiro nome filosófico do *ser*, o menos infiel, dirá Heidegger vinte e cinco séculos mais tarde. De alguns fisiólogos permaneceram para nós fragmentos de tratados, cuja maioria era intitulada: *Peri Physeos* ("A respeito da natureza"). Para compreender o que o termo "physis" podia evocar, é preciso pensar no

---

[1] A etimologia ensina que "filósofo" quer dizer "que ama a sabedoria". Os termos arcaicos (cf. Homero) são "sophós" ou "sophistês", e designam o indivíduo que dispõe da "sophia". Esta é primitivamente um saber prático – a habilidade do artesão ou do técnico – e um saber-sabedoria, tirado da experiência. Esses dois sentidos poderão posteriormente divergir e opor o hábil ou o esperto (como o sofista) e o sábio autêntico (ou o filósofo). Originalmente, o saber da sophia é fundamentalmente prático. Todavia, desde o século VI, a idéia de um conhecimento teórico, geral e total, vai igualmente a ele se associar. Aparece então, na tradição pitagórica, o termo "filósofo", que designa o iniciado em busca de um saber teórico e esotérico (cujo ensinamento central era o de que "tudo é número"). Esse saber é veículo de sabedoria e de serenidade, porque o conhecimento teórico da estrutura matemática do universo contribui para a harmonia da alma que a ele se aplica. A sophia é o objeto de um desejo humano desinteressado, que liberta o espírito, desviando-o de preocupações e de interesses sensíveis e práticos. Todavia, apenas os deuses podem fruí-lo perfeitamente, ao passo que os humanos podem apenas tender para esse ideal, como *filó*sofos.

crescimento das plantas (a planta é chamada "phyton" em grego) e em seu desenvolvimento. Physis é a matéria universal, viva, que cresce, se desenvolve e se espalha diversamente em todo lugar, em tudo o que existe e que se torna. A physis é fundamentalmente "poiética" (criadora), mas de si mesma e eternamente. A idéia de um Deus criador da natureza *ex nihilo* (como no *Gênesis* da Bíblia) é estranha ao espírito filosófico dos gregos.

Se os primeiros filósofos estão de acordo para descrever o ser como physis, eles se separam, entretanto, a partir do momento em que se trata de precisar o que produz a unidade da physis, o princípio dinâmico do universal e múltiplo desenvolvimento. Tales (de Mileto: por volta de 624-546 a.C.) afirma que a água é esse princípio; Anaxímenes o identifica com o ar. Heráclito, que é de Éfeso, cidade jônica ao norte de Mileto, o assimila ao fogo, assim desmanchando as identificações estáveis, pois tudo muda perpetuamente, tudo flui um no outro, e o mesmo em seu contrário. Anaximandro, discípulo de Tales, evita igualmente a armadilha da identificação, evocando o princípio originário com o nome negativo de *apeiron* (o indeterminado).

É preciso salientar essa diversidade ao mesmo tempo unitária (todos eles falam da physis, mas nenhum recorre a uma explicação transcendente) e polêmica: de início, a resposta filosófica é múltipla, crítica, argumentada, jogo de debates. Nisso ela difere profundamente da resposta religiosa ou mítica, fundada exclusivamente sobre uma palavra, um escrito, original e sagrado. A resposta não-filosófica se eleva acima da discussão humana, inventando-se uma origem transcendente. E, ainda que os textos sagrados fundadores de uma religião sejam, no decorrer dos séculos, comentados e interpretados, eles não são sucedidos por outros textos ou outras palavras, cuja importância seria igual ou análoga. Sob esse ângulo, a tradição filosófica ocidental – no decorrer da qual nomes próprios e textos maiores não cessaram de se multiplicar, de Platão a Wittgenstein, passando por Aristóteles, Descartes, Kant, Hegel, Nietzsche e muitos outros – constitui de fato um processo cultural único e incomparável.

2. Os sofistas e Sócrates

A natureza crítica e polêmica da filosofia irá produzir todos os seus efeitos desde o século V a.C., em Atenas. Atenas é uma cidade democrática, onde reina ampla liberdade de palavra. O acesso ao poder e às responsabilidades políticas nela se encontra condicionado pela arte do discurso e pela habilidade em discutir, pela capacidade de inventar e de apresentar argumentos em favor da tese que se defende e objeções contra a tese do adversário. A filosofia nascente encontra, nesse contexto, uma função socialmente interessante e lucrativa: os "sofistas" ensinam aos jovens atenienses afortunados a arte de convencer e de seduzir pela palavra. Nasce a retórica, como teoria e prática da argumentação que visa não a descobrir a verdade, mas a convencer um auditório ou a triunfar em uma discussão.

Mas os sofistas (dos quais os mais famosos foram Protágoras e Górgias) constituem figuras filosóficas ambivalentes. Eles foram durante muito tempo vistos por meio da imagem transmitida por Sócrates e Platão, que os descrevem como mercenários da ilusão e do discurso mistificador, antifilósofos. Sócrates (470-399 a.C.), o mestre de Platão, herda o espírito crítico universal e o gosto deles pela discussão, mas quer pôr essas qualidades ao serviço ético da pesquisa da verdade e do bem, e não ao imoral do lucro, do prazer e do poder. Desse modo o apresenta Platão, que deverá entretanto reconhecer, principalmente no diálogo *O Sofista*, que as coisas não são tão simples, porque não é possível distinguir, absolutamente e de uma vez por todas, os termos que, no entanto, se opõem: o ser e o não-ser, a verdade e a aparência, o bem e o mal, o igual e o diferente, o filósofo e o sofista... Todavia, esse reconhecimento será o da dialética, e não o da sofística.

A contribuição dos sofistas para a história do pensamento foi valorizada no século XX. Foi salientado que seu relativismo cético (fundado sobre uma erudição devida às inesgotáveis controvérsias filosóficas sobre a natureza daquilo que é e daquilo que deve ser) introduziu a liberdade e a tolerância no exercício do espírito crítico: a convicção metódica segundo a qual toda tese é discutível, e não existe, portanto, dogma. Também foi reconhecido o humanismo solidário desse relativismo estranho à alegação séria (não retórica) de algum absoluto ou de alguma transcendência que seja. O pragmatismo deles foi posto em evidência. Ele convida a considerar a linguagem não como um espelho destinado a refletir a realidade de fato, mas como um instrumento humano a serviço da ação humana. Um instrumento de comunicação, que possibilita acordos e convenções que fundam as leis da Cidade de modo diverso do que em referência a alguma ordem natural ou divina. Todos esses aspectos da sofística antiga não cessaram de ganhar, há alguns decênios, uma importância nova e muito atual, à luz das filosofias da linguagem, da argumentação e da discussão.

3. Platão: a instituição da filosofia como idealista e dialética

Em uma célebre passagem de *A República*, Platão (Atenas, 427-347 a.C.) expõe sua teoria do conhecimento (sua epistemologia) e sua teoria da realidade (sua ontologia) sob forma alegórica. Ele imagina homens aprisionados desde sempre em uma caverna da qual percebem apenas o fundo. Do lado de fora, passam seres e coisas, cujas sombras, projetadas sobre a parede rupestre, constituem, para os prisioneiros, a única realidade. Um deles se liberta e sai. De início ele fica enceguecido pela luz. Mas imediatamente compreende que as coisas percebidas na caverna são apenas aparências, cópias múltiplas, vagas e grosseiras das realidades autênticas e únicas que, doravante, ele vê em pleno dia. No fim, ele se tornará capaz de contemplar o próprio sol, fonte de toda visibilidade. Todavia, quando volta para dentro da caverna, ele é como cego; seu comportamento desajeitado e as intenções que mantém suscitam a zombaria de seus antigos companheiros, que acreditam que ele ficou louco, justamente quando ele se esforça para lhes ensinar a verdade.

3.1. A ciência e a opinião

A alegoria da caverna compreende uma *teoria do conhecimento*, arquetípica para a filosofia, que distingue duas grandes formas de saber:

- o saber sensível, superficial, relativo às aparências efêmeras, saber de senso comum, incerto, particular e subjetivo, saber de opinião, chamado de *doxa*;
- a ciência, acessível apenas ao olhar do espírito, saber inteligível e espiritual, que tem como objeto a essência real, universal e imutável das coisas; esse verdadeiro saber é a *episteme*.

As metáforas da alegoria da caverna estão centradas sobre a visão e a luz. Nela, o conhecimento é fundamentalmente determinado como *teórico* (contemplativo) ou *intuitivo*, termos cujas etimologias grega e latina remetem à idéia de *ver*.

Quanto à filosofia, que expressa o saber verdadeiro, ela aparece de início como paradoxal, ou seja, contrária ao senso comum, estranha às opiniões recebidas e partilhadas pela multidão. O filósofo, que viu o real autêntico em plena luz, parece insensato a seus concidadãos, porque seu discurso rompe com a doxa.

Parmênides (de Eléia, cidade grega do sul da Itália, por volta de 540-470 a.C.) já havia distinguido entre a via da opinião e a via da verdade inacessível à experiência sensível e, eventualmente, contradizendo-a. Desse modo, pretendendo ser absolutamente fiel à exigência racional do princípio de identidade e de não-contradição, ele professava que apenas "o ser é" e que "o não-ser não é". A partir dessas premissas, ele concluía que o devir (que postula uma mistura de ser e de não-ser, uma vez que a coisa que se torna continua e cessa simultaneamente de ser o que ela era) não podia existir logicamente, porque a mistura de ser e de não-ser é contraditória e inconcebível. Ora, o que é inconcebível não pode ser real. A partir disso, Parmênides negava a realidade da mudança, do movimento e do tempo, contrários à razão lógica e, como tais, impensáveis. Confiando na coerência de seu discurso (na razão) e não na evidência da experiência sensível e comum, Parmênides determinava, pela primeira vez, a filosofia como rigorosamente idealista, antiempirista e paradoxal.

Um século mais tarde, Platão reafirma esse idealismo, mas tornando-o dialético e atenuando seu caráter paradoxal.

3.2. O idealismo dialético

A alegoria da caverna comporta, além de uma teoria do conhecimento, uma teoria daquilo que é. Trata-se da primeira ontologia dualista e idealista.

Assim como há dois graus de conhecimento, há duas ordens de realidade:

- o mundo sensível e mutante, mundo do devir e da multiplicidade. É um mundo de aparências, de cópias imperfeitas, de reflexos grosseiros e instáveis; seu grau de ser é fraco, dificilmente real;
- o mundo ideal e imutável, mundo transcendente, imaterial e intemporal, que compreende as formas essenciais e arquetípicas de tudo o que existe no mundo inferior. Essas formas são universais e únicas – há, por exemplo, uma essência geral do homem –, ao passo que os seres materiais são múltiplos.

Platão chama essas formas essenciais de "idéias" (do grego "idea" e "eidos", que evocam, primitivamente, o aspecto iluminado de uma coisa). As "idéias" existem por si mesmas, independentemente do espírito humano que as percebe. Elas constituem a realidade mais profunda, que é, portanto, estável e perene. Unitárias e ordenadas, elas são racionalmente inteligíveis. Sem a ordem saída do mundo das idéias, o devir e o sensível seriam irredutivelmente múltiplos e caóticos, irracionais.

A fraca realidade que pertence ao mundo sensível provém da "participação" das coisas materiais em seu modelo ideal único. A noção de "participação" tenta resolver, pela primeira vez, o problema recorrente que afeta toda ontologia dualista: como pensar a relação ou a comunicação entre a ordem de realidade inferior (o sensível) e a ordem de realidade transcendente (o ideal)? A natureza da participação platônica permanece enigmática e problemática. As coisas concretas "copiam, mimetizam ou imitam" as essências ideais, assim como a arte representa as coisas concretas. Ora, toda imitação de um modelo introduz imperfeição e diminui o grau de realidade e de verdade. Compreendemos que Platão atribui à atividade artística apenas uma dignidade muito inferior, pois a arte não é mais que uma cópia (definição mimética da arte) da cópia (a coisa sensível já é imitação imperfeita da idéia).

Tal é o idealismo platônico, paradigma de todo idealismo futuro e determinante para a história subseqüente da filosofia.

Esse idealismo é dialético, ou seja, ele considera que as idéias amarram entre si relações, que elas formam uma estrutura complexa e hierarquizada e que é impossível pensar e conhecer verdadeiramente uma idéia sem compreender o conjunto relacional no qual ela se inscreve. A idéia do homem pressupõe a idéia de animal, de vivente etc. A idéia do repouso não é inteligível sem a idéia de seu contrário, a idéia do ser é inconcebível sem a idéia do não-ser, e, para pensar a mudança, a aparência ou a ilusão, é preciso aceitar pensar a mistura do ser e do não-ser: é preciso, portanto, reconhecer que, de certo modo, "o ser não é e o não-ser é".

Em uma passagem famosa do diálogo *O Sofista*, Platão realiza "o parricídio": o assassínio simbólico de Parmênides, o Pai da filosofia. Ele aí rejeita o idealismo radicalmente lógico e antidialético daquele que, ao se ater rigorosamente ao princípio de identidade (conforme o qual tudo o que podemos dizer sem contradição é tautológico: "A é A", "B é B" etc.), se proibia, em suma, de afirmar uma coisa diferente de que "o ser é" e eliminava os meios de pensar o múltiplo e o devir. Segundo

Platão, não é legítimo, portanto, conceber as idéias separadamente. A separação absoluta leva ao não-sentido. É preciso pensar as idéias com suas relações, conforme sua solidariedade complexa e hierarquizada.

No ápice da hierarquia das idéias, que o espírito é convidado a percorrer dialeticamente, encontra-se a idéia suprema do Bem. Este é "não-hipotético", ou seja, ele não postula, para ser pensado, nenhuma idéia mais original ou mais final. O Bem não tira seu sentido a não ser de si mesmo; ele encontra seu sentido em si mesmo e não tem necessidade de nenhuma justificação ou inteligibilidade suplementar. Ele é como a pedra angular do conjunto da hierarquia das idéias, assegurando sua coesão e seu sentido últimos. A intuição espiritual do Bem constitui o conhecimento supremo, o fim da subida dialética do espírito (nous) e da sublimação do desejo (eros). Na alegoria da caverna, o Bem é simbolizado pelo sol.

A identificação da idéia suprema como Bem testemunha a orientação ética da dialética platônica, que faz justiça à antiga ligação entre saber e sabedoria (expressa no termo "sofia") e que implica que só fazemos o mal por ignorância. Essa sensibilidade ética, de fato localizável por meio da vida e da obra de Platão, não é desprovida de importância política: da apologia de Sócrates contra a Cidade sem virtude que o condena às veleidades de desempenhar o papel de "conselheiro iluminado do Príncipe", que valeu a Platão desilusões muito sérias, mas que estava na linha de seu ideal do "rei-filósofo" que governava a Cidade-Estado. Contemplando a idéia do Bem e sabendo não só o que eternamente é, mas ainda aquilo que deve ser e o que tem valor, o filósofo parece, com efeito, a pessoa mais apropriada para reger a sociedade em conformidade com o modelo arquetípico e essencial de toda sociedade e, portanto, ao melhor da justiça e do bem comum. Mas sejam quais tenham sido o desejo de ação de Platão e sua preocupação ético-política prática, sua filosofia e seu ideal permanecem fundamentalmente teóricos. Ele sonha apenas com uma Cidade na qual esse ideal seria mais viável que em Atenas a ponto de ser conquistada pela Macedônia. O saber, segundo Platão, é ético, sem dúvida; contudo, não porque ele permitiria guiar a ação justa no mundo sensível e instável: o saber é ético em si mesmo, como meta suprema e desinteressada da existência humana.

3.3. O ideal logoteórico

Com Platão se elabora o ideal logoteórico (de *logos*: linguagem, pensamento, razão, e *theoria*: visão, contemplação), ideal de conhecimento e de existência ao mesmo tempo, constitutivo da filosofia enquanto ela é idealista.

Conforme esse ideal, a finalidade suprema da existência humana – sua vocação filosófica – é a fruição de um saber, que o discurso representa, que permite fixar e comunicar e que reflete as estruturas essenciais da realidade, assimiladas às "idéias" no platonismo. Tal saber de modo nenhum provém da consideração das coisas empíricas, dos casos concretos e particulares. Quando Platão (pela voz de Sócrates) se interroga sobre a significação da virtude, da coragem, da beleza etc., ele não se satisfaz com os exemplos de atos corajosos ou de corpos magníficos. E quer conhecer a virtude ou a beleza em si, a essência, o arquétipo, que justifica a qualificação de um ato como corajoso e de uma mulher como bela. Essa essência ideal não é abstraída a partir do exame das coisas empíricas; ela permite, ao contrário, descrevê-las e a elas aplicar um julgamento verdadeiro. As idéias não são, portanto, dadas ou construídas pela observação do concreto; o filósofo a elas acede pela reflexão ou pela especulação.

Essa reflexão especulativa não se dirige às coisas, mas às significações. De um ponto de vista filosófico crítico e contemporâneo, elas se referem à linguagem, à competência lingüística. Elas dizem respeito à consciência que fala (e que se ouve falar), capaz de se refletir, de se tomar como objeto. É na estruturação semântica da língua que a significação – a idéia – se dá a ver à consciência, logoteoricamente. Contudo, essa estruturação semântica está longe de ser perfeitamente estável e coerente: a linguagem comum é pouco precisa; sua racionalidade é muito imperfeita e sua confiabilidade ontológica muito discutível, assim como o sugere já o diálogo *Crátilo*, centrado sobre a questão da linguagem. A especulação ou reflexão filosófica também é ativa, posta em ordem, crítica, elaboração (meta)lingüística sobre a linguagem, por meio da linguagem. Essa elaboração – a elaboração filosófica – não se reconhece, entretanto, como trabalho de linguagem. Ela se dá por "pensamento" e se declara independente da linguagem, que seria útil apenas para sua expressão e comunicação. A constituição do idealismo postula que "saltemos" ou que "coloquemos entre parênteses" a linguagem, especialmente seus aspectos mais materiais.[2] Além disso, essa elaboração pretende referir-se ao real, às próprias coisas (que não são, evidentemente, empíricas, mas "ideais" como em Platão), e não às palavras. Por fim, ela se dá como uma elaboração "passiva", na medida em que acredita exclusivamente descobrir (ver) essas "idéias" (essas significações essenciais e reais) que ela contribui, contudo, para produzir e para definir.

Sem dúvida, nossa relação com o mundo – e, portanto, também nossos atos, nossos empreendimentos no mundo – é sempre mediada por uma linguagem, pela representação simbólica e cultural. Intervir nos termos, modificar a estrutura semântica da linguagem que herdamos, mudar nossa percepção simbólica das coisas não acontece sem conseqüências para nossa efetiva ação no mundo. Essa ação se orienta, com efeito, a partir de nossas representações e das valorizações que elas comportam. Todavia, o ideal logoteórico – o idealismo – não insiste precisamente sobre esse aspecto. Ele não visa a orientar a ação concreta (prática, técnica) no mundo, explicitando ou modificando a representação simbólica da experiência do mundo. Ele visa, ao contrário, a suspender toda ação concreta como vã e indigna da essência do ser humano, chamado a se realizar exclusivamente na pura contemplação das significações–idéias, concebidas como a única verdadeira e imutável realidade.

---

[2] Assim como o mostrará Derrida a respeito da escritura.

O ideal logoteórico consiste em atribuir a si – e em atribuir a todo homem enquanto homem – como meta suprema e única perfeitamente feliz a contemplação de um objeto simbólico (a estrutura semântica da linguagem, herdada e retrabalhada, fixada). Esse objeto é percebido como preexistente desde sempre (eterno e imutável), ao passo que ele é o produto da atividade simbólica coletiva (tradicional, cultural) e individual (a elaboração do filósofo). Ele é percebido também como extra ou não-lingüístico, imaterial, espiritual ou ideal, e, ao mesmo tempo, o mais ou o único autenticamente real, ao passo que ele existe apenas graças à linguagem (e às consciências que nela se articulam).

4. Aristóteles: a articulação sistemática da filosofia

Aristóteles (384-322 a.C.) é originário de Estagira, pequena cidade do nordeste da Grécia, na Macedônia. Seu pai era médico do rei, e ele próprio foi preceptor do filho do rei, o futuro Alexandre Magno. Seguiu o ensino de Platão na Academia e fundou, mais tarde, sua própria escola de filosofia: o Liceu.

Diversamente de Platão, Aristóteles testemunhou vivo interesse pelo mundo sensível e pela diversidade mutante da natureza, aos quais atribui uma real dignidade ontológica. Ele opera igualmente uma articulação mais sistemática da filosofia e do conjunto do saber, articulação ausente da forma dialógica da obra platônica. Tal sistematização é visível na organização do corpus aristotélico, publicado por Andrônico de Rodes no primeiro século de nossa era. O corpus compreende:

- os tratados do *Organon* (instrumento, método), que incluem a *lógica* (principalmente a teoria do silogismo), definida como o instrumento do desenvolvimento da ciência, e os tratados de *argumentação* ou de *dialética* (arte da discussão crítica). Estes permitem debater, de modo razoável, matérias para as quais um saber científico certo e definitivo não é concebível. A argumentação introduz a razão no domínio da opinião, do verossímil, do instável e do relativo, lugares em que se trata, por exemplo, de decidir e de agir praticamente;

• os tratados de *física* relativos à natureza: da cosmologia aos organismos vivos;

• os tratados de *metafísica*: o termo "metafísica" encontra sua origem, na verdade, na classificação do corpus aristotélico. Andrônico agrupa alguns tratados sob a rubrica "ta meta ta physica" (literalmente: as coisas – matérias, questões – que vêm depois – "meta" – das coisas físicas). No começo, trata-se concretamente de classificar livros *depois* de outros livros. A substantivação da expressão "ta meta ta physica" em "metafísica", designando uma pesquisa e um saber mais fundamentais do que a ciência ou a filosofia da natureza é, portanto, tardia;

• os tratados de *ética*, de *política* e de *poética*: eles se referem aos domínios da ação e da produção humanas no seio do mundo e do devir concretos, instáveis e amplamente imprevisíveis.

Esse breve sobrevôo do corpus aristotélico mostra que, da metafísica à política, passando pela lógica e pela teoria do conhecimento, as grandes subdivisões da filosofia são expressamente distinguidas.

4.1. A ciência e seu objeto

Como Platão, Aristóteles considera que existe ciência apenas do "geral e do necessário". Não há nenhuma "ciência", mas apenas experiência, de um indivíduo particular que apresenta características singulares e contingentes. Nenhuma ciência de "Sócrates", por exemplo, e sim do "homem", ou seja, daquilo que caracteriza essencial, necessaria e universalmente todos os homens enquanto tais. O objeto da ciência é aquilo que se impõe como "essencial, universal e necessário" em relação a uma classe de indivíduos e que justifica seu agrupamento sob uma mesma espécie. Apenas a essência das coisas é cognoscível como ciência garantida e definitiva. Para Aristóteles, assim como para Platão, essa essência universal é uma forma objetiva (no sentido em que, sendo totalmente imaterial, ela existe real e independentemente dos indivíduos que conhecem). Todavia, enquanto para Platão existe um mundo transcendente de formas ideais, separadas do mundo natural, Aristóteles afirma que as formas essenciais não existem fora das coisas e dos seres particulares que elas "informam". Não há nenhuma "idéia" do homem fora dos indivíduos, que comunicam a forma humana de uma geração para a outra. A forma universal só existe, portanto, na matéria que a particulariza: todo ser humano apresenta, além das características essenciais, necessárias e universais da humanidade, traços singulares e contingentes que o individualizam.

Tudo o que existe é, portanto, em graus diversos, composto de forma e de matéria. Aristóteles chama de "substâncias" ("ousia") esses compostos que preenchem o universo e do qual fazemos parte. É por isso que sua teoria daquilo que é se chamará de "hilemórfica" (de "hylé", a matéria, e de "morphê", a forma).

A ciência não se preocupa com as características contingentes, ligadas à matéria. A elaboração científica consiste em separar entre a forma essencial e a matéria. Essa operação, que anuncia, com grande antecedência, a concepção moderna da pesquisa científica como colocação em evidência das "leis gerais" da natureza a partir da observação de fatos particulares, é a "epagoge" ou "indução". Contudo, a indução aristotélica está mais próxima da intuição (visão imediata pelo espírito) da forma essencial na realidade particular do que da elaboração empírica lenta de abstração de uma lei geral, sempre apenas hipotética, a partir da observação repetida de experiências, na maioria das vezes provocadas, que caracteriza a ciência moderna. Além disso, Aristóteles está em busca não de leis que formulem as causas eficientes (operativas), mas de formas essenciais e de articulação necessária dessas formas entre si. É por isso que ele atribui à lógica um lugar central na constituição da ciência.

O ideal científico aristotélico é um ideal lógico, e a própria lógica é a ciência do encadeamento necessário (dedutivo) dos conceitos. Mas o que é um conceito – o conceito de "homem", por exemplo – senão a forma essencial, que compreende as características necessárias e que se exprime na definição:"o homem é, essencialmente, um ser vivo, mortal, dotado de palavra e de razão etc."? Há, portanto, uma relativa equivalência entre objeto da ciência, forma essencial, conceito, significação determinada, definição. A partir disso, entrevemos também que a ciência aristotélica, assim como a ciência platônica, poderá ser aproximada de uma espécie de semântica geral de porte dedutivo, ainda que Aristóteles atribua muito mais importância que Platão à realidade empírica dos fatos. A noção de "causa" é esclarecedora a esse respeito. Conhecer cientificamente é, conforme Aristóteles, conhecer a causa, ou seja, a razão da atribuição necessária de uma característica. Tal causa deve ser procurada não nos fatos extralingüísticos e no seu encadeamento causal mecânico, mas na linguagem: na articulação necessária das significações. Essa articulação e seus encadeamentos são explicitados no silogismo, protótipo do raciocínio lógico dedutivo:

Todos os homens são mortais.
Todos os gregos são homens.
Todos os gregos são mortais.

"Mortal" é uma característica essencial do "homem" (ou seja, a significação "mortal" é parte integrante da significação "homem", o conceito de "mortal" inclui o conceito "homem" ou, ainda, a noção de homem implica a de ser mortal). A partir disso, os gregos, sendo homens, são necessariamente mortais; podemos afirmar isso com toda certeza e com conhecimento de causa: os gregos são mortais porque são homens.[3]

---

[3] Cuja característica de "mortal" é deduzida de um silogismo anterior: "Todos os animais são mortais. Os homens são animais. Os homens são mortais".

O importante é compreender bem que o saber aristotélico visa tão somente ao conhecimento dessa causalidade lógica, conceitual ou semântica. O silogismo é científico porque põe em evidência essa causalidade lógica no "termo médio" (o termo que aparece duas vezes nas premissas e que está ausente na conclusão, aqui: "homens"). O termo médio expressa a causa lógica, pelo fato de explicar por que os gregos são mortais; ele é a ligação que acarreta a aplicação do predicado "mortais" ao sujeito "gregos". Do ponto de vista dessa "ciência semântica", os gregos morrem, e morrem necessariamente, porque o conceito de "grego" está incluído no de "homem", que está incluído no de "mortal" etc. E não porque processos genéticos (causas operativas) ou acidentes materiais levam factualmente à destruição do organismo. Sem dúvida, a afirmação de que "todos os homens morrem" se apóia sobre a constatação empírica da morte dos indivíduos, mas essa constatação é interpretada como a intuição (a epagoge) da forma essencial do homem que comporta seu ser mortal.

Essa intuição se refere, finalmente, à linguagem (a significação, o conceito), e não às coisas e aos fatos empíricos. Ou, se preferirmos, a ciência logoteórica, elaborada pela filosofia antiga, parece postular que o saber (saído da imemorável experiência dos homens) depositado na linguagem pode ser amplamente considerado como definitivo e que exige tão-somente uma explicitação reflexiva sistemática. A ciência moderna, muito ao contrário, partirá do princípio de que o saber lingüístico e tradicional não é confiável e que ele é tecido de preconceitos e de confusões. Convém, portanto, criticá-lo a partir de um confronto experimental incessante com os fatos, com o real extralingüístico, apreendido independentemente da grade simbólica lingüística que, com demasiada freqüência, impede de ver ou preconcebe aquilo que verá.

4.2. Uma concepção finalista da natureza que desemboca na metafísica

Embora toda substância individual seja um composto de forma e de matéria, a forma nela se expressa de modo mais ou menos acabado.

Isso é especialmente verdadeiro a respeito dos seres vivos, que passam por todo um processo de maturação, que os leva do estado germinal ou embrionário para o estágio adulto. Esse desenvolvimento coincide com a passagem progressiva de uma forma ainda *potencial* (ou *em potência*) para a forma plenamente *atualizada* (ou *em ato*). Levar em consideração esse devir dos seres vivos não impede que a concepção aristotélica da natureza seja fundamentalmente *fixista*, no sentido de que as espécies não mudam nem evoluem. Uma espécie viva é definida por uma forma essencial – a forma específica – imutável, mas transmitida de geração em geração e mais ou menos perfeitamente realizada (atualizada) em cada indivíduo. Não há, portanto, uma evolução no sentido darwiniano, mas apenas desenvolvimentos finalizados, ordenados de uma vez por todas, e cuja finalidade é a atualização da forma potencial. Tais processos são "enteléquicos" (do grego: "que possui em si seu fim, sua forma final"): as enteléquias são essas causas finais que agem no próprio seio da natureza e que conduzem à forma adulta ou acabada de uma substância.

O que é verdadeiro a respeito dos organismos vivos – e, em primeiro lugar, por excelência, dos órgãos que têm sua enteléquia própria: por exemplo, a do olho é a visão – vale também para todos os fenômenos naturais e para o universo em sua totalidade. Tudo aquilo que se produz e segue seu curso natural é orientado por uma finalidade natural: se a pedra cai, é porque o lugar natural da pedra é a terra (da qual ela é composta); se a chama sobe, é porque ela alcança o lugar natural do fogo, o sol etc. Na natureza aristotélica, as causas finais dominam: são interessantes em si, pois indicam o sentido daquilo que acontece, o porquê dos acontecimentos e das mudanças. As causas finais agem a partir do futuro, mas um futuro que, de certo modo, já está sempre aí, pois a forma-fim está potencialmente presente desde a origem e impele à sua atualização. Não se trata de modificar as causas finais; elas são ontológicas; contrariá-las não leva a nada, a não ser a introduzir desordem e não-sentido na natureza. Tais violências e tais acidentes não são excepcionais, mas em nada mudam a ordem final fundamental.

Ora, esse finalismo se refere à totalidade do universo. Este, à medida que se encontra em devir, tende totalmente para uma forma última perfeita. Uma causa final global aspira ou mobiliza o conjunto da natureza. Essa causa final última é chamada por Aristóteles de "primeiro motor imóvel". Ele dinamiza e anima o mundo, mas ele próprio não se torna, pois já é, e desde toda a eternidade, a forma em ato e perfeita do todo.

Causa primeira e última, o primeiro motor não é causado por nada: ele é "causa sui", sua própria causa. Ele é imaterial, porque a matéria é receptáculo de formas e sede de imperfeições. Compreende, em suma, todas as formas essenciais e também a (meta)forma harmoniosa que engloba, em que todas as formas e essências se inscrevem e encontram seu sentido último. A única atividade é espiritual, puramente contemplativa: contemplação infinita de todas as formas e de sua ordem perfeita.

O "primeiro motor" se refere à totalidade do mundo físico, mas não faz parte daquele que compreende apenas substâncias (compostos de forma e de matéria). Ele diz respeito, portanto, à metafísica. Uma metafísica que é também uma teologia, porque as características do primeiro motor (espírito puro, eterno, perfeito, sentido último de todas as coisas etc.) correspondem aos atributos da divindade. Essa teologia metafísica introduz o conceito de Deus como razão última do universo, e não como criador efetivo do universo.

4.3. Ética e saber prático

O saber teórico das formas necessárias e imutáveis em nada ajuda quando consideramos o devir e o mundo concretos, caracterizados pela diversidade particular e sensível, pela contingência e pela imprevisibilidade. Ora, esse mundo é justamente aquele no qual os seres humanos são chamados a viver e a agir. O saber científico rigoroso (absolutamente certo e geral) a ele não se aplica. A faculdade de conhecer e de raciocinar não é, entretanto, inútil para ele, ainda que o saber que ela permite adquirir seja apenas um saber prático e incerto.

Esse saber imperfeito se refere a dois gêneros de atividades humanas:

• a *práxis* ou ação: ela é uma atividade que encontra em si mesma seu próprio fim;
• a *poiesis* ou produção e fabricação: toda atividade que tem como fins objetos que ela gera.

O saber que corresponde à práxis é ético e político; aquele que guia a poiesis é "tecnológico", mas Aristóteles levou em consideração apenas as técnicas de invenção do *discurso*: a criação literária ou poética. Essa limitação é sintomática do desprezo no qual os filósofos gregos mantêm as atividades técnicas materialmente produtivas, mas indignas de homens livres.

No que se refere à ética – cujo estudo conhece em nossos dias um renovado interesse, principalmente nas correntes de pensamento neo-aristotélicas –, uma virtude chama particularmente a atenção: a virtude de prudência ou *phronesis*. Trata-se de uma virtude intelectual que auxilia no exercício e no desenvolvimento das outras virtudes morais (como a temperança, a coragem, a justiça, a magnanimidade etc.) e que constitui a melhor via para aceder, no mundo sensível, a uma existência relativamente feliz. Virtude intelectual, a phronesis permite a aplicação da razão no domínio do prático, do não-necessário, do incerto. Ela se expressa não na demonstração lógica, mas na argumentação e na capacidade de deliberar. Ela ajuda a discernir, entre as possibilidades, a melhor solução no seio de uma situação sempre irredutivelmente particular.

O homem prudente pode, portanto, garantir, em certa medida, sua felicidade concreta e prática. Mas essa felicidade sensível, conquistada e preservada pela conduta prudente do homem de experiência nos negócios humanos, de modo nenhum é a felicidade suprema. Esta vem tão-somente com a aplicação da razão (que é a característica essencial do ser humano, definido por Aristóteles como o "zoon logon echon": o ser vivo que tem o logos) a seus objetos próprios, que são as formas essenciais, universais e imutáveis. É no conhecimento teórico que o homem realiza de fato seu ser, ou seja, que atualiza mais perfeitamente sua forma essencial própria. O estágio supremo da existência do sábio não se encontra, portanto, na ação (que exige apenas a aplicação da razão ao mundo sensível), mas na contemplação (a theoria) das essências, que é acompanhada pela felicidade mais elevada, puramente espiritual.

5. O materialismo antigo

Aristóteles morre em 322 a.C., um ano depois de seu antigo aluno, Alexandre Magno, cujo desaparecimento acarretou o desmoronamento do império. A civilização e a língua gregas foram estendidas ao conjunto do Mediterrâneo oriental e por vezes muito além das regiões costeiras. Mas nenhum poder político estável e unitário consegue manter esse mundo *helenístico* (adjetivo que se aplica ao período que vai de 323 – morte de Alexandre – a 146 a.C, com a conquista romana). O centro intelectual e cultural se desloca para o sul, para Alexandria, no Egito. A escola de Aristóteles, o Liceu, é igualmente para aí transportada e se torna o Museu, que abrigará durante cento e cinqüenta anos a famosa biblioteca, queimada em 47 a.C. Artes e ciências ali são desenvolvidas e ensinadas por mestres célebres, como Euclides e seu discípulo Arquimedes (287-212 a.C.), mas ali não apareceu nenhuma filosofia nova. O ideal aristotélico de uma ciência dedutiva, da qual a geometria euclidiana oferecerá o melhor modelo, é simplesmente perpetuado e posto em ação.

As duas correntes filosóficas mais originais e cuja influência se estenderá muito além do período helenístico para penetrar a civilização romana vêm de outros lugares. São o estoicismo e o epicurismo.

O fundador do estoicismo, Zenão (por volta de 336-264 a.C.), é originário de Cicio (Chipre). O pensamento estóico, conhecido principalmente por sua ética, desenvolveu igualmente, entretanto, uma nova concepção do conhecimento, da lógica e da linguagem, diferente da lógica aristotélica.

Uma introdução em memória

A outra corrente é o epicurismo. Seu fundador, Epicuro, nasce em 341 a.C., na ilha de Samos. Ele segue o ensino de um discípulo de Demócrito (460-371 a.C.) em uma cidade costeira da Ásia Menor, a pouca distância de sua ilha natal. Mas é em Atenas que fundará, em 306, sua Escola do Jardim. Embora deva a Demócrito certo número de idéias próprias sobre o atomismo, o epicurismo aprofunda e sistematiza o materialismo antigo. Ele se distingue radicalmente da filosofia grega, chamada de "clássica" – o idealismo platônico e o (mais mitigado) de Aristóteles –, que dominará, em estreita associação com o cristianismo, a história do pensamento ocidental. Como da abundante obra de Epicuro restou apenas alguns fragmentos, a fonte maior e mais elaborada do pensamento epicurista é o poeta e filósofo latino Lucrécio (96-55 a.C.), autor do *De rerum natura* (Da natureza das coisas).

5.1. O mundo e o conhecimento materialistas

O mundo é constituído por um número infinito de átomos, corpúsculos indivisíveis, incriados, eternos, que não se distinguem por qualidades, mas apenas pela forma e pelo volume. Esses átomos estão em movimento no vazio ilimitado; seus choques, suas aglomerações e separações explicam todos os fenômenos naturais. Uma diferença maior entre o atomismo primitivo de Demócrito e o de Epicuro é a propriedade de "declinação" (o clinâmen). O átomo epicurista apresenta essa propriedade de poder espontaneamente (sem causa externa) se desviar de sua trajetória. Essa capacidade introduz no mundo uma parte irredutível de acaso, de imprevisibilidade, ausente do universo determinista e mecanicista de Demócrito, que excluía essa espécie de poder motor interno ao átomo, suscetível de se pôr em ação de modo arbitrário. Esse aspecto da filosofia epicurista marca sua atualidade à medida que a física e a biologia contemporâneas amplamente abandonaram a hipótese do determinismo integral, segundo o qual o perfeito conhecimento de um estado do universo deveria permitir a dedução mecânica de todos os seus estados futuros. O universo de Epicuro é um universo irracional, uma vez que nem o determinismo nem o finalismo explicam seu devir. No seio desse universo infinito e eterno, partilhado entre o acaso e a necessidade cegos, mundos se fazem e se desfazem, ao sabor de gigantescas reuniões e dispersões atômicas. Nosso mundo, nossa natureza, é um deles.

Epicuro explica o conhecimento igualmente em termos estritamente materialistas. Ele defende um sensualismo, segundo o qual todo conhecimento encontra sua origem na sensação. A visão é privilegiada e explicada por uma "teoria da emanação e dos simulacros". A partir dos objetos se destacam como que "peles" muito sutis, produzidas à imagem dos objetos-fonte e que vêm atingir o olho. Essas "membranas" são os "simulacros" (ou "ídolos", no sentido de imagens). Os simulacros que emanam dos objetos são materiais, constituídos de átomos; durante o percurso que os conduz ao olho, acidentes podem sobrevir (colisões) e deformá-los. Esses acidentes explicam as ilusões, e também os produtos da imaginação, que combina pedaços de simulacros disseminados no ar. A teoria dos simulacros assume destaques particularmente poéticos e maravilhosos em Lucrécio.

A abstração que leva ao conhecimento é o produto da repetição de sensações similares que deixam marcas na memória. Essas marcas repetidas se esquematizam. Esse esquema ou forma se torna "conceito" a partir do momento em que um signo lingüístico é a ele convencionalmente associado. A ciência postula a linguagem e é tão-somente a organização discursiva dos produtos conceituais da abstração a partir das sensações provocadas pelos simulacros. Estamos longe da explicação idealista do conhecimento, que pressupõe sempre uma espécie de visão imaterial (espiritual) que acede à essência universal (a forma) das coisas, tanto direta (as "idéias" platônicas) como indiretamente, separando a forma imaterial da matéria particular e contingente (Aristóteles). No epicurismo, tudo é integralmente material, embora ele falhe em distinguir os graus de materialidade: as formações materiais são muito desigualmente sutis (como, por exemplo, o fato de ser impossível "tocar" um simulacro, apenas o olho é um órgão suficientemente refinado para percebê-lo).

5.2. A moral epicurista

A ética de Epicuro é freqüentemente referida a um hedonismo, que visaria apenas uma maximização pelo indivíduo de seus prazeres sensíveis e materiais, ou seja, grosseiros. As noções de prazer e de felicidade estão, sem dúvida, no centro do epicurismo, mas a concepção deles não é simplista.

O prazer é indissociável da dor, que é fundamentalmente um estado de necessidade, de carência. Na maioria das vezes, o prazer diz respeito à supressão da necessidade ou à manutenção de um estado de não-necessidade. A felicidade é mais um estado de repouso do que o exercício que frui de uma capacidade. Ela é tranqüilidade plena, muito próxima da serenidade.

Toda a ética epicurista se refere à arte de adquirir e de preservar esse estado da alma, na qual uma parte importante consiste em não se pôr inutilmente em uma situação de necessidade nem em um sentimento de insatisfação. A esse respeito, convém distinguir entre necessidade e desejo. A necessidade é natural, e as necessidades naturais são, naturalmente e com mais freqüência, suscetíveis de serem satisfeitas. O desejo, ao contrário, não conhece qualquer limite natural: ele é como uma carência infinita ou ao menos excessiva. É fonte de uma insatisfação permanente, de ansiedade e até de angústia. Como uma doença da alma. As causas desta são numerosas: a imaginação pessoal (falsas necessidades, ambições irrealizáveis, desejos contraditórios...), as imagens vindas de outro (modelos e ideais que não nos convêm), liberdade (e, portanto, possibilidade de errar, de se iludir), má relação com o tempo (viver demasiadamente em função do futuro, que não está presente, ou do passado, que não se pode mudar)...

Viver, levando em conta a experiência do passado e antecipando prudentemente o futuro, constitui o fundamento da possibilidade de fruir da felicidade continuada do instante presente. Pensando bem, a maioria das coisas que chega a perturbar nossa felicidade de viver é de ordem fantasmática. Até a morte é uma ameaça imaginária, porque durante todo o tempo em que ela não está presente não a sentimos e, a partir do momento em que ela está presente, não experimentamos mais nada. Apenas a dor é um mal real, que é preciso esforçar-se para evitar ou suprimir. É indispensável, portanto, jamais deixar que a imaginação triunfe sobre a realidade, uma vez que a imaginação é fonte de insatisfações inúteis e insensatas.

Tal como a vemos, a felicidade epicurista inspira-se na arte de gerir a vida interior e visa a certo estado da alma. Ainda que ela seja igualmente material, sua sutileza é muito superior à do corpo e dos prazeres físicos. O ideal epicurista é o de uma comunidade de amigos com as necessidades materiais satisfeitas e cujo ócio tranqüilo seria preenchido pela conversação e pelo passeio no meio de um jardim fechado e protetor em relação à violência irracional do mundo. Essa violência é, ao mesmo tempo, a de uma época histórica dilacerada pelas guerras e pela instabilidade política e a de um universo fundamentalmente desprovido de sentido e de finalidade, que nenhuma ordem transcendente ou divina chega a garantir, e no qual a calamidade pode, a qualquer momento, chegar a desfazer as estruturas mais bem estabelecidas. Como não é possível refazer o mundo, os grandes empreendimentos políticos parecem muito mais aleatórios e menos sábios que a existência no seio de pequenas comunidades solidárias. Por outro lado, as condições exteriores da felicidade dependem muito pouco de nós mesmos: podemos dominar apenas a nós mesmos, pois o resto é, no essencial, uma questão de oportunidade.

Ainda que a moral epicurista se apóie sobre pressupostos filosóficos muito diferentes dos de Aristóteles, não é inadequado falar de um ideal moral típico, próprio da Antiguidade. Esse ideal é o da sabedoria. Ele compreende:

- a valorização da felicidade e certo otimismo: na escala do indivíduo ou da cidade, a felicidade é possível;
- a valorização do trabalho moral pessoal, ou seja, sobre si mesmo: a virtude se exerce, se educa, se desenvolve; a felicidade se aprende;

- um senso geral da moderação, do razoável, da prudência, do justo meio: o que o indivíduo pode, no seio da natureza e diante do devir, é irrevogavelmente muito limitado; a loucura consiste em não levar a sério a precariedade e a finitude de nossa condição;
- a política, à medida que tem um sentido, deve ser colocada a serviço do ideal moral individual. Ela deveria apenas garantir as melhores condições externas da realização pessoal.

O ideal platônico-aristotélico, sem dúvida, é o da existência teórica, ou seja, a fruição contemplativa da ciência, em conformidade com a concepção do homem como o ser vivo dotado do logos, capaz de ver a ordem imutável e harmoniosa do mundo. O epicurismo não crê nessa ordem nem nessa visão imaterial. Ele é mais modesto, mais realista. Mas, como *praticamente* ele alcança o mesmo modelo de vida – o do sábio –, podemos perguntar-nos se a crença metafísica em uma ordem eterna do mundo é nada mais que um meio que pode facilitar o acesso a essa sabedoria. Crer no mundo das idéias ou no sentido final do universo ajudaria a conquistar e a preservar o estado interior calmo do sábio, para aqueles, em todo caso, que chegam a se persuadir da realidade dessa crença. Esse é já o postulado do eleatismo (Parmênides) e da iniciação pitagórica: a ciência traz a sabedoria, conforme a ambigüidade do termo "sophia": saber e sabedoria. Se impelirmos essa interpretação até seu limite, chegaremos à hipótese segundo a qual a concepção logoteórica da ciência e a concepção do mundo a ela associada, próprias do idealismo inventado por Platão, não tinham originalmente outro sentido ou outra importância além do de ser a solução para o problema da existência humana: tranqüilizá-la de modo durável, aliviar seu sofrimento, satisfazer seu desejo. Mas a ficção idealista não é um meio nem uma solução garantida. Ela comporta o risco de produzir ou de manter o efeito contrário, à medida que ela salienta a *inacessibilidade* do saber perfeito e do mundo ideal que ele reflete. Ela incita, nesse caso, o desejo ilimitado – e sua insatisfação – em uma busca infinita, a do saber absoluto. De certo modo, o epicurismo, que evita essa armadilha do idealismo e da consciência infeliz, dá prova, pragmaticamente, de uma sabedoria maior.

6. A "filosofia cristã"

As grandes correntes da filosofia grega – platonismo, aristotelismo, epicurismo, estoicismo, ceticismo, neoplatonismo etc. – irão perpetuar-se sob a dominação romana, que se estabelece na bacia do Mediterrâneo no decorrer dos dois últimos séculos antes de nossa era, e da qual a metade ocidental (a oeste da Grécia) se desfará, no século V, sob o choque das invasões "bárbaras".

Mas o acontecimento maior é o nascimento do cristianismo. Local no ponto de partida, ele irá espalhar-se rapidamente, apesar das perseguições, e se impor, tornando-se até, no século IV, a única religião oficial do Império romano. É preciso, por outro lado, esperar essa época para ver a religião cristã se estruturar no plano teológico de modo durável. Essa sistematização é operada, para uma parte importante, por santo Agostinho, que realiza a síntese entre o cristianismo original e o idealismo antigo. A síntese agostiniana se imporá ao pensamento teológico-filosófico durante oitocentos anos, ou seja, durante todo esse tempo medieval em que a Europa ocidental, dilacerada por lutas que desembocarão no esboço dos Estados modernos, perde o contato com a herança cultural da Grécia e de Roma, com a exceção dos escritos preservados pela Igreja, principalmente nos mosteiros.

A síntese agostiniana levanta um problema teórico e de princípio: É possível uma "filosofia cristã"? Não existe uma contradição em querer reunir conceitualmente religião e filosofia? Essa questão esteve no coração de uma controvérsia célebre entre dois historiadores contemporâneos do pensamento medieval: Émile Bréhier e Étienne Gilson. O primeiro excluía a possibilidade de uma filosofia cristã; o segundo, que era católico, afirmava sua legitimidade e sua especificidade. Como salientamos no início desta Introdução, o pensamento religioso faz referência a textos fundadores (os Evangelhos, a Bíblia), considerados como sagrados porque de origem supra-humana (é a Revelação ou Palavra de Deus dirigida aos homens). A base da religião aparece, assim, nos antípodas da fonte da filosofia, que é uma atividade e um produto da razão humana apenas (ou, mais geralmente, das faculdades humanas). A exegese (interpretação, hermenêutica) dos textos sagrados não é assimilável à discussão crítica dos escritos filosóficos: seu espírito é profundamente diferente, ainda que as técnicas sejam freqüentemente comparáveis.

Resta, contudo, que a articulação de noções judaico-cristãs e de conceitos filosóficos é um fato, que se impôs no Ocidente com santo Agostinho. Esse fato foi totalmente determinante até o fim da Idade Média e permaneceu de grande significação no decorrer dos séculos posteriores, em muitos filósofos importantes, até hoje.

O próprio da mensagem cristã não é, entretanto, intelectual: é uma mensagem de amor – amor pelo outro, seja ele qual for, e de amor a Deus –, um convite a resolver o "problema" (o sofrimento, o mal-estar) da condição humana, fazendo apelo aos recursos emocionais e afetivos do ser humano, e não prioritariamente à sua razão. A integração dessa dimensão pela filosofia – que se faz por "amor", mas amor pelo saber – é sem dúvida difícil e, talvez, impossível. A filosofia tem, enquanto atividade intelectual, tendência a se opor à resposta afetiva (considerada como irracional), mais do que a encorajá-la. Entretanto, mais uma vez, resta que, de fato, as alianças entre logos e eros não foram excepcionais no decorrer da História e que, sem dúvida, há no ser humano a esperança ou o desejo de superar todas essas oposições, principalmente entre a razão e o amor.

Embora valorizando a eternidade e a vida supraterrânea, o pensamento judaico-cristão introduz a noção de História, a idéia de uma temporalidade cuja origem e cujo fim têm um sentido e uma importância essencial para a humanidade. O tempo é, nos filósofos da Antiguidade, denunciado como uma aparência sensível insignificante sobre um fundo de eternidade (desse modo, o devir para Platão) ou assimilado a uma duração infinita, cíclica (como nos mitos) ou (multi)linear e aleatória, sem começo nem fim, desprovida de sentido (o materialismo epicurista), ou, ainda, finalizado, mas com uma relação muito longínqua com a humanidade (o Primeiro Motor de Aristóteles). No cristianismo, a duração histórica se torna fundamentalmente escatológica: ele se refere aos fins últimos da humanidade. A História tem uma origem (que é, conforme o ponto de vista adotado, a Criação, a Queda, a vinda de Cristo) e um fim: o Fim dos Tempos, intervenção direta de Deus, dividindo a humanidade entre a eternidade paradisíaca e a perenidade do inferno. A partir disso, o sentido e o problema de cada existência terrestre individual se torna a preocupação constante de merecer uma e de evitar a outra: a existência se torna "soteriológica", ou seja, centrada sobre a "salvação da alma".

Nos quadros simbólicos e conceituais assim estabelecidos pelos textos sagrados e sua interpretação dogmática (tornada obrigatória pela autoridade da Igreja), o recurso à razão e à filosofia recebem, no máximo, a tarefa subordinada de servir: servir à salvação individual e coletiva da humanidade, tendo, como imperativo primeiro, não contradizer o ensinamento da religião. A filosofia se torna servil – *ancilla theologiae* –, "serva da teologia".

6.1. O agostinismo

A vida de santo Agostinho é inseparável de sua obra: ela constitui um itinerário espiritual, que ele relata nas *Confissões*. Ele inventa, desse modo, a autobiografia que valoriza a subjetividade e a existência pessoais, ausentes na filosofia grega. O existencialismo, no século XX, pensará reconhecer em santo Agostinho o primeiro pensador existencialista.

Nascido em Tagaste (atualmente na Algéria), em 354, de pai pagão e mãe cristã (santa Mônica), Agostinho procurará primeiro no maniqueísmo[4] uma resposta à sua interrogação filosófico-religiosa em relação à existência do mal. Depois de um breve período

---

[4] Doutrina do profeta persiano Manes (século III d.C.), que reúne a antiga religião de Zoroastro (séculos VII-VI a.C.) e o cristianismo primitivo. O maniqueísmo é, portanto, uma das inumeráveis heresias cristãs dos inícios, que santo Agostinho combaterá. Ele explica a existência do mal pela luta de duas divindades de força quase igual, o deus do bem e o deus do mal, que disputam o mundo entre si.

Uma introdução em memória | 43

de ceticismo, ele aprofunda a filosofia platônica e neoplatônica[5] e se converte, em 386, ao cristianismo. O encontro com o idealismo antigo lhe permite intelectualmente se subscrever ao ensinamento cristão e reformulá-lo. Agostinho se tornará bispo de Hipona, na África do Norte, onde morre em 430, no momento em que os vândalos invadiam essa parte do Império Romano. Cronologicamente, santo Agostinho pertence, portanto, à Antiguidade (que termina com a queda do Império Romano do Ocidente, em 476), mas o porte de sua obra será inteiramente determinante para o pensamento medieval.

Uma experiência capital de Agostinho foi a da convergência possível da razão e da fé. Ela está na base de sua síntese platônico-cristã e constitui o modelo da teologia racional, que afirma que a religião e a filosofia devem completar-se e não se opor. A idéia geral de Agostinho é que não podemos exercer a razão (o espírito crítico ou sistemático) a partir de nada: não podemos pôr em dúvida ou construir, a não ser sobre a base de proposições às quais aderimos. O ceticismo integral é um absurdo ou uma impossibilidade, porque se contradiz logo que se enuncia e se pretende verdadeiro. A crença não é, portanto, oposta à razão, à inteligência, à compreensão. Estas pressupõem sempre aquela. Para compreender, é preciso primeiro crer; a fé precede a razão. Mas a razão é também complementar à fé, no sentido de que ela pode e deve esclarecê-la, explicitá-la, prolongá-la.

---

[5] O neoplatonismo designa a última filosofia grega original: a de Plotino e de Porfírio, desenvolvida em Alexandria, no decorrer do século III d.C. Inspirado pelo idealismo platônico, o neoplatonismo coloca o Uno no centro de toda a realidade. O Uno não é, como tal, definível, pois toda definição conceitual o limitaria abusivamente. Apenas uma linguagem metafórica é suscetível de evocá-lo de modo apropriado, e o espírito só acede a ele finalmente no êxtase. Embora filosófico, o neoplatonismo está próximo do misticismo e da teologia negativa (segundo a qual só podemos falar de Deus dizendo o que ele não é ou aquilo a que não podemos limitá-lo).

Notemos que Agostinho parte de uma consideração lógica geral, ou seja, a de que existe, no ponto de partida de qualquer exercício da inteligência, certo número de enunciados, geralmente implícitos, aos quais aderimos. Essas proposições são, ordinariamente, "verdades" de senso comum ou princípios lógicos, como o princípio de identidade, cujo respeito condiciona, com efeito, a coerência de todo discurso. Contudo, sob o pretexto de que não podemos raciocinar sem pressupor tais "crenças", Agostinho considera legítimo postular também, como fundamento do exercício da razão, as crenças muito particulares (próprias não do senso comum, mas da comunidade cristã), que são os dogmas da fé evangélica.

Estabelecendo desse modo a possibilidade e até a necessidade do acordo entre a razão e a fé, em que consiste a articulação agostiniana entre o racionalismo idealista antigo e a revelação cristã?

A fim de medir sua importância e seu significado, é preciso ter em mente que, para uma parte considerável do pensamento da época, não existem dois mundos, material-natural e imaterial-divino, nem, por conseguinte, alma ou espírito, ou até um Deus, que sejam puramente imateriais. As diferenças são uma questão de graus, de materialidade mais ou menos sutil, mais ou menos perceptível a nossos sentidos grosseiros, e não de clivagem ontológica, que opõe duas ordens irredutíveis de realidades e suscita, ao mesmo tempo, o problema de sua comunicação. É principalmente a corrente platônica, e depois neoplatônica, que afirma e radicaliza tal diferença ontológica. Ora, é nessa corrente que santo Agostinho vai tirar os conceitos que o levarão à noção de uma alma, de um Deus e de um mundo radicalmente imateriais: ideais, espirituais, transcendentes. A filosofia idealista coloca, em suma, o cristianismo em uma luz nova, que seduz Agostinho e provoca definitivamente sua conversão. Mas essa adesão é, também, uma construção de santo Agostinho: é ele quem irá impor uma teologia caracterizada por um forte dualismo, distinguindo irredutivelmente entre a alma e o corpo, o mundo divino e o mundo natural, o conhecimento espiritual e a experiência sensível.

A teoria do conhecimento do agostinismo ilustra bem esse dualismo tipicamente platônico, ao mesmo tempo salientando sua diferença cristã. Como Platão, Agostinho opõe o saber sensível – grosseiro e enganador – ao saber inteligível das idéias-essências eternas. Estas, porém, não constituem mais, como no idealismo platônico, um mundo em si. Elas são as idéias pensadas e desejadas por Deus. Doravante, a verdade e o mundo transcendentes são dependentes de um sujeito transcendente. As idealidades platônicas não eram pensadas por um Deus: elas eram como que objetos imateriais, eternos, modelos de todas as coisas. Conforme a epistemologia de inspiração agostiniana, o conhecimento espiritual se torna participação da inteligência humana na inteligência divina, seja pelo fato de o homem encontrar, em seu próprio entendimento e com o auxílio da reflexão, as verdades que Deus nele inscreveu, seja pelo fato de Deus elevar o espírito humano e lhe dar a ver as verdades eternas diretamente no entendimento divino. A segunda via é mais mística, mas uma e outra postulam o auxílio da luz divina e confirmam a concepção teórica, contemplativa, do conhecimento.

O Império Romano do Ocidente se desmorona pouco depois da morte de Agostinho, acarretando o desaparecimento quase total da cultura greco-latina. Será necessário esperar até o século IX (sob o reinado de Carlos Magno) para que tenha lugar um início de reerguimento, que tomou a forma de uma organização do ensino em sete "artes liberais", às quais se acrescentarão a medicina e a filosofia, e esse conjunto sendo coroado pela teologia. É esse conjunto que entrará na história sob a expressão de "ensino escolástico" e que se imporá às universidades, desde sua instituição nos séculos XII e XIII. A partir do século IX, o agostinismo se afirma, principalmente sob o impulso de um pensador vindo da Irlanda para a França: João Escoto Eriúgena. Dois séculos mais tarde, santo Anselmo (de Canterbury) imagina a "prova ontológica da existência de Deus", que será utilizada e criticada muitas vezes no decorrer da história da filosofia. Seu esquema é simples: todo aquele que concebe corretamente a noção de Deus como um ser absolutamente perfeito não pode deixar de afirmar que Deus existe necessariamente, porque um ser que não existiria não poderia ser declarado perfeito. Ele seria, com efeito, afetado por um defeito capital: o de ser apenas uma ilusão ou um nada. O pensamento verdadeiro de Deus implica ou pressupõe sua existência. Apenas o insensato ou aquele que não pensa verdadeiramente as palavras que profere pode pretender o contrário.

A prova ontológica ilustra bem o agostinismo. Em primeiro lugar, porque ela é um argumento. Anselmo considera, portanto, que a fé em Deus não é oposta à razão, mas que esta, ao contrário, confirma a crença. Como Agostinho, ele pensa que fé e razão podem e devem se completar, e que a articulação da filosofia e da teologia é possível e necessária. Além disso, o argumento é tipicamente idealista. A fim de provar a Deus, ele não parte da experiência, do testemunho ou da consideração da natureza, mas da intuição de uma idéia e da dedução que essa idéia impõe. Seu argumento se pretende racional e *a priori*, universalmente válido.

O agostinismo não desaparece no decorrer dos séculos posteriores; ele deixa apenas de ocupar a totalidade ou o proscênio filosófico-teológico, para ceder o lugar a uma síntese nova, operada por santo Tomás entre a religião cristã e o outro grande filósofo clássico da Antiguidade: Aristóteles.

6.2. O tomismo

A miséria filológica da Idade Média é grande: acesso a pouquíssimas obras, multiplicação de comentários e de comentários de comentários, erros de atribuição, traduções com lacunas etc. Uma parte importante da herança cultural antiga atravessou melhor os séculos na parte oriental do Império, que não fora tomada pelas invasões bárbaras: o Império Romano do Oriente persistiu até o século XV. Ele forma o mundo bizantino e árabe, cuja civilização foi, durante quase mil anos, mais refinada que a do Ocidente. Contudo, se as obras acessíveis eram nele mais numerosas, as confusões quanto à autenticidade e à atribuição dos manuscritos foram igualmente freqüentes. É assim que o pensamento de Aristóteles vai, primeiro, reaparecer sob uma forma neoplatônica, desde o século XI, pela interpretação dos escritos do pensador árabe de origem iraniana: Avicena (Ibn Sina, 980-1037). Todavia, o verdadeiro retorno de Aristóteles teve lugar a partir do século XII, sob a influência de outro filósofo árabe estabelecido na Espanha: Averróis (Ibn Rochd, 1126-1198), que elabora uma articulação entre o aristotelismo e o islamismo. O averroísmo e o aristotelismo (ainda misturado com o neoplatonismo) foram durante muito tempo combatidos como contrários aos dogmas da Igreja, e porque se delineia uma tendência, na Universidade (principalmente de Paris), de ensinar a filosofia por si mesma, sem se preocupar, por outro lado, com a teologia e suas divergências.

O gênio de santo Tomás de Aquino (1225-1274) se deve à sua capacidade de harmonizar concepções de Aristóteles e dogmas cristãos. A importância de sua síntese teológico-filosófica é imensa, pois ela irá definir, por séculos, a concepção ocidental dominante do mundo e da condição humana (é, em grande parte, contra essa concepção que a ciência moderna terá de se impor) e permanece, ainda hoje, muito viva nos pensadores cristãos "neotomistas". Com efeito, o nome dessa síntese aristotélico-cristã é o "tomismo"; é ela que vai prevalecer sobre a síntese agostiniana a partir do século XIII.

Santo Tomás é partidário da teologia racional: a fé e a razão são dons de Deus e não se podem contradizer. Uma conclusão filosófica em desacordo com o dogma é a indicação clara de um erro de raciocínio. Há duas vias para uma mesma e única verdade: a da religião, que parte diretamente da Revelação divina, e a da filosofia, que parte da natureza para chegar a Deus.

Tomás considera, portanto, que é possível fornecer provas da existência de Deus, mas rejeita o argumento ontológico de santo Anselmo. Por quê? Não porque tal argumento seria falso em si mesmo – é verdade que a essência de Deus implica sua existência –, mas porque não temos nenhuma intuição direta dessa essência divina, assim como, por outro lado, de nenhuma outra essência ideal. Trata-se, de fato, de uma crítica do pressuposto platônico (e de sua adaptação agostiniana) da intuição das idéias. Trata-se, ao mesmo tempo, de uma afirmação de nossa insuperável finitude, enquanto criaturas terrestres com inteligência limitada, e cujo saber não pode, de modo algum, se igualar com a ciência divina, que é infinita e que ultrapassa a totalidade do tempo e do espaço.

As provas de Deus, propostas por Tomás de Aquino, partem da experiência do mundo sensível, a propósito do qual o raciocínio mostra a necessidade de um fundamento transcendente. Por exemplo:

- a experiência do movimento: uma coisa não está em movimento se não for posta em movimento por uma força motriz anterior. Só podemos evitar a regressão ao infinito se concebermos um "primeiro motor" que se move por si mesmo e que é a origem transcendente da cadeia dos acontecimentos;
- a constatação da ordem na natureza: essa harmonia natural não é inteligível a não ser pela hipótese de uma inteligência reguladora e ordenadora.

A inspiração aristotélica geral desse tipo de argumento se deve à recusa de "saltar" a consideração do mundo sensível; ela é também, algumas vezes, inteiramente explícita, como no caso do movimento que leva ao "primeiro motor".

Essa inspiração inerva a teoria do conhecimento, a ontologia e a cosmologia de Tomás de Aquino.

A teoria do conhecimento: não existe intuição *a priori* das essências nem acesso ao conhecimento independentemente da experiência sensível. O saber exige a colaboração dos sentidos e da inteligência para depreender a forma essencial e universal, enterrada no particular. Embora a indução tomista seja, assim como a indução aristotélica, um processo de "abstração" muito diferente da indução científica moderna, ela oferece, no entanto, um terreno mais propício para o desenvolvimento desta do que a intuição ou a iluminação platônico-agostinianas, que pretendem ignorar a experiência sensível.

Uma introdução em memória

A ontologia: como em Aristóteles, toda realidade é um composto de matéria (que individualiza e particulariza) e de forma (universal e inteligível). A matéria é passiva e recebe a forma.

A cosmologia: o mundo é dividido entre, de um lado, o espaço sideral, onde estão os corpos celestes e perfeitos, onde o movimento é circular e onde reina a eternidade, e, do outro lado, o mundo terrestre, onde as coisas, diversamente mudadas, nascem, mudam e perecem.

Tomás de Aquino foi canonizado no século XIV pela Igreja que, desse modo, reconheceu total e oficialmente sua doutrina, exposta e sintetizada em uma obra maior: a *Suma teológica* (*Summa theologica*).

7. Nominalismo e proto-empirismo ou as primícias da modernidade

Propriamente falando, não houve filósofos *ateus* ou *agnósticos* na Idade Média, porque a expressão de tal posição teria sido impossível. Mas é legítimo seguir, a partir do século XI, uma linha de pensamento, mais representada na Inglaterra (na universidade de Oxford) do que na França, que prepara, bem mais que o aristotelismo tomista, as concepções modernas. Trata-se da corrente *nominalista*, cuja formulação exemplar teve lugar no século XII, por ocasião da famosa "Querela dos Universais".

Os "universais" são os "gêneros" e as "espécies", ou seja, as idéias ou significações gerais, a respeito das quais se coloca a questão de seu estatuto. Quando eu utilizo um nome comum ou genérico (por exemplo: "homem", "humanidade"), a significação que ele expressa existe enquanto tal, ou seja, como uma entidade geral (uma essência universal, ideal mas real)? Ou o nome não é, no caso, mais que uma etiqueta cômoda por trás da qual não existe nada de geral, mas apenas um conjunto de coisas particulares e concretas (no caso, os indivíduos humanos), aos quais o nome comum permite de algum modo referir globalmente?

Para o nominalista, existem apenas coisas particulares; o universal não existe em si mesmo; os universais são apenas "nomes", termos utilizados de certo modo para referir de uma só vez a um número mais ou menos grande de coisas particulares, reunidas sobre a base de semelhanças sensíveis. Existem homens, mas a "humanidade" ou o "homem" não existe.

Os adversários dos nominalistas são os idealistas, mas agora eles são chamados de "realistas", porque pretendem atribuir uma realidade em si aos universais. Para eles, o termo "humanidade" designa a essência real de todos os seres particulares chamados de "homens": seja por essa essência existir em um mundo transcendente como uma "idéia" objetiva mas imaterial (Platão), seja por um pensamento eterno de Deus (santo Agostinho), seja por existir nas coisas particulares apenas, conforme o modelo aristotélico, seja por ela existir, ao mesmo tempo, em Deus e nas coisas particulares, uma vez que o espírito humano só consegue conhecê-la quando a abstrai destas (santo Tomás). Em todos os casos, entretanto, o universal tem uma existência real, independente da compreensão humana e de suas construções.

O nominalista medieval mais célebre foi Guilherme de Ockham (1285-1349), da universidade de Oxford. Seu nome é associado ao princípio nominalista fundamental: "Não se devem multiplicar as entidades além do necessário" (a "navalha de Ockham", porque ele corta as pseudo-realidades metafísicas, geradas pela linguagem). É, portanto, inútil e danoso, porque fonte de confusões, de erros e de perda de tempo, imaginar uma essência do Homem por trás da realidade concreta dos homens.

Durante o século XIV explode uma primeira "querela entre os antigos e os modernos", opondo os *Antiqui* e os *Moderni*. Os primeiros são os pensadores, considerados como conservadores ou reacionários, platônicos e aristotélicos averroístas ou tomistas. Os segundos, partidários de Ockham, aferram-se à ontologia, à epistemologia e à cosmologia aristotélicas, denunciando todo resíduo de platonismo e recusando a metodologia científica dos Antigos que procuram o saber sobre o modo *a priori* (especulativo ou dialético), nos livros e nos comentários de livros reconhecidos pela tradição e que gozam de autoridade. Esse saber lingüístico é considerado verboso. Contra esses excessos, é preciso reconhecer como fontes únicas de saber científico a experiência e as matemáticas. Estas são mais desenvolvidas em Oxford do que em Paris, onde triunfa o raciocínio dialético. Podemos perceber aqui a origem longínqua da divergência entre a filosofia anglo-saxônica e a filosofia européia continental, ainda sensível no século XX. Desde o século XIII, a primeira começa a privilegiar o empirismo e o cálculo e desconfia da linguagem e da especulação. Ela acentua o indivíduo e, como veremos, a liberdade. A segunda herda o idealismo, privilegia a metafísica e a ontologia e coloca, por esse próprio fato, limites *a priori* ao exercício possível e legítimo da liberdade.

Para Roger Bacon (1214-1292), apenas a experiência, e não a dedução, fornece a certeza e permite escavar o detalhe da natureza. É nele que encontramos, pela primeira vez, a expressão "ciência experimental". Ele não a considera ainda como o método geral do progresso do saber, mas como um conjunto de conhecimentos mais bem estabelecidos que os outros, porque eles se tornaram o objeto de uma verificação empírica suscetível de ser repetida.

Um discípulo de Ockham, Nicolas d'Autrecourt (1300-1350), empreende sobre a questão da causalidade uma crítica, não só vigorosamente antiaristotélica, mas que anuncia também diversos aspectos da análise operada pelo grande empirista inglês, David Hume, no século XVIII. A sucessão causal pode ser apenas constatada; de nenhum modo ela é dedutível *a priori* e independentemente da experiência. Também a generalização sob a forma de lei causal é sempre hipotética. Nada permite afirmar que os fenômenos naturais devem encadear-se do modo como se encadeiam conforme nossas observações nem que se encadearão sempre desse modo. A contingência das leis naturais é reconhecida.

Essas concepções não são sem importância teológica e ultrapassam as questões unicamente de conhecimento. Elas comportam principalmente a idéia de um primado da vontade (liberdade) divina em relação ao entendimento divino (em que estão inscritas as leis, as essências e as verdades eternas) e em relação a qualquer verdade, seja ela qual for. Se a natureza é tal como aparece, é porque Deus livremente a quis ou criou assim. Ele teria podido desejá-la diferente e poderia, no futuro, desejá-la diferente, porque nenhuma "lei" se impõe à vontade de Deus. A liberdade divina é abissal, e seu poder não tem limites. Tal linha de pensamento comporta um antifundamentalismo, oposto a qualquer racionalidade absolutista e ontológica, que não é sem conseqüências para o homem. Já que este foi criado à imagem de Deus, ele deve conceder a cada indivíduo uma parte, ao menos um reflexo, dessa liberdade insondável e infinita. Não vemos mais, a partir disso, em nome de qual pretensa verdade um indivíduo (um coletivo) poderia legitimamente impor sua vontade (sua verdade) a um outro indivíduo. Essa observação é carregada de significação ética e política. Desde o século XIV, Ockham, como nominalista conseqüente, posta-se no limiar do princípio de tolerância e na margem da negação de qualquer fundamento, embora permanecendo, de certo modo, dentro da teologia cristã.

Capítulo I

A chegada do pensamento moderno na Renascença

A chegada da modernidade é um processo histórico muito complexo, que compreende profundas perturbações econômicas, sociais e políticas. A evolução das idéias, parte importante desse processo, é marcada por uma transformação da representação do mundo, uma mudança da natureza do conhecimento científico e uma modificação da relação com o tempo e com a ação. Essa revolução múltipla, que começa, sob certos pontos de vista, na Idade Média, apresenta aspectos estreitamente solidários.

1. A revolução cosmológica

■ O cosmo medieval era geocêntrico, finito e heterogêneo.

■ A revolução copernicana opera uma mudança de centro.

■ Bruno: a liberdade do pensamento e a infinitude do universo.

PALAVRAS-CHAVE
• Deus • geocentrismo • heliocentrismo • imanência • infinito • lugar • mundos sublunar e sideral • movimento • panteísmo • revolução copernicana • universo

1.1. O cosmo medieval

No fim da Idade Média, a representação dominante do mundo é de origem aristotélica. A filosofia de Aristóteles foi, com efeito, novamente introduzida no Ocidente e imposta, desde o século XIII, por santo Tomás de Aquino (1225-1274). Ela se tornou, sob sua forma teológica, a doutrina oficial da Igreja: o *tomismo*.

Notemos, entretanto, que a representação medieval do cosmo é composta: nela, a influência de Aristóteles é subordinada aos dogmas cristãos (conforme o princípio que pretende que a filosofia é tão-somente a serva da teologia) e modulada diversamente (pelo platonismo, pelo neoplatonismo etc.). Ela é também marcada pela concepção cosmológica que vem do astrônomo greco-egípcio Ptolomeu (século II d.C.), cujo nome ficou associado ao geocentrismo.

Quais são as grandes características do cosmo medieval?

- *O universo é uma totalidade finita*. No *tempo*: ele tem um início (criação por Deus) e um fim (o fim dos tempos e do mundo). No *espaço*: o universo é fechado. Ele apresenta a estrutura de um encaixamento de esferas concêntricas. Imóvel no centro encontra-se a Terra (geocentrismo). A esfera mais exterior é a abóbada celeste, sobre a qual estão dispostas as estrelas chamadas de "fixas". As esferas intermediárias são as da lua, do sol e dos planetas que, todos, giram ao redor da Terra.
- *O espaço é heterogêneo, qualitativamente diferenciado*. As leis físicas não se aplicam em todo lugar uniformemente. O cosmo aristotélico é um mundo de "lugares" ontologicamente distintos, ou seja, que diferem radicalmente, em seu próprio ser. A grande divisão é a que distingue o *mundo terrestre* (ou "sublunar": sob a esfera da lua) do *mundo sideral*. As propriedades desses dois espaços são radicalmente

diferentes. O primeiro é composto de matéria "corruptível", ou seja, sujeita à mudança e à destruição. Nele, os corpos não são nem imutáveis nem eternos. Eles nascem e perecem. Dois tipos de *movimentos* são localizáveis: o movimento chamado de "natural", pelo qual um corpo alcança seu lugar natural (desse modo, um corpo em que domina o elemento "terra", como uma pedra, cai na terra; o fogo sobe para o sol etc.); o movimento chamado de "violento", pelo qual um corpo é desviado de seu lugar natural. O mundo sublunar é, portanto, cheio de acidentes e de incoerências. Em contrapartida, o espaço sideral é composto de corpos imutáveis e eternos (planetas, estrelas etc.), que são imóveis ou estão em movimento circular (perfeito) eterno. Em outras palavras, a qualidade do espaço-tempo sideral é diferente da qualidade do espaço-tempo sublunar: a mesma física não se aplica aos dois. Em tal quadro, a idéia de enviar um objeto fabricado (como uma astronave), com material "sublunar" e que obedeça às leis do mundo terrestre, para os planetas, é propriamente inconcebível (e não só tecnicamente irrealizável). É uma loucura e também um pecado, porque os dois espaços são fortemente hierarquizados: o mundo sideral, próximo do divino, é puro e infinitamente superior ao mundo sublunar, que não pode manchá-lo.

1.2. A revolução copernicana

É por volta de 1543 (o ano de sua morte) que aparece o *De Revolutionibus Orbium Coelestium*[1] de Nicolau Copérnico (nascido

---

[1] *Sur les révolutions des orbes célestes.* Trad. de J. Peyroux, Paris, A. Blanchard, 1987.

na Polônia em 1473). A obra de Copérnico desfere golpes decisivos na concepção aristotélico-medieval do universo. Ela comporta:

- *o fim do geocentrismo*: Copérnico põe a Terra em movimento e a retira do centro. Ele faz dela um planeta; ao mesmo tempo, ele nega a diferença de hierarquia entre os dois mundos: se a Terra é um planeta, isso quer dizer que os planetas são como a Terra. *O universo se torna homogêneo.* As mesmas leis físicas e matemáticas se aplicam em todo lugar a uma mesma matéria;
- *a ruptura com a evidência sensível e o senso comum*: afirmar que a Terra gira em torno do sol e que este é imóvel se opõe à experiência de cada dia.

A revolução copernicana, todavia, limita-se a uma mudança de centro: ela coloca o sol no centro do universo. Esse *heliocentrismo* preserva amplamente a eleição divina do homem. Ainda estamos longe de um universo infinito, desprovido de qualquer centro, ou de um universo muito vasto, no qual o sistema solar não ocupa uma posição privilegiada. O universo de Copérnico permanece um universo fechado e centrado.

1.3. O universo infinito de Bruno

Giordano Bruno (Itália, 1548-1600) é uma figura filosófica particularmente interessante e muito representativa da Renascença. Dominicano, ele contesta diversos dogmas da doutrina cristã e chega até a duvidar da divindade de Jesus Cristo. Ele deixa o hábito em 1576 e vive doravante uma existência feita de perseguições, de exílios e de fugas, através de toda a Europa, proclamando suas idéias. Detido em 1592 na Itália, é torturado e aprisionado. Seu calvário durará oito anos: recusando obstinadamente renegar suas convicções, ele é queimado vivo em Roma, em 1600. Bruno foi uma testemunha exemplar do

A chegada do pensamento moderno na Renascença

pensamento livre que recusa qualquer subordinação ao dogma. Sua obra mais conhecida é o *De l'Infinito Universo e Mondi* (1584),[2] redigido em italiano (língua vulgar) e não em latim (a língua do poder).

Com Bruno, assistimos ao desmoronamento das esferas cósmicas e à afirmação da *infinitude positiva do universo*, no qual nem o Sol nem a Terra ocupam o ponto central, porque em um espaço infinito não há lugar privilegiado. A obra de Bruno contém evocações quase astronáuticas: a visão da Terra que se torna, à medida que dela nos afastamos, um astro brilhante, depois um ponto, imediatamente apagado na imensidão.

O correlato dessa infinitude cósmica é a *pluralidade dos mundos*: os sistemas solares são inumeráveis. Bruno celebra essa diversidade do universo como uma riqueza, com entusiasmo. Com efeito, a inesgotável infinitude do universo está, sozinha, à medida de Deus. Infinito, este não teria podido criar um mundo finito. Além disso, apenas a *infinitude* do universo é inteligível para a razão e para a imaginação humanas: nós concebemos naturalmente um cosmo infinito, ao passo que não podemos evitar perguntar sobre "o que existe" para além da última esfera no limite do mundo.

O pensamento de Bruno é uma espécie de *panteísmo*, segundo o qual "Deus é tudo e tudo é Deus". Ele concebe Deus como *imanente*, e não transcendente, ao universo: Deus é uma espécie de artista, de força organizadora interna em tudo o que existe. Esse pensamento *ignora, portanto, o dualismo* e a distinção estrita da matéria e do espírito; com efeito, se o universo é verdadeiramente infinito, nada lhe poderia ser exterior. O que vive – e, de certo modo, tudo está vivo – é, ao mesmo tempo, material e espiritual: o mundo é animado e Deus é essa alma inseparável do mundo, que também faz com que o mundo se mantenha coeso, seja unitário, apesar de sua infinita diversidade.

---

[2] *De l'infini, de l'univers et des mondes*, em *Oeuvres complètes*. Trad. de Y. Hersant, Paris, Les Belles Lettres, 1993.

Embora encarne a reivindicação do pensamento livre e tenha contribuído para a destruição da imagem aristotélico-medieval do universo, Giordano Bruno não teve muita influência sobre a *nova ciência* nascente. Com efeito, ele antes se opunha ao espírito desta, porque nada esperava da experiência (confusa, freqüentemente errônea, fechada ao infinito: nossos sentidos têm apenas um porte finito) nem das matemáticas. Observação e cálculo comportavam demasiadas exigências para esse homem que reconhecia tão-somente a especulação livre e ilimitada, e cuja imaginação não admitia fronteiras.

LEITURAS SUGERIDAS

EASLEA B. (1986), *Science et philosophie. Une révolution 1450-1750.* Trad. de N. Godneff, Paris, Ramsay.

KOYRÉ A. (1988), *Du monde clos à l'univers infini.* Trad. de R. Tarr, Paris, Gallimard (Tel 129).

KUHN T. (1992), *La révolution copernicienne.* Trad. de A. Hayli, Paris, Librairie générale française (Le livre de poche-biblio. Essais 4146).

LEVERGEOIS B. (1995), *G. Bruno*, Paris, Fayard.

ROUGIER L. (1980), *Astronomie et religion en Occident*, Paris, PUF (fora de coleção).

STACHIEWICZ W. (1974), *Copernic et les temps nouveaux*, Québec, Presses Universitaires de Laval.

2. A nova ciência

- A ciência antiga como "logoteoria".
- O "novo método" e a visão prospectiva da ciência segundo F. Bacon.
- Copérnico e Galileu: realismo ou operacionalismo?
- Galileu, engenheiro e matemático.
- A dupla ruptura com a ciência antiga.

PALAVRAS-CHAVE

• causas finais e causas eficientes • confusão das palavras e das coisas • experimentação • indução • linguagem • logoteoria • método • natureza • operacionalismo • órganon • física matemática • poder • realismo • ciência moderna • técnica • teórica

A nova ciência, que se constitui progressivamente do fim da Idade Média até o sécculo XVII, é a *ciência moderna*, da qual as tecnociências contemporâneas são a continuação. Trata-se de um processo longo e complicado de mutação daquilo que chamamos de "saber". Desse modo, a reintrodução, no século XII e no século XIII, do pensamento de Aristóteles constituiu um "progresso" em relação ao primado dos idealismos platônico e agostiniano, que reinavam até esse tempo. Ora, é o aristotelismo que será o alvo maior das críticas renascentistas e modernas desde o século XVI. Esse processo é tão rico em precursores, como os nominalistas e experimentalistas (Roger Bacon desde o século XIII. Guilherme de Ockam no século XIV). Na constituição da ciência moderna, tudo é complexo e freqüentemente ambivalente: as manipulações dos alquimistas foram, sob certos aspectos, o cadinho da química experimental; em troca, as crenças alquimistas de um Newton (1642-1727) ou astrológicas de um Kepler (1571-1630) aparecem como a sombra negativa e retrógrada de sua contribuição para o impulso da ciência moderna, embora tais crenças também tenham motivado suas pesquisas.

Por fim, não é possível compreender a importância, a significação e também o porte da nova ciência para a filosofia, se não a contrastarmos com a ciência antiga, solidária da filosofia e de natureza logoteórica.

2.1. A ciência antiga como logoteoria

2.1.1. *Definição*

A ciência antiga era logoteórica, ou seja, constituída pela linguagem (logos) e pela visão intelectual ou espiritual (theoria).

Ela era *constituída pela visão espiritual* (ou teórica: especulação, contemplação): o saber era uma questão de olhar ou de espelho do espírito. Conhecer era refletir mentalmente as estruturas essenciais, imutáveis, dos seres e do mundo. Toda coisa existente é ela mesma por causa de sua referência a uma forma essencial, perceptível pelo espírito que, ao percebê-la, *conhece*-a. A meta suprema do homem enquanto homem é a posse desse saber *teórico*, ou seja, a contemplação clara das essências imutáveis de todas as coisas. É o ideal da vida *contemplativa* ou *teórica* do filósofo. A ciência antiga é uma questão de reflexo e de visão.

Era *constituída pela linguagem*: a ciência antiga é formulada com o auxílio da linguagem comum; ela é discursiva (e não formal ou matemática); utiliza as palavras da língua natural, que ela redefine, precisa e procura articular de modo rigoroso (definições, raciocínios dedutivos etc.). Sua forma acabada é o tratado ou o livro. Ela tende, por outro lado, principalmente na Idade Média, a se tornar livresca, compilatória e comentadora de alguns livros considerados definitivos (as "autoridades": principalmente Aristóteles). Mas a ciência antiga é ainda lingüística, em um sentido mais profundo e que se refere à sua origem. Ela é produzida pela *reflexão ativa (é a especulação) sobre a organização lingüística ou simbólica do real*. Ao adquirir uma linguagem, nós adquirimos certa concepção do mundo, colocada na forma da experiência, que varia mais ou menos conforme as línguas, culturas e tradições. Estamos no-mundo-pela-linguagem. O dado a partir do qual e sobre o qual refletimos não é a realidade bruta ou o real em si, mas a representação simbólica do real, que adquirimos pela educação e pela aculturação, de modo especial pelo aprendizado de uma língua. É também pelo fato de o real ser assim simbolizado que ele tem sentido, e que cada coisa tem uma identidade definida e uma significação. Tornar-se ou ser "humano" é poder viver e se localizar em um mundo de linguagem, em uma imagem simbólica da realidade, que não é necessária (ela pode ser diferente e mudar) nem totalmente gratuita (se a representação simbólica do real fosse totalmente inadequada a este, ela não permitiria sobreviver). Todavia, esse modo de ser no mundo por meio da linguagem caminha com certa *não-distinção entre o mundo e a linguagem, entre as coisas e as palavras.* É essa não-distinção que leva a crer que, *ao conhecer as palavras e a articulação entre as palavras, conhecemos também as coisas e a estruturação da realidade.* A ciência antiga, que não se distingue da filosofia, procede em parte dessa confusão entre palavras e coisas. Em parte apenas, pois ela critica as representações do mundo oferecidas por alguns discursos e os considera irracionais, falsos, vagos, incoerentes. Ela critica também a opinião (a "doxa"), o senso comum, o mito, numerosas crenças etc. Na realidade, a ciência antiga ou filosófica constitui-se como uma *reflexão ativa* sobre o dado lingüístico, que ela procura tornar mais coerente, mais claro, mais rigoroso, definitivo e estável, mais racional. Esse trabalho, chamado de "especulativo ou reflexivo", é, portanto, também metalingüístico e semântico: trata-se de uma formalização do ser-no-mundo-pela-linguagem, da qual se espera que produza uma imagem simbólica (um livro) perfeitamente adequada ao real, ou seja, *verdadeira.* Tal imagem, considerada definitiva, chama-se, na filosofia, *ontologia* (um discurso teórico sobre aquilo que fundamentalmente *é*). Ela constitui a tarefa última da filosofia enquanto ciência suprema. As outras ciências lhe são subordinadas, porque apresentam apenas imagens parciais que correspondem a certas regiões do real.

2.1.2. *Uma dupla ilustração*

Platão oferece uma ilustração particularmente clara da natureza reflexiva e discursiva do projeto antigo da ciência. Ele elabora a ciência das *idéias.* Ora, as idéias correspondem aos conceitos, ou seja, às significações das palavras perfeitamente definidas. Ao mesmo tempo, essas idéias constituem, para Platão, a verdadeira realidade, as formas e estruturas essenciais, transcendentes, que o universo material das coisas corporais e em devir reflete apenas de modo imperfeito. Como temos acesso à ciência das idéias, ou seja, a uma representação adequada da verdadeira realidade? De um lado, pela dialética – que é uma busca progressiva de definições. Do outro lado, e de modo último, pela intuição (o olhar do espírito), com a qual fingimos crer que ela é uma apreensão pura e passiva das formas ideais, ao passo que ela é uma reflexão ativa sobre o dado lingüístico, sobre as significações lingüísticas. A especulação metalingüística reorganiza e estrutura tais significações. A ciência platônica é o resultado desse trabalho semântico *a priori* (realizado independentemente da experiência sensível). Ela se refere às palavras e à sua significação, ao mesmo tempo simulando ser a respeito das coisas mais fundamentais, ou seja, o mundo das idéias, único mundo verdadeiramente real. Mas as idéias platônicas são apenas significações hipostasiadas. Desmascarada, a ciência platônica revela-se não uma metafísica, mas uma *metalingüística* ou *semântica*.

A filosofia de Platão acentua também de modo decisivo para a seqüência do pensamento ocidental a natureza *teórica* (visual, contemplativa) do conhecimento. O radical etimológico de "idéias" (idea, eidos) evoca "o aspecto ou a forma visível, iluminada" de uma coisa. Todo o "mito da caverna" (em *A República*), que ilustra maravilhosamente a ontologia e a teoria do conhecimento platônicos, gira em torno do léxico e da metáfora da luz, da visibilidade, do olhar. A noção fundadora de *idéia* evoca bem os dois aspectos essenciais da ciência *logoteórica*: a idéia é significação e, portanto, está associada à linguagem (logos); a idéia é forma visual e, portanto, está associada ao olhar ("theorein" significa contemplar).

Em Aristóteles, o projeto de ciência permanece fundamentalmente logoteórico, mas sob uma forma menos evidente que em Platão, do qual ele rejeita o mundo das idéias. Aristóteles não faz, na

A chegada do pensamento moderno na Renascença

realidade, nada mais do que introduzir as formas ideais de Platão *nas* coisas concretas que as exemplificam materialmente. Desse modo, a forma essencial do homem não existe independentemente e de modo transcendente, mas apenas *nos* indivíduos humanos. Resta que essas formas-essências são representadas nas definições gerais, que essas definições gerais são o objeto da ciência e que elas são obtidas, segundo Aristóteles, por uma intuição, que ainda não é uma verdadeira indução empírica ou experimental. A intuição aristotélica pretende discernir no particular (o indivíduo) a forma universal (a essência). Idealmente, ela é imediata, ou seja, a acumulação de observações e a comparação de experiências não são, em princípio, indispensáveis. Isso é concebível apenas porque as coisas, das quais se quer conhecer a essência, são coisas *nomeadas*, simbolicamente representadas. Elas são significações lingüísticas, muito mais que coisas concretas. É a partir dessa simbolização lingüística e com o auxílio da reflexão ou especulação (compreendida como intuição) que a forma essencial é depreendida, e não, prioritariamente, com a ajuda da pesquisa empírica e da análise concreta das coisas reais, físicas.

O caráter *a priori* do ideal aristotélico de ciência aparece mais claramente quando ele se refere à forma que deve tomar a ciência acabada. Essa forma é lógica, demonstrativa e, mais precisamente, silogística. O que é conhecido cientificamente, segundo Aristóteles, é a conclusão universal e necessária do silogismo. Nas premissas do silogismo é dada a explicação da conclusão. A explicação é o porquê, aquilo que Aristóteles chama de causa. Contudo, trata-se de uma causa lógica ou semântica, ou seja, que expressa um encadeamento conceitual ou de significações, que nada tem a ver com a causalidade mecânica e empírica da ciência moderna. A causa lógica é uma causa significante, pois ela liga significações. Desse modo, por exemplo, no silogismo:

Todos os homens são mortais.
Todos os gregos são homens.
Portanto, todos os gregos são mortais.

a causa – a explicação, o porquê – do ser necessariamente mortal dos gregos é o fato de são *homens* e, por definição (ou seja, por essência, *a priori*), todos os homens serem necessariamente mortais. Para Aristóteles, a *lógica* (a silogística) é o verdadeiro *Organon* da ciência, e isso quer dizer: *o instrumento, o método por excelência da ciência*, o instrumento de seu desdobramento rigoroso e definitivo. Essa lógica não é uma lógica matemática: ela trabalha com palavras (conceitos) e articula encadeamentos de proposições e, portanto, discursos. Fundamentalmente, a ciência aristotélica é, portanto, intuitiva e dedutiva, teórica (ou contemplativa) e discursiva (ou lingüística).

2.2. O "novo método" de F. Bacon

Francis Bacon (1561-1626) era, ao mesmo tempo, homem de ciência e de poder. Foi um dos personagens mais influentes da Inglaterra, muito preocupado em preservar e aumentar seu próprio poder político. Com efeito, F. Bacon ocupa um lugar essencial na cristalização conceitual daquilo que serão a ciência moderna e a tecnociência contemporânea, para as quais a noção de *poder* é capital. Em 1620, Bacon publica o *Novum Organum*[3] (segundo volume da *Instauratio Magna*).[4]

2.2.1. O "Novum Organum"

O título é explicitamente antiaristotélico: trata-se de definir um novo método para o avanço das ciências, mais eficaz que o órganon aristotélico. "Órganon", com efeito, designa tradicionalmente o conjunto dos tratados de lógica de Aristóteles e define, conforme explicamos acima, a lógica como o instrumento da ciência.

---

[3] *Novum Organum*. Trad. de J.-M. Pousseur e M. Malherbe, Paris, PUF (Épimethée), 1986.
[4] *La grande instauration: la réforme générale et universelle du monde entier*. Trad. de P. Dawkins, Paris, IIIᵉ Millénaire, 1990.

A chegada do pensamento moderno na Renascença

O porte do *Novum Organum* é, ao mesmo tempo, crítico e positivo. Eis alguns aspectos da crítica de Bacon:

- a lógica (a silogística) não é o instrumento nem a forma por excelência do saber;
- uma ciência lógica é tão-somente uma ciência *a priori* e formal, *vazia*: ela nada ensina, uma vez que se contenta em explicitar o conteúdo das premissas;
- a ciência deve ser *indutiva* e não *dedutiva*, mas não se trata da indução aristotélica, que é tão-somente uma intuição imediata do universal no particular;
- a ciência lógica opera sobre as *palavras*, ou seja, sobre as "etiquetas das coisas", ignorando estas últimas; é preciso romper a confusão entre palavras e coisas, origem essencial do saber filosófico antigo. A linguagem não oferece representação correta do real e não é uma fonte confiável para a ciência;
- é preciso rejeitar a ciência *livresca*, rejeitar qualquer preconceito e qualquer argumento de autoridade no estudo da natureza;
- é preciso distinguir entre causas *finais* e causas *eficientes*, e limitar-se à pesquisa das causas eficientes para a explicação científica dos fenômenos.

Lembremos, a esse respeito, que a distinção entre "causa final" e "causa eficiente" é de origem aristotélica. A causa *final* de um fenômeno é o seu porquê: ela diz por que (razão, sentido, objetivo) ele acontece. Temporalmente, ela parece, portanto, agir a partir do futuro. É por isso que uma descrição finalista do real dá sentido aos acontecimentos e à sua sucessão. A física e a cosmologia aristotélicas eram finalistas: uma pedra cai porque ela "quer ou deve" alcançar seu lugar natural final, a terra. A causa *eficiente*, em troca, é mecânica: seu modelo é o movimento de um objeto que arrasta por choque ou impulso o movimento de um outro objeto; essa causa é anterior a seu efeito. Ela explica, portanto, um fenômeno a partir de uma seqüência passada, sem fornecer um sentido ou um fim. Ela é como que cega, mas é também realmente eficaz, operativa: conhecê-la permite predizer e agir.

Posivitamente, o *Novum Organum* exige:

- praticar a *indução* no sentido moderno, ou seja, a depreensão progressiva de identidades e de diferenças reais, graças à observação e à comparação repetida das observações;
- praticar a experiência no sentido da *experimentação*, ou seja, de interações ativas com a natureza, para provocá-la "a entregar seus segredos"; não se contentar em observar passivamente; utilizar instrumentos e técnicas;
- *verificar*, fazer triagem, confirmar e corrigir incansavelmente, a fim de distinguir entre as causas eficientes verdadeiras e os fatores marginais, as circunstâncias acidentais de um fenômeno.

2.2.2. *Uma nova imagem da ciência e da natureza*

A busca de um "novo método" seguro para o desenvolvimento da ciência será uma das grandes preocupações dos séculos XVII e XVIII, na qual se inscreve também a obra de Descartes. Contudo, há em F. Bacon mais do que simples regulamentações metodológicas. Ele propõe também *toda uma concepção do porte, do valor e da natureza da ciência*. Tal concepção é revolucionária; ela é uma fonte maior da modernidade. A ciência moderna deverá ser:

- *ativa, operatória, eficaz,* e não contemplativa e verbal. Ela é intervenção na natureza, modificação física desta. Essa relação ativa, e até violenta, caracteriza a *pesquisa* (para extrair da natureza seus segredos) e a *aplicação* (remodelar a natureza para o homem);

A chegada do pensamento moderno na Renascença

- *técnica*: a utilização de instrumentos e de processos determinados permite explicar e controlar os fenômenos;

A natureza das coisas se entrega por meio dos tormentos da arte e não por sua própria liberdade (*Instauratio Magna*).

- *poderosa e operatória*: o *fim* último do conhecimento é aumentar o controle, o poder, o domínio do homem sobre a natureza, a fim de dobrá-la conforme suas necessidades e seus desígnios. Para isso, é preciso conhecer a natureza, *conhecer suas leis causais*, a fim de orientá-las engenhosamente (tecnicamente) em proveito da humanidade. Se conhecermos as causas eficientes de um fenômeno, poderemos livremente impedi-la ou provocá-la, ativando ou não suas causas. Podemos pesquisar o que acontece quando as modificamos. O conhecimento das causas eficientes leva diretamente ao domínio, ao controle da produção e à manipulação dos fenômenos. *Saber, para a nova ciência, é poder.*

Só triunfamos sobre a natureza quando a obedecemos (*Instauratio Magna*).

Concluindo, uma imagem da natureza se delineia como sendo fundamentalmente manipulável, transformável, entregue à exploração e à reconstrução humanas. Ao mesmo tempo, busca-se uma imagem da verdade segundo a qual será dita "verdadeira" não a teoria que reflete uma realidade imutável e que deve ser contemplada, mas aquela que permite agir com eficácia na natureza e modificar o dado.

Estamos nos antípodas da ciência logoteórica antiga. Em todos os casos, na intenção. Com efeito, faltou a Bacon uma parte muito considerável daquilo que irá constituir o novo método e a nova ciência: as matemáticas. F. Bacon as considera demasiadamente teóricas, até especulativas; ele as considera, portanto, sem grande interesse para a ciência e para o domínio real da natureza.

2.3. A ciência matemática: realismo e operacionalismo

2.3.1. *O prefácio de Osiander*

Uma motivação fundamental das pesquisas de Copérnico foi *prática*. Tratava-se de inventar métodos de cálculo, mais simples ou mais confiáveis, para a elaboração de calendários, implicando a previsão do movimento dos planetas. Os métodos existentes na época, herdeiros de Ptolomeu, que raciocinava dentro de um sistema geocêntrico, eram pesados, aproximativos e exigiam uma freqüente revisão de seus resultados. Na origem da hipótese heliocêntrica houve, portanto, intenção e interesse muito *concretos e pragmáticos*.

Copérnico aproxima-se do fim de sua existência quando o *De Revolutionibus* foi apresentado para a impressão. Osiander, um pastor luterano, matemático, foi encarregado da releitura das provas. Ele considera que não é preciso apresentar o sistema heliocêntrico proposto por Copérnico como uma descrição fiel da realidade (como uma imagem verdadeira do mundo), mas como uma ficção, uma hipótese útil e fecunda para os cálculos astronômicos. Desse ponto de vista, o heliocentrismo não deveria ser considerado como "realmente mais verdadeiro" que o geocentrismo. Bastava-lhe parecer mais prático. Assim apresentada, a "revolução copernicana" não impediria de continuar a professar e pregar que o geocentrismo é verdadeiro, o único em conformidade com a realidade física. O heliocentrismo ofereceria apenas um quadro convencional, no seio do qual os cálculos se verificam mais simples e mais precisos.

Sem a autorização de Copérnico, Osiander acrescenta ao *De Revolutionibus* um *Prefácio* que caminha nesse sentido e que ele não assina. Essa adição anônima criou durante certo tempo alguma confusão quanto ao modo como o próprio Copérnico interpretava a importância de seu sistema. Não há dúvida, entretanto, de que ele o concebia de modo *realista*, ou seja, como reflexo verdadeiro do real, e não simplesmente como uma ficção operativa útil. Como não havia na época nenhuma prova empírica do heliocentrismo (contradito, em troca, pela experiência sensível), é preciso

A chegada do pensamento moderno na Renascença

concluir que Copérnico atribuía à fecundidade de predição de uma teoria matemática mais peso, naquilo que se refere à determinação com que as coisas são realmente, do que à experiência sensível e ao senso comum.

2.3.2. *A ciência experimental e matemática de Galileu*

Nascido em Pisa, Galileu Galilei (1564-1642) é o autor de diversas obras importantes, entre as quais:

- *Sidereus Nuncius* (1610) (*O mensageiro das estrelas*).[5]
- *Il Saggiatore* (1623) (*O ensaísta*).[6]
- *Dialogo sopra i due massimi sistemi del mondo* (1632) (*Diálogo sobre os dois maiores sistemas do mundo*).[7]
- *Discorsi e dimostrazioni mathematiche intorno a due nuove scienze* (1638) (*Discursos e demonstrações matemáticas em torno de duas ciências novas*).[8]

2.3.2.1. *Os dois sistemas do mundo*

O papa Urbano VIII espera até que Galileu apresente, na obra de 1632, os dois sistemas (geocentrismo ptolemaico e heliocentrismo copernicano) de modo neutro, sem tomar partido, como duas hipóteses em favor das quais militam argumentos igualmente fortes. Galileu, porém, descreve o sistema copernicano como realista e verdadeiro. É apenas no prefácio e na conclusão que ele adota um ponto de vista epistemológico *operacionalista*, evocando

---

[5] *Le messager des étoiles.* Trad. de F. Hallyn, Paris, Seuil (Sources du savoir), 1992.

[6] *L'essayeur.* Trad. de C. Chauviré, Paris, Les Belles Lettres (Annales littéraires de l'université de Besançon 234), 1980.

[7] *Dialogue sur le deux plus grands systems du monde.* Trad. de R. Fréreux, Paris, Seuil (Sources du savoir), 1992.

[8] *Discours et demonstrations mathématiques concernant deux sciences nouvelles.* Trad. de M. Clavelin, Paris, PUF (Épimethée), 1995.

a capacidade de predição e a fecundidade matemática dos dois sistemas, independentemente da questão de sua verdade física. Essa precaução é insuficiente, uma vez que Galileu é conduzido diante da Inquisição, obrigado a renunciar à tese do movimento da Terra, fundamento da revolução copernicana. No termo do processo de 1633, Galileu terminará sua vida em residência vigiada. Os riscos e as conseqüências das posições de Galileu são consideráveis:

(a) *ontológicas e ético-políticas*: Galileu tende a instaurar uma divisão que de fato se instituirá no decorrer da modernidade:

– *às ciências e aos cientistas*: a última palavra – a verdade – no que se refere às *questões de fato*, relativas ao modo como a natureza é e funciona. A ciência se ocupa daquilo que é;
– *à Igreja e aos teólogos*: a última palavra no que se refere à *moral*: os valores e os fins da existência humana. A doutrina religiosa se ocupa daquilo que *deve* ser; mais precisamente, daquilo que devemos e não devemos fazer.

"A intenção do Espírito Santo é a de nos ensinar como devemos ir ao céu, e não como vai o céu" – escreve Galileu à Grã-Duquesa Cristina.

Essa divisão é capital para compreender a ciência moderna e a modernidade. *Ela dissocia radicalmente o ser e o dever-ser, as questões de fato e as questões de valor.* Ela proíbe os cientistas de ler na natureza indicações referentes ao dever-ser e ao dever-fazer. Ela proíbe os teólogos de tirar das Sagradas Escrituras indicações referentes à realidade física, sua estrutura, seu funcionamento, suas leis causais.

(b) *epistemológicas*: a questão da interpretação última e do estatuto das teorias científicas está ainda hoje na ordem do dia. Para o *realista*, uma teoria científica deve ser verdadeira, ou seja, apresentar-se como uma cópia fiel da realidade. Para o *operacionalista*, pedimos à teoria que permita predições corretas em relação aos fenômenos naturais, e não que seja ponto por ponto aderente à realidade. É possível então conceber diversos modelos teóricos de uma mesma realidade, modelos mais ou menos e diversamente eficazes, eventualmente em concorrência, sem que nenhum deles possa ser declarado própria e absolutamente realista, único reflexo verdadeiro do real modelado. Desse ponto de vista, as teorias são *instrumentos* que permitem fazer (predizer, controlar, produzir, manipular) certo número de coisas, e não tanto espelhos ou quadros simbólicos da realidade.

2.3.2.2. *Instrumentação, experimentação e matematização*

Galileu ainda se distinguiu por pesquisas de *engenheiro*. Ele é especialmente o autor de um tratado de máquinas simples, e célebre, principalmente, por ter aperfeiçoado a luneta astronômica e tê-la apontado para o espaço.

Essas observações estão na origem de uma série de descobertas revolucionárias, que confirmam empiricamente (não se trata mais de especulações ou de cálculos) a falsidade da física e da cosmologia aristotélicas: superfície acidentada da lua, manchas do sol (em que se desenvolvem, portanto, fenômenos de geração e de corrupção), fases de Vênus, satélites de Júpiter, composição estelar da Via Láctea etc. Galileu deu a conhecer essas descobertas pelo *Sidereus Nuncius* (1610), que anuncia a morte definitiva do cosmo dividido entre o mundo sublunar e o mundo sideral, este último considerado imutável e de uma essência diferente da do mundo terrestre. O espaço é imenso, mas homogêneo e, portanto, quantificável; os corpos que o percorrem são materiais. Salientemos que as observações empíricas que levam a essas conclusões são instrumentadas, ou seja, tecnicamente mediadas (a luneta): não se trata da experiência sensível natural e nua, mas o viés de instrumentos técnicos de observação que a isso conduz.

Galileu é um experimentador: ele não se contenta em observar passivamente a natureza: ativamente a interrompe. Imagina experiências (com planos inclinados) para verificar hipóteses. Aqui ainda são utilizados intermediários técnicos, artifícios. A experimentação, que terminará por encontrar seu lugar privilegiado no contexto artificial e fechado do laboratório, recorta e isola os fenômenos naturais. Ela faz variar as condições dos fenômenos para discernir aquilo que é causalmente determinante e distinguir entre aquilo que é acessório ou acidental e o que é constante e necessário.

Todavia, Galileu foi antes de tudo um matemático. Ele crê na estrutura matemática da natureza e, portanto, no poder da dedução e do cálculo, independentemente da experiência concreta, para adquirir conhecimentos. Desde *Il Saggiatore* (1623), ele afirma que "o livro da natureza é escrito na linguagem das matemáticas".

Desse modo, é renovada, mas ao mesmo tempo contestada, a metáfora tradicional do "livro da natureza". Antes de Galileu, a natureza era apresentada como o livro que fala de Deus, um livro simbólico e cheio de sentido para aquele que tem fé. Ora, podemos perguntar-nos se um livro redigido em linguagem matemática é ainda um livro, se ele conta uma história e se expressa de fato um sentido.

Em suma, Galileu foi mais teórico e matemático do que experimentador. Ele reconheceu a importância da construção e da imaginação teóricas (especialmente matemáticas), cujas deduções podem ser, com maior ou menor precisão, verificadas por experiências. Diversas "experiências" de Galileu (esboços de planos inclinados) permaneceram elas próprias teóricas ou imaginárias. É que a experiência, ou a experimentação, pode ser ilusória. Assim, no meio aéreo terrestre, todos os corpos não caem com a mesma rapidez. Mas essa constatação é acidental, particular e enganadora: ela não ensina a lei da queda dos corpos. Para descobrí-la, é preciso

A chegada do pensamento moderno na Renascença | 73

ser capaz de fazer a abstração do contexto empírico e imaginar a queda no vácuo, que nenhuma experiência na época de Galileu pôde chegar a confirmar. Não se deve exagerar, portanto, o empirismo e o experimentalismo de Galileu. O que ele funda é uma ciência segundo a qual os fenômenos físicos obedecem a leis matemáticas (essencialmente, as leis do movimento: a mecânica). Ele lança, desse modo, as bases de uma física matemática, da qual Descartes pretende garantir, na mesma época, os fundamentos filosóficos.

2.4. A dupla ruptura induzida pela ciência moderna

A nova ciência instrumentada e matemática rompe duplamente com o saber logoteórico antigo, solidário do ser-no-mundo-pela-linguagem. Ela rompe por meio da *instrumentação técnica*: é com o auxílio de meios técnicos que o homem se relaciona cientificamente com o real, e não só, mas principalmente graças a seu equipamento sensorial natural (os cinco sentidos) e à sua competência lingüística (a organização simbólica do mundo).

Ela rompe por meio da matematização: esta expressa quantidades e relações quantitativas, e não significações ou afetos, fontes de sentidos e de valores. As matemáticas são radicalmente diferentes da linguagem natural, na qual se expressa a subjetividade humana. Se o livro da natureza é escrito matematicamente, podemos perguntar-nos, conforme salientamos, se ele ainda é um livro, ou seja, um conjunto que tem um sentido, uma história. A matematização des-simboliza, des-significa o real. E isso é "romper o ser-no-mundo-pela-linguagem". Essa ruptura com um mundo de sentido e de linguagem é também operada pela exclusão das causas finais (que dão um sentido aos fenômenos) em favor unicamente das causas eficientes. Estas permitem apenas predizer que se "x" acontece (ou se eu faço "x"), dele se seguirá "y". Tais leis atribuem um poder de controle e de manipulação, mas não de sentido ou de finalidade.

Leituras Sugeridas

Clavelin M. (1996), *La philosophie naturelle de Galilée*. Paris, A. Michel (Bibliothèque de l'évolution de l'humanité).

Geymonat L. (1992), *Galilée*. Trad. por F.-M. Rosset e S. Martin. Paris, Seuil (Points sciences S82).

Pousseur J.-M. (1988), *Bacon. Inventer la science*. Paris, Belin (Un savant, une époque).

Stengers I. (1993), *L'invention de la science moderne*. Paris, La Découverte (Armillaire).

3. O utopismo

- ■ O pensamento utópico: entre humanismo e nova ciência.
- ■ A invenção da utopia por T. Moore.
- ■ A utopia tecnocientífica de F. Bacon.
- ■ Para além da localização geográfica: o senso do futuro e do progresso.

PALAVRAS-CHAVE

• futuro • humanismo • imperativo técnico • política • ciência moderna • tecnocracia • utopia

Embora seja corrente evocar, em sua origem, *A República*[9] de Platão, o pensamento utópico não se desenvolve de fato apenas a partir da Renascença e, mais ainda, pelo fim do século XVIII, nos séculos XIX e XX. Por quê? Porque o utopismo está estreitamente associado ao impulso da ciência e da técnica modernas. Mais circunstancialmente, porque a Renascença foi também a época das grandes explorações e descobertas, excitando a imaginação e salientando a relatividade e a contingência das formas sociais e dos modos de vida.

---

[9] Nas *Oeuvres complètes*. Trad. de L. Robin, Paris, Gallimard (Bibliothèque de la Pléiade), 1963.

3.1. As características do pensamento utópico

Eis, em grandes traços, o perfil geral do utopismo:

O pensamento utópico escolhe como centro de referência não mais a *physis*, mas a *polis*: o espaço utópico é freqüentemente uma cidade, um lugar bem delimitado em relação ao espaço natural. A sociedade utópica é autárquica e geralmente fechada; ela constitui uma construção humana coletiva, artificial e autônoma.

A utopia procede de um ato de fé *humanista*: ela é o produto da vontade e da razão humanas. Esse produto é um universo construído e perfeitamente apropriado, em princípio, à humanidade, da qual ele deve garantir a felicidade.

O espírito utópico recusa aceitar tal e qual a *condição humana*, ou seja, a sorte que a natureza ou Deus reservaram para a humanidade. Ele crê na possibilidade de transformar a condição humana: suprimir o trabalho penoso, a injustiça, a raridade de recursos e de produtos, a desigualdade, o sofrimento e – por que não? – a fatalidade natural da morte.

O utopismo rejeita, portanto, o *fatalismo e a esperança escatológica*, ou seja, a espera de uma salvação vinda de Deus. Ele crê na liberdade e na perfectibilidade humanas por meios humanos. O utopismo é favorável ao desenvolvimento das ciências e das técnicas, das quais espera que forneçam os meios de reconstruir a natureza e a natureza humana.

O utopismo acentua o *futuro*: ele rompe com a valorização tradicional do passado, associada ao mito da Era de Ouro que interpreta todo futuro como uma degradação da origem. Todavia, uma vez realizada, a utopia acarreta, em princípio, o fim do futuro, o acabamento da história. Com efeito, a sociedade perfeita não deve mais evoluir.

O utopismo tem uma *significação política*: ainda que se contente em descrever a Cidade Ideal, situando-a em uma localização imaginária, essa simples caracterização acarreta, por contraste, a crítica da sociedade existente, na qual a justiça, a liberdade, a felicidade, a abundância etc. não reinam.

Embora seja a Thomas Moore que devamos a criação do termo "utopia", é a *Nova Atlântida* de F. Bacon que expressa mais fortemente o moderno pensamento utópico.

3.2. *A Utopia* de Th. Moore

Amigo de Erasmo, Thomas Moore (1478-1535) foi um grande humanista e um homem de convicção. Ministro de Henrique VIII, ele se demite quando o rei se separa de Roma (o Papa lhe recusava o divórcio) para fundar a Igreja anglicana e desposar Anne Boleyn. Thomas Moore, fiel à sua fé, não aceita reconhecer a Igreja anglicana; foi condenado e decapitado, levantando uma grande emoção em toda a Europa humanista.

De optimo reipublicae statu, deque nova insula Utopia[10] é publicada, em latim, em 1516. Conforme o próprio Moore, a etimologia desse neologismo é o grego "ou-topos", o "não-lugar", o lugar que não existe "em nenhum lugar". Mas ele também será interpretado como "eu-topos", o "bom lugar", o lugar da felicidade e do bem.

A Utopia é dividida em duas partes: a primeira é uma crítica explícita das sociedades européias da época, particularmente na Inglaterra. São denunciadas a propriedade privada e as leis repressivas que fazem o jogo do grupo social dominante, ao repartir muito desigualmente os bens. A segunda parte compreende um relato que se refere a uma ilha imaginária do Novo Mundo, a ilha de Utopia, na qual se desenvolveu uma sociedade ideal. Esta se caracteriza por:

- uma *organização forte*, que se pretende *racional* e que se refere ao espaço (geometria das cidades) e ao tempo (ritmo imposto das horas de trabalho, de sono e de lazer);

---

[10] *L'utopie ou le traité de la meilleure forme de gouvernement.* Trad. de M. Delcourt, Paris, Flammarion (GF 460), 1987.

A chegada do pensamento moderno na Renascença

- uma preocupação racional de *funcionalidade*: cada um deve ser utilizado no melhor de suas capacidades; os delinqüentes não são aprisionados, mas colocados a serviço da sociedade;
- o *primado do público sobre o privado*: sensível na organização coletiva, mas também na abolição da propriedade privada e na acentuação sistemática da educação e da vida em comum, que impedem o desenvolvimento de esferas privadas que ameaçam a harmonia integrada da sociedade global;
- o *fechamento autárquico* do universo utópico: economicamente auto-suficiente e fechado no espaço (insularidade) e, em princípio, no tempo (a evolução político-social foi terminada, *per-feita*);
- a evitação sistemática do *sofrimento*, que não tem, portanto, nenhum valor em si: daí certa valorização do hedonismo, da eutanásia e da eugenia.

3.3. A *Nova Atlântida* de F. Bacon

Publicado no ano seguinte à morte de Bacon (1516-1626), *New Atlantis*[11] fala de uma ilha situada no Pacífico Norte, para onde as imprevisibilidades da navegação levaram um punhado de europeus. No centro da sociedade insular se eleva a "Casa de Salomão", uma espécie de Academia das Ciências e das Técnicas, que dispõe de um poder de organização social. O objetivo primeiro desse estabelecimento é:

A descoberta das causas e o conhecimento da natureza íntima das forças primordiais e dos princípios das coisas, em vista de estender os limites do domínio dos homens sobre a natureza inteira e de executar tudo o que é possível.

---

[11] *La Nouvelle Atlantide*. Trad. de M. Le Doeuff e M. Llasera, Paris, Flammarion (GF Poche), 1995.

Essa frase é, sem dúvida, a primeira formulação daquilo que no século XX se chamará de *imperativo técnico*:"é preciso fazer tudo aquilo que é possível, realizar todas as experiências".

A utopia de Bacon é diretamente centrada sobre a *fé na "nova ciência"* (o novo "órganon"), que caracteriza:

- a aplicação do imperativo técnico, que gerará uma multidão de *descobertas e inovações*: novas formas de vida vegetais e animais, prolongamento da vida humana, microscópios e telescópios poderosos, máquinas voadoras e submarinos etc.;
- *a organização coletiva da pesquisa*, sob a forma de uma divisão do trabalho e de uma cooperação entre os pesquisadores, os analistas, os experimentadores, os classificadores, os teóricos sintetizadores...
- o sentido do caráter *progressivo* e *cumulativo* do conhecimento científico e do domínio técnico.

A utopia de Bacon propõe de fato uma espécie de *tecnocracia*, baseada sobre a ciência-técnica como nova religião da humanidade: a ciência-técnica se torna a base da organização social e o motor da dinâmica que deve levar a humanidade para o Bem, para a Salvação. Esta é terrestre, ao cabo da atividade inventiva e produtiva dos homens; a salvação dos homens será realizada por eles mesmos. Sem dúvida, conforme o espírito do tempo, o envoltório permanece cristão e o *outro lugar* é ainda geográfico – trata-se de fato de uma *utopia* e não de uma *uchronia*. Mas a mensagem é clara: a Cidade ideal deve ser realizada no futuro e graças à nova ciência. A obra de Bacon refere-se explicitamente às gerações futuras: são elas que prosseguirão o grande empreendimento de transformação da condição humana graças ao *novo órganon*.

★ ★ ★

A chegada do pensamento moderno na Renascença

Concluindo, a transformação do pensamento na Renascença se organiza em torno de três eixos:

- uma *crise profunda*, devida ao desmoronamento da cosmologia geocentrada, solidária da eleição divina do homem. Perdida nos espaços infinitos e silenciosos, a humanidade não está mais no centro de um mundo criado para ela por um Poder providencial;
- a constituição de uma *nova ciência*, que implica uma nova relação com o mundo e com o tempo: a ciência moderna experimental e matemática. Ela está na origem da crise, mas oferece também uma nova garantia e esperança, anunciadas como humanismo;
- o *humanismo*: a fé nascente na capacidade dos seres humanos de se encarregarem eles mesmos de seu destino e de modelá-lo. Essa nova confiança no homem se alimenta no desenvolvimento da nova ciência e no poder técnico que ela exerce sobre a natureza, assim como à melhoria refletida e progressiva da organização político-social.

LEITURAS SUGERIDAS

BACON F. (1995), trad. Le Doeuff e Llasera, *La Nouvelle Atlantide*. Paris, Flammarion (GF Poche).

LACASSIN F. (ed.) (1990), *Voyages aux pays de nulle part*. Paris, Laffont (Bouquins).

RUYER R. (1950), *L'utopie et les utopies*. Paris, PUF (Bibliothèque de philosophie contemporaine. Psychologie et sociologie).

SERVIER R. (1991), *Histoire de l'utopie*. Paris, Gallimard (Folio essais).

TROUSSON R. (1979), *Voyages aux pays de nulle part. Histoire littéraire de la pensée utopique*. Bruxelas, Éditions de l'université de Bruxelles (Faculté de philosophie et lettres, Séries 60).

Capítulo II

Os racionalismos na Era Clássica

Contrariamente a uma idéia ainda espalhada, a modernidade racionalista está longe de apresentar uma face unitária e monótona. Essa profunda diversidade da referência à Razão é ilustrada pelos três "grandes" do racionalismo na era clássica: Descartes, Spinoza e Leibniz.

1. René Descartes e a instituição da razão moderna clássica

- Fundar a ciência físico-matemática.
- A dúvida, o cogito, a existência de Deus e a veracidade divina.
- As duas substâncias e a questão do homem.
- Uma moral provisória a serviço da ciência.
- Na origem do materialismo e do idealismo modernos.
- Entre o saber teórico e a dominação da natureza.

PALAVRAS-CHAVE

- certeza • cogito • determinismo • Deus • dúvida metódica
- dualismo • evidência • física matemática • fundamento • idealismo
- idéia inata • liberdade • materialismo • mecani(ci)smo • método
- modernidade • monologismo • moral provisória • movimento
- pensamento analítico • razão • racionalismo • reducionismo
- substância extensa e pensante • universalidade • veracidade divina

1.1. O método da ciência

A vontade de encontrar um método seguro para aumentar o saber e o poder dos homens sobre a natureza a fim de melhorar sua condição é uma das chaves do espírito moderno. Descartes (1596-1650) se dedica a essa tarefa no domínio do conhecimento e, com menor sucesso, no da decisão e da ação (a moral). A isso consagra, especialmente:

– *Regulae ad directionem ingenii* (*Regras para a direção do espírito*) (1628).[1]
– *Discours de la méthode* (*Discurso do método*) (1637).[2]

O que entendo por método é um conjunto de regras certas e fáceis, pela observação exata das quais estaremos certos de jamais tomar o falso pelo verdadeiro e sem despender inutilmente as forças de nosso espírito, mas fazendo crescer nosso saber por meio de um progresso contínuo, de chegar ao conhecimento verdadeiro de tudo aquilo de que somos capazes (*Regras*).

O método exige o rigor e a certeza, a garantia de progredir quase que automaticamente na verdade. É a ciência, assim metodicamente produzida, que tornará os homens "como que senhores e possuidores da natureza" (*Discurso do método*).

1.1.1. *O modelo matemático do método*

Daquilo que procura, Descartes crê, muito cedo, encontrar o modelo nas matemáticas que lhe agradam, desde o Colégio, por causa

---

[1] Trad. de J. Sirvin, Paris, Vrin (Bibliothèque des textes philosophiques), 1992.
[2] Paris, Vrin (Bibliothèque des textes philosophiques), 1992.

Os racionalismos na era clássica

"da certeza e da evidência de suas razões". Ele, com efeito, nelas descobre:

- uma experiência de verdade certa, da qual o erro e a dúvida são excluídos: é a *evidência*;
- o exemplo de um método que é *analítico,* porque ele quer partir daquilo que é simples e *demonstrativo* (ou dedutivo), porque permite avançar do simples para o composto ou das premissas para as conclusões de modo ordenado e necessário. Tais são as "longas correntes de raciocínio", em que cada elo se articula com o precedente e com o seguinte de modo firme e evidente.

As "quatro regras do método" se esforçam para generalizar essas virtudes das matemáticas como o método universal de aquisição de uma ciência universal. Eis o célebre texto:

O primeiro (preceito) era o de jamais receber qualquer coisa como verdadeira sem que eu a conhecesse evidentemente como tal: ou seja, evitar cuidadosamente a precipitação e a prevenção; e não compreender nada mais, em meus julgamentos, além daquilo que se apresentasse tão claramente e tão distintamente a meu espírito, de modo que eu não tivesse nenhuma ocasião de colocá-lo em dúvida.

O segundo, de dividir cada uma das dificuldades que eu examinasse em tantas parcelas quantas pudesse e que fosse requerido para melhor resolvê-las.

O terceiro, de conduzir por ordem meus pensamentos, começando pelos objetos mais simples e mais fáceis de conhecer, para subir pouco a pouco, como que por degraus, até o conhecimento dos mais compostos; e supondo até a ordem entre aqueles que naturalmente não são precedidos uns em relação aos outros.

E o último, de fazer em todo lugar inventários tão completos e revisões tão gerais, que eu estivesse garantido de nada omitir (*Discurso do método*).

1.1.2. *A unidade das ciências*

Descartes relata ter tido, em 1619, sonhos dos quais ele havia extraído uma dupla convicção: a da unidade das ciências e a da harmonia essencial entre as leis naturais ou físicas e as leis matemáticas.

A unidade das ciências é apresentada no *Prefácio* aos *Principia philosophiae* (*Princípios da filosofia*) (1644)[3] sob a forma da "árvore do saber":

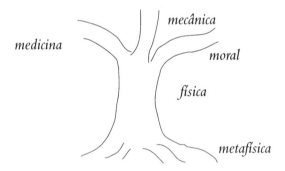

O postulado da unidade das ciências tem imensa importância para a concepção da ciência moderna. Ele comporta um *reducionismo*, pois todas as formas e todos os domínios do saber (quer se trate da matéria ou do ser vivo, da natureza terrestre ou dos astros) devem poder ser referidos à unidade de um mesmo método de aquisição e à unidade das mesmas leis fundamentais.

A unidade da ciência se fundamenta na unidade e na universalidade da razão. Essa razão que o método deve guiar é:

---

[3] *Principes de la philosophie.* Trad. de G. Durandin, Paris, Vrin (Bibliothèque des textes philosophiques), 1993.

- *analítica*: conhecer uma coisa é poder decompô-la em seus elementos e poder reconstituí-la a partir destes. Não existe nada a mais em um todo além da soma de suas partes combinadas conforme certa ordem;
- *lógica e binária*: ela se conforma aos três princípios de base da lógica clássica (princípio de identidade, de não-contradição e do terceiro-excluído).

A unidade das ciências postula evidentemente a unidade do real a ser conhecido. Este faz referência à segunda convicção provinda dos sonhos mencionados: a harmonia entre realidade e matemática.

1.1.3. *O paralelismo físico-matemático e o determinismo mecanicista universal*

A intuição de uma harmonia entre o real e as matemáticas e a possibilidade de conhecer matematicamente o real se expressou também nos *trabalhos científicos* de Descartes, principalmente:

- pelo desenvolvimento da geometria analítica, que manifesta a correspondência entre os números e as formas espaciais (colocação em equação das curvas);
- pelas pesquisas sobre a refração da luz: fórmulas matemáticas das trajetórias de raios luminosos.

A ciência universal do movimento

Descartes conhece os trabalhos dos eruditos (como Galileu), que provaram a possibilidade de uma apreensão matemática das leis que regem os corpos em movimento. Essa ciência matemática do movimento é a *mecânica*. Descartes a generaliza e afirma o *mecanismo ou mecanicismo universal*: ele estima poder explicar *tudo* com o auxílio das noções de espaço homogêneo e de corpos materiais e do cálculo dos movimentos desses corpos e de suas interações sob a forma de choques. Se todo fenômeno é explicável mecanicamente, ele é o efeito de uma causa antecedente e eficiente que o determina rigorosamente. Todo fenômeno é, portanto, também passível de predição para quem conhece as leis mecânicas e dispõe de todas as informações relativas ao estado do sistema em que o fenômeno acontece. O mecanismo universal é um *determinismo universal*, para o qual a predição do futuro é uma questão de cálculo.

A teoria universal das máquinas

A mecânica designa, ao mesmo tempo, a teoria do movimento e a *teoria das máquinas*. Sustentar o mecanismo universal é introduzir uma analogia entre o universo e uma gigantesca máquina. Mas essa analogia se aplica igualmente ao detalhe, a todas as partes e organizações particulares do universo material. Os seres vivos são, portanto, autômatos. Isso vale para o *ser humano* naquilo que se refere a seu *corpo*; este é uma máquina hidráulica, percorrida por fluidos e corpúsculos em movimento. Separando estritamente a alma e o corpo e aplicando a este o mecanismo universal, Descartes anuncia a reificação (ou objetivação) do corpo (e, portanto, do ser humano inteiro, a partir do momento em que a crença na existência de uma alma substancial se enfraquecer). Ele abre o caminho para a apreensão experimental e objetiva pela ciência do corpo humano, cada vez mais dessacralizado e "desanimado". Ele prepara longinquamente, portanto, a medicina experimental (Claude Bernard no século XIX) e a biomedicina contemporânea.

Contudo, a analogia maquinista vale, bem entendido, também para os *animais* e, como conseqüência, para a negação do sofrimento animal por alguns cartesianos que comparam os gritos de dor ao rangido de rodas (a teoria dos "animais-máquinas").

Ainda que as tecnociências contemporâneas não partilhem mais esse determinismo mecanicista universal simplificador, a relação que elas estabelecem com o real – da partícula até o cérebro – deve-lhe isso enormemente. Essa relação é fundamentalmente *técnica* e operativa: o

Os racionalismos na era clássica

real é, na maioria das vezes, tratado como um composto de máquinas, ou seja, de construções decomponíveis, manipuláveis, reconstituíveis de modo diferente e, eventualmente, melhoráveis.

1.2. O fundamento do método e da ciência

Se, para o futuro, o importante é dispor do método e aplicá-lo para aumentar sempre o saber, e embora Descartes tenha a convicção da unidade das ciências e da harmonia físico-matemática, ele considera, entretanto, que se deve perguntar em que medida essas convicções e o próprio método não repousam sobre uma ilusão. Desse modo, Descartes censura Galileu – do qual ele partilha o projeto de uma física-matemática – por não ter feito uma reflexão filosófica sobre os alicerces da nova ciência. É preciso, portanto, imperativamente, colocar a questão de saber *se a ciência é bem fundada*. Com essa questão, a filosofia opera forçosamente um retorno. Atenção, porém: seu papel consistirá exclusivamente em garantir o fundamento do saber (as raízes metafísicas da "árvore"). Realizada essa missão, a filosofia não parece mais necessária: o método e a ciência são suficientes.

A problemática do *fundamento filosófico da ciência* é *típica da modernidade* e ela se prolongará até o século XX. É, principalmente, pelo viés da questão do fundamento da ciência que os filósofos continuaram a reservar-se um papel capital no empreendimento ocidental do saber, papel que os práticos e os atores da ciência e da técnica modernas estão muito longe de lhes ter sempre reconhecido.

A problemática do fundamento da ciência aparece no *Discurso do método*, nas *Meditações sobre a filosofia primeira* (1641)[4] e nos *Princípios da filosofia*. As grandes etapas dessa reflexão metafísica são: a dúvida; o *cogito*; Deus; a veracidade de um Deus criador do mundo e da razão.

---

[4] *Méditations sur la philosophie première*. Paris, Flammarion (GR 328), 1979.

1.2.1. *A dúvida*

A dúvida cartesiana não é passiva nem complacente. É mais um instrumento ou um método para revelar aquilo que é absolutamente certo. A finalidade da dúvida metodicamente conduzida é a de se autodestruir, pois ela deve levar ao indubitável. A dúvida cartesiana é voluntária, deliberada e artificial: trata-se de eliminar de modo decisivo tudo aquilo que oferece a menor oportunidade para a incerteza, tudo aquilo a respeito do qual uma dúvida é concebível ou imaginável.

A virulência dessa dúvida culmina no ponto em que Descartes ataca aquilo que ele procura, no entanto, salvar: a verdade matemática. Até aqui, uma dúvida é concebível, porque podemos imaginar que existe um Deus enganador, um "gênio maligno" que se dedicaria a falsificar sistematicamente nossos raciocínios e nossas evidências matemáticas, de modo que o falso nos aparecesse como verdadeiro.

Desse modo, o próprio modelo da certeza e da evidência se torna, sob o efeito dessa dúvida *hiperbólica*, incerto, ilusório, infundado. Se quisermos salvar a evidência matemática, é preciso fundá-la sobre algo além dela mesma.

1.2.2. *O cogito*

"Eu" posso, é claro, duvidar da realidade de tudo, mas não de minha própria dúvida. Com efeito, duvidar de minha dúvida volta a reforçá-la. Ora, duvidar é pensar; não posso, portanto, pôr em dúvida a existência de meu pensamento, ou seja, desse *eu que pensa*. De fato, duvidar de meu pensamento é ainda pensar e, portanto, *ser*.

"Cogito ergo sum" – "Eu penso; portanto, existo".

Ou ainda: mesmo que um "gênio maligno" me engane em tudo, é preciso que este eu do qual ele abusa exista, sem o que ele não poderia abusar. Se o sujeito pensante e que reflete tem uma certeza absoluta, é de fato a de sua própria existência enquanto sujeito (ou substância) pensante. Entre pensar e ser, a ligação é necessária e indefectível. Essa *evidência reflexiva ou especulativa* do pensamento se apreendendo imediata e absolutamente como existente está na fonte do *idealismo moderno*. Este comporta o *primado ontológico* absoluto *do pensamento ou do espírito, do sujeito pensante* ou, ainda, da experiência especulativa: primado em relação à matéria, ao objeto, ao mundo, à experiência sensível.

Contudo, do ponto de vista de Descartes, o idealismo, embora elimine a dúvida, não resolve o problema. É a ciência que Descartes quer garantir, e ele concebe essa ciência como sendo a respeito de uma realidade objetiva, exterior ao eu que pensa. O *cogito* encerra o sujeito pensante na evidência absoluta de sua própria existência enquanto pura substância espiritual. Como passar, a partir disso, da evidência do *cogito* para evidências que se referem à existência e às estruturas do mundo? Como fundar as evidências matemáticas e sua adequação à realidade física sobre a base da evidência especulativa do *cogito*?

1.2.3. *Deus*

O racionalismo cartesiano não é ateu. Na realidade, ele tem absoluta necessidade de Deus para conseguir sua operação fundadora. Descartes, portanto, vai introduzir Deus – provar a existência de Deus – com o auxílio de uma argumentação que ele apresenta como absoluta e universalmente racional e válida, mas que não é comparável à força do *cogito*. Eis suas provas:

- a idéia de Deus, ou seja, de um ser infinito e perfeito, não pode ser o produto (quimérico) de meu próprio pensamento finito e imperfeito, porque um efeito não pode conter mais que sua causa. Portanto, a idéia de Deus só pode provir do próprio Deus, única origem à altura dessa idéia;

• a idéia de um ser absolutamente perfeito implica sua existência, porque esse ser sofreria de uma imperfeição redibitória, caso ele não existisse. A existência de Deus está contida na idéia de Deus, assim como a noção de ângulo está compreendida na de triângulo ou como o teorema "a soma dos ângulos [internos de um triângulo] é igual a dois [ângulos] retos [180°]" pode ser dele deduzido. Esse argumento é uma variante da prova da existência de Deus inventada no século XI por santo Anselmo (na tradição idealista agostiniana), e que Kant, que faz sua crítica, chamará de "prova ontológica".

A fim de compreender o abuso de raciocínio de Descartes, é preciso ver bem a diferença entre:

• *a evidência reflexiva ou especulativa*: há uma evidência que se refere a nossos pensamentos. Não posso duvidar de que tenho tal pensamento, tal imagem mental no momento em que eu a tenho, ou seja, quando ele me *aparece*. Mas essa evidência da aparência não garante que esses pensamentos ou representações sejam adequados ou verdadeiros. Eu não posso duvidar deles enquanto *pensamentos*, mas pensamentos podem ser quimeras, mais que representações verdadeiras do real. A única evidência reflexiva ou especulativa que permite alegar a *existência* garantida de uma realidade é o *cogito*: mas o real assim alegado não é nada mais que o próprio pensamento de que eu existo quando penso. Quanto ao resto, não é pelo fato de que imaginarmos centauros que eles existirão; não é pelo fato de que eu posso representar para mim leis matemáticas que elas refletem a natureza das coisas;
• *as evidências objetivas*: referem-se à relação das idéias ou dos pensamentos ao real, assim como a fidelidade com a qual elas representam esse real exterior ao sujeito que pensa. Elas se referem, portanto, à verdade *objetiva* das idéias. Quando

Os racionalismos na era clássica

meu espírito se aplica à demonstração *a priori* de uma lei matemática ou quando formo para mim uma idéia evidente da essência atômica da realidade material, o que garante que esses pensamentos não sejam puros fantasmas, produtos da imaginação, que não têm outro valor e realidade a não ser o de serem imaginários?

O problema de Descartes é o de fundar a evidência objetiva, fonte do saber científico. Para isso, porém, seria preciso não fazer apelo a evidências objetivas no nível da fundamentação. Infelizmente, as provas da existência de Deus são evidências com pretensão objetiva, pois elas se referem a um ser diferente do eu que pensa. Apenas o *cogito* constitui uma evidência-experiência imediata do próprio eu pensante. A evidência referente a Deus é do mesmo tipo que a que se refere às matemáticas, e menos convincente, porque não podemos formar uma idéia clara e distinta de Deus e de seus atributos, ao passo que isso é possível a propósito do triângulo.

Podemos decompor o vício de raciocínio do seguinte modo:

- Descartes quer fundar a evidência objetiva, fazendo apelo à existência de Deus;
- as evidências que ele invoca em favor dessa existência são do mesmo tipo que as que ele procura fundar.

Há, portanto, um círculo ou uma petição de princípio: Descartes permite a si mesmo, *a propósito da* idéia de Deus, a experiência de evidência que ele procura fundamentar *com o auxílio de* Deus. Apenas a evidência especulativa do *cogito* é de um outro tipo, mas ela não pode ajudar: ela não permite sair do sujeito que reflete: permite, no máximo, reconhecer que esse sujeito tem idéias (que lhe aparecem como tais). Ela não permite estabelecer o valor de verdade dessas idéias, a realidade daquilo que elas representam.

1.2.4. *A veracidade divina*

Se supusermos estabelecida a existência de um Deus perfeito, então teremos o fundamento. Com efeito, um Deus perfeito (bom e onipotente) não pode ser enganador: deve ser *veraz* ou *verídico*. Ele só pode ter criado a compreensão humana concedendo-lhe um conteúdo (as "idéias inatas") e um modo de funcionamento (dedução) válidos. O erro e o engano são possíveis por causa da liberdade humana, que é falível; porém, se eu utilizar corretamente minha razão, não me poderei enganar. Ora, o critério desse *bom uso* é a experiência da *evidência*, que agora se encontra *garantida pela veracidade divina*, à prova de qualquer "gênio maligno". A evidência não é, portanto, enganadora: os conhecimentos adquiridos pela aplicação das regras do método são garantidos pelo próprio Deus.

1.2.5. *As duas substâncias e o paralelismo físico-matemático*

A evidência das idéias claras e distintas é garantida por Deus. Ora, eu posso formar a idéia clara e distinta de uma *substância corporal* (ou material), *extensa*, divisível, que obedece às leis da geometria e da mecânica, e não pensante. Essa substância é absolutamente distinta da *substância espiritual*, que é pensante e livre. Ela, portanto, existe necessariamente de modo autônomo: é o mundo material. A ciência verdadeira deste mundo é possível e garantida: ela será geométrica e mecânica, físico-matemática, produzida pelo bom uso metódico da razão e garantida pela veracidade divina. Cada vez que minha razão me permite, com evidência, distinguir noções claras e encadeá-las rigorosamente (por dedução ou demonstração) sobre a cena da representação (em pensamento), fico garantido de que a elas correspondem coisas e encadeamentos de coisas sobre o plano da realidade física. Deus garante o acordo ou a homologia entre a substância espiritual em sua atividade de conhecimento, de um lado, e a substância extensa conhecida, do outro. Tal é o *paralelismo físico-matemático*: ele atribui à ciência uma garantia literalmente *onto-lógica*.

1.3. A questão do homem

Descartes consegue resolver o problema da relação entre as duas substâncias sobre o plano do *conhecimento* ao fazer apelo, em suma, à metáfora do *espelho*: graças a Deus, as estruturas do mundo são refletidas nas formas da razão humana. A relação de conhecimento assim concebida não implica *nenhuma interação entre as duas substâncias*: há uma isomorfia *a priori*, e é examinando atentamente suas próprias estruturas e leis (suas "idéias inatas") que a razão conhece as leis do mundo.

A consideração do ser humano (composto de um corpo e de uma alma), do ponto de vista do *sentir* e do *agir*, coloca um problema totalmente diferente. A existência humana é a única realidade em que as duas substâncias, que a razão só pode conceber como radicalmente distintas, se encontram, interagem. Esse fato é de experiência. *Todavia, como conceber uma relação efetiva entre duas entidades ontologicamente distintas?* As categorias conceituais do racionalismo dualista de Descartes não permitem pensar esse *nó* – que é o ser humano –, e ele chegará a deixar entender que esse mistério (da união entre a alma e o corpo) escapa à filosofia (cartas à princesa Elisabeth). Ele não nega, portanto, a existência do problema:

- no nível do *(se) sentir*: a alma racional não está no corpo do modo como ela está no resto do mundo: sem isso, ela não sentiria uma dor imediatamente como sua, mas a deduziria ou a constataria do mesmo modo como um piloto descobre uma avaria em seu navio. Em outras palavras, Descartes não chega verter o (se) sentir (sensações, sensibilidade, sofrimento, afetividade etc.) inteiramente no ativo do pensamento, negando sua dependência intransponível em relação ao corpo que o eu que pensa *é* também, mais do que ele o *tem*;
- no plano da *vontade e da ação*: a *liberdade* é essencial para Descartes: ela é um dos atributos maiores da substância espiritual, em oposição à substância extensa, que é deter-

minada. Ora, a realidade de minha liberdade implica uma causação direta e efetiva dos movimentos de meu corpo pela vontade de meu espírito. Contudo, como conceber a relação *causal efetiva* entre duas ordens de realidades radicalmente distintas e que não admitem uma terceira realidade intermediária (princípio do terceiro-excluído)?

Essa dificuldade do dualismo repercutirá em todos os pensadores racionalistas pós-cartesianos. Na maioria das vezes, ela será resolvida fazendo apelo a uma espécie de "harmonia preestabelecida" (Leibniz) por Deus entre as substâncias e que não faz mais, em suma, do que prolongar o paralelismo ontológico no domínio do tempo e do devir. Assim, o *ocasionalismo* do Padre Malebranche (1638-1715) estabelece entre os acontecimentos da alma e as ações do corpo uma espécie de sincronicidade. Não há interação entre a alma e o corpo, mas coordenação, acordo garantido por Deus. Tal movimento do corpo não é causado por tal intenção da alma, mas *na ocasião* de tal acontecimento corporal. Não é o corpo que age sobre o pensamento: é Deus que quer que eu tenha tal pensamento na ocasião de tal estado de meu corpo.

1.4. Método e moral

Evocar a liberdade, a vontade e a ação é evocar a problemática *moral* e se perguntar se a razão pode guiar-nos no *domínio prático*, assim como ela nos guia no *domínio do conhecimento*.

Descartes não duvida: é por isso que a moral é um dos ramos principais da "Árvore do saber", enraizada na metafísica. Seu objetivo é o de elaborar para a ação (escolhas, decisões) um método tão seguro quanto para a aquisição da ciência. Ele tem, portanto, o sonho de *uma metodologia* e de *uma ciência da moral*, suscetíveis de nos dizer, em geral (teoria das normas e dos valores) e no detalhe (aplicação à existência cotidiana), o que se deve fazer e o que não se deve fazer.

Descartes, porém, não consegue elaborar mais que uma *moral provisória* ("como provisão"), justificada pela necessidade de agir e de se dirigir na vida, esperando ter edificado toda a verdadeira ciência.

Eis os princípios da moral provisória, formulada na terceira parte do *Discurso do Método*:

- *conformismo e moderação*: obedecer às leis e aos costumes do país e fugir das opiniões extremadas. Essa atitude parece justificada pelo estado de incerteza em que nos encontramos;
- *firmeza das resoluções*: como nada é seguro, mas, no entanto, é preciso tomar decisões, convém conservar firmemente aquelas que adotamos, caso contrário tornamo-nos o joguete de hesitações, oscilações, arrependimentos, remorsos, indecisões... e arriscamo-nos a ficar dando voltas (Descartes evoca o viajante perdido em uma floresta que deve escolher uma direção e conservá-la);
- *mudar a si mesmo, em vez de querer mudar o mundo*: princípio de sabedoria estóica, de acordo com a primeira regra;
- *cultivar a razão e progredir no conhecimento da verdade*.

Essa quarta máxima expressa o verdadeiro valor ou a verdadeira norma que inspira a ética cartesiana: o bem supremo da existência é a aquisição de um saber evidente. É até legítimo considerar que as outras três máximas não têm outra finalidade senão a de garantir um modo de existência e uma tranqüilidade que permitam consagrar-se integralmente a tarefas científicas e filosóficas de modo metódico. Sob muitos aspectos, a moral cartesiana recorda a sabedoria antiga e o ideal da vida teórica.

1.5. Importância e limites da modernidade cartesiana

A influência de Descartes sobre a filosofia moderna foi enorme. As duas grandes tendências filosóficas opostas que vão partilhar a modernidade se enraízam no *dualismo cartesiano*, que salienta, com igual radicalidade, a autonomia do espírito e a autonomia da matéria. Essas duas correntes são o *idealismo* e o *materialismo*. O idealismo culminará na filosofia alemã do século XIX e se prolongará na fenomenologia e na hermenêutica no século XX. O materialismo está associado principalmente aos desenvolvimentos das ciências e das técnicas e à concepção determinista-mecanicista do universo, que culminará igualmente no século XIX.

O pensamento cartesiano está ainda na fonte da formulação moderna da relação entre a filosofia e a ciência em via de autonomização. Essa relação toma a forma de um empreendimento de *fundação* da ciência pela filosofia. Mas esse empreendimento é ambíguo e expressa uma relação profundamente problemática, tensa, *ambivalente*, entre filosofia e ciência. Com efeito, ao procurar fundar a ciência, a filosofia parece pôr-se a seu serviço; ao mesmo tempo, porém, ela deixa entender que a ciência tem absoluta necessidade da filosofia. No decorrer dos séculos posteriores e até o século XX, inclusive, a filosofia ocidental irá conservar essa ambivalência em relação à ciência e se perpetuar em, apesar de e por essa ambivalência. Trata-se, nessa problemática da relação ciência/filosofia, não só de saber a quem cabe – à filosofia ou à ciência – a primeira ou a última *palavra*. Contudo, trata-se, mais profundamente, de saber se é de fato de *palavras* que se trata prioritariamente em nossa civilização.

A relação de Descartes com a ciência moderna é ela própria ambígua e deficiente de outro ponto de vista. Sua concepção do saber marginaliza muito a *experiência*. O modo principal de desenvolvimento da ciência é dedutivo, reflexivo, *a priori*. Apesar de afirmações relativas ao domínio progressivo do mundo material, sua moral mantém um ideal teórico (quase contemplativo). A ciência cartesiana seria, portanto, logoteórica à moda antiga, caso ela não tivesse conservado a lição de Galileu sobre o caráter matemático das estruturas e das leis da natureza, e se sua concepção rigorosamente mecanicista do universo não tivesse aberto o caminho (teórico) a uma ciência preditiva segura, assim como à intervenção e ao controle técnicos sobre o curso mecânico das coisas. Além disso, a *liberdade* humana, que

Descartes concebe como radical, torna teoricamente possível uma emancipação e uma dominação ilimitadas do homem em relação à natureza. Essa questão da liberdade manifesta toda a sua amplitude no quadro de um debate filosófico-teológico da era clássica. Trata-se da questão do primado em Deus da vontade ou do entendimento. Se este prima, a liberdade divina é limitada *a priori*. Se a vontade prima, então a liberdade se torna infinita, abissal. Nesse debate, Descartes se inscreve do lado do primado da vontade ou da liberdade sobre o entendimento ou a razão. É porque Deus o *quis* que a soma dos ângulos de um triângulo é igual a duas retas. E não porque a razão ou o entendimento de Deus teria primeiro reconhecido que isso não poderia ser diferente. Para Descartes, a liberdade divina não é limitada *a priori* pelas verdades lógico-matemáticas. Deus as criou da mesma forma que as outras "verdades eternas" (as essências dos seres, os valores morais). Sua vontade está na origem não só da existência mas também da essência das coisas. Imaginamos as conseqüências possíveis de uma transferência de tal concepção da liberdade e da vontade de Deus para o homem em um mundo que se tornou ateu.

O pensamento cartesiano é, finalmente, exemplar daquilo que chamamos hoje (como K. O. Apel), para criticá-lo, de *monologismo*: a concepção monológica da razão e da verdade. Conforme essa concepção, o indivíduo dotado de razão (que é universal e, portanto, idêntica em todos) não tem qualquer necessidade dos outros (de diálogos, de discussões, de confrontações etc.) para desenvolver o saber e ter acesso ao verdadeiro. Basta-lhe seguir as regras do método e tirar todas as conseqüências das "idéias inatas", ou seja, das verdades *a priori* que nele se encontram. Desse modo, impõe-se a imagem do pensador ou do intelectual inteiramente isolado em sua torre de marfim e desprovido de preocupações sociais ou políticas, que são sentidas como distrações prejudiciais para a busca da verdade. Esta não implica que a experiência reflexiva e introspectiva da evidência, experiência que o indivíduo faz na solitude da meditação e à qual é atribuída uma validade universal. Retirado na Holanda, Descartes evoca seus passeios meditativos "em meio à confusão de uma grande multidão":

Não considero de modo diferente os homens que nela vejo, assim como eu não o faria com as árvores que se encontram em vossas florestas. O próprio ruído de sua balbúrdia não interrompe meus sonhos mais do que o faria o de algum riacho (Carta a Guez de Balzac, 1631).[5]

O Método é praticado na mesma solitude que presidiu seu próprio nascimento:

Eu permanecia o dia inteiro fechado sozinho em uma panela (quarto aquecido por uma panela), onde eu tinha total liberdade para me entreter com meus pensamentos (*Discurso do Método*).

LEITURAS SUGERIDAS

ALQUIÉ F. (1956), *Descartes*. Paris, Hatier (Connaissance des lettres 45).

DE SACY, SAMUEL S. (1996), *Descartes*. Paris, Seuil (Écrivains de toujours).

DESCARTES R. (1992), *Discours de la méthode*. Paris, Vrin (Bibliothèque des textes philosophiques).

DESCARTES R. (1979), *Méditations métaphysiques*. Paris, Flammarion (GF 328).

GOUHIER H. (1978), *La pensée métaphysique de Descartes*. Paris, Vrin (Bibliothèque d'histoire de la philosophie).

LAPORTE J. (1988), *Le rationalisme de Descartes*. Paris, PUF (Épiméthée).

ROBINET A. (1996), *Aux sources de l'esprit cartésien*. Paris, Vrin (De Pétrarque à Descartes).

ROBINET A. (1981), *La pensée à l'âge classique*. Paris, PUF (Que sais-je? 1944).

RODIS-LEWIS G. (1995), *Descartes. Biographie*. Paris, Calmann-Levy.

RODIS-LEWIS G. (1992), *Descartes et le rationalisme*. Paris, PUF (Que sais-je 1150).

RODIS-LEWIS G. (1971), *L'oeuvre de Descartes*. Paris, Vrin (À la recherche de la vérité).

---

[5] *Correspóndance*, em *Oeuvres complètes*, Ch. Adam e P. Tannery (eds.). Paris, Vrin, 1996.

2. Baruch de Spinoza: um racionalismo individualista e ético

- A Substância-Natureza-Deus.
- O homem como desejo.
- Da autonomia do desejo individual ao amor intelectual de Deus.
- Defender as liberdades do indivíduo contra os Poderes.

PALAVRAS-CHAVE

• afetividade • alegria • alienação • ateísmo • autonomia • deísmo • desejo • Deus • individualismo • livre pensamento • monismo • natureza • panteísmo • substância

O título completo do tratado principal de B. Spinoza (1632-1677), redigido em latim, é: *Ethica ordine geometrico demonstrata* (*A ética demonstrada segundo o método geométrico*).[6] A obra é expressamente estruturada ao modo de um tratado de geometria; ela manifesta desse modo a adesão ao ideal da razão que progride de modo dedutivo e obrigatório, do mais simples ou do mais geral para aquilo que dele necessariamente deriva. Spinoza apresenta definições, axiomas, desenvolve demonstrações, formula corolários, estabelece teoremas etc. Essa apresentação é evidentemente um engodo (no qual, entretanto, os racionalistas acreditavam): nenhum discurso filosófico pode funcionar com conceitos perfeitamente definidos nem com argumentos identificáveis a demonstrações lógico-matemáticas (ou seja, universalmente obrigatórias). O essencial da *Ética* não é seu estilo, mas seu conteúdo, que comporta ao mesmo tempo uma metafísica, uma antropologia e uma ética.

---

[6] *L'Éthique démontrée selon la méthode géométrique.* Trad. de R. Caillois, Paris, Gallimard (Folio essais 235), 1994.

2.1. Deus ou a Natureza

Spinoza parte da afirmação segundo a qual existe *apenas uma substância*: a substância é aquilo que existe em si e por si, de modo autônomo, e que é concebível de modo simples e imediato, sem recurso a outros conceitos.

Essa substância é *infinita*, ou seja, ela possui uma infinidade de *atributos*, aspectos essenciais pelos quais ela se manifesta. Nós, seres humanos, conhecemos apenas dois, que nos constituem: o pensamento (que nos determina como "espírito") e a extensão (que nos determina como "corpo"). Derivando dois aspectos de uma única substância fundamental, o spinozismo, que é um *monismo*, evita perder-se no impasse do dualismo cartesiano. A substância, una e infinita, ainda se expressa em uma infinidade de *modos*, as cristalizações particulares e limitadas dos atributos: a infinita diversidade da natureza material e do mundo espiritual é composta desses modos que a substância não cessa de produzir por meio de uma criatividade contínua.

A substância única e infinita é *Deus* ou, se quisermos, a própria *Natureza* ("Deus sive Natura"). A filosofia de Spinoza não é, portanto, um "ateísmo" (em todo caso, não da espécie de "materialismo ateu"). Contudo, seu Deus-Natureza-Substância é inteiramente *imanente* (não há transcendência nem criação original do mundo por um Deus "exterior"); ele não é o Deus revelado e ensinado pela Igreja; ele é acessível apenas pela sabedoria *individual*, ápice da existência ética.

Como Deus é a unidade da Natureza, vista sob o aspecto da eternidade ("sub specie aeternitatis"), da dinâmica criadora e da totalidade, podemos falar também do "*panteísmo*" de Spinoza.

O que talvez caracterize mais profundamente a Substância-Deus-Natureza é o fato de ser *potência e atividade infinitas*, que não cessa de produzir. Essa produção infinita (o mundo ou "natureza naturada") é a expressão de uma própria força produtora infinita (a "natureza naturante"). Para uma potência *infinita*, essa produtividade ilimitada é uma *necessidade*: tal força pode apenas produzir infinitamente.

2.2. O desejo e a afetividade

Todo ser particular (todo indivíduo) é uma expressão (um modo) da substância. Todo ser, portanto, prolonga por si mesmo a força transbordante da Natureza criadora, ou seja, ele procura *perseverar em seu ser*, se afirmar e se realizar sempre diante de si mesmo. O ser humano não escapa a essa lei. É por esse motivo que Spinoza pôde escrever:

A essência do homem é o desejo (*A ética*).

A afetividade é apenas a modulação do desejo: quando o *desejo*, entendido como a potência individual de existir sempre mais conforme à natureza de cada um, se expressa e se realiza, sentimos *alegria*; quando ele é contrariado, expressamos *tristeza*. Todos os matizes da afetividade dependem da diferenciação interna dessas duas tonalidades fundamentais que são a alegria e a tristeza. O que é *bom* para um ser é, portanto, isso que lhe permite existir sempre mais, conforme sua natureza, e que ele sente como uma *necessidade positiva* (ou seja, como *libertação*, atualização do potencial que nele existe). Uma necessidade e uma força cuja fonte última é a própria Natureza-Deus-Substância. Spinoza escreve:

Não desejamos uma coisa por ela ser boa, mas, ao contrário, é pelo fato de a desejarmos que dizemos que ela é boa (*A ética*).

Temos aqui o germe de um *individualismo moral* radical, mas não devemos interpretá-lo superficialmente. Ele deve, com efeito, ser guiado pelo:

- verdadeiro conhecimento de si mesmo;
- saber filosófico supremo, que permite a cada um se reconhecer como expressão da Substância; esta é o objeto último e a fonte primeira do desejo humano.

2.3. A ética

2.3.1. *Desalienar o desejo*

Ser alienado é ser "estranho a si mesmo". O desejo se aliena quando começa a se orientar a partir de normas ou de valores exteriores ao indivíduo ou desde que se deixa guiar por uma compreensão má que um indivíduo tem de si mesmo. Nos dois casos, o indivíduo não deseja mais em conformidade com sua própria e verdadeira lei: ele não é "autô-nomo", e não se pode desabrochar plenamente na alegria.

A alienação do desejo tem, portanto, duas causas principais:

- a dominação dogmática de poderes exteriores ao indivíduo;
- a confusão pessoal no conhecimento de si mesmo.

A autonomia individual em relação aos poderes exteriores

Spinoza rejeita todas as autoridades religiosas ou políticas, todas as morais que pretendem ensinar e impor aos indivíduos *o* bem, *os* valores, como sendo *o* bem deles, *os* valores deles. Não existem valores ou bem transcendentes. O indivíduo que segue uma ética e uma lei que lhe vem do exterior – impostas pela violência dogmática ou pela persuasão enganadora – está alienado. Sua falta de autonomia o confina nas tonalidades afetivas negativas (raiva, ressentimento, angústia, depressão, fanatismo, paixão etc.). Ele não é sábio, nem livre, nem feliz.

A autonomia individual em relação a si mesmo

O outro obscurantismo é o que mantemos em relação a nós mesmos. Com freqüência, nossa afetividade, nosso desejo é confuso, contraditório, ambivalente; ele se bloqueia ou se embala por quimeras e se destrói e gera a depressão quando esperávamos a alegria. É um *conhecimento inadequado* de nós mesmos, de nossa natureza e de nosso

Os racionalismos na era clássica

desejo profundos, que nos leva a esses impasses. O conhecimento racional e reflexivo de si mesmo é invocado por Spinoza não simplesmente na tradição do "conhece-te a ti mesmo" socrático, mas em uma perspectiva quase-psicanalítica. Com efeito, a finalidade desse conhecimento "analítico" (que dissolve as ilusões, as falsas imagens em que nosso desejo se embaraça) é a libertação, a chegada da autonomia individual e da afetividade positiva que o acompanha. Onde vivemos nosso desejo no correto fio de nossa natureza autêntica, nós não a sofremos mais (da forma como sofremos as paixões), mas agimos com o sentimento da liberdade, da alegria, da expressão de nós mesmos. Desse modo, como vemos, o conhecimento de si mesmo, indispensável para reduzir as alienações do desejo, não é um fim em si: ele é o meio para a auto-realização individual.

2.3.2. *A vida filosófica*

Conduzido radicalmente, o autêntico conhecimento de si mesmo não se detém no indivíduo como tal. Este – com o desejo e a potência de existir que nele se encontram – é, em última análise, uma manifestação da Substância-Deus-Natureza infinita. Nossa natureza profunda se abre, portanto, para a Natureza infinita e a expressa.

O conhecimento supremo, que Spinoza chama de "conhecimento do terceiro gênero", é o conhecimento propriamente filosófico, ao mesmo tempo reflexivo e total. Ele convida a nos pensar e a nos sentir a nós mesmos como expressão da potência infinita e eterna da Natureza ou do Ser (da Substância-Deus). Cada um é, de modo último, fruição do Ser. Reconhecer-se como tal é ter acesso à bem-aventurança aqui e agora, assim como a uma espécie de eternidade. Trata-se de uma felicidade essencialmente *cognitiva*, *racional* (conforme à essência do ser humano, no qual a Substância se manifesta mais especificamente por meio do atributo do pensamento ou do espírito), que Spinoza chamou de "amor intelectual de Deus". Aquele que libera em si esse desejo, que é sublime, tem acesso, ao mesmo tempo, por meio desse (re)conhecimento e pelo afeto que o acompanha, à total autonomia (desapego), à Virtude (ápice da moralidade) e à Felicidade completa.

A ética é o livro que quer ensinar o saber filosófico – da metafísica à moral – que conduz a essa forma de existência, a mais realizada e a mais elevada, acessível à humanidade.

2.4. Destino de uma obra revolucionária

A obra de Spinoza foi, de início, principalmente criticada ou ignorada: filósofos, homens de religião e políticos consideravam-na inaceitável e perigosa. O foco da acusação era o *ateísmo*, e ela foi levantada contra Spinoza enquanto vivia. Ela era muito grave. G. Bruno, cujas idéias monistas, panteístas, individualistas e livre-exa-ministas não são sem analogia com as de Spinoza, foi queimado vivo em 1600. O processo de Galileu aconteceu em 1633. O essencial da *Ética* foi elaborado entre 1661 e 1665, mas Spinoza terminou o livro apenas antes de sua morte, e ele foi publicado de modo póstumo e anônimo em 1677, em Amsterdã. O *Tractatus theologico-politicus*[7] fora publicado anonimamente em 1670. Ele exigia a separação entre a filosofia e a teologia e se esforçava em demonstrar que a liberdade individual de pensamento é proveitosa para o Estado que a protege.

Spinoza fazia parte de um meio judaico de origem portuguesa estabelecido na Holanda, mas era muito marginalizado, até em relação às tradições desse meio. Desse modo, ele foi excomungado pelo Grande Rabino em 1656 e vítima de uma tentativa de assassínio por um judeu fanático. Embora a acusação de ateísmo fosse excessiva, também resta, ao menos, que:

---

[7] *Traité des autorités théologique et politique*. Trad. de M. Francès, Paris, Gallimard (Folio essais 242), 1994.

Os racionalismos na era clássica

- se Deus é equivalente à Natureza, podemos pensar em falar tão-somente dela;
- o Deus ao qual o indivíduo pode ter acesso sem a mediação dos ensinamentos de uma religião instituída é, em suma, afirmado pelo indivíduo contra os dogmas e os poderes das Igrejas; tal concepção individual de Deus preserva inteiramente a *liberdade de pensamento dos indivíduos*;
- o caráter muito individualista do pensamento filosófico-religioso de Spinoza contém em germe, portanto, todas as reivindicações das liberdades individuais e privadas contra os Poderes (políticos, religiosos etc.) instituídos.

A filosofia da Natureza de Spinoza preparou argumentos e uma forma de pensamento para todos aqueles que, nos séculos XVIII e XIX, quiseram, na maioria das vezes, sem romper totalmente com a idéia de Deus, promover o indivíduo (os direitos e liberdades de todo indivíduo) e criticar os abusos de poder da Igreja e do Estado (e da coalizão deles).

Tais foram numerosos *deístas*, que crêem em Deus sem subscrever dogmas ou práticas de uma determinada religião. Desse modo, o spinozismo alimentou o "materialismo vitalista" de Denis Diderot (*Carta sobre os Cegos*, em 1748).[8] Pierre Bayle (*Pensées diverses sur la Comète*, em 1682)[9] celebra as *virtudes* dos *ateus* e promove os valores spinozistas que serão os das Luzes do século XVIII: tolerância, liberdade de expressão, direitos individuais no seio de um Estado que tem como função garantir e proteger esses direitos e liberdades, inclusive em relação à Igreja.

---

[8] *Lettre sur les Aveugles*. Em *Oeuvres*. Paris, Laffont (Bouquins), 1994.
[9] Paris, STFM (Publication 81), 1984.

De um ponto de vista spinozista, a única função do Estado é, com efeito, organizar a sociedade de tal modo que cada indivíduo nela possa expandir livremente seu desejo em conformidade com sua própria natureza profunda e, eventualmente, até o desabrochar supremo da sabedoria filosófica, que associa o saber, a liberdade, a felicidade e a virtude.

O spinozismo intervém ainda no século XVIII (por meio de J. de la Faye a respeito de Spinoza e depois de John Toland). Contudo, é principalmente na Alemanha e no fim do século que o panteísmo, promovido no centro de um debate filosófico importante (o "Pan-theismusstreit"), irá atrair a obra de Spinoza para o proscênio: com Jacobi, Lessing, Mendelssohn, Herder, Goethe etc. Essa corrente desempenha um papel essencial para o romantismo alemão e para o desenvolvimento do Idealismo: Hegel dirá que todo verdadeiro filósofo começa, de início, por ser spinozista.

Leituras Sugeridas

Alquié F. (1981), *Le rationalisme de Spinoza*. Paris, PUF (Épiméthée).
Brunschvicg L. (1971), *Spinoza et ses contemporains*. Paris, PUF (Bibliothèque de philosophie contemporaine).
Misrahi R. (1992), *Spinoza*. Paris, Grancher.
Moreau J. (1991), *Spinoza et le spinozisme*. Paris, PUF (Que sais-je? 1422).
Zac S. (1972), *La morale de Spinoza*. Paris, PUF (Sup. Le philosophe 39).

3. G.W. Leibniz e a razão ao infinito

- A razão como ligação universal e contínua.
- Nosso mundo é o melhor possível.
- Ponto de vista divino e finitude humana.
- Liberdade e responsabilidade moral do homem.

Os racionalismos na era clássica

PALAVRAS-CHAVE

• compossibilidade • contínuo • Deus • harmonia universal
• infinito • liberdade • mal • mônada • mundo possível • princípio
de continuidade • princípio de razão • princípio do melhor
• teologia racional

Gottfried Wilhelm Leibniz (1646-1716) foi um pensador universal, e sua obra é imensa (duzentas mil páginas manuscritas na biblioteca de Hannover). Suas competências e interesses enciclopédicos se remetiam a filosofia, matemáticas, teologia, direito, política, história, filologia etc. De origem germânica (Leipzig), mas de espírito europeu e ecumênico, escreveu em latim, em francês e em alemão. Sem entrar nos detalhes dessa obra gigantesca, procuraremos pôr em evidência a originalidade de seu *racionalismo*, muito diferente do de Descartes e de Spinoza. Para esse fim, nós nos inspiraremos principalmente nos *Ensaios de Teodicéia (sobre a bondade de Deus, a liberdade do homem e a origem do mal)* (1710).[10]

Fundamentalmente, a razão leibniziana é *infinitista e teológica*. Isso significa que ele se coloca – e nos convida a nos colocarmos – de algum modo no *ponto de vista de Deus*, que é o *ponto de vista do infinito* ou de um cálculo infinito e que opera com o infinito. Com efeito, o Deus de Leibniz é *matemático*, e é *calculando que ele cria o mundo* ("Cum Deus calculat et cogitationem exercet, fit mundus"). Esse cálculo infinitista – o infinito está em todo lugar e em tudo para Leibniz, porque apenas o infinito é real –, executado por um espírito infinito, não toma, de fato, nenhum tempo: ele é instantâneo e se efetua eternamente.

---

[10] *Essais de Théodicée (sur la bonté de Dieu, la liberté de l'homme et l'origine du mal)*. Paris, Flammarion (GF 209), 1969.

3.1. "Tudo está ligado": continuidade e solidariedade

O fato de que "tudo está ligado" constitui um verdadeiro *leitmotiv* do pensamento de Leibniz. A solidariedade de todas as partes e de todas as épocas do universo é total. Tal é o *princípio de continuidade*, que não admite que a "natureza faça saltos".

A razão segundo Descartes era uma razão do descontínuo: ela analisa as coisas em seus elementos atômicos claramente distintos. Ela vê claramente apenas quando desune e delimita (a evidência das idéias claras e distintas). Contudo, quando, desse modo, separa *radicalmente* duas coisas, não chega mais a conceber sua ligação, que a experiência da realidade, entretanto, impõe: a descontinuidade ontológica das duas substâncias parece intransponível para a razão cartesiana, ao passo que a experiência vivida nos mostra que no ser humano existe ligação, solidariedade.

Leibniz percebe a continuidade em todo lugar, em ação no universo, mas pretende também *analisá-la* – ou seja, torná-la inteligível para a razão. É essa análise do contínuo que exige a noção de *infinito*.

Tanto no espaço como no tempo, o mundo se mantém unido: é radicalmente relacional. É assim que ele é realmente racional, uma vez que "ratio" – ou "logos" – quer dizer "relação", e que a razão é a faculdade de ligar. Ele é também radicalmente religioso (conforme uma etimologia de "religio, religare": religar).

Em um mundo infinitamente solidário, cada parte elementar do universo – cada "*mônada*" – reflete o universo inteiro, conforme a perspectiva singular que é a sua. Cada mônada é a resultante local do Todo infinito, com o qual ela, ao mesmo tempo, contribui ativamente para fazer existir. Isso se aplica também a cada indivíduo: há em nós uma *percepção confusa* (inconsciente, quanto ao essencial) *de todo o universo*.

Cada mônada é como um espelho vivo ou dotado de ações internas, representativo do universo, conforme seu ponto de vista,

Os racionalismos na era clássica

109

e tão regulado quanto o próprio universo (*Os Princípios da natureza e da graça fundados na razão*, 1740).[11]

Na *Monadologia* (1720),[12] Leibniz descreve o universo como composto de uma infinidade de mônadas (criadas por Deus, mônada suprema). Cada mônada é uma substância simples (indivisível e, portanto, não-extensa e indestrutível) e, ao mesmo tempo, um ponto de força organizadora. A mônada é, ao mesmo tempo, passiva e ativa, eterna e evolutiva. Ela é também singular: nenhuma delas é idêntica a uma outra. Cada organismo vivo, cada pessoa expressa uma mônada.

> Com efeito, como tudo está cheio (não há vazio na natureza) e, por conseguinte, toda a matéria ligada, (...) todo corpo sofre a influência de tudo aquilo que se faz no universo; de tal modo que aquele que vê tudo poderia ler em cada um aquilo que se faz em todo lugar e até aquilo que se fez ou se fará (*Monadologia*).

A "*harmonia universal*", preestabelecida por Deus, é ainda um aspecto, freqüentemente evocado, do "manter unido" do Universo. Essa solidariedade universal é globalmente boa; ela permite também que o universo tenha um sentido, para o qual cada parte contribui, remetendo de modo último a Deus, razão necessária e suficiente de tudo aquilo que existe.

3.2. O "Melhor dos mundos possíveis" e o princípio de razão suficiente

Em seu romance filosófico, *Cândido ou o otimismo* (1759),[13] Voltaire vulgarizou a expressão leibniziana, ridicularizando-a, sem qualquer

---

[11] *Les Principes de la nature et de la grâce fondés en raison*. Paris, Flammarion (GF 863), 1996.

[12] *Monadologie*. Paris, Flammarion (GF 863), 1996.

[13] *Candide ou l'optimisme*. Em *Oeuvres complètes de Voltaire*. Oxford, Voltaire foundation 48, 1980.

consideração pela argumentação filosófico-teológica que a alicerça. Na realidade, Leibniz não nega a existência do mal no mundo. Ele parte, ao contrário, desse escândalo permanente e tenta compreendê-lo, ou seja, encontrar para ele um sentido que possa tornar o mal aceitável e, portanto, mais suportável para os homens. Eis a teoria que ele desenvolve.

No *entendimento* divino se realiza o cálculo infinito de todos os *mundos possíveis*. Os mundos possíveis são todos os mundos sem contradições internas. Existe, portanto, um limite para aquilo que é possível ou, mais exatamente, para aquilo que é possível ao mesmo tempo: nem tudo é *"compossível"*. Encontramos assim um *primeiro princípio de razão*, de natureza essencialmente *lógica*: o próprio Deus deve respeitar o *princípio de não-contradição*, que estrutura seu próprio entendimento. Nesse sentido, a vontade divina não pode transgredir a razão divina, contrariamente à concepção defendida por Descartes, para quem até as verdades lógico-matemáticas são contingentes do ponto de vista de Deus.

Todos os mundos possíveis são, portanto, calculados pelo entendimento divino e nele se encontram contidos em estado de virtualidades. Apenas a *vontade* de Deus pode *atualizar* um mundo possível, ou seja, *criá-lo*. Porém, como a vontade divina é *sábia* e *boa*, Deus escolherá o *melhor dos mundos possíveis*, ou seja, aquele que é mais rico, mais diverso, mais abundante em compossibilidades. Esse mundo, pelo fato de ser global e comparativamente a todos os outros o melhor, pede para existir, e Deus o cria.

O *verdadeiro princípio de razão suficiente* ("Tudo tem uma razão") reside nesse princípio da melhor escolha global. Mas tal escolha comporta a existência daquilo que, para uma inteligência finita, aparece como totalmente inútil, cruel, absurdo – ou seja, o mal. O "melhor dos mundos possíveis" – nosso mundo, que Deus criou – não é o mundo perfeito aos olhos dos seres humanos.

O princípio de razão suficiente não é, portanto, nem a justificação lógica (que pode explicar apenas os aspectos necessários do real, e não os acontecimentos contingentes) nem a explicação causal (que

Os racionalismos na era clássica

constata mas não justifica, não apresenta o porquê). O verdadeiro princípio de razão é, ao mesmo tempo, *ontológico* e *ético*: ele explica e justifica o menor detalhe, o mais insignificante acidente do real, relacionando-o com o Todo, com a totalidade do possível, graças a um cálculo infinito e a uma avaliação comparativa, que visa à seleção do melhor universo. Tudo, absolutamente, é assim justificado:

> Nenhuma coisa jamais existe, a menos que seja possível (pelo menos para um espírito oniciente) determinar porque ela existe, em vez de não existir, e porque ela é assim, em vez de ser outra coisa (*Confessio philosophi*).[14]

O princípio de razão suficiente ou princípio do melhor, portanto, justifica ao mesmo tempo a existência e a essência das coisas, seu ser e seu modo de ser.

3.3. A explicação do mal e o reconhecimento da liberdade

Se o mundo é querido por um Deus sábio e bom, onisciente e onipotente, e se tudo aquilo que nele acontece foi pré-calculado por ele, como explicar a existência do mal e como preservar a liberdade humana? Leibniz apresenta uma resposta a essas dificuldades teológico-filosóficas bem conhecidas.

3.3.1. *A explicação do mal*

O que chamamos "mal" e que não podemos justificar com o auxílio de nossa inteligência finita é inteiramente justificado e necessário

---

[14] *La profession de foi du philosophe*. Trad. de Y. Belaval, Paris, Vrin (Bibliothèque des textes philosophiques), 1970.

em função do mundo que foi escolhido, porque ele é o melhor dos mundos possíveis. Os males locais, particulares, são apenas condições ou conseqüências necessárias do Bem maior, ao qual eles servem, portanto, e que os justifica. Levando em conta a totalidade do possível e a totalidade daquilo que existe, eles não são verdadeiramente males. Apenas o ponto de vista parcial, local, os toma como tais. O Princípio do Melhor não admite o mal absoluto, ou seja, um mal que não estaria relacionado com o maior Bem, graças ao qual todo mal é, de algum modo, resgatado.

3.3.2. *A liberdade humana*

Se Deus, a cada instante e eternamente, calcula e pré-calcula tudo, como nos concebermos como livres? Leibniz responde que o cálculo infinito de Deus leva justamente em conta a liberdade dos indivíduos e que é em função dela – que também é infinita – que se desdobra a infinita diversidade dos possíveis. Deus escolheu criar o melhor dos mundos entre todos os mundos possíveis, infinitamente numerosos, gerados principalmente pela liberdade dos homens. A onisciência divina não impede a liberdade individual: ela a reconhece e a exige como um *ingrediente essencial da diversidade infinita do possível.*

No fim da *Teodicéia*, Leibniz ilustra essa problemática do mal e da liberdade com o auxílio de um apólogo mitológico que faz intervir os Deuses antigos. A Deusa Atena, a fim de persuadir o sacerdote Teodoro da excelência do mundo real, leva-o em sonho diante da série de mundos possíveis. No seio de cada um desses mundos, o destino pessoal de Sexto Tarquínio (personagem histórico do século V a.C.) é, a cada vez, diferente e freqüentemente melhor do que no mundo histórico real. Todavia, verifica-se que onde Sexto Tarquínio faz escolhas, mais favoráveis para ele, delas resulta, por outro lado e globalmente, uma soma de males muito mais graves para os diversos mundos considerados do que os males efetivamente causados pela desgraça e maldade de Tarquínio no mundo real. É livremente que Tarquínio faz o mal e acaba mal, mas esse mal e essa má escolha do ponto de vista de Tarquínio, que Deus escolheu realizar, são perfeitamente justificados do ponto de vista infinitista, sábio e bom de Deus.

3.4. A finitude humana, a fé e a moral

O ser humano não pode, de fato, alçar-se até o ponto de vista infinitista de Deus. Ele não pode, portanto, ver realmente a Harmonia Universal nem o princípio de razão suficiente em ação em todo lugar. Ele pode apenas *crer* neles e, talvez, filosofando, deles formar uma idéia analógica, aproximativa. Essa *fé filosófico-religiosa* não é oposta à razão. Ao contrário: ela é o modo humano de captar algumas luzes da Razão Infinita e Divina. Leibniz se inscreve, portanto, na tradição da *teologia racional*, que estima que não existe oposição entre a fé e a razão ou entre a filosofia e a religião.

Formulada de modo menos teológico, essa fé é a crença profunda segundo a qual, fundamentalmente, o mundo, que é nosso, *tem sentido e valor*. É um ato de confiança na vida, um otimismo metafísico ou ontológico que afirma a solidariedade do Ser, do Bem e do Sentido. Tal pensamento está nos antípodas do *niilismo* e da filosofia do absurdo, que se desenvolveram no século XX.

Sendo o fruto da escolha do melhor, nosso mundo é, globalmente, infinitamente *moral*. Mas apenas Deus o vê e o quer assim com toda clareza, graças à sua infinita sabedoria. *Nós* podemos apenas crer nisso – ou seja, crer que este mundo tem valor – e tentar caminhar *no mesmo sentido* – o sentido do melhor – levando em conta nossa finitude. Podemos apenas – mas também devemos – aliar nossa boa vontade finita e as luzes limitadas de nossa razão finita. Ser moral significa fazer aquilo que elas nos ordenam, levando em conta o fato de que *nosso* cálculo da melhor ação não é infinito. Podemos levar em conta apenas um número limitado de dados, e as conseqüências longínquas de nossas escolhas se perdem na obscuridade do futuro. Entretanto, aliando desse modo nossa razão e nossa boa vontade, tentamos caminhar no sentido de Deus, ou seja, no sentido do Melhor, na medida do possível, e testemunhar o valor das coisas e dos seres. Ser moral é nada mais que esse esforço de boa vontade, relativamente esclarecido pela razão. E se um mal imprevisto resultar de nossa ação, realizada no entanto com a maior atenção e sem maldade, é porque esse mal era necessário, em virtude do cálculo global do Melhor, no qual entram em conta uma infinidade de fatores que nos escapam, mas que Deus calcula, vê e quer. A presciência divina, portanto, não nos desincumbe absolutamente da responsabilidade moral por nosso destino.

3.5. Diversidade do racionalismo

Os grandes filósofos racionalistas da era clássica apresentaram vastas teorias sistemáticas como imagens verdadeiras e definitivas do mundo. Fornecendo a verdade total, essas teorias deviam também fornecer a tranqüilidade para aquele que as compreende e a elas conforma sua existência. Como na grande filosofia clássica grega, o futuro, o tempo ou a história não desempenham, nesses quadros, nenhum papel capital: a natureza e a humanidade são, fundamentalmente, acabadas e imutáveis, no fundo, como Deus as criou. Tendo visto essa ordem imutável, da qual a filosofia sonha ser o espelho verdadeiro na mais pura tradição logoteórica, a atenção dada à possibilidade e à utilidade de reformas sociais e de arranjos técnicos permanece marginal.

Todavia, que diversidade para além da ligação, partilhada por todos, com o ideal teórico!

Evocando a unidade e a universalidade, a idéia de razão suscita a expectativa de uma univocidade do racionalismo. Descartes, Spinoza e Leibniz – sem falar de todos os outros "racionalistas", citados menos freqüentemente – manifestam que a realidade histórica do racionalismo é totalmente diferente.

É imensa a diferença entre o racionalismo teológico ecumênico de Leibniz e o individualismo spinozista, tão crítico em relação às religiões.

Os racionalismos na era clássica | 115

O racionalismo continuísta e infinitista de Leibniz está, igualmente, nos antípodas do de Descartes. A racionalidade cartesiana pretende-se analítica, mecanicista e finitista: as evidências remetem a idéias bem definidas (delimitadas) e a demonstrações compostas de um número finito de etapas claras e distintas. O golpe de graça decisivo que Deus dá à razão humana procede exclusivamente de sua liberdade abissal e de sua insondável bondade.

Leibniz considera antes a razão humana como um *analogon* da Razão divina, única verdadeiramente capaz de *operar* com o infinito e do ponto de vista do infinito.

Apenas Deus tem uma idéia clara do infinito. *Nós* não podemos verdadeiramente experimentá-lo nem realmente trabalhar com o infinito. Há um limite, nosso limite. A noção de um cálculo divino do infinito é a fonte inspiradora da razão leibniziana. Sua origem reside na matemática infinitesimal (cálculo diferencial) que Leibniz contribui para inventar. Mas essa noção é uma *metáfora*: não podemos efetuar o cálculo infinito que nos manifestaria a razão de cada coisa e de cada acontecimento. E a existência, a possibilidade até de tal cálculo permanece uma questão de fé. De fé em Deus: um Deus infinitamente bom e infinitamente inteligente. O próprio cálculo – que não seria uma metáfora nem um argumento, mas a demonstração efetiva do princípio de razão suficiente – Leibniz, evidentemente, não pode produzi-lo.

Se não houver um racionalismo clássico moderno sem Deus, a importância que lhe é atribuída será, entretanto, desigual, e a perspectiva será sempre a de uma teologia racional. A necessária hipótese de Deus não pode, portanto, ser contrária à razão humana. A idéia de que a "luz natural" (as faculdades humanas, diversamente da Revelação ou da inspiração divina) é suficiente para levar a Deus tende a marginalizar a importância da Igreja e prepara o *deísmo*, que se desenvolverá no século XVIII. O racionalismo consolida os alicerces da confiança na humanidade, assim como na liberdade – especialmente de pensamento – individual. As grandes construções teóricas do racionalismo não se privam de ser também *críticas*.

Leituras Sugeridas

Belaval Y. (1978), *Leibniz, critique de Descartes*. Paris, Gallimard (Tel 28).
Belaval Y. (1984), *Leibniz: initiation à sa philosophie*. Paris, Vrin (Bibliothèque d'histoire de la philosophie).
Bouveresse R. (1944), *Leibniz*. Paris, PUF (Que sais-je? 2868).
Friedmann G. (1975), *Leibniz et Spinoza*. Paris, Gallimard (Bibliothèque des idées).
Robinet A. (1994), *G. W. Leibniz: le meilleur des mondes par la balance de l'Europe*. Paris, PUF (Fondements de la poétique. Série essais 4).
Robinet A. (1962), *Leibniz et la racine de l'existence*. Paris, Seghers (Philosophes de tous les temps).

Capítulo III

Ciência, moral e política
no empirismo inglês

A distinção habitual, feita ainda hoje, entre "filosofia continental" (França, Alemanha etc.) e "filosofia anglo-saxônica" (incluindo, no século XIX, a filosofia americana) tem raízes antigas, que remontam ao término da Idade Média, na época da criação das primeiras universidades (século XIII). Já se delineiam, então, na Universidade de Oxford, por exemplo (em oposição à de Paris), e sob a influência de pensadores proto-experimentalistas e nominalistas, como Roger Bacon (1214-1292) e Guilherme de Ockham (1285-1349), traços distintivos que poderíamos resumir dizendo que a filosofia inglesa manifesta uma *desconfiança maior* em relação às logoteorias. Ela empreende bem cedo, portanto, a crítica do pensamento que constrói sistemas *a priori*, graças ao puro exercício reflexivo ou especulativo, exclusivamente associado à competência lingüística. Ela desconfia do pensamento especulativo ou dialético, verbal, que brinca com as palavras: um pensamento que pretende falar das próprias coisas e das estruturas do real, ao passo que reflete e manipula apenas estruturas semânticas (as formas lingüísticas pelas quais representamos a realidade para nós).

Contra esse pensamento verbal, os pensadores ingleses afirmam a confiabilidade das *matemáticas* e, principalmente, da experiência e da *experimentação*. A experiência é considerada como a única fonte de verdade e de saber, a única fonte do próprio pensamento, segundo alguns. É por isso que falamos do *empirismo* inglês, que opomos ao racionalismo continental, especialmente francês e, mais tarde, ao idealismo, mais especificamente alemão. O empirismo pretende extrair tudo da experiência e, portanto, do mundo exterior; o racionalismo procura tudo na razão e em sua capacidade de introspecção, de análise reflexiva e de dedução.

Abordaremos aspectos da obra dos quatro mais importantes filósofos ingleses dos séculos XVII e XVIII:

Thomas HOBBES (1588-1679):

• *Leviatã* (1651).[1]

John LOCKE (1632-1704):

• *Epistola de tolerantia* ou *A Letter Concerning Toleration* (1689) (*Lettre sur la tolérance*)[2].
• *An Essay Concerning Human Understanding* (1690) (*Essai philosophique concernant l'entendement humain*)[3].
• *Two Treatises of Government* (1690) (*Traité sur le gouvernement civil*)[4].

George BERKELEY (1685-1753):

• *A Treatise Concerning the Principles of Human Knowledge* (1710) (*Principes de la connaissance humaine*)[5].

David HUME (1711-1776):

• *A Treatise of Human Nature* (1740) (*Traité de la nature humaine*)[6].

---

[1] *Leviathan.* Trad. de F. Tricaud. Paris, Sirey, 1983.
[2] Trad. de J. Le Clerc. Paris, Flammarion (GF 686), 1992.
[3] Trad. de M. Coste. Paris, Vrin (Bibliothèque des textes philosophiques), 1972.
[4] Trad. de D. Mazel. Paris, Flammarion (GF 408), 1992.
[5] Trad. de D. Berlioz. Paris, Flammarion (GF 637), 1991.
[6] Trad. de Ph. Saltel e Ph. Baranger. Paris, Flammarion (GF 557, 654), 1991.

Ciência, moral e política no empirismo inglês

- *An Enquiry Concerning Human Understanding* (1748) (*Enquête sur l'entendement humain*)[7].

Locke e Hume são os dois representantes ingleses mais eminentes de um movimento de civilização de amplitude européia que, na França, é designado pelo nome de "Lumières" ("Luzes"). Na Inglaterra, fala-se do *Enlightenment* (*Iluminismo*).

Examinaremos de início as características dominantes da *concepção do mundo* e da *teoria do conhecimento* do empirismo. Em seguida, abordaremos alguns aspectos do pensamento *moral* e *político*.

De modo geral, verificamos já, pela simples leitura do título das obras mais importantes, que o assunto essencial da reflexão filosófica não é mais Deus nem a Natureza, nem a Substância, mas o próprio *ser humano*, a natureza humana. A questão central da filosofia está a ponto de se tornar antropológica: "O que é o homem?". Mas como este continua a ser prioritariamente definido como o ser vivo dotado do logos ("zoon logon echon"), e como o logos é a razão e a linguagem, enquanto instrumentos do *conhecimento* que permitem a representação adequada (verdadeira) da realidade, a reflexão filosófica sobre o homem se identificará em grande parte com a *teoria do conhecimento*.

1. Teoria do conhecimento e concepção do mundo

- Todo saber vem da experiência e por abstração.
- O espírito é uma cera virgem sem "idéias inatas".
- Do materialismo mecanicista ao imaterialismo solipsista.
- Crítica da ligação causal e da indução.
- A constituição empirista da ciência e a crítica da metafísica.

---

[7] Trad. de A. Leroy. Paris, Flammarion (GF 343), 1983.

PALAVRAS-CHAVE

• abstração • causalidade • costume • empirismo • essência nominal ou fenomenal • essência real • experiência • fenomenalismo • idealismo • idéias inatas • imaterialismo • indução • lei causal • materialismo • mecanicismo • percepção • sensualismo • solipsismo • substância • verdade empírica a posteriori • verdade formal a priori

1.1. Os princípios do empirismo

1.1.1. *A experiência, a abstração e a linguagem*

Os empiristas estão de acordo sobre a tese segundo a qual nossos pensamentos, idéias, conceitos e conhecimentos vêm da *experiência*. Alguns, como Hobbes, são radicalmente *sensualistas*. Eles reconhecem como experiência apenas a experiência sensorial e consideram que não há nada no espírito que não tenha passado antes pelos sentidos. Outros, como Locke, distinguem entre:

• *experiência externa*: as sensações;
• *experiência interna*: a reflexão, ou seja, a experiência pelo espírito de seus próprios estados interiores (tristeza, sofrimento etc.) e de sua atividade espontânea (associação de idéias, semelhança ou oposição das representações etc.).

A experiência, para esses filósofos, é sempre em primeiro lugar experiência do *particular*: não existe percepção do geral. Mas um processo de *abstração* acontece à medida que experiências similares se repetem. Toda experiência deixa uma *marca* na memória. A repetição de marcas mais ou menos idênticas delimita progressivamente uma espécie de forma esquemática, que se torna um conceito ou uma *idéia* geral a partir do momento que lhe associamos um sinal, ou seja, uma *palavra*. Desse modo se forma, por exemplo, a noção de *vermelho* a partir da repetição abstrativa de sensações de coisas vermelhas diversas em contextos variados. A associação de um vocábulo – o termo "vermelho" – fixa a esquematização abstrata na memória. A marca esquemática se torna a *significação* do termo sob a forma de uma representação mental (a idéia) associada ao termo.

1.1.2. *Nem intuição intelectual nem "idéias inatas"*

Uma noção filosófica tradicional, importante é a noção de "substância". Conforme Aristóteles, a substância é composta de matéria (que particulariza, fornece as características contingentes) e de forma (que é geral, essencial e comporta as características necessárias). Toda entidade real, todo indivíduo, é um composto desse tipo. Como há ciência apenas do geral, conhecer consiste em dissociar a forma da matéria pela operação intelectual do espírito. Este pode apreender a forma das substâncias, ou seja, conhecer a essência das coisas, graças à intuição ("visão") intelectual. Descartes reduz a dois o número das substâncias. Mas ele atribui à razão a capacidade de conhecer suas características essenciais independentemente da experiência. Desse modo, teríamos a evidência clara e distinta daquilo que *é* a substância pensante e daquilo que *é* a substância extensa. A idéia da matéria (com todas as suas propriedades essenciais) e a idéia do espírito (com suas características essenciais) estão em nós – são *inatas*. A reflexão pura basta para conhecê-las com todas as suas implicações, que dela procedem dedutivamente. O conjunto desse processo de conhecimento se desenvolve *a priori*, independentemente da experiência sensível.

Os empiristas ingleses criticam a noção de substância, tanto a de idéias inatas como a de intuição intelectual *a priori* da essência das coisas. Locke reduz a noção de substância a "alguma coisa indeterminada", que não podemos conhecer em si mesma. Temos percepções, conhecemos a partir dessas percepções; postulamos, sem dúvida com fundamento, que essas percepções são percepções de *alguma coisa* (do mundo exterior, de coisas independentes), mas não temos nenhum acesso direto a essa "alguma coisa" em si mesma. Em particular, a essência dessa "alguma coisa", que constitui a substância do real, não está impressa em nosso entendimento, de modo que uma introspecção reflexiva nos permita conhecê-la. Não existem idéias inatas. O espírito é uma *cera virgem* ou uma *folha em branco* ou, ainda, um *espelho*: ele é uma "tabula rasa", em que se vêm refletir e se imprimir as experiências sensíveis ou perceptivas.

1.2. Concepção do mundo: entre o materialismo e o imaterialismo

Temos tendência de associar automaticamente empirismo e materialismo. E é fato que uma espécie de afinidade os aproxima. Todavia, se levarmos a sério o fato de que tudo o que temos são *percepções*, a ligação pode revelar-se menos necessária do que parece à primeira vista.

1.2.1. *Hobbes, o materialista*

Hobbes é o materialista mais radical entre os empiristas. Ele reconhece apenas a experiência externa (sensorial) e adota uma visão integralmente *mecanicista* do real. Ele nega a existência de uma substância espiritual e até critica a existência do *Cogito*. Mais precisamente: ele não nega a percepção de uma atividade de pensamento, mas recusa dela deduzir a existência de uma substância *espiritual*. Ele considera que o pensamento é a atividade particular de um corpo, uma *coisa* que pensa e que, enquanto coisa ou corpo, permanece opaco à reflexão e à introspecção. O pensamento aparece, desse modo, como um epifenômeno da matéria que é impossível de ser conhecido imediatamente e *a priori* em sua realidade própria. A "transparência da consciência ou do pensamento para ele mesmo" é uma ilusão na superfície de um corpo inconsciente que a produz. Essa concepção audaciosa para a época levanta questões particularmente atuais, quando a relacionamos com os desenvolvimentos da psicanálise (a idéia de pensamento inconsciente) e das neurociências.

1.2.2. *Berkeley, o imaterialista*

Berkeley elabora o empirismo de modo inteiramente oposto às idéias de Hobbes, para concluir por um *imaterialismo*. Levando a sério a tese empirista, segundo a qual temos acesso apenas a *percepções*, ele daí infere que não temos o direito de falar de uma realidade substancial exterior, que continuaria a existir ainda quando não a percebêssemos e que seria fonte de nossas percepções. Uma vez que não podemos conhecer nem experimentar diretamente essa realidade (o "mundo exterior"), ela é tão-somente uma hipótese gratuita, desprovida de fundamento. Existem apenas as percepções:

"Esse est percipi" ("Ser é ser percebido").

Essa concepção extremada, mas não desprovida de coerência, segundo a qual o sujeito só pode atribuir a existência a suas percepções no momento em que ele as tem, recebe também o nome de "solipsismo". Este nega a existência de qualquer substância material independente de mim que percebo: ele é, portanto, um "imaterialismo". Essa posição não carece de parentesco com o idealismo, com o fenomenalismo ou com a fenomenologia.

Com o idealismo: uma perfeição está, com efeito, mais próxima de uma *idéia* ou de uma representação mental do que de uma coisa material. O imaterialismo é, portanto, uma espécie de idealismo que reconhece como reais apenas o eu consciente, suas representações e seus estados mentais, para os quais não há lugar para distinguir entre uma fonte interna e uma fonte externa.

Com o fenomenalismo: etimologicamente, "fenômeno" significa "aquilo que (me) aparece". O imaterialismo reconhece do *ser* apenas o *aparecer*.

As percepções são aparências; atenção, porém: apenas elas são reais, e não há nada por trás delas.

Entretanto, o radicalismo solipsista de Berkeley foi temperado pela seguinte consideração: a própria experiência me convida a distinguir entre dois tipos de percepções. Umas são persistentes e aparentemente independentes de minha vontade; elas se impõem a mim. As outras são evanescentes e posso formá-las e aniquilá-las à vontade (como os produtos da imaginação). Todavia, em vez de explicar a persistência das percepções constantes pela hipótese ordinária da existência de um mundo exterior, Berkeley afirma que essas percepções ou "idéias" (imagens, representações mentais) são impostas a nosso espírito por um espírito que percebe ou "que idealiza" (ou seja, que produz idéias) infinitamente mais poderoso que o nosso: Deus. O que chamamos abusivamente de mundo material é tão-somente o conjunto constante das percepções que Deus nos impõe. Podemos perfeitamente conhecer esse conjunto perceptivo constante e, ao conhecê-lo, conhecemos tudo aquilo que há para ser conhecido, porque não existe realidade material ou física em si e inacessível, "dissimulada" por trás das aparências. "Por trás" há um Deus que, enquanto tal, nos ultrapassa absolutamente e não constitui um objeto para a ciência.

1.2.3. *A prudência de Locke*

Cronologicamente, *Locke* se situa entre Hobbes e Berkeley. Essa posição mediana corresponde também à sua concepção do mundo, que não é simplesmente materialista nem imaterialista. Locke não renuncia à crença legítima na existência de um mundo exterior real, mas dele faz uma substância ou um conjunto de substâncias indeterminadas, incognoscíveis. Partindo do princípio empirista de que nada conhecemos, a não ser pela experiência (pela percepção), Locke distingue entre a *essência fenomenal ou nominal* das coisas e a *essência real*, inacessível.

A essência fenomenal é o conjunto das características perceptíveis e que aparecem como sempre ligadas, de tal modo que sua presença serve de critério de identidade ou de reconhecimento, que permite atribuir ou recusar um nome a uma coisa.

Desse modo, a essência fenomenal do *ouro* comporta, principalmente, a cor amarela, a aparência metálica, uma relativa maleabilidade, a

Ciência, moral e política no empirismo inglês

solubilidade na água real (mistura de ácido nítrico e clorídrico) etc. Se um corpo nos oferece todas essas aparências, podemos legitimamente chamá-lo de "ouro".

Quanto à essência real, ela permanece fora de alcance. No espírito de Locke, que era, como muitos intelectuais de seu tempo, atomista, ela devia tratar-se de alguma coisa como a "estrutura atômica ou corpuscular" real do ouro, explicando suas propriedades fenomenais. Para Locke, essa estrutura física em si é definitivamente inacessível a nossas capacidades de percepções (sensoriais), por demais grosseiras.

Como vemos, a ciência empirista de Locke é um saber de superfícies ou de aparências. Esse saber não é inútil; ele é confiável e o único legítimo. Contudo, não explica a realidade profunda, não penetra nas substâncias que ele reconhece tão-somente como "algumas coisas", indefinidas e inacessíveis.

Essa breve apresentação manifesta a diversidade do empirismo inglês, que nada tem a invejar em relação à do racionalismo continental. Essa diversidade se refere tanto à concepção do mundo quanto ao estatuto da ciência empírica.

1.3. Hume e a constituição empirista da ciência moderna

Acabamos de ver que a ciência empirista de Locke permanece confinada nas superfícies fenomenais. O saber perceptivo de Berkeley também; contudo, segundo este, não há, sob tais aparências, uma realidade substancial física ou material que escaparia a nós, porque nossas capacidades cognitivas seriam insuficientes.

A contribuição mais importante para a concepção crítica da ciência moderna se deve a David Hume. Este contribuiu para precisar o estatuto da ciência como um conjunto de enunciados que formam leis gerais causais, chamadas de "leis da natureza".

1.3.1. *Análise crítica da "ligação causal"*

Uma lei causal afirma que certo tipo de acontecimento A (chamado de causa) desencadeia sempre certo tipo de acontecimento B (chamado de efeito). Hume se pergunta qual é a natureza exata da ligação (entre A e B) e o que nos permite afirmá-la e generalizá-la.

Eis os grandes eixos de sua resposta:

- *Entre* a causa que experimentamos e o efeito que experimentamos, nós *não* experimentamos uma terceira coisa ou um terceiro acontecimento, como uma relação ou uma força. Com efeito, *entre* o efeito e a causa, nós *nada* experimentamos. Não há, portanto, alguma coisa como a experiência da "causalidade em si mesma". Nós simplesmente *constatamos* que um acontecimento B sucede a um acontecimento A, e que essa seqüência ordenada se repete regularmente.
- *Entre* a causa e o efeito não há também uma relação *lógica*, que permitiria "deduzir" o efeito de sua causa, assim como tiramos uma conclusão de uma premissa que se supõe verdadeira. Se o efeito se deduzisse da causa, haveria uma ligação *necessária* entre um e a outra, mas não é o que acontece. Constatamos que uma forte baixa de temperatura provoca a transformação da água em gelo. Contudo, nada *a priori* (ou seja, independentemente e previamente a essa constatação empírica) permitiria deduzir que tal diferença de temperatura deve desencadear tal transformação física. Os fenômenos poderiam ter sido diferentes. As metamorfoses da água não são totalmente dedutíveis *a priori* a partir da experiência ou da noção de água em seu estado ordinário líquido. Elas devem ser descobertas empiricamente e são, portanto, do ponto de vista das exigências da razão lógica, *contingentes*. Com Hume, começamos a compreender melhor tudo o que implica a passagem de uma concepção filosófica da ciência

(logoteoria), calcada sobre um modelo lógico dedutivo, para uma concepção radicalmente empírica.

- Se o efeito B não está ligado à causa A por uma relação lógica necessária, então negar uma "lei causal" não acarreta uma *contradição* (contra-verdade formal e *a priori*, independentemente de qualquer experiência). Essa negação leva simplesmente a um enunciado falso (ou seja, desmentido pela experiência). Pelo fato de as leis causais não serem lógicas e necessárias nem dedutíveis *a priori* graças ao único exercício da razão e sem recorrer à experiência, elas têm um *conteúdo* e nos fornecem informações que não podemos antecipar. Que a natureza se manifeste de tal e tal modo é, portanto, *em primeiro lugar admirável*, maravilhoso, embora estejamos *habituados* a isso, devido à repetição regular.

1.3.2. *Análise crítica da indução*

Por serem empíricas e contingentes, as leis causais não têm a universalidade das leis lógicas. Trata-se da questão da *indução*: o que nos permite formular uma lei geral a partir da experiência limitada da repetição da seqüência "A e depois B"? Hume contesta a concepção segundo a qual a indução seria essa operação intelectual que permite passar racionalmente de um ou de alguns casos particulares para uma afirmação geral que se refira a todos os casos similares, porque teríamos depreendido – abstraído, distinguido – uma forma ou uma lei universais a partir de casos particulares. Tal universo real (a causalidade em si) não existe, assim como também não existe uma operação ou um olhar da razão que o apreenderia.

A passagem da experiência particular para o enunciado nomológico (do grego "nomos": a lei) geral não é justificada racionalmente (a razão se define como a faculdade de estabelecer relações universais, necessárias e *a priori*). Essa passagem é uma caminhada factual, própria de nossa forma de vida, um fato psicológico, até fisiológico. Hume fala de *hábito*, de associação de idéias, de crença, de costume. Quando acontecimentos se sucedem regularmente, nós espontaneamente generalizamos e pensamos que no futuro isso acontecerá sempre do mesmo modo. Trata-se aqui de uma tendência quase instintiva (biológica) de nossa natureza (partilhada, entretanto, com muitos outros seres vivos). Essa tendência consiste em procurar, no fluxo caótico e incontrolável dos acontecimentos, descobertas estáveis, ou seja, seqüências identificáveis como que se repetindo, a fim de guiar nosso comportamento e de prever. Essa tendência é associada estreitamente com o instinto de conservação, com as estratégias de sobrevivência. Um ser vivo incapaz de fazer esse tipo de processo jamais aprenderia algo; exceto pelo fato de dispor de instintos seguros e precisos, ele não sobreviveria.

> Quando temos o costume de ver duas impressões unidas uma à outra, o aparecimento de uma delas ou de sua idéia nos leva imediatamente à idéia da outra (*Tratado da natureza humana*).

> O costume é, portanto, o grande guia da vida humana. É este único princípio que faz com que nossa experiência nos sirva e é apenas ele que nos faz esperar, no futuro, uma seqüência de acontecimentos semelhantes àqueles que apareceram no passado (*Pesquisa sobre o entendimento humano*).

Concluindo, o estatuto das leis da natureza se revela radicalmente empírico, nos antípodas dos universais (formas essenciais, idealidades, essências) que estruturam o real conforme as filosofias tradicionais ou racionalistas. As "leis da natureza" são apenas as produções psicológicas e biológicas contingentes de seres vivos de certa espécie (os humanos) que procuram sobreviver em um mundo que muda, mas que não é desprovido de regularidades constatáveis. Tais "leis da natureza" jamais são *incontestáveis*: elas são verdadeiras apenas durante o tempo em que os fatos não as desmentem. Permanecem sempre hipóteses de trabalho e de ação, que devem ser revistas no caso de falharem. Há em Hume, portanto, uma forte tendência ao ceticismo temperado de um pragmatismo (antecipado) e certo desencantamento em relação à atividade filosófica colocada sob o signo da lucidez crítica.

1.4. Ciência empírica, lógica formal e pseudo-saber metafísico

Hume prepara o neopositivismo (ou positivismo lógico) do século XX, por acolher como legítimos apenas dois tipos de enunciados: os enunciados empiricamente verdadeiros e os enunciados formalmente verdadeiros.

Os *enunciados empiricamente verdadeiros* constituem o corpus da ciência. Eles são verificados pelo confronto com os fatos. Sua verdade é, portanto, *a posteriori* e contingente. Sua negação não acarreta nenhuma contradição. Eles têm um conteúdo que nos informa sobre os fatos e os acontecimentos, como também sobre seus encadeamentos.

Os *enunciados formalmente verdadeiros* constituem as verdades lógicas e matemáticas. Eles são *a priori* e necessários. São demonstráveis e independentes da experiência. Sua negação acarreta uma contradição. Eles não têm nenhum conteúdo empírico e não nos ensinam nada sobre os fatos e os acontecimentos do mundo.

Vemos as qualidades e os limites de cada espécie. Ora, o projeto antigo de saber filosófico ou metafísico pretendia conciliar as virtudes dos dois tipos de enunciados, ignorando totalmente seus defeitos. Tratava-se, com efeito, de desenvolver um saber necessário, indiscutível, *a priori*, demonstrável, mas que, além disso, nos ensinaria tudo aquilo que é passível de ser sabido sobre o mundo real. Diversamente da nova ciência empirista, que se limita ao experimentalmente verdadeiro e que abandona os privilégios ligados à razão lógica, o saber metafísico pretendia ganhar nos dois times. Tal era a ambição do saber aristotélico das essências, mas também, e ainda, o da ciência racional cartesiana.

Se considerarmos que existem apenas duas espécies de verdade (empírica ou lógica) e se postularmos que todo enunciado deve provir de uma ou da outra, a fim de ser reconhecido como legítimo e dotado de sentido, então os enunciados metafísicos se encontrarão sem lugar e desprovidos de sentido, apesar das aparências, porque não são identificáveis nem com verdades formais (vazias), nem com verdades empíricas (contingentes).

> Se tomarmos um volume de teologia ou de metafísica escolásti-ca, por exemplo, perguntemo-nos: ele contém um raciocínio abstrato que se refere a uma quantidade ou a um número? Não. Contém um raciocínio fundado sobre a experiência (...)? Não. Atirem-no então no fogo, porque ele só pode conter sofismas e ilusões (*Pesquisa sobre o entendimento humano*).

Desse modo se perfila uma tendência da filosofia inglesa de denunciar a metafísica como o produto de um uso abusivo e não sensato da linguagem. Essa crítica desenvolverá todos os seus efeitos no século XX. Em Locke e em Berkeley, como na maioria dos empiristas ingleses, encontramos uma profunda desconfiança crítica a respeito das palavras, da linguagem verbal, fonte enganadora de pseudoverdade e de pseudo-saber. Essa desconfiança é muito forte já em F. Bacon; ela se enraíza no nominalismo medieval e constitui uma das condições de possibilidade do desenvolvimento das práticas científicas modernas.

1.5. A separação entre o ser e o dever

Outra contribuição importante de Hume para a filosofia da ciência moderna é o princípio da separação estrita entre o *ser* e o *dever*. A descrição de um fato ou a explicação causal de um encadeamento de acontecimentos é da ordem da constatação e não funda nenhuma obrigação moral. Globalmente, podemos dizer que o *fato* de que as coisas *são* tais e quais a ciência as descreve não permite inferir nem que seja necessário (no sentido lógico ou metafísico) que elas sejam assim, nem que devamos respeitar esse estado de coisas. A ciência descreve factualmente; ela precisa, eventualmente, como (tecnicamente) preservar ou mudar a situação descrita, mas não diz *se* deveremos ou não mudar a ordem constatada das coisas.

De Kant a Popper, a influência de Hume foi determinante para a definição e para o lugar da ciência no seio da civilização moderna e contemporânea.

LEITURAS SUGERIDAS

BERNHARDT J. (1994), *Hobbes*. Paris, PUF (Que sais-je? 2498).

BRYCKMAN G. (1993), *Berkeley et le voile des mots*. Paris, Vrin (Bibliothèque d'histoire de la philosophie).

DUCHESNEAU F. (1973). *L'empirisme de Locke*. La Haye, Martinus Nijhoff.

MALHERBE M. (1992), *La philosophie empiriste de David Hume*. Paris, Vrin (Bibliothèque d'histoire de la philosophie).

MALHERBE M. (1984), *Thomas Hobbes, ou l'oeuvre de la raison*. Paris, Vrin (Bibliothèque d'histoire de la philosophie).

MICHAUD Y. (1986), *Locke*. Paris, Bordas (Philosophie présente).

ZARKA Y.-C. (1992), *Hobbes et son vocabulaire*. Paris, Vrin (Bibliothèque d'histoire de la philosophie).

2. Ética e política

■ HOBBES:

- Filosofia da natureza e filosofia política.
- Do estado de natureza ao estado social por meio do pacto que institui o Estado.
- Contribuições e perigos do Estado-Leviatã.

■ LOCKE:

- Um estado de natureza com uma moral e um direito.
- O contrato social nas fontes da democracia liberal.
- O princípio de tolerância, a separação entre a Igreja e o Estado, a distinção do privado e do público.

PALAVRAS-CHAVE

- contrato ou pacto social • democracia
- direito de resistência • direito natural • direito positivo
- Estado • estado de natureza • guerra • liberdade • temor
- poder • política • privado e público • sociedade
- tecnocracia • tolerância • teocracia

2.1 Hobbes: a política do cálculo e da força

É necessário recolocar as concepções políticas de Hobbes no contexto de sua época, dilacerada pelo fanatismo, pela intolerância religiosa, pelas lutas sangrentas pelo poder e pela guerra civil. O *Leviatã* (1651) aparece dois anos depois da execução de Charles I. Essas páginas de história da Inglaterra, dominadas pelo entrechoque permanente das forças e das vontades de poder, em que o risco de morte é constante, a guerra universal e o poder mais absoluto decapitado, não carecem de ressonâncias com a concepção hobbesiana do mundo e do homem. Uma das causas da agitação violenta da sociedade inglesa é a coalizão da Igreja e do Estado. Sem dúvida, tal cumplicidade é universal, e os filósofos franceses a perceberão no século XVIII, mas ela culmina na Inglaterra, na qual uma religião de Estado foi instituída – o anglicanismo. É em oposição a essa tela de fundo quase teocrático que a democracia liberal vai inicialmente tomar forma na Europa, principalmente sob a pena de Locke.

2.1.1. *Para uma ciência política*

Hobbes adota um materialismo mecanicista integral, no qual tudo se explica pelo jogo de forças físicas exercidas pelos corpos em movimento. O ser vivo se explica assim, mas também o mental, a psicologia. A organização coletiva ou social dos homens deve, portanto, ser concebida em função de leis mecânicas do universo.

Hobbes distingue dois tipos de *corpos*:

- *naturais*: eles são a obra da natureza, e seu conhecimento provém da filosofia natural (física);
- *políticos*: os corpos políticos (cidades, sociedades, instituições) são a obra da vontade e da razão humanas. Eles são, portanto, diversamente dos precedentes, *artificiais*. São instituídos, no sentido de construídos e inventados. O corpo político é o objeto da filosofia ou da ciência políticas.

Diversamente da filosofia natural, cabe à filosofia política (ela própria obra humana a respeito de obras humanas) uma função inventiva de (re)construção da sociedade. Mas essa produção do corpo político será adequada apenas se ela se basear sobre uma ciência verdadeira do homem e de seu comportamento. Essa é a moral como "ciência dos costumes" e, mais geralmente, o que chamaríamos de "antropologia".

A filosofia política, como ciência e técnica da organização da sociedade, deve, portanto, apoiar-se sobre o saber antropológico, que partilha os mesmos princípios de base que o mecanismo físico universal.

2.1.2. *As bases da filosofia política*

2.1.2.1. *O estado de natureza*

O estado de natureza é a condição humana, fora ou antes da organização social. Hobbes o caracteriza por:

- *atomismo individual*: a humanidade é tão-somente uma soma de indivíduos (a *grosso modo*, iguais, ou seja: de forças e de capacidades iguais), como átomos em interação;
- *violência permanente*: as interações naturais são violentas; é a lei da luta universal pelo poder (sempre efêmero) ou pela sobrevivência, e a aplicação da regra:

"O homem é um lobo para o homem" ou "A guerra de todos contra todos".

- *anarquia intransponível*: dado o caráter desordenado e difuso das interações e da relativa igualdade das forças que se entrechocam, nenhum poder chega a se impor e a pacificar definitivamente os homens. O estado de guerra – ao menos latente e como risco constante – é permanente, porque o estado de natureza é um estado de não-direito ou de direito de todos sobre tudo;

  A natureza deu todas as coisas a todos os homens (*Leviatã*).

- *miséria e temor universal*: em todo momento cada indivíduo arrisca-se a ser morto por um outro ou por diversos outros muito provisoriamente unidos.

O "estado de natureza" é uma ficção, no sentido de que jamais, sem dúvida, houve tal estado natural da humanidade anterior a qualquer socialização. *Contudo*, constitui de fato um risco permanente para toda sociedade (guerra, guerra civil) e desempenha um papel importante na reflexão política de Hobbes.

2.1.2.2. *O pacto*

O pacto é o contrato pelo qual os homens vão retirar-se do estado de natureza. O que os impele a esse pacto é o *temor constante e universal*, associado ao estado de natureza e ao risco de morte permanente. É também um *cálculo racional*, pelo qual cada indivíduo considera que é do seu interesse concluir esse pacto. O pacto entre os homens vai produzir a sociedade, ao mesmo tempo em que o *Estado*, condição necessária de possibilidade da vida em sociedade. O Estado, para Hobbes, concentra o poder supremo. Ele se encarna em um monarca

Ciência, moral e política no empirismo inglês

ou soberano absoluto. Hobbes o chama de "Leviatã" (nome de um monstro bíblico colossal).

De onde provém o poder do soberano e o que o justifica? O pacto consiste, para os indivíduos, em se desfazer de seu poder próprio e a colocá-lo entre as mãos do soberano, que disporá, a partir disso, da totalidade do poder, concentrado sobre ele (ao passo que, no estado de natureza, se encontrava difuso). Os efeitos dessa concentração absoluta são:

- o temor dos indivíduos torna-se focalizado sobre o soberano, e não mais difuso entre os indivíduos; a concentração garante ordem e unidade;
- os indivíduos, tornados cidadãos, são realmente *iguais em direitos* e não simplesmente mais ou menos iguais de fato, conforme a força cambiante de que fruem;
- o caráter absoluto do poder garante a pacificação universal.

2.1.2.3. *O Estado*

A função do Estado é bem determinada pelo motivo que se encontra em sua origem: sair do estado de natureza. O Estado é um *artífice* instituído e desejado pelos indivíduos, a fim de garantir a ordem, a segurança, a paz e a igualdade. Para esse fim, o Estado é encarregado de pôr tudo em ordem, compreendendo nisso, prioritariamente, a educação. O soberano absoluto não é um soberano constantemente repressivo, recorrendo à força a cada instante. Tais intervenções repetidas sugeririam antes uma falha no poder ou uma incoerência em seu exercício. Isso, devido tanto ao fato de o soberano não parecer suficientemente absoluto para inspirar em todos um temor salutar ou de a soberania ser exercida por um Príncipe caprichoso, que a desvia de sua função originária.

A filosofia política de Hobbes exclui *em princípio* o exercício arbitrário e abusivo do poder. Tal exercício torna o poder irracional e contraditório em relação ao motivo de sua instituição. Esse poder, pervertido, enfraquece, porque suscita na sociedade resistências e disfunções, fermentos de desagregação. Enfraquecido por dentro, o Leviatã arrisca-se a ser destruído e conquistado a partir do exterior por um outro Leviatã (um outro Estado-nação), mais virtuoso e mais poderoso. Em princípio, portanto, o Príncipe injusto degrada seu corpo político e condena-se a si próprio.

> A função do soberano está contida no fim para o qual lhe foi confiado o poder, e que é o zelo pela segurança do povo (*Leviatã*).

2.1.3. *Um humanismo lúcido e duro*

Da física à política, a visão hobbesiana é totalmente dominada pelas noções de força e de poder. Este mundo de violência cega e egoísta oferece uma imagem muito pessimista da humanidade. *Todavia*, é possível haver uma ciência das forças, uma ciência do poder. E tal ciência deve permitir controlar, dominar tecnicamente o jogo de forças. Enquanto F. Bacon desenvolve essa noção de um saber-poder, de uma ciência-técnica, a respeito do controle das forças naturais físicas e de sua utilização em proveito da humanidade, a idéia dominante de Hobbes é fazer o mesmo para o mundo humano. Daí a vontade de desenvolver uma ciência-técnica política. O pessimismo de Hobbes se tempera, portanto, por uma fé na razão e no conhecimento humanos, capazes de canalizar a força. A ciência do poder deveria permitir que o poder se controlasse. Tal é a única esperança, porque o saber não dissolve o poder ou não o substitui.

A técnica política essencial é a constituição de um *Estado forte*, que seríamos, hoje, tentados a chamar de "totalitário", pois ele dispõe, sem partilha, da totalidade da força. Apenas o caráter virtuoso e esclarecido da razão do soberano absoluto é suscetível de manter tal Estado acima da propensão aos abusos e às injus-

Ciência, moral e política no empirismo inglês

tiças. Reconhecemos aqui uma utopia que relembra o tema do Rei-Filósofo e que conserva a ilusão de uma síntese harmoniosa do Poder com o Saber (sabedoria, ciência) no líder do soberano. Porque Hobbes não admite controle nem contra-poder. Ele reconhece algumas vezes ao indivíduo o direito de retomar suas prerrogativas naturais originárias se o soberano se tornar injusto e não assumir mais a função para a qual ele foi instituído. Mas esse direito natural do indivíduo parece bem fraco e desprovido de garantia e de proteção diante da força total do Príncipe. Além disso, o exercício desse direito, não sendo canalizado por instituições, levaria somente a uma desagregação da sociedade e a um retorno ao estado de natureza. Nenhum procedimento de destituição do Príncipe é previsto.

É possível interpretar a concepção de Hobbes em um sentido resolutamente tecnocrático, que afastaria as fraquezas de um soberano "humano, demasiadamente humano", e que se harmonizaria bem com o mecanismo hobbesiano. A coerência funcional e pacífica da sociedade seria então garantida por um *Leviatã*, concebido como uma Mega-máquina, assistida por técnicos-tecnocratas. Essa perspectiva, que levanta interrogações atuais e futuristas, não deve dissimular a contribuição de Hobbes para a construção histórica do humanismo moderno. Ele foi o primeiro a distinguir tão claramente o universo natural e o mundo instituído pelos homens a partir de um ponto de vista basicamente unitário (monismo materialista), que preserva a possibilidade de conhecê-los e de dominá-los. O mundo humano é de fato um mundo terrestre, e se o Leviatã parece poderoso como um Deus, ele permanece um "Deus mortal". O Leviatã é uma produção voluntária dos homens; ele não é o fato de um Deus transcendente. A Igreja – o Estado teocrático que nega sua origem antropológica – é um falso Leviatã, que deve ser denunciado e combatido. Hobbes é uma fonte de numerosas idéias da filosofia liberal progressista, que desabrocharão no decorrer dos decênios e dos séculos seguintes.

2.2. Locke, entre moral e política

2.2.1. *Estado de natureza, moral e direito natural*

O estado natural segundo Locke é muito diferente do de Hobbes, no sentido de que ele não é sem moral nem direito. Locke considera que existem *leis inscritas na própria natureza do ser humano* e que são acessíveis a seu coração e à sua razão. Essas leis naturais não são leis causais: são comparáveis a regras de direito ou de moral. Elas impõem obrigações e proibições e são permeáveis à liberdade humana. Desse modo, sou capaz de atentar à propriedade legítima de outrem, ainda que isso seja proibido, ao passo que uma pedra não é livre para cair ou não, ou seja, para transgredir a lei natural *causal* da queda dos corpos.

> Embora o estado de *natureza* seja um estado de *liberdade*, de modo nenhum ele é um estado de *permissividade*. (...) O estado de *natureza* tem a lei da *natureza*, que deve regulamentá-lo, e à qual cada um está obrigado a se submeter e a obedecer (*Dois tratados do governo*).

Há, portanto, uma moral ou um direito naturais que o indivíduo pode perceber em sua consciência, sem o socorro de luzes sobrenaturais de uma revelação divina associada a alguma religião particular (tais como o Decálogo ou a moral evangélica), embora a "lei natural" seja de modo último desejada por Deus.

Esse direito moral natural compreende, por exemplo, a liberdade individual de ação, o direito de se apropriar dos produtos de seu próprio trabalho (ainda que muito elementar: colheita, roçadura), o respeito pelo outro e por seus bens, a legítima defesa, a igualdade etc. Direito e moral temperam fortemente, portanto, o estado de natureza, que não é sem lei ou virtude, assim como a guerra permanente e egoísta de todos contra todos em Hobbes. Locke tem uma visão infinitamente menos pessimista

Ciência, moral e política no empirismo inglês

da natureza humana do que ele. Em todo caso, a natureza humana está longe de ser perfeita. Livre mas limitado, fraco e animado também por tendências egoístas e desejos de poder, o indivíduo não respeita sempre a moral natural.

O estado natural não é sem lacuna; também a humanidade procura pôr fim às misérias (injustiças, desigualdades, conflitos etc.) que lhe são associadas ao instituir o *estado social*. Este, portanto, tem como vocação primeira melhor garantir o respeito pela lei moral natural e, por meio disso, assegurar mais a felicidade.

A passagem do estado natural para o estado social é, em Locke, não tanto uma ruptura (como em Hobbes), mas um *progresso*, uma melhoria substancial. Com efeito:

- o estado de natureza não é sem lei; a guerra perpétua não o resume inteiramente;
- a humanidade natural é uma espécie de sociedade defeituosa, e não a ausência de qualquer sociabilidade.

2.2.2. *A convenção ou o contrato: o estado social*

É um contrato individual, livre e voluntário, que garante a passagem do estado natural para o estado social. Cada indivíduo pode aderir a ele ou não, mas a adesão comporta direitos e deveres. Aqueles que preferem permanecer fora da convenção social podem fazer isso e continuarão a fruir de seus direitos naturais. Mas não se beneficiarão das vantagens ligadas ao estado social.

Este se institui, portanto, sobre uma base voluntarista, individualista e consensual. Sua organização efetiva é a de uma *democracia indireta*:

- o povo é o único soberano;
- o povo elege representantes que fazem as leis;
- a regra é a da *maioria*, cuja opinião é considerada como a mais *razoável*.

> Quando certo número de pessoas está assim convencionado para *formar uma comunidade e um governo*, ele compõe um único *corpo político*, no qual o maior número tem o direito de decidir e de agir (*Dois tratados do governo*).

Cada cidadão é, ao mesmo tempo, fonte e alvo da lei, à medida que participa na vida democrática. Ele, portanto, jamais desiste inteiramente de seu poder e de seus direitos e se beneficia de tudo o que o estado social oferece, principalmente a segurança. Também o homem é mais livre com a lei do que sem ela.

2.2.3. Os limites do poder e o direito à resistência

Locke desconfia do poder absoluto que corrompe. Com efeito, o poder só pode provir da confiança que todos os cidadãos concedem a alguns dentre eles. A ruptura dessa confiança, seja pelo fato de os representantes do povo não respeitarem eles próprio as leis da Cidade (principalmente as leis constitucionais fundamentais), seja por eles transgredirem mais gravemente ainda a lei moral natural (que o estado social tem como missão *não suprimir, mas cumprir*), acarreta, para o cidadão, um *direito à resistência e até à revolta*. Esse direito de resistir a qualquer poder abusivo pode acarretar a ruptura do contrato social e a volta do indivíduo a seus direitos naturais propriamente inalienáveis.

Na *Carta sobre a Tolerância* (1689), esse direito inalienável do indivíduo é desenvolvido no contexto das relações entre a Igreja e o Estado. Além de uma tendência geral à confusão, no seio do Estado, entre o espiritual e o secular remontar à Antiguidade e dominar a Idade Média cristã, a amálgama dos dois poderes culmina, como já salientamos, na Inglaterra, quando, no século XVI, Henrique VIII funda o anglicanismo como religião de Estado.

Locke considera que:

- o Estado deve ocupar-se apenas da organização material secular da sociedade, em conformidade com o contrato social: ele não deve intervir no domínio espiritual;
- a fé e a religião são, em última instância, uma questão de crença individual. É preciso respeitar a liberdade de consciência: nem o Estado (porque não é esse o papel dele) nem a Igreja (porque ela não dispõe a esse respeito de um poder legítimo sobre os indivíduos) podem impor aos indivíduos uma determinada crença;
- a separação entre o Estado e a Igreja, e também entre o *público* e o *privado*, deve ser garantida. A fé aparece como uma questão duplamente privada. Em relação ao Estado, em primeiro lugar, pelo fato de depender de comunidades particulares e de instituições religiosas; em seguida, em relação à instituição eclesiástica, pelo fato de ela depender finalmente apenas da consciência individual;
- a *intolerância* encontra sua fonte na confusão entre o Estado e a Igreja, entre o público e o privado. Um Estado religioso (teocrático) pretende obter sua legitimidade não no povo, mas em um direito divino. Este é contrário à própria instituição do Estado pelo Contrato social, que é a única fonte de legitimidade do poder público. Contra esse Estado teocrático, o indivíduo tem o direito de se revoltar.

Considero que, antes de tudo, é preciso distinguir entre as questões da cidade e as da religião, e que justos limites devem ser definidos entre a Igreja e o Estado (...) o poder civil não deve prescrever artigos de fé pela lei civil (...) todo poder do Estado concerne apenas aos bens civis, e é limitado ao cuidado das coisas deste mundo (*Carta sobre a tolerância*).

2.2.4. *A importância histórica das idéias de Locke*

A importância de Locke para a construção de nossa modernidade social, jurídica e política é imensa. Locke é uma das grandes fontes do pensamento democrático e da filosofia dos direitos do homem, tal como ela se expressará de 1789 a 1948. Ele influenciou profundamente o espírito da Constituição dos Estados Unidos, por ocasião da Declaração de Independência em 1776. Seu impacto foi enorme na Inglaterra e também na França, particularmente sobre o pensamento de Montesquieu (a doutrina da separação dos poderes), de Rousseau e de Diderot.

Locke é um dos primeiros grandes promotores da idéia de *liberdades individuais fundamentais e inalienáveis*. Defendeu a noção de um *direito natural* universal, possuído pelo indivíduo pelo próprio fato de este pertencer à espécie humana. Todo indivíduo pode recorrer a esse direito quando o *direito positivo*, elaborado pelo Estado, entra em conflito com os valores e as liberdades de base. Todavia, esse direito à revolta ou à resistência não é inteiramente concebido por gosto pela anarquia: a preocupação real de Locke foi a de conceber um Estado moderno que, *respeitando* totalmente a moral natural, *melhoraria* sensivelmente a condição natural da humanidade com o auxílio de uma organização política e jurídica positiva, livremente desejada por cada um e nos limites da separação entre o espaço público e as esferas privadas ou individuais.

LEITURAS SUGERIDAS

ANGOULVENT A.-L. (1994), *Hobbes et la morale politique*. Paris, PUF (Que sais-je? 2867).

BOUVERESSE-QUILLOT R. (1997), *L'empirisme anglais*. Paris, PUF (Que sais-je? 3233).

JAUME L. (1986), *Hobbes et l'État représentatif moderne*. Paris, PUF (Philosophie d'aujourd'hui).

LESSAY F. (1988), *Souveraineté et légitimité chez Hobbes*. Paris, PUF (Léviathan).

Rogow A.A. (1990), *Thomas Hobbes*. Paris, PUF (Questions).

Tinland F. (1988), *Droit naturel. Loi civile. Souveraineté*. Paris, PUF (Questions).

Tully J. (1992), *Locke, droit naturel et propriété*. Paris, PUF (Léviathan).

Vienne J.-M. (1991), *Raison et expérience, les fondements de la morale selon Locke*. Paris, Vrin (Bibliothèque d'histoire de la philosophie).

Zarka Y.-C. (1987), *La décision métaphysique de Hobbes. Conditions de la politique*. Paris, Vrin (Bibliothèque d'histoire de la philosophie).

Zarka Y.-C. (1995), *Hobbes et la pensée politique moderne*. Paris, PUF (Fondements de la politique).

Capítulo IV

A filosofia francesa
no "Século das Luzes"

- A confiança nas luzes naturais.
- A educação leiga do gênero humano.
- O anticlericalismo entre o deísmo e o ateísmo.
- Uma moral ao mesmo tempo individualista e social.
- Um empirismo aberto a uma multiplicidade de concepções da natureza.
- A Enciclopédia encarna o espírito das Luzes.
- Rousseau ou como passar bem do estado de natureza para o estado social.

PALAVRAS-CHAVE

• anticlericalismo • ateísmo • contrato social • deísmo • democracia
• despotismo esclarecido • educação • empirismo • enciclopédia
• estado de natureza • humanismo • instituição • laicidade
• liberdade • luzes • materialismo • mecanicismo • progresso
• racionalismo • sensualismo • sociedade • tolerância • universalidade
• vitalismo • vontade geral

"As Luzes" é a expressão consagrada para designar, na França, o fenômeno europeu chamado de "Iluminismo" na Grã–Bretanha e de "Aufklärung" na Alemanha.

O que são as "Luzes"? São designados desse modo os intelectuais franceses que propagaram a confiança humanista nas faculdades humanas – a razão, mas também a imaginação e a vontade – para conhecer o mundo e (re)construir a sociedade. Essas faculdades humanas são as "luzes naturais", em oposição às "luzes sobrenaturais", as que alguns homens pretendem ter de Deus e que se expressaram maciçamente na Revelação, da qual a Igreja pretende ser a única intérprete legítima. Para as "Luzes" do século XVIII, tais ensinamentos da Igreja são fonte de um obscurantismo que devemos combater.

O século XVIII francês também foi designado como o "século dos filósofos".

"Nosso século se chamou, portanto, por excelência, o século da Filosofia", escreve d'Alembert em seu *Essai sur les éléments de philosophie* (*Ensaios sobre os elementos de filosofia*) ou *Sur les principes des connaissances humaines* (*Sobre os princípios dos conhecimentos humanos*) (1759).[1]

Essa designação só se justifica se tomarmos "filósofo" e "filosofia" em sentido muito amplo. Com efeito, os "filósofos" – Diderot ou Voltaire, por exemplo – são mais escritores ecléticos ou ensaístas, que se expressaram segundo gêneros literários diversos, mas raramente sob a forma de tratados sistemáticos e, menos ainda, de obras de metafísica, da qual denunciavam o esoterismo. Mais de um filósofo *stricto sensu* será tentado a classificá-los na história das idéias e não na da filosofia. Sob o reino dos "filósofos", a filosofia deixa de ser um gênero claramente circunscrito e de se distinguir rigorosamente da literatura ou das ciências. Filosofia, ciências e literatura estão a serviço da propagação mais atraente possível da razão, das idéias, do progresso.

As influências que levam às Luzes são múltiplas. Spinoza, entretanto, pesa nisso mais que Descartes, e o empirismo inglês mais que o racionalismo clássico. A referência preponderante é John Locke.

É igualmente difícil determinar os limites históricos do movimento: ele culmina e desaparece com a revolução de 1789. Sua gênese compreende personalidades mais que precursoras: Pierre

---

[1] Paris, Fayard (Corpus des oeuvres de philosophie em langue française), 1986.

A filosofia francesa no "século das luzes"

Bayle (1647-1706), cujo *Dictionnaire historique et critique* (*Dicionário histórico e crítico*) (1697)[2] concentra já todo o espírito das Luzes, ou Fontenelle (1657-1757), cujo *Entretiens sur la pluralité des mondes* (*Diálogos sobre a pluralidade dos mundos*) (1688)[3] inaugura o gênero da vulgarização científica e abre caminho para a nova "cultura científica".

As Luzes reuniram numerosas personalidades poderosas e originais. Mencionamos abaixo apenas as mais marcantes, sem pretensão de exaustividade.

MONTESQUIEU, Charles-Louis de Secondat, Barão de (1689-1755):

 – *L'esprit des lois* (*O espírito das leis*) (1748).[4]

VOLTAIRE (pseudônimo de François-Marie Arouet) (1694-1778):

 – *Dictionnaire philosophique* (*Dicionário filosófico*) (1764),[5]
 – *Le philosophe ignorant* (*O filósofo ignorante*) (1766).[6]

LA METTRIE, Julien Offroy de (1709-1751):

 – *L'homme-machine* (*O homem-máquina*) (1748).[7]

---

[2] Genebra, Slatkine, 1995.
[3] Paris, Aube (Poussières), 1991.
[4] Paris, Gallimard (Folio essais 275, 276), 1995.
[5] Paris, Garnier (Classiques), 1967.
[6] Em *Les oeuvres complètes de Voltaire*. Oxford, The Voltaire foundation, 1987.
[7] Paris, Denoël (Méditations 213), 1981.

Rousseau, Jean-Jacques (1712-1778):

– *Discours sur les sciences et les arts* (*Discurso sobre as ciências e as artes*) (1750)[8]

– *Discours sur l'origine et les fondements de l'inégalité parmi les hommes* (*Discurso sobre a origem e os fundamentos da desigualdade entre os homens*) (1755).[9]

– *Du contrat social* (ou *Principes du droit politique*) (*Do contrato social* ou *Princípios do direito político*) (1762).[10]

Diderot, Denis (1713-1784):

– *Encyclopédie ou Dictionnaire raisonné des sciences, des arts et des métiers* (*Enciclopédia ou Dicionário racional das ciências, das artes e das profissões* (35 vols., 1751-1780).[11]

– *Le rêve d'Alembert* (*O sonho de Alembert*) (póstumo).[12]

Condillac, Étienne Bonnot de (1714-1780):

– *Traité des sensations* (*Tratado das sensações*) (1754).[13]

Helvétius, Claude Adrien (1715-1771):

– *De l'esprit* (*Do espírito*) (1758).[14]

d'Holbach, Paul Henri Dietrich, Barão (1723-1789):

– *Système de la nature, ou des lois du monde physique et du monde moral* (*Sistema da natureza ou leis do mundo físico e do mundo moral*) 1770).[15]

---

[8] *Discours sur les sciences et les arts; Lettre à d'Alembert sur les spectacles.* Paris, Gallimard (Folio 1874), 1987.

[9] Paris, Gallimard (Folio essais 18), 1990.

[10] Paris, Gallimard (Folio essais 233), 1993.

[11] Paris, Inter-Livres, 1987-1989. Encontramos também artigos escolhidos na *Encyclopédie ou dictionnaire raisonné des sciences, des arts et des métiers.* Paris, Flammarion (GF 426, 448), 1986.

[12] Paris, Flammarion (GF 53), 1990.

[13] *Traité des sensations; Traité des animaux.* Paris, Fayard (Corpus des oeuvres de philosophie en langue française), 1984.

[14] Paris, Fayard (Corpus des oeuvres de philosophie en langue française), 1988.

[15] Paris, Fayard (Corpus des oeuvres de philosophie en langue française), 1990.

1. O espírito das Luzes

1.1. A efervescência humanista leiga

A designação plural "as Luzes" convida a uma abordagem global, salientando sua multiplicidade. Tentaremos fazer justiça a essa dupla exigência. O que talvez caracterize melhor o século XVIII francês é a efervescência de idéias. Uma efervescência generalizada da inteligência e da sensibilidade, que caminha junto com o uso liberado e confiante das faculdades do homem. A época é favorável à crítica e à imaginação, à polêmica, ao intercâmbio, à comunicação pública, porque é necessário que o humanismo se propague.

> Tudo foi discutido, analisado, agitado, ao menos. Uma nova luz sobre alguns assuntos, uma nova obscuridade sobre diversos, esse foi o fruto ou o resultado dessa efervescência geral dos espíritos (*Ensaios sobre os elementos de filosofia*).

É assim que d'Alembert, o amigo de Diderot e o autor do *Discours préliminaire* à *Encyclopédie* (1751),[16] expressa sua opinião a respeito de seu tempo.

A confiança humanista nas "luzes naturais" cristaliza-se em torno da fé no *progresso*.

O racionalismo do século XVIII é uma atitude, uma disposição do espírito, um processo a ser estendido no espaço e no tempo. Ele é hostil à idéia de sistema, que se expressa na metafísica, sentida ao mesmo tempo como obscura, fechada, dogmática, pretensiosa e enfastiante. Voltaire, de modo muito particular, dirigiu contra ela sua verve satírica.

A confiança humanista se refere à capacidade dos homens de melhorar, graças ao desenvolvimento das ciências e das técnicas, assim como pela reforma da sociedade, sua condição terrestre. As Luzes têm a preocupação de serem *úteis* para o gênero humano e

---

[16] Na *Encyclopédie ou dictionnaire raisonné des sciences, des arts et des métiers*, artigos escolhidos. Paris, Flammarion (GF 426, 448), 1986.

valorizam os prazeres e a felicidade. Uma importância especialmente determinante é atribuída à *educação*. Esta caminha junto com a vontade de comunicação, de intercâmbio e de publicidade, assim como com o desejo de lutar contra o *obscurantismo*, porque grande parte dos males provém da ignorância. Contudo, mais fundamentalmente, a preocupação pedagógica dos filósofos procede de sua crença na relativa *maleabilidade da realidade humana*. O indivíduo é o produto de seu tempo e de seu lugar; a sociedade pode ser reconstruída ou reformada; a humanidade é *perfectível*. A vocação dos intelectuais é trabalhar para esse aperfeiçoamento, esclarecendo não só os cidadãos, mas também os dirigentes, que convém auxiliar para que concebam boas reformas e tomem boas decisões. A preocupação pedagógica das Luzes passa, na maioria das vezes, pelo despotismo esclarecido.

O século dos filósofos é ainda o do nascimento da *laicidade*.

A aposta é particularmente importante em uma França centralizada, com um catolicismo de Estado e uma viva repressão provinda da Contra-Reforma. O espírito das Luzes é um espírito de combate, mas pacífico, cujas armas são a crítica, a discussão, o debate público, a liberdade de pensar, de crer, de se expressar. Esse combate em favor da tolerância não acontecia sem riscos: a quase totalidade dos "filósofos" conheceu ora o exílio, ora a prisão, ora a colocação no índex e, freqüentemente, diversas dessas formas de repressão.

Enquanto a maioria deles eram *deístas* e partidários da religião natural, segundo a qual Deus se manifesta diretamente à razão ou ao coração do indivíduo, em oposição à religião revelada, que passa pela instituição da Igreja, eles foram freqüentemente assimilados como ateus. Ora, seu combate não se dirigia contra a fé em Deus – eles defendiam a liberdade de crer –, e sim contra o dogmatismo e a intolerância da Igreja. Eram anticlericais, mas não, em sua grande maioria, ateus. Eram a favor da separação entre a Igreja e o Estado, e a supressão da Igreja como instância de poder político sobre a sociedade. Recusavam a ligação necessária entre religião instituída e moralidade, como se indivíduos não submetidos a uma religião fossem fatalmente amorais ou imorais. Ao contrário, afirmavam a

A filosofia francesa no "século das luzes"

imoralidade do dogmatismo, da superstição e da ignorância, mantidos pela moral católica, e a moralidade superior do estado de saber, de tolerância e de bem-estar ou de felicidade terrestre, que era a deles. Mas a tarefa era extremamente difícil, porque a Igreja católica dirigia ao mesmo tempo o ensino e a cultura (controle das publicações), com o apoio do poder do Estado. O combate filosófico leigo passava necessariamente, portanto, pela propagação de uma cultura e de um ensinamento que não fossem católicos. Esse ensino e essa cultura leigos permaneciam, na época, quanto ao essencial, a serem inventados e impostos.

1.2. Religião e moral

Os filósofos, conforme dissemos, eram na sua maioria deístas. Em que consiste esse *deísmo*?

O deísta crê na existência de um Deus, único e universal, mas não definível de modo comum, satisfatório para todos os indivíduos. Cada um forma para si uma imagem do Deus único, mais ou menos precisa, conforme sua experiência religiosa pessoal. Alguns sentem Deus no mais profundo de seu coração ou de sua consciência; outros concluem por sua necessária existência, seguindo sua razão. Uns o descobrem mais em sua experiência interior, enquanto outros o vêem em ação na natureza. Voltaire e Rousseau eram deístas, mas diferiam em tudo. O Deus de Voltaire é uma inteligência racional que garante a ordem cósmica: ele é o relojoeiro do relógio do mundo. O Deus de Rousseau é interior, afetivo e sensível; ele fala à consciência moral e se manifesta não tanto na ordem, mas na majestade romântica de algumas paisagens. O que une os deístas é a tolerância em matéria de religião e a independência de sua experiência religiosa em relação à instituição religiosa.

O barão de Holbach foi o ateu das Luzes. Seu materialismo mecanicista não só dispensava inteiramente a idéia de Deus, mas também considerava, além disso, que a fonte maior da desgraça dos homens era a religião. Esta mistifica as consciências, fazendo brilhar metas e bem-aventuranças ilusórias, que nos afastam de nossas possibilidades reais de felicidade. O ateísmo torna-se para ele, desse modo, a condição de possibilidade de toda moral positiva autêntica.

A maioria das Luzes se reconheceu, senão no ateísmo, ao menos no fundamento materialista e sensualista da moral. Prazer, desprazer, interesse e utilidade inspiram os valores e as normas, cuja determinação deve ser empírica, e não *a priori*, dogmaticamente metafísica ou teológica. Mas o *individualismo*, ligado a essa moral hedonista e pragmática, assim como à preocupação, própria a cada indivíduo, de fruir *livremente* de todos os seus poderes físicos e mentais não eclipsa, entre os filósofos, a preocupação da *sociedade*. A constituição de uma sociedade em que o indivíduo possa ao mesmo tempo reencontrar a satisfação de suas necessidades, a felicidade e um máximo de liberdade é a preocupação fundamental das Luzes. Ela já se encontra no centro de *L'esprit des lois* (*O espírito das leis*), de Montesquieu, que vê na separação dos poderes (executivo, legislativo e judiciário) uma condição e uma garantia para as liberdades pessoais e a melhor defesa contra um despotismo absoluto e arbitrário. Ela está no centro da preocupação utilitarista e pedagógica geral das Luzes, que não dissociam a filosofia moral da filosofia social e da política. Esta será racional e científica. Aqui ainda, Montesquieu mostra o caminho de uma ciência do político, racional e empírica, base de uma ação política esclarecida e eficaz. Outro enciclopedista, o doutor François Quesnay (1694-1774), é o fundador francês da economia política e o vanguardista da fisiocracia. Ele crê que uma ciência da produção, da distribuição, do intercâmbio e do consumo dos bens é possível no plano da sociedade global e que ela deve servir de base para uma política racionalmente informada. As teses fisiocráticas, que privilegiam excessivamente a produção agrícola como única fonte de riqueza, parecem, com o recuo, pouco convincentes no momento em que a grande indústria está a ponto de nascer na Inglaterra. Elas não deixam de lançar as bases de uma apreensão da sociedade, inspirada pelo método científico e pela confiança na eficácia de reformas técnicas, impostas por um poder forte e esclarecido.

1.3. Teoria do conhecimento e concepção da natureza

Herdeiros de Locke, os filósofos são empiristas. É o ponto sobre o qual sua ruptura em relação ao racionalismo de Descartes é mais clara. Eles rejeitam as idéias inatas e a concepção segundo a qual o raciocínio dedutivo puro, independente da experiência, basta para o desenvolvimento do saber.

Condillac, seguido principalmente por Helvétius, defendeu um *sensualismo* radical, muito além da posição de Locke, para quem as *faculdades* (entendimento, memória, vontade etc.) e talvez seus conteúdos (as idéias) eram inatas. Em uma teoria do conhecimento que é uma espécie de genealogia do espírito, Condillac tentar mostrar como o espírito inteiro – formas operativas (as faculdades) e conteúdos – são sensações puras. Uma passagem do *Traité des sensations* (*Tratado das sensações*) é célebre: Condillac nela imagina uma estátua que dispõe apenas do odor e que adquire sucessivamente a memória, o julgamento e a vontade, pela repetição e transformações de sensações puramente olfativas.

Se seu empirismo antimetafísico as reúne, as Luzes se distinguem por sua filosofia da natureza. Essa diversidade se deve, todavia, quanto ao essencial, ao seio de uma gama única: a do materialismo, compreendido entre seus dois extremos, mecanicista e vitalista. Diderot, sozinho, percorreu todo o seu leque e todos os seus matizes no decorrer de sua existência.

O materialismo mecanicista, postulando uma matéria inerte e acontecimentos encadeados de modo determinista, sobre o modelo da física de Newton, foi ilustrado por Voltaire, Helvétius e Holbach.

O doutor De La Mettrie se liga a essa tendência e redige *L'homme-machine*, que estende ao ser humano a teoria dos "animais-máquinas" de Descartes. Mas o médico familiar da matéria viva tem certa dificuldade para se satisfazer com o conceito de matéria dos físicos. A matéria viva não pode, por definição e também por experiência, ser recebida como inerte. Ela é dotada de sensibilidade e de uma capacidade auto-organizadora. Ao lado do paradigma físico da matéria, continua, desse modo, um modelo biológico.

Um terceiro modelo se alinha: o da química, que salienta a extrema diversidade da matéria, ela própria não viva, a admirável variedade das propriedades dos corpos e de suas combinações.

Denis Diderot foi influenciado por esses dois últimos modelos da matéria, e sua imaginação especulativa deles tirou conseqüências extraordinariamente audaciosas para a época, admiravelmente atuais para nós. Muito mais que o determinismo de Newton, é o materialismo indeterminista de Epicuro e de Lucrécio que inspira Diderot. Um mundo composto de matéria dotada de espontaneidade criadora, imprevisível, e de sensibilidade, cuja gradação permite passar, sem descontinuidade, dos corpos chamados de "inertes" para os organismos vivos. Uma natureza em perpétua metamorfose, dinâmica, cheia de possibilidades, que se organiza localmente e se reorganiza, cujos elementos não deixam de se transformar e de evoluir. Bem antes de Lamarck e um século mais cedo que Darwin, Diderot expressa idéias transformacionais e evolucionistas, que ele estende não só ao passado da vida, mas também a seu futuro e, portanto, ao futuro do homem. Ele denuncia teólogos e metafísicos, que se encontram demasiadamente prontos para sucumbir ao "sofisma do efêmero". Diderot entende com isso o desejo, que temos, de eternizar e de fazer parecer necessário o que, na realidade, é puramente contingente, acidental, local e destinado a um pronto desaparecimento. O diálogo entre d'Alembert, a senhora de Lespinasse e o doutor Bordeu, intitulado de *Rêve d'Alembert* (*Sonho de d'Alembert*), que Diderot não ousou publicar, é, sob esse aspecto, visionário:

> Quem sabe se este bípede deformado (...) que ainda chamamos, na vizinhança do pólo, um homem, não é a imagem de uma espécie que passa? Quem sabe se não acontece com ele assim como com todas as espécies de animais? Quem sabe se tudo não tende a se reduzir a um grande sedimento inerte e imóvel? Quem sabe qual será a duração dessa inércia? Quem sabe qual raça nova pode resultar mais uma vez de um tão grande amontoado de pontos sensíveis e vivos? (...) Talvez seja necessário, para

renovar as espécies, dez vezes mais tempo do que foi atribuído à sua duração. Esperem, e não tenham pressa de se pronunciar sobre o grande parto da natureza. (...) Garantam-se do sofisma do efêmero (...). É o de um ser passageiro que crê na imortalidade das coisas. (...) A rosa de Fontenelle que dizia que de memória de rosa não se tinha visto morrer um jardineiro?

2. O empreendimento da Enciclopédia

O *Dictionnaire raisonné des sciences, des arts e des métiers* ou *Enciclopédia* é o empreendimento que encarna mais perfeitamente o espírito das Luzes. Obra coletiva, mas antes de tudo a obra de um homem que a ela consagrou perto da metade de sua existência. Com efeito, sem a energia e a perseverança extraordinárias de Diderot, a *Enciclopédia* jamais teria sido levada a bom termo. Durante mais de vinte anos, Diderot teve de enfrentar, além das dificuldades materiais, os obstáculos dirigidos pelo Poder e pela Igreja. O empreendimento comportava riscos muito reais, a tal ponto que, a partir de certo momento, Diderot se encontrou quase sozinho, continuando-a clandestinamente. A participação dos colaboradores foi muito desigual, por vezes principalmente moral ou simbólica. Ela foi também muito flutuante. D'Alembert fez muito durante os primeiros anos, mas preferiu se retirar a partir de 1758. Rousseau, muito presente no início, se desentendeu com Diderot. O barão de Holbach, com quem os enciclopedistas se reuniram freqüentemente, permaneceu um apoio mais constante. No conjunto, portanto, o grupo dos enciclopedistas foi extremamente móvel; diversos deles produziram um ou dois artigos; outros, como Condillac, participaram no empreendimento sem redigir um texto sequer. Entre os enciclopedistas mais conhecidos, é preciso levar em conta: Rousseau, Grimm, d'Holbach, Helvétius, d'Alembert, Voltaire, Condillac, Montesquieu, Buffon, Quesnay, Turgot etc. Mas foram colaboradores menos célebres, e principalmente o próprio Diderot, que forneceram o essencial das contribuições. No total, o empreendimento, concebido por volta de 1745 sobre a base de um modelo inglês que era, na origem, simplesmente questão de traduzir e de adaptar, teve seu primeiro volume publicado em 1751, e os últimos em 1766, aos quais se continuou a acrescentar volumes de gravuras, até 1772.

Falou-se da "guerra da *Enciclopédia*"; essa expressão salienta as dificuldades e a importância da aposta; ela faz justiça também àquilo que a *Enciclopédia* representava aos olhos das Luzes: sua máquina de guerra por excelência.

Quais são os aspectos da *Enciclopédia* que representam de fato o espírito das Luzes?

- *O próprio objetivo do empreendimento*: trata-se da soma detalhada do saber teórico e prático da época. Ela constitui um ato de fé extraordinário no progresso das ciências e das técnicas, frutos das faculdades humanas e instrumentos do progresso geral da humanidade. As técnicas são muito particularmente bem representadas, graças ao esforço pessoal de Diderot. Elas atestam a confiança na capacidade humana de modificar concretamente a condição do homem.
- *O conteúdo de numerosos artigos*: grande número de artigos é "filosófico" ou se refere a aspectos da sociedade (por exemplo: "ateísmo, autoridade política, cristianismo, deísmo, guerra, intolerância, república etc."). Esses artigos são "comprometidos": total ou parcialmente, eles se encontram a serviço da ideologia racionalista e humanista dos filósofos. Criticam, de modo preciso e concreto, freqüentemente virulento, os absurdos, as injustiças e os abusos da Igreja e do Estado.
- *A vontade pedagógica*: a *Enciclopédia* constitui um instrumento pedagógico extraordinário e independente do ensino que

A filosofia francesa no "século das luzes"

estava completamente nas mãos da Igreja. A obra é o veículo de uma *nova cultura*, cujos valores são a razão e a ação, a vida terrestre e o futuro da humanidade, o bem-estar e o progresso, a tolerância e a liberdade, o avanço das ciências e das técnicas. Essa cultura humana rompe com a cultura tradicional e solidária da religião e do poder estabelecido.

- *O desígnio universalista*: ela expressa a ambição racionalista dos enciclopedistas e sua vontade de tratar todos os seres humanos de modo igual. O universalismo da *Enciclopédia* se manifesta sob diversos aspectos: a) o conteúdo: científico e técnico quanto ao essencial, ele não está ligado a uma perspectiva particular, mas pretende-se objetivo; b) a linguagem: clara, direta e acessível, sem dificuldade inútil; a preocupação de ser universalmente inteligível culmina em ilustrações, desenhos e pranchas, que constituem um modo de comunicação mais direto do que a linguagem verbal; c) o público visado: é ilimitado; a importância concedida às profissões e às artes mostra que a *Enciclopédia* não tem apenas os intelectuais como alvo.

O empreendimento enciclopédico luta contra o protecionismo do saber, propriedade de uma elite que o defende por meio de proibições e de uma linguagem esotérica. A concepção elitista do saber mantém o obscurantismo e a desigualdade. Ela impede a crítica pública e permite que o pseudo-saber se perpetue. Ela rejeita a mudança e o progresso, tanto científico-técnico quanto social.

3. O pensamento ético-político de Jean-Jacques Rousseau

Rousseau, que anuncia também o romantismo, mantém com as Luzes uma relação ambivalente. Encontramos nele a importância da educação, os valores de tolerância, de liberdade, de igualdade, uma reflexão sociopolítica crítica, o deísmo e a denúncia do dogmatismo religioso. Mas sua avaliação do progresso das ciências e das artes, assim como de sua influência sobre as instituições e a sociedade em geral, é basicamente negativa. O progresso perverteu o ser humano naturalmente bom.

A filosofia política de Rousseau, que, conforme suas palavras, se teria cristalizado de uma só vez ao voltar de Vincennes, onde fora visitar Diderot aprisionado (1749), é elaborada por meio dos dois *Discours* (*Discursos*) e do *Contrat Social* (*Contrato Social*). Ela se expressa também no *Émile ou De l'éducation* (*Emílio ou Da educação*) (1762)[17] e, sob forma romanceada, em *Julie* (*Júlia*) ou *La Nouvelle Héloise* (*A nova Heloísa*) (1761).[18]

3.1. O estado de natureza e a sociedade pervertida

A questão fundamental de Rousseau é: *De que modo bem instituir?* Como passar corretamente do estado de natureza para o estado social? *Instituir* é estabelecer instituições, ou seja, estruturas normativas reguladoras do comportamento dos homens entre si. *Instituir* é também conduzir a criança a interiorizar essas estruturas, ou seja, *educar. Instituir* é fundar uma sociedade, socializar e aculturar. Quais são as boas instituições que levam ao desabrochamento de cada ser humano e não à perversão da maioria, e qual é a fonte das boas instituições?

A questão de Rousseau não é colocada no vazio. Ela parte de uma hipótese e de uma constatação. A hipótese é a do "bom selvagem", e a constatação é a do "civilizado perverso".

Rousseau parte, com efeito, da hipótese segundo a qual o ser humano, no *estado de natureza*, é *bom.* Tal estado de natureza, do qual Rousseau admite que jamais tenha existido como tal, é descrito

---

[17] Paris, Gallimard (Folio essais 281), 1996.
[18] Paris, Garnier (Classiques Garnier), 1988.

como radicalmente ante- ou a-social e amoral. É o estado no qual o indivíduo teria relações apenas com as coisas e nenhuma relação com seus congêneres. A ficção rousseauniana é, portanto, muito diferente das concepções de Hobbes e de Locke. De Hobbes, com evidência, pois, conforme o autor do *Leviatã*, o homem seria naturalmente um lobo para o homem. Mas também de Locke, à medida que este considera que o homem anterior à instituição da sociedade civil pode viver em comunidade e observa uma moral natural (que comporta, principalmente, o direito à propriedade).

Quanto à constatação, é a que Rousseau crê ter de levantar a partir da observação de seus contemporâneos, principalmente na França. Sua percepção é que os indivíduos são levados pelo desejo de parecer, de possuir e de dominar. Apenas o amor-próprio os inspira. Como isso é possível, se o ser humano é naturalmente bom? A resposta de Rousseau é clara: é a sociedade que perverte. Más instituições, substituídas por uma educação nefasta, são a causa desse estado detestável.

É necessário, portanto, *re-instituir*, re-fundar a sociedade sobre uma base que não seja alienante. Salientemos que Rousseau jamais disse que é preciso destruir toda sociedade e voltar ao estado de natureza. Essa sugestão teria sido absurda, visto que o estado de natureza é uma ficção, que deve apenas ajudar – por contraste e ao modo de uma hipótese heurística – a determinar a essência e a origem do mal. Devemos ainda notar que Rousseau também não tem ilusão sobre a possibilidade de re-instituir – de reformar pela base – nações da importância da França. No seio destas, apenas o indivíduo pode ainda ser preservado, por meio de uma educação apropriada (ver o *Émile*) e apesar da sociedade na qual ele nasceu. A re-instituição só é concebível para sociedades menores, em que toda virtude ainda não desapareceu. Rousseau sonha com a República de Genebra ou com a Córsega, para a qual ele redigiu uma constituição. Sua referência ideal é, por outro lado, a democracia na antiga Grécia, produtora de homens eminentemente virtuosos.

3.2. O contrato social

No plano teórico em que se coloca no *Contrat Social*, como Rousseau vê a boa instituição da sociedade?

Pode ser apenas aquela que procede da *vontade geral*. Esta coincide com a vontade de cada indivíduo, mas apenas à medida que cada indivíduo chega a renunciar à sua vontade particular para querer, por si mesmo, o bem de todos. O contrato social se deve a essa mutação da vontade individual, que institui a sociedade sobre a única base verdadeira e legítima. Todas as leis devem proceder da vontade geral. Também cada indivíduo é, ao mesmo tempo, sujeito e autor da lei. Ele é, portanto, livre, pois se submete apenas a leis que ele próprio quis e com elas ganha a segurança, graças à proteção que o conjunto da sociedade deve a cada um de seus membros.

> Encontrar uma forma de associação que defenda e proteja de toda a força comum a pessoa e os bens de cada associado, e pela qual cada um, unindo-se a todos, obedeça, contudo, apenas a si mesmo e permaneça tão livre quanto antes (*Du Contrat Social*).

Vertida nas instituições e nas leis, a vontade geral se impõe a cada indivíduo com uma força ao mesmo tempo irresistível e totalmente impessoal. Em uma sociedade assim regida, as relações de dependência e de autoridade particulares, subjetivas e arbitrárias, tão correntes e tão penosas e alienantes nas relações humanas ordinárias, desapareceram. Apenas então o indivíduo é verdadeiramente livre:

> Cada cidadão está em uma perfeita independência de todos os outros e em uma excessiva dependência da cidade (...), porque há apenas a força do Estado que faça a liberdade de seus membros (*Du Contrat Social*).

Concretamente, apenas a *democracia* se aproxima desse ideal, porque:

> Em uma democracia, os súditos e o soberano são apenas os próprios homens, considerados sob diferentes relações (*Carta a d'Alembert*).

Em uma democracia ou, conforme Rousseau prefere escrever, em uma república, o governo não tem outras funções, a não ser executar a vontade geral. Apenas a vontade do conjunto da nação ou do povo é soberana e fonte legítima de poder e de direito. O governo é responsável pelas instituições que vigiam para que cada cidadão respeite a vontade geral; essa vontade é, em princípio, simultaneamente, também a de cada um. Quem a transgredir se colocará, portanto, em contradição consigo mesmo. O governo republicano e democrático deve igualmente vigiar para que cada indivíduo seja educado com a preocupação e com o respeito pela vontade geral. A educação é um processo no decorrer do qual, de modo cada vez mais consciente, a criança deve aprender a tornar sua a vontade geral e a renunciar a seus desejos demasiadamente particulares e egoístas. Quando adulta, estará então pronta para assumir plenamente o contrato social, que consagra cada um a todos e todos a cada um.

Rousseau não distingue filosofia moral e filosofia política. Seu objetivo é, sem dúvida, o triunfo dos valores morais. Mas há uma consciência muito viva da importância do político – das instituições e do *instituir*, no sentido também de *educar* –, a fim de que esse triunfo seja possível e permanente.

> Eu vira – escreve ele nas *Confessions* (*Confissões*) – que tudo dependia radicalmente da política, e que, de qualquer modo que a consideremos, nenhum povo nunca seria mais que aquilo que a natureza de seu governo o fizer ser.

Por diversos aspectos, a noção de *vontade geral* anuncia a filosofia moral e política de Kant, que tinha a obra de Rousseau em alta estima.

Também para Kant a síntese da razão (faculdade do universal) e da vontade constitui o ápice da moralidade. Sua norma é o *imperativo categórico*, que deveria ser a regra suprema não só de cada indivíduo, mas também a de toda sociedade, e a ser estendida à humanidade inteira.

LEITURAS SUGERIDAS

CASSIRER E. (1990), *La philosophie des Lumières*. Paris, Fayard (L'histoire sans frontières).

DERATHÉ R. (1970), *Jean-Jacques Rousseau et la science politique de son temps*. Paris, Vrin (Bibliothèque d'histoire de la philosophie).

EHRARD J. (1981), *L'idée de nature en France dans la première moitié du XVIIIe siècle*. Paris, Slatkine.

MOREAU J. (1973), *Rousseau*. Paris, PUF (Les grands penseurs).

SABBAH H. (1986), *Les philosophes du XVIIIe siècle et la critique de la société: thèmes et questions d'ensemble*. Paris, Hatier (Profil littérature 98).

Capítulo V

Kant e a filosofia crítica ou transcendental

- Kant "Aufklärer".
- Nem o racionalismo dogmático nem o empirismo cético.
- A filosofia transcendental ou criticismo.

PALAVRAS-CHAVE

• crítica • forma *a priori* • julgamento • razão prática • razão teor(ét)ica • sensibilidade • transcendental • vontade

Emmanuel Kant (1724-1804), que passou toda a sua vida em Königsberg, é uma das figuras mais importantes da história da filosofia. Sua influência sobre a filosofia dos séculos XIX e XX foi e continua a ser dominante. Ela se refere à função e à natureza da filosofia, assim como às suas principais partes: a metafísica, a teoria do conhecimento, a ética, a estética e a filosofia política.

Historicamente, Kant pertence ao vasto movimento de idéias humanistas e progressistas que consolida e difunde pela Europa a fé na razão e na liberdade e que, na Alemanha, leva o nome de "Aufklärung". Toda a obra de Kant está com ela comprometida, e um texto curto de 1784 dá uma definição dela, que se tornou clássica:

> *As luzes se definem como a saída do homem para fora do estado de menoridade, em que ele se mantém por sua própria culpa. A menoridade é*

a incapacidade de se servir de seu entendimento sem ser dirigido por um outro. (...) *Sapere aude!* (*Ouse saber!*). Tenha a coragem de se servir de seu *próprio* entendimento! Eis a divisa das luzes" (*Was ist Aufklärung?* [*O que é o Iluminismo?*] – 1784).[1]

Esse movimento comporta a crítica do dogmatismo teológico-metafísico, crítica que não poupa o racionalismo herdado do século XVII: "idéias inatas", intuição das essências, ciência fundamental *a priori*, provas da existência de Deus. O dogmatismo racionalista culmina, durante a primeira metade do século XVIII, no pensamento de Christian Wolff (1679-1754) (inspirado por Leibniz, tão pronto a se colocar analogicamente no ponto de vista de Deus), cujas grandes articulações são:

• *o dualismo ontológico*: o mundo físico-sensível e o mundo supra-sensível ou espiritual;
• *o dualismo epistemológico*: a ciência da natureza, empírica e pouco segura; a metafísica, certa e triunfante;
• a tripartição da metafísica sistemática e dogmática entre a psicologia (ciência da alma), a cosmologia (ciência do mundo), a teologia (ciência de Deus).

Kant quer romper com esse racionalismo dogmático, *mas evitando cair no excesso inverso: o empirismo cético*. Para este, existe saber apenas dos fenômenos sensíveis (nenhum saber metafísico) e a ciência da natureza é nada mais que uma coleção de constatações erigidas como "leis da natureza", privadas de fundamento racional e desprovidas de qualquer certeza (Hume).

---

[1] *Vers la paix perpétuelle. Qu'est-ce que les Lumières? Que signifie s'orienter dans la pensée?*, trad. de F. Proust e J.-F. Poirier. Paris, Flammarion, 1991.

Esse empreendimento irá levar a:

- pôr em evidência o caráter ativo da razão em suas funções cognitivas;
- limitar a capacidade das funções cognitivas da razão;
- pôr em evidência o papel da razão no domínio prático da moral;
- precisar qual é a contribuição da razão no domínio das questões últimas metafísico-religiosas, tais como a imortalidade da alma e a existência de Deus ou a idealidade de um mundo em si supra-sensível.

Esclarecimentos terminológicos

A filosofia kantiana é uma filosofia difícil e exigente, cuja compreensão condiciona, contudo, o acesso às filosofias posteriores, nelas compreendendo o século XX. Uma dessas dificuldades se deve à tecnicidade do vocabulário kantiano, do qual uma parte não desprezível tornou-se, entretanto, corrente em filosofia.

Kant define o homem como um ser de *razão*, de *vontade* e de *sensibilidade*.

A *sensibilidade* se deve à natureza corporal do ser humano: ela é a faculdade de ter experiências ou percepções, cujos conteúdos são sempre particulares.

A vontade e a razão se devem à natureza supra-sensível, espiritual ou numenal (do grego "*nous*": espírito) do ser humano.

A *vontade* é a faculdade de escolher livremente.

A *razão* é a faculdade de produzir e de aplicar categorias, leis e princípios *gerais*. Subsumir o particular (uma percepção ou um ato particular, por exemplo) sob uma categoria ou um princípio geral é *julgar*. A razão é essa faculdade de julgar, que se expressa por *proposições*, nas quais um predicado geral é atribuído a um sujeito particular: "Essa construção é ampla (ou disforme)", "Esse ato é corajoso (ou eficaz)" são julgamentos.

A razão é exercida conforme duas grandes funções:

- a cognitiva ou de conhecimento, ou seja, de constituição da ciência: é a *razão "teor(ét)ica" ou "especulativa"* (ou ainda *"pura"*);
- a de direção da ação, ou seja, de constituição da moral: é a *razão prática* ("práxis", que significa "ação").

Kant pensa que o espírito, especialmente a razão, apresenta *estruturas* ou *formas*, idênticas para todos os indivíduos (universais) e independentes da experiência (*a priori*). Essas formas universais, necessárias e *a priori* são aplicadas aos conteúdos do conhecimento fornecidos pela experiência. Os conteúdos são *a posteriori*, ou seja, adquiridos, e não dados antes de qualquer experiência; as formas, em si, são desprovidas de conteúdo. Sem os conteúdos da experiência, a razão permanece vazia; e, sem a razão, a experiência é cega.

Kant chama de *transcendentais* as formas *a priori* da razão e da experiência. A tarefa da filosofia é descrever essas formas transcendentais e fazer seu inventário. É a tarefa *crítica* (do grego: "julgar", mas também "trilhar, separar"), que consiste em distinguir no conhecimento e, de modo mais geral, em todos os aspectos da existência humana entre:

- o que é forma, estrutura, geral, *a priori*, necessária;
- o que é matéria, conteúdo, particular, *a posteriori*, contingente.

É por isso que a filosofia kantiana é chamada de "crítica" (fala-se do "criticismo" kantiano) ou "transcendental".

A obra de Kant é dominada por três livros:

— *Kritik der reinen Vernunft* (1781 e 1787) (*Crítica da razão pura*).[2]

---

[2] *Critique de la raison pure*. Trad. de A. J.-L. Delamarre e F. Marty. Paris, Gallimard (Folio essais 145), 1990.

– *Kritik der praktischen Vernunft* (1788) (*Crítica da razão prática*).[3]

– *Kritik der Urteilskraft* (1790) (*Crítica da faculdade de julgar*).[4]

Às duas primeiras são associadas duas obras de acesso pouco fácil:

– *Prolegomena zu einer jeden künftigen Metaphysik* (1783) (*Prolegômenos a toda metafísica futura*).[5]

– *Grundlegung zur Metaphysik der Sitten* (1785) (*Fundamento da metafísica dos costumes*).[6]

Na obra de 1781 (modificada em 1787), trata-se da ciência; na de 1788, da moral. A *Crítica da faculdade de julgar* procura, principalmente, articular a relação entre as duas precedentes.

1. A Crítica do conhecimento

- Sob quais condições a ciência é possível?
- Formas e conteúdos do conhecimento.
- As formas da experiência e do entendimento.
- Uma "revolução copernicana".
- As três idéias reguladoras e os limites do conhecimento.
- A crítica da ilusão metafísica.

---

[3] *Critique de la raison pratique.* Trad. de L. Ferry. Paris, Gallimard (Folio essais 133), 1989.

[4] *Critique de de la faculté de juger.* Trad. de A. Renault. Paris, Aubier (Bibliothèque philosophique), 1995.

[5] *Protégomènes à toute métaphysique future.* Trad. de L. Guillermit. Paris, Vrin (Bibliothèque des textes philosophiques), 1993.

[6] *Fondement de la metaphysique des moeurs.* Trad. de V. Delbos. Paris, Vrin (Bibliothèque des textes philosophiques), 1993.

PALAVRAS-CHAVE

• antinomia • *a posteriori* • *a priori* • causalidade • ciência formal • coisa e mundo em si • conceito • Deus • entendimento • espaço • experiência • fenômeno • finitude • forma *a priori* • idéia • julgamento • lógica • metafísica • númeno • revolução copernicana • sujeito transcendental • tempo • teologia racional

1.1. Aquilo de que se trata: "O que posso saber?"

A questão fundamental é determinar se a *metafísica* como saber racional último é possível. Essa interrogação, essencial para a filosofia, que sempre foi levada a se identificar por excelência com a metafísica, leva Kant a colocar a questão do saber em geral. Em quais condições um saber racional é possível; quais são suas *condições de possibilidade e de validade*? Quais são, eventualmente, seus *limites*? O modelo científico, com o qual Kant se preocupa e do qual ele quer explicitar os fundamentos e os limites, é a física newtoniana.

Kant vai, desse modo, analisar nossa capacidade de conhecer, ou seja, a razão em sua função cognitiva, deixando-se guiar pela primeira de suas quatro questões:

— "O que posso saber?"
— "O que devo fazer?"
— "O que posso esperar?"
— "O que é o homem?"

A primeira etapa dessa análise se refere à distinção entre as formas *a priori* do conhecimento e o conteúdo do conhecimento.

Essa distinção reúne a do sujeito e do mundo:

• de um lado, o *sujeito em si* (sujeito transcendental) – encarnado em todo indivíduo – estrutura (dá forma) e, desse modo, *constitui* o que ele conhece;

- do outro, *o mundo em si* está na origem do conteúdo empírico estruturado pelo sujeito.

O objeto efetivo do conhecimento ou "fenômeno" (o que aparece) se situa, de algum modo, *entre* o sujeito puro e a coisa em si. O conhecimento é, desse modo, uma realidade mediana, co-constituída pelo sujeito e pelo mundo. O que nós conhecemos não é o mundo ou a coisa em si, e sim a experiência *racionalmente estruturada* do mundo em si, ou seja, tal como ele nos *aparece*.

Aqui não há subjetivismo ou relativismo: o sujeito que conhece é transcendental, ou seja, universal. Ele não deve ser confundido com a visão do mundo ou com a psicologia particulares de cada indivíduo. O sujeito transcendental não é o sujeito empírico.

Como todo conhecimento possível é estruturado pelo sujeito que conhece, conhecer é um processo *ativo*, uma "colocação em forma".

O sujeito não pode conhecer o mundo *em si* (independentemente dessa colocação em forma). Ele pode, em troca, conhecer e analisar as formas *pelas quais* ele experimenta e conhece as coisas, ou seja, ele pode analisar *reflexivamente* suas próprias estruturas, que são as da razão universal em sua função de conhecimento.

1.2. As formas transcendentais *a priori* da razão em sua função de conhecimento

A colocação em forma do conhecimento operado pelo sujeito intervém em duas etapas do processo de conhecimento.

1.2.1. *As formas* a priori *da experiência*

As formas *a priori* da *experiência* (sensações, percepções) são o *espaço* e o *tempo*. Todo conteúdo de nossa experiência externa aparece situado no espaço; todo conteúdo da experiência interna aparece situado em uma duração. Isso implica que as "coisas em si" não são elas próprias espaço-temporais: o espaço-temporal é a grade através da qual *nós* as percebemos e as constituímos como fenômenos, ou seja, como dados de nossa experiência.

Formas *a priori* da experiência, o espaço e o tempo não são dados na experiência nem abstraídos dela: eles são as condições de possibilidade de qualquer experiência imaginável, eles in-formam toda experiência. *Tempo e espaço não existem fora de nossa faculdade de conhecer.* Eles são formas da subjetividade transcendental.

Em geral, na experiência, aplicamos a grelha espaço-temporal aos conteúdos empíricos que vêm do mundo. Ter experiências, perceber fenômenos, coincide com tal aplicação. Mas a razão também é capaz de *refletir* sobre suas próprias estruturas. Ela pode tomar o tempo e o espaço como objetos de análise e de operação, considerá-los "no vazio", por eles mesmos, independentemente de conteúdos da experiência.

Essa análise reflexiva gera as *ciências matemáticas*, que são ciências formais, independentes da experiência. Elas se desenvolvem *a priori*.

A tematização analítica e operativa das formas espaciais gera a geometria (euclidiana). A tematização analítica e operativa da temporalidade produz a aritmética.

> O tempo não é alguma coisa que existe em si mesma ou que seja inerente às coisas como uma determinação objetiva (*Crítica da razão pura*).

1.2.2. *As formas* **a priori** *do entendimento*

Conceitos e julgamentos

O entendimento (inteligência ou razão lógica) é o segundo nível de estruturação do conhecimento. Suas formas permitem constituir verdadeiros objetos de conhecimento, classificá-los e subsumi-los sob leis e categorias gerais por meio de julgamentos. Com efeito, a experiência sensível pura é tão-somente um caos ou um fluxo de percepções diversas, sem ordem nem permanência, nem identidade, uma poeira de sensações, simplesmente espaço-temporais. Unidade, estabilidade, identificação e ordem são impostas aos fenômenos pelas estruturas chamadas de *conceitos* ou *categorias*. Sua aplicação à experiência permite a constituição de verdadeiros objetos. Nosso saber se apoiará sobre esses objetos e sobre as relações estáveis e gerais que eles mantêm.

Kant enumera doze categorias ou conceitos fundamentais que permitem também caracterizar os doze tipos de julgamentos possíveis. Estes são os diversos modos de ligar conceitos em proposições.

Assim, por exemplo:

- "Todos os homens são mortais" é um julgamento *universal*, associado à categoria da *unidade*.
- "Alguns homens são ricos" é um julgamento *particular*, associado à categoria da *pluralidade*.
- "Os triângulos têm necessariamente três lados" é um julgamento *apodítico* (e também universal), associado à categoria da *necessidade*.

Em geral, conceitos e julgamentos se aplicam aos conteúdos da experiência. Mas a razão pode também tematizá-los e analisá-los em si mesmos. Essa análise é a fonte da *lógica*, outra ciência formal.

Princípios

Os *princípios* são mais especificamente implicados na constituição da ciência. Trata-se de leis muito gerais que estruturam o conhecimento e que permitem apreender os fenômenos de tal modo que uma verdadeira ciência da natureza possa ser elaborada. Dois princípios são particularmente importantes:

- *o princípio da quantificação*: todo fenômeno do mundo exterior é extensivo, ou seja, quantificável (e, portanto, mensurável, enumerável, divisível). Esse princípio legitima a apreensão matemática do universo físico;
- *o princípio de causalidade*: a experiência nos apresenta os fenômenos simplesmente como se sucedendo no tempo. O princípio de causalidade, que diz respeito ao entendimento, permite-nos apreender algumas sucessões ordenadas como relações de causa e efeito.

O saber científico, composto pelo conjunto de leis causais, é, desse modo, fundado nas próprias estruturas transcendentais *a priori* da razão cognitiva. Tal ciência causal pode pretender uma verdadeira certeza – conforme à objetividade e à universalidade – naquilo que se refere ao mundo fenomenal da experiência. O empirismo cético de Hume, que reduz as leis causais a puros produtos do hábito, sem oferecer qualquer garantia quanto ao curso futuro da natureza, torna-se, a partir disso, superado.

1.2.3. *A revolução kantiana*

Evocando sua concepção da ciência, Kant fala de uma "revolução copernicana". O que ele entende com essa expressão?

A revolução de Copérnico coincide com uma mudança de centro. É também o caso da teoria kantiana do conhecimento, cujos temas dominantes são:

- que o conhecimento "gira" mais (senão inteiramente) em torno do sujeito do que em torno do objeto;
- que conhecer não é um processo passivo, como se o espírito que conhece não fosse mais que um espelho no qual o mundo se refletiria. Conhecer é constituir ativamente o conhecimento, estruturando e operando os dados da experiência.

Antes de Kant, tanto no empirismo como no idealismo, o conhecimento sempre fora concebido como gravitando em torno do pólo objeto ou mundo. O espírito que conhecia era fundamentalmente passivo. Ele recebia, com fidelidade variável, impressões ou imagens, como um olho, um espelho ou uma tabuinha de cera.

Todavia, a parte ativa do sujeito não é o todo do conhecimento, sem o que Kant teria caído no idealismo absoluto. Para este, o sujeito constitui ao mesmo tempo a forma *e* a matéria (o conteúdo) do conhecimento. Segundo Kant, os conteúdos da ciência vêm do exterior do sujeito. Eles provêm das coisas, do mundo em si. O objeto das ciências da natureza se situa, portanto, a meio caminho entre o sujeito e o objeto. Esse lugar mediano é o dos *fenômenos*, que deve ser distinguido dos *números* (ou coisas em si) que o sujeito não pode experimentar nem conhecer enquanto tais, ou seja, imediatamente. É apenas quando ele é apreendido por meio das estruturas transcendentais da subjetividade que o número *aparece* para o sujeito, ou seja, torna-se um *fenômeno*, objeto da ciência.

1.3. As três "idéias" e a tentação metafísica

A razão, capaz de reflexão e de interrogação ao infinito, associada à liberdade, não se satisfaz com aquilo que é limitado. Ela dificilmente se mantém nesses limites que sua própria análise da faculdade de conhecer lhe impõe. Essa análise, que circunscreve o fenomenal cognoscível, não cessa, por outro lado, de se referir a um mundo em si e a um sujeito em si não fenomenais, não relativos, ou seja, absolutos.

A razão mantém uma referência com o *absoluto*. Este não foi sempre o tema da filosofia sob denominações diversas, tais como: a Causa que já não seria sempre um efeito; a Condição incondicionada; a Substância, ou seja, aquilo que existe em si e por si; a Totalidade que ainda não seria sempre uma parte; o Fim que não seria mais um meio ou uma etapa para um término posterior etc.?

Ora, Kant crê na *existência real* de tais absolutos:

- a existência do *mundo em si*, origem da totalidade dos fenômenos;
- a existência do *sujeito em si*, ou seja, do espírito substancial,
suporte de estruturas transcendentais;
- a existência de *Deus*, absoluto supremo, fonte e articulação
do mundo e do sujeito em si.

Mas esses absolutos – que são "númenos" – não se podem tornar
objetos de conhecimento. Por quê?

É preciso distinguir dois tipos de ciência:

- *A ciência formal* é a que a razão (o sujeito) elabora, tematizando
suas próprias estruturas. A ciência dos númenos ou "coisas
em si" não poderia ser formal, porque os númenos não são
formas da razão: eles existem absolutamente.
- *A ciência real* é a ciência no sentido comum, a ciência da natureza, ou seja, a ciência que se aplica a objetos, mas enquanto
fenômenos co-constituídos pela experiência (que fornece a
matéria) e pela razão cognitiva (que estrutura).

Como os númenos existem realmente, seria preciso poder adquirir uma ciência real deles. Para isso, porém, deveríamos fruir de uma
experiência imediata, direta, desses absolutos, de uma intuição que não
seria estruturada pelo tempo e pelo espaço nem pelas categorias do
entendimento, que *transformam o numenal em fenomenal cognoscível*. Não
temos – é nossa finitude, são os limites de nossa razão humana – tal
experiência do absoluto; não podemos, portanto, ter conhecimento
dele. Tal conhecimento seria *metafísico*. Kant declara isso ilegítimo e
impossível, pelo fato de nossa finitude.

A única função que os númenos podem assumir em relação a nosso
saber é a de *Idéias*, ou seja, de princípios reguladores e finalizadores. As

Idéias são como metas ideais que mobilizam e magnetizam nossa razão em sua atividade de conhecimento, mas que não podem ser efetivamente atingidas e conhecidas. Assim, por exemplo, o conhecimento do Mundo em si, fonte real da totalidade dos fenômenos, é a meta última da ciência da natureza. Mas essa meta, que motiva em profundidade a pesquisa científica, não pode ser atingida: ela permanece essencialmente fora de nosso alcance. Do ponto de vista da razão cognitiva, o mundo em si deve permanecer uma Idéia, uma espécie de ideal unificador, que indica a tarefa a realizar, simplesmente apresentando-a como infinita.

O Mundo em si, o Sujeito em si e Deus são as três Idéias da Razão que situam todo o saber *na perspectiva* do absoluto, da unidade e da finalidade última; essa perspectiva é infinita e nos ultrapassa.

1.4. Crítica da metafísica como ilusão da razão

A metafísica se desenvolve a partir do momento em que o homem se relaciona com os números não mais como idéias reguladoras do saber, e sim como realidades cuja experiência e conhecimento seriam possíveis. Mas tal experiência e tal conhecimento, chamados de metafísicos, são ilusão, aparência. Ora, a filosofia tradicionalmente se identificou com a metafísica. A conseqüência é uma desqualificação muito extensa da filosofia tradicional, representada, na época de Kant, por C. Wolff e sua metafísica sistemática.

A filosofia kantiana torna-se, desse modo, igualmente *crítica*, no sentido comum do termo: ela denuncia as ilusões produzidas pela razão, quando esta ultrapassa seus limites e gera, por seu uso abusivo, um saber aparente. Kant apóia essa crítica ao mostrar que, a partir do momento em que a razão ambiciona conhecer aquilo que ultrapassa sua faculdade de conhecer, compromete-se com discursos contraditórios e errôneos.

Assim, por exemplo, Kant descreve as *antinomias* nas quais a razão se embaraça desde que sucumba ao desejo de conhecer o mundo em si e em totalidade e de elaborar uma cosmologia integral. As antinomias são conclusões ou teses contraditórias que aparecem como igualmente plausíveis, até demonstráveis, e entre as quais não é, portanto, possível escolher racionalmente. Conforme as quatro *antinomias cosmológicas*, aparece igualmente verossímil:

- que o mundo é finito *e* infinito;
- que sua estrutura última é atômica (elementos simples) *e* contínua (sem elementos descontínuos; divisibilidade infinita);
- que existe uma causalidade livre *e* que toda causalidade é submetida ao determinismo de leis naturais;
- que existe um ser necessário *e* que todos os seres são contingentes.

No que se refere à *teologia racional* (que pretende raciocinar e demonstrar a propósito de Deus e de conhecê-lo), Kant desmonta o paralogismo contido na célebre "prova ontológica da existência de Deus" (santo Anselmo). Esta consiste em afirmar que Deus, sendo infinitamente perfeito, deve logicamente existir. Com efeito, se ele não existisse, não poderia ser chamado de perfeito, pois seria privado dessa qualidade essencial que é a existência. A própria idéia de Deus implicaria, portanto, sua existência. O erro consiste em tratar a existência ao modo de um atributo (como a sabedoria, a bondade, a onipotência etc.) que poderíamos tirar (deduzir) da análise da significação de um conceito (o conceito de perfeição). Ora, a existência não é um atributo nem uma qualidade, e não se deduz. A existência é suporte de qualidades ou de atributos; ela só é atestada pela experiência. A análise conceitual (lógica e *a priori*) não permite concluir pela existência ou pela inexistência de uma coisa: apenas a experiência permite resolver nesse domínio. Como não temos experiência no domínio numenal, não há experiência nem intuição possíveis da existência ou da não-existência de Deus.

A respeito do assunto, Kant denuncia a passagem cartesiana do *Cogito* para a afirmação da existência de uma substância espiritual cognoscível enquanto tal. Sem dúvida, a evidência do "eu penso" é incontestável, mas ela é tão-somente a evidência da unidade do pensamento ou da consciência.

Ela não permite deduzir a realidade de uma alma imortal, que eu não posso experimentar nem conhecer.

Tendo realizado a crítica da metafísica, Kant não dissimula que a tentação da ilusão metafísica recidiva sem cessar, porque o conhecimento fenomenal não "satisfaz" inteiramente a razão humana. É natural que a razão "pense" o que é transcendente e supra-sensível (o mundo numenal), e é quase inevitável que ela pretenda *conhecer* os "objetos" desse pensamento, mergulhando desse modo na ilusão metafísica.

Com Kant inaugura-se um modo essencialmente crítico de praticar a filosofia. Ele consiste em denunciar as ilusões, as falsas aparências, geradas por certa atividade filosófica que é, contudo, tradicional: a metafísica e suas ambições de saber absoluto. Esse modo de filosofar, tendo como objetivo principal dissolver as miragens da filosofia que se identifica com a "Ciência da Realidade", conhecerá grande sucesso no século XX. Uma parte considerável da energia filosófica nele será consagrada à "destruição" (Heidegger), à "desconstrução" (Derrida), à "dissolução" (Wittgenstein) da metafísica, cuja tentação não cessa, entretanto, de renascer. Salientemos, todavia, que a obra de Kant não se esgota nessa atividade puramente negativa: ela é também construtiva, tanto no domínio da teoria do conhecimento como no da ética.

2. A moral segundo a Crítica da razão prática

- O interesse superior da razão é prático.
- O homem é ao mesmo tempo fenômeno e número.
- O ser moral age por respeito à lei moral.
- A lei moral é o imperativo categórico.
- Promover a autonomia da pessoa.
- Postulados e esperanças legítimas da razão prática.

> ### PALAVRAS-CHAVE
> • ação • autonomia • bem supremo e bem soberano • felicidade • heteronomia • imperativos hipotético e categórico • intenção • liberdade • lei moral • moral do dever • númeno • pessoa • postulado da razão prática • razão prática • universalidade • vontade • vontade boa

2.1. Da razão teórica cognitiva à razão prática

A metafísica é a expressão de uma relação errônea com o mundo numenal, abusivamente reduzido ao estatuto de objeto de conhecimento. Mas esse erro provém por sua vez de um mal-entendido a respeito da própria Razão: sua finalidade suprema não é o conhecimento daquilo que existe pelo fato da natureza (os fenômenos), mas *pela determinação daquilo que deve ser pelo fato da liberdade*. O interesse superior da Razão não é teórico, mas *prático*, ou seja, de orientação da ação e de direção da vontade. Esse interesse exige o desenvolvimento da moral. Em relação a esta, as questões numenais – tais como a existência de Deus ou a imortalidade da alma – aparecem não mais como questões teóricas de conhecimento, mas como *postulados*, ou seja, hipóteses associadas ao próprio fato da moralidade. Se alguma coisa como o agir moral existe e deve existir, então é legítimo e talvez necessário *crer* na existência de Deus e na imortalidade da alma. Crer, e não conhecer.

> Tive de ab-rogar o saber, a fim de dar lugar para a fé (*Crítica da razão pura*).

A antinomia do determinismo e da liberdade só existe se abordarmos um e outra do único ponto de vista da razão que conhece, ou seja, sob o ângulo do fenomenal, submetido à causalidade mecanicista. Enquanto membro da natureza, ou seja, como objeto de conhecimento ou fenômeno, o ser humano parece determinado e inteiramente descritível em termos deterministas. Contudo, se nos colocarmos do ponto de vista do homem em si, se o reconhecermos também como número (espírito), então deveremos dizer que ele é livre, sem que essa afirmação entre em conflito com o mecanismo do mundo fenomênico. O ser humano é livre, não como fenômeno, mas como número, ou seja, não quando ele (se) conhece, mas quando ele (se) escolhe, quando usa sua razão em um sentido prático de orientação moral da ação.

2.2. O ponto de partida

O ponto de partida da reflexão crítica é *o fato moral universal*. O fato moral é a experiência da moral em mim, é a presença de uma sensibilidade moral em todo ser humano, sensibilidade que não está ligada nem à instrução nem à ciência. Kant parte, portanto, da *moralidade que existe* (tal como ela se oferece, por exemplo, no cristianismo ou no direito natural) para explicitar seu fundamento e suas condições de possibilidade, assim como sua forma necessária e universal. Não se trata, por conseguinte, de descrever as morais existentes, e sim de pesquisar aquilo que nos fatos de moralidade resiste à crítica racional e se revela a expressão da razão prática universal.

2.3. A "boa vontade" e o "agir por dever"

O que é bem, bom em si e por si mesmo?

Nada daquilo que pode ser mal utilizado. Ora, não importa qual qualidade – talento, habilidade (nisso compreendendo a inteligência, a prudência, o sangue-frio, o autodomínio etc.) – pode ser mal utilizada. Não importa qual dom da sorte (saúde, riqueza, consideração) pode ser mal utilizado e produzir, por exemplo, uma felicidade egoísta, uma satisfação indiferente a outrem.

Apenas é bem em si o fato de querer o bem em si mesmo e por si mesmo, e isso é a *boa vontade*.

O critério mais seguro da boa vontade é que a ação desejada seja realizada *por dever*. Por dever não quer dizer simples conformidade factual ao dever (à obrigação moral). Pode ser que um comportamento conforme ao dever não seja totalmente inspirado por este, mas por interesses inteiramente pessoais. Agir por dever é agir por *respeito* à lei moral. Kant é aqui exigente a tal ponto que considera que, dada a natureza humana e sua propensão a se tornar cega, o sinal mais confiável de que uma ação é realizada por dever é, freqüentemente, que essa ação nos *custa*, ou seja, que ela vai contra nossas inclinações naturais. A conseqüência dessa lucidez suspeitosa é uma espécie de divergência fatal entre ser moral e ser feliz. Veremos que essa não é a última palavra de Kant.

Uma moral da boa vontade e do agir por dever é também, antes de tudo, uma moral da *intenção*. O que conta é que minha intenção seja boa ou moral, sejam quais forem as conseqüências de minha ação (independentes de minha vontade) ou ainda as conseqüências previsíveis, cuja tomada em consideração teria ofuscado a pureza de minha intenção e levado a consentir com compromissos intoleráveis.

2.4. A representação da lei moral

2.4.1. *Lei moral e lei causal*

A fim de poder agir por respeito ao dever, é preciso uma *representação* deste: a representação ou a idéia da lei que deve determinar a vontade. Isso é próprio dos seres racionais e livres que somos nós: os fenômenos naturais se produzem também segundo leis, mas sem passar pela representação da lei nem ter a possibilidade de não segui-la. Uma pedra cai; não, porém, porque ela teria decidido obedecer à lei da gravidade, que ela teria previamente representado para si como uma lei universal da natureza. A lei moral, que exige uma representação racional e que é permeável à liberdade, é absolutamente diferente da lei causal natural. O ser humano não *deve* fazer o bem no sentido em que a pedra *deve* cair.

Como representar para si a lei moral? Ela não pode ser uma lei particular, porque os fins particulares não são necessariamente bons em si mesmos; a determinação da lei moral deve ser *universal*, ou seja, válida para todos. Por ser universal, ela será racional e necessária, mas ao mesmo tempo vazia de qualquer conteúdo factual particular, ou seja, será *formal*.

Essa lei, que não é causal, é chamada de *imperativo*.

2.4.2. *Imperativos hipotéticos e categóricos*

Os *imperativos hipotéticos* apresentam uma forma condicional: "Se vocês visarem a tal fim, então será preciso fazer tal coisa". Eles se inspiram no princípio: "Quem quer os fins, quer os meios". Eles são técnicos ou pragmáticos. Tais imperativos não são, portanto, morais em si mesmos; seu valor eventual depende do valor do fim pretendido.

Um imperativo autenticamente moral é *categórico*, ou seja, incondicional: ele é seu próprio fim e não se acha subordinado a qualquer valor que lhe seja exterior.

2.4.3. *Formulações do imperativo categórico*

Há duas formulações principais do imperativo categórico:

Age de tal modo que a máxima de tua vontade possa sempre valer ao mesmo tempo como princípio de uma legislação universal (*Crítica da razão prática*).

Age de tal modo que trates a humanidade tão bem em tua pessoa como na pessoa de outrem, sempre ao mesmo tempo como um fim, e jamais simplesmente como um meio (*Fundamentos da metafísica dos costumes*).

Essas fórmulas são leis totalmente gerais, que não implicam nenhuma ação concreta determinada. Elas funcionam como meta-regras, critérios do valor moral de qualquer regra concreta, mais particular, que guie minha ação. É preciso que as regras de minha conduta sejam conformes ao imperativo categórico; é preciso, portanto, que minha vontade se submeta livremente (que eu queira essa concordância) com o imperativo categórico.

A primeira formulação é a mais puramente *formal*: ela exige que minha vontade e minha conduta, que são as de um ser de razão (e, portanto, de universalidade), não sejam guiadas por leis contraditórias, autodestrutivas. É preciso verificar, para esse fim, se o meu modo de agir suporta, *sem contradição, a prova da universalização* (que é a prova da razão). Se tal prova não tiver sucesso, meu ato e a regra que o inspira serão imorais.

Por exemplo, mentir é imoral, porque se a mentira se tornasse a regra universal, *não haveria mais sentido* em mentir. A própria consistência da mentira postula que a regra seja dizer a verdade.

Da mesma forma, o não-respeito pela promessa, se for universalizado, destrói a própria noção de promessa como conduta humana.

A segunda formulação é mais substancial e se refere à finalidade do agir, ou seja: a humanidade em cada um, isto é, esse ser de razão e de liberdade (vontade) que somos realmente, enquanto númenos, e que nos constitui concretamente enquanto somos pessoas.

Ao exigir que jamais nos esqueçamos de visar à humanidade em cada pessoa, quando tomamos decisões (que se referem a nós próprios ou que se referem a outrem), Kant coloca a ação e a vontade a serviço da razão e da liberdade. Com efeito, visar a si mesmo ou visar ao outro como fim é ter como finalidade o desenvolvimento de si mesmo e de outrem como ser de razão e de liberdade. Essa formulação condena, é claro, qualquer escravidão, subordinação abusiva, desigualdade injustificada e, mais geralmente, qualquer objetivação e qualquer instrumentalização puras do ser humano. Não podemos utilizar o outro simplesmente para nosso prazer, nosso proveito, nosso interesse ou, ainda, em vista de um interesse que lhe seja totalmente exterior, até oposto.

A fórmula kantiana apresenta prolongamentos interessantes e muito atuais no domínio da bioética, principalmente. Quando praticamos experimentação humana (novas técnicas biomédicas, novos medicamentos), a moral pode exigir, além do consentimento livre e informado do sujeito, que a experimentação tenha alguma oportunidade de também ser benéfica para o sujeito (por meio de um possível efeito terapêutico). Evitamos desse modo o risco de reduzir o sujeito a um simples objeto ou instrumento para a pesquisa. Convém observar, entretanto, que Kant, sempre prudente e sutil, não elimina nem a objetivação, nem a instrumentalização do ser humano, com a condição de que elas não excluam seu reconhecimento simultâneo como pessoa e finalidade.

2.4.4. *Autonomia e heteronomia*

O ser humano é um ser de razão e de vontade. Essa vontade, graças à razão (que é também faculdade de representação), pode ser livre, mas com a condição de que ela queira estar conforme à razão (que é também exigência de universalidade). E daí o imperativo categórico.

Mas a razão é ainda a faculdade dos fins e especialmente das finalidades últimas. Ora, há tão-somente uma finalidade verdadeiramente absoluta e última: é a própria razão e a liberdade que a ela se associa. É preciso, portanto, que a razão e a vontade, quando são práticas (ação), visem à *promoção da razão e da liberdade*, ou seja, visem a si ou a seu próprio desenvolvimento, em todo lugar em que isso seja possível e exigido, isto é, *em cada pessoa.*

Há, portanto, um dever moral em respeitar e em favorecer em todo lugar *a autonomia das pessoas.*

Ser autônomo significa eu mesmo produzir livre, consciente e racionalmente as regras que observo.

Ser heterônomo significa alinhar minha conduta sobre regras ou causas vindas do exterior, impostas por aquilo que é estranho à minha própria razão e à minha vontade livre.

São heterônomos tanto aqueles que seguem os princípios morais não conformes ao imperativo categórico e impostos por um poder político ou religioso, por exemplo, quanto aqueles que seguem as inclinações, os desejos, as pulsões que vêm de sua natureza sensível e afetiva, corporal, ou seja, de outros lugares que não seu ser racional e livre.

Com o imperativo categórico, a vontade, que é a de um ser racional, autonomiza-se, porque impõe a si uma lei-enquadramento que é a própria expressão da razão: uma lei que é respeito e promoção da razão e da liberdade. Desse modo, a vontade racional se torna sempre mais ela mesma, ou seja, sempre mais livre e mais racional.

Se a vontade, deslizando para a heteronomia, persegue outros fins ou obedece a outros imperativos, que não o imperativo categórico da razão e da liberdade, então ela obedece a fins estranhos a si mesma, aliena-se, torna-se contraditória e se destrói.

Ser moral é ser racional, é ser livre, é ser autônomo e, em todo lugar, promover a autonomia que é também a dignidade – isto é, o valor absoluto – da pessoa humana.

2.5. Os postulados da razão prática

2.5.1. *A dualidade humana*

O ser humano pertence a dois mundos:

- o mundo da natureza, do sensível, do fenomenal, em que reinam a causalidade e a heteronomia. Por seu corpo, por seu eu empírico (subjetividade individual), por seus sentidos, por suas paixões, o indivíduo é dependente deste mundo;
- o mundo numenal ou mundo em si, inteligível, espiritual: é o mundo da razão e da liberdade, do reino dos fins e da autonomia, o mundo do eu transcendental, caracterizado pela vontade livre e racional.

Essa dupla pertença acarreta a dificuldade de ser moral, porque, sem cessar, o primeiro mundo e suas heteronomias (impedimentos físicos, necessidades, desejos, afetos, inclinações etc.) interferem com as puras exigências do segundo. Essas interferências contrabalançam não só a moralidade, mas também a felicidade dos seres humanos.

2.5.2. Do "bem supremo" ao "bem total ou soberano"

O "bem supremo" é a boa vontade, ou seja, o respeito pela lei moral. Esse "bem supremo" não é, entretanto, o "bem integral" (*vollstandige Gutt*) ou "soberano", que exige *a harmonia entre a virtude (moralidade) e a felicidade*. Esse acordo não parece muito realizável, principalmente de um modo estável e perfeito, no decorrer da existência humana. Falta muito para que todos os seres humanos sejam morais ou felizes, e mais raros ainda são aqueles que, se existirem, seriam ao mesmo tempo sempre virtuosos e felizes.

A própria razão, quando tenta articular, de modo necessário, felicidade e virtude, compromete-se com uma antinomia: é falso considerar que a virtude gere necessariamente a felicidade ou que a busca da felicidade gere necessariamente a virtude. Essa antinomia está evidentemente associada à condição humana, colocada sob o signo da dualidade e da finitude.

Todavia, a idéia de um acordo ou de uma síntese entre felicidade e moralidade não comporta nenhuma contradição *a priori*. Essa harmonia não é oposta à razão. Muito ao contrário, de certo modo, a razão comporta a exigência desse acordo. Ela pode, legitimamente, postular sua possibilidade, até a necessidade.

Kant quer manter-se igualmente à distância do estoicismo (que tende a identificar o soberano bem unicamente com a virtude) e o epicurismo (que tende a identificá-lo com a felicidade). A exigência legítima do "bem soberano ou total" se expressa por dois *postulados* da razão prática, que se referem à existência de um outro mundo que não o mundo fenomênico.

O primeiro postulado é o da *imortalidade da alma*, da qual duas justificativas são propostas. Em primeiro lugar, a perfeita virtude jamais é realmente alcançada no decorrer da existência terrestre, porque nela a moral é precária e sempre contrabalançada pela heteronomia. É tão-somente no termo de um aperfeiçoamento espiritual indefinidamente longo que a alma poderia alcançar essa perfeita conformidade com a lei moral. Em segundo lugar, a imortalidade da alma consagra a idéia de uma outra vida, liberta das contingências do mundo sensível, em que a harmonia entre felicidade e virtude poderia ser precisamente realizada.

O segundo postulado é o da *existência de Deus*, ou seja, de um ser para quem a lei moral é perfeitamente representada e realizada, e que é capaz de proporcionar a felicidade à virtude, isto é, recompensar cada um segundo seus méritos, em conformidade com a idéia do soberano bem.

Esses dois postulados da razão prática não são o objeto de experiência ou de conhecimento: são objeto de crença ou de fé. Mas essa fé é razoável, assim como a *esperança* que a ela se associa.

Desse modo se articulam a segunda e a terceira questão kantiana: "O que devo fazer?" e "O que posso esperar?".

Desse modo, constatamos que Kant se liga com os princípios do cristianismo. Mas isso – a religião – se acha colocado na luz limitada da simples razão humana, que não pode adquirir, nesses domínios, nenhuma certeza. Ela pode apenas arranjar, de maneira razoável, um lugar legítimo para a fé na imortalidade da alma, na existência de Deus e na possibilidade do soberano bem. Longe de ter necessidade da religião para existir, a moralidade kantiana, produzida pela razão prática, mantém-se independentemente da religião. Esta última, portanto, não funda a moral. A moral perderia sua pureza ao subordinar seus imperativos à certeza de recompensas ou de punições eternas. Todavia, a moral kantiana também termina com a conclusão de que os conteúdos da fé cristã são legítimos, ou até necessários, como exigências da própria razão.

3. O finalismo na natureza e na história

- Uma leitura finalista do ser vivo e da natureza.
- A história continua e ultrapassa a evolução natural.
- A sociedade justa, universal e pacífica, como versão terrestre do Bem Soberano.

PALAVRAS-CHAVE

• evolução • fim • finalismo • história • natureza • organismo
• paz perpétua • sociedade universal • teleologia

Sempre sob a forma de postulado e de crença legítimos, esclarecedores para a razão teórica cognitiva e bons para a razão prática, Kant desenvolve uma concepção finalista da natureza e da história. Esse finalismo se expressa na segunda parte da *Crítica do julgamento* (*Crítica do julgamento teleológico*), assim como em escritos mais curtos, como: *Idéia de uma história universal do ponto de vista cosmopolítico* (1784)[7] e *O conflito das Faculdades em três seções* (especialmente: *O gênero humano se encontra em constante progresso para o melhor?* (1798)).[8]

3.1. A teleologia na natureza

O estudo da natureza depende muito da causalidade mecanicista. Todavia, é legítimo considerar certos seres naturais – os organismos vivos – igualmente de um ponto de vista teleológico (do grego "telos": o fim) ou finalista. Ainda que eu não possa explicar o ser vivo e suas partes (os órgãos) de um modo causal e mecânico, organismos e

---

[7] *Idée d'une histoie universelle au point de vve cosmopolitique.* Trad. de J. Laffitte. Paris, Nathan (Les intégrales de philo 30), 1994.

[8] *Le genre humain, estil en constant progrès vers le mieux?* Trad. de J. Gibelin. Paris, Vrin (Bibliothèque des textes philosophiques), 1988.

órgãos apenas se tornam verdadeiramente inteligíveis a partir da idéia de finalidade.

Desse modo, posso explicar causalmente o mecanismo da visão, isto é, o olho. Todavia, o sentido desse órgão, que torna compreensível a complexidade causal que o constitui e o faz "funcionar" de algum modo, aparece apenas se pensarmos seu fim ou sua função, que é a de permitir a visão.

Os organismos são objetos fenomenais particulares, sedes:

- de uma autoprodução permanente: o organismo se mantém, é seu próprio fim;
- de relações causais reversíveis, recíprocas ou retroativas, que fazem aparecer um efeito como causa de sua causa e que articulam a relação entre o todo e suas partes.

Desse modo, o organismo, enquanto totalidade, depende da preservação de suas partes (órgãos), mas a preservação destas depende da manutenção do organismo total. Ou, ainda, a visão é um efeito da estrutura do olho, mas esta só tem sentido se considerarmos a função de ver.

Os fins, que podemos encontrar nos organismos vivos, não são finalidades que representariam os próprios organismos vivos, porque eles não são conscientes. Na realidade, o ser humano é levado a ver a natureza do ponto de vista da finalidade, e nada demonstra que tais finalidades estejam efetivamente, fisicamente, ativas na natureza.

Essa visão teleológica do ser vivo pode ser, enquanto princípio heurístico e regulador (idéia), estendida ao conjunto da natureza. Ora, qual seria a finalidade última da natureza, assim considerada? A resposta é: a *humanidade*. Com efeito, apenas ela faz parte da natureza e a ultrapassa ao mesmo tempo. Ela a ultrapassa por sua capacidade de representar para si finalidades e de se determinar, em suas ações, a partir de finalidades livremente escolhidas. Essas finalidades humanas remetem ultimamente ao Fim supremo que é o desenvolvimento da razão e da vontade livre, ou seja, da autonomia. O ser humano, enquanto ser de razão e de liberdade, é a finalidade da natureza, porque ele é o ser das finalidades e do Fim.

A *Crítica da faculdade de julgar* aparece como uma espécie de pedra angular do pensamento kantiano, à medida que ela tenta articular os dois mundos e, ao mesmo tempo, a dualidade da humanidade: o mundo natural causal, cognoscível, e o mundo supra-sensível, da liberdade e do reino das finalidades; o homem como fenômeno e o homem como númeno. Desta vez, porém, o numenal se apresenta menos claramente como uma realidade supra-sensível que duplica intemporalmente o mundo natural. O numenal – o homem como ser supra-sensível – aparece quase como produto, ainda a perfazer, da natureza. Ele parece manter-se na ponta da evolução natural, como que convidado a prolongar essa evolução de uma outra maneira. Essa perspectiva está, entretanto, longe de ser clara em uma época em que Darwin (1809-1882) ainda não havia nascido e na qual o pensamento evolucionista mal balbuciava.

3.2. Da filosofia da natureza à filosofia política, do direito e da história

Na *Idéia de uma história universal do ponto de vista cosmopolítico*, Kant articula brevemente as proposições essenciais que permitem passar da filosofia da natureza para a filosofia da história:

- As capacidades depositadas no homem pela natureza e, portanto, chamadas a se desenvolver (a razão e a liberdade) não se podem desabrochar plenamente no decorrer da vida demasiadamente breve do indivíduo, mas apenas ao longo da evolução da *espécie* humana.
- Esta, portanto, é chamada pela própria natureza a evoluir, a se perfazer. Mas essa evolução, sem dúvida de certo modo condicionada pela natureza, não pode, entretanto, ser o fato da natureza, porque o universo da causalidade e do determinismo

não pode produzir o mundo da liberdade. A humanidade é convidada a se auto-realizar, ou seja, a ultrapassar a natureza, que não pode mecanicamente perfazer a humanidade e, com ela, o reino da liberdade e da razão. Essa continuidade da evolução natural, que é, ao mesmo tempo, ultrapassagem desta, constitui a evolução propriamente humana, ou seja, *a história*.

- Essa história é uma *história progressiva e social ou política*. O sentido ou a finalidade do progresso histórico é a constituição de uma sociedade colocada sob o signo da razão e da liberdade, isto é, uma *sociedade universal*.

Estabelecer "*uma constituição civil* perfeitamente *justa* é a tarefa suprema da natureza para a espécie humana".

Essa sociedade universal pode ser uma sociedade das nações, com a condição de que reine entre estas uma paz perpétua e que cada uma tenha a preocupação de aplicar uma constituição civil perfeitamente justa.

Podemos considerar a história da espécie humana em seu conjunto, como a execução de um plano oculto da natureza para estabelecer uma constituição que regule perfeitamente a política interior e também, para esse fim, a política exterior: é o único estado em que a natureza pode desenvolver completamente todas as suas disposições na humanidade (*Idéia de uma história universal do ponto de vista cosmopolítico*).

Essas considerações evidentemente se esclarecem sobre o fundo da história real: as idéias revolucionárias e a Revolução de 1789, na qual Kant havia enormemente colocado esperança.

Kant sabe muito bem que não pode demonstrar nem, propriamente falando, *conhecer* o finalismo da natureza continuando em um finalismo da história sociopolítica. Mas ele considera que a idéia de tal plano da natureza e de tal progresso da história é não apenas legítimo e conforme à razão prática, mas ainda bom em si, porque suscetível de auxiliar, de encorajar a realização da Sociedade universal e pacífica. Esta é a versão temporal ou histórica do Bem Soberano ou do Reino das Finalidades, deste Mundo da Razão e da Liberdade, que aparece, desse modo, cada vez menos acima de nós e apoiado apenas pelos postulados da existência de Deus e da imortalidade da alma. Ele está cada vez mais situado diante de nós, como nosso futuro, e depende de nós. Esse é o humanismo de Kant, o *Aufklärer*, cuja quarta e última questão – "O que é o homem?" – finaliza, de algum modo, as três outras: "O que posso conhecer?", "O que posso fazer?" e "O que posso esperar?".

LEITURAS SUGERIDAS

GOULYGA A. (1985), *E. Kant. Une vie*. Paris, Aubier.

KANT E. (1993), *Prolégomènes à toute métaphysique future qui pourra se présenter comme science*, trad. de L. Guillermit. Paris, Vrin (Bibliothèque des textes philosophiques).

KANT E. (1993), *Fondements de la méthaphysique des moeurs*, trad. de V. Delbos. Paris, Vrin (Bibliothèque des textes philosophiques).

KOJÈVE A. (1973), *Kant*. Paris, Gallimard (Bibliothèque des idées).

LACROIX J. (1991), *Kant et le kantisme*. Paris, PUF (Que sais-je? 1213).

MALHERBE M. (1993), *Kant ou Hume ou la raison et le sensible*. Paris, Vrin (Bibliothèque d'histoire de la philosophie).

PASCAL G. (1985), *Kant*. Paris, Bordas (Pour connaître).

PHILONENKO A. (1989-1993), *L'oeuvre de Kant*. Paris, Vrin (À la recherché de la vérité).

Capítulo VI

Dialética e idealismo
em G. W. F. Hegel

- Idealismo absoluto e teologia secularizada.
- Razão e pensamento dialéticos:
  para além da lógica clássica.
- A dialética é ternária, temporal e mediata.
- Da filosofia da natureza à filosofia da história.
- A razão na história e a tarefa da filosofia.
- Uma modernidade ambígua.

PALAVRAS-CHAVE

• absoluto • antítese • consciência • cristianismo • dialética
• Deus • espírito absoluto • espírito objetivo • Estado
• fenomenologia • fim da história • história • humanidade
• idealismo • idéia • liberdade • lógica • mediação • filosofia da
natureza • razão • síntese • tempo • teologia • tese • trabalho

A corrente filosófica, principalmente alemã, chamada de "idealismo", aparece como uma tentativa de *ultrapassar* o pensamento crítico (kantiano). Essa ultrapassagem visa principalmente à *Crítica da razão pura*, que impõe *limites* intransponíveis àquilo que "posso conhecer" e que denuncia *contradições* insuperáveis (antinomias) em que "tenho a ilusão de poder conhecer o Absoluto, o Último".

O idealismo pós-kantiano rejeita, portanto:

- as fronteiras determinadas por Kant para o bom uso da razão cognitiva (teórica ou especulativa);
- as oposições duras, declaradas intransponíveis, que estruturam o pensamento kantiano: coisas em si (númenos)-fenômenos; objeto-sujeito; conteúdo-forma; absoluto-finito etc.

A noção de *coisa em si*, como oposta ao fenômeno e declarada inacessível, é o alvo das críticas. Ela é denunciada como um não-senso, uma monstruosidade conceitual. A "coisa em si" não pode ser conhecida nem experimentada − com qual direito falar dela, a qual título evocar apenas tal realidade, inteiramente exterior ao sujeito que sente e que conhece? Encontramos nessa crítica um argumento próximo do de Berkeley, que denuncia o "mundo exterior" ou a "substância" lockiana e, desse modo, já se compromete com o caminho do idealismo.

Para o idealismo, existe apenas o *sujeito*, sua atividade e o conhecimento que ele toma de si mesmo. Por trás do sujeito ou fora de seu alcance não há nada: nem sujeito, nem mundo em si mesmo. Por sua atividade especulativa (produção de idéias e conhecimento reflexivo destas), *o sujeito determina ao mesmo tempo a forma e o conteúdo do conhecimento*, ou seja, tudo aquilo que é real, racional e, ao mesmo tempo, cognoscível. *O idealismo absoluto* é isto: a afirmação segundo a qual o sujeito é fonte de si mesmo e do mundo; ele constitui tudo e ao mesmo tempo conhece, sem exceção, a totalidade do real. Esse conhecimento total e absoluto é a Ciência, que não se distingue da filosofia.

Os grandes nomes do idealismo alemão são Johann Gottlieb Fichte (1762-1814), Georg Wilhelm Friedrich Hegel (1770-1831) e Wilhelm Joseph Schelling (1775-1854).

Todos eles seguiram estudos de *teologia* protestante antes de se consagrarem à filosofia. O idealismo alemão também apresenta atitudes de secularização, mais ou menos avançada, do cristianismo. Essa secularização caminha no sentido da:

- negação de qualquer Deus transcendente: apenas é concebível um Deus imanente ao mundo e à história;
- quase-divinização da Humanidade, que encarna o sujeito absoluto e que é capaz de aceder ao saber total.

A influência do cristianismo em Hegel foi determinante: sua filosofia pode ser apresentada como a formulação racional daquilo que a religião expressa de maneira simbólica. Os primeiros escritos de Hegel são teológicos, mas contêm já a prefiguração de sua filosofia *dialética*. Desse modo, ele interpreta:

- o paganismo (a religião antiga) como um estado indiferenciado, uma unidade original confusa, misturando os Deuses com os seres humanos;
- o judaísmo (*Antigo Testamento*) como marcando a ruptura dessa unidade ao opor Deus e os homens, que são submetidos à Lei divina transcendente. É o tempo da cisão e da negação (simbolizadas, na Bíblia, pelo pecado original e pela expulsão do Éden);
- o cristianismo (*Novo Testamento*) como momento da reconciliação, o tempo de Cristo, Deus encarnado (feito homem). Era de interiorização da lei como amor, ele simboliza a reunião dos contrários.

Hegel é o representante mais importante do idealismo. Sua obra é vasta; cada obra deve ser compreendida como um esboço, um aspecto ou uma parte desse Saber absoluto e total, cuja expressão é o objetivo da filosofia, e que não deixa nada – nenhuma questão – fora de si. É normal, portanto, encontrar em Hegel uma metafísica, uma lógica, uma filosofia da natureza, da história, do direito e da sociedade (filosofia política). Mencionemos:

- *Phänomenologie des Geistes* (1807) (*Fenomenologia do espírito*).[1]
- *Wissenschaft der Logik* (1812 e 1816) (*Ciência da lógica*).[2]
- *Enzyklopädie der philosophischen Wissenschaften* (1817) (*Enciclopédia das ciências filosóficas*).[3]
- *Grundlinien der Philosophie des Rechts* (1821) (*Princípios da filosofia do direito*).[4]

1. O método: a dialética

1.1. A noção geral de "dialética"

"Dialética" é um dos termos mais antigos da filosofia. Platão foi o primeiro a identificar a filosofia e a dialética. Ele é também o inventor do idealismo. Sua influência na formação filosófica do jovem Hegel é considerável, particularmente pela leitura dos diálogos mais "dialéticos", como o *Sofista*[5] e *Parmênides*.[6]

As acepções de "dialética" variam em função dos pensadores. É, no entanto, possível identificar um *núcleo de sentido fundamental*: é dialético todo pensamento aberto à crítica e à contradição daquilo que ele afirma, e capaz, por conseguinte, de mudar, de evoluir. A forma de base dessa abertura evolutiva é o *diálogo*.

A dialética é, portanto, *a arte da discussão*, no sentido do debate, isto é, da troca de argumentos e de objeções apresentadas como racionais. Essa arte da discussão racional freqüentemente foi assimilada à arte de raciocinar, daí uma confusão possível com a lógica. Mas é preferível distinguir

---

[1] *Phénomenólogie de l'esprit.* Trad. de G. Jarczyk e P.-J. Labarrière. Paris, Gallimard (Bibliothèque de philosophie), 1993.

[2] *Science de la logique.* Trad. de Jarczyk e P.-J. Labarrière. Paris, Aubier (Bibliothèque philosophique), 1972-1981.

[3] *Encyclopédie des sciences philosophiques.* Trad. de B. Bourgeois. Paris, Vrin (Bibliothèque des textes philosophiques), 1986-1988.

[4] *Principes de la philosophie du droit.* Trad. de A. Kaan. Paris, Gallimard (Tel 148), 1989.

[5] Em *Oeuvres complètes*, trad. de L. Robin. Paris, Gallimard (Bibliothèque de la Pléiade), 1950.

[6] Em *Oeuvres complètes*, trad. de L. Robin. Paris, Gallimard (Bibliothèque de la Pléiade), 1950.

claramente entre "lógica" e "dialética". A lógica é a técnica da *demonstração* (cujas conclusões são obrigatórias, universalmente válidas e, portanto, subtraídas a qualquer crítica ou objeção e à necessidade de uma justificação argumentada). A dialética é a técnica da *discussão* e da *argumentação* (cujas conclusões são sempre contestáveis, passíveis de revisão e de justificação).

Positivamente, "dialética" é a qualidade própria de qualquer pensamento não paralisado (em conclusões definitivas, em contradições ou clivagens intransponíveis), um pensamento vivo, portanto, e não fechado sobre si mesmo. A dialética é também o pensamento da não-separação definitiva, até naquilo que se refere às oposições aparentemente mais absolutas. Quando decompõe e analisa, ela jamais perde de vista as relações entre as partes e sua relação complexa com a totalidade. Ela expressa a flexibilidade e a capacidade de conexão universal da razão, que lhe permite evoluir e ampliar-se indefinidamente.

Negativamente, e por vezes pejorativamente, "dialética" evoca o gosto pela polêmica gratuita ou apenas desejosa de triunfar contra o interlocutor identificado como um adversário (é a discussão "erística") ou ainda a arte de persuadir, utilizando não importa qual argumento, uma vez que se verifique eficaz. Nesse sentido, a dialética torna-se retórica ou sofística. Ela perde, então, sua referência com a razão e com a universalização progressiva desta.

Enquanto em Hegel a dialética é entendida em sentido totalmente positivo, Kant a assimilava a uma "lógica da aparência, enganadora", característica de um uso abusivo da razão e que, portanto, devia ser denunciada pela crítica.

O pensamento dialético não é a "propriedade" de Hegel e dos hegelianos que a tematizaram, difundiram e sistematizaram. Nós a encontramos de modos diversos em ação ao longo da história do pensamento, implicando também filósofos que a rejeitam.

1.2. Os três "momentos" da razão dialética

Hegel considera que a razão *é* espontaneamente dialética. No momento em que ela afirma uma coisa, tende a negá-la ou a contradizê-la e depois a superar essa contradição. É o entendimento (ou o intelecto) – diferentemente da *razão* – que se fecha em oposições intransponíveis, tais como as antinomias kantianas.

O movimento dialético do pensamento é, portanto, *ternário*:

- a tese: afirmação simples;
- a antítese: negação da tese;
- a síntese: ultrapassagem que reunifica a oposição anterior.

Esse movimento em três momentos se distingue do binarismo (dualismo) do pensamento *lógico e analítico não-dialético*, que se fixa nos princípios de identidade e de não-contradição e que é incapaz de conceber uma terceira posição além de A *ou* não-A. A recusa desse terceiro valor (a síntese) se expressa, na lógica, pelo princípio do *terceiro*-excluído.

Encontrar a síntese que "resolve" a oposição é encontrar um termo (um conceito) que reconcilia a tese e a antítese. Essa invenção da síntese é, na realidade, a expressão da relação implícita e necessária que une os opostos. Estes são, ao mesmo tempo, suprimidos e conservados na síntese. O verbo alemão "*aufheben*", que significa, ao mesmo tempo, "conservar" e "suprimir", expressa esse movimento do pensamento dialético.

No *Sofista*, Platão, o dialético, comete o "assassínio do pai da filosofia": Parmênides, do qual ele contesta a posição. Parmênides é, com efeito, o primeiro pensador lógico, não-dialético por excelência. Sua tese consiste em aceitar apenas a afirmação absoluta, "O ser é", ou "A é A" (é o princípio de identidade), e seu correlato: "o não-ser não é". De "o que é", podemos dizer apenas que "aquilo é", e de "o que não é", nada podemos dizer sem contradição (princípio de não-contradição). Bloqueado nessa oposição absoluta do ser e do não-ser, Parmênides é incapaz de compreender o *devir* (o tempo). Por quê? Porque uma coisa que se torna permanece ao mesmo tempo ela-mesma *e* deixa de ser idêntica a si mesma (ela muda), ou seja, ela se nega. Pensar o devir implica, portanto, que possamos pensar uma síntese de ser e de não-ser.

O devir expressa a relação ou o meio-termo entre o ser e o não-ser. Esse entre-dois era recusado por Parmênides, em conformidade com o terceiro grande princípio da lógica clássica: o terceiro-excluído ("A é ou A não é", alternativa sem intermediário nem além), característica do pensamento binário.

O pensamento dialético apresenta, em contrapartida, a passagem da tese para a antítese, ou seja, sua ligação, como racionalmente necessária. Assim acontece com a passagem do ser para o não-ser. Com efeito, a afirmação absoluta da identidade – o ser é, A é A – é vazia, ou seja, seu sentido é *nada*, e portanto o nada. Mas a antítese nega a tese e ao mesmo tempo a conserva: o que é o nada senão o não-*ser*? A síntese expressa, em suma, o fato de que um conceito não pode ser seriamente compreendido sem seu contrário, o qual é, ao mesmo tempo, seu complemento: não podemos pensar o repouso sem o movimento, a morte sem a vida, o finito sem o infinito, o todo sem a parte etc. Do momento em que ela apresenta (tese) ou pensa um conceito, a razão é, portanto, levada para além dessa tese, a menos que se paralise artificialmente. Da mesma forma, o movimento dialético do pensamento é infinito: toda síntese, desde que ela é concebida e apresentada, torna-se uma nova tese que apela uma antítese, e assim por diante... Para Hegel existe, entretanto, uma Síntese Última, chamada "Espírito ou Saber Absoluto".

1.3. A dialética requer tempo

A razão e a lógica clássica são intemporais, tanto no que se refere aos objetos quanto às operações. A intuição de uma essência eterna, a conclusão verdadeira de uma demonstração necessária não leva, em princípio, tempo. Essa intemporalidade da razão lógica já está expressa pela negação do devir e do movimento em Parmênides.

A irrealidade ou a marginalidade do tempo (da duração, da história) caracteriza, por outro lado, a quase-totalidade do pensamento ocidental até o século XIX. A realização da meta logoteórica da ciência e da filosofia – Quadro-Espelho Verdadeiro da Ordem Eterna da Realidade – leva algum tempo apenas por causa das imperfeições da razão humana. A vida teorética ou contemplativa à luz da Verdade é como uma vida divina, intemporal.

O cristianismo – que inspirou Hegel – contribuiu para a progressiva introdução da dimensão histórica no pensamento ocidental. Mas as formas místicas da religião, em que se trata de Síntese final, de Coincidência última dos opostos ou de contrários, ignoram igualmente a duração. A intuição ou o êxtase místicos são experiências imediatas do instante ou da eternidade.

Diversamente, portanto, da apreensão racional, lógica *e* da experiência mística da "Verdade", o pensamento dialético se pretende basicamente *temporal ou histórico*. Ele é a razão em movimento no devir. Ele é o devir ou o movimento da razão para a verdade. Isso significa que a verdade é o produto da dinâmica racional, e não tanto que ela lhe preexista, como se ela o esperasse desde toda a eternidade.

Graças à dialética, a razão se torna cada vez mais vasta e cada vez mais consciente. Ela é, com efeito, incessantemente confrontada com aquilo que se opõe à sua afirmação (a antítese) e que ela deve assimilar (síntese). Esse movimento é o mesmo que segue todo ser humano que faz a experiência daquilo que é diferente, e até oposto a ele, e depois compreende e assimila, ultrapassando a oposição. Esse é o movimento da tomada de consciência, da educação, do crescimento. Esse trabalho de assimilação e de ultrapassagem, próprio do ser racional que se torna cada vez mais consciente e cada vez mais universal, *requer tempo*. Essa duração é irredutível: todas as tentativas de fazer sua economia estão condenadas à ilusão e ao fracasso.

1.4. A dialética é mediata

Precisar que a dialética é *mediata* (ela exige etapas intermediárias) significa dizer ainda que ela toma necessariamente tempo. Também nesse sentido ela se opõe à evidência ou à intuição (lógica, filosófica, mística), que são imediatas.

A dialética ensina que a consciência ou o conhecimento de si que um ser pode adquirir jamais é imediato: ele deve passar pelo outro (pelo investimento no outro e na realidade objetiva), com o risco de se alienar e de se perder nesse outro. Experiência, tomada de consciência e aquisição do saber são processos pelos quais não é possível saltar diretamente para os resultados, fazendo a economia do trajeto.

O pensamento dialético não está, portanto, inteira e unicamente em seus resultados ou conclusões: o caminho percorrido com suas diversas etapas, o trabalho realizado e a conservação na memória desse trabalho e desse percurso lhe são tão essenciais quanto o alcance da meta. A *Fenomenologia do espírito* descreve as etapas da evolução da consciência no caminho do saber (do) absoluto, que integra a memória de seu caminhar.

A dialética é primeiro, portanto, de modo muito básico, um *método* (do grego *odos*, caminho).

1.5. A dialética do "senhor e do escravo"

Uma passagem célebre da *Fenomenologia do espírito* ilustra bem a dialética, assim como algumas noções que a ela se associam. Ela introduz, pela primeira vez, a noção concreta de *trabalho* como um tema valorizado da reflexão filosófica, que prepara o materialismo dialético de K. Marx. Eis a substância desse texto.

A consciência individual é auto-afirmativa e apetitiva: visa a se estender e entra em conflito com outras consciências individuais, igualmente preocupadas em afirmar sua superioridade e em estender sua dominação. Desse modo acontece, inevitavelmente, a "luta pelo reconhecimento". Levada até o fim, essa luta só pode terminar na morte ou na submissão de um dos dois protagonistas. A submissão é ditada pelo temor da morte; ela não é, portanto, necessariamente a expressão de uma inferioridade *objetiva* daquele que se submete. É assim que se estabelece uma *relação subjetiva de subordinação e de poder*: o escravo reconhece o senhor. A superioridade deste repousa fundamentalmente sobre o temor que ele inspira ao outro, obrigado a trabalhar para o mestre, que permanece livre para fruir da existência. Mas essa situação é dialética: ela contém os elementos de sua própria reviravolta. Com efeito, o senhor, levando uma vida de prazer e jamais se chocando com a dura realidade, vai tornar-se cada vez mais dependente desses prazeres e dos serviços prestados por seu escravo. Em contrapartida, o escravo vai tomar consciência de seu próprio valor e de sua importância, não só para o senhor, mas também de um modo mais geral: seu trabalho transforma o mundo material, humaniza a natureza, tornando-a útil para o homem. O escravo se reconhece nos produtos de seu trabalho; ele adquire um "savoir-faire" [*know-how*, saber fazer] objetivo, que lhe garante a capacidade de dominar a natureza e de não ser dependente dela. O escravo se acha, portanto, mais livre que seu senhor. Este último tem muito mais necessidade do primeiro do que este depende daquele.

Em Hegel, essa liberdade, conquistada na e por meio da servidão do trabalho, não vai além da tomada de consciência interior individual pelo escravo de seu próprio valor, dentro de uma condição que ele continua, entretanto, a assumir estoicamente, sem empreender modificá-la.

Com K. Marx, a mesma dialética será considerada do ponto de vista não mais individual, mas *coletivo*, e a inversão da relação de forças será chamada a se *concretizar*. O escravo é então identificado com a classe trabalhadora, oprimida pela burguesia (tese), e que adquire, graças ao trabalho, superioridade e legitimidade objetivas. Estas se concretizarão pela revolução, que levará os proletários ao poder (antítese da dominação burguesa), no caminho da Síntese final, que deve ser a Sociedade sem classes.

2. O sistema: dialética, história e idealismo

2.1. Da filosofia da natureza à filosofia da história

A dialética não se refere apenas à consciência individual em sua evolução, mas aplica-se à totalidade do real e do tempo. Essa universalidade da dialética se expressa espetacularmente na concepção geral teológico-metafísica, que constitui o quadro do sistema hegeliano. Este compreende, na verdade, três momentos:

(1) No ponto de partida existe a *Idéia*. A Idéia é o Absoluto ou Deus, classicamente concebido como transcendente e intemporal, mas também inconsciente e não conhecendo a si mesmo. É Deus antes da criação do mundo e do tempo. É o Deus da lógica pura, formal e vazia, idêntica, portanto, ao nada. É a tese absoluta.

(2) Para poder conhecer-se, refletir-se, tomar consciência de si mesmo, a Idéia-Deus-Absoluto deve *objetivar-se*. Ele deve distanciar-se de si mesmo, tornar-se estranho a si mesmo, sair da absoluta identidade em si: fazer-se mundo, temporalizar-se. Desse modo, aliena-se, nega-se e entra no devir; abandona sua transcendência para se tornar imanente ao devir do mundo, da natureza. Tal é a antítese absoluta. É o que expressa o símbolo da criação, desde que pensemos a criação – a natureza – não como exterior a Deus, mas como a mutação do próprio Absoluto, que se torna natureza em devir. A criação seria, portanto, uma necessidade para o próprio Deus, uma necessidade interior do Absoluto de sair de si para se conhecer e se espiritualizar progressivamente. A razão, a idéia ou o absoluto está, a partir disso, na natureza, como o sentido dela.

A *filosofia da natureza* tem como objeto o reconhecimento da razão e da finalidade em ação na natureza. Hegel subordina claramente a ciência da natureza mecanicista-causal (de inspiração newtoniana-galileana) a essa filosofia da natureza, finalizada e mais próxima da física aristotélica do que da física moderna. A explicação pelas causas finais nela domina a explicação pelas causas eficientes, a qual não expõe o *sentido* dos fenômenos.

(3) A meta, a finalidade da objetivação e da temporalização da Idéia é o conhecimento progressivo de si mesma e, portanto,

a ultrapassagem da antítese em que a Idéia se alienou, a fim de poder conhecer-se. O devir do mundo coincide com a progressiva reconquista de si mesmo pela Idéia, que se espiritualiza ao longo dessa tomada de consciência.

Esse trabalho, porém, não se opera tanto no devir físico e biológico da natureza, e sim pela evolução desse ser vivo específico, que é o ser humano. É, portanto, principalmente a evolução da humanidade que encarna o trabalho progressivo de Deus ou do Absoluto no caminho do autoconhecimento absoluto. Ora, o devir da humanidade é a *história*. A história da humanidade é nada mais que a história do devir cada vez mais consciente do próprio Absoluto. Ela é a história do Espírito em devir. A filosofia hegeliana é, portanto, de modo último, ao mesmo tempo uma filosofia do Espírito e uma filosofia da história.

O termo dessa história é a realização do Espírito Absoluto, no fim dos tempos. O Espírito Absoluto é a Idéia que se tornou onisciente e perfeitamente consciente. É a ultrapassagem e a reunião de todos os contrários, como a oposição entre o sujeito e o objeto, o espiritual e o material, a Idéia e o Mundo. É a *síntese absoluta*. Sua produção passa pela história da humanidade e a finaliza.

2.2. Filosofia da história, filosofia social e política

Na história da humanidade, a razão ou o espírito estão muito objetivamente presentes e ativos. Esse "espírito objetivo" se expressa nos costumes, nas morais, nas leis, no direito, nas instituições. A organização social e, particularmente, a organização de um *Estado* são realizações do espírito objetivo. Para cada sociedade e para cada momento histórico, é essa racionalidade profunda do real sociopolítico que é preciso compreender. É nesse sentido que Hegel pôde escrever:

O que é real é racional, e o que é racional é real (*Princípios da filosofia do direito*).

Dialética e Idealismo em G. W. F. Hegel

E é essa inteligibilidade racional do real político e histórico que a filosofia, como *tomada de consciência de seu tempo*, deve explicitar. Expondo uma racionalidade objetiva já realizada na história, o filósofo tão-somente expressa o sentido da época quando esse sentido já está concretizado. Quando a filosofia, que vem tardiamente, chega à plena consciência de sua época, esta já está realizada e em declínio.

A coruja de Minerva apenas levanta seu vôo ao cair da noite (*Princípios da filosofia do direito*).

2.2.1. O Estado e "a razão do mais forte"

O Estado é a forma moderna da sociedade civil e política. Ele constitui uma totalidade fortemente organizada, no seio da qual o indivíduo encontra sua função (importância dos "funcionários do Estado") e sua identidade (de ser racional), e que o indivíduo deve servir. O modelo do Estado com o qual Hegel sonha é o Estado prussiano, forte e autoritário.

Ora, o direito internacional não pode regular as relações entre os diversos Estados. Seria preciso conceber para isso uma instância suprahistórica que pudesse enunciar um direito superior e definitivo, absoluto. Isso seria reatar com a idéia de uma razão intemporal, que teria como conseqüência paralisar a história. Mas existe apenas razão histórica e apenas a história é racional e dialética: ela é a Razão em marcha progressiva para o Espírito Absoluto. A dialética histórica implica necessariamente, portanto, momentos negativos: estes tomam a forma muito concreta do mal e, principalmente, da *guerra*. Esse mal é, no entanto, uma exigência racional, ainda que esta não apareça imediatamente como tal. O mal é, portanto, de modo último, um bem, ou se encontra, em todo caso, justificado como a condição de um bem maior, que é o progresso da História.

A História é, ao mesmo tempo, a realidade e a racionalidade, para além das quais ninguém pode apelar: ela é o *Tribunal de última instância*.

Por conseguinte, é a História que decide ultimamente o certo ou o errado. Aquele que é fraco e que se vê eliminado está errado, e aquele que se impõe e triunfa tem razão, pois ele foi racional e realmente selecionado pela História, a qual é expressão do Espírito do Mundo em marcha.

Nessa História mundial, cujos protagonistas são Estados, os indivíduos têm pouco lugar. Todavia, alguns indivíduos, que Hegel chama de "histórico-cósmicos", revestem uma importância considerável. Perseguindo suas ambições e alimentando seus interesses particulares, eles são, sem o saber, os instrumentos do Espírito do Mundo. Sua ação política permite à História progredir no caminho da constituição de um Estado Universal, encarnação política a vir do Espírito Absoluto. Tais foram, principalmente, Alexandre Magno, César ou Napoleão. Hegel fala a esse respeito de uma "esperteza da razão", que utiliza as paixões pessoais a fim de realizar seus próprios fins e que põe o particular a serviço do universal.

2.2.2. *Etapas da História do Espírito do Mundo*

Hegel distingue três grandes etapas na História da Humanidade, compreendida como "História do Mundo a caminho da Consciência total". Essa história é também a de um crescimento e de uma extensão da liberdade:

(1) o *mundo oriental* é caracterizado pelo fato de que um só indivíduo é livre: o déspota;

(2) no *mundo greco-romano,* alguns indivíduos são livres enquanto cidadãos;

(3) no *mundo cristão-germânico*, em princípio, todos são livres, porque todos os homens são "filhos de Deus". Para Hegel, é na Alemanha, com a Reforma, e principalmente no Estado prussiano, que essa liberdade de todos a serviço do Estado, que é o Espírito objetivo em marcha, culmina.

Tudo acontece, portanto, como se a Humanidade estivesse próxima do fim da História, que coincidiria com a universalização do Estado prussiano.

2.3. A História e a Filosofia

2.3.1. *A filosofia na história*

A filosofia não escapa à história, pois cada filósofo expressa e reflete, mais ou menos clara e profundamente, o espírito, a razão de seu tempo. A filosofia é, portanto, intrinsecamente histórica, e daí a importância do conhecimento da história da filosofia, a fim de filosofar sem ingenuidade. Todos as filosofias de uma época estão, com efeito, longe de se corresponder e de ter igual importância. A história da filosofia é *progressiva*: a filosofia progride à medida que progride o Espírito do mundo, do qual ela é a tomada de consciência. Entre história e filosofia reina, portanto, uma espécie de reciprocidade:

- a história *é* a história da idéia filosófica (ou seja, da razão, do logos);
- a idéia filosófica (a razão) *existe apenas* historicamente.

2.3.2. *O Fim da História e o fim da filosofia*

O Fim da História será a realização do Espírito e do Saber absolutos. Embora ela não faça mais que explicitar o sentido de sua época, a filosofia *sempre já se refere também a essa finalidade absoluta*. É do próprio Absoluto que se trata na arte, na religião e, mais expressamente, na filosofia. Ao dizer o sentido racional de sua época, o filósofo tão–somente expressa o Absoluto no relativo, o Universal no particular, o Fim na História. A atividade filosófica é, para Hegel, infinitamente superior a qualquer outra atividade – aí compreendendo a política –, porque o filósofo é o arauto mais consciente do Espírito do mundo. É por meio do indivíduo filósofo que o Espírito absoluto acede, historicamente (e nada está fora da história), ao máximo da consciência de si.

Isso não acontece, evidentemente, sem conseqüências para a própria filosofia hegeliana. De um lado, o sistema hegeliano expressaria, como qualquer pensamento filosófico profundo, o máximo de consciência histórica de sua época. Há mais que isso, porém. A filosofia de Hegel ambiciona expor, também e já, o Saber total que manifesta a absoluta racionalidade do Real e da História. O Saber absoluto que esboçaria o Sistema hegeliano pretende, portanto, dar acabamento, ou seja, ao mesmo tempo realizar (per-fazer) e terminar a filosofia e sua história. Daí o tema hegeliano do *fim da filosofia*, de tal modo que, depois de Hegel, todo filósofo lúcido não pudesse fazer mais que repetir esse fim e não fazer ainda progredir a filosofia.

Há mais ainda, porém. Tendo visto a relação entre história e filosofia, acabar a filosofia só pode significar o acabamento simultâneo da História: a chegada do Estado Universal, perfeitamente racional, e de indivíduos que encarnam o Espírito Absoluto como tal.

Ainda que Hegel não chegue explicitamente a fazer tais afirmações, a lógica de seu sistema sugere que ele próprio deve ser uma encarnação culminante, perfeita (ou quase perfeita) do Espírito Absoluto, pois seu sistema filosófico se apresenta como a exposição do Saber absoluto, manifestando a racionalidade da totalidade do real e do devir, e prefigurando, portanto, o fim próximo da História ao mencionar o da filosofia.

3. Uma modernidade ambígua

- A filosofia hegeliana deve muito ao pensamento cristão. Ambos participam da mesma busca: a do Absoluto. Para a religião, essa busca visa a Deus e se desenvolve de modo simbólico, não racional. Todavia, a passagem do simbólico para o racional, operada pelo pensamento filosófico, comporta corolários essenciais, inaceitáveis para o cristianismo. Desse

Dialética e Idealismo em G. W. F. Hegel

209

modo, Hegel rejeita a transcendência de Deus, que se tornou imanente ao mundo e à história. Mais precisamente, é a humanidade que encarna o Absoluto em devir, no caminho (o "calvário") da perfeição. Há em Hegel, assim como no idealismo alemão em geral, uma tendência, mais ou menos explicitamente afirmada, em assimilar Deus à própria humanidade. O poder do pensamento hegeliano e a fascinação que ele exerce provêm do fato de que realiza a síntese das duas fontes principais de inspiração da civilização ocidental, freqüentemente apresentadas como opostas: a filosofia de origem grega e o cristianismo.

• A ambigüidade da relação da filosofia hegeliana com a modernidade é o segundo aspecto que salientaremos como conclusão:

— se a modernidade coincide com o desenvolvimento da racionalidade científica e técnica na linha de F. Bacon, Galileu e Descartes, então Hegel é amplamente antimoderno. Com efeito, ele subordina radicalmente essa racionalidade analítica, empirista, tecnicista e logicista a uma razão mais ampla, que reata com uma série de filosofemas que a ciência moderna rejeita: finalismo na natureza, amálgama de palavras e de coisas, primado de um saber de linguagem (discursivo, dialético) sobre o saber lógico-matemático, valorização da linguagem natural como fonte de verdade e de ciência, relação teorética e não operativa com o real material – em suma, Hegel parece alinhar-se ao longo do ideal logoteórico da filosofia tradicional...

— mas a modernidade é também promoção da idéia de razão e de universalidade em todos os domínios (social, político, histórico, religioso etc.), e não somente nas ciências da natureza. Sob esse aspecto, a fé hegeliana na universalidade da razão e na força de uma racionalidade flexível (dialética) constitui uma contribuição essencial. Com efeito, a dialética rejeita clivagens estritas que colocam de um lado o racional e, do outro, o irracional. Ela impede, desse modo, que lados consideráveis do humano se vertam inteiramente no arbitrário e no irracional, que não poderíamos esclarecer nem discutir. Isso arriscaria ser o caso, por exemplo, da religião, da política, da afetividade (o desejo) etc. Em suma, o essencial daquilo que é propriamente humano é descrito pelo pensamento hegeliano como pertencendo *também* ao impulso da razão. Desse ponto de vista, nada é absoluta e definitivamente ininteligível nem indiscutível. A partir desse ângulo, Hegel é igualmente um *Aufklärer*.

LEITURAS SUGERIDAS

BOURGEOIS B. (1992), *La pensée politique de Hegel*. PUF (Questions), Paris.
CHÂTELET F. (1994), *Hegel*. Seuil (Microcosme. Écrivains de toujours), Paris.
D'HONDT J. (1991), *Hegel et l'hégélianisme*. PUF (Que sais-je? 1029), Paris.
D'HONDT J. (1987), *Hegel philosophe de l'histoire vivante*. PUF (Épiméthée), Paris.
STANGUENNEC A. (1985), *Hegel critique de Kant*. PUF (Philosophie d'aujourd'hui), Paris.
VERSTRAETEN P. (ed.) (1995), *Hegel aujourd'hui*. Vrin (Annales de l'Institut de philosophie et de sciences morales, Universidade de Bruxelas), Paris.

Capítulo VII

Karl Marx e o materialismo histórico dialético

- Uma filosofia historicamente realizada.
- Uma relação ambivalente com o pensamento hegeliano.
- Uma antropologia materialista: necessidades e trabalho.
- Como conciliar o determinismo histórico e a liberdade humana.
- Os fundamentos do capital: dinheiro, valor de troca, lucro.
- Estruturas e contradições da sociedade capitalista.
- O marxismo entre a ciência econômica e a ideologia profética.

PALAVRAS-CHAVE

• alienação • burguesia • capital • capitalismo • ciência • cientificismo • determinismo histórico • dialética • dinheiro • economia política • economismo • escatologia • fim da história • forças-meios-relações de produção • história • ideologia • infra e superestruturas • lucro • luta de classes • máquina • marxismo • materialismo histórico • práxis • proletariado • propriedade privada • revolução • sociedade sem classes • suspeita • técnica • trabalho • utopia • valores de uso e de troca

1. O alcance excepcional da filosofia marxista

1.1. Filosofia, história e política

O destino do pensamento de Marx (1818-1883) é único na história da filosofia, pois esse pensamento teve o impacto de uma grande religião, com tudo o que concretamente a caracteriza: obras e personalidades de referência mitificadas, proselitismo e extensão crescente, interpretações divergentes de idéias primitivas com multiplicação de tendências ortodoxas ou heterodoxas, modificação das mentalidades, impacto múltiplo sobre a sociedade em todos os níveis – econômico, político, cultural etc.

Por que esse impacto? Por causa de condições sócio-históricas particulares, sem dúvida, mas também em razão da natureza da filosofia marxista: seu conteúdo é em primeiro lugar político, pois ela *orienta* a teoria para a *ação* (sua ambição é fazer agir aqueles que a compreendem); ela descreve de modo pretensamente científico (e, portanto, objetivo, verdadeiro) uma situação histórica e social que é, por outro lado, julgada má e, portanto, deve ser mudada; afirma que tal situação *deve* mudar por razões morais *e* por razões causais históricas; ela explica também como auxiliar a realização dessa mudança necessária...

O pensamento de Marx é, portanto, uma teoria que não só pretende a verdade absoluta (filosófica e científica), mas que, ao mesmo tempo, visa à realização ativa concreta. Sejam quais forem as justificativas sociopolíticas, morais etc. que podemos encontrar para ele, dada a miséria do proletariado e a injustiça da sociedade do século XIX, essa filosofia e, principalmente, os discursos e as práticas que ela inspirou foram de um dogmatismo particularmente perigoso, e ela *de facto* levou a uma situação histórico-política sem comum medida com o éden socialista anunciado.

Entrar no detalhe do destino histórico do marxismo não é nosso objetivo. Nós nos limitaremos à exposição de alguns temas essenciais do pensamento de K. Marx. Seria preciso, portanto, com todo rigor, distinguir este (o pensamento marxista) e o pensamento marxista em

Karl Marx e o materialismo histórico dialético

geral, que o simplifica, caricatura, solicita, transforma em catecismos com *slogans* fáceis, estranhos à reflexão filosófica.

1.2. Juventude e maturidade

Há uma dificuldade suplementar na evolução do pensamento de Marx: o jovem Marx, de início filósofo e crítico da filosofia; o Marx da maturidade, economista, sociólogo, politólogo revolucionário.

Para o período de juventude (até 1848), mencionamos as seguintes obras:

– *Ökonomisch-philosophische Manuskripte* (escritos em 1844, com publicação póstuma em 1932) (*Manuscritos de 1844*).[1]

– *Die deutsche Ideologie* (em colaboração com Friedrich Engels, escrito em 1845-1846, com publicação póstuma em 1932) (*A ideologia alemã*).[2]

– *Die heilige Familie* (1845, em colaboração com Friedrich Engels) (*A sagrada família*).[3]

– *Misère de la philosophie* (*Resposta à filosofia da miséria de M. Proudhon*) (1847).

Na charneira, encontramos:

– *Manifest der Kommunistischen Partei* (1848) (*Manifesto do partido comunista*).[4]

Na maturidade:

– *Das Kapital* (primeiro volume em 1867 e os dois outros são póstumos: 1885-1894) (*O Capital*).[5]

---

[1] *Manuscrits de 1844.* Trad. de E. Bottigelli. Paris, Éd. Sociales, 1972.

[2] *L'idéologie allemande.* Trad. de H. Auger. Paris, Éd. Sociales, 1976.

[3] *La Sainte Famille.* Trad. de E. Gogniot. Paris, Éd. Sociales, 1972.

[4] *Manifeste du parti communiste.* Trad. de L. Lafargue. Paris, Mille et une nuits (48), 1994.

[5] *Le Capital.* Trad. de J. Roy. Paris, Éd. Sociales, 1985.

O Capital é, de longe, a obra mais importante e que faz de Marx um dos fundadores da economia política.

Podemos, atendo-nos preferencialmente a um ou outro texto da juventude, ou em certas passagens do *Capital*, dar do pensamento de Marx descrições muito diferentes, até contraditórias.

2. Quadro filosófico geral

2.1. A relação com Hegel

Essa relação é inegável e profundamente *ambivalente*. Com Hegel, Marx descobre uma filosofia radicalmente *histórica* e que tende a articular o sentido da história e o sentido da filosofia. Em Hegel, Marx encontra a noção de *dialética*, ou seja, da importância motora da negação, da contradição e do conflito, que é possível e necessário ultrapassar. Encontra também a noção de *alienação*, de necessidade da alienação (o espírito, o sujeito, deve objetivar-se, alienar-se, para se conhecer, tornar-se mais consciente e libertar-se), que ele transpõe do plano metafísico para o plano sociológico (são os indivíduos que são alienados por causa de certas estruturas da sociedade).

De Hegel ele recusa o *idealismo*. A filosofia hegeliana, contentando-se com o pensamento e se preocupando pouco com a ação, permite apenas a libertação de alguns indivíduos (intelectuais, artistas, filósofos) capazes de ter acesso à consciência do sentido da história. Ela não os impele a agir nem a modificar a situação histórica, ou seja, a comprometer-se politicamente. Do ponto de vista marxista, Hegel é um filósofo burguês, cujo pensamento faz o jogo da classe dominante, pois ele não quer concretamente mudar nada. De onde a célebre décima primeira e última das *Teses sobre Feuerbach* (1845):[6]

---

[6] *Théses sur Feuerbach.* Trad. de G. Labica. Paris, PUF (Philosophies 13), 1987.

> Os filósofos apenas interpretam o mundo de diferentes modos; doravante, porém, trata-se de transformá-lo.

Ludwig Feuerbach (1804-1872) é, entre os hegelianos de esquerda, a ligação mais clara entre Hegel e Marx. Ele interpreta a religião (*A essência do cristianismo*, 1841) em sentido *antropológico*. Deus é a projeção do Homem e de suas qualidades sob a forma de um Sujeito absoluto. Feuerbach contribui para reorientar o pensamento hegeliano em um sentido materialista. Ele acentua a sensibilidade, a corporeidade e a intersubjetividade humanas.

2.2. Uma concepção do Homem

A concepção filosófica tradicional da essência do homem consiste em considerá-lo como o ser vivo que se distingue por algumas faculdades (espirituais: o pensamento, a razão...), das quais as outras espécies vivas não usufruem. O homem é o "zoon logon echon", o ser vivo que dispõe do *logos* (razão, linguagem); ele é um animal *simbólico*. Sua vocação essencial consiste em exercer e em realizar essa natureza que lhe permite conhecer, ou seja, dar a si uma representação simbólica verdadeira da realidade, um quadro discursivo que ele contempla. Tal é o ideal filosófico antigo da vida teorética ou contemplativa. A imagem filosófica tradicional do homem é, portanto, uma imagem passiva, desviada da ação e do devir concretos, desprezando o corpo e o trabalho material.

Ora, Marx considera que o homem é um ser *corporal*, definido por *necessidades*. Um ser inacabado também, ou seja, chamado a se tornar e a evoluir, a se transformar, transformando materialmente suas condições de existência.

Essas condições de existência deficientes são, em primeiro lugar, impostas pela natureza: principalmente a raridade dos bens. A humanidade não vive em um éden de abundância. A transformação dessas condições naturais pode ser feita apenas pelo *trabalho*. O homem é um ser de trabalho, de transformação e de produção. A noção de trabalho, ou seja, o remanejamento instrumentado (técnica) das condições da existência natural, não suficientes para satisfazer as necessidades humanas, é central e adquire, aqui, uma verdadeira dignidade filosófica. Tal reconhecimento era impensável na tradição filosófica dominante, desde Platão e Aristóteles, para quem o trabalho é a porção dos homens inferiores, principalmente os escravos.

É, portanto, por meio do trabalho, que é transformação do mundo e que faz que exista uma *história*, que a humanidade vai pouco a pouco satisfazer os defeitos de sua condição inicial, isto é, progressivamente se tornar plenamente ela mesma.

2.3. Convergência da história e da moral marxistas

Para Marx, a História é, em primeiro lugar, a história *dos homens*, que a fazem mais ou menos conscientemente. Mas essa história, feita pelos homens, tem um *sentido*, que é imanente ao devir histórico. Esse sentido aparece como uma necessidade, em relação à qual a ação dos homens (a luta revolucionária, por exemplo) é tão-somente um meio.

Uma das dificuldades da concepção marxista da história é conciliar:

- de um lado, o *determinismo histórico* (a história se realizará de qualquer modo, porque quando contradições sociais chegam a certo grau de intensidade, uma reversão revolucionária ocorre necessariamente, permitindo ultrapassá-las);
- e, do outro lado, a *liberdade humana*, ou melhor, a *moral revolucionária*, isto é, a obrigação de tomar consciência, de escolher, de se comprometer e de agir a fim de resolver as contradições históricas.

Temos aqui um círculo: são os homens que fazem a história, mas é a história que faz os homens (determinando o que eles pensam, em que crêem, o que esperam e querem). Esse círculo é uma dialética, um

Karl Marx e o materialismo histórico dialético

movimento de vaivém e, finalmente, de convergência (síntese), entre a história que faz os homens e aqueles que a fazem. Ele é também uma fonte essencial do otimismo revolucionário.

> A humanidade propõe sempre apenas as tarefas que ela pode realizar: (...) a tarefa surge onde as condições materiais de sua realização já estão formadas ou estão em via de se criar (*Contribuição à crítica da economia política, Prólogo*).[7]

O postulado filosófico fundamental do marxismo é que existe um sentido da história que podemos conhecer e que devemos reconhecer como nosso. Isso quer dizer que há uma essência ideal do homem a realizar, a cumprir por meio da história e dos homens e que necessariamente se cumprirá.

3. Alguns conceitos diretores

3.1. A invenção do dinheiro. Valor de uso e valor de troca

Uma primeira modalidade de troca das mercadorias é a *barganha*. Damos um bem que não usamos ou usamos pouco em troca de um bem que é mais útil. Apenas o *valor de uso* (satisfação das necessidades) é levado em consideração. Esse tipo de troca não mediado pelo *dinheiro* não permite a acumulação do capital. A introdução da troca fundada sobre o dinheiro fez aparecer, ao lado do valor de uso, o *valor de troca* dos bens, isto é, a soma de dinheiro à qual eles correspondem e que pode não ter nenhuma relação com sua utilidade. Graças ao dinheiro – que é o padrão universal – todo bem se torna mensurável (ele corresponde a uma quantidade de moeda) e, portanto, comparável com qualquer ou-

---

[7] *Contribution à la critique de l'économie politique, Avant-propos.* Trad. de M. Husson. Paris, Éd. Sociales, 1971.

tro bem. A exploração prudente dessa mensurabilidade universal permite deduzir lucros, que podemos acumular sob a forma de capital. O dinheiro é uma forma muito especial de bem, em si inútil e ao mesmo tempo neutro, indiferenciado, polivalente, pois permite adquirir não importa qual bem particular. É a invenção do dinheiro que permite a acumulação do capital. Este é acumulação de *potência*, uma vez que o dinheiro é, não importa qual outro bem em *potência*, ele é potencialmente não importa o quê.

3.2. O capital e o capitalismo

O *capital* e o capitalismo – este último termo designa o tipo de estrutura socioeconômica que o capital determina – são as noções centrais da análise marxista. São noções complexas, das quais eis algumas características:

- o capital, enquanto acumulação de dinheiro, é uma potência indiferenciada, suscetível de ser utilizada a não importa o quê;
- não tendo finalidade nem uso intrínsecos, ele tende a seu próprio crescimento: o aumento do capital é o objetivo dominante do capital;
- o crescimento do capital é possível porque o capital permite a exploração: basta vender ou comprar bens e serviços (a força de trabalho dos trabalhadores), de modo a deles tirar um lucro. Desse modo, basta remunerar o trabalho de tal modo que o salário pago seja claramente inferior ao dinheiro retirado da venda dos produtos do trabalho. Esse é o princípio do *lucro* que regula o regime capitalista;
- o capitalismo é, portanto, essa organização do trabalho e da troca de bens que torna possível o crescimento do capital, graças ao lucro. Segundo Marx, essa lógica auto-refenciada não pode prosseguir indefinidamente, porque

ela comporta tensões e contradições que levam à sua destruição;

- a contradição maior do regime capitalista se deve ao fato de que ele leva ao enriquecimento constante de um pequeno número (os burgueses capitalistas) e ao empobrecimento contínuo da grande massa dos cidadãos (os proletários). Esse antagonismo termina inexoravelmente no conflito e no desmoronamento do regime que o produziu. Para Marx, a autodestruição da sociedade capitalista por causa de suas contradições é inevitável.

Essa análise reflete alguns aspectos da sociedade industrial da época. Marx pesquisa a essência de suas características, principalmente a do empobrecimento constante das massas como conseqüência de uma redistribuição totalmente desigual da riqueza produzida pelo trabalho. Essa redistribuição desigual seria uma necessidade de sobrevivência do capitalismo: colocado sob a lei do lucro e da concorrência, ele pode apenas explorar sempre mais, porque qualquer medida "social" seria suicida.

Segundo Marx, portanto, a economia capitalista não se pode reformar de modo a diminuir a exploração do maior número, fazendo-o participar mais na riqueza produzida. Tal reforma, caso possível, diminuiria o antagonismo da sociedade e, ao mesmo tempo, a fatalidade revolucionária. O capitalismo descrito por Marx é o capitalismo selvagem, não regulado e concebido como não regulável pelo Estado e por leis sociais.

3.3. A sociedade dual e a luta de classes

O marxismo concebe a sociedade industrial do século XIX como dividida em duas classes antagônicas. Mas esse esquema dualista é, de fato, estendido a toda a história da humanidade. Assim, no início do *Manifesto do partido comunista*, Marx escreve:

A história de toda sociedade até nossos dias é a história da luta das classes. Homem livre e escravo, patrício e plebeu, barão e servo, chefe de corporação e companheiro – em suma: opressores e oprimidos sempre se encontraram em constante oposição; eles travaram uma luta sem trégua, ora disfarçada, ora aberta, que a cada vez terminava por uma transformação revolucionária da sociedade inteira ou pela ruína das diversas classes em luta.

A luta das classes é, portanto, o motor da história. Todavia, essa história tem um fim, e a luta entre a burguesia e o proletariado, desembocando na Revolução Socialista, será a luta final. Ela instituirá a *sociedade sem classes*, a sociedade reconciliada, em que a política – que é vontade de uma parte da sociedade de conservar ou de tomar o poder em detrimento do resto da sociedade – desaparecerá.

3.4. Forças, meios e relações de produção: a alienação

As forças e os meios de produção são compostos de homens, de materiais, de máquinas. São eles que permitem a produção de bens.

As relações de produção são o modo como o conjunto funciona em uma determinada sociedade. É a organização do trabalho produtivo sobre o plano social, jurídico, político. Desse modo, no regime capitalista, o operário não é proprietário dos meios de produção (fábrica, máquinas, materiais...) e vende sua força de trabalho (por um salário), sem ter o menor direito de olhar sobre o conjunto do processo de produção, suas finalidades e a colocação no mercado dos bens produzidos. É por isso, por exemplo, que a invenção de novas técnicas, a mecanização, não melhoram as condições de trabalho e de existência da massa trabalhadora e servem exclusivamente para aumentar o lucro dos patrões.

Com efeito, as relações capitalistas de produção acarretam a *alienação* do trabalho e do trabalhador. Este não se encontra em seu trabalho e nos produtos de seu trabalho. O *valor acrescentado* (ou mais-valia) ao material bruto pelo trabalho do proletário é quase inteiramente desviado pelo burguês-patrão-capitalista sob forma de lucro. O salário é reduzido ao mínimo estrito exigido pela sobrevivência e para a reprodução (criação dos filhos) do trabalhador. O trabalho é ainda alienante e alienado porque o operário é tão-somente um elo puramente instrumental e intercambiável da corrente, que não tem qualquer direito nem à informação, nem à decisão.

Segundo Marx, a *propriedade privada* dos meios de produção é a fonte determinante da alienação do trabalho. Esta é grave, porque o homem se define por seu trabalho; ele é um ser de ação e de trabalho. Desse modo, quando o trabalho alienado, *todo* o homem é alienado (literalmente torna-se estranho a si mesmo, à sua essência ou à sua vocação essencial).

3.5. Infra- e super estruturas

> Para mim – nota Marx, opondo-se a Hegel –, inversamente, o ideal é tão-somente o material, traduzido na cabeça humana.

Marx quer pôr novamente o homem – e especialmente o filósofo, o intelectual – sobre os pés. Ele opera uma espécie de revolução copernicana (ou de contra-revolução copernicana, se pensarmos na de Kant): é o espírito ou o sujeito que giram em torno da matéria ou do objeto.

No coração dessa posição jaz a distinção entre *infra-estruturas* ou estruturas materiais, mais precisamente econômicas, e *superestruturas* ou estruturas intelectuais, culturais (simbólicas) da sociedade.

As *infra-estruturas* compreendem as forças, os meios e as relações de produção, ou seja, tudo aquilo que condiciona diretamente a produção dos bens.

As superestruturas compreendem todas as produções simbólicas da sociedade: coletivas e fixas, tais como as instituições políticas, o direito, a religião, a educação; coletivas, porém, mais vagas, tais como as mentalidades, os costumes, a moral; mais individuais, tais como a filosofia e as artes.

Diversos problemas se apresentam:

- Nem tudo nas infra-estruturas é material, pois elas incluem as relações de produção, que constituem a organização fundamental da economia. Essa organização compreende relações de poder instituídas (a propriedade privada, por exemplo).
- A infra-estrutura material inclui fundamentalmente as máquinas, e daí a técnica. Ora, esta implica conhecimentos científicos, cujo progresso acarreta transformações importantes dos meios de produção. Qual é, a partir disso, o estatuto da ciência? Infra – ou super – estrutura? E se ela se demonstra superestrutura, como pode não ser ideológica, não ser "ciência burguesa"?
- Outro problema é o da *articulação* entre infra – e super – estruturas. A idéia dominante de Marx é que as segundas refletem as primeiras, e que esse reflexo é enganador, *ideológico*. A determinação do alto pelo baixo não é, portanto, simples, claramente causal. Trata-se, antes, de um condicionamento cuja amplitude e forma parecem variáveis e imprevisíveis. Por fim, podemos perguntar-nos se alguma ação em retorno da supra para a infra é possível, além da que seria sempre já totalmente determinada pela infra e que fortificaria, portanto, as estruturas de base em uma curva de retroação sempre positiva. Numerosas foram as críticas dirigidas ao marxismo e que consideram que, entre a infra-estrutura e a superestrutura – a economia material e a organização sócio-político-cultural –, existe *interação*, *interdependência*, e não simples determinação de uma pela outra. A mais célebre dessas críticas é a de Max Weber (1864-1920), em *A ética protestante e o espírito do capitalismo* (1905), que mostra a importância decisiva da moral e da religião para a formação do capitalismo moderno.

3.6. Economismo: ciência ou ideologia

3.6.1. *As superestruturas são ideológicas*

O modo de produção da vida material domina em geral o desenvolvimento da vida social, política e intelectual. Não é a consciência dos homens que determina sua existência; ao contrário, é sua existência social que determina sua consciência (*Crítica da economia política, Prólogo*).

Quando uma determinada ciência pretende explicar não só o domínio que lhe é próprio, mas também os domínios ordinariamente considerados por outras ciências ou por outras formas de saber, essa ambição é na maioria das vezes marcada pelo sufixo "ismo", que denuncia tal pretensão como redutiva e totalitária. Considera-se que esse tipo de extrapolação de uma disciplina científica (por exemplo: sociologismo, psicologismo, biologismo etc.) opera apenas sobre a base de analogia, de desconhecimento, de simplificação: ela é *cientificista* e se faz passar abusivamente por científica. A filosofia é, regularmente, o alvo de tais ambições, vindas de diversas ciências que pretendem traduzir, reduzir ou resolver "científica, técnica, objetivamente" as questões colocadas pelos filósofos.

Podemos dizer que Marx, o filósofo crítico do idealismo que ele foi em sua juventude, avançou muito no caminho do cientificismo, por meio da ciência econômica em vez da reflexão e da crítica filosóficas. A economia política pretende então fornecer todas as respostas e relega a filosofia nas superestruturas. Podemos, portanto, a propósito do marxismo, falar de um *economismo*.

Este significa que a análise das infraestruturas econômicas (forças, meios e relações de produção material) permite explicar tudo o mais: a política, o direito, a religião, as artes, a filosofia... A cultura em geral não seria mais que um reflexo da atividade econômica.

Esse economismo comporta a afirmação discutível do condicionamento universal pelas infra-estruturas de superestruturas denunciadas como ideológicas. Explicitemos o seguinte:

- Nenhuma ação em retorno, significativa ou motora, parte das superestruturas para as infra-estruturas. O determinismo é unívoco: é a economia que modela o pensamento e não o contrário.
- As superestruturas são *ideológicas*. Isso quer dizer que as representações e as explicações que os indivíduos e os grupos elaboram em relação à sociedade e seu próprio lugar na sociedade são falsas. A consciência dos indivíduos é determinada pela classe à qual eles pertencem, pelos interesses reais de tal classe, e é, sem o saber, em função destes que eles fazem uma imagem da sociedade em geral e da condição humana. A consciência imediata é, portanto, sempre falseada, enganada e enganadora, mistificada. O conteúdo das artes, das religiões, das filosofias, de todos os aspectos da cultura é ideológico.

3.6.2. *Sobre o estatuto da ciência marxista*

Podemos perguntar-nos: Qual é, nesse contexto, o estatuto da ciência? Marx chega a falar de "ciência burguesa" e denunciar como "ideológicas" as teorias econômicas de sua época. Ao mesmo tempo, entretanto, Marx quer e deve atribuir um lugar à parte às ciências entre as superestruturas, sob o risco de ver sua própria teoria taxada de ideologia, ao passo que ela se pretende científica. Duas observações a esse respeito:

- A ciência que interessa a Marx é a economia. Ela é balbuciante em sua época, atravessada por tensões, dividida por análises e teorizações contraditórias; sua cientificidade é muito mal estabelecida em geral. Em tal contexto, é compreensível que Marx rejeite como ideológicas as análises economistas de seus concorrentes e afirme a cientificidade superior de sua análise.

- A ciência faz parte de superestruturas à medida que ela é concebida como logoteórica, ou seja, lingüística e representacional. Sob esse aspecto, é normal que ela seja mais ou menos ideológica. Tudo aquilo que é técnico ou tecnológico e que faz a ciência moderna concretamente é amplamente relegada por Marx na infraestrutura. Ora, não se pode dizer que uma técnica em si seja ideológica: ou ela funciona ou não funciona. Em contrapartida, é possível *utilizar* uma técnica, colocando-a a serviço de uma ideologia. O pensamento marxista opera dentro de uma dissociação da ciência moderna entre ciência teórica (que se refere à superestrutura) e técnica (que pertence às infra-estruturas). Dada a solidariedade, já no século XIX, entre ciências e técnicas, essa distinção é contestável.

Concluindo, o pensamento marxista se mostra muito ambíguo: vemos mal como o economismo que ele defende escaparia à desqualificação de ser apenas ideológico: a ideologia de uma consciência burguesa infeliz e culpada, procurando o resgate ao anunciar a revolução e a vitória do proletariado. Sem chegar a esse ponto, resta, no entanto, que Marx só pode fundar sua concepção sobre a base de um raciocínio circular: sua análise seria verdadeira porque ele é a *expressão*, a *tomada de consciência* do momento histórico, cuja força e futuro residem no proletariado. *Mas é, ao mesmo tempo*, essa análise que descreve *desse modo* o momento histórico e que *põe*, ao mesmo tempo, as bases "por assim dizer, objetivas", que a justificam.

Não devemos perder de vista a enorme ambição do pensamento marxista: ele pretende não só analisar a sociedade industrial, mas ainda interpretar o sentido desta em função do sentido geral da história da humanidade. E ela pretende realizar essas análises de modo rigoroso, científico, ou seja, não expressando profecias, mas realizando *predições*, sobre a base do conhecimento objetivo das leis da história e da estrutura da sociedade. Compreendemos por que essa filosofia pôde tornar-se uma espécie de religião, apoiando-se sobre um cientificismo (economismo): ela se apresenta como segura, definitiva, incontestável e totalitária, escatológica, global. Anuncia a salvação e dá os meios da salvação, tudo "cientificamente". O resultado é que o "intelectual", conforme o coração de Marx, é necessariamente um revolucionário, e que a verdadeira teoria desemboca na práxis. Essa foi a miragem de todos os intelectuais que nisso creram.

3.7. A escatologia marxista

3.7.1. *A Revolução: em direção à Sociedade sem classes*

A Revolução é inevitável por causa das contradições do capitalismo, cuja tensão crescente levará, necessariamente, à autodestruição. A revolução não tem como finalidade levar ao poder uma classe em lugar de outra (como foi o caso em todas as revoluções não finais no decorrer da história da humanidade). Ela visa a instaurar a *Sociedade sem classes*, desprovida de opressão política, passando por uma fase transitória, que seria a ditadura do proletariado. Vemos aparecer em Marx a teoria do *fim do político*, ou seja, do desaparecimento do *poder*, concebido como opressão de uma classe por uma outra no seio de uma sociedade estruturada em função de tal subordinação e cujo instrumento maior é o Estado.

> Quando (...) os antagonismos de classes tiverem desaparecido e toda a produção for concentrada entre as mãos dos indivíduos associados, o poder público perderá seu caráter político. O poder político, no sentido estrito do termo, é o poder organizado de uma classe por meio da opressão de uma outra (*Manifesto do partido comunista*).

O fim do político coincide com o fim da história.

3.7.2. *O Fim da História e a Humanidade realizada*

Se a luta de classes é o motor da história, a extinção dessa luta significa o fim da história no duplo sentido de acabamento e de finalidade. É difícil precisar o conteúdo desse término que constitui a escatologia marxista sob a forma de uma utopia social estendida ao conjunto da Humanidade. A utopia é, com efeito, inconcebível a partir de uma situação que está longe de coincidir com ela, embora cronologicamente a vida da utopia (depois da Revolução) não esteja muito distante. Podemos, no máximo, oferecer algumas indicações, sem nos preocuparmos demasiadamente em precisá-las:

- *desalienação*: a humanidade será emancipada de todas as limitações naturais (natureza dominada e humanizada) e sociais (econômicas, políticas). Cada indivíduo se reencontrará em suas obras, frutos de um trabalho criador e livre;
- *universalidade*: em uma sociedade sem classes, a oposição entre os interesses particulares e o interesse de todos terá desaparecido; cada indivíduo realizará em si a essência universal da humanidade: ele será um "ser genérico";
- *totalidade*: cada indivíduo poderá atualizar plenamente todas as suas potencialidades, ou seja, todas as potencialidades humanas de fruição e de criação, da vida natural à vida cultural; os indivíduos não serão mais artificialmente especializados, unidimensionados, como no trabalho dividido do regime capitalista.

O texto mais geralmente citado a respeito da utopia marxista é extraído de *A ideologia alemã*:

> Na sociedade comunista, na qual cada um não tem uma esfera exclusiva de atividade, mas pode aperfeiçoar-se no ramo que

lhe agrada, a sociedade regulamenta a produção geral e me torna possível fazer hoje tal coisa, amanhã outra, caçar de manhã, pescar à tarde, praticar a criação [de animais] ao entardecer, fazer crítica depois da refeição, a meu grado, sem que eu jamais me torne caçador, pescador ou crítico.

Na realidade, Marx não se aventurou muito no perigoso exercício de uma representação da Utopia e, portanto, não devemos levar muito a sério essa breve evocação, que faz pensar no romance pastoral dos séculos XVI e XVII, contando os idílios de pastores ilustrados.

4. Contribuições muito atuais

As contribuições do pensamento de Marx não só em relação à filosofia, mas, de modo mais geral, à civilização e à história do século XX são muito consideráveis. Retomemos, à guisa de conclusão, alguns traços salientes.

• Uma filosofia do sentido da história

Essa filosofia implica:

– uma focalização sobre o desenvolvimento temporal e não sobre o ser eterno;
– uma tendência a identificar o tempo filosoficamente interessante apenas à história da humanidade. Embora materialista, o pensamento marxista não dá muita atenção à pré-história da vida, à evolução biológica. Encontramos no marxismo, entretanto, tentativas de elaborar uma filosofia da natureza em conformidade com as regras do pensamento dialético (Engels). Tal "ciência dialética" da natureza se revelou concretamente indefensável;
– uma escatologia, ou seja, a crença em fins últimos da história humana.

• Uma filosofia da utopia realizada por meios humanos

A realização escatológica da história da humanidade depende desta última. Em todos os casos, a Sociedade sem classes, ainda que um determinismo histórico pareça dever levar a isso, não será instituída por meio de uma intervenção divina transcendente, como a Cidade de Deus cristã no Fim dos Tempos. A utopia está no término da Revolução, e os homens é que a farão. Isso não impede que a utopia marxista se situe entre a construção artificial devida apenas à vontade e ação dos homens e a produção histórica gerada pela orientação imanente à História.

A dimensão utópica também se acha estreitamente ligada às duas características seguintes:

• O sociocentrismo e a filosofia política

O pensamento de Marx é sociocentrado: o conhecimento e a transformação da Sociedade concentram toda a sua atenção e toda a sua esperança. No século XIX, a Sociedade e sua evolução histórica tendem a se impor como o novo referido, o novo absoluto em torno do qual gravita o pensamento filosófico. Não são mais nem a Natureza, nem a Eternidade, nem Deus, nem o Sujeito ou a Razão, nem sequer o Conhecimento que aí focalizam a atenção. Esse sociocentrismo crítico e normativo é, ao mesmo tempo, a expressão do devir político da filosofia, começado no século XVIII e que continuou ao longo dos séculos XIX e XX.

• Uma filosofia da técnica

Embora não utilize muito esse termo, *a técnica* (sob os apelativos de "forças e meios de produção") é onipresente na análise de Marx. Toda a sociedade e seu futuro dependem das máquinas, do trabalho e de sua organização. Além disso, é do desenvolvimento da técnica que Marx espera a dominação sobre a Natureza e a humanização desta, sua exploração a serviço da humanidade, sua transformação em um Éden de abundância. Alguns intérpretes (K. Axelos, *Marx, pensador da técnica*)[8] afirmaram até que é concretamente do desenvolvimento completo da técnica que Marx espera a realização da História, muito mais do que da Revolução. Esta iria estabelecer apenas as condições do bom uso das máquinas e do trabalho. Máquinas e trabalho são, portanto, total e positivamente valorizados: a técnica é boa se não for desviada de seu potencial libertador por uma sociedade alienada. Nesse sentido, Marx se situa no prolongamento do pensamento de Bacon, e mais geralmente utópico e prometéico.

O reconhecimento da técnica por Marx constitui não só uma novidade filosófica muito importante, mas também um dos principais pontos de interesse atuais de seu pensamento. No século XX, a dimensão utópica tecnicista da filosofia de inspiração marxista foi desenvolvida por Ernst Bloch em *O princípio "esperança"* (1959)[9] e criticado por Hans Jonas em *O princípio "responsabilidade"* (1979).[10]

Contudo, recordemos que, ao dissociar "ciência" e "técnica", Marx reconhece mal a natureza da ciência moderna e da tecnociência contemporânea.

---

[8] *Marx, penseur de la technique*. Paris, Union générale d'éditions (Le monde en 10/18, p. 840-841), 1974.

[9] *Le Principe "Espérance"*. Trad. de F. Wuilmart. Paris, Gallimard (Bibliothèque de philosophie), 1976-1991.

[10] *Le Principe "Responsabilité"*. Trad. de J. Greisch. Paris, Éd. du Cerf (Passages), 1990.

• O primado da práxis sobre a teoria

A tradição filosófica dominante é fundamentalmente logo-teórica e idealista: isso implica certa definição do ser humano e a valorização de certo tipo de vida: o ideal da contemplação ou ao menos da aquisição de um saber total e essencial, quadro fiel (verdadeiro) da Realidade e disponível sob forma de Tratado ou de Livro. Tal atitude desvia do devir, do concreto, da ação. Até o materialismo, à medida que permanece uma concepção teórica, é, nesse sentido, "idealista". É com essa tradição e, portanto, de certo modo, com a própria filosofia, que Marx quer romper, afirmando o caráter *ideológico* da filosofia e de seus valores e convidando antes a agir do que a pensar, a transformar o mundo em vez de apenas interpretá-lo. Desse modo, a filosofia só tem sentido em função de uma práxis: ela não é mais um quadro estático e definitivo de um real imutável, mas um plano, com uma representação normativa, que permite orientar a ação, dirigir a intervenção dos homens no real histórico, em devir e modificável. Tal seria o sentido da filosofia do próprio Marx: uma Teoria em vista da Práxis (que culmina na Revolução).

• Os pensamentos da suspeita

A suspeita dirigida contra a filosofia é um fenômeno típico do fim do século XIX, que se prolongará e se intensificará no século XX. Está ligado ao desenvolvimento das ciências humanas. Suspeita-se que a compreensão e a consciência mais ou menos imediatas (introspecção, reflexão espontânea) que o homem tem de si mesmo (enquanto indivíduo e enquanto membro de uma sociedade) sejam mistificadas, errôneas e enganadoras. A verdade sobre o indivíduo e sobre a sociedade (a verdade sobre o homem) é acessível apenas ao cabo de uma interpretação ou de uma análise laboriosa, semelhante a uma decifração, uma decodificação daquilo que aparece à primeira vista (os sinais, sintomas etc.) e que é tanto dissimulador como revelador. Essa abordagem vai culminar naquilo que se refere à relação do indivíduo consigo mesmo, com a criação da psicanálise, por Freud. No que se refere a Marx, é primeiro da sociedade que se trata. A realidade social seria, na maioria dos indivíduos, amplamente *inconsciente*: nela haveria todo um inconsciente econômico, político e social. A mistificação ideológica não é, na maioria das vezes, nem desejada nem reconhecida como tal, ou seja, como ilusão destinada a enganar, por aqueles que a mantêm em seu proveito (os burgueses) ou em seu detrimento (os trabalhadores). Portanto, o modo como a realidade histórica se reflete nas consciências deve ser criticado, desmascarado. O reflexo ideológico é tão-somente um conjunto de sintomas. É preciso uma análise *científica* (econômica, política, método dialético) da realidade social e histórica para fazer aparecer suas verdadeiras engrenagens e para se dar os meios (o conhecimento adequado), a fim de agir e de transformar eficazmente a sociedade.

Nessa perspectiva, houve uma série de *encontros*, mais ou menos fecundos, entre a *psicanálise e o marxismo* no século XX. As duas abordagens até mudaram certo vocabulário: alienação, ideologia como solidária de uma repressão da realidade econômica, sintoma, inconsciente social e econômico etc. Elas foram ilustradas principalmente pelo psicanalista Wilhelm Reich e pelo filósofo Herbert Marcuse.

LEITURAS SUGERIDAS

AXELOS K. (1974), *Marx, penseur de la technique*. Paris, Union générale d'éditions (Le monde en 10/18, 840-841).

BALIBAR E. (1993), *La philosophie de Marx*. Paris, La Découverte (Repères 124).

BRUHAT J. (1983), *Marx et Engels*. Paris, Complexe (Le temps et les hommes 13).

D'HONDT J. (1972), *De Hegel à Marx*. Paris, PUF (Bibliothèque de philosophie contemporaine).

ELLENSTEIN J. (1981), *Marx, sa vie, son oeuvre*. Paris, Fayard.

FOUGEYROLLAS P. (1985), *Marx*. Paris, PUF (Que sais-je? 2265).

LAVALLARD M.-H. (1982), *La philosophie marxiste*. Paris, Scanéditions-Éditions sociales.

LEFEBVRE H. (1990), *Le marxisme*. Paris, PUF (Que sais-je? 300).

LEFEBVRE H. (1990), *Le matérialisme dialectique*. Paris, PUF (Quadrige 122).

Capítulo VIII

O positivismo
e a corrente utilitarista

1. Na França: o positivismo de Auguste Comte

- As fontes saint-simonianas do positivismo.
- As características do espírito positivista.
- A sociologia, ciência-filosofia suprema.
- A religião da Humanidade e os três estágios de sua evolução.

PALAVRAS-CHAVE

• cientificismo • consensualismo • descritivismo • empirismo • estatismo • fato • Grande Ser • Humanidade • Indústria • lei dos três estágios • nominalismo • positivismo • religião • socialismo • sociedade • sociocentrismo • sociologia • sociologismo

Nascido em Montpellier, Auguste Comte (1798-1857) foi aluno da École Polytechnique em Paris, onde teve também, em seguida, atividades de ensino. Sua formação é, portanto, muito mais tecnocientífica do que filosófica.

Ele foi, por outro lado, durante sete anos, secretário do conde Henri de Saint-Simon. A maneira como ele articulará a ciência e a sociedade deve muito a essa colaboração: em 1822, ele redige, a convite de Saint-Simon, o *Plano dos trabalhos científicos necessários para reorganizar a sociedade.*

1.1. Saint-Simon e a sociedade industrial científica

Saint-Simon (1760-1825) está na França, com Charles Fourier (1772-1837) e Pierre Joseph Proudhon (1809-1865) principalmente, um dos promotores do pensamento socialista nascente no início do século XIX. Ele será criticado por Marx como *utópico*, embora anuncie já muito claramente uma série de temas e de valores que Marx desenvolverá.

Uma fonte importante das diferenças entre esse primeiro pensamento socialista e o de Marx se deve ao fato de que este refletirá a partir da sociedade industrial (a Revolução industrial na Inglaterra, principalmente) e de seus males, ao passo que aquele denuncia os abusos da sociedade aristocrática pré-industrial e se entusiasma pelos progressos da industrialização.

Tal é, por exemplo, o sentido do apólogo de *O organizador* (1819), em que Saint-Simon critica os "zangões" (aristocratas, arrendadores, ociosos) que lucram abusivamente do mel produzido pelas "abelhas" (trabalhadores, empresários, produtores). Ele aí declara que, se a sociedade francesa fosse privada do essencial de sua aristocracia (incluindo a família real), a amputação não teria grande conseqüência. Em contrapartida, o desaparecimento dos principais intelectuais, banqueiros, negociantes, operários, cultivadores etc. seria catastrófico para a França. Essa audácia – tanto mais escandalosa por emanar de um nobre de elevada posição – lhe valeu ser citado como réu no Tribunal.

Vemos que a linha divisória não passa entre os burgueses proprietários, patrões de empresa, de um lado, e os operários proletários do outro, mas entre os ociosos não-produtores (nobreza, arrendadores, clero) e todos os outros, incluindo os chefes de empresa e os banqueiros, que têm um papel motor a desempenhar na vinda da sociedade industrial de produção.

A grande idéia de Saint-Simon (cf. *Do sistema industrial* [1821][1] e *Catecismo dos industriais* [1823-1824][2]) é que a revolução política (de

---

[1] *Du système industriel*. Em *Oeuvres*. Paris, Anthropos, 1966.
[2] *Cathéchisme des industriels*. Em *Oeuvres*. Paris, Anthropos, 1966.

O positivismo e a corrente utilitarista

1789) não é determinante. Mais importante é a revolução industrial (modelo inglês): a organização política deve ser pensada a serviço da industrialização e do desenvolvimento econômico, ou seja, do trabalho produtivo e socialmente útil.

Para isso, é preciso que a sociedade seja cientificamente organizada em função da produção e que o governo seja atribuído mais aos intelectuais, aos empreendedores e aos engenheiros. Saint-Simon procura constituir uma ciência da sociedade, uma ciência social. Outras idéias anunciam as de A. Comte: a era de ouro da humanidade está adiante, não atrás dela, deve ser produzida por ela; a sociedade industrial e científica é pacífica e prospectivamente universal, mundial; ela associa os homens na exploração comum da natureza em vista de humanizar a Terra; ela espera dos artistas que cantem, como arautos, a nova era em que uma nova religião de amor entre todos os homens – religião inspirada pelo catolicismo, mas amplamente laicizada – viria consolidar.

O saint-simonismo se constituiu como uma escola e um movimento que sobreviveu ao desaparecimento de seu promotor. Seus partidários tiveram, no decorrer do século XIX, uma influência real sobre o plano econômico, principalmente no desenvolvimento da estrada de ferro e na instituição de meios de créditos que permitam financiar empreendimentos produtivos. Esses seguidores de Saint-Simon desejavam, por outro lado, a criação de um banco nacional de crédito e de investimento que concedesse um financiamento para projetos econômica e socialmente produtivos. Percebemos aqui, de modo nascente, a idéia de uma nacionalização e de uma estatização da economia, associadas a uma planificação socialista, concebida como científica.

1.2. O positivismo

Dois aspectos dominam o pensamento de Comte: de um lado, o *positivismo propriamente dito*, ou seja, certa concepção e valorização das ciências empíricas e matemáticas, capitais para a humanidade;

do outro, um *sociocentrismo* ou até um *antropocentrismo*, que põe a Sociedade, presumivelmente extensa a toda a humanidade, como o sujeito último do pensamento, do saber e da ação. A Sociedade ou a Humanidade toma, assim, de certo modo, o lugar de Deus e pode tornar-se o objeto de um culto, de uma religião.

Esses dois aspectos do comtismo se articulam em torno de dois livros principais:

– *Cours de philosophie positive* (*Curso de filosofia positiva*) (6 vols. de conferências: 1830-1842).[3]

– *Système de politique positive ou Traité de sociologie instituant la religion de l'humanité* (*Sistema de política positiva ou Tratado de sociologia que institui a religião da humanidade*) (4 vols.: 1851-1854).[4]

O *positivismo stricto sensu* corresponde ao espírito da ciência moderna, tal como era celebrado no século XIX. É por isso que a qualificação de "positivista", ainda que não tomada de modo não pejorativo, tende freqüentemente a conotar certa limitação, estreiteza de perspectiva, até uma falta de imaginação.

O positivismo valoriza as ciências cujo estado de desenvolvimento (a metodologia) teria alcançado o estágio positivo: as matemáticas e a física; em um grau claramente menor, a química e a biologia; a sociologia ou "física social", enfim, que Comte contribui para elaborar. Com efeito, as características do espírito positivista são as características das ciências da natureza mais desenvolvidas no início do século XIX. São elas:

- *o empirismo*: a experiência, a observação dos fenômenos intersubjetivamente controláveis – cada um pode fazer

---

[3] Paris, Hermann, 1990.

[4] Paris, Zeller, 1967.

as mesmas observações – são fonte de conhecimentos objetivos. O empirismo constitui uma atitude científica relativamente passiva, moderadamente aberta ao *experimentalismo*, ou seja, à invenção, provocação, construção de experiências que supõem uma interação forte, geralmente mediada de modo técnico, com a natureza;

• *o descritivismo*: o saber positivo é basicamente passível de constatação: uma lei natural não é mais que a fórmula geral de uma regularidade natural, a observação que permite constatar que até aqui um acontecimento ou um fato de tipo *y* segue sempre um acontecimento ou fato de tipo *x*. A ciência positivista pretende não tanto *explicar* os fenômenos naturais (o que implica o recurso à noção discutível de "causa"), e sim *descrevê-los*;

• *o preconceito antimetafísico*: a formulação nomológica (o enunciado sob a forma de leis) de regularidades fenomenais não ultrapassa a hipótese prudente a respeito daquilo que é observável. Ela não deixa intervir noções metafísicas em relação à natureza profunda das coisas, as substâncias "por trás" dos fenômenos ou fatos observáveis, nem sequer a noção de causalidade. Nesse sentido, Comte está bem próximo de Hume, do qual não condivide, entretanto, o ceticismo geral. O positivismo é *nominalista*, pois rejeita a hipóstase de abstrações ou de entidades não observáveis empiricamente;

• *o relativismo*: não podemos extrapolar (ou então com grande prudência e por hipótese) nem, principalmente, absolutizar. Nada permite afirmar que as regularidades naturais constatadas até aqui serão verificadas no futuro nem que as leis astronômicas enunciadas a partir da observação do sistema solar serão válidas para além dele;

- *o pragmatismo*: "Saber para poder, a fim de prover" (*Curso de filosofia positiva*), foi a divisa do positivismo. O valor do saber científico, positivo, deve-se, portanto, à sua eficácia e utilidade social. As "crenças científicas", ainda que não sejam mais verdadeiras, absolutamente falando, que as outras (no sentido de uma conformidade com a natureza profunda das coisas), são, no momento, as melhores para aquilo que se refere à sobrevivência e à organização da vida dos homens em sociedade;
- *o consensualismo*: a organização social e a melhoria das condições de existência exigem a paz. Ora, as ciências que chegaram ao estado positivo se caracterizam por um método não violento para regular os conflitos de opiniões que, na mentalidade religiosa e metafísica (filosófica pré-positivista), são intermináveis ou marcadas de modo dogmático, até fisicamente violento. O espírito positivo permite regular os conflitos de modo pacífico e consensual para todos aqueles que aceitam submeter-se à regra da observação empírica, objetiva, ou seja, repetível e compartilhável. É a constatação dos *fatos* que deve pôr fim às discussões, e não a lei do mais forte ou do mais hábil. Esse consensualismo pacífico é um modelo para regular os conflitos entre os seres humanos, sejam eles quais forem;
- *o estatismo*: este é mitigado e se refere principalmente às ciências que chegaram ao estado positivo, para as quais Comte não espera mais nenhuma revolução. Tais ciências se contentam, portanto, em crescer ou precisar um corpo de leis cujo essencial já foi adquirido. Todas as profundas transformações futuras em matemática, em lógica ou em física encontram-se, portanto, fora da perspectiva do positivismo. Sua concepção da ciência positiva é fechada, doutrinal: ela não pede mais que estar sistematicamente exposta em um tratado enciclo-

O positivismo e a corrente utilitarista

pédico. Apenas algumas ciências – tais como a biologia ou sociologia – devem ainda evoluir de modo apreciável para o estado positivo, que é o estado maior ou adulto final.

1.3. Da sociologia à religião da humanidade

Saint-Simon subordinava o progresso e a prosperidade da sociedade aos desenvolvimentos da indústria e da ciência. Esse espírito está presente, em certa medida, no pensamento comtiano, que salienta igualmente a utilidade da ciência para a sociedade e a põe a serviço desta. Mas Comte permanece sobre um plano mais teórico, que acentua menos a indústria e, portanto, as dimensões técnicas e práticas, econômicas também, da ciência.

1.3.1. *Sociologia e sociocentrismo*

Comte põe muita esperança no desenvolvimento da última das ciências positivas, ou seja, a ciência da sociedade, da qual ele forja o nome: a *sociologia*. Todavia, ele fala mais comumente de "física social".

A sociedade, fonte de todo saber, é capaz de tomar a si mesma como objeto de conhecimento e de tirar, desse conhecimento sociológico, indicações objetivas para sua própria organização, seu autocontrole e seu autodesenvolvimento. Como a experimentação sobre a sociedade nem sempre é possível, o conhecimento da *história* é indispensável. Ela oferece como que um repertório de experiências disponíveis de onde podemos deduzir leis e elementos de comparação, em vista de reformas sociais e políticas. A sociologia poderá, desse modo, tornar-se o instrumento de organização de uma sociedade pacífica e produtiva de melhoria do bem-estar. Essa introdução central da *sociedade*, enquanto tema maior da filosofia, é a expressão de um *sociocentrismo* que tomará cada vez mais importância nos séculos XIX e XX. Conforme já salientamos, nem Deus, nem a Natureza, nem o Homem, nem a Razão, nem sequer a Ciência são o centro, a origem e a finalidade última do pensamento, mas a Sociedade, cuja extensão se confunde, diretamente, com a Humanidade, a ponto de se unificar.

Como a sociedade é a totalidade global, de onde tudo parte e para a qual tudo se dirige, a sociologia se apresenta não só como o saber superior, mas ainda como a sucessora da filosofia, que tende a nela se reabsorver. Tornando-se positiva, a filosofia tenderia a se confundir, do ponto de vista do *método*, com o espírito positivista e, do ponto de vista do *conteúdo*, com o conjunto dos saberes positivos sob o primado da sociologia. Esta é o saber último que a humanidade adquire a respeito de si mesma, conforme a lei de sua evolução histórica, cujo ponto terminal é precisamente a constituição do saber positivo total e a organização positiva da Sociedade-Humanidade, fonte e fim do saber.

Assim como Marx, com a economia política, Comte atribui à sociologia uma ambição totalizante. A crítica dirigida contra o excesso *cientificista* – freqüente no século XIX – vale para esse sociologismo, assim como para o economismo de Marx.

1.3.2. O culto do Grande Ser

Todavia, o homem não é um ser de puro conhecimento, de observação exclusivamente neutra e metódica. Ele é também um ser de afeição, de sensibilidade e de amor. Isso é testemunhado pela própria existência de Auguste Comte, cuja evolução moral e intelectual deve muito ao amor que concebeu por Clotilde de Vaux e ao qual permaneceu fiel, para muito além da morte de sua inspiradora.

A sede de amor e de adoração e a necessidade de fraternidade e de solidariedade, que caracterizam também a humanidade e que permitem uma ligação social (um "manter-se junto") mais forte, talvez, que qualquer organização institucional técnica, devem encontrar sua expressão em uma "religião" ("religare": religar) apropriada à modernidade positivista. Comte se afirma, assim, como o arauto de uma nova religião que, em uma época pós-teológica, gravitará necessariamente em torno do novo absoluto: a Sociedade ou a própria Humanidade.

O positivismo e a corrente utilitarista

Tal é o novo *Grande Ser* que é, diferentemente dos indivíduos, imortal. Esse Grande Ser une todos os homens passados, presentes e futuros, e mais particularmente todos aqueles que trabalharam pela evolução da humanidade, para seu aperfeiçoamento e para a chegada da ordem positivista. Comte atribuía muita importância ao desenvolvimento dessa nova religião, parcialmente calcada sobre o catolicismo, e ele próprio se imaginava pregando a religião do Grande Ser em Notre-Dame de Paris antes de sua morte. Os intelectuais seriam seus sacerdotes e o calendário positivista previa imortalizar o nome de grandes homens, benfeitores da humanidade. Capelas positivistas apareceram, então, menos na França, todavia, do que no estrangeiro. A Igreja positivista, com seus templos, desempenhou até um papel histórico na independência do Brasil que, em sua bandeira, retomou a divisa do positivismo:

"Ordem e Progresso".

1.4. A dimensão temporal

Uma das teses mais conhecidas do positivismo é a *lei dos três estágios*, segundo a qual a humanidade passou por três fases principais: teológica, metafísica e positiva. Trata-se de três modos fundamentais de ser-no-mundo.

Na *fase teológica* (que inclui tanto o animismo e o fetichismo como as religiões politeístas e monoteístas), o homem explica os fenômenos invocando entidades e forças zoomórficas ou antropomórficas, inteiramente fictícias e imaginárias.

Na *fase metafísica*, o homem apela a abstrações que hipostasia, tais como as noções de alma (substância espiritual) ou de causa final (força que age, mas que é invisível). Essa fase é uma etapa intermediária, que situa a filosofia como um estado instável, transitório e em tensão, entre a religião e a ciência.

Os estágios teológico e metafísico se caracterizam não só pelo caráter irracional de sua descrição da natureza, mas também pela divisão, pelos conflitos, pelas polêmicas e pelas guerras. São desprovidos de qualquer universalidade efetiva, na direção da qual, entretanto, a teologia e a metafísica tendem.

A *fase positivista* apresenta as características do positivismo que descrevemos acima. Ela é a fase final da evolução. Sua instauração universal está em curso, e Comte é seu principal teórico.

A lei dos três estágios se aplica também no detalhe, à evolução do indivíduo, por exemplo, desde a infância mágica até o espírito positivo do adulto. Ela vale para todos os aspectos da sociedade e, particularmente, para todas as ciências. Mas estas não evoluem no mesmo ritmo: apenas a física e as matemáticas efetivamente alcançaram o estágio positivo.

É preciso, entretanto, temperar essa perspectiva evolucionista e historicista do positivismo. Ela não é, de modo algum, uma história dialética, apesar de seu ritmo ternário, porque a segunda etapa não é a antítese da primeira e a terceira não constitui de modo algum uma síntese.

Na verdade, essa evolução se funda sobre um profundo *estatismo*: a natureza humana é imutável. Ela apresenta uma fixidez biológica inscrita, principalmente, na estrutura do cérebro. Desse modo, o homem é em parte afetivo (os sentimentos egoístas e altruístas estão localizados junto a centros motores que fazem agir) e em parte racional (a inteligência está situada junto a centros de percepção). A história ou a evolução em nada modificam essa organização biofísica, mas permitem apenas reforçar pelo uso, pela educação e pela organização social, alguns sentimentos (altruístas) e algumas faculdades (a observação, a razão, por exemplo).

A evolução não é, entretanto, menos real, e ela se expressa por transformações profundas da sociedade e dos papéis que ela valoriza. Desse modo, a sociedade teológica era militar e guerreira. Na sociedade positivista, o único combate que permanece sensato é dirigido contra a natureza, em vista de sua exploração em benefício da humanidade. Tal sociedade é industrial e nela os empreendedores tomam o lugar dos guerreiros, ao passo que os intelectuais ocupam o dos sacerdotes.

Leituras Sugeridas

Ansart P. (1970), *Sociologie de Saint-Simon*. Paris, PUF (Le sociologue 20).
Aron R. (1987), *Les étapes de la pensée sociologique*. Paris, Gallimard (Tel 8).
Gouhier H. (1970), *La jeunesse d'A. Comte et la formation du positivisme*. Paris, Vrin (Bibliothèque d'histoire de la philosophie).
Kremer-Marietti A. (1982), *Le positivisme*. Paris, PUF (Que sais-je? 2034).
Lacroix J. (1961), *La sociologie d'A. Comte*. Paris, PUF (Initiation philosophique 21).
Macherey P. (1989), *Comte, la philosophie et les sciences*. Paris, PUF (Philosophies).
Muglioni G. (1995), *Auguste Comte. Un philosophe pour notre temps*. Paris, Kinné (Philosophie, épistémologie).

2. A corrente utilitarista inglesa

- Uma tradição empirista bem inglesa.
- Calcular a maior felicidade para o maior número.
- Uma moral da responsabilidade.
- Individualismo liberal e progressismo social.
- Uma subestima lamentável da importância do utilitarismo.

PALAVRAS-CHAVE

• antropocentrismo • cálculo utilitarista • cognitivismo • comunidade moral • conseqüencialismo • democracia • economia política • empirismo • esfera privada • Estado • eudemonismo • hedonismo • interesse • liberalismo • liberdades individuais • malthusianismo • materialismo • moral da convicção • moral da intenção • moral da responsabilidade • moral deontológica ou do dever • prazer • princípio de utilidade • responsabilidade • sofrimento • utilitarismo

O utilitarismo encarna, ainda hoje, a tradição de filosofia moral tipicamente anglo-saxônica. Aparecido no século XVIII, ele se desenvolveu e foi sistematizado no século XIX. O utilitarismo clássico é principalmente obra de três pensadores:

- Jeremy Bentham (1748-1832):
  - *An Introduction to the Principles of Morals and Legislation* (1789).[5]
- John Stuart Mill (1806-1873):
  - *On Liberty* (1859) (*Sobre a Liberdade*).[6]
  - *Utilitarianism* (1861) (*O utilitarismo*).[7]

  A obra de Mill é igualmente importante no domínio da lógica e da epistemologia:
  - *A System of Logic* (1843) (*Sistema de lógica dedutiva e indutiva: exposição dos princípios da prova e dos métodos de pesquisa científica*).[8]
- Henry Sidgwick (1838-1900):
  - *The methods of Ethics* (1874).[9]

Nossa apresentação do utilitarismo, por ser geral e temática, entrará apenas ocasionalmente no detalhe daquilo que distingue esses autores, especialmente os dois primeiros. Bentham foi, antes do mais, um jurista. É por meio de seu pai, James Mill, discípulo e amigo de Bentham, que John Stuart foi, com idade precoce, iniciado no pensamento utilitarista, muito inovador na época.

---

[5] Buffalo, N.Y., Prometheus Books, 1988.

[6] *De la Liberté*. Trad. de L. Lenglet. Paris, Gallimard (Folio essais 142), 1990.

[7] *L'utilitarisme*. Trad. de G. Tanesse. Paris, Flammarion (Champs 201), 1988.

[8] *Système de logique déductive et inductive: exposé des principes de la preuve et des méthodes de recherche scientifique*. Trad. de L. Peisse. Paris, P. Mardaga (Philosophie et langage), 1988.

[9] Indianapolis, Hackett Pub. Co., 1981.

2.1. Para situar a corrente utilitarista

O utilitarismo se inscreve na grande tradição do empirismo inglês, tanto do ponto de vista da concepção do mundo e da teoria do conhecimento quanto do interesse crítico em relação ao político. Ele foi igualmente muito influenciado pelo materialismo das Luzes, especialmente por Helvétius.

A orientação empirista e experimentalista dos utilitaristas os leva a querer colocar na base da organização da sociedade (de suas instituições e suas leis) um saber científico adquirido *a posteriori* e progressivamente. Eles denunciam a organização e as concepções sociopolíticas tradicionais, que justificam o direito, as leis e, principalmente, os poderes e os privilégios de um modo *simbólico*, por relatos míticos, especulações metafísicas ou crenças irracionais diversas, relativas ao caráter *sagrado* de certas pessoas, coisas ou costumes. Bentham seguiu, desse modo, a tradição nominalista de crítica da linguagem, criadora de ficções julgadas mais reais que as realidades materiais, ilustrada anteriormente por F. Bacon, J. Locke e D. Hume.

O utilitarismo só pode ser compreendido em ligação com o desenvolvimento do *pensamento economista*, que se desenvolveu na França e mais ainda na Inglaterra, desde a segunda metade do século XVIII e no início do século XIX (Adam Smith, David Ricardo). A economia política, então nascente, é uma das fontes mais importantes do pensamento moderno e contemporâneo. É nela que se desenvolve uma reflexão sistemática e empiricamente consolidada em referência ao modo de organizar materialmente a sociedade em vista da produção mais eficaz de bens em grande número. Essa reflexão é provida de considerações, mais ou menos extensas, sobre questões de bem-estar e de justiça social. O pensamento econômico contribui para colocar em foco as noções de necessidades (naturais e artificiais), de utilidade (valor de uso e valor de troca), de interesse (individual e coletivo), de liberdade (livre-troca interna e internacional). Ela levanta a questão central da articulação do interesse e do bem-estar coletivos ou gerais de um lado, e do interesse e da felicidade individuais, do outro. A economia liberal, que aparece principalmente em Adam Smith (*An Enquiry into the nature and causes of the wealth of nations*),[10] não vê nenhuma contradição entre esses interesses, com a condição de deixar livre jogo para a oferta e a procura em um mercado sem entraves. Os utilitaristas considerarão, entretanto, que "a mão invisível" (que "arranja" as coisas espontaneamente no interesse de todos, tendo o mercado livre como "auto-regulador") exige ser assistida por uma organização e intervenções políticas e jurídicas apropriadas, se quisermos que o interesse particular se reúna com o interesse geral. Eles serão igualmente favoráveis a uma política inspirada pelas idéias de Thomas Robert Malthus, economista e pastor anglicano, autor do *Ensaio sobre o princípio de população* (1798),[11] que preconizava a limitação de natalidade, particularmente entre as classes pobres, a fim de evitar qualquer desequilíbrio importante (e principalmente crescente) entre a capacidade de produção da nação e a demanda de sua população. O malthusianismo vê na superpopulação a causa maior da miséria.

2.2. Uma finalidade hedonista e eudemonista

O eudemonismo é a concepção moral que considera que a finalidade da existência humana é a felicidade e que a ação deve a esta visar; o hedonismo identifica a felicidade com a fruição de prazeres, em geral, sensíveis. O utilitarismo pertence sem dúvida a essa tradição que remonta à antiguidade.

---

[10] *Enquête sur la nature et les causes de la richesse des nations.* Trad. de P. Taieb. Paris, PUF (Pratiques théoriques), 1995.

[11] *Essai sur le principe de population.* Trad. de P. e G. Prevost. Paris, Garnier-Flammarion (Texto integral, 708, 722), 1992.

O positivismo e a corrente utilitarista

> A natureza colocou a humanidade sob a autoridade de dois senhores soberanos, *a dor* e *o prazer*. Apenas eles indicam o que devemos fazer e determinam o que faremos. (...) O *princípio de utilidade* reconhece tal sujeição e a coloca como fundamento do sistema cuja finalidade é construir a fábrica da felicidade por meio da razão e da lei.

Desse modo começa o *Tratado de legislação civil e penal* de J. Bentham. Este precisa bem que, apesar de certas aparências, o princípio de utilidade governa toda a existência humana e que pode ser descartado apenas verbalmente. O ascetismo é um exemplo disso. Sua rejeição do prazer procede da experiência de que *alguns* prazeres podem acarretar sofrimentos. Disso se deduziu, erradamente, que o prazer é mau em geral, em vez de proceder a uma escolha racional. Definitivamente, porém, é ainda o sofrimento (ou sofrimentos maiores) que a prática do ascetismo procura enganar.

O princípio de utilidade é, portanto, *universal*. Sua finalidade é dupla: diminuir a dor e aumentar o prazer. Ele funciona como um critério da vida moral: permite avaliar cada (intenção de) ação feita em relação a suas conseqüências em termos de sofrimentos e de prazeres previsíveis. Bentham imaginava uma avaliação quase quantitativa, um cálculo.

J.-S. Mill toma claras distâncias em relação à concepção muito materialista, sensualista e objetivista de seu mestre. Ele considera possível e necessário hierarquizar os prazeres conforme critérios *qualitativos*. A avaliação quantitativa, a partir disso, teria sentido apenas dentro de cada categoria de prazer, em primeiro lugar qualitativamente definida. Desse modo, uma quantidade ínfima de um prazer de grande qualidade poderia ser considerada preferível a muito prazer vulgar.

Mill considera, além disso, que prazer e dor são relativamente indissociáveis. A fruição de prazeres superiores implica freqüentemente também sofrimentos, mas isso não impede que se possa preferi-los a satisfações inferiores que não exigem muito sofrimento. Os prazeres superiores estão associados ao desenvolvimento das faculdades humanas superiores. Mill pôde ir muito longe nesse caminho da desmaterialização do princípio de utilidade e julgar que um sofrimento é até algumas vezes mais desejável que uma satisfação baixa:

> Vale mais ser um ser humano insatisfeito do que um porco satisfeito (*O utilitarismo*).

As concepções de Mill complicam singularmente o projeto utilitarista inicial. De início, elas relativizam qualquer quantificação em relação a uma categoria determinada de prazeres e levantam a questão da comparação entre quantidades de prazeres (eventualmente associados a sofrimentos) desiguais, que pertencem a categorias diferentes. A seguir, elas põem o problema do estabelecimento da hierarquia das categorias de prazeres. Pode-se, evidentemente, deixar a cada indivíduo o cuidado de elaborar sua escala hedonista. Mill não contesta a legitimidade dessa perspectiva até certo ponto e para a conduta da vida privada, mas ela está longe de satisfazê-lo completamente. É por isso que apela a seus "juízes competentes", sábios *experts* na arte de viver, que determinariam, sobre a base de sua larga experiência da vida, de um modo totalmente geral, a hierarquia das diversas qualidades de prazeres.

Mill apresenta, em suma, a versão refinada do utilitarismo. Uma versão aristocrática ou elitista, mas que não abandonaria a preocupação de conduzir sempre mais pessoas para os níveis superiores da felicidade, graças a reformas sociais, econômicas e políticas, principalmente graças ao desenvolvimento da educação.

> O ideal utilitarista é a felicidade geral, e não a felicidade pessoal (*O utilitarismo*).

2.3. A importância coletiva

O utilitarismo não é uma moral que convidaria o indivíduo a se preocupar exclusiva ou principalmente com sua felicidade pessoal egoísta. Interpretar desse modo o princípio de utilidade é contrário aos espíritos dos fundadores e ao de toda a tradição do utilitarismo moderno e contemporâneo. O utilitarismo se caracteriza pela preocupação concreta com o bem comum, por levar em conta as conseqüências de uma ação ou de uma disposição sobre todas as pessoas em questão. O utilitarista autêntico deve visar à *maior felicidade do maior número*. A primeira formulação da máxima utilitarista é anterior a Bentham, que a encontrou em Francis Hutcheson, ele próprio discípulo de Hume e autor de *An Inquiry into the Original of Our Ideas of Beauty and Virtue* (1725) (*Pesquisa sobre a origem de nossas idéias de beleza e de virtude*):[12]

> A melhor ação é a que oferece *a maior felicidade para o maior número*.

O cálculo utilitarista da maximização dos prazeres e da minimização dos sofrimentos deve ser feito considerando a soma total de felicidade e de desgraça. Ele deve levar em conta todos os interessados, ou seja, o conjunto de uma nação, ultimamente o conjunto da humanidade. Embora permaneça ético em seu princípio, o ideal utilitarista só pode ser concretizado por meio de uma *política*, mais precisamente por meio de uma organização institucional e jurídica do conjunto da sociedade, inspirada pela racionalidade utilitarista. De onde a importância essencial que Bentham atribuía à arte de legiferar, fazer e formular as leis, e à sua aplicação conforme ao direito, servindo-se ainda do princípio de utilidade pelo viés de sanções e de recompensas. É nessa perspectiva que se desenvolveu a temática benthamiana do *pan-óptico* (etimologicamente: visão de tudo), ideal arquitetural funcional, que devia permitir ao(s) supervisor(es) ter constantemente sob os olhos todos os supervisionados, em uma prisão, por exemplo. Há no utilitarismo uma tendência poderosa à (re)organização, à (re)construção da sociedade sobre bases

---

[12] *Recherche sur l'origine de nos idées de la beauté et la vertu.* Trad. de A.-D. Balmès. Paris, Vrin (Bibliothèque des textes philosophiques), 1991.

empíricas verdadeiras e por meios funcionais. Estes se encontram, na maioria das vezes, em ruptura com as tradições consideradas irracionais e ineficazes para aquilo que significa o crescimento da felicidade e a evitação do sofrimento. Embora geralmente muito favorável à democracia parlamentar, o utilitarismo compreende também tendências tecnocráticas e engenharia social.

2.4. Uma ciência e um cálculo empíricos

A oposição entre o utilitarismo e as técnicas chamadas de "racionalistas", tal como a de Kant, não repousa sobre sua relação com a razão, no sentido de que apenas essas últimas seriam efetivamente racionais. A oposição é muito mais entre o empirismo e o idealismo. O utilitarismo é racional e empírico. O que se deve dizer?

- As questões de valor, de bem e de mal, não se deixam resolver com o auxílio de um "senso moral", de uma "intuição axiológica", de uma "dedução a partir de princípios" etc., que se efetuariam *a priori*, independentemente da experiência sensível, verificável, comunicável e discutível. A moral é uma disciplina que deve ser exercida *a posteriori*, empiricamente. O que é bem ou mal é assunto de experiência e até de experimentação ativa, individual e coletiva.
- Uma ciência da moral pode ser desenvolvida. Se identificarmos o bem com o prazer e o mal com a dor, será possível elaborar um saber (um saber tecnicamente aplicável) daquilo que favorece os prazeres e diminui os sofrimentos. Esse conhecimento edifica-se progressivamente. A ciência do homem, da natureza humana – da fisiologia à psicologia – constitui sua parte central. O utilitarismo depende da categoria das concepções *cognitivistas* da ética, que julgam que um saber daquilo que *vale* é possível e deve servir de base para a ação individual e coletiva.

O positivismo e a corrente utilitarista

- Identificados com a experiência da dor e do prazer, os valores (o bem e o mal) são radicalmente antropocêntricos. Essas noções não têm qualquer sentido independentemente de sua relação com a forma de vida humana; não há nem bem nem mal *em si* ou *absolutos*. Os valores não são transcendentes. Essa referência do valor com o ser humano se precisa ainda em função das diversas sociedades e culturas, que não têm todas a mesma concepção do bem-estar. Embora muito ligado com a universalidade da ciência, o utilitarismo está aberto a certo relativismo cultural e histórico dos valores.

- É sobre a base da ciência da natureza humana, individual e coletiva, física e mental, que um *cálculo* utilitarista se torna possível, visando a maximizar a felicidade e a minimizar a desgraça. Esse cálculo postula enormemente, de fato, um saber que se refere, ao mesmo tempo, à sensibilidade humana e ao encadeamento causal dos acontecimentos no mundo. É apenas se pudermos prever esse encadeamento (as conseqüências) e antecipar os efeitos de uma ação sobre todos os interessados que um cálculo objetivo do melhor será possível. Este jamais será perfeito nem absolutamente certo: esses são os limites de todo processo empírico e, portanto, hipotético. Mas a eficácia desse cálculo, apesar de suas limitações, estará longe de ser nulo. Ela será sem dúvida superior à eficácia de uma ação empreendida às cegas, irracionalmente ou como aplicação mecânica de princípios éticos *a priori*, impermeáveis aos ensinamentos da experiência e, freqüentemente, indiferentes às conseqüências concretas. A importância do papel desempenhado pelo conhecimento e pelo cálculo mostra que o utilitarismo está nos antípodas de um hedonismo do prazer imediato ou de um eudemonismo inspirado pelas intuições ou pelos sonhos de felicidade. A imaginação espontânea, pessoal ou coletiva, não criticada racionalmente, é fonte de ilusões e de erros, cujas conseqüências, decepcionantes, comportam mais sofrimento que prazer.

- Bentham havia elaborado uma série de critérios a fim de mensurar os prazeres e os sofrimentos e permitir o "cálculo da felicidade". Ele levava em consideração: a intensidade, a duração, o grau de certeza, a distância no tempo, a fecundidade, a pureza, a extensão ou número de pessoas em questão. Mas insistia também sobre o fato de que o utilitarismo não tinha outra ambição além de sistematizar e tornar mais objetivo e seguro um processo que todos nós realizamos e, muito freqüentemente, quando empreendemos uma ação: o desconto comparado de suas vantagens e inconvenientes previsíveis, para nós e para outrem.

2.5. Um conseqüencialismo não deontológico

O utilitarismo é um conseqüencialismo. Ele avalia o ato, não examinando a pureza interior de sua *intenção* ("querer fazer o bem"), mas com base nas *conseqüências*, que são acontecimentos reais, que afetam positiva ou negativamente as pessoas. As morais da intenção abandonam as conseqüências da ação ao acaso, à fatalidade ou à inescrutável vontade de Deus.

Se retomarmos a famosa distinção de Max Weber (1864-1920) entre *ética da responsabilidade* e *ética da convicção*, o utilitarismo depende, sem qualquer dúvida, da primeira categoria. Ser moral, de um ponto de vista utilitarista, é assumir de modo responsável as seqüelas físicas de todo ato voluntário e refletido que tem conseqüências no mundo. Em contrapartida, as morais da convicção – próximas das morais da intenção – exigem apenas que um valor, uma crença, um princípio (por exemplo, a não-violência, a veracidade, a igualdade etc.) seja absolutamente respeitado, sejam quais forem as conseqüências materiais e os efeitos complexos (eventualmente destruidores de outros valores) desse respeito. Elas se inspiram na máxima: "Pereça o mundo, contanto que a justiça seja feita".

As morais deontológicas ou do dever estão freqüentemente próximas das morais da intenção e da convicção. O respeito pelo dever, especialmente em organizações rígidas, em que a obediência é um valor supremo, pode tornar-se o álibi para todas as irresponsabilidades, porque ele dispensa da obrigação de avaliar e de julgar pessoalmente. À medida que o dever – as regras a seguir – é claramente definido, a ética deontológica exige seu respeito puro e simples, sem levar em conta as conseqüências agradáveis ou desagradáveis, consideradas como exteriores à avaliação moral da ação. O anti-eudemonismo da moral do dever culmina onde tendemos a estimar, como Kant, que quanto mais a ação nos custa, mais garantida é a indicação de que ela foi feita, de fato, *por dever*, e não em vista de alguma satisfação pessoal.

2.6. Liberalismo e sensibilidade social

A obra de J.-S. Mill é uma das grandes fontes do pensamento democrático liberal. Seu princípio de base é que cada indivíduo é o único juiz de seu prazer e de seu interesse. Daí a defesa milliana de três conjuntos de liberdades fundamentais: 1) as liberdades de consciência, de pensamento e de palavra; 2) as liberdades de gosto e de preferência (cada um deve poder livremente determinar seu prazer e seu interesse); 3) a liberdade de associação (formação de comunidades que reúnem indivíduos que partilham os mesmos gostos, interesses, prazeres etc.).

A sociedade gerada a partir dessas liberdades e preocupada com sua proteção deve, antes de tudo, respeitar a *esfera privada*, ou seja, o espaço de vida em que as ações de um indivíduo têm conseqüências apenas para ele próprio. Ela deve também respeitar o *pluralismo*, ou seja, a diversidade das comunidades que compõem a sociedade e que defendem seus próprios interesses. Mill atribui uma enorme importância ao valor da diversidade e à tomada em consideração das minorias.

Nessa perspectiva, o papel do Estado é primeiro negativo e mínimo. Ele deve apenas velar para que o jogo das liberdades e dos interesses individuais e coletivos seja praticado sem violência, que os interesses de uns não se intrometam indevidamente sobre as liberdades dos outros. Não é o caso de definir quais devem ser esses interesses.

> A única finalidade pela qual a força pode ser exercida legitimamente em relação a um membro de uma comunidade civilizada, contra sua vontade, é em vista de impedi-lo de prejudicar a outros. Seu próprio bem, físico ou moral, não é razão suficiente. Ele não pode ser legitimamente obrigado a fazer ou a não fazer porque seria melhor para ele agir de uma determinada maneira, porque isso o tornaria mais feliz, porque, conforme a opinião dos outros, seria sábio ou até justo fazer assim. (...) Quanto àquilo que se refere a si mesmo, a seu próprio corpo e seu espírito, o indivíduo é soberano (*Da liberdade*).

Mas Mill tem muita consciência de que o papel do Estado não pode permanecer simplesmente negativo, se o princípio fundamental do utilitarismo – a maior felicidade do maior número – tiver de ser realizado. Na sociedade, tal como ela existe, os indivíduos têm com o princípio de utilidade uma relação extremamente desigual, que privilegia alguns em detrimento de outros. O ideal utilitário de Mill é que cada indivíduo possa desabrochar-se no máximo de suas faculdades. Para isso, porém, é preciso cultivá-las, e o contexto em que elas se expressarão deve ser favorável. Em uma sociedade bem organizada, o desabrochar da liberdade e da felicidade dos indivíduos é favorável ao conjunto da sociedade. Mill também atribui, na avaliação moral, uma importância igual a si mesmo e a outrem. Nessa perspectiva, ele se reporta explicitamente à regra de ouro evangélica: "Trate seu próximo como a si mesmo". Essa regra não seria mais que uma primeira expressão bem compreendida da máxima utilitarista. Vemos, desse modo, a que ponto o utilitarismo pode estar longe do individualismo egocêntrico e materialista em curto prazo, ao qual com demasiada freqüência se quis reduzi-lo.

O ideal político de Mill é a democracia representativa, preocupada em não esmagar o indivíduo ou o minoritário sob a massa da maioria

O positivismo e a corrente utilitarista

e da opinião dominante. Mill atribuía uma importância capital à educação, chave de uma aplicação *qualitativa* do princípio de utilidade, em conformidade com seus compromissos. Ele próprio teve uma atividade política pelo fim de sua existência e foi um dos primeiros defensores do voto das mulheres.

2.7. O utilitarismo: uma corrente filosófica subestimada

O utilitarismo constitui uma corrente de pensamento extensa, complexa e polimorfa. Ele vai de expressões sensualistas grosseiras até concepções claramente espiritualistas. Desse modo, seria possível apresentar o pensamento de Bentham e de Mill acentuando suas diferenças a tal ponto que esses dois filósofos, referências fundadoras clássicas do utilitarismo, pareceriam não ter quase nada em comum. Essa diversidade interna não é tanto um sinal de confusão ou de indecisão do pensamento utilitarista, e sim a indicação da seriedade e da profundidade com as quais os problemas éticos são nela concretamente abordados e analisados, com a firme intenção de encontrar soluções aplicáveis e realistas. A riqueza e a complexidade do utilitarismo são com demasiada freqüência ignoradas pelos pensadores "continentais", que fazem dessa quase "não–filosofia anglo-saxônica" uma imagem simplista, caricatural, fácil de criticar e de desprezar. É assim que o próprio espírito do utilitarismo se encontra, tão inteiramente quanto abusivamente, reduzido a seus desvios. Desvios que, sem dúvida, não é excepcional encontrar no mundo contemporâneo: individualismo egocêntrico, materialismo desprovido de qualquer sentido autêntico do valor, pensamento de meios que ignora os fins, oportunismo, especulativismo, economismo preocupado apenas com a produção e com o consumo de bens materiais etc.

Essa situação criou um mal–entendido grave nos países cuja tradição filosófica é de inspiração francesa ou alemã. A tendência a não querer reconhecer a que ponto o processo utilitarista impregna a civilização ocidental em extensão planetária ou a reduzir o utilitarismo difundido em seus desvios e em suas caricaturas. É fácil denunciar verbalmente o utilitarismo assim deformado. Mas esses críticos não atingem a dinâmica utilitarista, porque a desconhecem e porque ela é poderosa. O utilitarismo exige, sem dúvida, ser criticado, particularmente por seus abusos. Contudo, seus méritos – sua eficácia prática e suas contribuições para nossa civilização – deveriam ser reconhecidos também. O pensamento "continental" ganharia muito em melhor conhecê-lo.

2.7.1. *Um humanismo progressista*

O utilitarista confia na capacidade do homem de assumir seu destino e de melhorar sua condição terrestre. Sua ética é a da responsabilidade, e ele crê nos progressos da ciência e da técnica para prever e modificar o curso dos acontecimentos. Sob certos aspectos, essa posição está próxima das Luzes, mas atribui um valor menos idealizado à razão e ao saber teórico. A razão é muito menos um ideal do que um meio; a finalidade não é racional e não é dada pela razão, pois se trata do prazer ou da felicidade. Mas essa origem não racional da finalidade da humanidade não arrasta o utilitarismo para o caminho do irracionalismo, pois ele considera que prazer e sofrimento são também o objeto da ciência do homem. O utilitarismo visa a interesses sensíveis, que com demasiada freqüência o racionalismo deixa de lado. Ele também está atento à economia, que produz bens e, portanto, bem-estar, uma vez que, durante o século XIX, a Inglaterra se industrializa, ao passo que a França permanece agrícola.

O utilitarismo contribuiu muito para a promoção das liberdades fundamentais do indivíduo, que o Estado leigo deve respeitar e proteger. Essa proteção implica a distinção entre um espaço público universalmente regulamentado pela lei e garante o bem comum de um lado, e, do outro lado, as comunidades particulares (religiosas, por exemplo) que perseguem seus interesses próprios, assim como esferas privadas individuais, no seio das quais cada um deve ser livre para escolher seu

O positivismo e a corrente utilitarista

259

prazer pessoal. O Estado não deve intervir nessas comunidades nem na vida privada. Com o bem comum garantido e as liberdades individuais protegidas, a tolerância deve reinar.

2.7.2. *Para além do antropocentrismo*

O utilitarismo é antropocêntrico, no sentido em que nega a existência de valores transcendentes, absolutos, metafísicos ou teológicos. Remetendo os valores ao casal sensível do prazer e da dor e àquilo que é investido de interesse (pelo desejo, necessidade ou vontade), o utilitarismo liga solidamente todo valor moral ao mundo da vida senciente e volitiva. Esta, porém, não se limita à forma da vida humana. Desde que não tomemos mais a razão (o logos) como critério de legitimidade do ponto de vista ético, torna-se natural estender as considerações morais para além da esfera humana. A razão é, com efeito, tradicionalmente designada como aquilo que distingue o ser humano no seio da natureza, e apenas os seres dotados de razão são sujeitos éticos, ou seja, sujeitos de direitos e de deveres. Se, para aquilo que pertence à determinação do estatuto moral, o critério não é mais a capacidade racional, mas a faculdade de *sentir* ou ainda de ter *interesses*, então não há mais motivo para restringir a comunidade moral apenas aos seres humanos. É o que o fundador do utilitarismo havia perfeitamente percebido:

> A questão não é: podem eles raciocinar, ou: podem eles falar; e sim: podem eles sofrer? (*An Introduction to the principles of morals and legislation*) (*Uma introdução aos princípios da moral e da legislação*).

Bentham queria falar dos animais, totalmente desvalorizados por alguns cartesianos. Contudo, partindo da noção central de "interesse", utilitaristas do século XX puderam estender a consideração moral igualmente às plantas: a árvore tem, por exemplo, um interesse em receber água suficiente. O utilitarismo se revelou uma tradição propícia ao desenvolvimento de um estatuto moral para os animais ou seres vivos em geral, a partir da constatação tanto de que eles podem sofrer, como de que têm interesses. É por isso que os movimentos de defesa dos "direitos dos animais" e, mais globalmente, as correntes de ética do meio-ambiente (ou ecoética) prosperaram, desde o início e sempre mais, no mundo anglo-saxônico (como os trabalhos do filósofo australiano Peter Singer, em *Animal Liberation*, em 1975, e *Practical Ethics*, em 1993, no domínio da bioética).

2.7.3. *Dificuldades muito reais*

A complexidade que prolifera da corrente utilitarista, sensível desde suas origens, constitui também tentativas de respostas a dificuldades bem reais. Para concluir, lembraremos duas delas.

Uma parte essencial da doutrina utilitarista se detém na previsão das conseqüências e na avaliação do modo como elas afetarão todos os interessados. Esse cálculo é, evidentemente, extraordinariamente difícil e, em grande parte, irrealizável, vista a infinita complexidade intrincada de causas e de efeitos e a relativa imprevisibilidade de cada reação individual. A dificuldade cresce à medida que ampliamos a dimensão espacial e temporal daquilo que queremos levar em conta. Ela se desvanece muito rapidamente na impossibilidade de predizer. Essa dificuldade comporta dois perigos.

O primeiro é o redobramento da vontade tecnocrática de domínio, controle e predição: quanto mais o mundo – a natureza, a sociedade – for tecnocientificamente organizado, mais as conseqüências de uma decisão serão passíveis de predição e domináveis.

O segundo é o excesso inverso, que consiste em dizer que, como de todos os modos os efeitos de nossos atos nos escapam, é inútil tentar antecipá-los e nos determinarmos em função dos cenários incertos que teríamos podido imaginar.

A atitude prudente foge desses dois extremos, que procedem, tanto um como o outro, de uma avaliação má da condição humana.

O positivismo e a corrente utilitarista

Diante do curso das coisas, nisso compreendendo o que se refere às seqüências de acontecimentos que ele próprio desencadeia, o homem não é nem onipotente ou onisciente, nem totalmente cego ou impotente. É preciso, portanto, que ele seja *prudente*, virtude aristotélica freqüentemente evocada em nossos dias, e *vigilante*, ou seja, que acompanhe de modo permanente e atento os processos nos quais lhe é possível intervir, a fim de redirecionar, cada vez que for necessário, seu curso no bom sentido. Sob esse ângulo, o utilitarismo se reúne com o pragmatismo.

A segunda dificuldade é a da *subjetividade*. Felicidade, prazer, desgraça, sofrimento são, para uma grande parte, noções que evocam experiências muito variadas, não objetiváveis e não universalizáveis. Aqui ainda um duplo risco se apresenta. Ou de fato tendemos a reduzir essas noções a seu menor denominador comum, ou seja, assumimos apenas uma visão radicalmente materialista e quase biológica: a felicidade consiste então em estar com boa saúde, não ter deficiências vitais e não correr perigo físico. Ou então renunciamos a qualquer perspectiva comum ou universal e abandonamos integralmente as noções utilitaristas à consciência individual. Contudo, tornaremos então impossíveis qualquer política utilitarista, qualquer moral coletiva, qualquer sentido do "bem comum", com a conseqüência tanto da atomização social (justaposição sem comunicação de indivíduos e de grupos) como do confronto das sensibilidades, dos desejos e interesses divergentes, ou seja, teremos a guerra e seu cortejo de sofrimentos. Aqui ainda, a via praticável parece dever ser mediana; mas numerosas vias medianas diferentes são igualmente concebíveis. Todas essas questões são cruciais para nossa civilização tecnocientífica e multicultural.

O pensamento utilitarista, característico da filosofia moral inglesa e anglo-americana, permaneceu muito vivo no século XX, no decorrer do qual ela também se enriqueceu pelo contato com outras correntes. Entre estas, mencionemos a filosofia da linguagem e a bioética.

O encontro com a filosofia da linguagem levou ao desenvolvimento da análise minuciosa da linguagem moral (por exemplo, o inglês Richard Melvin Hare, *The Language of Morals*, 1952).[13]

O encontro com a bioética deu a oportunidade ao utilitarismo de precisar e de aplicar, no contexto da avaliação e da gestão da Pesquisa e do Desenvolvimento Tecnocientíficos contemporâneos, seus principais instrumentos conceituais (utilidade, cálculo da relação entre vantagens e desvantagens, interesses privados e interesses coletivos). Esse encontro renova também a velha cumplicidade entre o utilitarismo e o pensamento econômico.

LEITURAS SUGERIDAS

Boss G. (1990), *John Stuart Mill: induction et utilité*. Paris, PUF (Philosophies 28).

Canto-Sperber M. (1994), *La philosophie morale britannique*. Paris, PUF (Philosophie morale).

Laval C. (1994), *Jeremy Bentham: le pouvoir des fictions*. Paris, PUF (Philosophies 47).

Mill J.-S. (1990), *De la liberté*, trad. de L. Lenglet. Paris, Gallimard (Folio essais 142).

Mill J.-S. (1988), *L'utilitarisme*, trad. de G. Tanesse. Paris, Flammarion (Champs 201).

---

[13] Oxford, Oxford University Press, 1978.

Capítulo IX

O pensamento evolucionista:
teorias científicas, filosofias, ideologias

1. A revolução darwiniana

- O dogma tradicional da imutabilidade metafísica e teológica das espécies naturais.
- O transformismo lamarckiano: cumplicidades entre o pensamento evolucionista e o finalismo.
- A revolução darwiniana: idéias essenciais e implicações filosóficas.
- Neodarwinismo e biotecnologia: intervir na Evolução?

PALAVRAS-CHAVE

• acaso • bioética • característica adquirida • darwinismo • espécie
• eugênico • evolução • evolucionismo • finalismo • finalidade
• fixismo • gene • genética • luta pela vida • natureza
• neodarwinismo • seleção natural • tempo • transformismo

A mudança radical de perspectiva sobre a natureza e o lugar do homem no universo introduzida por Darwin é provavelmente ainda mais cheia de conseqüências do que a descentração copernicana. Pouco mais de meio século antes do aparecimento de *A origem das espécies*, Kant considerava que a biologia jamais conheceria seu Newton, porque uma ciência do desenvolvimento do ser vivo seria inconcebível. Kant aderia, com efeito, à interpretação finalista do mundo vivo e concluía pela insuficiência de toda apreensão propriamente científica, fundada sobre a causalidade mecânica.

Comecemos, portanto, por precisar as concepções dominantes no início do século XIX.

1.1. Do fixismo ao transformismo

1.1.1. O *fixismo aristotélico-cristão*

Antes do desenvolvimento da biologia moderna, impulsionada por Darwin, era geralmente admitido que as espécies naturais haviam sido criadas e definidas por Deus em suas características essenciais. A ordem natural é, portanto, fundamentalmente fixa: sua estabilidade é ontoteológica, ou seja, enraizada na vontade de Deus ou na própria natureza das coisas. A idéia de uma transformação ou de uma evolução das espécies é inconcebível. A ciência do ser vivo é principalmente descritiva e *classificadora*, conforme o método do grande naturalista sueco Carl von Linné (1707-1778). Tudo é explicado dentro desse quadro estático: os fósseis são os restos de espécies tragadas por cataclismos e não têm laço de filiação com as espécies atuais; a grande variedade individual e racial no seio de uma mesma espécie se explica pelas imperfeições da matéria e do engendramento concreto de um único arquétipo: a forma específica essencial. A inspiração é platônico-aristotélica ou tomista, e o saber, assim constituído, permanece pré-moderno.

1.1.2. O *transformismo segundo Lamarck*

O naturalista francês Jean-Baptiste de Monet, Cavaleiro de Lamarck (1744-1829), é o primeiro a articular de modo sistemático um conjunto de idéias em oposição à tradição fixista. Sua obra mais importante é a *Filosofia zoológica* (1809),[1] tendo como teses principais:

---

[1] *Philosophie zoologique.* Paris, Flammarion (GF 707), 1994.

- a transformação diacrônica das espécies;
- duas causas fundamentais de transformação:
  - as mudanças do meio, que suscitam novos obstáculos e novas necessidades;
  - os esforços repetidos do ser vivo para se adaptar ao meio;
- a herança de características adquiridas pelo indivíduo, depois do exercício repetido e tornado habitual de um comportamento.

O transformismo reconhece, portanto, uma *finalidade* para as modificações orgânicas: essa finalidade está associada à vontade, aos esforços despendidos por um ser vivo *em vista de* se adaptar. Em contrapartida, um órgão não utilizado, sem função e, portanto, sem finalidade, atrofia-se e acaba por desaparecer. É a função que mantém, desenvolve, modifica ou "cria o órgão". E aquilo que é adquirido desse modo ou perdido pelos pais se transmite aos descendentes. O exemplo célebre é o do pescoço da girafa, que se teria progressivamente alongado por causa dos esforços repetidos pelas gerações de girafas, a fim de alcançar as copas das árvores, em um meio-ambiente que não oferecia muitos outros recursos alimentares.

> Desse modo, os esforços em um sentido qualquer, longamente mantidos ou habitualmente feitos por algumas partes de um corpo vivo, para satisfazer necessidades exigidas pela natureza ou pelas circunstâncias, estendem essas partes e lhes fazem adquirir dimensões e uma forma que elas jamais teriam obtido, caso tais esforços não se tivessem tornado a ação habitual dos animais que os exerceram. (...) Ora, toda mudança adquirida em um órgão (...) é depois conservada pela geração (*Filosofia zoológica*).

1.2. Darwin

Charles Darwin (1809-1882) segue estudos em Edimburgo e em Cambridge, mas é sua viagem ao redor do mundo e principalmente à América do Sul (1831-1836), no *Beagle*, como naturalista, que decidirá sua vocação de intelectual, ao passo que, de início, ele visava a uma carreira eclesiástica. A personalidade de Darwin é complexa: o essencial de suas idéias revolucionárias se cristaliza muito cedo (entre 1830 e 1840), mas ele se abstém de publicar suas observações e teorias, por prudência científica e, mais ainda, talvez, por escrúpulo moral. Darwin antecipava perfeitamente as implicações religiosas, éticas e sociais de suas hipóteses a respeito da evolução da vida e, principalmente, do aparecimento do homem. E o que ele previa não deixava de inquietá-lo. Sem dúvida, essa foi uma das razões pelas quais a questão do homem não é tratada em *A origem das espécies*. Será preciso esperar, para isso, a obra de 1871: *The descent of man, and selection in relation to sex* (*A descendência do homem e a seleção sexual*).[2]

Acontece sempre que as hesitações de Darwin o colocaram em uma situação difícil, quando um jovem naturalista, Alfred Wallace, comunicou-lhe em 1858 um manuscrito original. Este continha hipóteses muito próximas das que Darwin meditava há vinte anos, sem publicá-las. A dificuldade foi resolvida graças à intervenção de amigos comuns, que organizaram uma sessão pública em que as idéias de Darwin e de Wallace foram apresentadas simultaneamente, manifestando ao mesmo tempo a anterioridade indiscutível de Darwin. Depois desse episódio embaraçador, Darwin decidiu publicar seu livro maior: *On the origin of species by means of natural selection, or the preservation of favoured races in the struggle for life* (1859) (*A origem das espécies por meio da seleção natural ou a preservação das raças na luta pela*

---

[2] *La descendance de l'homene et la sélection sexuelle.* Trad. de E. Barbier. Bruxelas, Complexe (De la science), 1981.

vida).[3] O sucesso foi imenso: a primeira edição se esgotou no próprio dia da publicação. Ao salientar a originalidade de seu trabalho, Darwin reconhece suas dívidas. Entre estas, a mais decisiva não parece dever dirigir-se a um naturalista, e sim a um economista: Thomas Robert Malthus (1766-1834), do qual Darwin lera *An essay on the principle of population as it affects the future improvement of society* (1798) (*Ensaio sobre o princípio de população*).[4] Segundo este último, uma população aumenta sempre mais depressa que os meios de subsistência (a produção de bens). Esse fato acarreta inevitavelmente a luta pela existência e a sobrevivência do mais forte. A idéia de uma *seleção* dos mais aptos para a luta pela vida se encontra, portanto, já enunciada e aplicada à sociedade humana. Malthus considerava que a única solução era o controle de natalidade, graças à abstinência, especialmente nas classes desfavorecidas, mais prolíficas e menos armadas para a luta pela vida. Ele desaconselhava a assistência social, que agrava o problema, em vez de resolvê-lo. Algumas ideologias nascidas do darwinismo não deixarão de voltar a essas idéias de base, por vezes radicalizando-as.

1.2.1. *A noção de evolução*

O termo não aparece (ou quase não e de modo não significativo) nem em Lamarck (que fala de "transformismo") nem em Darwin, que utiliza a fórmula "descendência com modificação". É que a significação tradicional do termo absolutamente não convinha.

Tradicionalmente, "evolução" designava um processo de desenvolvimento programado e finalizado: o conjunto das etapas pelas quais um ser deve passar para encontrar sua forma adulta e perfeita. A evolução é a passagem progressiva de uma forma potencial (pré-forma), em

---

[3] *L'origine des espéces au moyen de la sélection naturelle ou la préservation des races.* Trad. de E. Barbier. Paris, Flammarion (GF 685), 1992.

[4] *Essai sur le principe de population.* Trad. de P. E G. Prevost. Paris, Garnier-Flammarion (Texte intégral, 708, 722), 1992.

germe, a uma forma plenamente desenvolvida e atual. As diferentes fases do desenvolvimento de um embrião constituem um exemplo de evolução nesse sentido.

É o filósofo H. Spencer (contemporâneo de Darwin) que irá introduzir o termo "evolução" e dele fazer a palavra-mestra de seu grande sistema filosófico, destinado a integrar a biologia moderna, assim como todas as outras ciências. Mas o uso de Spencer, que foi entretanto determinante para o sucesso do termo, é ambíguo e pouco darwiniano. Spencer não rompe com o finalismo: seu evolucionismo é um progressismo, do qual ele pensa conhecer a lei.

Hoje, "evolução e evolucionismo" se impuseram, sem que a ambigüidade tenha sido verdadeiramente resolvida. Embora autores (filósofos, principalmente) continuem a associar a evolução a um ou a outro finalismo e o pensamento religioso não pareça poder assimilar de modo diferente a revolução darwiniana, algumas vezes estendida a toda a cosmogênese (das primeiras partículas subatômicas às macromoléculas, base dos organismos mais primitivos). O homem é, desse modo, apresentado como o fim de um projeto bio-cósmico estendido por bilhões de anos. Entretanto, à medida que o evolucionismo serve de quadro teórico de pesquisa para as ciências biológicas contemporâneas, esse finalismo não é colocado. Para poder ser aplicada corretamente ao pensamento darwiniano e ao neodarwinismo contemporâneo, a noção de evolução deve ser esvaziada de qualquer referência a uma finalidade ou a um projeto prefigurado de algum modo na natureza das coisas. A evolução, no sentido darwiniano, é colocada sob o signo do aleatório, do imprevisível e do mecanismo.

1.2.2. *As idéias fundamentais*

Eis quatro aspectos essenciais da concepção de Darwin:

- *O modelo*: uma fonte essencial da teoria darwiniana foi a observação da *seleção artificial* das variedades domésticas, animais e vegetais. Mas esse modo da criação e da agricultura não podia ser transposto tal e qual para a natureza selvagem sem postular um Seletor, um Deus que seleciona as espécies em função de critérios e de finalidades. Enquanto cientista, Darwin recusava-se a tal antropomorfismo finalista.

• *As pequenas variações*: as espécies não são uniformes nem imutáveis de uma geração para outra: inumeráveis pequenas diferenças distinguem os indivíduos entre si e os pais de sua progenitura. Darwin considera que essas pequenas variações aparecem espontaneamente e de modo aleatório. Elas não são produzidas nem como o resultado de um esforço de adaptação individual (Lamarck) nem como o efeito de uma finalidade que transforma a espécie conforme uma lei imanente ou transcendente.

• *A seleção natural*: as pequenas variações espontâneas providenciam ou não uma vantagem para os indivíduos, levando em conta o meio em que eles vivem, que também sofre transformações. Na luta pela vida sobreviverão os indivíduos que o acaso privilegiou, concedendo-lhes uma diferença útil em certo meio ambiente. Esses indivíduos contribuirão para eliminar aqueles que não se beneficiam dessa contribuição e também transmitirão sua diferença para sua descendência. Desse modo, progressivamente, uma nova raça ou uma nova espécie aparecerá, ao passo que outras serão eliminadas. Quanto aos indivíduos portadores de diferenças negativas, a luta pela sobrevivência os destruirá rapidamente, antes mesmo que tenham tido a possibilidade de se reproduzir.

A seleção age apenas pela acumulação de variações muito leves ou mais acentuadas, causadas por condições exteriores ou pelo simples fato de o filho não se parecer de modo idêntico com seus pais (Carta a Asa Gray de 1857).

Toda a natureza está em guerra, um organismo com outro ou com a natureza exterior. Ao ver o lado belo da natureza, poderiamos de fato à primeira vista duvidar disso; mas a reflexão provará inevitavelmente que isso é apenas demasiadamente verdadeiro (*Esboço da origem das espécies: ensaio de 1844*).[5]

- *A não-transmissão das características adquiridas*: contrariamente a Lamarck, Darwin considera que os comportamentos desenvolvidos por um indivíduo no decorrer de seus esforços de adaptação, e tendo eventualmente acarretado modificações orgânicas, não são transmitidos à sua progenitura. Apenas o podem ser as características aparecidas espontaneamente e passando com sucesso pela prova da seleção natural, ou seja, tendo apresentado uma vantagem na luta pela vida.

1.2.3. *Importância da revolução darwiniana*

A fim de tomar consciência da importância da revolução darwiniana, é preciso manter no espírito as características maiores da imagem da natureza que ela destrói: uma natureza basicamente estável e ordenada, querida por Deus e inteligível apenas em seu funcionamento e em sua evolução eventual a partir da noção onipresente de finalidade (finalidades na natureza, intenções de Deus), uma natureza em que a distinção das espécies é ontológica (necessária, essencial e imutável), uma natureza que não é "velha" além de alguns milênios (menos de dez mil, desde a criação por Deus), uma natureza em que o homem ocupa um lugar soberano e ontologicamente distinto, porque o único de todos os seres vivos, o homem, tem uma alma sobrenatural... *Nada* de tudo isso resiste ao potencial revolucionário do pensamento darwiniano, que salienta:

---

[5] *Ébauche de l'origine des espèces: essai de 1844.* Trad. de C. Lameere. Lille, Presses universitaires (Philosophies), 1993.

- O papel capital do *acaso*: acaso das pequenas variações, acaso das modificações do meio, acaso da luta pela vida. A contingência é universal. Se a seleção natural deixa triunfar o mais apto, a superioridade deste só tem sentido em relação a um meio ambiente, a condições de vida, elas próprias, não necessárias e suscetíveis de mudar. Ora, essa mudança poderia ser tal que formas de vida aparentemente mais elementares ou rudimentares se tornem mais aptas a sobreviver no novo meio. A noção de "superioridade" não é absoluta: ela só tem conteúdo pela relação com um meio e pode voltar-se para seu contrário se o meio mudar. Além disso, como julgar a respeito da superioridade entre espécies que pertencem a meios diferentes e que não entram em competição?

Parece completamente impossível julgar a respeito da superioridade relativa dos tipos de classes distintas; com efeito, quem poderá, por exemplo, decidir se um calamar é mais elevado que uma abelha (...)? Na luta complexa pela existência, é perfeitamente possível que os crustáceos, apesar de pouco elevados em sua classe, possam vencer os cefalópodes, que constituem o tipo superior dos moluscos (...). Por aí vemos como é difícil, para não dizer impossível, comparar o grau de superioridade relativa dos organismos imperfeitamente conhecidos que compuseram as faunas dos diversos períodos sucessivos (*A origem das espécies*).

O acaso parece, portanto, reinar, não só em curto prazo e localmente (as pequenas variações selecionadas em um contexto), mas também em longo prazo e globalmente: a sucessão das espécies e eras geológicas. Nada permite descobrir um progresso absoluto que voltaria, por outro lado, a reintroduzir um finalismo, tendo a espécie humana como alvo.

- *A explosão dos quadros temporais*: Darwin é tão-somente um dos atores do remanejamento radical da temporalidade, que deve muito aos paleontólogos e aos geólogos, entre os quais Darwin tinha amigos. O ser vivo se temporaliza, e até a espécie humana *apareceu* em um momento determinado do processo, e as leis da seleção natural, que agem hoje, sempre agiram. Não existe, de um lado, o tempo da origem (a criação do mundo e das espécies) e, do outro, o tempo subseqüente, da natureza criada e da história humana. A evolução copernicana e galileana, fonte da física moderna, se caracterizava ao mesmo tempo pela unificação (fim da distinção entre o espaço terrestre e o espaço sideral) e a explosão do espaço (imensidão ou infinitude). A revolução darwiniana ilustra a unificação e a explosão do tempo. Na direção do passado, o tempo se aprofunda cada vez mais vertiginosamente: passamos de alguns milhares de anos para uma idade do mundo vivo, hoje estimada em mais de três bilhões de anos. Mas a questão de um abismo temporal futuro começa também a se colocar, suscitando interrogações mais inquietantes ainda sobre o futuro do homem: O que será dele, em um, dez ou cem milhões de anos, uma vez que o fim do mundo e dos tempos não parece ser para amanhã?

- A uniformização do tempo biológico e geológico coincide com a extensão ilimitada da *ciência causal e mecanicista*. Um acontecimento é produzido por uma causa que é um acontecimento anterior, e não por uma espécie de atração proveniente de uma finalidade ou situação futura. Uma causa é um acontecimento natural (físico ou material), em princípio, passível de ser descoberto, repetido, quantificado e tecnicamente utilizável para produzir ou não efeitos desejados.

O saber de Darwin está ainda muito longe do domínio técnico-científico refinado dos mecanismos da evolução. Mas ele estabelece os quadros teóricos favoráveis à conquista progressiva desses conhecimentos e desse domínio. Por fim, não devemos jamais perder de vista, ainda que isso permaneça implícito, que aquilo que Darwin diz das espécies naturais vale também para a espécie humana, da qual ele opera a "naturalização".

1.3. A síntese neodarwiniana contemporânea

1.3.1. *De Darwin à genética contemporânea*

O quadro teórico definido por Darwin é integralmente causal, mas os processos e mecanismos biológicos profundos postulados lhe permanecem totalmente ininteligíveis. Nada se sabe a respeito do que governa as "pequenas variações espontâneas" que o naturalista observa; nada se sabe sobre o modo como as variações poupadas pela seleção natural são transmitidas de uma geração para a outra.

O biólogo alemão August Weismann (1834-1914) imagina um quadro no seio do qual esses elementos vão poder estabelecer-se. Ele distingue entre dois tipos de matéria viva em que todo organismo seria constituído: o *soma* e o *germe*. Apenas este último é transmitido de uma geração para a outra graças à reprodução, e ele determina os aspectos do organismo, ou seja, o *soma* – o corpo –, que é inteiramente destruído na morte do indivíduo. O *soma* é, portanto, como que o envoltório efêmero e transitório do *germe* que comanda sua configuração. O determinismo vai do *germe* para o *soma* – uma modificação do *germe* ecoará sobre a geração nova –, mas nenhuma característica adquirida pelo *soma* se transmite ao *germe*.

É a partir dos trabalhos de Weismann que se começará, no início do século XX, a falar de "neodarwinismo" e a (re)descobrir os trabalhos de um religioso austro-tcheco, Johann Gregor Mendel (1822-1884), que datam, na realidade, do tempo em que Darwin publicava *A origem das espécies*, mas que, na ocasião, passaram totalmente desapercebidos.

É a síntese dos resultados de Darwin e dos resultados de Mendel que constitui a origem de todas as teorias neodarwinianas contemporâneas, teorias que a biologia molecular e a genética não cessaram de refinar.

Mendel tira todas as conclusões lógicas de suas observações relativas principalmente a cruzamentos sistemáticos de variedades de ervilhas. Ele chega, desse modo, a enunciar alguns princípios diretivos da ciência da herança ou genética:

- as características visíveis são condicionadas por determinantes invisíveis (os genes) que se transmitem de uma geração para a outra;
- cada indivíduo possui um duplo jogo de determinantes, dos quais um provém do pai e o outro da mãe, e ele próprio transmite apenas um deles;
- a reprodução opera, portanto, uma combinatória de determinantes que é a fonte principal das diferenças intergeracionais;
- quando determinantes diferentes são herdadas, elas podem ser recessivas ou dominantes, ou seja, uma das duas se expressa em detrimento da outra (por exemplo, a determinante das pétalas vermelhas é dominante em relação à determinante das pétalas brancas).

Um corolário importante do mendelismo é o *polimorfismo*: a grande diversidade genética, não só aparente, mas também invisível (genes recessivos), de uma população. O polimorfismo constitui como que um estoque de variedades potenciais, suscetíveis de se exprimir conforme as gerações e as condições de existência.

A história subseqüente da biologia no século XX será principalmente caracterizada pela concretização física e técnica daquilo que a teoria previa mais abstratamente: a natureza química dos genes, a estrutura em dupla hélice do conjunto do genoma (ADN), os mecanismos segundo os quais os genes se expressam e condicionam um organismo, os fatores que acarretam modificações de genes ou mutações, as modalidades de propagação dos genes no seio de uma população (genética das populações) etc.

1.3.2. *Perspectivas tecnocientíficas e questões (bio)éticas*

Há dois ou três decênios, a capacidade técnica de controle e de modificação direta do genoma dos seres vivos não cessou de crescer. Ainda que Darwin não pudesse de algum modo antecipar sua possibilidade precisa, esta se encontrava de algum modo inscrita no coração de sua ambição teórica. Com efeito, de um lado, seu modelo heurístico, fonte de inspiração primeira, era a seleção artificial (criação de animais, agricultura, horticultura), ou seja, já a intervenção humana criadora na evolução; por outro lado, sua própria vontade de elaborar uma biologia científica sem finalismo, ligada exclusivamente à determinação das causas eficientes e mecânicas, devia desembocar, no caso de sucesso do projeto, sobre possibilidades e procedimentos operativos de manipulação do ser vivo. A partir do momento em que conhecemos o encadeamento da causa e do efeito, nada impede de tentar modificar a causa para modificar e controlar o efeito. A partir do momento que postulamos que a evolução é um conjunto de processos aleatórios e cegos, nada impede de nela intervir e de incliná-la localmente em um ou outro sentido. Nada impede de introduzir finalidades (humanas) em que reina o acaso. Por que não reprogramar uma bactéria com um gene de origem humana, para que ela produza uma substância útil para o homem e, mais sutilmente, por que não modificar geneticamente plantas e animais, a fim de dotá-los de tais ou tais características conforme finalidades decididas por seres humanos?

Por que não aplicar esse saber-fazer também ao próprio homem, "naturalizado" pela ciência darwiniana e cada vez mais "operável" pelas biotecnologias e pelas tecnociências biomédicas? Por que não suprimir desse modo, eventualmente de modo hereditário, doenças de origem genética? Por que, e chegamos então à questão da eugenia, não manipular o genoma humano, a fim de que os indivíduos apresentem tais características desejáveis?

Todas essas questões e muitas outras se colocam hoje em um campo de reflexão novo, interdisciplinar, complexo, cujos aspectos filosóficos, teóricos e práticos (éticos e políticos) são muito importantes. Esse campo é comumente chamado de "bioética".

Com essas interrogações, não se trata mais tanto de problemas e de teorias científicas, e sim de práticas e de ideologias. Mas o darwinismo foi muito cedo solicitado por pensadores que sonhavam com a organização e com a evolução da sociedade dos homens, e de modo nenhum com a descrição e a explicação das transformações das plantas e dos animais.

Leituras Sugeridas

Buican D. (1984), *Histoire de la génétique et de l'évolutionnisme en France*. Paris, PUF (Histories).

J.-M. e Lenay C. (eds.) (1990), *Théories de l'évolution (Une anthropologie)*. Paris, Presses Pocket.

Chapeville F. (1979), *Le darwinisme aujourd'hui*. Paris, Seuil (Point sciences).

2. Filosofias, ideologias e debates evolucionistas

- A síntese evolucionista de Spencer.
- A aplicação das idéias darwinianas à sociedade e à ciência.
- O debate em torno do evolucionismo não terminou.

PALAVRAS-CHAVE

• criacionismo • darwinismo social • epistemologia evolucionista • eugenismo • evolucionismo • ideologia • liberalismo • lei da evolução • lyssenkismo • racismo • sociobiologia

2.1. A síntese filosófica de Spencer

Engenheiro e autodidata em filosofia, Herbert Spencer (1820-1903) publica em 1852 um artigo intitulado "The Development Hypothesis" ("A hipótese do desenvolvimento"), primeira formulação do evolucionismo como perspectiva filosófica geral. Esta se transformará em um empreendimento sistemático a partir de 1860: a elaboração de uma grande síntese filosófica, fundada sobre a lei da evolução e capaz de explicar a totalidade do universo fenomênico e os futuríveis que nele observamos. O sistema de Spencer se expressa por meio de uma série de volumes intitulados de *Principles of... (Biology, Sociology etc.)*, da qual o primeiro traz o título de *First Principles* (1862) (*Os primeiros princípios*).[6] Essa filosofia não constitui uma simples extrapolação a partir de Darwin; ela estende mais um quadro muito geral que integra alguns aspectos do darwinismo. A idéia de evolução é a chave da síntese universal, que coloca todos os saberes particulares (da cosmologia à psicologia) em uma luz que os ordena e unifica. Para Spencer, a filosofia deve ser uma reflexão esclarecedora sobre as ciências: ela não se dirige a uma outra realidade nem recorre a um outro tipo de conhecimento. Com efeito, Spencer repete, a seu modo, a divisão kantiana entre numenal e fenomenal, distinguindo entre:

- o *Incognoscível*: esse termo simboliza a realidade última, fonte e origem do conjunto do mundo fenomenal, mas absolutamente inacessível ao saber científico;
- os fenômenos cientificamente apreensíveis e que são globalmente regidos pela lei da evolução.

Qual é essa lei? Ela enuncia que, local e globalmente, o devir vai do homogêneo caótico à heterogeneidade complexa, em que as partes são, ao mesmo tempo, diferenciadas e organizadas. Isso se aplica tanto à

---

[6] *Les premiers principes.* Trad. de M. E. Cazelles. Paris, Baillière, 1871.

evolução do universo físico, desde a "nebulosa primitiva", quanto à do saber humano, que passou de um estado de confusão (entre religião, arte, filosofia e ciência) para um estado de diferenciação, que culmina na especialização científica. Como não há diferenciação do todo sem integração (sem o que haveria a explosão e o caos), a síntese spenceriana vem trazer o toque final unificador do saber universal sob uma lei fundamental.

A evolução tem claramente um sentido, ela é finalizada. Mas forças de dissolução e de regressão estão igualmente ativas no universo. As potências de organização e de equilíbrio complexo e harmonioso devem ultimamente triunfar sobre as forças do caos? Essa questão não parece de fato resolvida, porque remete, em última instância, à Realidade Incognoscível, fonte do universo fenomenal.

Resta, entretanto, que o sentido do progresso domina o pensamento spenceriano, preocupado com o modo de fazê-lo triunfar. É no quadro dessa preocupação que ele desenvolveu suas idéias morais, sociais e políticas. Spencer é conhecido por ter preconizado um liberalismo radical, único modo, segundo ele, de encorajar, na sociedade, as forças do progresso. Esse liberalismo ilustra uma concepção freqüentemente criticada sob o nome de "darwinismo social".

2.2. A exportação das idéias darwinianas

2.2.1. *O darwinismo social e moral*

A extrapolação de certas idéias darwinianas para as teorias econômicas, sociais, políticas e morais repousa sobre duas pretensões contestáveis:

- a interpretação da luta pela vida e do triunfo do mais forte ou do mais apto como a expressão da fórmula do progresso e do triunfo do melhor, do "superior" em um sentido absoluto;
- a assimilação das idéias de Darwin a muito mais e diferentes coisas além das hipóteses científicas argumentadas e fecundas em seu domínio próprio (a história natural, a biologia).

O pensamento evolucionista: teorias científicas, filosofias, ideologias

> Essas idéias tendem a ser consideradas como verdades esta-
> belecidas definitivamente, expressando a lei-norma do real
> em devir, universalmente válida.

O darwinismo social consiste em pretender que é preciso deixar que se exerça livremente a competição entre os seres humanos, porque a luta eliminará os indivíduos inferiores, que freiam a evolução e, portanto, o progresso, garantindo o triunfo dos indivíduos superiores, motores da sociedade e do futuro. É preciso "laisser-faire", particularmente no campo econômico, que não deve ser entravado por políticas de inspiração social e moral. Assistência socialista e caridade cristã são igualmente rejeitadas, não só como irrealistas (pois não levam em conta a lei da evolução), mas, definitivamente, também como imorais, porque contra-produtivas, contrárias ao progresso e à vinda de uma sociedade melhor, povoada de indivíduos superiores.

É preciso recolocar o darwinismo social na sociedade inglesa do século XIX, abalada pelas conseqüências da Revolução Industrial, assim como na tradição basicamente anglo-saxônica do liberalismo econômico, que remonta à obra fundadora de Adam Smith (1723-1790): *An Enquiry into the nature and causes of the wealth of nations* (1776) (*Pesquisa sobre a natureza e a causa da riqueza das nações: os grandes temas*).[7] As questões que ele levanta conservam ainda hoje, entretanto, toda a sua pertinência.

As críticas que denunciam o caráter mistificador e ideológico do darwinismo social se concentram sobre duas objeções fundamentais:

- o caráter falacioso e abusivo da interpretação dada da teoria darwiniana ou neodarwiniana: absolutização indevida e finalismo. O triunfo de tal variedade ou espécie não tem

---

[7] *Enquête sur la nature et le causes de la richesse des nations: les grands thèmes.* Trad. de P. Taieb. Paris, PUF (Pratiques théoriques), 1995.

sentido, segundo o neodarwinismo, a não ser em relação a um contexto determinado. Há, portanto, uma significação e uma importância apenas relativas e temporárias, e jamais absolutas;

- o "sofisma naturalista": a passagem abusiva da descrição factual ou da lei científica – que enuncia como as coisas *são* – para a formulação normativa, dizendo como as coisas *devem ser*, ou seja, também em que sentido *devemos agir*.

Em termos simples: não é porque constatamos que fenômenos naturais (neles compreendendo comportamentos animais e até alguns comportamentos humanos) se desenvolvem de tal modo que nós – seres humanos – somos obrigados (ou até justificados) a nos comportamos de modo conforme, particularmente no seio de nossa esfera própria de atividade e de interação (a cidade, a sociedade, as relações interpessoais etc.).

As idéias de Darwin e de todos aqueles que marcaram o progresso das ciências da Evolução conheceram e continuam a conhecer muitas solicitações e desvios, principalmente na direção de ideologias racistas e eugenistas. Tais abusos não deixam de acarretar uma amálgama perigosa, que consiste em associar sistematicamente convicções políticas de direita ou de extrema-direita e interesses pelas ciências biológicas da Evolução. Desse modo, mantemos a respeito dessas últimas uma desconfiança e uma suspeita *a priori*, hostis ao desenvolvimento da genética ou das biotecnologias, especialmente quando o homem está em questão (sempre a questão do eugenismo). A vigilância científica, ética e política é mais apropriada do que tais suspeitas e temores, que arriscam dar lugar a ideologias antidarwinianas (tais como o lyssenkismo ou o criacionismo), ao menos tão perniciosas quanto os abusos do darwinismo social. Essa vigilância teve de ser exercida, no decorrer destes últimos decênios, principalmente a propósito do reducionismo biológico, induzido pelos trabalhos do americano Edward O. Wilson (nascido em 1929), inventor da *sociobiologia*. Esta tenta explicar as sociedades animais *e* humanas principalmente, até exclusivamente, por teorias genéticas.

2.2.2. *A epistemologia evolucionista*

Vagamente prefigurada por Spencer, a epistemologia evolucionista se desenvolveu principalmente na segunda metade do século XX. Seu princípio é simples: trata-se de transpor para o mundo das idéias, hipóteses e teorias científicas as "pequenas variações aleatórias", a "luta pela sobrevivência" e o "triunfo do mais apto". Os cientistas produziriam aleatoriamente todos os tipos de hipóteses, tentariam todos os tipos de experiências, que entram em competição no seio da comunidade científica (que discute, verifica, procura contra-exemplos etc.) e, ao cabo dessa luta, a melhor idéia se imporia, a teoria ou a hipótese mais poderosa. Karl Popper foi o promotor mais conhecido desse modo de conceber a produção e a progressão das ciências:

> O crescimento de nosso conhecimento é o resultado de um processo que se assemelha estreitamente ao que Darwin chamava de "seleção natural". É *a seleção natural das hipóteses*: nosso saber coincide, a cada momento, com essas hipóteses que mostraram, até o momento, sua aptidão (relativa) a sobreviver na luta pela existência; uma luta competitiva que elimina as hipóteses que se demonstram inaptas (*Objective knowledge: An evolutionary approach* (1972) (*O conhecimento objetivo*)).[8]

A analogia biológica sobre a qual se apóia a epistemologia evolucionista deixa muitos pontos vagos e levanta objeções:

---

[8] *La connaissance objective.* Trad. de J.-J. Rosat. Paris, Aubier (Bibliothèque philosophique), 1991.

- é contestável que a produção de idéias e de hipóteses científicas seja aleatória como as mutações genéticas. A pesquisa científica é, em todo caso, para uma parte muito importante, um processo intencional, organizado em função de finalidades preestabelecidas, algumas vezes muito precisas, principalmente em nossa época, na qual é cada vez mais difícil distinguir entre ciência, técnica e economia;
- a analogia tende a apagar a especificidade da pesquisa científica; ela parece aplicável à luta das idéias, das convicções, das ideologias em geral; não diz em que o combate pela ciência seria diferente. Não vemos por que uma teoria científica não poderia ser eliminada por um mito, em vez de uma outra teoria científica;
- a questão da finalidade e do progresso permanece indecisa. O neodarwinismo a resolve em sentido negativo: toda superioridade é contextual e transitória. A epistemologia evolucionista é bem menos clara a esse respeito e flerta de bom grado com um finalismo – garantindo que, em ciência, o triunfo do mais forte constitui de fato um progresso real – que ela, entretanto, tem dificuldade de sustentar. Essa problemática foi desenvolvida, principalmente, sob o impulso dos trabalhos de Thomas Kuhn e atinge a controvérsia muito atual entre modernismo e pós-modernismo.

2.2.3. *Ideologias antidarwinianas*

Pouco depois da Segunda Guerra Mundial, Stalin concede ao agrônomo Denissovitch Lyssenko (1898-1976) plenos poderes para organizar a pesquisa e o ensino da biologia na URSS. Lyssenko, com efeito, concluiu, a partir de seus próprios trabalhos, pela falsidade das teorias provindas de Darwin e de Mendel, diabolizadas como suposições de uma ciência burguesa e capitalista. A esta, Lyssenko opõe uma biologia, na realidade fantasista e falsa, conforme aos princípios do materialismo dialético. O triunfo, na URSS, da biologia ideológica de Lyssenko (que começa a se impor desde os anos trinta e que reinará até a metade dos anos sessenta) levará ao afastamento sistemático dos biólogos soviéticos da cena internacional e ao rápido subdesenvolvimento da biologia soviética. Dentro da URSS, a politização radical da luta acarretará a eliminação dos melhores biólogos, em desacordo com Lyssenko, e sua prisão, em alguns casos, como reacionários "inimigos do povo". Esse terrível episódio da história das ciências mostra sobre o que desemboca uma politização e uma anexação ideológica efetivas da pesquisa e da cultura científicas.

Mas é nos Estados Unidos que o debate ideológico em torno do darwinismo conserva, ainda hoje, a maior atualidade, sob a forma das reivindicações dos *criacionistas*. Estes são fundamentalistas que preconizam uma adesão quase literal às verdades enunciadas na Bíblia, especialmente no livro do Gênesis, que relata como Deus criou o mundo, as espécies vivas e o ser humano. Sua exigência principal se refere ao ensino obrigatório, simultâneo e neutro da teoria da Evolução e do mito da Criação nas escolas. Ela se apóia sobre as seguintes considerações:

- a teoria da Evolução é tão-somente uma hipótese, uma crença fundada sobre argumentos discutíveis; ela não é estabelecida como um fato ou como certeza verificável e demonstrável;
- o relato da Criação é também uma teoria, que apresenta suas próprias provas; ainda que estas sejam criticadas, a teoria da Criação divina não pode ser simplesmente ignorada ou afastada, em benefício de outra teoria que não lhe é superior sobre o plano da verdade e que é muito mais suspeita, até condenável, no plano das conseqüências morais e sociais que ela acarreta;
- como as duas teorias têm implicações especulativas e práticas muito importantes, e como não é possível decidir de modo

universalmente válido que uma é verdadeira e a outra é falsa, convém apresentar uma e outra de maneira eqüitativa e sem partidarismo; cabe a cada um escolher, conforme a convicção que formar diante desse duplo ensinamento.

A estratégia criacionista consiste ora em sugerir que a teoria da Criação é uma hipótese tão científica quanto a teoria da Evolução, ora em deixar entender que esta última é tão mitológica ou questão de crença pessoal (como uma religião leiga) quanto aquela. Essa retórica é hábil e muito eficaz em uma época (os últimos decênios do século XX), em que a ciência é diversamente suspeita de não ser desinteressada, neutra e independente da subjetividade, de tal modo que a demarcação entre saber ou teoria científicas e crenças não-científicas é freqüentemente apresentada como problemática e contestável, um jogo de poderes.

Até o momento, os criacionistas foram rejeitados no que se refere à sua reivindicação pedagógica, mas a polêmica não terminou. O argumento que provisoriamente triunfou é o da separação da Igreja e do Estado e do caráter privado das crenças religiosas. Esse argumento considera, bem entendido, que a teoria criacionista é própria de uma tradição religiosa particular (a tradição judaico-cristã), que o Estado não pode privilegiar. A teoria da Evolução, seja qual for seu estatuto de verdade, não apresenta semelhante cumplicidade com uma determinada religião. Mais positivamente, deve-se dizer que, se a demonstração da teoria evolucionista neodarwiniana não pode ser feita de modo simples, direto e para cada um, essa teoria (complexa) permite perceber um número imenso de observações convergentes e de aplicações tecnocientíficas práticas (engenharia genética) para aquele que faz o esforço de estudá-la. Sua capacidade explicativa é infinitamente maior, mais refinada, mais operativa e mais produtiva do que o mito da Criação.

Leituras Sugeridas

Ladous R. (1985), *Darwin, Marx, Engels, Lyssenko et les autres*. Paris, Institut interdisciplinaire d'études épistémologiques de Lyon/Vrin.
Lecourt D. (1992), *L'Amérique entre la Bible et Darwin*. Paris, PUF (Science, histoire et société).
Pichot A. (1993), *Histoire de la notion de vie*. Paris, Gallimard (Tel 230).

_____ Capítulo X

Nietzsche: hermenêutica e niilismo

- Uma linguagem metafórica para um mundo plurívoco
- Uma filosofia hermenêutica: o perspectivismo
- Uma interpretação ambivalente da ciência
- A genealogia da moral cristã e o sentido primeiro do niilismo
- Do niilismo tradicional ao niilismo afirmativo
- O futuro é para o artista e para o poeta

PALAVRAS-CHAVE

• amor fati • arte • ciência • cristianismo • criação • devir • dualismo • eterno retorno do mesmo • força • genealogia • hermenêutica • idealismo • lógica • metáfora • metafísica • moral dos fracos • moral dos fortes • multiplicidade • niilismo • perspectivismo • ressentimento • sentido • sofrimento • super-homen • valor • verdade • vida • vontade • vontade de poder

Ao terminar os estudos de filologia clássica, Friedrich Nietzsche (1844-1900) se torna professor na Universidade de Bâle, em 1869. Essa formação e a leitura de Arthur Schopenhauer o levam à redação de *Die Geburt der Tragödie* (1872) (*O nascimento da tragédia*).[1] Encontros, amizades e relações fortemente ambivalentes agitam a existência de

---

[1] *La naissance de la tragédie.* Trad. de H. Hildenbrand e L. Valette. Paris, C. Bourgois (Le monde en 10/18, 2162), 1991. Indicamos igualmente as *Oeuvres*, trad. de J. Lacoste (e outros). Paris, Laffont (Bouquins), 1993.

Nietzche. Entre as personalidades mais importantes que o marcaram, temos sua mãe e sua irmã, mas também Richard Wagner, Peter Gast e Paul Rée, assim como Lou Andreas Salomé...

Entre suas obras mais notáveis, citaremos:

– *Menschliches, Allzumenschliches* (1878-1879) (*Humano, demasiadamente humano*).[2]

– *Die fröliche Wissenschaft* (1882) (*A gaia ciência*).[3]

– *Also sprach Zarathustra* (1883-1885) (*Assim falava Zaratustra*).[4]

– *Jenseits von Gut und Böse* (1886) (*Além do bem e do mal*).[5]

– *Zur Genelogie der Moral* (1887) (*Genealogia da moral*).[6]

Desde o início dos anos 80, Nietzsche foi gravemente afetado por uma doença de origem sifilítica. Em 1889, uma crise de demência o abate em Turim; morrerá onze anos mais tarde, sem ter recuperado a razão.

A influência de Schopenhauer

A influência de Schopenhauer (1788-1860) sobre Nietzche oferece a ocasião de uma apresentação sumária das grandes idéias desse crítico importante do idealismo pan-racionalista com a tendência teológica de Hegel.

Em *Die Welt als Wille und Vorstellung* (1819 e 1844) (*O mundo como vontade e como representação*),[7] Schopenhauer se liga, de um

---

[2] *Humain, trop humain.* Trad. de R. Rovini. Paris, Gallimard (Folio essais 77-78), 1987.

[3] *La gai savoir.* Trad. de P. Klossowski. Paris, Gallimard (Folio essais 17), 1990.

[4] *Ainsi parlait Zarathoustra.* Trad. de M. De Gandillac. Paris, Gallimard (Folio essais 8), 1985.

[5] *Par delà bien et mal.* Trad. de G. Bianquis. Paris, Union genérale d'éditions (Le monde en 10/18, 46), 1988.

[6] *Généalogie de la morale.* Trad. de H. Hildenbrand e J. Gratien. Paris, Gallimard (Folio essais 16), 1987.

[7] *Le monde comme volonté et comme représentation.* Trad. de A. Burdeau. Paris, PUF (Grands ouvrages), 1992.

lado, ao pensamento de Kant: o conhecimento do mundo e dos objetos é fenomenal e constituído pelo sujeito: "O mundo é minha representação". Mas esse saber e esse mundo fenomenal são, diferentemente do ensino de Kant, denunciados como *aparência* e *ilusão*. Para além destas, a realidade ou "coisa em si" não se pode tornar objeto de ciência, mas temos a experiência dele. Essa experiência é a de nosso *corpo*. Nosso corpo nos aparece, sem dúvida, como um objeto, um fenômeno; mas nós o experimentamos também a partir do interior, como necessidade, desejo, força, poder de agir, *vontade*. Pelo viés desse corpo que somos, nós fruímos de um acesso à realidade profunda de todas as coisas e do mundo em sua totalidade: esse ser profundo e dinâmico é *vontade*. A "coisa em si" kantiana é descrita por Schopenhauer, portanto, como vontade. Não a vontade consciente e intencional de um indivíduo racional, mas vida que quer, desejo ilimitado, impulso universal, ao mesmo tempo amorfo e polimorfo, da qual todos os objetos-fenômenos (compreendendo os humanos) são apenas produções-objetivações transitórias, em luta umas com as outras, e condenadas, todas, à aniquilação. Nenhum objeto pode, com efeito, satisfazer e apaziguar a vontade infinita.

A vontade em Schopenhauer é uma noção metafísica e cosmológica, e não simplesmente uma categoria antropológica ou subjetiva. Ela não persegue, por outro lado, nenhuma finalidade, mas é basicamente cega, inconsciente e em conflito consigo mesma, não cessando de entravar e de se opor a seus próprios impulsos. A liberdade de que ela goza é irracional e antagonista. O mundo, sob as formas do qual ela não cessa de se objetivar, expressa esses processos sem-fim de criação-destruição, na colisão de forças físicas, na luta dos seres vivos, no combate das consciências. O confronto é, portanto, universal e no coração da realidade mais profunda do ser, e parece sem saída. Ele é também a fonte de um *sofrimento* infinito, que justifica o pessimismo de Schopenhauer. O amor e a razão são apenas estratagemas, graças aos quais a vontade-de-viver (e, com ela, o sofrimento) se perpetua: eles são, portanto, o contrário de uma solução durável. A arte oferece tão-somente paradas estéticas, contemplativas e provisórias.

A moral, entretanto, compreendida como sensibilidade pelo sofrimento universal dos seres (não somente dos humanos) e como *compaixão*, constitui um passo para a solução, à medida que ela impele a abolir o individualismo egoísta. Este último é uma afirmação da vontade que gera, em si mesmo e nos outros, apenas sofrimentos suplementares e que se alimenta com as aparências enganadoras dos fenômenos e das representações. Mas a compaixão ainda está insuficientemente separada do mundo e do desejo. A libertação pode vir apenas da *própria extinção do querer-viver* em si. É do lado do ascetismo, e principalmente na mística atéia do budismo, que Schopenhauer, admirador do hinduísmo, distingue a única forma de ação apropriada para o mundo insensato e doloroso em que nascemos e morremos.

1. Uma linguagem metafórica para um real plurívoco

Nietzsche não tem nada de filósofo acadêmico; não tem a preocupação de definir uma terminologia rigorosa nem de elaborar tratados sistemáticos. Ele considera que tal ambição carece da riqueza da vida e do real. Ele é mais um ensaísta e um poeta que tem da filosofia e da humanidade uma visão poderosa, crítica e original. No essencial, os escritos de Nietzsche são compostos de aforismos; algumas vezes a expressão é diretamente poética; ela é freqüentemente alusiva. A obra de Nietzsche é também o objeto de numerosas interpretações, mais ou menos divergentes, conforme os temas que são privilegiados e o modo como os desenvolvimentos enigmáticos são compreendidos.

Essa indeterminação da obra está de acordo com a idéia de que o real é plurívoco, inesgotavelmente aberto e criativo. É por isso que a linguagem unívoca do conceito lógico e científico não convém para o descrever; apenas uma linguagem *metafórica*, conotativa, mais que denotativa, que exige interpretação criativa, é expressiva do mundo.

Conforme Nietzsche, a linguagem é primitiva e basicamente metafórica. Os conceitos são apenas antigas metáforas desgastadas e mortas. É por ser metáfora e analogia que a linguagem pode introduzir unidade no caos dos fenômenos, reunindo suas diversidades. A analogia permite aproximar e agrupar coisas que não são idênticas. Estabilizados, esses livres agrupamentos tornam-se categorias, conceitos ou essências. O erro consiste em tomar essas conceitualizações como a verdade e a realidade, ao passo que elas são apenas interpretações entre uma multidão de leituras analógicas possíveis.

Em geral, os filósofos fogem do estilo e das metáforas. Nietzsche os afirma como os únicos em conformidade com a realidade profunda. Ele prepara assim a aproximação contemporânea ("pós-moderna") da filosofia e da literatura, o fim da distinção estável entre verdade e ficção, fato e valor, conhecimento e criação.

2. Uma filosofia hermenêutica: o perspectivismo

2.1. Da hermenêutica do livro à hermenêutica do mundo

A hermenêutica designa a arte e a ciência da interpretação dos textos. Ela é, na origem, um conjunto de técnicas de leitura, de compreensão e de decifração, que permitem apreender o sentido autêntico e afastar falsas interpretações. Primitivamente, ela coincidiu com a exegese da Bíblia. Mas bem depressa ela se pôs a caracterizar a natureza e o método próprios do saber que toma o ser humano e suas produções (principalmente as produções literárias) como objeto. Esse saber deve ser distinguido das ciências da natureza e essa distinção foi freqüentemente expressa pela oposição entre "compreender" e "explicar". Todavia, a característica do *uso filosófico da hermenêutica* é a ambição de estendê-la à realidade não humana e não produzida pelos seres humanos: o mundo, a natureza. Essa ambição volta, em suma, a tratar *o mundo como um livro*. O livro do mundo deve ser lido e interpretado. Alguns consideram que há *um* sentido profundo e autêntico (assim como o quer a interpretação religiosa da natureza como expressão simbólica múltipla de um Deus único); outros pensam que ele é indefinidamente interpretável, em sentidos diversos, dos quais nenhum seria fundamental.

Com muita freqüência, a abordagem hermenêutica do real tem como efeito, até como finalidade, relativizar a descrição científica explicativa em relação à natureza. Considera-se que tal descrição, que visa ao controle, à dominação e ao poder sobre a natureza, corresponde a *um* modo de se relacionar com o real e de representá-lo. A "leitura científico-técnica" não seria a única nem a mais profunda, e constituiria, de todos os modos, também *uma interpretação*, que não se deveria de modo nenhum privilegiar.

Teremos a ocasião de voltar a essa crítica hermenêutica da ciência, que não é rara hoje. Notemos que ela não é estranha ao desejo de preservar ou de renovar uma relação com a natureza, característica da época pré-moderna: uma relação que mantém a confusão entre coisas e palavras, fenômenos naturais e símbolos, causas e significações. A ciência moderna se esforçou para decompor essas amálgamas, rejeitando as "causas finais", considerando que o "livro da natureza é escrito em linguagem matemática" e ligando ao real uma descrição operativa, ativa e técnica, em vez de uma relação passiva, de contemplação ou de simples leitura interpretativa. O desenvolvimento contemporâneo da hermenêutica caminha ao lado de um aspecto essencial do debate entre filosofia e ciência, debate que não cessou de se reforçar, de se diversificar e de se complexificar.

2.2. O perspectivismo

Embora o termo não apareça muito em Nietzsche, seu pensamento (originalmente formado pela *filologia*) é basicamente *hermenêutico*, ao mesmo tempo em relação às produções e instituições humanas (moral, religião, metafísica, ciência) *e* em relação ao mundo e à vida em geral.

Nietzsche: hermenêutica e niilismo

> O caráter interpretativo de tudo o que acontece. Não há aconteci-
> mento em si. O que acontece é um grupo de fenômenos selecionados
> e reunidos por um ser que interpreta.

> O mesmo texto autoriza inumeráveis interpretações; não existe
> interpretação exata (*Oeuvres posthumes*).[8]

Nietzsche fala de *perspectivismo*: o que identificamos como o real, a verdade, depende amplamente (ou totalmente) da perspectiva escolhida. Não existe real em si, nem verdade absoluta, nem sentido único e fundamental, que esgotaria as significações do ser.

Como a *escolha* da perspectiva depende dos valores (interesses, fins) privilegiados pelo sujeito que interpreta, toda perspectiva – toda leitura daquilo que existe – é *axiológica*, orientada por valores. Nenhuma perspectiva é puramente *lógica*, ou seja, neutra, objetiva, independente da valorização subjetiva.

2.3. Lógica e ciência de um ponto de vista perspectivista

A ciência alimenta a pretensão ilusória de escapar do perspectivismo ao produzir uma descrição adequada, verdadeira – como um espelho – do real. Ela está associada à *lógica*, que visa à descoberta de identidades absolutamente estáveis, não afetadas pelo incessante e caótico devir dos fenômenos, que aparecem e desaparecem ou se modificam sem cessar. Na realidade, ciência e lógica são dois procedimentos *úteis* para garantir a *sobrevivência* de nossa espécie animal, privada de instintos seguros em um mundo perpetuamente mutante. Ciência e lógica permitem descobrir e explorar *algumas regularidades* relativas entre as aparências e efetuar predições que nos permitem sobreviver e realizar certo número

---

[8] Nas *Oeuvres philosophiques complètes*. Paris, Gallimard (Bibliothèque de philosophie), 1976-1982.

de projetos. O sentido último da ciência e da lógica é, portanto, *utilitário* ou *pragmático*: elas constituem um conjunto de crenças úteis para a espécie humana. Ciência e lógica têm um *valor* em relação a certos interesses humanos.

Na realidade, a relação de Nietzsche com a ciência de sua época é *ambivalente*.

Por um lado, ele reconhece nos cientistas qualidades preciosas: liberdade de espírito, rejeição de dogmas e de preconceitos, interesse pelo mundo concreto...

Por outro lado, ele os reprova por prolongar o ideal ontoteológico niilista (ver abaixo) de um Saber Verdadeiro, Absoluto e Definitivo. Reprova-os, em suma, por não reconhecerem que ligam ao real uma relação interpretativa, ativa e criativa. É por isso que a ciência deve ser completada pela arte, que lhe é superior.

Podemos objetar a Nietzsche que ele próprio não percebe claramente a que ponto a atividade científica moderna é efetivamente criativa, ao mesmo tempo sobre o plano teórico e prático. Ele continua, quanto ao essencial, a concebê-la como prolongamento da antiga ciência logoteórica, passiva e contemplativa. Todavia, ele chega a entrever a importância criativa, "poiética" – no sentido de uma *poiesis* material, física ou tecnofísica, e não simplesmente simbólica e teórica – das tecnociências em desenvolvimento:

> A ciência é um meio para fazer do homem um artista em um sentido inaudito.

2.4. A genealogia da moral

A descrição *genealógica* é uma forma de hermenêutica que consiste em explicar e, principalmente, em desmascarar, desmistificar, retraçando a história, especialmente a gênese, daquilo que se descreve. Descrever a ciência e seu desejo de verdade como estratégia enraizada no instinto de conservação é já fazer genealogia. Mas é principalmente a respeito

Nietzsche: hermenêutica e niilismo | 295

da moral religiosa (cristianismo) e da filosofia idealista e metafísica que Nietzsche praticou a descrição genealógica.

A moral cristã, a moral da bondade, do devotamento, da piedade, seria o fruto do *ressentimento* impotente dos fracos em relação aos fortes; ela teria como finalidade enfraquecer aqueles, culpabilizando-os. Nietzsche distingue, portanto, uma moral dos fortes e uma moral dos fracos:

2.4.1. *A moral dos fortes*

É a moral autêntica, em profundo acordo com a afirmação vital criativa. Eis seus traços dominantes:

- é individualista e conquistadora;
- está ligada à vontade de poder: dominação *e* atualização de tudo aquilo que é possível (de todas as virtualidades);
- não aceita os valores estabelecidos nem o dever: o homem forte inventa seus próprios valores; ele decide a respeito de seu dever; ele cria aquilo que é novo (e, portanto, inevitavelmente destrói aquilo que é antigo e ultrapassado);
- não é hostil ao auxílio aos menos fortes, sob a condição de que tal ajuda não seja dispensada por piedade ou compaixão ou sob o efeito da culpabilidade, e sim a partir de uma superabundância de energia que se comunica;
- está associada à idéia do *super-homem*;
- está de acordo com o darwinismo: luta pela vida (valorização da guerra) e triunfo do mais forte.

2.4.2. *A moral dos fracos*

Nietzsche visa à moral cristã, mas também mais geralmente às morais "socialistas" e "comunistas", "humanistas", associadas à secularização do cristianismo:

- a moral dos fracos é constituída na base do *ressentimento*: o ressentimento é a agressividade impotente do fraco, que não se ousa expressar diretamente; ela procura caminhos indiretos para, no entanto, exteriorizar-se e tornar possível o triunfo hipócrita dos fracos, associados contra os fortes. É o ressentimento que inventa falsos valores morais, como a fraqueza e a morte: a piedade, a bondade, a solidariedade, a caridade, a igualdade...
- visa a culpabilizar os fortes, a lhes dar má consciência, a inverter os verdadeiros valores da vontade de poder, a enfraquecer a força, fazendo acreditar que ela é má;
- é associativa e gregária;
- ela também está ligada ao *niilismo*, que inventa "mundos melhores", em que os fortes, assimilados aos maus, serão punidos, e em que os fracos, assimilados aos bons e virtuosos, serão recompensados.

3. O sentido do niilismo

"Niilismo" (do latim "nihil": nada) é um termo que reúne significados múltiplos, por vezes parecendo opostos. O niilismo não é, portanto, simples nem estático, nem desprovido de ambivalência.

3.1. A crítica do niilismo tradicional, próprio da religião e da metafísica

3.1.1. *Uma atitude geral da humanidade*

O niilismo designa fundamentalmente uma reação de fuga diante da vida real, concreta e sensível. A humanidade em geral é fraca, doentia, incapaz de suportar a existência encarnada em todas as suas dimensões de prazer e de sofrimento, de oposições fortes, de paixões, de tensão permanente entre a criação e a destruição, e que desemboca inexoravelmente na morte do indivíduo. O homem cria para si, desse modo, refúgios imaginários – "outro mundo e outra vida" –, harmoniosos, em que o sofrimento e a morte, até o tempo, seriam banidos. Esse comportamento niilista (pois diz que a vida concreta é *nada* e que o outro mundo, que *não existe*, é tudo) não é devido a uma decisão consciente. Ele é evitação espontânea do real. O niilismo não aparece, portanto, no início, com sua verdadeira face e com todo conhecimento de causa. Ele nasce e cresce sob a máscara *positiva* de uma revelação, de uma fé, de uma experiência: da evidência de um mundo e de uma vida superiores, supra-sensíveis. E é sobre a base dessa certeza transcendente ilusória, que parece primeira, que a vida concreta e o real sensível são, em comparação, desvalorizados, rejeitados e assimilados a um quase nada, um mundo desprezível de aparências efêmeras.

Há, portanto, um procedimento crítico – hermenêutico, genealógico – a empreender, a fim de passar do niilismo mascarado para o niilismo desmascarado. Essa desconstrução do niilismo primitivo e inconsciente deverá permitir compreender que *é o medo da vida real que suscita a impostura de uma vida supra-sensível e ideal*.

3.1.2. *A crítica da metafísica idealista e dualista*

Desde Parmênides – que nega o devir e a diversidade do real – e, de modo mais elaborado, com o idealismo platônico, a filosofia ocidental vem a se inscrever no esquema niilista. Ela é, com efeito, *dualista*, *metafísica* e *idealista*, o que significa que:

- opõe duas ordens de realidade (é o dualismo);
- valoriza maciçamente a realidade não física, superior ao mundo físico ("metafísica"), definida como ideal, ou seja, imaterial, intangível, eterna (é o idealismo).

Ao mesmo tempo, a filosofia valoriza a forma de existência orientada sobre essa realidade, ou seja, a vida espiritual, contemplativa, teorética, que se afasta da existência sensível, prática e corporal. Essa atitude, centrada sobre o conhecer intelectual e não sobre o sentir e o fazer, caminha ao lado de uma moral: a vida cognitiva, contemplativa, é a vida mais virtuosa; o conhecimento da Verdade é o Bem supremo.

O dualismo é indissociável de uma valorização, ou seja, de uma hierarquia. Toda a filosofia ocidental se manteria, desse modo, em uma seqüência de pares conceituais hierarquizados: verdadeiro/falso, real/fictício, alma/corpo, espiritual/material, um/múltiplo, ser/nada, eterno/temporal, bem/mal etc.

É essa estrutura hierarquizada – que rejeita o mundo sensível e vivo, em favor dos "mundos retirados" ilusórios – que é preciso subverter. Mas essa subversão não pode consistir em um simples retorno. Com efeito, tal retorno, que afirmaria, por exemplo, como verdadeiro o materialismo em vez do idealismo, permanece preso na estrutura hierárquica e no desejo que nega a diversidade, a multiplicidade criativa das perspectivas. Com o materialismo, sempre se trata de privilegiar absolutamente *uma* leitura do real e de nela encontrar a estabilidade absoluta, *a* resposta definitiva para o enigma do mundo. Sempre se trata de negar a vitalidade criativa em favor de uma certeza e garantia mortais. O materialismo não escapa da metafísica à medida que permanece uma *teoria* que pretende [chegar] à Verdade.

Nietzsche preconiza a renúncia de qualquer hierarquia estável, de qualquer interpretação definitiva; preconiza a afirmação da multiplicidade aberta dos valores, do corpo *e* do espírito, de todos os opostos...

O niilismo associado à filosofia ocidental e, principalmente, ao idealismo platônico, encontrou no cristianismo um aliado seleto. A história da associação (nem sempre simples) entre a filosofia de origem grega e o judeu-cristianismo foi, portanto, totalmente determinante para a história do Ocidente.

3.2. O desmoronamento moderno do niilismo tradicional: a crise do sentido e dos valores

A crítica nietzcheana tão-somente precipita uma crise que está em curso. No século XIX, a fé na realidade dos "mundos retirados", que fundamentam os valores morais, é gravemente abalada. O agnosticismo, o ateísmo, o positivismo, o materialismo etc. progridem e proclamam a "morte de Deus". Esse *slogan* simboliza o desmoronamento de qualquer valor, de qualquer verdade e de qualquer sentido absolutos. A crise é sensível até naqueles que procuram preservar a religião, como Kant, cuja filosofia crítica nos arrebata qualquer esperança de saber e de certeza quanto ao domínio do supra-sensível.

A necessidade de Sentido e de Absoluto, entretanto, persiste e inspira pensamentos novos, chamados de progressistas, que colocam o Absoluto não mais acima da História, na Eternidade ou no Intemporal, mas no Fim da História e do Tempo. Os ideais positivistas, socialistas, utopistas ou marxistas aparecem, desse modo, como religiões ou metafísicas secularizadas, temporalizadas. A história teria um Sentido, grosso modo cognoscível, e bastaria a ele se remeter para saber o que convém pensar e fazer no presente, presente que tem valor apenas em função do "futuro radiante" para o qual ele conduz.

Contudo, todos esses sobressaltos do niilismo tradicional apenas mascaram a profunda crise de valores e de sentido que caracteriza a época contemporânea e que começa com a modernidade.

3.3. O niilismo afirmativo

A crise dos valores e a destruição do dualismo metafísico são tanto libertadoras quanto angustiantes. Elas são angustiantes, até desesperadoras, à medida que suprimem todos os pontos de referência e as significações estáveis tradicionais, deixando apenas o vazio do não-sentido e a anarquia dos princípios, e revelando o nada (o "nihil" dos falsos absolutos) em que colocávamos o ser (Deus, a Verdade, o Bem). Mas elas são libertadoras à medida que abalam as hierarquias e os dogmas petrificados, esclerosados, que sufocam a vida, a criação e a evolução. A destruição dos velhos valores e dos antigos tabus é, portanto, também iconoclasta, ato prospectivo que torna possíveis novas criações, a invenção de valores inauditos, a descoberta de outras interpretações da vida, do mundo e do homem.

A denúncia do niilismo tradicional e a superação do dualismo metafísico e teológico desembocam, desse modo, sobre temas inteiramente positivos, cujos nomes são: "vontade de poder", "eterno retorno do mesmo" e "super-homem".

3.3.1. *A vontade de poder*

> Vocês querem um *nome* para este mundo?... Este mundo é a vontade de poder, e nada mais (*Oeuvres posthumes*).

A vontade de poder expressa, portanto, as profundidades do ser e do tempo, o fundo do ser como tempo ou como devir. Tal fundo é paradoxal e desafia qualquer apreensão; ele é criação-destruição, *poiesis* perpétua. Tal é a verdade, mas essa verdade, por ser afirmação do devir criador e irracional, é o outro lado da verdade no sentido tradicional, associado às noções de estabilidade, razão, eternidade. A verdade nietzscheana é a verdade da ficção, do artifício, da invenção, e não há modelos, não há arquétipos a copiar.

A "vontade de poder" é afirmação do primado radical da vontade e da liberdade sobre a razão; o poder deve ser compreendido como *força* e como *potencialidade*. O mundo da vontade de poder é, com efeito, um universo de forças em permanente luta, que procuram cada uma impor-se, afirmar-se, ser, dominar os outros. Mas é também um universo de potencialidades, um reservatório indefinido de virtualidades que se procuram atualizar, se expressar. Tal universo não é "humano", não é "feito pelo homem". Este aparece nele apenas como uma expressão, uma cristalização contingente da vontade de poder cósmico que a tudo permeia.

Estar de acordo com tal universo, ser, se quisermos, "na verdade", é ser na ficção. É tão-somente imaginando, criando, inventando e destruindo também que o homem está no movimento da vontade de poder. O artista encarna tal existência. O filósofo ou o intelectual são incapazes de assumir o trágico da vontade de poder e da vida. Eles estão sempre em busca ansiosa de uma identidade definitiva e de um fundo que não se dissimula.

Mais uma vez, Nietzsche não alcança a dinâmica concretamente criativa – a criatividade tecnofísica – da ciência contemporânea (embora ele pareça freqüentemente em consonância com ela, quando exige, por exemplo, para a vontade de poder, o "pensamento experimental", que opera apenas sobre o modo da hipótese e, portanto, da invenção provisória). Também é principalmente de modo *simbólico* que o homem é convidado por Nietzsche a viver a vontade de poder, como poeta essencialmente e como hermeneuta.

Nietzsche impele a uma superação incansável e polimorfa, sem fixação sobre aquilo que se conquistou ou inventou. O devir criador é infinitamente múltiplo e livre de qualquer finalidade escatológica única e exclusiva.

> Devir enquanto invenção, querer, negação de si, ato de ultra-
> passar a si mesmo (*Oeuvres posthumes*).

A vontade de poder e o devir aberto são dois nomes da mesma realidade dinâmica infinita.

3.3.2. *O Eterno Retorno do Mesmo*

O próprio Niestzsche considerava a idéia do *Eterno Retorno do Mesmo* como a mais difícil e "a mais terrível"; ela é solidária da idéia de vontade de poder, com a qual ela absolutiza – eterniza –, de algum modo, cada instante, cada criação.

Com efeito, se o tempo é infinito, podemos considerar que tudo – todas as constelações de forças e de formas, todas as configurações espaço-temporais, todas as alegrias e sofrimentos – voltará e voltará um número infinito de vezes, ou seja, eternamente. Cada instante é como que eterno e cada ato também. O indivíduo suficientemente forte para suportar essa idéia não tem mais nenhuma razão de lamentar ter feito ou não ter feito tal coisa, porque é desde uma eternidade e para a eternidade que isso foi, é e será realizado. Desse modo se descobre, conforme Nietzsche, "*a inocência do devir*" e o "*amor fati*" (amor pelo destino). Tendo acedido a esse nível de consciência, o indivíduo coincide com a vontade de poder e com a infinidade do devir. Tal homem é "super-humano".

> Imprimir ao devir o caráter do ser é a forma superior da vontade de poder... Dizer que tudo retorna é aproximar ao máximo o mundo do devir e o do ser: ápice da contemplação (*Oeuvres posthumes*).

Notemos que, de certo modo, Nietzsche reata, nesse ápice, com a Verdade e a Eternidade.

3.3.3. O Super-homem e a criação artística

Teremos compreendido que o super-homem nietzscheano não deve ser procurado nos fantasmas da ficção científica contemporânea nem no prolongamento do utopismo. Facilmente nos convenceremos disso, se nos lembrarmos de que Nietzsche é principalmente crítico em relação à ciência, que ele percebe sob sua forma logoteórica e não *tecno*científica.

O Super-homem é o homem do niilismo afirmativo, aquele que rompeu com a angústia mortífera da religião e da metafísica. Ele é o indivíduo capaz de pensar e de viver *o movimento incessante e múltiplo da vontade de poder*. De pensar e de viver *como criador, como poeta, como dançarino e como artista*. Apenas o super-homem é suficientemente forte para compreender e aceitar a terrível verdade do Eterno Retorno do Mesmo. Ora, esse pensamento do Eterno Retorno do Mesmo é oposto ao utopismo tecnocientífico, que alimenta o sonho de uma refundição total da condição humana. Esse sonho não encontra sua origem na angústia e na fraqueza da vida, incapaz de se suportar e de se querer até em seu sofrimento? Para Nietzsche, a única resposta forte para a condição humana é a criação artística, que sublima a existência humana, simbolicamente a supera e a metamorfoseia, alimentando-se no trágico da vida, em vez de tentar negá-lo.

Temos a arte, a fim de não morrer da verdade (*Oeuvres posthumes*).

LEITURAS SUGERIDAS

ANDLER C. (1958), *Nietzsche, sa vie et sa pensée*. Paris, Gallimard (Bibliothèque des idées).

DELEUZE G. (1991), *Nietzsche et la philosophie*. Paris, PUF (Bibliothèque de philosophie contemporaine).

FINK E. (1986), *La philosophie de Nietzsche*, trad. de H. Hildenbrand e A. Lindenberg. Paris, Éd. de Minuit (Arguments).

HALEVY D. (1986), *Nietzsche*. Paris, Hachette (Pluriel 8466).

MOREL G. (1985), *Nietzsche*. Paris, Aubier (Philosophie de l'esprit).

NIETZSCHE F. (1985), *Ainsi parlait Zarathoustra*, trad. de M. de Gandillac. Paris, Gallimard (Folio essais 8).

NIETZSCHE F. (1987), *Généalogie de la morale*, trad. de H. Hildenbrand e J. Gratien. Paris, Gallimard (Folio essais 16).

NIETZSCHE F. (1991), *La naissance de la tragédie*, trad. de H. Hildenbrand e L. Valette, C. Bourgois (Le monde en 10/18, 2162), Paris.

VATTIMO G. (1991), *Introduction à Nietzsche*, trad. de F. Zanussi. Bruxelas, De Boeck Université (Le point philosophique).

Capítulo XI

Husserl e a fenomenologia

- O que significa "fenomenologia"?
- A ciência moderna mutilou o grande projeto filosófico do saber racional.
- A saída da crise: volta à experiência e ao sujeito conscientes.
- A fenomenologia como método e ciência rigorosa.
- O resultado absolutista e suas dificuldades.
- Importância e fecundidade da fenomenologia no século XX.

PALAVRAS-CHAVE

• ciência moderna • cientificismo • consciência • corpo • crise
• essência • Europa • experiência • fenômeno • fenomenologia
• idealismo • intenção • método • modernidade • mundo da vida
• objetivismo • Ocidente • psicologismo • razão • redução
• relativismo • sentido • subjetivismo • sujeito • teorético
• transcendental • universalidade • variação imaginária • vivido

Nascido em Prossnitz (na Áustria-Hungria, hoje Prostegov, República Tcheca), em 1859, Edmund Husserl fez estudos de matemáticas e de filosofia. De ascendência judaica, ele se converteu ao cristianismo, mas foi vítima de discriminação nazista quando terminava sua carreira na Universidade de Friburgo na Brisgóvia, onde seu aluno, Martin Heidegger (1889-1976), o sucedeu. Husserl morre em Friburgo em 1938.

– *Logische Untersuchungen* (1900-1901) (*Pesquisas lógicas*).[1]

– *Ideen zu einer reinen Phänomenologie und phänomenologischen Philosophie* (1913) (*Idéias diretrizes para uma fenomenologia e uma filosofia fenomenológica puras*).[2]

– *Cartesianische Meditationen* (1931) (*Meditações cartesianas*).[3]

– *Die Krisis der europäischen Wissenschaften und die transzendentale Phänomenologie* (1936) (*A crise das ciências européias e a fenomenologia transcendental*).[4]

A edição completa das obras e dos manuscritos de Husserl (*Husserliana*), cujos arquivos se encontram em Louvain, encontra-se em curso.

O termo "fenomenologia" aparece de início no *Neues Organon* (1764).[5] de Johann Heinrich Lambert (1728-1777), no qual ele designa a teoria da aparência. O fenômeno, enquanto aparência, engana e dissimula mais do que revela. Ele é concebido como a superfície visível por trás da qual o real se disfarça ou se mostra parcialmente.

"Fenômeno" e "fenomenologia" em Kant remetem ao real enquanto ele é sensível, conhecido e cognoscível: o fenômeno é constituído pelo sujeito que conhece e pela coisa a conhecer. Esta, como "coisa em si" (número), permanece fora da alçada do conhecimento, que é, portanto, integralmente fenomenológico. A importância da fenomenologia kantiana permanece fundamentalmente epistemológica. Com efeito, ainda que o "fenômeno" seja apenas uma aparência enganosa, ele não coincide também com o real em si, autêntico, que não é acessível ao sujeito que percebe e conhece.

---

[1] *Recherches logiques.* Trad. de H. Elie (e outros). Paris, PUF (Épiméthée), 1990-1993.

[2] *Idées directrices pour une phénoménologie et une philosophie phénoménologique pures.* Trad. de D. Tiffeneau. Paris, PUF (Épiméthée), 1982-1993.

[3] *Méditations cartésiennes. La crise des sciences européenes et la phenoménologie transcendentale.* Trad. de M. de Launay, Paris, PUF (Épiméthée), 1994.

[4] Trad. de G. Granel. Paris, Gallimard (Tel 151), 1989.

[5] *Neues Organon oder Gedanken über die Erforschung und Bezeichnung des Wahren und dessen Unterscheidung vom Irrthum und Schein.* Leipzig, 2 vols., 1764.

Husserl e a fenomenologia

Com Hegel (*Fenomenologia do espírito*, cujo subtítulo é: La science de l'expérience de la conscience – *A ciência da experiência da consciência*),[6] o fenômeno adquire uma importância propriamente ontológica, característica do idealismo, que será confirmada e aprofundada pela fenomenologia husserliana. Desta vez, não só o fenômeno (aquilo que a consciência experimenta, com o qual seu vivido se identifica e que ela apreende também reflexivamente: aquilo que ela é e, ao mesmo tempo, percebe ou conhece) não é enganador, nem essencialmente incompleto. O fenômeno é a única verdadeira realidade: *ser é aparecer*. A idéia de uma realidade em si "objetiva" inacessível, que seria a fonte e a explicação dos fenômenos, é considerada como mítica, uma ilusão mantida pela própria consciência.

Vemos que o sentido da fenomenologia oscila entre duas acepções antitéticas:

- saber subjetivo superficial e enganador das aparências, oposto à ciência da realidade em si;
- única ciência certa e verdadeira, adquirida pela evidência da experiência e da reflexão, e que tende a se confundir com o próprio vivido do sujeito consciente que "se aparece".

1. A crítica da ciência moderna

A corrente fenomenológica, desde sua origem, em 1900, com as *Pesquisas lógicas* de Husserl, ilustra o debate entre a filosofia e a ciência moderna. A fenomenologia denuncia, na atitude científica, lacunas, pontos cegos e também abusos, que a fenomenologia pretende corrigir.

---

[6] *Phénoménologie de l'espirit.* Trad. de G. Jarczyk e P.-J. Labarrière. Paris, Gallimard (Bibliothèque de philosophie), 1993.

1.1. A crítica do psicologismo e as insuficiências da ciência

Matemático, Husserl começa por criticar o *psicologismo*, ou seja, a pretensão da ciência psicológica, empírica e positiva, de perceber a gênese e a natureza das entidades lógico-matemáticas (números, relações etc.). O psicologismo é um exemplo de *cientificismo*; esse termo designa a ambição de uma ciência empírica (qualquer delas: biologismo, fisicalismo etc.) de atribuir a seus conceitos, suas leis, sua linguagem, um porte fundador universal e de explicação última, a modo de uma metafísica. Ora, essa pretensão é contraditória, uma vez que as verdades científicas nunca são mais que hipotéticas, provisórias. O psicologismo pretende explicar psicologicamente lógica e matemáticas. Mas leis e mecanismos psicológicos não podem perceber entidades e verdades lógico-matemáticas. Estas são entidades ideais, que se impõem como verdadeiras *a priori*, independentemente de qualquer saber empírico ou experimental, submetido à verificação *a posteriori*. Tal saber permanece incerto, constatado, mas não fundado. A psicologia, ciência empírica, não pode, portanto, fundar a lógica e as matemáticas nem percebê-las.

Mas as insuficiências filosóficas da ciência são gerais: as ciências produzem um saber *incerto* e *não fundado* (ou seja, não estabelecido sobre uma base absolutamente segura e definitiva). Elas progridem de modo despreocupado e *irrefletido*, pois não se inquietam com essa ausência de fundamento nem do sentido de seu curso.

1.2. A crise das ciências européias

1.2.1. *A Europa e a idéia de uma ciência universal e necessária, extraviada na modernidade*

Husserl sonha com uma ciência rigorosa e absolutamente fundada, que ele pretenderá constituir graças à fenomenologia. O sonho de um saber universal racional, evidente e necessário, é tão antigo quanto a

Husserl e a fenomenologia

própria filosofia. É o sonho do *logos*, que aparece pela primeira vez na Grécia e que caracterizará e acompanhará doravante a história européia. Ele se reafirmou com uma força inteiramente particular no limiar da modernidade, quando, sob o impulso de Descartes e de Galileu, a idéia de uma *física matemática* se impôs e, com ela, o projeto, que se tornou operacional, de um saber seguro e universal da natureza, fundado sobre a universalidade e a evidência matemáticas. É o sonho da "Mathesis Universalis" (Leibniz). Descartes empreende dar ao projeto de ciência matemática bases absoluta e definitivamente certas, ancorando-o no *Cogito* e na veracidade divina.

Todavia, conforme Husserl, o projeto físico-matemático da ciência moderna realiza o sonho antigo e legítimo da razão, mutilando-o gravemente. Sob a forma da ciência moderna, o saber racional se torna unilateral: ele conhece somente o objeto, a natureza, a quantidade; ele esquece e se separa do sujeito, da sensibilidade, do espírito, da consciência, do mundo da vida (*Lebenswelt*) nos quais o saber se enraíza, uma vez que são homens, sujeitos que pensam, que sentem e querem, que constituem o saber. Separada da razão reflexiva, que é também sensibilidade e subjetividade ("sentir-se", "consciência de si"), a razão científica se torna cega. Chegamos, assim, à situação dicotômica, característica do século XX, que opõe:

- o *objetivismo* das ciências, valorizadas como fontes únicas de um saber universal e racional;
- o *subjetivismo* das outras formas de relação com o mundo (moral, filosofia, arte) e de tudo aquilo que não é "científico". Todo esse resto é desvalorizado e marginalizado sob as etiquetas de irracionalismo e de relativismo. Essa condenação encoraja o ceticismo no domínio do sentido e dos valores.

Pior: o imperialismo cientificista leva a querer objetivar e quantificar *o próprio sujeito*, e daí o desenvolvimento de uma psicologia e de uma sociologia, chamadas de "científicas", assim como de "ciências humanas", em geral. Essa abordagem, objetivista e naturalista (o homem é considerado como um ser vivo natural entre os outros), representa para Husserl a traição de qualquer autêntica ciência do espírito.

A conseqüência desse extravio da ciência ocidental é a *crise*: a crise do *sentido*, devida ao fato de que a ciência, que domina a civilização contemporânea, separou-se cada vez mais do sujeito (a consciência sensível e que reflete), fonte de todo sentido. A ciência aparece, desse modo, separada da vida, da existência.

1.2.2. *A saída fenomenológica da crise: enraizar de novo as ciências no mundo da vida*

Para sair da crise, é preciso enraizar novamente as ciências no mundo da vida (*Lebenswelt*). Este mundo é o do sujeito consciente de si como um sujeito (e não como um objeto), consciente de seu ser histórico e temporal e de sua relação com outros sujeitos.

Mas esse renovado enraizamento deve preservar seu porte racional e universal. Aos olhos de Husserl, o historicismo e o relativismo das "concepções do mundo" são apenas um aspecto do subjetivismo e, portanto, da perda do sentido pela ciência. Em outras palavras, o projeto filosófico do saber racional e universal, que apareceu na Grécia e é característico da história européia, não é qualquer um: não é, sem mais, simplesmente a expressão de uma cultura particular, que seria *diferente* das outras culturas (Índia, China etc.). A cultura européia é a única em que a Razão, o Espírito, chegou a expressar-se como tal, e suas pretensões à universalidade são totalmente fundadas. A Europa é portadora da única cultura universal, porque se trata da cultura da razão, cuja realização coincide com o desenvolvimento de uma ciência teórica, necessária e universal.

Seria um contra-senso, portanto, compreender o renovado enraizamento fenomenológico da ciência moderna no mundo da vida e da consciência como um simples empreendimento, puramente empírico, a ser realizado no contexto histórico e geográfico. Na particularidade européia, a universalidade do espírito se afirmou e, em parte, foi traída pelo esquecimento de si. O saber do espírito vivo que é preciso reencontrar é um saber universal e essencial.

Desenvolver esse saber, ou seja, desenvolver a razão (logos) universal e consciente de si, é atualizar a essência da humanidade, é realizar o homem, que é "ser de razão", "zoon logon echon" (o ser vivo que possui o logos), mas cuja essência racional ainda não se desabrochou plenamente. É por isso que Husserl dirá que o filósofo (fenomenólogo), que trabalha para essa tarefa de atualização da essência racional e espiritual do homem, desenvolvendo a ciência universal autêntica, é o *funcionário da humanidade*.

> Somos, com efeito, precisamente aquilo que somos enquanto funcionários da humanidade filosófica moderna, enquanto herdeiros e co-portadores da direção que a atravessa inteiramente (...) a partir da fundação grega original (*A crise das ciências européias*).

2. A fenomenologia, ciência rigorosa

A fenomenologia foi chamada para realizar o sonho filosófico europeu de uma ciência universal e necessária, absolutamente rigorosa e certa. Tal ciência não pressupõe nada mais que seus próprios procedimentos; ela deve ser, de algum modo, autofundada. Portanto, é a partir da ciência fenomenológica que as ciências positivas e experimentais (re)encontrarão seu fundamento e seu sentido.

2.1. O "Retorno às próprias coisas" e o vivido da consciência

De que lado se voltar para estabelecer e desenvolver uma ciência rigorosa?

Não para o mundo ou para a natureza, concebidos como exteriores ao sujeito que conhece. Este não adquire, nessa direção, mais que um saber chamado de "empírico e objetivo", mas, de fato, incerto e abstrato, separado da fonte de todo sentido e de toda a certeza, que é o próprio sujeito.

É, portanto, para o vivido da consciência, o "experimentar a si mesmo" do espírito, que é preciso se voltar. Descartes já o havia indicado com o *Cogito* e com a experiência da evidência das verdades bem pensadas. A consciência – que eu sou – apresenta uma estrutura tal que seu vivido, com o qual ela coincide, é imediatamente acessível e, portanto, cognoscível com toda a certeza e com evidência. A consciência é e aparece simultaneamente (ou quase). Ela é o lugar próprio da fenomenologia. Com efeito, no fenômeno, ser e aparecer coincidem; ora, a consciência oferece a possibilidade de apreender reflexivamente os fenômenos que constituem seu vivido e de elaborar seu saber teórico. Fenomenológica, a consciência é o espelho em que os fenômenos se refletem, se conceitualizam e se expressam. A fenomenologia é o saber discursivo e teórico (a logoteoria) que dele resulta.

A famosa divisa husserliana, freqüentemente citada, do

"Retorno às próprias coisas",

de modo nenhum é, portanto, uma divisa realista ou positivista: as únicas "coisas" que nos são, de fato, dadas são os fenômenos, ou seja, o vivido da consciência.

Husserl procurou determinar um *método* para pôr em ação sua divisa e desenvolver progressivamente o saber fenomenológico, de maneira rigorosa e definitiva. Eis alguns aspectos desse método.

2.2. A estrutura intencional da consciência e a intuição das essências

2.2.1. *A consciência e seu "objeto"*

A consciência é sempre consciência *de...* Ela é desígnio, intenção; é sempre consciência *de objeto*. Seu objeto, porém, aquilo a que ela visa, é

Husserl e a fenomenologia

ao mesmo tempo aquilo que aparece, que se dá: o objeto da consciência é o fenômeno. Trata-se, portanto, de compreender bem que:

- entre a consciência e o fenômeno existe uma ligação de reciprocidade indissolúvel: existe apenas consciência *de* fenômeno, e fenômeno *para* uma consciência;
- dizer que a consciência é sempre consciência de objeto não nos faz "sair" da consciência: o objeto da consciência é sempre o vivido da consciência, com o qual ela coincide.

2.2.2. *A busca das essências*

Outro aspecto capital é que os fenômenos, dos quais a fenomenologia quer constituir o saber e que se entregam no vivido da consciência, não devem ser compreendidos como experiências, sensações, percepções particulares de uma subjetividade simplesmente individual e singular. A fenomenologia não se confunde com o relato de minhas experiências interiores nem com a introspecção de meu vivido existencial. Sem dúvida, como a fenomenologia convida a voltar à experiência e ao vivido da consciência subjetiva, é tentador interpretar essa divisa em sentido quase-autobiográfico e pessoal e pensar na literatura para expressar os matizes sutis e incomparáveis da experiência própria de cada consciência individual. Mas tal fenomenologia não constituiria jamais uma ciência, que deve ser geral. Com efeito, a fenomenologia privilegia uma modalidade da consciência intencional: a modalidade *teorética*, ou seja, a busca daquilo que é essencial e universal (a essência do fenômeno). A intenção teorética é distinta de outras modalidades, intencionalidades ou modos de ser próprios da consciência, tais como a vontade, o desejo, a emoção, a sensação etc.

A consciência fenomenológica teorética é essencialmente *expectadora*. Ela pode tomar-se também, ela própria, expressamente, objeto de seu próprio olhar reflexivo teórico e se descrever em seus diversos estados: é assim que ela deduzirá a essência da percepção (consciência que percebe), da volição, da emoção, do desejo (consciência que deseja) etc.

Como apreender a essência do fenômeno? Husserl propôs o *método das variações imaginárias*. Consideremos não importa qual objeto mais ou menos definido (por exemplo, a mesa, o pudor, o verde, o número positivo etc.), façamos variar sistematicamente os aspectos que pareçam constituir conforme a imagem e a noção que deles temos de início e vejamos quais são os aspectos cuja supressão ou modificação acarreta uma deformação ou o desaparecimento da identidade do objeto. Essa técnica põe em evidência os elementos necessários da identidade e da significação do objeto: as invariáveis que constituem sua essência (seu "eidos"). O objeto da fenomenologia é a essência do fenômeno assim deduzida. Essa essência é universal: conforme Husserl, toda consciência fenomenológica rigorosa acabará pondo em evidência as mesmas essências ou significações essenciais (do pudor, da cor, do número etc.). Tais essências não são, entretanto, entidades imateriais transcendentes, como as idéias platônicas, nem imanentes às coisas particulares, como as formas aristotélicas. Elas são "objetivas", mas apenas *para* a consciência que as visa. São, portanto, correlatos da intenção teórica da consciência que reflete seu vivido intencional diverso e deduz as invariáveis desse vivido. Temos, por exemplo, muitas experiências de cores; a intenção teórica, refletindo essas experiências e fazendo-as variar, deduzirá a essência da cor, ou seja, o que "ser colorido" significa e o que "perceber a cor" quer dizer.

2.2.3. Os dois níveis da consciência

Devemos distinguir não só diversas modalidades (intencionalidades) da experiência consciente, mas também diversos níveis, principalmente dois deles:

- a experiência comum e contínua da *consciência não reflexiva, prática e não teórica*. Essa é a consciência cotidiana, empenhada na vida e na ação que sente, quer, deseja, se comove, reflete também, mas conforme determinados fins. Por

Husserl e a fenomenologia

exemplo, ela reflete nos meios para obter alguma coisa. Essa consciência vivida não é separação da percepção de si; ela *se sente* continuamente e está presente a si mesma. Mas ela não é propriamente reflexiva, porque não tematiza expressamente seu vivido e, principalmente, não o tematiza com *a única finalidade de conhecer*;

- a *consciência reflexiva ou especulativa, teorética.* Essa modalidade da consciência, privilegiada pela filosofia, apodera-se da possibilidade de reflexão própria da consciência prática e a desenvolve para si mesma. A consciência se torna, desse modo, um espelho, aparentemente desinteressado (afastado dos interesses particulares do vivido prático), de si mesma e de suas experiências. Ela se esforça para delas deduzir as estruturas e as significações estáveis, fundamentais.

O postulado de Husserl, que é o postulado da Razão, é que as estruturas essenciais da consciência são universais, ou seja, idênticas para todos os sujeitos pensantes, ainda que no nível da consciência prática dos indivíduos empenhados na existência reine a maior diversidade. É dessas estruturas, próprias da Razão, que a fenomenologia pretende desenvolver o saber. Esse saber é também o saber das significações fundamentais e do sentido último e universal, uma vez que a Razão (o Logos) é origem de todo sentido.

2.3. A redução

Um aspecto do método fenomenológico que condiciona a busca das essências é a *redução*: ela consiste em pôr entre parênteses o mundo ou, mais exatamente, nossa crença na existência do mundo e das coisas particulares. É por meio desse desengajamento (também chamado de "*époché*", do grego "interrupção") que a consciência fenomenológica se torna pura expectadora de si mesma, capaz de se interessar exclusivamente no *sentido* geral dos fenômenos, sem se preocupar com as hipotéticas realidades naturais particulares, às quais alguns fenômenos se refeririam. A fim de deduzir as significações ou essências dos fenômenos, a questão da existência concreta é sem interesse. Desse modo, para compreender o que significa "unicórnio", pouco importa se ele existe ou não; da mesma forma, não é a análise da composição química de uma série de substâncias utilizadas para colorir que me permitirá compreender o que é perceber uma cor, fazer a experiência da cor. Um cego de nascença não poderá compreender desse modo essa experiência.

Retornar às "próprias coisas", para a fenomenologia, exige desviar-se da adesão ingênua e espontânea às coisas concebidas como exteriores e causas dos fenômenos. Se os fenômenos são os únicos absolutamente reais, se ser é aparecer e não existir (no sentido substancial, ou seja, independentemente da consciência que percebe, quer se trate de substância material ou não), então a redução fenomenológica faz da totalidade do mundo o puro correlato da consciência. Apenas a consciência (que se aparece sempre, sem dúvida, com evidência desigual) existe absolutamente, porque ela é, essencial e solidariamente, ser e aparecer. Salientemos que essa existência absoluta da consciência não é hipostasiada, por Husserl, como uma substância espiritual cartesiana, que sugere um substrato, um *em si*, de algum modo *portador ou sede* de uma consciência ou de uma atividade da consciência que, ela sim, aparece a si mesma.

Husserl desenvolveu a redução conforme três níveis. Ao cabo do processo redutivo, apenas permanece presente um puro sujeito transcendental universal e seu correlato mundano, igualmente universal.

3. O resultado idealista e seus problemas-limite

3.1. O idealismo fenomenológico

As reduções – que suspendem a adesão à existência transcendente ("exterior") do mundo e das coisas –, a estrutura intencional da consciência – que faz de qualquer objeto um puro correlato da consciência – e a busca dos fenômenos como essências e significações levam ao idealismo.

Do ponto de vista fenomenológico, apenas é autenticamente real e verdadeiro aquilo que aparece a um sujeito consciente que se aparece, ao mesmo tempo, sempre também a si mesmo. Desse postulado que identifica ser, aparecer e consciência, passa-se naturalmente à tese idealista, segundo a qual é definitivamente o sujeito que constitui o mundo, assim como tudo aquilo que existe, nisso compreendendo a si mesmo (autoconstituição do sujeito consciente e que reflete).

Isso significa que o mundo "físico", no sentido comum, não existe? Sim e não. Existe *talvez* (a consciência ingênua nele crê), mas enquanto realidade material, particular, ele não é interessante, filosoficamente (fenomenologicamente) falando: sua facticidade bruta e diversa não se pode tornar o objeto de uma ciência necessária e rigorosa e é desprovida de sentido. Como a filosofia-fenomenologia consiste, precisamente, em visar à essência e à significação das coisas, seu ser positivo e empírico é, ao menos, marginalizado, até "irrealizado": a "própria coisa", verdadeira, original, é o fenômeno, e não a hipotética coisa material.

Ora, a redução vale também para o próprio sujeito consciente: em definitivo, não é o eu (o sujeito) individual, circunstancial, com sua biografia particular, que é o sujeito consciente da fenomenologia. O único sujeito verdadeiro é o sujeito universal transcendental: ele é a fonte das essências e das significações; é para ele que elas aparecem e é a elas que ele visa. Desse modo, a fenomenologia se confunde, finalmente, com uma análise-descrição das estruturas significantes essenciais da consciência – do sujeito – em geral, ou seja, da Razão universal. Essa análise é um trabalho fundamentalmente reflexivo ou especulativo. Apenas o sujeito transcendental é o correlato próprio da busca teórica da consciência. Ao se visar sobre o modo teórico (especulativo), a consciência se converte ou se transmuta em consciência ou subjetividade transcendental, fonte de significações universais. Essa metamorfose faz com que ela alcance ou atualize seu ser próprio, essencial e original. Qualquer consciência individual é também consciência transcendental em potência, ou seja, *razão*. E cada um é potencialmente filósofo, pelo próprio fato de ser homem e, portanto, "*zoon logon echon*".

3.2. A transcendência do real e seus problemas

Convém dirigir uma atenção crítica à importância do aparente encarregar-se, pela fenomenologia, de tudo o que seria "exterior" à consciência: o outro, a intersubjetividade, o corpo, a natureza, o devir, a produção natural do homem, o inconsciente etc. A transcendência efetiva do real – quer se trate da natureza física, do outro, de meu corpo etc. – permanece, como tal, fora de propósito, desinteressante, improvável, irreal, para o fenomenólogo. Ele se choca com ela, entretanto, algumas vezes, como em um limite, uma resistência, um conjunto de insistências obscuras, de possíveis opacidades, uma origem tenebrosa também, nas fronteiras da consciência sensível e reflexiva. Essa realidade "in-consciente" é, ao mesmo tempo, irreal (uma vez que apenas é real aquilo que aparece para a consciência) e muito presente (uma vez que é a experiência ainda obscura e muda, preconceitual e pré-lingüística, o vivido irrefletido, que o fenomenólogo quer levar à consciência e à palavra).

> É a experiência (...) ainda muda que se trata de levar à expressão pura de seu próprio sentido (Husserl, citado por Merleau-Ponty, *no Prólogo* para a *Phénoménologie de la perception* (1945).[7]

No máximo, a transcendência é, portanto, admissível pela fenomenologia como um convite para prosseguir indefinidamente a

---

[7] Paris, Gallimard (Tel 4), 1976.

explicitação e a descrição conscientes. Ela significa que a tomada de consciência e sua expressão rigorosa ainda não estão acabadas, e talvez jamais o estejam. Entre os "objetos transcendentes", *o outro* e *meu próprio corpo* são totalmente singulares. Embora eu não seja mais que minha consciência, *eu também sou*, manifestamente, meu corpo, o qual não ocupo simplesmente como um alojamento ou um veículo. Meu corpo constitui para mim, portanto, um objeto muito especial, que eu sou e que minha consciência, no entanto, não constitui. Quanto ao outro, ele é um "objeto", que é ao mesmo tempo uma consciência (um sujeito), suscetível de me constituir, por minha vez, como "objeto", situando-me no seio do mundo que um outro projeta. Maurice Merleau-Ponty (1908-1961) e Jean-Paul Sartre (1905-1980) desenvolverão, a seu modo, essa fenomenologia particular do corpo e da experiência do outro.

Para Husserl, o corpo, o outro, a temporalidade etc. permanecem ultimamente constituídos pela consciência, pelo sujeito transcendental, ainda que apareçam em seus limites. Husserl permanece, desse modo, firmemente idealista: a evolução, a produção natural (biocósmica) do homem, é uma duração empírica particular, que não se refere ao Sujeito transcendental e que existe de fato apenas à medida que este pode pensá-la. Que lhe seja possível pensá-la sem, ao mesmo tempo, admitir sua própria contingência e, portanto, sem se negar enquanto Razão universal necessária e absoluta, é uma questão que desafia a fenomenologia e, por meio dela, toda a filosofia.

Essa questão já se coloca também no que se refere à chegada e ao desenvolvimento *históricos* da filosofia. Esta coincide com um projeto que aparece em um momento determinado, em certo lugar (Ásia Menor grega, no século VI a.C.). Nessas condições, a idéia de uma ciência universal, racional e necessária, era, ela própria, necessária e legitimamente universalizável? A universalidade da filosofia e da ciência seria mais que a particularidade da civilização ocidental, cuja expansão planetária não seria, a partir disso, absolutamente nem necessária nem justificada, por direito ou por razão?

Essa questão não é própria, entretanto, da fenomenologia. Ela se refere à filosofia e à civilização ocidentais como tais. Ela também aparece no seio da maioria das correntes filosóficas do século XX, como a hermenêutica, o racionalismo da Escola de Frankfurt ou, ainda, no pós-modernismo.

É principalmente no fim de sua existência que Husserl se preocupou mais com os problemas acima evocados e que tocam os limites da fenomenologia.

4. Importância e fecundidade da corrente fenomenológica

4.1. A fenomenologia e o projeto ocidental de saber

A fenomenologia se considera ela mesma não como *uma* corrente filosófica entre as outras, mas como a autêntica retomada do projeto filosófico que apareceu há mais de dois mil anos e se extraviou na modernidade, que reduziu a razão à ciência positiva.

A partir disso, a fenomenologia se inscreve fortemente no debate de fundo que opõe, em graus diversos, a filosofia e a ciência moderna. A fenomenologia defende a tese de que o acesso filosófico ao real é mais fundamental, mais original e mais autêntico que a relação objetivista, positivista e naturalista, característica da ciência moderna. Merleau-Ponty pôde falar, a esse respeito, de "uma apostasia da ciência".

A fenomenologia mantém, entretanto, a idéia de uma espécie de "superciência", mais rigorosa que as ciências positivas. Essa ciência seria puramente racional e universal. Ela é imediatamente acessível ao sujeito consciente que adota a atitude teórica purificada pelas reduções. Essa atitude leva a um idealismo transcendental complexo, que evita a hipóstase platônica das idéias, a metafísica espiritualista de Descartes e o postulado kantiano de um mundo numenal em si.

Resta, no entanto, que a fenomenologia privilegia a civilização ocidental, no seio da qual a filosofia se desenvolveu. Esse etnocentrismo é, segundo ela, legítimo e necessário. Historicismo e culturalismo relativistas – que reduzem a razão ocidental a um mito ou a uma crença particular – seriam, na realidade, apenas conseqüências da modernidade mal compreendida, ou seja, colocada sob o signo da racionalidade objetivista e cientificista. O propósito perseguido pela fenomenologia é, portanto, o de uma extensão universal da razão transcendental ocidental.

Em definitivo, a fenomenologia é uma ilustração contemporânea exemplar da persistência e da renovação do projeto *logoteórico* – típico da "ciência filosófica" tradicional e nos antípodas de um demasiadamente claro reconhecimento ou valorização da ciência moderna e das tecnociências contemporâneas. A fenomenologia, nessa perspectiva, tem podido revestir formas de bom grado tecnocientófobas.

4.2. Do empreendimento coletivo na corrente fenomenológica

Husserl havia projetado a fenomenologia como ciência rigorosa, na perspectiva de um empreendimento coletivo. A determinação de um *método* único, no qual os filósofos poderiam formar-se antes de aplicá-lo, devia permitir a realização desse programa. Essa dimensão de empreendimento coletivo recorda o modo como progride a ciência moderna, da qual a fenomenologia pretende, entretanto, distinguir-se claramente.

Como projeto de conhecimento coletivo e unificado por um método universal que acarreta resultados admitidos por todos, a fenomenologia jamais conseguiu impor-se. Os discípulos de Husserl, particularmente os mais importantes, como Max Scheler (1874-1928), Martin Heidegger (1889-1976) ou Maurice Merleau-Ponty (1908-1961), interpretaram e aplicaram a fenomenologia de um modo pessoal, opondo-se até explicitamente a certas diretivas do Mestre. Todavia, existe de fato uma corrente fenomenológica da filosofia no século XX que agrupa pensadores e permite caracterizá-los, distinguindo-os, por exemplo, de filósofos analíticos, positivistas ou pragmatistas. Mas a fenomenologia reúne não tanto como uma disciplina rigorosa, uma espécie de família. Cada membro partilha com outros alguns aspectos, mas nenhum aspecto se encontra em todos, principalmente com uma acentuação idêntica.

Portanto, a ambição de um desenvolvimento coletivo da fenomenologia como saber universal progressivo não se realizou. Esse fracasso deve-se à dificuldade, até a impossibilidade, de adotar uma atitude reflexiva verdadeiramente transcendental e universal (supondo-se que tal posição exista) em relação ao vivido da consciência ou do "mundo da vida" (*Lebenswelt*), ou seja, da subjetividade, da qual Husserl reconhece a encarnação corporal e a situação histórica. Estas se impõem por si mesmas e resistem à colocação entre parênteses rigorosa que a conversão transcendental exige. Desse modo, a fenomenologia, como autodescrição quase "biográfica" ou, em todo caso, histórica e culturalmente situada, tem sido uma tentação importante. Os desvios, permanecendo muito originais e criativos, no sentido do existencialismo, da hermenêutica ou da literatura, provêm dessa ambigüidade. Sem dúvida é o filósofo e escritor francês Jean-Paul Sartre (1905-1980) – principalmente em *O Ser e o Nada* (1943)[8] – que mais completa e magistralmente expressou esse potencial "literário" da fenomenologia, já reelaborado, sem dúvida, por Heidegger.

Pensar o tempo e o mundo conforme sua essência e significação universais não impede que o sujeito pensante esteja realmente no tempo (a história) e no mundo (a cultura, a sociedade), e em seu corpo também. Esse "estar em", tão real quanto as essências e as significações, constitui ao mesmo tempo o limite e a fonte

---

[8] *L'Être et le Néant.* Paris, Gallimard (Tel 1), 1995.

da experiência fenomenológica, entendida como uma auto-explicação in-finita da subjetividade histórica e mundanamente comprometida.

Leituras Sugeridas

Desanti J.-T. (1994), *Introduction à la phénoménologie*. Paris, Gallimard (Folio essais 251).

Fink E. (1990), *De la phénoménologie*, trad. de D. Frank. Paris, Éd. de Minuit (Arguments).

Lyotard J.-F. (1992), *La phénoménologie*. Paris, PUF (Que sais-je? 625).

Patocka J. (1992), *Introduction à la phénoménologie de Husserl*, trad. de E. Abrams. Grenoble, J. Millon (Krisis 12).

Ricoeur P. (1986), *À l'école de la phénoménologie*. Paris, Vrin (Bibliothèque d'histoire de la philosophie).

Capítulo XII

O pragmatismo, filosofia americana

- Uma filosofia propriamente americana.
- A experiência livre daquilo que caminha.
- PEIRCE:
  - O critério pragmático do sentido.
  - Crer na convergência do progresso da ciência e da humanidade.
  - O pragmatismo não é a pragmática.
- JAMES:
  - Um pragmatismo não submetido à preferência científica.
  - É verdadeira a crença útil.
  - Avaliar as logoteorias por suas conseqüências práticas.
- DEWEY:
  - Uma filosofia da interação e da pesquisa ilimitada.
  - Educar para o livre-exame.
  - Uma antropologia naturalizada e socializada.

PALAVRAS-CHAVE

• ação • cientificismo • comunidade dos pesquisadores • contexto
• continuísmo • crença • critério do sentido • democracia
• empirismo • experiência • experimentalismo • falibilismo
• holismo • instrumentalismo • interação • interesse liberalismo
• linguagem • livre-exame • método • monismo • neopositivismo
• nominalismo • operacionalismo • pesquisa • pluralismo
• pragmático • pragmatismo • problema • relação • religião
• semiótica • significação • sociedade • utilidade • valor • verdade

1. Uma corrente especificamente americana

O pragmatismo é a corrente de pensamento mais especificamente americana. Aparecido nos Estados Unidos no início do século XX, ele se deslocou para o segundo plano da cena filosófica em torno dos anos cinqüenta, arrebatados pela moda da filosofia analítica e lingüística de origem inglesa, mas voltou à superfície no decorrer de todos esses últimos decênios. É possível caracterizá-lo de modo geral e em grandes traços:

- primado da ação sobre a teoria;
- defesa das liberdades individuais, particularmente de expressão, de crítica, de empreendimento e de pesquisa; aceitação do pluralismo das concepções;
- critério do sucesso: o melhor triunfa, se a prova não é falsa;
- defesa da democracia como o regime mais favorável às liberdades e à sua prova pública;
- valorização das ciências, das técnicas *e* das religiões (enquanto comunidades que têm funções sociais), à medida que elas continuam dando provas de sua utilidade e de sua eficácia;
- mito da exploração, da pesquisa e da conquista indefinidas, desafiando sempre "novas fronteiras".

Pretender reduzir o pragmatismo a uma simples ideologia americana equivale a condená-lo injustamente. O pragmatismo não se identifica, em todo caso, com o materialismo mercantilista e especulador. Ele constitui antes uma espécie de *experimentalismo radical*, que decididamente rompeu com o primado da filosofia teórica, que se afirmava capaz de julgar tudo *a priori*. De um ponto de vista pragmatista, a civilização americana (com sua ideologia) é, ela própria, uma espécie de experiência social global que teve mais sucesso até agora, como o atesta a extensão planetária de diversos aspectos dessa forma de vida. E não existe nenhum lugar fora – acima – da experiência e de sua busca, a partir do qual poderíamos

O pragmatismo, filosofia americana

julgá-la para, eventualmente, condená-la, apesar de seus sucessos. Uma experiência só é julgada a partir do seio dela mesma ou a partir de um "exterior" que é sempre outra *experiência*, outra forma de vida. O pragmatismo se revela, desse modo, uma mistura original de empirismo (experiência), de darwinismo (a sobrevivência do mais apto) e do hegelianismo (o tribunal da história). Por meio do empirismo, ele se aparenta também com o nominalismo, o utilitarismo e o positivismo.

1.1. A origem histórica. As relações com o neopositivismo e com o operacionalismo

No decorrer dos anos 1870, um grupo de intelectuais, entre os quais C. S. Peirce e W. James, reúne-se regularmente e constitui o "Clube de metafísica" de Cambridge (Massachusetts). Esse nome é irônico, porque a formação de diversos membros é mais científica do que filosófica, e suas idéias são críticas em relação às metafísicas e ao idealismo.

A origem do neopositivismo (Círculo de Viena, fim dos anos 1920) lembrará a do pragmatismo: tanto uma como a outra são coletivas e colocadas sob o signo das ciências, assim como da crítica da filosofia tradicional. Existe entre as duas correntes afinidades importantes e não é sem motivos que o neopositivismo encontrou nos Estados Unidos uma terra que o acolheu. Todavia, o projeto neopositivista – muito particularmente o da edificação da linguagem unitária das ciências – permanece relativamente tradicional e próximo do ideal metafísico: a elaboração *a priori* de uma teoria sistemática, absoluta e definitiva. Ele é positivista e logicista em um sentido bastante dogmático, muito sensível à abertura ativa da experimentação e ao caráter prático e contextual das ciências. Considerando apenas a linguagem descritiva e teórica, o neopositivismo pretendia estabelecer, de uma vez por todas, a ciência sobre conceitos e enunciados de base, "evidentes" para qualquer indivíduo, fundando-se sobre a experiência sensível e a razão lógica. O modo de pensar neopositivista permanece essencialmente logoteórico, apesar de tomar o partido empirista.

É por seu "critério do sentido" – um enunciado só tem sentido se existir um método que permite decidir a respeito de sua verdade ou de sua falsidade – que o neopositivismo se aproxima mais do pragmatismo. A meio caminho, encontramos o *operacionalismo*, inventado por P. W. Bridgman em 1927 (*The Logic of Modern Physics*).[1] Tirando as conseqüências da revolução relativista de Einstein, Bridgman considera que a significação de um conceito só é compreensível em função de operações que permitam aplicá-lo praticamente. O verdadeiro sentido de um termo se apresenta no exame daquilo que os homens *fazem* com ele e não naquilo que *dizem* dele. Desse modo, as noções de "distância" e de "medida" têm um sentido totalmente diferente conforme falamos, por exemplo, das dimensões de um campo de futebol ou da distância de uma galáxia, porque eles correspondem a procedimentos e operações radicalmente distintos. A mesma observação vale, bem entendido, quando passamos para a microfísica e determinamos o tamanho de um átomo ou de uma partícula subatômica. O "pensamento operacional" – que seria, segundo Bridgman, esclarecedor para estender a todos os domínios – avalia sempre o sentido de um enunciado ou de um termo ao considerar as operações que os tornam utilizáveis, e não ao se preocupar com o fato ou com a coisa (referência) que eles representariam.

1.2. Um método

O pragmatismo é *metodológico*, no sentido moderno do termo (F. Bacon e R. Descartes), que designa um procedimento garantido para a aquisição de um saber verdadeiro, mas também no sentido etimológico, que evoca o caminho (grego "*odos*") e sua transposição sempre aventurosa e às apalpadelas, com o risco do impasse ou do

---

[1] New York, MacMillan, 1927.

O pragmatismo, filosofia americana

extravio. O *método* ("*meta-odos*") ou olhar lançado *sobre* o caminho *depois* do percurso, a metodo*logia* ou discurso e saber adquirido graças a esse exame supõem a experiência do caminho que se transpõe de início sem qualquer garantia prospectiva, embora a experiência passada forneça instrumentos e regras que ajudam. O pragmatismo enuncia que não existe nenhum método que não proceda da experiência, e que todo método deve sempre a ela retornar. A única maneira de progredir é estender nosso saber metodológico e não fugir da experiência, mas enfrentá-la com toda a sua complexidade e variabilidade. A experiência, a experimentação ou a prova, é o critério último do sentido, da verdade ou de um valor. Diante da pretensão de sentido ou da afirmação de uma verdade ou de um valor, é preciso examinar suas conseqüências práticas para aquele que adere a esse sentido, a esse valor ou a essa verdade e que neles se inspira a fim de regular sua conduta. Onde conseqüências práticas não podem ser tiradas, nenhuma significação está em jogo. Onde as conseqüências são positivas e assim permanecem, há não só sentido, mas também verdade e valor. Todavia, a apreciação positiva é relativa (contextual); o pragmatismo também convida a repô-la sempre à prova de novas experiências.

> Peirce: "O pragmatismo é um método para decidir a respeito da significação de termos difíceis e de conceitos abstratos" (*Pragmatism and Pragmaticism*).[2]

> James: "Toda porção de um pensamento que em nada afeta as conseqüências práticas desse pensamento não constitui verdadeiramente um elemento de sua significação" (*Philosophical conceptions and practical results*).

---

[2] Em *The Collected Papers of Charles Sanders Peirce*, ed. por C. Hartshorne, P. Weiss, Cambridge (Mass.), 1931-1935; vol. VII-VIII, ed. por A. Burks, Cambridge (Mass.), 1958.

Dewey: "Para descobrir a significação de uma idéia, procuremos suas conseqüências" (*Reconstruction in Philosophy*).[3]

Acabamos de citar os três grandes nomes clássicos do pragmatismo. Sua convergência geral de espírito, evidente se os opusermos, por exemplo, aos filósofos metafísicos, não deixa de ter numerosas diferenças de acento, por vezes muito importantes, ou seja, cheias de conseqüências práticas. Eles tinham consciência disso, a tal ponto que até quiseram designar seu pensamento com uma etiqueta própria: Peirce se pretende *pragmaticista*, afirmando suas distâncias em relação ao pragmatismo de James; Dewey qualifica-se de *instrumentalista*.

A versão peirceana do pragmatismo é mais epistemológica e lógica; a de James, mais psicológica e popular; a de Dewey, mais sociológica e pedagógica.

2. Charles Saunders Peirce: uma acentuação científica e metodológica

C. S. Peirce (1839-1914) recebeu uma formação científica (primeiro de químico); continuou pesquisando e publicou, em revistas científicas, antes de se consagrar mais inteiramente à sua obra de logicista (ele é notadamente o inventor das "tábuas de verdade") e de filósofo, visando a encorajar em todo lugar "o espírito de laboratório". Criador fecundo, funda a semiótica (desenvolvida mais tarde por Charles Morris) assim como o pragmatismo, cuja definição aparece pela primeira vez em dois artigos de 1878 que se tornaram clássicos: "Como se fixa a crença"[4] e "Como tornar claras nossas idéias".[5]

---

[3] Em *The Collected Works of John Dewey, 1882-1953*, ed. crít. de J. A. Boydston, Carbondale, Southern Illinois University Press, 1929.

[4] Em *The Collected Papers of Charles Sanders Peirce*, ed. por C. Hartshorne, P. Weiss, Cambridge (Mass.), 1931-1935; vol. VII-VIII, ed. por A. Burks, Cambridge (Mass.), 1958.

[5] Em *The Collected Papers of Charles Sanders Peirce*, ed. por C. Hartshorne, P. Weiss, Cambridge (Mass.), 1931-1935; vol. VII-VIII, ed. por A. Burks, Cambridge (Mass.), 1958.

2.1. A definição do pragmatismo

A máxima pragmática (1878) se enuncia:

> É preciso considerar quais efeitos, dos quais pensamos que poderiam revestir uma importância prática, o objeto de nossa concepção deveria ter. Nossa concepção desses efeitos coincide com nossa concepção completa do objeto.

Essa fórmula quer dizer que o sentido de um enunciado ou de um termo explicita-se por uma seqüência de proposições que descrevem os fenômenos empírica e experimentalmente observáveis que são, de algum modo, preditos pela significação do termo ou do enunciado a explicar. Por exemplo, se eu disser: "Isto é um diamante", eu espero que a coisa, assim designada, apresente tais propriedades observáveis e reaja de modo determinado a ações experimentais. De um ponto de vista lógico, o sentido de X (o objeto de minha concepção) se apresenta, portanto, em uma série de condicionais, que predizem a forma: "Se acontecer isso ou se eu fizer isso, X reagirá de tal ou tal modo".

O caráter cientificista dessa definição aparece imediatamente e deve ser compreendido em sentido forte: os condicionais que predizem expressam leis da natureza que o método experimental estabelece e confirma. Essas leis são, portanto, o fundamento das predições que constituem o sentido dos termos. No que se refere às leis da natureza, Peirce é até "realista" e critica as interpretações nominalistas, mais correntes na família pragmatista, que reúnem o geral (o abstrato) a uma construção humana e consideram como realmente existentes apenas as coisas particulares (conforme W. James).

2.2. A crença na ciência

O pragmatismo de Peirce privilegia expressamente o método científico em vista do estabelecimento de nossas crenças, que determinam nossas regras de ação e nossos comportamentos habituais. Apenas a ciência experimental garante a firmeza, a confiabilidade, a durabilidade e a eficácia de uma crença. É por isso que as crenças cientificamente estabelecidas ocupam um lugar privilegiado no universo psicológico das crenças humanas: elas são afirmadas como *verdadeiras*. Essa especificidade lhes vem pelo fato de serem elaboradas e fixadas por referência ao "não-humano" (os fatos, o real objetivo), diversamente das outras crenças, que se impõem de modo puramente subjetivo.

Mas o estabelecimento objetivo das crenças científicas é um trabalho progressivo, que tem necessidade da cooperação intersubjetiva e interativa dos pesquisadores. É "a comunidade dos pesquisadores científicos" que depreende a crença verdadeira ao longo do progresso científico. A verdade científica não é, portanto, absoluta e definitiva: ela é progressiva e evolui sob o efeito das interações experimentais com o real e sob o efeito das interações de comunicação no seio da comunidade dos pesquisadores que fazem as experiências. A "comunidade dos pesquisadores" deve, ela própria, estender-se indefinidamente ao mesmo tempo em que a pesquisa prossegue; ela é presumivelmente universal, chamada a incluir toda a humanidade. Entre o acordo entre os homens (verdade intersubjetiva) e o acordo com o real (verdade objetiva ou adequação), Peirce vê uma convergência necessária.

Peirce não pode demonstrar essa crença otimista no progresso da ciência atribuído ao progresso da humanidade. Ele considera que é uma *boa* crença, ou seja, que seus efeitos são positivos. Sua validação só pode, por outro lado, vir desses efeitos: durante todo o tempo em que estes forem positivos, a crença no progresso da ciência e da humanidade se achará confirmada. O movimento só pode ser provado "ao caminhar" e, portanto, só será provado durante todo o tempo que "isso caminhar". Peirce pensa que isso caminhará sempre, ou seja, até o fim, que coincide com o acabamento do saber a serviço de uma humanidade feliz e pacificada.

2.3. Falibilismo e continuísmo

Todavia, ao esperar esse acabamento, Peirce é decididamente *falibilista*: nenhuma verdade é definitiva e absoluta, independente de qualquer experiência futura.

A explicação desse falibilismo como posição epistemológica reside no princípio ontológico da *continuidade*. Este exclui que possamos isolar totalmente um elemento (por exemplo, um enunciado ou um sistema). Ora, tal isolamento é exigido para afirmar uma certeza porque, se tudo for contínuo, se tudo estiver ligado a tudo, então o conhecimento da totalidade é necessário, a fim de estar fixado absolutamente em não importa qual elemento ou parte que o pensamento analítico teria separado do conjunto. O continuísmo postula a descontinuidade; esta acontece com a parada, a separação, o fechamento de uma parte sobre si mesma, separada do resto do universo e do devir. Peirce não quer isso, e é por isso que sua filosofia é uma filosofia da pesquisa e da experimentação continuada.

Essa posição não carece de parentesco com o *holismo* (do grego "*olos*", que significa a totalidade) contemporâneo, compartilhado por pensadores, algumas vezes designados como "neopragmatistas", como o muito importante logicista americano, filósofo da linguagem e das ciências, W. O. Quine (nascido em 1908).

2.4. O pragmatismo e a pragmática

A tendência de confundir o pragmatismo com a pragmática não se deve apenas ao fato de que os dois nomes são parônimos. Existe, também, entre eles, uma proximidade filosófica e histórica. Peirce é, com efeito, o primeiro que desenvolve uma abordagem pragmática da linguagem.

Tradicionalmente e ainda no século XX, principalmente na corrente logicista e neopositivista, a filosofia considerou a linguagem apenas segundo as duas dimensões da sintaxe e da semântica, tratando-a como um jogo de etiquetas a serem combinadas. As etiquetas são nomes que designam objetos-referidos, e sua combinação produz descrições-imagens da realidade. Assim considerada, a linguagem parece conhecer apenas dois tipos de relações. *Sintáticas*: as relações internas de combinação dos signos entre si, conforme o código gramatical ou lógico. *Semânticas*: as relações externas de referência dos sinais ao real extralingüístico. Essa concepção é típica de um ideal metafísico: o do filósofo enquanto Locutor Universal (Sujeito transcendental) e o da linguagem como representação verdadeira do Real em si (ontologia).

Seguindo Peirce, Charles W. Morris (1901-1979) considera, nas *Foundations of the Theory of Signs* (1938),[6] que essa concepção trunca gravemente o fenômeno da comunicação (*semiosis*), porque ela não considera nem os usuários nem o contexto ou a situação. A semiótica ou teoria geral dos signos deve abordar os fenômenos lingüísticos ao mesmo tempo sob o ângulo sintático, semântico e *pragmático*. Este último é muito vasto, porque leva em conta todos os aspectos da situação de comunicação, dos mecanismos biológicos aos processos psicológicos. Com a pragmática, a linguagem (o pensamento, os fenômenos de significação) desce sobre a Terra, na natureza e na sociedade; ela é o comportamento relacional de alguns organismos vivos, os seres humanos. Ela exige ser descrita como tal, em sua complexidade real e concreta. A concepção e o uso filosóficos tradicionais da linguagem, pretendendo fazer dela uma espécie de espelho no qual o ser humano captaria e fixaria a imagem verdadeira do real, a fim de contemplá-la conforme o ideal de uma existência teorética, aparecem, de um ponto de vista pragmático, pelo menos estranhos.

Todavia, a atitude teorética, que a pragmática tende a relativizar, ressurge no próprio projeto de elaborar uma *teoria* geral dos signos. No decorrer da segunda metade do século XX, pensadores (como K. O. Apel) até desenvolveram uma pragmática transcendental, cuja am-

---

[6] Chicago, Chicago University Press, 1938.

O pragmatismo, filosofia americana

bição é depreender as condições necessárias *a priori* da possibilidade e da validade de qualquer forma de comunicação.

3. William James e a difusão de um pragmatismo muito aberto

W. James (1842-1910) é seguramente o menos cientificista e o menos logicista dos três grandes promotores do pragmatismo. Para ele, o empirismo científico é apenas uma forma da experiência. Esta é radicalmente diferente e onipresente. Ela é anterior a todos os dualismos que opõem, por exemplo, o exterior e o interior, o sujeito e o objeto. James falará do *empirismo radical*, a fim de descrever sua perspectiva ao mesmo tempo monista (a experiência é uma e contínua) e pluralista (suas formas são múltiplas). A experiência pode também ser religiosa e perfeitamente viável como tal.

O pai de William era um filósofo espiritualista, esotérico, discípulo de Emanuel Swedenborg (1688-1772); seu irmão, Henry, com quem ele permaneceu sempre estreitamente ligado, é um dos maiores escritores americanos. Ele renovou a expressão romanesca de acordo com a psicologia da qual James elaborou a teoria, a da "corrente da consciência". Essa forma literária descreve, quase fenomenologicamente, o *continuum* da experiência, cuja consciência – a sensibilidade – segue as mais refinadas variações. William James recebeu, entretanto, uma formação de médico e desenvolveu a psicologia experimental, considerando como legítimos e fecundos tanto o método introspectivo *como* o método behaviorista. Mas James foi principalmente um eclético superdotado, que gostava de viajar, ligado tanto à Europa como à América, diletante e mundano.

As conferências de W. James fizeram muito para a propagação do pragmatismo. É em uma conferência de 1898, em Berkeley (Califórnia), que ele utiliza pela primeira vez esse termo a fim de designar uma nova corrente filosófica, referindo-se ao mesmo tempo a Peirce, que foi seu verdadeiro inventor, vinte anos mais cedo.

Em 1906-1907, dá uma série de conferências, em Nova York e em Boston, que ele reúne sob o título: *Pragmatism: A new name for some old ways of thinking (O pragmatismo)*.[7] A popularização do pragmatismo não aconteceu sem simplificações, fontes de mal-entendidos e de numerosas críticas, justificadas, por parte dos filósofos profissionais. O pensamento de James, mais ensaísta do que sistemático, sensível a uma retórica persuasiva para um grande público, não está isento de contradições e de obscuridades. A visão muito ampla do pragmatismo de James e sua recusa de privilegiar os procedimentos científicos, técnicos e lógicos fazem dele o verdadeiro precursor do pragmatismo pós-moderno, como, por exemplo, o que é preconizado por R. Rorty.

3.1. A verdade segundo o pragmatismo

A verdade não deve ser concebida como uma cópia fiel de um real imutável. A verdade é relativa: é verdadeiro aquilo que se revela útil em função dos interesses de uma forma de vida. Se tais interesses mudam, o que era verdadeiro pode tornar-se falso, ou seja, não vital, até não viável. A verdade é instrumental e operatória em função dos projetos e das necessidades dos indivíduos e do meio, que evoluem.

> Toda verdade é um caminho traçado através da realidade; mas, entre esses caminhos, existem aqueles aos quais teríamos podido dar uma direção muito diferente se nossa atenção tivesse sido orientada em um sentido diferente ou se tivéssemos visado a um outro gênero de utilidade.

> Possuir pensamentos verdadeiros é, propriamente falando, possuir preciosos instrumentos para a ação (*O pragmatismo*).

---

[7] *Le prgmatisme.* Trad. de E. Le Brun. Paris, Flammarion (Science de l'homme), 1968.

O pragmatismo, filosofia americana

Para James, a verdade não é uma categoria teórica que se situaria fora da categoria prática do bem. A verdade é uma espécie de bem: ela é aquilo que se revela bom ao uso para uma forma de vida.

3.2. O primado do agir e do fazer sobre a teoria e sobre o verbo

Em uma célebre passagem do *Pragmatism*, James censura a magia e a metafísica por seu culto comum da palavra. A magia crê no poder das palavras. A busca metafísica é a da "Palavra Final" (Deus, Ser, Razão, Absoluto etc.), solução do enigma do Mundo, que forneceria toda a luz e, ao mesmo tempo, o domínio espiritual supremo. Para o pragmatismo, as palavras são apenas utensílios e as teorias são instrumentos em vista da pesquisa e da experiência indefinidamente continuada.

> A teoria serve não para que repousemos (como a resposta a um enigma e a cessação de toda pesquisa), mas para nos levar adiante, e nos permite, na ocasião, refazer o mundo (*O pragmatismo*).

Em outra passagem, na qual ele se opõe ao racionalismo e a todos os idealismos e metafísicos fundamentalistas, para os quais "a realidade é dada totalmente feita e acabada desde toda a eternidade", James salienta que:

> Para o pragmatismo, ela (a realidade) está sempre em vias de se fazer e espera que o futuro venha completar sua fisionomia (*O pragmatismo*).

Não precisamos, entretanto, interpretar de modo demasiadamente unilateral tais passagens, no sentido de uma valorização da dinâmica da pesquisa tecnocientífica que remodela um mundo indefinidamente plástico e que constrói as condições da existência humana. Conceder à ação tecnocientífica um privilégio absoluto em relação às outras formas da experiência não seria muito do estilo de James.

Fiel ao primado do fazer e do agir sobre o discurso e a teoria, o pragmatismo aparece também como um método de decisão. Ele permite resolver, mas a partir do ponto de vista prático, questões e polêmicas que permaneceriam, de outro modo, puramente teóricas ou verbais e que poderiam se prolongar ou ecoar infinitamente.

> O pragmatismo é antes de tudo um método que permite resolver controvérsias metafísicas que poderiam, de outro modo, permanecer intermináveis.

De que modo?

> Interpretando cada concepção conforme suas conseqüências práticas (*O pragmatismo*).

Em outras palavras, levando a sério a hipótese de sua verdade e concebendo nossa conduta regulada segundo ela. Se constatarmos que, desse ponto de vista prático, as concepções consideradas não apresentam uma diferença, então a controvérsia será vazia. Caso contrário, é preciso examinar qual delas apresenta mais vantagens. A resposta a essa questão validará uma concepção e legitimará nossa adesão.

3.3. A questão da religião

W. James era crente. Mas ele havia tornado-se crente, de algum modo, por decisão. A vontade de crer o teria tirado de uma depressão profunda, de tal modo que ele fez a experiência do caráter vantajoso para ele da crença religiosa. Sua concepção da fé não tem, portanto, nada de dogmático. Ele simplesmente considera que as crenças religiosas remetem a experiências, o que a humanidade não cessou de fazer no decorrer de sua história. Pluralista e tolerante, James não parece dar atenção às conseqüências concretas dos desvios fanáticos da fé, que ele condena de modo muito evidente. Ele se dedica a defender a legitimidade da crença em Deus, até sugerindo sua superioridade prática em relação ao materialismo ateu, que levaria ao pessimismo e ao desespero diante da impotência humana confrontada com o absoluto não-sentido das forças em ação no universo físico.

Para as questões que não podem ser resolvidas de modo experimental, objetivo e universal, no sentido da ciência e da técnica, James apela para uma experiência mais ampla, que varia conforme as personalidades e as comunidades. Ele critica os abusos da mentalidade cientificista que proíbe *crer*, para a qual faltam as provas factuais e as demonstrações lógicas.

3.4. Pluralismo

O autor de *A Pluralistic Universe* (1909) (*Filosofia da experiência*)[8] foi autêntica e profundamente pluralista, pois não cessou de denunciar as concepções absolutistas e totalitárias que pretendem reconduzir tudo à unidade de uma verdade definitiva e imutável. Seu alvo privilegiado foi o idealismo absoluto, que prosperou na Inglaterra (Francis Herbert Bradley, 1846-1924) e na América (Josiah Royce, 1855-1916) na virada do século. A tolerância de James era a tal ponto autêntica que ele não hesitou, entretanto, em apoiar muito ativamente a carreira acadêmica de Royce, o idealista, pessoa que ele estimava.

---

[8] *Philosophie de l'expérience.* Trad. de E. Le Brun e M. Paris. Paris, Flammarion (Bibliothèque de philosophie scientifique), 1920.

O pluralismo de James se expressou principalmente sobre o plano ontológico, epistemológico e moral, muito no domínio social e político. Ele estava imediatamente associado a seu empirismo radical, fazendo da experiência, sempre pessoal, a instância última da realidade, da verdade e do valor. Entretanto, não há dúvida de que esse pluralismo só se podia acomodar em um regime liberal e democrático, aberto à diversidade de crenças e de aspirações, e tendo como missão gerar essa multiplicidade segundo os princípios utilitaristas da maior felicidade para o maior número, na tradição de John Stuart Mill, em memória de quem James dedicou *O pragmatismo*.

4. John Dewey: a dimensão social e educativa

J. Dewey (1859-1952) teve uma influência muito grande, mas difusa, sobre o pensamento americano no século XX, particularmente nos domínios da filosofia social, política e da educação. Essa influência refere-se a aspectos do pensamento americano que receberam progressivamente um reconhecimento muito grande, e até universal, e que estão bem integrados à mentalidade ocidental da segunda metade do século XX.

Dewey, por sua vez, assimilou a influência do hegelianismo e do darwinismo, mas ele principalmente foi levado a se situar em relação ao pragmatismo de seus antepassados, W. James e C. S. Peirce. Foi um filósofo *engajado*, preocupado em fazer passar suas teorias para a prática (pedagógica, social e política), em experimentar e avaliar concretamente suas conseqüências, a fim de poder julgar empiricamente a respeito de seu valor. Desse modo, seja qual for a importância de sua obra escrita, sua vida está longe de se reduzir a uma bibliografia. Eis uma ilustração sucinta:

- por volta de 1900, ele funda a Escola de Pedagogia junto à Universidade de Chicago: "A Escola-laboratório" ou ainda "Escola Dewey". Deixará Chicago em 1904 para Columbia (Nova York), onde permanecerá até sua aposentadoria (1930);

O pragmatismo, filosofia americana

341

- faz numerosas viagens no decorrer dos anos 20, no "mundo revolucionário", ou seja, onde a "sociedade experimenta": Turquia (Ataturk lhe pediu para organizar a escola leiga), União Soviética, México... Mas também na China e no Japão;
- seus compromissos sociopolíticos em favor do liberalismo democrático o levam a presidir Associações importantes. Dirige também, no México, a Comissão de Pesquisa em relação às acusações levantadas por Stalin contra Trotski.

Sua obra comporta diversas dezenas de volumes. Entre os títulos mais importantes:

> – *Democracy and Education* (1916) (*Democracia e educação*).[9]
> – *Experience and Nature* (1925) (*Experiência e* natureza).[10]
> – *The Quest for Certainty* (1929) (*A busca de* certeza).[11]

4.1. Uma filosofia da interação e da pesquisa

Dewey chama de "instrumentalismo" seu pragmatismo que integra os princípios diretivos da tradição pragmatista. Verdade e valor são radicalmente dependentes da experiência humana. A experiência é sempre *contextual*: a biologia do organismo humano, o meio ambiente natural e a sociedade co-constituem esse contexto, que evolui. É verdadeira uma idéia ou uma teoria (uma hipótese) que consegue resolver o problema que a suscitou; tem valor uma conduta ou um estado que, na experiência, traz satisfação (felicidade). O verdadeiro é, portanto, interpretado como aquilo

---

[9] *Démocratie et éducation.* Trad. de G. Deledalle. Paris, A. Colin (Bibliothèque européenne des sciences de l'éducation), 1990.
[10] New York, Dover Publications, 1958.
[11] Carbondale, Southern Illinois University Press, 1984.

que é útil, eficaz, prático ou operativo, em uma determinada situação. O valor (o bom, o belo) não se distingue deles absolutamente e contribui para o bem-estar.

Mais profundamente, a filosofia de Dewey é uma filosofia da *relação* dinâmica, ativa, da relação que é também processo, e na qual acontecimentos não deixam de ter lugar. Os termos da relação estão, ao mesmo tempo em que esta, em perpétuo devir: eles são *interativos, transativos*. O indivíduo está em interação perpétua com os outros (sociedade) e com o meio (natureza): o conjunto dessas interações e transações forma uma cultura.

É no prolongamento do pensamento da interação universal que é preciso situar outra noção central de Dewey: a entrevista ou a pesquisa (*inquiry*).

O devir é, na maioria das vezes, composto de processos, de interações, de transações tranqüilas, estáveis, sem surpresa. Mas acontece também que essa bela continuidade seja perturbada, que ela se bloqueie ou se torne conflituosa e destrutiva, em suma, *problemática*. É com o aparecimento de problemas que a pesquisa se desencadeia. A entrevista, que é experimentação de diversas idéias, ou seja, de hipóteses de solução, apenas se deterá quando a continuidade for restabelecida, ao preço de uma transformação da relação, assim como de um ou de diversos dos termos presentes. Mas nenhuma solução é definitiva, e novos problemas não deixarão de surgir.

Por isso, é vital elaborar uma *filosofia da pesquisa*, que valorize e desenvolva o procedimento da entrevista experimental para si mesma, porque ela constitui o método por excelência. Daí a importância atribuída por Dewey à educação, que deve formar o adulto para enfrentar inteligente e eficazmente os problemas. Esse espírito deve ser aplicado a todos os domínios, da pedagogia à política, passando, bem entendido, pelas ciências naturais. A partir destas, Dewey generaliza o método, mas precavendo-se de um objetivismo e de um tecnicismo excessivos: o experimentalismo das ciências da natureza não é tal e qual transponível para a sociedade ou para o indivíduo, porque o contexto e os prota-

O pragmatismo, filosofia americana | 343

gonistas de interações a estudar e problemas a resolver são diferentes. A filosofia da experiência e da pesquisa não é um cientificismo nem um positivismo estreitos. Ela provê apenas a liberdade da pesquisa e o dever de aprender a partir desta, nos sentidos mais diversos e sem preconceito, sem se confinar ao seio de um quadro *a priori*, recebido como imutável. Ela é, autenticamente, passível de livre exame.

4.2. Naturalismo, sociedade e democracia

As interações constitutivas da existência e da experiência humanas referem-se tanto à natureza quanto à sociedade e lhes são imanentes. O procedimento cognitivo não é o sinal de uma transcendência do homem, que o colocaria à parte no seio do mundo vivo, pelo fato de que ele participaria de um mundo sobrenatural, ontologicamente diferente: o mundo do espírito. Conhecer é uma forma de interação, sem dúvida diferente de outras atividades, mas tão natural quanto elas. E acontece o mesmo com todos os comportamentos humanos que tradicionalmente descrevemos como expressões de uma *essência* humana radicalmente distinta.

> Não há diferença fundamental entre operações naturais, como a digestão ou a respiração, e operações adquiridas como a palavra e a honestidade.

Esse *naturalismo* (essa "naturalização" do humano) é, entretanto, temperada pela importância atribuída por Dewey às relações inter-subjetivas, à sociedade. Esta, por ser relação e transação, é primeira em relação à consciência individual: o homem é basicamente um ser social. A consciência individual é um produto social, ainda que seja verdadei-ro que esse produto é capaz de retroagir sobre o tecido que o gerou e, desse modo, transformá-lo. Experiências e transações, problemas e pesquisas sobrevêm no contexto da sociedade, até quando se referem prioritariamente à natureza.

Coloca-se a questão de definir qual é o meio social e político mais propício para o espírito de entrevista ou de pesquisa. A resposta é o *liberalismo democrático*: apenas a sociedade democrática liberal protege e alimenta o direito de experimentar e de interagir livremente com a natureza e os outros homens e de tirar as lições dessa experimentação continuada, em vista de enfrentar novos problemas no futuro. A sociedade é, portanto, assim como a natureza e a existência em geral, um vasto laboratório plural (daí o interesse de Dewey pelo "mundo revolucionário" e sua rejeição do stalinismo, porque esse comunismo totalitário paralisa a experiência), cujo pluralismo deve ser politicamente salvaguardado (importância das liberdades individuais). Providenciando especialmente a liberdade da pesquisa tecnocientífica, mas com a preocupação com o bem-estar e com a felicidade dos cidadãos, e sem se inclinar para o cientificismo e a tecnocracia, a democracia está de acordo com o espírito da "filosofia da experiência".

Essa confiança na experimentação e na pesquisa – que também preserva, bem entendido, a memória das experiências passadas e não deixa de se alimentar com seus ensinamentos – confina com um otimismo utópico, que algumas vezes vai muito longe. Tal como a fé na capacidade humana de reconstruir progressivamente não só partes do mundo natural e social (institucional), mas também da própria natureza humana.

4.3. Continuísmo

Assim como o pragmatismo de James, a filosofia de Dewey é basicamente continuísta, hostil a todas as divisões absolutas e petrificadas, insuperáveis, não negociáveis. Isso vale também para as oposições tradicionais, tais como "corpo/espírito, natureza/cultura, fato/valor etc". Tais antíteses são apenas o índice de um problema, que a pesquisa pode e deve superar. O continuísmo de Dewey é, ao mesmo tempo, ontológico e epistemológico. Não existe no ser ou no devir descontinuidade absoluta e, por outro lado, a solução de um problema, que põe um

O pragmatismo, filosofia americana

345

termo na entrevista, constitui o restabelecimento de uma continuidade que fora rompida.

> Não há solução de continuidade entre as operações da entrevista, as operações biológicas e as operações físicas *(Lógica. A teoria da entrevista)*[12]

Um problema é, portanto, sempre uma questão de integração, cuja solução é o remanejamento ou a transformação mais ou menos importante dos elementos presentes. Não há solução final, e uma boa solução não procede geralmente por supressão ou esquecimento de um dos termos do problema. A interação perturbada (entre o homem e a natureza, entre indivíduos, entre o passado e o futuro etc.) deve ser restabelecida, mas uma interação harmoniosa não é a imobilidade ou a parada de qualquer interação. Desse modo, o pensamento de Dewey quer aproximar a natureza e a sociedade, o comunismo e o liberalismo, as ciências e a filosofia, a teoria e a prática, Darwin e Hegel etc., sem cair, todavia, na facilidade do sincretismo ou de sínteses abstratas, sem negligenciar a análise, a descoberta dos antagonismos e das tensões, a prova da experiência. A continuidade deve ser restaurada sem cessar; é o trabalho do pensamento (e o pensamento é trabalho, ação). A reflexão teórica surge onde um problema prático se apresenta, e ela se pacifica, provisoriamente, quando uma solução efetiva é encontrada. Desse modo, a vida pode continuar.

G. Delledalle (*A filosofia americana*)[13] resumiu de modo excelente as características dominantes do pragmatismo.

Primeiro, pela enumeração de uma série de inversões de primado que intervém na hierarquia de pares de conceitos típicos da tradição

---

[12] *Logique. La theorie de L'enquête.* Trad. de G. Deledalle. Paris, PUF (L'interrogation philosophique), 1993.

[13] *La philosophie américane.* Bruxelas, De Boeck Université (Le point philosophique), 1993.

filosófica. Assim, o pragmatismo leva a fazer voltar o primado da eternidade para a temporalidade, do passado para o futuro, do dualismo para o continuísmo, da substância para o acontecimento, da permanência para a mudança, da contemplação para a ação, do sistema para o método, da ordem para o processo etc.

Mas o pragmatismo também modifica, em profundidade, o espírito, a tonalidade afetiva e a moral do filósofo e de sua relação com a religião. É valorizado o filósofo capaz de sair de sua torre de marfim, de trabalhar em equipe e de se engajar socialmente por meio de sua ação educativa. A moral otimista da filosofia da ação – progressista e confiante na eficácia e na liberdade do agir humano – substitui o pessimismo, o fatalismo e o conservadorismo das metafísicas do ser. As religiões conservam uma legitimidade enquanto práticas de comunidades particulares no seio da grande comunidade democrática, cuja solidariedade leiga deve estender-se ao conjunto da humanidade.

LEITURAS SUGERIDAS

DELEDALLE G. (1993), *La philosophie américaine*. Bruxelas, De Boeck Université (Le point philosophique).

DELEDALLE G. (1990), *Lire Peirce aujourd'hui*. Bruxelas, De Boeck Université (Le point philosophique).

GAUCHOTTE P. (1992), *Le pragmatisme*. Paris, PUF (Que sais-je? 2688).

JAMES W. (1968), *Le pragmatisme*, trad. de E. Le Brun. Paris, Flammarion (Science de l'homme).

LATRAVERSE F. (1987), *La pragmatique: histoire et critique*. Bruxelas, P. Mardaga (Philosophie et langage).

MARCUSE L. (1967), *La philosophie américaine*. Paris, Gallimard (Idées).

TIERCELIN C. (1993), *Peirce et le pragmatisme*. Paris, PUF (Philosophies 45).

Capítulo XIII

Freud e a psicanálise

1. A psicanálise freudiana

- O difícil impulso e desenvolvimento da psicanálise.
- "Eu" devo me tornar onde existe o "Isso".
- É preciso resolver Édipo.
- O empirismo próprio da psicanálise.
- Relações ambivalentes entre psicanálise e filosofia.
- A "sabedoria" da psicanálise freudiana: aceitar a finitude e a natureza simbólica do homem.

PALAVRAS-CHAVE

• afeto • ambivalência • análise • associações livres • autonomia • catarse • consciência • corpo • desejo • Édipo • Eu • finitude • inconsciente • Isso • julgamento • libido • princípio de realidade • princípio do prazer • processos primários • psicanálise • pulsão • repressão • sexualidade • sintoma • sonho • Supereu • transferência • verbalização

1.1. A gênese da psicanálise

Nascido em 1856, na Morávia (atual República Tcheca), no seio de uma família judaica que se estabeleceu em Viena a partir da década seguinte, Sigmund Freud faz estudos de biologia e de pesquisas sobre o sistema nervoso dos vertebrados. A necessidade de ganhar a vida o leva à medicina, mais precisamente, de início, à anatomia e à patologia do sistema nervoso. A essa sólida formação de intelectual empirista e experimentalista, admitindo apenas aquilo que é observável e repetível, Freud se referirá sempre como ao único método cientificamente válido. Estabelecido como médico, confrontou-se com um tipo de doentes – os "nervosos", "doentes imaginários" ou "histéricos" – que a medicina da época rejeitava como simuladores ou tentava tratar fisicamente, como se o mal deles fosse o efeito de uma (não localizável) lesão ou de um tumor. Ele observa que tais doentes conhecem uma melhoria de seu estado, quando são convidados sob hipnose a expressar algumas lembranças antigas, inacessíveis ao estado ordinário de vigília. Essa constatação o põe no caminho da hipótese do inconsciente e do porte terapêutico da lembrança. Em colaboração com o médico Josef Breuer, Freud desenvolveu uma primeira terapêutica das perturbações de origem mental, utilizando a lembrança sob hipnose, que permite uma exteriorização do afeto bloqueado e um alívio dos sintomas: é o método "catártico" (do grego "catharsis", que significa "purificação"). Juntos, publicam os *Studien über Hysterie* (1895) (*Estudos sobre a histeria*).[1] Mas a hipnose não funciona com todos os indivíduos, e seus efeitos terapêuticos são muito desiguais e transitórios. Freud, portanto, vai pouco a pouco abandoná-la, à medida que descobre os elementos que se tornarão os postulados de base da psicanálise. Ele estabelece:

- o núcleo sexual das lembranças reprimidas e inacessíveis e, ao mesmo tempo, a *sexualidade infantil*;
- a relação muito afetiva que o paciente forma com seu médico, relação mais ou menos amorosa, mas também ambivalente (eventualmente de ódio), e que é um motor da cura. É a *transferência*. O uso da hipnose não permite muito seu desenvolvimento, embora ela também remeta a uma relação

---

[1] *Études sur l'hystérie.* Trad. de A. Berman. Paris, PUF (Bibliothèque de psychanalyse), 1994.

semelhante (de abandono ou de submissão confiante, base da sugestionabilidade);

- a importância da *tomada de consciência* e da *verbalização* (elaboração e expressão lingüísticas);
- o método das *associações livres*, particularmente a partir dos sonhos, que permite ao paciente e ao psicanalista ter acesso ao que foi reprimido por caminhos de linguagem, analógicos e simbólicos.

Em 1900 aparece o texto fundador da psicanálise: *Die Traumdeutung* (*A interpretação dos sonhos*).[2] Ele se choca com a hostilidade ou a zombaria quase unânimes do corpo médico, que vê em Freud uma espécie nova de charlatão ou de adivinho. Essa condenação é feita em nome de uma sã metodologia científica que reconhece tão-somente fatos positivos e causas efetivas. Ora, é em referência a essa mesma metodologia que Freud constrói suas hipóteses. Como não há fatos *físicos* observáveis e suscetíveis de explicar as doenças em questão, Freud se volta apenas para a observação de outros fatos – "simbólicos": relatos, sonhos, imagens, analogias etc. – que parecem, de fato, fornecer uma chave para a explicação e para o tratamento efetivo dos sofrimentos alegados.

Freud terá de esperar seus cinqüenta anos até que comecem a se perfilar sinais de reconhecimento de sua obra. Em 1906, os psiquiatras suíços Eugen Bleuler e seu assistente C. G. Jung manifestam seu grande interesse. Em 1910, a "Associação psicanalítica internacional" é fundada em Nuremberg. Freud é convidado aos Estados Unidos e lá pronuncia as "Cinco conferências sobre a psicanálise" (1909). A dinâmica está em curso e não se deterá mais. Contudo, bem depressa, divergências e dissidências aparecem. Entre 1911 e 1913, Freud deve separar-se de dois de seus mais notáveis discípulos: C. G. Jung e Alfred Adler.

---

[2] *L' interprétation des rêves.* Trad. de D. Berger. Paris, PUF (Grands ouvrages), 1993.

O pensamento de Freud, em si, jamais deixou de evoluir, de se matizar e de se corrigir. Ele passa, desse modo, por duas grandes sistematizações, chamadas de "primeiro e segundo tópicos".

O "primeiro tópico" distingue três entidades psíquicas funcionais:

- o *consciente* (com o Eu e o sistema de percepção da realidade exterior);
- o *pré-consciente* (lembranças normalmente acessíveis);
- o *inconsciente* (lembranças reprimidas, ordinariamente inacessíveis).

A cada um desses três componentes correspondem estados diferentes e nossas representações psíquicas (que vão da sensação consciente ao traço completamente reprimido).

O "segundo tópico", que se precisa no início dos anos 1920, organiza igualmente três "aparelhos" psíquicos principais: o *Isso*, o *Eu*, o *Supereu*.

Eles constituem as referências fundamentais da doutrina freudiana clássica; voltaremos a ela em detalhes. Notemos que, apesar da denominação de "tópico" (de *topos*, o "lugar"), nenhuma localização cerebral corresponde a esses aparelhos. Todavia, Freud não parece jamais ter abandonado a esperança de ver um dia a psicanálise se reunir com a neurologia.

No decorrer da segunda parte de sua existência, entretanto, Freud – que sempre desconfiara da especulação – deixa-se levar por extrapolações antropológicas, até metafísicas. Ele crê poder universalizar o complexo de Édipo e nele descobrir a chave histórica da instituição de toda sociedade. Também crê poder distinguir dois instintos fundamentais: *Eros* e *Tanatos*, o instinto de vida e o instinto de morte (cf. *Jenseits des Lustprinzips*, 1920: *Para além do princípio do prazer*;[3] *Das Unbehagen in der Kultur*, 1930: *Mal-estar na civilização*).[4]

---

[3] Em *Essais de psychanalyse*, trad. de A. Bourguignon (*e outros*). Paris, Payot (Petite bibliothèque Payot P15), 1981.

[4] *Malaise dans la civilisation.* Trad. de Ch. e J. Odier. Paris, PUF (Bibliothèque de psychanalyse), 1992.

Em 1938, o nazismo obriga Freud a emigrar para Londres, onde vem a falecer no ano seguinte.

1.2. Noções principais

1.2.1. *O inconsciente ou "Isso"*

O *"Isso"* ("das *Es*") é, ao mesmo tempo, o lugar primitivo das pulsões e o produto da repressão.

Uma pulsão é uma pressão ligada a uma falta que ela procura preencher, como a fome ou o desejo sexual. Ela é de origem biológica (desequilíbrio físico-químico do organismo); mas, como procura um objeto para satisfazê-la, também está associada a uma *representação* de objeto. A pulsão é, portanto, uma realidade biológico-psíquica, ao mesmo tempo orgânica e simbólica.

A *repressão* designa um mecanismo essencial na teoria psicanalítica. Ela é um processo de evitação pelo Eu (mais ou menos) consciente de um conflito doloroso. Confrontado com exigências opostas e que ele sente, com razão ou não, como inconciliáveis, o Eu renuncia a escolher, a tomar partido conscientemente. Ele rejeita, então, para fora do campo da consciência, a totalidade ou uma parte do conflito. A repressão é, portanto, um mecanismo ao mesmo tempo ativo e passivo: o Eu consciente rejeita, mas por fraqueza e para se dissimular.

O que é reprimido é igualmente uma realidade mista, composta de emoção (a carga afetiva, derivada de uma pulsão) e de representação simbólica. Encontram-se, portanto, abandonadas no inconsciente representações (imagens, percepções, palavras etc.) associadas a investimentos emocionais. O que é reprimido é entregue às leis – mais exatamente: à ausência de leis – do inconsciente, onde seu destino é totalmente imprevisível. O que é inconsciente conhece apenas uma regra: o *princípio do prazer*, ou seja, da satisfação imediata e incondicional. Mas como essa satisfação é precisamente recusada (por causa das condições materiais ou dos interditos) às pulsões reprimidas, estas procurarão expressar-se e realizar-se de um modo desviado. Desse modo nascem os sonhos e formam-se os sintomas neuróticos.

Sonhos e sintomas estão, portanto, no termo de um trabalho inconsciente de transformações que se tornaram possíveis pelo fato de que a unidade simbólico-afetiva do que é reprimido pode dissociar-se. A carga afetiva, ligada a uma representação (ela própria primitivamente associada a percepções de objetos e de pessoas reais), pode desligar-se desta e prender-se a uma outra imagem ou representação análoga ou simplesmente contígua. Um afeto pode também amalgamar todo um jogo de representações.

Freud distingue duas grandes espécies de processos chamados de "primários": o *deslocamento*, pelo qual uma representação passa para uma outra toda a sua carga afetiva e pulsional; e a *condensação*, pela qual uma representação se apodera da carga emocional total de diversas outras representações. No inconsciente, a energia não está firmemente *ligada* a estruturações e a identidades simbólicas. Seu destino é, portanto, amplamente caótico, com todos os efeitos de sentidos e, principalmente, de não-sentidos aparentes que isso acarreta no plano da expressão dos produtos dos processos primários, sob a forma de sonhos, de fantasmas, de idéias obsessivas, de sintomas e de "irracionalidades" diversas.

O inconsciente não respeita nenhuma das leis da organização consciente: nem a cronologia, nem a lógica, nem as exigências materiais do real.

O inconsciente não conhece o tempo: as "lembranças" inconscientes não são cronologicamente ordenadas; nenhuma sucessão temporal é respeitada; a relação de causa e efeito não se aplica.

As leis fundamentais da lógica – princípios de identidade, de não-contradição e do terceiro-excluído – não valem. No *Isso*, jamais existe contradição, no sentido racional desse termo. Elementos opostos se avizinham sem tensão ou conflito particulares. A *ambivalência*, ou seja, o fato de um mesmo elemento apresentar ao mesmo tempo significações e valores opostos, é corrente. O amor e o ódio, o masculino e o feminino, permanecem mais ou menos indiferenciados, indecisos e, portanto,

Freud e a psicanálise

suscetíveis de expressões instáveis no comportamento consciente.

Por fim, o inconsciente não leva em nenhuma conta a realidade exterior: ele não respeita o *princípio de realidade*, com todas as exigências e as impossibilidades físicas, materiais, que a realidade comporta. Importa apenas a realidade interior, que se desenrola sobre a cena inconsciente. Essa cena é amplamente *fantasmática*, ou seja, as entidades que a povoam e que são, apesar dos indivíduos, de tal modo determinantes para a vida consciente desses mesmos indivíduos, podem ter apenas uma relação muito distante com experiências e acontecimentos efetivamente vividos, especialmente no decorrer da primeira infância.

Filosoficamente falando, a tese da existência de um inconsciente individual coincide com a afirmação de uma estruturação e de uma atividade psíquicas (simbólicas) inacessíveis ao eu e à consciência, não obedecendo às leis e aos princípios sobre os quais estes se regulam e que condicionam, em grande parte, mas sem o perceber, a vida consciente de qualquer indivíduo.

1.2.2. O *Supereu*

O Supereu é uma instância psíquica *normativa*, independente do eu e amplamente inconsciente. O Supereu se manifesta ao eu por meio da imposição de um controle, de obrigações e proibições. Ele é, portanto, a instância da *Lei*, mas também do *Ideal*, do modelo a respeitar e a realizar.

A origem do Supereu é externa: ele é o produto da introjeção da autoridade parental, que impõe as primeiras regras e os primeiros interditos, que pune e que recompensa. Ele resulta igualmente da interiorização das exigências e das obrigações da vida social.

Esse processo, pelo qual o indivíduo absorve, desde a infância, toda uma série de regras simbólicas (mais ou menos em concordância com as leis naturais, com as normas jurídico-legais da sociedade e da moral de sua comunidade), é crucial para a constituição da personalidade. Ele é normalmente adaptativo e funcional, pois coincide com o estabelecimento de mecanismos que devem regular e facilitar a vida interpessoal e social, sob a forma de uma *moral*, espontaneamente respeitada pelo adulto.

Mas a formação do Supereu tem lugar em condições muito variáveis, primeiro basicamente *familiares*, e no contexto da resolução difícil do *complexo de Édipo*, cuja saída normal é a identificação da criança com o papel encarnado pelo parente do mesmo sexo que ela. Essa formação estará, portanto, condicionada pelo modo como a criança tiver vivido o exercício parental da lei. Um pai experimentado como excessivamente impositivo e severo pode gerar um Supereu hiper-controlador e repressivo, suscitando a angústia do eu diante de qualquer pulsão e sua repressão automática. Ele pode também dar nascimento a um Ideal moral totalmente transcendente, obsessivo e deprimente, paralisante na mesma medida de sua inacessibilidade.

Sob tais formas patológicas com graus diversos, o Supereu diminui, até anula, a liberdade – a autonomia – do Eu. Este é obrigado a seguir cegamente todas as exigências do Supereu, sob a pena de sanções e de represálias, que podem revestir expressões sintomáticas (depressão, culpabilidade, angústia etc.).

Todavia, *normalmente*, o Supereu *desencarrega* o Eu da necessidade de julgar, em todo momento, o que ele deve ou não deve fazer; o Supereu facilita a vida consciente, graças à observação de uma moral que se torna como que uma "segunda natureza". Esse respeito espontâneo da moral pelo Eu não suprime sua liberdade; ele não é submissão à lei. Com efeito, quando um problema se apresenta, conflito de deveres ou de valores, conflito entre a tendência à satisfação de um desejo, as exigências da realidade e as exigências da moral, o Eu deve intervir diretamente, a fim de decidir o mais livremente possível e levando em conta todos os elementos de que dispõe. *Julgar e decidir*, não se furtar, seja por se submeter ao imperativo mecânico, imposto por um Supereu tirânico, seja por sucumbir ao impulso preponderante do desejo. O Eu autônomo pode, depois de reflexão e deliberação, escolher transgredir o interdito do Supereu ou respeitá-lo, confirmando-o consciente e livremente.

A verdadeira instância *ética* não é, portanto, o Supereu. Este é apenas o resultado, mais ou menos adaptativo, da interiorização de regras, elas próprias derivadas de julgamentos anteriores esquecidos e cujo conjunto compõe uma moral coletiva, transmitida de geração em geração. O Supereu é a inscrição individual dessa moral. Seu funcionamento não implica nenhuma tomada de consciência nem atividade de julgamento que solicite a liberdade do indivíduo. O verdadeiro lugar da ética é o Eu consciente, que retoma ou não, por sua conta, a moral que ele herdou.

1.2.3. O *Eu e a consciência*

Conforme a psicanálise freudiana, o Eu e a consciência representam apenas uma parte da realidade psíquica do indivíduo. Eles são também o resultado de uma gênese e de uma história que explicam sua tensão e sua força. O Eu consciente se forma na interação entre o Isso (pulsões) e a realidade externa (nela compreendendo os outros), tal como ela é percebida; ele existe por diferenciação progressiva a partir do Isso. Sua extensão e sua força serão tanto maiores quanto ele tiver podido integrar ou levar em conta uma parte mais importante do Isso. Essa extensão progressiva da instância do Eu pode ser vista como a norma ética da psicanálise, que se expressa na célebre forma de Freud:

Onde está o Isso, "Eu" deve advir.

O lugar do Eu é muito pouco confortável, porque intermediário e ao sabor de forças freqüentemente divergentes, até contraditórias: o Eu se situa entre o Isso, o Supereu e a realidade. Com muita freqüência, o princípio do prazer, única lei das pulsões inconscientes, entra em conflito com o princípio de realidade (que convida a levar em consideração as conseqüências negativas previsíveis de uma satisfação imediata) ou com as ordens morais do Supereu. O Eu deve então ser capaz de diferir uma satisfação, quando houver, a esse respeito, boas razões.

De modo geral, o Eu consciente é a instância do julgamento, da escolha deliberada, da decisão voluntária. A fim de exercer essa função, o Eu deve ser suficientemente livre, ou seja, gozar de autonomia suficiente em relação às três instâncias, das quais ele deve gerir as interações:

- o Eu deve poder dominar as pulsões;
- ele não deve estar submisso ao Supereu;
- ele não se deve desviar da realidade, mas se informar e avaliar em que medida é capaz de controlá-la e de prevê-la.

Um indivíduo é normalmente equilibrado quando é capaz de resolver os conflitos por um ato consciente, voluntário e refletido de escolha, e não pela repressão, que coincide com uma retirada do Eu. Este perde o controle sobre aquilo que é reprimido e que arrisca, por conseguinte, a ressurgir sob uma forma neurótica.

A tarefa terapêutica pode ser assim definida como uma assistência ao Eu que sofre para reconquistar e assumir aquilo que ele outrora abandonou, por fraqueza, e que é a causa de seu sofrimento:

A tarefa terapêutica (...): a descoberta das repressões e de sua resolução por atos de julgamento. (*Minha vida e a psicanálise*)[5]

1.2.4. O *método*

Os pressupostos do método seguido pela cura psicanalítica, já enunciados acima, são:

---

[5] *Ma vie et la psychanalyse.* Trad. de M. Bonaparte. Paris, Gallimard (Idées 169), 1971.

Freud e a psicanálise

- o porte terapêutico da tomada de consciência com verbalização e resolução deliberada dos problemas reprimidos;
- a disparidade entre a natureza real do problema (os acontecimentos efetivamente vividos ou as lembranças primitivas) e as expressões imediatamente acessíveis à consciência;
- a necessidade, a fim de superar essa disparidade, de um trabalho sobre essas expressões.

As expressões do que foi reprimido se manifestam ora nos sintomas neuróticos, ora na vida cotidiana diurna (lapsos, atos falhos), ora nos sonhos. Estes constituem, segundo Freud, "a via régia para o inconsciente". É, portanto, principalmente sobre eles que se fará o trabalho de análise, que permitirá passar do conteúdo "manifesto" (o relato de um sonho tal como o paciente dele se lembra) para o conteúdo "latente" do sonho. O sonho é, com efeito, a expressão deformada (censurada) de um desejo reprimido, associado a um problema não resolvido. É a natureza desse desejo e desse problema que constitui o conteúdo dissimulado que é preciso trazer à luz. Para passar do manifesto ao latente, técnicas, experiência e saber têm seu papel:

- a técnica principal é a das "associações livres": o paciente é convidado a associar a partir de seu sonho e a expressar todas as representações que sobrevêm quando ele põe entre parênteses seu julgamento lógico e realista; de associação "irracional" para associação "irracional", pode-se então perceber pouco a pouco o problema latente;
- a cultura simbólica do analista, seu próprio virtuosismo, adquirido no manejo e na decifração do pensamento analógico que, embora livre e imprevisível no sentido estrito, não é absolutamente desprovido de regularidade e predição ao menos prováveis;
- o saber psicanalítico, relativo principalmente à evolução da sexualidade infantil e ao complexo de Édipo, que formam o significado maior da análise.

Esse trabalho de decifração nada tem de uma análise lógica, cujos procedimentos seriam perfeitamente explícitos e deveriam ser seguidos mecanicamente. Ele solicita, ao contrário, o pensamento analógico e apresenta numerosos parentescos com a hermenêutica.

A cura, entretanto, não se limita a esses aspectos intelectuais. O motor verdadeiro da cura é de natureza afetiva: a *transferência*. O sucesso da análise postula a transferência pelo paciente sobre o psicanalista de sentimentos ligados a experiências antigas (infantis) reprimidas. Essa transferência, que faz até certo ponto "reviver" o passado, mas lucidamente e em um contexto diferente, permite a volta do que foi reprimido, a tomada de consciência e a resolução do problema pelo Eu. Onde a transferência não se realiza, a cura é geralmente impossível: é o caso das psicoses.

1.2.5. *A sexualidade e o complexo de Édipo*

O significado-referido quase exclusivo da análise freudiana é a pulsão sexual, mais precisamente chamada de "libido" (com suas duas faces: energético-biológica e psíquico-simbólica), e suas transformações no decorrer da existência do indivíduo. Essa focalização sobre a sexualidade, comandada segundo Freud por todas as suas observações empíricas sobre os doentes e sobre si mesmo (sua auto-análise), deu-lhe a chave das neuroses (de início, da histeria) e "dos sonhos". Ela foi também uma razão maior da resistência encontrada pela psicanálise nascente. Seu caráter redutivo da realidade humana foi, finalmente, um dos motivos da dissidência de Jung e de Adler. Ele jamais deixou de ser o alvo de críticas, principalmente filosóficas.

A sexualidade, conforme a psicanálise freudiana, não é, porém, nada simples, principalmente não simplesmente genital. Ela é fundamentalmente evolutiva, e passa, desde a primeira infância, por estágios que a organizam e a centram em torno de um lugar do corpo (as "zonas erógenas" dos estágios "oral, anal e genital"). Ao sair da infância, durante a qual o auto-erotismo prevalece necessariamente, a libido encontra

Freud e a psicanálise

sua estruturação definitiva por meio do complexo de Édipo, e conhece diversos destinos de sublimação, principalmente sob a forma da curiosidade intelectual, do desejo de saber. Notemos que essa interpretação coloca a "filo-sofia" e a ciência em geral na esteira da pulsão sexual e de suas metamorfoses "epistemofílicas".

Por ocasião de cada uma dessas etapas, a evolução pode ser perturbada, freada, desviada, por fixações abusivas, às quais o adulto terá tendência de voltar (é a regressão), quando os conflitos se apresentam. Esses acidentes, que impedem o desabrochamento de uma sexualidade "adulta e normal", acarretam, eventualmente, sintomas neuróticos.

Uma etapa particularmente crucial é a formação e a resolução do *complexo de Édipo*. Não recordaremos aqui o mito, posto em cena por Sófocles, mas apenas sua interpretação freudiana que, entretanto, também pretende − assim como o mito − expressar uma verdade humana universal.

O complexo de Édipo consiste no desejo amoroso que a criança tem pelo parente do outro sexo, desejo irrealizável (por causa da imaturidade biológica) e também *interdito*, particularmente pelo parente do mesmo sexo, ao qual dedica um sentimento de hostilidade e do qual teme as represálias.

A resolução "normal" do complexo de Édipo comporta essencialmente três aspectos:

- a renúncia ao desejo do parente do outro sexo; esse luto do primeiro amor implica o reconhecimento da diferença das gerações e da proibição do incesto parental, ou seja, a proibição da confusão intergeracional, que tende a negar a finitude humana (que situa cada indivíduo em um lugar limitado em uma sucessão ordenada);
- a identificação sexual com o parente do mesmo sexo e a capacidade de transferir o "primeiro amor" sobre outras mulheres (homens) e não a mãe (pai); a aquisição de uma

identidade sexual vem assim impedir a relativa indecisão sexual da criança que Freud descreve como "bissexual"; o fracasso, mais ou menos grave, dessa identificação acarretaria a homossexualidade ou a ambivalência sexual do adulto; a resolução do Édipo postula, portanto, o reconhecimento e a aceitação da diferença dos sexos, igualmente essencial à condição humana;

- a identificação com os papéis e funções simbólicas do parente do mesmo sexo: tornar-se capaz de ser pai (mãe) por sua vez, com tudo o que isso representa no plano de assumir a autoridade (a lei) e a responsabilidade e, portanto, da capacidade de transmitir a seus próprios filhos uma cultura, uma moral, a ordem simbólica do mundo social que a própria pessoa herdou.

Resolver o Édipo é conseguir deixar a onipotência (imaginária) e a imediatidade do desejo infantil. É cessar de querer se passar por um "pequeno Deus" (esposando minha mãe, eu me torno meu próprio pai e meu próprio filho) e aceitar a condição humana em sua finitude.

1.3. Algumas considerações filosóficas

A psicanálise sempre manteve com a filosofia (talvez fosse melhor dizer: com os filósofos) relações difíceis, na maioria das vezes conflituosas ou ambivalentes. O próprio Freud, durante muito tempo, pretendeu precaver-se de sua própria veia especulativa, renunciando a ler Schopenhauer ou Nietzsche demasiadamente cedo, a fim de não abandonar o terreno positivo do empirismo e da ciência. Ele também havia perfeitamente percebido a que ponto algumas hipóteses de base da psicanálise chocavam a "consciência filosófica", a começar pela idéia de um "inconsciente psíquico" ou de "representações inconscientes".

1.3.1. *A questão da cientificidade*

A formação de Freud é biomédica; suas convicções epistemológicas e metodológicas são empiristas e positivistas. Sua filosofia é fundamentalmente atéia e materialista. Ele desconfia do idealismo e de qualquer pretensão a um saber ou a uma verdade *a priori*, que não tivessem transitado pela observação e pela experiência. Se a freqüentação de alguns doentes o fez abandonar uma abordagem médica clássica – "tecno-física", ou seja, que cura pela ação mecânica, a química medicamentosa ou a cirurgia –, é porque essa abordagem clássica, a da medicina "oficial", era inoperante e porque ela negava sua própria metodologia empirista ao recusar ver os fatos. É, portanto, o respeito por estes e a preocupação com a eficácia (na ocorrência, ter uma ação terapêutica real) que fazem Freud passar para uma abordagem e um tratamento "simbólicos", nos quais a linguagem – a verbalização: ele evoca a "magia da palavra" – desempenha um papel totalmente preponderante. São sempre as mesmas preocupações que o levam a elaborar e, na medida do possível, a testar as diversas hipóteses que pouco a pouco formarão o edifício teórico e prático da psicanálise.

Freud, entretanto, permanece ambivalente em relação a essa orientação lingüística e simbolista da ciência psicanalítica que os próprios fatos e o desejo de eficácia lhe inspiraram. De um lado, ele não cessa de afirmá-la e confirmá-la contra as críticas que provêm das ciências médicas, chegando até a afirmar que a boa formação psicanalítica não passa obrigatoriamente por estudos médicos prévios. Por outro lado, ele não parece abandonar a esperança de que um dia a abordagem simbólica possa encontrar uma correspondência e uma tradução em termos propriamente neurológicos, que viriam substituir a materialidade evanescente das palavras e dos símbolos (dos significantes), a positividade mais firme dos neurônios e de suas conexões. Desse ponto de vista, a abordagem simbólica, que faz a especificidade da psicanálise, seria apenas uma solução provisória, esperando a volta a uma abordagem tecno-física realmente explicativa e operativa.

Podemos, entretanto, perguntar-nos se essa volta tem alguma oportunidade de se produzir e se não seria, de todos os modos, abusiva, porque redutiva da realidade humana. À medida que o desabrochamento desta é tributário de relações interpessoais e da comunicação simbólica, graças às quais emergem a consciência e o Eu, uma intervenção infra-simbólica sobre o cérebro individual, que pretenderia concorrer para o mesmo resultado, parece problemática.

O lugar epistemológico da psicanálise é, desde o início, misto: a realidade que ela aborda é ao mesmo tempo orgânico-física e simbólico-psíquica. Essa ambigüidade a torna vulnerável a muitas críticas, de origens eventualmente opostas: uma censurará Freud por seu biologismo residual e tenaz; outra verá na psicanálise tão-somente uma espécie de mitologia moderna, desprovida de fundamento e, principalmente, de qualquer valor científico.

1.3.2. *A questão do Eu consciente e autônomo*

Os motivos da tensão e do conflito entre a filosofia e a psicanálise são numerosos, principalmente se dermos dessa última uma visão superficial, reduzindo sem mais, por exemplo, o amor do saber a uma sublimação da libido e o senso moral ao Supereu.

Mais profundamente, existe, entre psicanálise e filosofia, ao mesmo tempo uma oposição metodológica (com tudo o que ela implica de pressuposições teóricas) e uma convergência dos fins. Vejamos primeiro a oposição.

Tradicionalmente, porém mais particularmente a partir de Descartes, a filosofia identifica a essência do ser humano em geral e da personalidade individual ao *eu pensante consciente*. Há como que uma seqüência de equações entre: o sujeito = o eu = a consciência = o pensamento = a atividade psíquica ou representacional. Ainda que o pensamento não seja, a todo instante, expressamente reflexivo, ele é, em todo caso, capaz de se refletir logo que o queira, porque ele continuamente *se sabe*. Para se conhecer, o sujeito individual e genérico (ou seja, universal, essencial ou transcendental: e apenas ele importa, de modo definitivo) não tem necessidade de passar por observações, hipóteses e verificações empíricas. Ele pode conhecer-se *a priori* e independentemente de qualquer experiência e de qualquer método diverso do introspectivo, reflexivo e especulativo, e sem a assistência de outrem. A subjetividade filosófica clássica parece sem sombras, ao menos sem sombras interessantes e determinantes para o eu consciente que é tudo e que tem, em sua sombra, um acesso imediato e de controle voluntário. Essa posição foi amplamente retomada pela fenomenologia de Husserl que, entretanto, encontra o inconsciente como um problema para seus limites.

A série de termos quase equivalentes – sujeito-eu-consciência-pensamento – deve ainda ser prolongada e determinada por duas noções suplementares: razão e liberdade. Do ponto de vista filosófico, a essência do pensamento é a razão que respeita os princípios da lógica. A atividade mental irracional é desinteressante: ela vem do corpo, da sensibilidade; é impura, e não de fato "pensamento". Por fim, o sujeito racional é, assim como Kant ensinou, *livre*, *autônomo*, contanto que não se deixe levar por solicitações sensíveis e emocionais, às quais ele pode resistir, se quiser. É que o eu-sujeito, racional, livre e consciente, já existe sempre, ao modo de um espírito, de uma substância em si mesma; ele não é condicionado, em sua gênese, pelos acasos e pelas determinações do corpo e da matéria, no seio das quais se encontra aprisionado. Por outro lado, nada de empírico – que provenha desse corpo e dessa matéria – pode ajudá-lo a ser ou a se tornar ele mesmo: é unicamente de sua própria potência que ele tem a capacidade e o dever de tudo extrair.

A série "sujeito-eu-pensamento-consciência-representação-razão-liberdade" entra manifestamente em conflito frontal com a tese psicanalítica de uma atividade psíquica (representacional: um pensamento) inconsciente, determinante para o Eu, apesar deste e fora de seu alcance. Uma atividade excedente basicamente irracional, cujo fundo estruturado remonta às experiências da infância relativas à sexualidade, e que desempenhou um papel capital na chegada, mais ou menos feliz, da personalidade consciente e voluntária, desse sujeito que diz: "eu penso".

O desacordo entre a psicanálise e a filosofia é inegável. Mas ele se encontra, como dissemos, em uma oposição de métodos (suportados por construções teóricas), e não na finalidade. A psicanálise se pretende *empirista* (e apoiada sobre uma concepção de preferência materialista); a filosofia é *especulativa* (e ligada ao idealismo). Contudo, se os meios diferem, a meta é semelhante: desenvolver o *saber* – como tomada de consciência pelo eu-sujeito – e a *autonomia* – como a faculdade própria do eu-sujeito de julgar livremente, sem sofrer as exigências e os condicionamentos de forças exteriores desconhecidas e não refletidas.

Em suma, a filosofia seria apenas demasiadamente precipitada ou demasiadamente simplificadora, ou demasiadamente otimista no que se refere ao acesso pessoal a uma vida subjetiva autenticamente livre e consciente. É fato também que os filósofos não levaram muito em consideração os casos patológicos a propósito dos quais a psicanálise se desenvolveu e a partir dos quais ela, progressivamente, estendeu seus conceitos na direção da subjetividade não patológica. Desde que a filosofia tempere sua tendência à introspecção e à especulação, imediatas e *a priori*, torna-se possível para ela integrar uma parte considerável da teoria e da prática psicanalíticas. Tal integração, por outro lado, constituiu um desafio para a maioria dos filósofos do século XX: da fenomenologia (durante muito tempo hostil à psicanálise) a Wittgenstein (tentado pelo "positivismo terapêutico"), da hermenêutica (como Ricoeur) à Teoria crítica dos pensadores de Frankfurt (Marcuse, Apel, Habermas) ou ao pós-modernismo (Lyotard, Deleuze, Rorty).

1.3.3. *Uma antropologia filosófica*

A problemática das relações entre psicanálise e filosofia não se esgotou na questão do eu consciente e autônomo. Embora se precavendo em relação à especulação, Freud se permitiu ir, principalmente no decorrer das últimas

Freud e a psicanálise

décadas de sua existência (desde *Totem e tabu*, em 1913)[6] a extrapolações cada vez mais audaciosas, confinando com uma verdadeira antropologia filosófica, ou seja, com uma teoria universal do que é preciso entender por "humanidade".

O cerne dessa concepção é a teoria edípica, interpretada não só como descrição da gênese normal do indivíduo, mas também como a condição da instituição de qualquer sociedade e, portanto, da humanidade como tal.

Essa teoria enuncia, em poucas palavras, duas coisas estreitamente ligadas:

- a condição humana em suas raízes naturais, biológicas, compreende necessariamente a diferença sexual e a reprodução sexuada; ela implica, também necessariamente, uma sucessão de etapas: a colocação no mundo pelos pais, uma maturação lenta e longamente dependente dos pais (ou das pessoas que assumem esse papel), a maturidade reprodutiva (tornar-se, por sua vez, pai ou mãe), o envelhecimento e a morte;

- é preciso aceitar a condição humana assim descrita, ou seja, representá-la e querê-la como tal; é o que expressa o interdito, universal segundo Freud, do incesto, que sanciona a dupla diferença, das gerações e dos sexos, enraizada na biologia humana. O interdito do incesto é a regra fundamental, ou seja, o arquétipo de qualquer norma. O incesto não é impossível ou excluído por natureza: ele é social ou culturalmente interdito, e esse interdito é o fundamento de qualquer sociedade, o primeiro salto que leva do fato (natural e pré-humano, da pulsão) ao direito (à lei, à ordem simbólica, propriamente humana). É apenas se esse primeiro salto for realizado que a seqüência do futuro humano, individual, coletivo e específico será possível.

---

[6] *Totem et tabou*. Trad. de M. Weber. Paris, Gallimard (Connaissance de l'inconscient), 1993.

> Essa seqüência é essencialmente simbólica: questão de tradição, de transmissão cultural, de transferência dos pais para os filhos da capacidade simbólica de se tornarem indivíduos autônomos e também, por sua vez, pais.

Se existir uma mensagem filosófica – uma "sabedoria" – da psicanálise freudiana, essa mensagem é muito pouco revolucionária: ela diz simplesmente que o homem é um ser naturalmente consagrado à cultura, e que essa cultura, essencialmente simbólica, não pode nem deve fundamentalmente ir contra sua condição natural. A condição humana só pode ser assumida simbolicamente por meio da resolução individual do Édipo, que implica o respeito pelo interdito do incesto. Desse modo, a natureza bruta simbolizada se transforma em um sentido suscetível de ser transmitido e repetido.

O corolário dessa sabedoria é a condenação das reivindicações de liberdade e de onipotência ilimitadas ou do descomedimento utópico que ambiciona superar tecnicamente a condição humana. Tais excessos cegos testemunhariam apenas um fracasso da resolução do complexo edípico no caso daqueles que com isso se preocupam. Nessa perspectiva, hoje salientada por ocasião de problemas "bioéticos", suscitados pelas tecnociências biomédicas, a teoria psicanalítica pode revelar-se conservadora, até reacionária, e, ao mesmo tempo, esclarecedora e progressista.

Leituras Sugeridas

Assoun P.-L. (1995), *Freud, la philosophie et les philosophes*. Paris, PUF (Quadrige 180).

Fages J.-B. (1996), *Histoire de la psychanalyse après Freud*. Paris, O. Jacobs (Opus 32).

Freud S. (1971), *Ma vie et la psychanalyse*, trad. de M. Bonaparte. Paris, Gallimard (Idées 169).

Henry M. (1985), *Généalogie de la psychanalyse*. Paris, PUF (Épiméthée).

Jones E. (1988-1992), *La vie et l'oeuvre de Sigmund Freud*. Paris, PUF (Bibliothèque de psychanalyse).

Freud e a psicanálise

RICOEUR P. (1995), *De l'interprétation*. Paris, Seuil (Points essais 298).
ROBERT M. (1989), *La révolution psychanalytique*. Paris, Payot (Petite Bibliothèque Payot).

2. No movimento psicanalítico: Jung e Lacan

■ A psicanálise espiritualista de Jung:
  – A evolução individual guiada pelos arquétipos do inconsciente coletivo.
  – O Si-mesmo e a coincidência dos opostos.

■ Lacan e a psicanálise estruturalista:
  – O inconsciente é estruturado como uma linguagem.
  – O primado do Sa (significante) e seus efeitos de Se (significado).
  – Édipo, chave de acesso ao simbólico.
  – O real inacessível, o desejo infinito, as armadilhas imaginárias e o sujeito-joguete do Sa.
  – Uma sensibilidade ambivalente em relação às tecnociências.

PALAVRAS-CHAVE

• arquétipo • desejo • estrutura • estruturalismo • Eu • identidade
• imaginário • inconsciente pessoal e coletivo • libido • linguagem
• metáfora • metonímia • niilismo • real • referido • sentido
• significante (Sa) • significado (Se) • símbolo • simbólico
• Si-mesmo • sujeito

2.1. C. G. Jung e o retorno ao Significado

Médico psiquiatra nascido na Suíça em 1875, Carl Gustav Jung é um dos primeiríssimos discípulos de Freud, que o considerou, durante certo tempo, como seu filho espiritual. Mas as divergências surgiram rapidamente e levaram Jung a desenvolver sua própria doutrina e prática da "análise das profundezas", que ele continuou perto de Zurique, até sua morte, em 1961. O desacordo era ao mesmo tempo "técnico" (referente às noções fundamentais da psicanálise) e filosófico: vimos que Freud permaneceu basicamente empirista, materialista e ateu, ao passo que Jung se empenha muito cedo no caminho da especulação, do espiritualismo e de uma forma de misticismo. Desde 1913, pouco tempo depois da publicação dos *Wandlungen und Symbole der Libido* (1912) (remanejado em 1952: *Symbole der Wandlung*, e traduzido sob o título *Metamorfoses da alma e seus símbolos*, Genebra, 1953),[7] Jung pede demissão da Associação psicanalítica internacional.

O desacordo sobre a natureza da libido e do símbolo

Jung recusa a redução da libido à sexualidade. Ele vê nela uma energia vital, ao mesmo tempo somática e psíquica, de início neutra e indiferenciada, destinada a evoluir. Essa evolução é finalizada e deve normalmente coincidir com uma espiritualização crescente da energia e da personalidade. A libido transforma-se qualitativamente no decorrer da existência: ela passa por uma série de metamorfoses evolutivas. Os símbolos – que aparecem nos sonhos e nos fantasmas individuais, mas que refletem, na realidade, estruturas simbólicas universais inatas – são convites e instrumentos para essa evolução. O símbolo não é, portanto, uma máscara que dissimula, como em Freud, e cuja significação seria regressiva (experiência infantil). O símbolo junguiano é revelador, indicação alusiva de um sentido que o indivíduo deve ainda sintetizar para si mesmo e que não pode, portanto, possuir plenamente, mas que o espera, de algum modo,

---

[7] *Métamorphoses de l'âme et ses symboles.* Trad. de Y. Le Lay. Paris, Librairie générale française (Références 438), 1996.

em seu devir. O símbolo é também, em Jung, fundamentalmente, de natureza *imaginal* e, muito mais rara e acessoriamente, de natureza lingüística.

O desacordo sobre o inconsciente

Além do inconsciente pessoal, depósito de experiências esquecidas ou reprimidas desde o início da existência individual, existiria um *inconsciente coletivo*, estruturado de modo anterior a qualquer experiência, inato, investido de energia e de conteúdos significativos de alcance universal. Jung chama essas estruturas de *arquétipos*. Os arquétipos se expressam por meio dos símbolos (cuja forma é, em si, influenciada pela história pessoal). Os arquétipos são, portanto, os significados dos símbolos que o psicólogo deve ajudar a decifrar.

Como exemplos de arquétipos, citemos: a Anima, o Animus, o Si-mesmo. Essas designações abstratas tomam forma nas expressões simbólicas, elas próprias ao mesmo tempo coletivas e individuais, de modo que na maioria das vezes um arquétipo é designado sob o aspecto de uma de suas expressões simbólicas mais freqüentes. Desse modo, a Anima, que corresponde à parte afetiva feminina inconsciente no homem, apresenta-se nos símbolos femininos: Mãe, Esposa, Mulher fatal, Feiticeira etc.

O Si-mesmo, arquétipo supremo, pois evoca a psique total e perfeitamente integrada, reveste a imagem do Velho Sábio ou as figurações mais abstratas da Mandala ou do Quatro (quaternidade, quadrado, cruz etc.).

A psique completa é muito mais vasta que o Eu consciente (como Freud também já vira), mas também mais vasta que o inconsciente pessoal. A integração da psique exige a tomada de consciência dessa extensão, graças ao trabalho simbólico. Essa operação não é sem perigo: o Eu corre o risco de ser capturado por um símbolo arquetípico e de se desviar na neurose ou na psicose.

O desacordo sobre o trabalho simbólico

O trabalho freudiano é de *análise*, ou seja, de resolução-dissolução das repressões por meio da interpretação de suas expressões simbólicas. Esse trabalho tem apenas uma finalidade *libertadora*. Ele não revela um sentido que o indivíduo teria de seguir ou realizar: permite apenas desfazer pseudo-sentidos, dolorosos e paralisantes, que o indivíduo inconscientemente impõe a si mesmo. No termo desse trabalho, o indivíduo é remetido exclusivamente à sua própria liberdade e à sua própria capacidade de julgar e de escolher "seu sentido" com conhecimento de causa.

As concepções junguianas são diferentes. A finalidade do trabalho simbólico é conduzir à integração mais completa e harmoniosa possível da psique individual, pela assimilação progressiva das energias inconscientes, por meio de uma interpretação correta dos símbolos. Esse trabalho é mais de *síntese* do que de análise; Jung o chama de "processo de individuação". A cada etapa, a direção da evolução psíquica é indicada graças aos símbolos que o inconsciente arquetípico apresenta ao Eu consciente, para guiá-lo e o solicitá-lo – para prová-lo – sobre o caminho da realização total. Este é um estágio espiritual supremo, em que o equilíbrio, até a coincidência, de todos os opostos garante o fim de todo conflito, a harmonia consigo mesmo e com o mundo.

Nessa perspectiva inteiramente consagrada à descoberta de um *sentido determinado*, Jung se preocupou mais com a produção simbólica tradicional e coletiva do que com as produções contingentes dos inconscientes individuais, cuja significação interessante depende principalmente de sua relação com os significados arquetípicos. É por isso que Jung publicou grande número de estudos comparativos no domínio da simbólica religiosa, da mitologia, da alquimia, do esoterismo e da história da arte. Esses estudos deviam corroborar a existência de símbolos e de arquétipos trans-culturais e supra-históricos, constitutivos do inconsciente coletivo da humanidade. A sobredeterminação (a polissemia) dos símbolos e a liberdade hermenêutica são tais que esses

Freud e a psicanálise

empreendimentos comparatistas não podiam deixar de trazer elementos para o apoio das teses daquele que com elas se comprometia, sem que tais elementos fossem, entretanto, probatórios para aqueles que não partilham os mesmos pressupostos que Jung.

Concluindo, o pensamento de Jung é mais sintomático do que filosófica ou cientificamente convincente. Sintomático de um desejo confesso de reanimar os antigos símbolos mítico-religiosos, dispensadores de sentido em uma época em que se tornaram muito menos críveis como tais, ou seja, em associação com crenças que se referem a um mundo e a entidades sobrenaturais, transcendentes. A "psicologia das profundezas" se apresenta como ciência (psicologia, história, etnologia etc.) e situa no homem a transcendência, o divino. Ela pretende oferecer também um sentido, um Sentido supremo, acessível, em princípio, ao indivíduo, no seio de uma época caracterizada pela crise do sentido e pelo niilismo.

2.2. Lacan e a radicalização do significante

As três dimensões do signo – o significante ou Sa (o aspecto físico), o significado ou Se (o sentido), o referido (a realidade extralinguística designada) – permitem situar Freud, Jung e Lacan. Freud atribui uma atenção às três dimensões, mas privilegia, em última instância, o referido: a realidade que se esconde por trás dos fatos psíquicos ou simbólicos é identificável e explica esses fatos; a sexualidade (e, em última análise, a biologia humana) constitui esse referido. Jung nega a importância da referência sexual, não com a finalidade de substituí-la por uma outra, mas para se concentrar sobre o Se dos símbolos e o Sentido dos processos psíquicos.

Jacques Lacan (1901-1981) afirma o primado do Sa, marginaliza o sentido como um "efeito" deste e considera o referido como ilusório ou inacessível. Suas visões, mais do que as de seus predecessores, influenciaram a filosofia, muito particularmente a francesa, por causa da tendência estruturalista que nela domina no decorrer dos anos sessenta e setenta. Elas se expressaram principalmente em conferências, artigos e aulas que, na maior parte, formam os *Escritos* (Paris, Seuil, 1966) e o *Seminário* (aulas agrupadas em diversos "livros", Paris, Seuil, 1975). O estilo de Lacan – principalmente em seus *Escritos* – é muito rebuscado e esotérico. Seu pensamento reivindica uma fidelidade absoluta às idéias originais essenciais do ensinamento freudiano que se deveria à colocação em evidência da importância determinante da linguagem, do simbólico. Embora fundamentada, essa pretensão ultrapassa a contribuição do próprio Freud, uma vez que, em Lacan, a linguagem, sob a forma do Sa, ocupa toda o lugar e expulsa o referido. Lacan denunciará este como dependente de um *biologismo*, do qual Freud jamais teria conseguido desembaraçar-se. Embora médico, Lacan insistirá muito mais que Freud sobre a necessidade de abrir a disciplina psicanalítica a não-médicos apaixonados pelas ciências da linguagem e do signo.

2.2.1. *Significantes e estruturas*

Os mecanismos primários de deslocamento e de condensação são redefinidos por Lacan em termos de retórica: o deslocamento é uma *metonímia*, a condensação uma *metáfora*. O uso desses termos é inspirado pelo lingüista Roman Jakobson (1896-1982). A metonímia é a passagem de um Sa para um outro contíguo (trata-se de uma proximidade na organização simbólica de um indivíduo-sujeito). A metáfora é a substituição de um Sa por um outro assim ocultado (reprimido). O que fundamenta a substituição é uma similaridade ou analogia entre os dois Sa no seio da organização simbólica de um sujeito. O sintoma, resultado de uma repressão, é uma metáfora. O desejo é uma metonímia, ou seja, ele se desloca continuamente de um Sa para outro, sem que haja termo para esse processo.

Lacan afirma que "o inconsciente é estruturado como uma linguagem". Essa tese implica que:

- apenas os seres humanos, os "seres vivos que falam", têm um inconsciente e que "Isso fala";

- o inconsciente é essa parte do discurso, da concatenação simbólica complexa e móvel que eu sou, que me escapou, assim como uma página em branco ou como uma página reformulada de um modo tal que não é mais possível reencontrar a formulação primeira. Nesse sentido, ele é o "discurso do Outro" (o Outro sendo a organização simbólica – a ordem dos significantes – basicamente autônoma, independente da vontade consciente dos sujeitos que falam);
- o inconsciente é *estrutural.*

O que essa última indicação implica no quadro do estruturalismo lacaniano? A relação com o estruturalismo clássico – o da lingüística de Ferdinand de Saussure (1857-1913) –, embora expressamente evocada por Lacan, é, ao mesmo tempo, esclarecedora e enganosa, à medida que Lacan utiliza os termos saussurianos (Sa, Se, estrutura etc.) em um sentido que lhe é próprio.

O estruturalismo afirma a prioridade das relações e das funções sobre as entidades. O que importa é o papel desempenhado pelo elemento no sistema, são as relações que ele estabelece (ele é um nó de relações efetivas e potenciais), é o jogo combinatório, as substituições possíveis no seio da estrutura. O elemento é o significante, mas ele é integralmente estrutural; existe apenas em função de uma rede, de uma cadeia e das operações que nela se desenrolam.

A aposta maior dessa perspectiva é o corte da linguagem (a ordem simbólica) em relação ao real: a autonomização da cadeia dos significantes em relação aos referidos e em relação aos significados tradicionalmente concebidos como uma espécie (ideal, espiritual, psíquica) de referidos. Essa aposta propriamente estruturalista é muito importante para a filosofia, cuja concepção da linguagem geralmente foi "ontológica", ou seja, fundada sobre um paralelo entre a ordem primeira do real (que já teria, em si, um sentido) e a ordem segunda da linguagem, chamada a refletir esse real e seu sentido. Essa filosofia tradicional da linguagem supõe que o termo (nome) é como que a etiqueta de uma coisa (referido) que constitui a significação do nome; ela postula também que o enunciado (combinação de nomes) é a descrição de um fato, e que a linguagem, globalmente, reflete o real.

Contra essa posição ontológica que enraíza o Sa e o Se no referido extralingüístico, o estruturalismo afirma a autonomia e até a autarquia da estrutura e tende a reduzir, em todos os casos em Lacan, o sentido e a referência a efeitos de significantes e de estrutura: efeitos das relações entre os Sa, efeitos do conjunto dessas relações, ou seja, da própria estrutura. A partir disso, é o Sa (a estrutura) que se torna primeiro; Se e referido são segundos e também ilusórios, fachadas causadas pelos Sa e por seu jogo estrutural.

> O Sa tem sentido apenas em relação com um outro Sa.
> É o mundo das palavras que cria o mundo das coisas (*Escritos I*).[8]

> A linguagem não é feita para designar as coisas. Mas essa ilusão é estrutural na linguagem humana (*O Seminário I*).[9]

O estruturalismo lacaniano não nega a existência da realidade física extralingüística; ele afirma apenas que a instituição da linguagem, a vinda da ordem simbólica (e a chegada do sujeito humano a esta), postula a ruptura radical e a perda desse real ou ainda sua negação (o Sa procede do "assassínio da coisa"). A partir disso, esse real não pode mais aparecer no seio da ordem simbólica estrutural, a não ser como uma ilusão, um objeto impossível ou inatingível, e o desejo prossegue, metonimicamente, de Sa em Sa.

---

[8] *Écrits.* Paris, Seuil (Points essais 5), 1970.
[9] *Le Séminaire.* Paris, Seuil (Points sciences 217), 1990.

Desse modo, o símbolo se manifesta primeiro como assassínio da coisa, e essa morte constitui no sujeito a eternização de seu desejo (*Escritos I*).

2.2.2. *As três ordens, o Eu e o sujeito*

A antropologia filosófica de Lacan repousa sobre a distinção entre três ordens de realidade: *real, imaginária* e *simbólica*. Esta última é propriamente humana e condiciona a importância das duas outras.

- A *ordem simbólica* (ou *lingüística*) é, como vimos, estrutural e retórica. Ela preexiste ao sujeito individual e continua a existir depois de seu desaparecimento. Não que ela exista em si: seu modo de existência é dialético, continuamente tecido pelas interações de sujeitos ou, mais precisamente, pelas interações de significantes, dos quais os sujeitos individuais são as sedes e os representantes. A ordem simbólica é duplamente independente do sujeito individual: porque ela existe apenas coletivamente, intersubjetivamente, *e* porque ela é, em grande parte, inconsciente no próprio sujeito individual. É nesse duplo sentido que o simbólico é o Outro, que condiciona a chegada do sujeito individual.

  O Outro é o lugar em que se situa a cadeia do Sa (...) onde o sujeito vai aparecer. O sujeito enquanto constituído como segundo em relação ao significante (*O Seminário XI*).[10]

  "Efeito de significante", efeito do Outro, o sujeito é, ao mesmo tempo, efeito do Terceiro, da Lei, que vem impedir

---

[10] *Le Séminaire XI*. Paris, Seuil (Champ freudien), 1973.

a fusão (filho-mãe), o reino indiferenciado e mudo de um ser dual e sem forma, pré-humano e pré-subjetivo. Édipo é essa porta de acesso à ordem simbólica que permite a superação da ordem imaginária. Seu fracasso está na origem das patologias.

- A *ordem imaginária* é aquela cuja descrição de início fez conhecer Lacan no seio do fervente movimento psicanalítico (a conferência: "O estágio do espelho", em 1936; remanejada em *Escritos I*). O imaginário é esse estágio pré-simbólico em que o filho (com cerca de um ano) adquire identidade e unidade de sua identificação com uma imagem de si mesmo (seu modelo é o reflexo em um espelho), que lhe proporciona uma profunda alegria. Essa imagem de si, que nenhum terceiro, nenhuma distância, nenhum significante mediatizam ainda, é oferecida na relação com a mãe: ela é especular (narcísica), dual (fusional, não mediada por um terceiro termo) e ilusória (porque simples reflexo sem realidade, mas principalmente anterior à chegada do sujeito – simbólico – propriamente humano). A ordem do imaginário ou do espelho outorga, portanto, apenas uma pseudo-identidade, sem real subjetividade ou distinção em relação a outrem. Essa identidade é a do *eu*, que não deve ser confundida com o sujeito, embora a unidade do eu prepare normalmente a vinda posterior do sujeito. Mas essa evolução pode ser perturbada, acarretando uma alienação do sujeito na ordem imaginária, ou seja, no(s) desejo(s) de outrem (principalmente a mãe), ilusões em que ele jamais encontrará identidade subjetiva própria. Tornando-se e permanecendo "desejo do desejo do outro" (desejo do desejo de sua mãe, desejo de sanar a falta de sua mãe e de ser o "phallus"), o indivíduo, embora adquirindo uma linguagem, não acede à ordem simbólica.

Ele permanece o joguete neurótico das imagens cativantes de si mesmo que os outros lhe dão ou, mais gravemente, afunda-se na psicose.

Édipo é a chave do acesso ao simbólico. É preciso que o filho reconheça que entre a mãe e ele, entre ele e ele mesmo, interpõe-se inexoravelmente um terceiro termo: o Pai, a Lei, o Significante, ou seja, também a cultura, a sociedade, os outros, e que é deles apenas que ele poderá assumir uma identidade efetiva, tornar-se *um* sujeito, um sujeito entre outros, não *o* Sujeito. Essa identidade simbólica, constitutiva do sujeito individual, jamais é, evidentemente, plenamente satisfatória; ela é parcial, dependente, conflituosa, enlutada (luto da plenitude, aceitação da finitude). Ela acarreta o desejo na infinita metonímia do Sa. Mas ela é a única forma de identidade e de existência propriamente humanas. Nesse sentido, a mensagem lacaniana não é fundamentalmente diferente da "sabedoria freudiana": a única assunção possível e legítima da condição humana é simbólica.

A descrição crítica da ordem imaginária leva igualmente Lacan a denunciar todas as "filosofias do *Cogito*", principalmente Descartes. São filosofias do *eu*, do *pensamento* e da *consciência*, filosofias da imediação, que crêem na ilusão de um acesso direto à identidade subjetiva e à "própria coisa", graças a um espelho (o "espelho do espírito"), que não seria enganador.

- A *ordem do real* é, propriamente falando, radicalmente inacessível. É a partir de sua perda e de sua exclusão que o imaginário e o simbólico se constituem. O humano advém apenas ao romper com a unidade física enquanto tal (da qual a relação sexual é a lembrança necessariamente falha). Essa ruptura funda a existência humana sobre uma falha que o imaginário dá a ilusão perigosa de cumular e que o simbólico assume normalmente como tal. Mas termos enganadores figuram, na própria ordem simbólica, esse real em si e a relação imediata que o homem imagina poder com ele estabelecer. Eles são particularmente numerosos na filosofia; constituem até o essencial do vocabulário metafísico e ontoteológico: ser, coisa em si, realidade, unidade, totalidade, verdade, essência... É preciso reconhecê-los por aquilo que eles são: são os Sa que têm, no seio da ordem simbólica e sem sair desta, um papel e efeitos especiais.

A *imanência do ser humano no simbólico* é radical, segundo Lacan, toca assim no paradoxo: a impossibilidade simultânea de falar *e* de não falar daquilo que está "fora da linguagem", assim como da linguagem (da ordem simbólica) "em sua totalidade". A exclusão da metafísica (que fala do real em si) e da metalinguagem (que fala da linguagem em si) postula o uso de termos metafísicos e metalingüísticos para poder ser expressa. A enunciação do interdito postula sua transgressão: L. Wittgenstein deu, a esse respeito, no *Tractatus logico-philosophicus*,[11] uma ilustração exemplar. A fim de dizer até aquilo que não podemos dizer (e, ao mesmo tempo, aquilo que não podemos não dizer, desde que o teorizemos), Lacan utiliza dois termos especiais: o *Nome do pai* e o *Phallus*.

O Nome do pai, que conota o processo edípico, evoca a ordem simbólica, a Lei, o Sa, a Linguagem, como tais e em sua totalidade. É a expressão metalingüística por excelência.

O Phallus, que conota a realidade sexual, evoca o Se e o Referido – o Objeto, a Realidade, o Sentido – inacessíveis, excluídos pelo próprio fato da simbolização e, entretanto, visados pelo desejo humano tomado na simbolização. Seu porte é "metafísico".

---

[11] Trad. de G.-G. Granger. Paris, Gallimard (Bibliothèque de philosophie), 1993.

2.2.3. *Atualidade do lacanismo*

A obra de Lacan é representativa do destino da reflexão filosófica – muito particularmente da filosofia francesa – no século XX.

Antropologia estruturalista e niilismo

À medida que não é possível falar do universo, a "filosofia" lacaniana está limitada a uma antropologia. Todavia, essa antropologia não está centrada sobre o sujeito humano e sua vocação racional de autonomia, mas sobre a ordem simbólica e seus jogos retóricos. Isso implica que:

• o homem é um ser simbólico;

O homem fala, portanto, mas é porque o símbolo o torna homem (*Escritos I*).

• o simbólico é a cadeia dos Sa;
• o Sa não remete jamais, metonímica ou metaforicamente, a não ser a um outro Sa, com efeitos enganadores de Se (sentido) e de referência. A busca destes é uma fachada à qual não só a religião, a metafísica, a hermenêutica filosófica, mas também o racionalismo humanista progressista se deixam prender;

O mundo dos sinais funciona, e ele não tem nenhuma significação (*O Seminário II*).

• o desejo do homem não pode ser preenchido, mas apenas reconhecido como um deslocamento metonímico sem-fim na ordem simbólica.

Essa caracterização oferece uma boa descrição da "filosofia estruturalista", segundo a qual o Homem-Sujeito consciente, racional e livre é uma ilusão, efeito de estruturas inconscientes objetivas e desprovidas de sentido, cujo jogo é determinante para os indivíduos e para as coletividades humanas, sem que eles percebam isso. O niilismo anti-humanista dessa concepção foi abundantemente denunciado.

> Não existe senhor além do significante.
> O homem é (...) como um peão no jogo do Sa (*Escritos I, II*).

Uma relação ambivalente com a ciência

A imagem da ciência que Lacan critica é a concepção tradicional, logoteórica, da ciência que é feita para a representação (sempre mais verdadeira) da realidade extralingüística. Ele denuncia essa pretensão realista – herdeira da ambição ontológica da filosofia – como *cientificismo*. É nessa perspectiva que o biologismo da psicanálise freudiana é igualmente criticado.

Todavia, ao mesmo tempo se expressa nos textos lacanianos toda uma série de conotações da ciência contemporânea enquanto técnica, operativa e conjectural. Lacan gosta dos algoritmos, cultiva o formalismo, sonha com uma matemática das ciências humanas e partilha a abordagem funcionalista e combinatória do estruturalismo. Tudo acontece como se a ciência expressamente rejeitada em sua vertente logoteórica voltasse e insistisse implicitamente sob suas formas operativas – enquanto "tecnociência" – no próprio estilo de Lacan. Rejeitando a ciência contemporânea sem poder impedir seu retorno simbólico, a teoria lacaniana seria, desse modo, uma *metáfora* (no sentido lacaniano) da tecnociência e do universo tecnocientífico contemporâneos.

Concluindo, a obra de Lacan é muito sintomática da situação do pensamento e do homem pensante da segunda metade do século XX, por causa de sua insistência sobre a linguagem e de sua sensibilidade ambivalente em relação às tecnociências:

- ela é radicalmente libertadora de tudo o que tradicionalmente prendia e submetia: o Real, a Referência, o Sentido, a Verdade, o Bem etc. Ela é radicalmente an-ontológica;

Freud e a psicanálise

- evita pôr essa autonomia simbólica em relação direta com o poder libertador efetivo, operativo, físico, trazido pela ciência contemporânea, da qual ela conserva uma imagem logoteórica superada. Aí está seu ponto cego. Seu segundo erro, complementar, está na redução da realidade humana ao simbólico;

- a partir disso, a emancipação conquistada permanece de fato exclusivamente simbólica e se torna niilista. Niilista porque todos os Referidos-Significados (entre eles o Homem) que ligam, dão sentido e esperança são apagados, e resta apenas o Jogo do Sa. Niilista porque impotente para mudar o que quer que seja "realmente" na condição desse ser puramente simbólico e doravante descentrado, joguete e não mais sujeito, que é o homem. Tudo o que resta aos indivíduos e às coletividades é tomar consciência simbolicamente do fato de que eles são e só podem ser, até a morte, joguetes simbólicos de um jogo simbólico desprovido de sentido, tentando sair disso, se houver oportunidade, o menos mal possível e tirar, talvez, na participação no jogo, uma espécie de satisfação.

O artifício – a técnica – reina soberanamente em Lacan, mas apenas simbolicamente: o artifício é tão-somente *retórico*. A profundeza, a atualidade e os limites de sua contribuição disso procedem.

LEITURAS SUGERIDAS

FAGES J.-B. (1971), *Comprendre Lacan*. Toulouse, Privat.

GLOVER E. (1983), *Freud ou Jung?*, trad. de L. Jones. Paris, PUF (Bibliothèque de psychanalyse).

JURANVILLE A. (1988), *Lacan et la philosophie*. Paris, PUF (Philosophie d'aujourd'hui).

KREMER-MARIETTI A. (1978), *Lacan ou la rhétorique de l'inconscient*. Paris, Aubier-Montaigne.

Capítulo XIV

O neopositivismo ou positivismo lógico

- A originalidade do positivismo contemporâneo: o interesse pela linguagem.
- A ciência fala do real, a filosofia fala da linguagem.
- Apenas o enunciado verificável ou demonstrável tem um sentido.
- Contentar-se em descrever a linguagem moral e política.
- A unidade da ciência pela unificação da linguagem científica.
- O não-senso da metafísica e a virada lingüística da filosofia.

PALAVRAS-CHAVE

• análise • a posteriori • a priori • ciência • confusão das palavras e das coisas • critério do sentido • descritivismo • enunciados analíticos e empíricos • fenomenalismo • fisicalismo • linguagem • linguagem científica • lógica • logoteoria • metafísica • metalinguagem • neopositivismo • positivismo lógico • princípio de verificabilidade • real extralingüístico • referência • semântica • sintaxe • sofisma naturalista • torneio lingüístico • unidade das ciências • verdade

A expressão filosófica contemporânea (principalmente no decorrer da primeira metade do século XX) do positivismo é muito diferente da do século XIX. Encontramos, sem dúvida, uma posição comum: a valorização da ciência e a vontade de tornar a filosofia "científica". Mas a abordagem é inteiramente nova: caracteriza-se pela atenção preponderante dada à *linguagem* e à sua análise *lógica*. Quanto à dimensão social e política do pensamento positivista, ela desaparece quase completamente.

1. O "Círculo de Viena"

O neopositivismo se desenvolve no decorrer dos anos vinte, sob o impulso de alguns cientistas interessados por uma reflexão sobre os fundamentos da ciência e formando um grupo que se reúne sob o nome de *Círculo de Viena* ("*Wiener Kreis*"). Entre os membros principais figuram Moritz Schlick (físico, 1882-1936), Rudolf Carnap (matemático, 1891-1970), autor de *Der logische Aufbau der Welt* (1928),[1] Friedrich Waismann (lógico, matemático, 1896-1959), Otto Neurath (sociólogo, 1882-1945), Viktor Kraft, e alguns outros. Personalidades importantes, como Karl Popper ou Alfred Ayer (1910-1989), promotor do neopositivismo na Inglaterra e autor de *Language, Truth, Logic* (1936) (*Linguagem, verdade, lógica*)[2] tiveram com o grupo uma relação mais episódica.

Um ponto de partida do Círculo foi a discussão do *Tractatus lógico-philosophicus* (1921)[3] de Ludwig Wittgenstein, considerado por alguns como a "bíblia" de seu movimento.

De 1930 a 1938, o movimento neopositivista do Círculo de Viena, em ligação com a "Sociedade pela filosofia científica" fundada por Hans Reichenbach (físico, 1891-1953) em Berlim, publicou a revista *Erkenntnis* (*Conhecimento*). A subida do nazismo e o "Anschluss" (a anexação da Áustria pela Alemanha em 1938) provocaram a dispersão do movimento e a emigração da maioria de seus atores para a Inglaterra e os Estados Unidos, onde o neopositivismo conheceu, sob a influência

---

[1] Hamburgo, F. Meiner, 1961.

[2] *Langage, vérité, logique.* Trad. de J. Ohana. Paris, Flammarion (Bibliothèque de philosophie scientifique), 1956.

[3] Trad. de G.-G. Granger. Paris, Gallimard (Bibliothèque de philosophie), 1993.

O neopositivismo ou positivismo lógico

de Carnap, de Neurath e do filósofo americano Charles W. Morris, um sucesso considerável. Desse modo, o neopositivismo, embora originário da Europa continental, torna-se, por razões históricas, um movimento tipicamente anglo-americano. Essa assimilação foi facilitada por semelhanças entre o neopositivismo e o pragmatismo e pelo empirismo geralmente dominante no pensamento anglo-saxônico.

Sem entrar no detalhe das discussões e dos matizes, por vezes muito importantes, que distinguem os neopositivistas, apresentamos abaixo os grandes traços da articulação problemática entre a filosofia, as ciências e a linguagem, característica do neopositivismo.

2. Ciência e filosofia: a partilha do discurso

Uma especificidade do positivismo contemporâneo é sua atenção à linguagem. É a partir desta que ele irá determinar a diferença entre a ciência e a filosofia, assim como a possibilidade de tornar esta última "científica", a seu modo.

A partilha principal consiste em considerar que apenas a ciência fala legitimamente e de modo sensato do real extralingüístico e que a filosofia tem apenas a tarefa de clarificar, unificar, sistematizar e analisar a linguagem científica.

O empreendimento científico, considerado como logoteórico (lingüístico e teórico), tem como função produzir em uma linguagem realista (referencial) a totalidade do discurso verdadeiro (a representação lingüística ou simbólica adequada à realidade).

A filosofia, em troca, é uma atividade segunda, metalingüística, que toma a linguagem e o discurso das ciências como objeto. A filosofia não fala legitimamente do real extralingüístico. É tãosomente sobre a base dessa autolimitação – que exclui a ambição ontológica ou metafísica da filosofia tradicional – que a atividade filosófica pode prosseguir hoje, de modo "sério" e "científico", com a ajuda de instrumentos como a lógica formal, que deve permitir uma abordagem analítica rigorosa da linguagem.

A filosofia (... é) uma análise lógica do discurso que a ciência produz para falar das coisas materiais (Ayer, *Linguagem, verdade, lógica*).

3. Uma concepção limitativa da linguagem

Para o neopositivismo, a função essencial da linguagem é descritiva e visa à representação verdadeira do real. A filosofia quase sempre privilegiou essa função, mas ela não teria sabido exercê-la de modo correto. Conforme o neopositivismo, a ciência moderna, de fato, consegue isso.

Tal concepção da linguagem é muito limitativa e se expressa por certo número de distinções estritas.

3.1. A partilha do sentido e do não-sentido

O neopositivismo considera que apenas um enunciado *verificável* (e, portanto, solúvel como verdadeiro ou falso) tem um sentido. A verificabilidade constitui, portanto, o critério do sentido. É Schlick quem formula primeiro o *princípio de verificabilidade*, ao dizer que:

"A significação de uma proposição se confunde com o método de sua verificação".

Um enunciado não verificável – para o qual não existe método de verificação – (tais como os enunciados metafísicos, religiosos ou estéticos, "subjetivos" etc.) é, portanto, desprovido de sentido.

3.2. A partilha dos enunciados analíticos e empíricos

Há dois grandes métodos para decidir sobre a verdade de um enunciado, ou seja, para "verificá-lo": a *demonstração* e a *experiência*.

A primeira se refere, por excelência, às linguagens formais, lógicas e matemáticas. A verdade nesses campos é decidida sem recurso à expe-

O neopositivismo ou positivismo lógico

riência, verificação empírica. A verdade demonstrada é uma questão de coerência (lógica) interna à linguagem, e é determinável *a priori*. A análise do enunciado (ou seja, a possibilidade de reduzi-lo a enunciados mais fundamentais ou elementares, de onde ele necessariamente decorre) garante sua verdade. É nesse sentido que não só os teoremas matemáticos e lógicos, mas também toda uma série de enunciados da linguagem ordinária – para os quais o predicado pode ser tirado da análise do sujeito – são ditos *analíticos*. Tais são principalmente as afirmações que decorrem diretamente da própria definição dos termos presentes, por exemplo: "Todos os corpos materiais têm um volume".

A outra classe de enunciados exige a experiência, ou seja, o confronto com os fatos extralingüísticos, em vista de sua verificação, que é, portanto, empírica e *a posteriori*. Tais são todos os enunciados realistas e, sem dúvida, os enunciados das ciências da natureza, chamadas *empíricas*.

Uma grande diferença entre essas duas classes de enunciados, que esgotam o conjunto dos enunciados legítimos, é que os primeiros não trazem nenhuma informação verdadeiramente nova (que já não esteja compreendida na sintaxe e na semântica da linguagem utilizada); eles são de certo modo desprovidos de conteúdo (como as tautologias na lógica). Os enunciados empíricos, em troca, trazem informações sobre a realidade factual, extralingüística.

Para os neopositivistas, também chamados de "positivistas lógicos", qualquer enunciado sensato depende necessariamente de uma *ou* da outra categoria. Não existe, portanto, para eles, enunciados que nos informariam sobre o real sendo verdadeiros *a priori*, ou seja, independentes da experiência sensível (como as pretensas verdades metafísicas, por exemplo, ou ainda os enunciados que chamamos de "sintéticos *a priori*").

3.3. A partilha dos enunciados realistas e dos enunciados metalingüísticos

Todo enunciado provido de conteúdo e de sentido é referencial, ou seja, ele fala de alguma coisa: ele tem um objeto identificável. Esses objetos ou referências podem ser de duas espécies: ou se trata de entidades não lingüísticas ou então se trata de entidades lingüísticas.

No primeiro caso, os enunciados são realistas ou objetivos; no segundo, são metalingüísticos.

Na maior parte do tempo, a diferença é trivial e fácil de ser feita como, por exemplo entre frases como: "Esta banana ainda está verde" (enunciado objetivo) e "'verde' é um adjetivo qualificativo" (enunciado metalingüístico).

Acontece, entretanto, particularmente na filosofia, que a distinção não seja tão fácil e que reine a confusão. Tomamos então como realistas (como nos informando sobre o real metalingüístico) enunciados que são, de fato, metalingüísticos, mas modelados de modo enganoso. Consideremos, por exemplo, a frase: "O bem é sempre preferível". Ela parece ser a respeito de uma realidade, *o bem*. É preciso compreendê-la, na realidade, como significando: "A utilização do adjetivo 'bom' expressa, por parte do locutor que a emprega, uma preferência em relação àquilo a que ele a aplica".

Tomemos um exemplo mais simples: "Nenhum celibatário é casado" deve ser compreendido como: "O termo 'celibatário' é utilizado para designar pessoas não casadas".

Uma das funções essenciais atribuídas à análise lógica consiste na descoberta dos enunciados metalingüísticos de aparência realista, e em uma reformulação correta que manifesta claramente que eles são "a respeito de palavras e não a respeito de coisas".

O neopositivismo postula, portanto, que *a distinção entre as coisas e as palavras*, os objetos e suas designações, os fatos e suas descrições, não é basicamente problemática, como o pretendem todos aqueles que consideram que não temos acesso direto ao real em si, mas apenas um acesso mediato, sempre orientado e fortemente dependente da linguagem (da grelha simbólica) que utilizamos. Desse ponto de vista, não haveria enunciados puramente "objetivos" ou "realistas", descrição "neutra" etc. Essa crítica do neopositivismo (e do cientificismo) foi desenvolvida por diversas correntes filosóficas contemporâneas: a fenomenologia, a hermenêutica, a filosofia da linguagem comum, o

O neopositivismo ou positivismo lógico

neopragmatismo, assim como por uma parte da filosofia e da história das ciências pós-neopositivistas (por exemplo, Kuhn).

3.4. A partilha do informativo e do emotivo

A definição do discurso como fundamentalmente informativo-objetivo, verdadeiro ou falso, acarreta o abandono – como insensatos, ilegítimos ou desinteressantes – de outros usos da linguagem, como os usos expressivos ou valorizadores. O neopositivismo convida a analisar os enunciados dessa espécie, em vista de identificar seu conteúdo informativo e de deixar de lado como puramente emocionais os elementos que a ele não se reduzem. Tal abordagem tende a remeter automaticamente ao emocional e ao não-senso as proposições que expressam um julgamento ético ou estético.

Desse modo, "Você não deveria ter mentido" formula um fato ("Você mentiu") e uma reação emocional negativa a respeito desse fato. As regras morais expressariam apenas emoções positivas ou negativas em relação a ações e situações que, em si, são perfeitamente descritíveis. A expressão das emoções poderia, por outro lado, limitar-se ao uso de interjeições não articuladas de aprovação ou de aversão. De qualquer modo, os usos lingüísticos que as expressam não interessam à ciência nem à filosofia.

Esse partido tomado em favor do discurso científico, considerado como idealmente objetivo e universal, e esse desprezo em relação à expressão da subjetividade explicam o desengajamento filosófico do neopositivismo em relação à sociedade. Enquanto cientista ou enquanto filósofo, não devemos normativamente tomar posição no domínio moral ou político. Podemos conceber no máximo uma ciência *descritiva* das morais existentes, ou seja, regras e costumes praticados por uma coletividade.

Todo discurso, filosófico ou científico, que apresenta valores ou normas propriamente ditas, como se tratasse de fatos objetivos ou de realidades suscetíveis de serem descritas de modo verdadeiro ou falso e, portanto, de serem "conhecidas", cai no "sofisma naturalista" ("naturalistic fallacy"). Ele resulta da confusão entre fatos e valores, aquilo que é e aquilo que deve ser.

No século XX, enquanto sobre o continente europeu e em outros lugares no mundo, a filosofia de bom grado se considerou como fundamentalmente política e engajada, o descritivismo neopositivista e a filosofia lógico-linguística anglo-saxônica foram freqüentemente criticadas como uma demissão. Esse não-engajamento ético-político da maioria dos neopositivistas é, todavia, compreensível à luz de sua fé cientificista: é apenas do desenvolvimento da ciência e do espírito científico e analítico, lógico e objetivo, que eles esperam, conforme a ideologia primeira do positivismo, um progresso real para a humanidade.

4. A linguagem unitária da ciência

Cada uma das ciências não pode falar sua própria linguagem (Kraft, *Der Wiener Kreis*).

A unidade da "nova ciência" é uma reivindicação que remonta à constituição da ciência moderna e à construção de sua identidade. F. Bacon e R. Descartes procuram definir *o* Método, Galileu convida a ciência a falar a linguagem matemática; Kant funda e estabelece a unidade da ciência sobre as estruturas da razão cognitiva; Comte identifica o positivismo como uma metodologia única de todas as ciências...

Todas as *teorias do conhecimento* científico, nelas compreendendo a de A. Comte, referem-se, entretanto, a uma entidade ou faculdade imaterial – o espírito, a razão, o pensamento, o entendimento – como fonte e sede da unidade científica. A teoria do conhecimento elaborada pelo neopositivismo evita essa referência idealista, não reconhecendo nela mais que atores quase exclusivamente objetivos: objetos físicos, sensações, linguagem (ou seja, termos, enunciados, discursos, textos etc.) e um instrumento de análise da linguagem: a lógica formal.

O neopositivismo ou positivismo lógico

A ciência se torna, a partir disso, para a teoria do conhecimento que a toma como objeto, o conjunto de proposições verdadeiras, progressivamente delimitado no seio do conjunto das proposições suscetíveis de serem verdadeiras, ou seja, do conjunto das proposições providas de sentido.

Tais proposições são enunciadas em uma linguagem que podemos analisar (e eventualmente reformar, melhorar) do ponto de vista de seu vocabulário (signos, termos de base), de sua sintaxe (regras de combinação dos signos), de sua semântica (significação dos termos de base, ou seja, determinação de seus referidos). O *Tractatus logico-philosophicus* de L. Wittgenstein ilustra perfeitamente esse ponto de vista lógico-linguístico geral sobre o saber.

Se considerarmos que todas as ciências são logoteorias, elas já têm ao menos um ponto em comum: utilizam uma linguagem, ainda que seus objetos e até seus métodos de acesso aos objetos de que falam sejam muito heterogêneos. Podemos, portanto, esperar superar a diversidade das ciências, descobrindo ou construindo *a* linguagem na qual os diferentes idiomas científicos poderão ser traduzidos. A unificação das ciências acontecerá pela unificação de suas linguagens, por meio de regras de tradução ou de redução.

A questão fundamental torna-se doravante a da determinação ou da *construção da linguagem universal e unitária da ciência*. Em vista desse empreendimento, duas orientações entraram em concorrência.

4.1. O fenomenalismo

Segundo este, a linguagem unitária deve ser fenomênica, ou seja, seus termos primitivos e seus enunciados de base devem referir-se a sensações e a experiências sensoriais, e não a objetos físicos que transcendam a experiência sensível. Os objetos físicos são apenas construções hipotéticas a partir das sensações. O mundo que se torna objeto de meu conhecimento se compõe, portanto, dos dados sensoriais de minha experiência. Nessa perspectiva, a psicologia da experiência sensorial tende a se tornar a ciência fundamental, pois a linguagem que ela elabora é a língua de base. Todas as outras proposições científicas, físicas por exemplo, devem poder ser remetidas à linguagem fenomenalista.

As coisas são construções lógicas a partir dos conteúdos sensoriais.

(A análise filosófica dá) os meios de traduzir as frases em que intervêm os símbolos das coisas materiais (mesa, cadeira etc.) em frases em que apenas intervêm símbolos dos conteúdos sensoriais (Ayer, *Linguagem, verdade, lógica*).

A estrutura lógica do mundo (1928) de R. Carnap foi a tentativa maior nesse sentido. Mais tarde, Carnap abandonará o fenomenalismo. A principal objeção levantada contra este foi que ele não garantiria a objetividade da ciência. O fenomenalismo pretende fundar a ciência sobre designações e descrições de experiências sensoriais das quais nada garante a identidade de um indivíduo para o outro, pois a experiência é subjetiva (um vivido pessoal). Poderíamos, portanto, temer que o léxico fenomenalista e os enunciados de base do fenomenalismo sejam apenas aparentemente comuns, porque nada permite afirmar que, ao utilizar as mesmas palavras que meu vizinho para descrever minha experiência sensível, ele e eu descrevamos efetivamente a mesma experiência.

O fenomenalismo não parece, portanto, oferecer à ciência um fundamento filosófico que satisfaça a exigência de objetividade e de universalidade da linguagem científica e das verdades que ele enuncia.

4.2. O fisicalismo

Enquanto o fenomenalismo foi defendido por Schlick (físico) e por Carnap (matemático), o fisicalismo foi de início proposto pelo sociólogo de orientação marxista, Otto Neurath, alcançado mais tarde por Rudolph Carnap. Segundo o fisicalismo, o mundo é constituído de objetos que subsistem independentemente de nossas experiências, e é de fato a esses objetos que se referem diretamente os termos e enunciados da linguagem científica. Uma reconstrução lógica da linguagem fisicalista exige que encontremos os termos e os enunciados elementares e, portanto, ao mesmo tempo, os objetos e fatos elementares constitutivos do real. A ciência que parece a esse respeito a mais pertinente e cuja linguagem é chamada a se tornar a língua científica de base é a *física*.

> Todos os enunciados, sejam quais forem, deixam-se traduzir como enunciados a respeito de estados e de processos do mundo físico (Kraft, *Der Wiener Kreis*).

O fisicalismo respeita o primado e a exemplaridade de que a física tradicionalmente gozou na história das ciências. Ele se choca, entretanto, com dois problemas:

- o insucesso de uma reconstrução lógico-lingüística sobre bases definitivas e firmes: os referidos últimos da física não deixaram de mudar no decorrer do século XX e até ameaçaram desaparecer (ou não serem mais, em todo caso, assimiláveis a objetos no sentido ordinário). No coração da física engajou-se desse modo um debate sobre a natureza ainda "referencial" ou "realista" dessa ciência e sobre a natureza efetiva de seus referidos eventuais;
- o insucesso da tradução-redução fisicalista da linguagem das ciências humanas, principalmente da linguagem da psicologia. E, mais ainda, a ilegitimidade de uma redução da linguagem da consciência senciente e reflexiva, da experiência vivida de um indivíduo, assim como o salienta a fenomenologia.

Concluindo, o programa neopositivista de unificação das ciências pela unificação de suas linguagem não pôde ser levado a bom termo.

5. A crítica da metafísica

O neopositivismo reduz a metafísica a um conjunto de abusos ou de confusões lingüísticas. Os metafísicos seriam "músicos sem talento", poetas enganados pela linguagem, em suma, artistas extraviados na linguagem da ciência. O ataque, principalmente por parte de Carnap (1931: *A ciência e a metafísica diante da análise lógica da linguagem*),[4] é particularmente vivo contra Heidegger, que publica em 1927 *Sein und Zeit*,[5] uma obra em si mesma crítica em relação às ambições da filosofia da linguagem, da lógica, do positivismo e das ciências em geral.

A perplexidade (efeito de paradoxo, de profundidade insondável) produzida por proposições metafísicas seria, conforme o neopositivismo, redutível a maus usos da linguagem ou ao uso de uma linguagem imperfeita. Os enunciados metafísicos logicamente analisados aparecem como desprovidos de sentido ou como não tendo o sentido, ou a importância (realista principalmente) que gostaríamos de lhes atribuir.

5.1. Erros sintáticos e semânticos

A análise lógico-positivista permite encontrar duas fontes de não-senso:

- o não-senso devido a um *erro sintático*, ou seja, à combinação abusiva de termos que provêm de categorias heterogêneas, mas que têm, considerados separadamente ou utilizados corretamente, uma significação. Por exemplo: "César é um número primo". O enunciado é absurdo, mas os termos que o compõem têm uma significação (uma referência);

---

[4] *La science et la métaphysique devant l'analyse logique du language.* Trad. de E. Vouillemin. Paris, Hermann (Actualités scientifiques et industrielles 172), 1934.
[5] Trad. de F. Vezin. Paris, Gallimard (Bibliothèque de philosophie), 1986.

- o não-senso devido a um *abuso semântico*, ou seja, a utilização de termos desprovidos de significação (sem referência determiná-vel). Por exemplo: "O espírito é a substância última do mundo". "Espírito", "substância última do mundo" são expressões sem referido localizável e, portanto, sem significação; seu uso produz enunciados insolúveis (não verificáveis) e, portanto, desprovidos de sentido.

5.2. A confusão metafísico-metalingüística

O essencial da atitude metafísica residiria em uma confusão de palavras e coisas. O discurso metafísico seria, de fato, um discurso meta-lingüístico que se crê e se pretende, abusivamente, a respeito da realidade extralingüística. Atribuir um sentido legítimo e claro a bom número de afirmações metafísicas redundará, portanto, a traduzi-los sob a forma de descrições e de recomendações que se referem à linguagem.

Por exemplo: "O ser é", a tese ontológica de base do eleatismo, é tão-somente uma formulação abusivamente realista do princípio de identidade "A é A", a regra de coerência do uso lingüístico. É uma recomendação gramatical que prescreve utilizar sempre um termo segundo a mesma acepção.

"A mudança não existe" é uma outra tese metafísica (negação do tempo, do devir, do movimento) paradoxal do eleatismo. Ela seria, de fato, a expressão abusivamente realista do princípio lógico do terceiro excluído ("A *ou* não-A", entendido como exclusivo e exaustivo), que convida a não utilizar enunciados insolúveis (não determináveis como verdadeiros *ou* falsos) nem termos desprovidos de referência (ou seja, de significação) estável e bem identificável.

Em poucas palavras, *toda a metafísica aparece ou como um discurso sem objeto (e, portanto, desprovido de sentido), ou como um discurso confuso a respeito da linguagem*. Essa conclusão leva a convidar a filosofia a passar da metafísica para a metalingüística, ou seja, em suma, a se tornar *crítica e análise lógicas da linguagem.* Essa "virada para a linguagem" (*linguistic turn*) deveria permitir também que os filósofos se entendessem, uma vez que partilhariam um ponto de vista comum (o ponto de vista metalingüístico) e uma referência comum (a linguagem).

Leituras Sugeridas

Ayer A. J. (1956), *Langage, vérité, logique,* trad. de J. Ohana. Paris, Flammarion (Bibliothèque de philosophie scientifique).

Feyerabend P. K. (1996), *De Vienne à Cambridge: l'héritage du positivisme logique de 1950 à nos jours,* trad. de P. Jacob. Paris, Gallimard (Tel 267).

Hottois G. (1989), *Penser la logique.* Bruxelas-Paris, De Boeck Université.

Jacob P. (1980), *L'empirisme logique.* Paris, Éd. de Minuit (Propositions).

Rivenc F. (1993), *Recherche sur l'universalisme logique: Russell et Carnap.* Paris, Payot (Bibliothèque scientifique).

Soulez A. (ed.) (1985), *Manifeste du Cercle de Vienne et autres écrits,* trad. de B. Cassin. Paris, PUF (Philosophie d'aujourd'hui).

Vax L. (1970), *L'empirisme logique: de Bertrand Russell à Nelson Goodman.* Paris, PUF (Initiation philosophique 93).

Capítulo XV

Ludwig Wittgenstein
e a filosofia da linguagem

- A obsessão lingüística da filosofia no século XX.
- O ideal lógico e referencial da linguagem.
- A filosofia como mistificação ou crítica lingüísticas.
- Os jogos de linguagem são irredutivelmente diversos.
- Não procurem o sentido; vejam o uso.
- Uma terapia filosófica do mal filosófico?

PALAVRAS-CHAVE

• ação • atomismo lógico • exemplo • família • filosofia analítica • filosofia da linguagem • formas de vida • inflação da linguagem • instituição • intersubjetividade • jogos de linguagem • linguagem • linguagem ideal • linguagem ordinária • lógica • logoteoria • metalingüística • neopositivismo • pensamento • referência • regra • secundariedade • sentido • teoria • terapia filosófica • torneio lingüístico ("linguistic turn") • uso • verdade

1. A filosofia da linguagem no século XX

1.1. Importância e extensão

A extraordinária importância da atenção atribuída à questão da *linguagem* é, sem dúvida, a característica mais específica do pensamento filosófico do século XX. Mas é preciso, para apreciá-lo, desfazer-se de um preconceito tenaz, segundo o qual o interesse filosófico pela linguagem seria um fenômeno essencialmente, ou até exclusivamente, anglo-americano. Sem dúvida, é na Inglaterra que a crítica da linguagem pelos filósofos se desenvolveu desde a Idade Média (nominalismo) e no decorrer da Modernidade (Bacon, Hobbes, Locke etc.), acompanhando a tradição empirista. É também na área anglo-saxônica que esse interesse se desabrochou no século XX de modo mais imediatamente visível e até espetacular. É aí ainda que ele faz escola e que se põe a designar expressamente uma nova maneira de praticar a filosofia posterior à "virada para a linguagem" (o "linguistic turn"). Contudo:

- uma das primeiras e mais importantes maneiras de filosofar centrada sobre a linguagem é o empirismo lógico ou neo-positivismo; ele encontra sua origem no continente (Áustria, Alemanha) e se exportou por causa da pressão nazista;
- a tradição filosófica mais tipicamente americana é o *pragmatismo*; a importância da linguagem é nele equilibrada com o interesse pelos fatos, atos, pelas operações e interações de todas as espécies; a partir da Inglaterra a filosofia lingüística se espalhou para os Estados Unidos, chegando até a eclipsar amplamente a corrente pragmatista;
- sobre o continente europeu, na Alemanha e na França, apareceram, principalmente a partir da segunda metade do século XX, correntes de pensamento e filósofos para os quais a questão da linguagem é inteiramente central. Mencionemos, a título de exemplo: a fenomenologia e a hermenêutica filosófica (o segundo Heidegger, Gadamer, Ricoeur), o estruturalismo (cuja fonte é a lingüística, e que foi ilustrada principalmente por Lévi-Strauss e Lacan), a narratologia, a segunda escola de Frankfurt e a filosofia do agir comunicacional (Apel, Habermas), mas também o último Merleau-Ponty, que sonha com uma grande filosofia da linguagem, a gramatologia de Derrida, as análises *arqueológicas* de Foucault, os *Hermes* de Serres ou a

Lógica do sentido de Deleuze, ou ainda, em um registro muito diferente, as pesquisas de pragmática de Francis Jacques etc. A enumeração poderia ser continuada longamente e atestar mais ainda a amplitude de interesse extremo pela questão da linguagem no continente europeu.

A obsessão lingüística da filosofia no século XX é, portanto, um fenômeno universal, cujo proscênio foi anglo-saxônico, mas cujas formas e expressões são múltiplas e com raízes muito profundas. Ludwig Wittgenstein ilustra perfeitamente essa complexidade transnacional: ele é um filósofo *continental*, que se expressa essencialmente na Inglaterra e cuja influência poderosa se exerceu, até recentemente, quase que exclusivamente na área *anglo-americana*. As expressões da obsessão lingüística da filosofia contemporânea foram e continuam a ser extraordinariamente polimorfas.

1.2. Por que esse interesse pela linguagem?

Podemos tentar responder essa questão em dois níveis:

* *Primeiro nível de explicação*: é possível considerar que, dado que as ciências se ocupam da descrição e da explicação da realidade extralingüística, resta ao filósofo tão-somente se ocupar da linguagem, muito especialmente da linguagem na qual as ciências formulam sua representação do real. Essa é uma primeira forma de *secundariedade* da filosofia.

  Estamos convencidos de que a filosofia não está em estado de rivalizar diretamente com as ciências; que é uma atividade *secundária*, se posso dizer, ou seja, que ela não trata diretamente dos fatos, mas do modo como expressamos os fatos (A. Ayer, *A filosofia analítica*).[1]

---

[1] *La philosophie analytique.* Em *Cahiers de Royaumont.* Paris, Éd. de Minuit (Critique), 1979.

O interesse da filosofia para a linguagem seria, desse modo, o efeito de uma posição de recuo. A pretensão antiga e tradicional da filosofia de falar a respeito do real e até a enunciar a verdade mais definitiva a propósito da realidade mais essencial não seria mais oportuna. A ambição ontológica da filosofia deve ser abandonada em favor das ciências, de um lado, e de uma atividade filosófica *metalingüística*, do outro. Sem dúvida, é o neopositivismo que mais claramente encarnou essa posição, que o *Tractatus logico-philosophicus* (1921)[2] de Wittgenstein ilustra igualmente. Mas essa posição também pode ser dissociada da referência à ciência e estendida, generalizada. A filosofia se ocupa, a partir disso, da descrição e da análise da linguagem, dos usos da linguagem, das funções da linguagem, sejam quais forem, e não somente da linguagem das ciências. É também a essa atividade que a citação de Ayer alude; ela é típica da filosofia analítica, ainda chamada de "filosofia da linguagem ordinária", em oposição à filosofia da linguagem lógica e científica. Ela foi ilustrada pelos *Philosophische Untersuchungen* (1933) (*Investigações filosóficas*)[3] de Wittgenstein, e por filósofos da Escola de Oxford (Gilbert Ryle, *The Concept of Mind* (1949) (*A noção de espírito: para uma crítica dos conceitos mentais*)[4]; Peter F. Strawson, *Individuals* (1959) (*Os indivíduos: ensaio de metafísica descritiva*)[5]; John L. Austin, *How to do Things with Words* (1962) (*Quando dizer é fazer*)[6] ou ainda, de modo mais sistemático, pelo americano John Searle, *Speech Acts* (1969) (*Os atos de linguagem: ensaio de filosofia da linguagem*).[7]

---

[2] Trad. de G.-G. Granger. Paris, Gallimard (Bibliothèque de philosophie), 1993.

[3] *Investigations philosophiques.* Trad. de P. Klossowski. Paris, Gallimard (Tel 109), 1986.

[4] *La notion d'esprit: pour une critique des concepts mentaux.* Paris, Payot (Bibliothèque scientifique), 1973.

[5] *Les individus: essai de métaphysique descriptive.* Paris, Seuil (L'ordre philosophique), 1973.

[6] *Quand dire, c'est faire.* Trad. de G. Lane. Paris, Seuil (Points essais 235), 1991.

[7] *Les actes de langage: essai de philosophie du langage.* Trad. de H. Pauchard. Paris, Hermann (Savoir), 1988.

Esses filósofos consideram que, em vez de se perguntar, por exemplo, sobre a *percepção* ou sobre o *espírito*, considerados como entidades ou processos reais, é preciso perguntar-se sobre o vocabulário da percepção, sobre o modo como utilizamos os termos e as expressões referentes ao campo semântico do termo "percepção" ou "espírito". A maioria dos filósofos da linguagem considerava que essas investigações lingüísticas contribuíam também indiretamente para esclarecer as coisas e podiam, além disso, preparar o terreno em vista de pesquisas propriamente científicas. Como toda consciência e experiência humanas das "coisas" são mediadas por palavras e símbolos, a filosofia analítica anglo-saxônica pôde também se aproximar de certas formas de fenomenologia, que se tornou atenta à importância da linguagem. Essa evolução parcialmente convergente da filosofia lingüística e da fenomenologia (principalmente) pós-husserliana contribuiu para diminuir o fosso que separa as duas áreas filosóficas tradicionais.

- *O segundo nível de explicação* da inflação da linguagem na filosofia contemporânea é mais complexa e mais centrada sobre as formas continentais do fenômeno. O recuo de uma parte da filosofia para a linguagem seria uma reação à tecnociência contemporânea. Esta não é uma atividade logoteórica de representação verdadeira da realidade, mas um empreendimento de transformação da realidade e de refundição da condição humana. O homem da tecnociência estabelece com o real uma relação operativa e não mais prioritariamente simbólica. O primado do *homo loquax* se inclinaria em favor do *homo faber*. A importância essencial da linguagem para a forma de vida humana não cessaria, por conseguinte, de decrescer, marginalizando a antiga definição filosófica do ser humano como o "ser vivo que fala" (o "zoon logon echon" de Aristóteles). O sentido da vida humana não culminaria mais em uma obra de linguagem e de contemplação, no verbo religioso ou no discurso ontológico, que postulam um real imutável, que deve ser aceito e refletido. A esse questionamento radical do privilégio da linguagem para a forma de vida humana, uma fração significativa da filosofia reagiria não só por processos de superinvestimento, de superproteção, mas também de destruição e de derrisão daquilo mesmo que se desfaz pouco a pouco e inexoravelmente: o ser-no-mundo-pela-linguagem. A inflação da questão da linguagem na filosofia contemporânea seria uma expressão dessa reação complexa. É nos textos do segundo Heidegger e em alguns filósofos franceses do estruturalismo e da diferença (como Derrida) que essa problemática é a mais perceptível.

2. Ludwig Wittgenstein

L. Wittgenstein é, sem sombra de dúvida, a personalidade mais excepcional da história da filosofia no século XX, tanto por sua existência como em razão do interesse extraordinário dado a seus ensinamentos e às suas duas principais obras.

Nascido em Viena em 1889, em uma família judaica cristianizada e muito rica, ele faz estudos técnicos de engenheiro, antes de se tornar um autodidata genial em lógica e em filosofia. É graças ao apoio de Bertrand Russell (1872-1970) que ele publica o *Tractatus logico-philosophicus* (1921). Considerando ter dito, nesse livro curto e denso, tudo o que ele tinha a dizer em filosofia, deixa a cena filosófica durante cerca de dez anos.

A partir de 1930, trabalhará para precisar seu novo modo de filosofar. Ele aceita, então, um posto de professor em Cambridge e não deixará de melhorar sua segunda obra, póstuma e que permaneceu inacabada, até sua morte em 1951 (*Philosophical Investigations – Philosophische Untersuchungen* [1953]; *Investigações filosóficas*).

Embora tenha sido anexado pelas duas correntes de filosofia que dominaram o pensamento anglo-saxônico no decorrer do século XX – o neopositivismo e a filosofia analítica –, Wittgenstein é, na realidade, uma figura atípica, culturalmente mestiçada (anglo-germânica), de excepcional originalidade e fecundidade.

2.1. A primeira filosofia: o *Tractatus logico-philosophicus*

2.1.1. *A forma do Tractatus*

O *Tractatus* é uma obra curta, composta de aforismos numerados de modo decimal. Seis aforismos principais são desenvolvidos desse modo. O aforismo n. 7 encerra o livro e, ao mesmo tempo, a linguagem e a filosofia:

> Aquilo de que não podemos falar, devemos calar.

Esse não-dizível era, contudo, para Wittgenstein, o mais importante. O indizível se relaciona com os valores (éticos, artísticos, religiosos) que excedem o campo do discurso lógico e científico, o único sensato e legítimo. Wittgenstein, portanto, jamais foi o arauto do positivismo lógico com o qual alguns quiseram identificá-lo.

2.1.2. *A concepção da linguagem*

• *A função essencial da linguagem é descritiva e representacional*
Só é aceita como enunciado legítimo uma proposição que descreve um fato e que é suscetível de ser declarada verdadeira ou falsa, ou seja, verificada ou desmentida. A verdade é definida como a adequação entre o fato e sua representação (pelo pensamento e expressa na proposição). Globalmente, a linguagem é, portanto, considerada como devendo servir de *imagem* ou de *espelho* fiel do real. Essa concepção exclui todos

os usos da linguagem além dos científicos, descritivos ou informativos.

Embora seja, portanto, muito parcial, é preciso reconhecer que essa concepção domina a história e o projeto da filosofia ocidental. Enquanto ontologia ou metafísica, ela teve, desde sua origem, como ambição, produzir em palavras o quadro verdadeiro e definitivo do real mais fundamental. A filosofia privilegia a linguagem da representação verdadeira (a logoteoria). Tal foi, por outro lado, o projeto de saber (ciência) ocidental em geral, que qualificamos de "logoteórico".

• *A origem e a natureza referenciais da significação*

No fundamento da linguagem, há uma nomenclatura: uma série de nomes que designam os objetos elementares, dos quais toda a realidade possível (concebível) é composta. Esses objetos extralingüísticos são os referidos (ou referências) dos nomes, e estes são como que etiquetas colocadas sobre os objetos-referidos. O sentido de um nome se identifica com seu referido. Assim, por exemplo, dar o sentido da palavra "lua" consistirá em mostrar a lua, que é a referência desse nome. Em uma língua lógica ideal, a cada átomo do real deveria corresponder um átomo lingüístico (um nome). Essa concepção, que foi também a de B. Russell no início do século, leva o nome de *atomismo lógico*, e prefigura o neopositivismo.

A combinação dos objetos elementares gera fatos, assim como a combinação de nomes gera proposições. Uma proposição é, portanto, a imagem de um fato. Como todos os fatos possíveis não se realizam, uma proposição será verdadeira ou falsa conforme o fato que ela descreve seja atualizado ou não. Contudo, para ter um sentido, uma proposição deve apenas corresponder a um fato possível. Podemos, a propósito dos fatos e das proposições, prolongar a metáfora do atomismo (lógico), distinguindo proposições atômicas (combinações de nomes) e proposições moleculares (combinações de proposições). Paralelamente, será questão de fatos atômicos e moleculares.

Um problema crucial do *Tractatus* é que Wittgenstein não pôde indicar quais são os objetos elementares ou atômicos do mundo nem precisar quais são os nomes elementares correspondentes, cuja combinatória ofereceria a base de qualquer discurso.

Com efeito, seu ideal de uma linguagem lógica e analítica está muito afastado da prática lingüística corrente. A linguagem ordinária de modo nenhum é exclusivamente descritiva, e se as palavras (nomes, adjetivos, verbos etc.) podem aplicar-se a objetos, não deixa de ser verdade que:

– cada termo não é a etiqueta de um objeto único, elementar e imutável;

– os termos têm importância e significação gerais (que expressam sua definição), que podem evoluir.

A regra não é a relação bi-unívoca:

um objeto = um signo e um signo = um objeto
um fato = um enunciado e um enunciado = um fato.

A regra na linguagem natural é muito mais a *plurivocidade*: um objeto ou um fato podem ser designados ou descritos diversamente, e a um signo podem corresponder significações múltiplas.

Wittgenstein parece querer alinhar a essência de qualquer significação e de qualquer linguagem sobre o modelo do *nome próprio*, para o qual é possível dizer que sua significação se identifica com o objeto ou com o indivíduo único que ele designa. Mas os nomes próprios usuais (nomes de pessoa, mas também, por exemplo, Torre Eiffel, Bruxelas, Sol, Lua etc.) não constituem evidentemente a lista dos nomes elementares que designam os objetos elementares do mundo.

2.1.3. O papel da filosofia

Wittgenstein reconhece e distingue claramente:

- *a lógica*: idealmente, ela expressa a combinatória (a sintaxe e a semântica) do conjunto dos nomes e das proposições possíveis: ela é a gramática formal da linguagem (e do sentido); é a polícia do discurso legítimo;
- *a ciência*: delimita, graças à verificação empírica, no seio do discurso legítimo (provido de sentido), determinado pela lógica, o conjunto dos enunciados verdadeiros.

A circunscrição da *filosofia* é mais ambígua.

A filosofia não é, evidentemente, a ciência; ela não é relativa à realidade extralingüística. A filosofia é sempre relativa à linguagem, mas conforme duas modalidades: mistificada ou crítica.

- *A filosofia como mistificação lingüística*

Os problemas e as questões levantadas pela filosofia tradicional (principalmente pela metafísica) seriam o produto de confusões lingüísticas. Estas têm duas causas: tanto a linguagem natural, que é imperfeita, funciona mal, quanto o fato de que o filósofo faz da linguagem um mau uso e ignora sua lógica profunda. Os problemas filosóficos, portanto, seriam na realidade desprovidos de sentido – seriam pseudoproblemas – para aquele que compreende e respeita a lógica da linguagem. O erro fundamental consiste em se imaginar que o discurso filosófico é relativo às coisas, ao passo que ele é relativo à linguagem (da gramática) ou ao efeito de disfunções desta. Reconheceremos aqui a posição dos neopositivistas, para os quais o *Tractatus* foi uma fonte essencial de inspiração.

- *A filosofia como crítica da linguagem*

Bem compreendida, a filosofia é uma atividade cujo resultado é o esclarecimento de enunciados aparentemente problemáticos porque confusos. No termo na intervenção filosófica, o enunciado enganador é ou abandonado como simples não-senso ou reformulado de modo lógico ou científico. Não existe, portanto, uma categoria de enunciados especificamente filosóficos e que seriam, como tais, legítimos.

A filosofia não é uma teoria, mas uma atividade.

O resultado da filosofia não é produzir "proposições filosóficas", mas tornar claras as proposições.

A filosofia significará o indizível, ao figurar o dizível na clareza (*Tractatus logico-philosophicus*).

2.1.4. *A contradição do* Tractatus

Os aforismos que compõem o *Tractatus* não são nem enunciados lógicos formais nem proposições científicas empíricas. Eles são *filosóficos*, falam da essência do mundo e da essência da linguagem como espelho do mundo. Do próprio ponto de vista de Wittgenstein, esses aforismos não são legítimos, porque pretendem descrever não fatos, mas a forma essencial de qualquer fato e de qualquer representação possíveis. O *Tractatus* fala da linguagem como se fosse possível considerá-la globalmente de fora, um ponto de vista que seria também exterior ao mundo dos fatos que a linguagem representa. Ora, trata-se aqui de um ponto de vista metafísico ou metalingüístico global, que Wittgenstein recusa.

Wittgenstein reconhece o caráter fundamentalmente contraditório de seu livro em aforismos últimos, que denunciam o tratado, apesar de nele encontrar uma justificação pedagógica. Tratar-se-ia apenas de dizer uma última vez em que consistem a linguagem e seus limites e de definir o bom uso da filosofia como uma atividade crítica de qualquer transgressão desses limites.

Minhas proposições são esclarecimentos no fato de que aquele que me compreende as reconhece no fim como desprovidas de sentido, quando, por meio deles – passando por elas – as ultrapassa. (Ele deve, por assim dizer, jogar a escada depois de aí ter subido).

2.2. A segunda filosofia: as Investigações filosóficas

2.2.1. *A crítica da mitologia do Tractatus*

Wittgenstein desejou que o *Tractatus* e as *Investigações* fossem publicados juntos, de modo a manifestar seu contraste. Ele denuncia, na segunda obra, sua concepção anterior da linguagem como imagem da realidade e como cálculo lógico. E critica, ao mesmo tempo, os mitos que essa concepção acarreta, principalmente o do *pensamento* como uma espécie de linguagem interior, imaterial e racional, que realizaria o ideal lingüístico que as línguas naturais e concretas falhariam em encarnar perfeitamente. Ele denuncia ainda a hipóstase que o mito do pensamento acarreta. Esta última é, com efeito, tradicionalmente descrita como o atributo ou a atividade própria de uma substância ou de uma entidade totalmente especial: o espírito ou a alma. Mas o pensamento não é nada mais que um uso monológico, "interior" e silencioso, da linguagem, que é básica e originalmente *pública*, dialógica e social. O pensamento não é anterior nem essencialmente diferente da linguagem; ele deriva dela e a pressupõe. Essa mitologia do *logos* não inspira apenas o *Tractatus*. Ela, na realidade, dominou a história da filosofia ocidental.

2.2.2. *Os jogos de linguagem são irredutivelmente diversos*

Voltando à linguagem, tal como ela existe efetivamente, Wittgenstein a descreve como constituída por um número indefinido de *jogos de linguagem* variados. Exemplos de jogos de linguagem são:

Dar ordens e a elas obedecer – Descrever um objeto conforme sua aparência ou precisando suas dimensões (...) – Relatar um acontecimento – Formar e verificar uma hipótese – Inventar uma história, ler – Fazer uma gentileza – Traduzir – Pedir, agradecer, jurar, saudar, orar... (*Investigações filosóficas*).

Os jogos de linguagem, ou seja, as maneiras como utilizamos realmente a linguagem, estão indissoluvelmente associados a atividades práticas e executados em um contexto, um meio ambiente natural, técnico e cultural, e também histórico. Todo jogo de linguagem e toda linguagem são solidários de uma *forma de vida*. A linguagem não é, portanto, alguma coisa de única e de sublime, como um dom dos Deuses ou uma faculdade transcendente que faria o homem participar de um mundo imaterial e imutável (espiritual, ideal): a linguagem é empírica, complexa e evolutiva; faz parte da história natural e cultural dos seres humanos.

Ordenar, interrogar, contar, tagarelar, pertencem à nossa "história natural", da mesma forma que andar, comer, beber, brincar.

A linguagem (ou o pensamento) é alguma coisa de único – eis o que se revela como uma superstição (...) provocada por ilusões gramaticais (*Investigações filosóficas*).

Não existe linguagem privilegiada

Em meio ao número indefinido de jogos de linguagem ou de usos lingüísticos que perseguem finalidades diversas em contextos múltiplos, não deve caber nenhum privilégio ao jogo de linguagem da descrição ou da representação verdadeira ou falsa dos fatos. Os usos descritivos são, por outro lado, também irredutivelmente múltiplos. É tanto uma ilusão quanto um abuso pretender traduzir e reduzir o extraordinário e mutante polimorfismo dos jogos de linguagem-formas de vida com o auxílio do único jogo da descrição teórica. Esta unifica e homogeneíza, mas negando a diversidade e o devir. A universalidade da linguagem teórica da filosofia, que pretende descrever a essência de qualquer linguagem, é uma impostura. A heterogeneidade dos jogos de linguagem é radical: os termos de *sensação*, os termos para *coisas materiais*, os nomes de *números*, as expressões de *dores*, os termos de *qualidades* etc. são *instrumentos* diferentes que funcionam conforme regras e finalidades totalmente diferentes e que utilizamos em jogos de linguagem-formas de vida irredutíveis uns aos outros. Teorizar é, portanto, no máximo, *um* jogo de linguagem-forma de vida.

> Rompemos radicalmente com a idéia de que a linguagem funciona sempre apenas de *uma* só maneira e sempre com a mesma finalidade.

Não existe referencial transcendente

Uma característica dos jogos de linguagem é seu caráter *público* ou comum, intersubjetivo, ou seja, partilhado por um número mais ou menos grande de sujeitos que falam, representando os mesmos jogos e observando as *mesmas regras*. A relativa estabilidade e a permanência dos jogos de linguagem dependem inteiramente dessa prática comum, associada à educação, à cultura, aos hábitos, aos costumes – à forma de vida – partilhados. É o uso intersubjetivo que determina a gramática e a semântica, e não alguma relação especial da linguagem a um referencial transcendente e imutável (escapando às vicissitudes humanas), como a Realidade ou a Razão. As significações lingüísticas não são nem a expressão de idealidades ou de conceitos universais, entregues ao olhar do espírito (pensamento, razão), nem o reflexo das estruturas (formas) essenciais das coisas. A ruptura com o modelo platônico-aristotélico é radical.

Obedecer a uma regra, fazer uma comunicação, dar uma ordem, jogar uma partida de xadrez, são *hábitos* (usos, instituições).

Também os jogos de linguagem podem mudar, desaparecer, aparecer etc. sem que haja o menor universo de sentido imutável *por trás* desses acontecimentos. Wittgenstein perguntou-se muito sobre a natureza das *regras* que garantem aos jogos de linguagem sua relativa permanência e identidade. Trata-se da questão da *instituição* humana da linguagem, que não é estabelecida por Deus nem pela natureza. Toda instituição ou regulamentação humana é, ao mesmo tempo, estável e precária, obrigatória e transgredível, diretiva e dependente de suas aplicações. A regra governa o agir comum, mas ela existe apenas durante o tempo em que este a respeita e confirma sua força, reconhecendo-a. *Seguir uma regra* é uma prática fundamental, além da qual não há sentido em procurar um fundamento que seria ainda "mais último". Em última análise, só podemos *constatar* que tais jogos de linguagem-formas de vida são praticados, e que, por vezes, por razões e causas diversas, alguns mudam ou desaparecem.

2.2.3. *O sentido como uso*

O segundo Wittgenstein rompe com o paradigma referencial da significação. Este se encontra no coração do *Tractatus* e reina, evidentemente, sobre o positivismo lógico. Mas ele vale também para o idealismo, que assimila a significação a um objeto ideal (um universal) que o pensamento apreende e que o termo expressa. Desse ponto de vista, não há muitas diferenças entre Platão, Descartes, Husserl, Frege ou Carnap: todos ancoram a significação em uma relação que refere os elementos da linguagem a elementos não linguísticos estáveis e compreensíveis pelo homem. Desde a primeira página, as *Investigações filosóficas* denunciam essa concepção, que o sentido comum, e não apenas a filosofia, cultiva. A significação não depende da e, menos ainda, é a referência. O sentido de uma expressão depende inteiramente de seu *uso*, que pode ser, *eventualmente*, um uso referencial, ou seja, que visa a designar uma coisa ou um acontecimento extralingüístico.

A significação de um termo é seu uso na língua.

Além disso, o uso jamais é único: um termo remete a uma *família* de usos, cuja coerência é analógica, exatamente como os membros de uma família se reúnem de diversos modos, sem ter necessariamente um traço único em comum. É por isso que querer ligar o sentido de um termo a um conceito unívoco (que enunciaria sua definição) é uma quimera. Podemos apenas dar uma seqüência de *exemplos* que mostram como o termo é utilizado: por trás dessa lista, não há *uma idéia* que seria *a* significação do termo. Wittgenstein é assim, mais uma vez, radicalmente antiplatônico. Quando, com efeito, em seus diálogos, Platão-Sócrates se pergunta sobre o sentido de tal termo (coragem, beleza, piedade etc.), ele recusa toda resposta em forma de exemplo ou de ilustração, porque o que ele pretende pesquisar é a *idéia* ou a forma essencial, que os exemplos concretos ilustrariam apenas de modo grosseiro. A filosofia do segundo Wittgenstein tenta desfazer o gesto idealista constitutivo da filosofia e sua propensão a substituir uma *unidade pensada* a uma *diversidade experimentada e praticada*. É essa tendência que está na origem do dualismo que opõe o mundo material mutante e múltiplo ao mundo espiritual, racional, uno e imutável.

> Não digam: É *preciso* que alguma coisa lhes seja comum, (...) mas *vejam* primeiro se alguma coisa lhes é comum. (...) Conforme eu disse: não pensem, mas *vejam!*
>
> Não posso caracterizar melhor essas analogias do que pela expressão: "semelhanças de família" (...). E eu dizia: os "jogos" constituem uma família.

2.2.4. *A filosofia*

A concepção filosófica tradicional da linguagem é pobre e enganadora. Ela toma a linguagem como uma espécie de espelho das estruturas imutáveis da Realidade ou da Razão. O discurso filosófico (especialmente como ontologia) pretende ser, ele próprio, o espelho mais fiel, a representação mais adequada da racionalidade do real. É nesse sentido que se afirma como a Verdade e que se desdobra como Teoria (logoteoria). É assim que a "vida teorética" (contemplativa) é apresentada como a forma de existência mais elevada, muito superior à do artesão, do engenheiro ou do homem de ação. Conforme o segundo Wittgenstein, essa atitude, que nega o devir, a prática, a diversidade sensível etc., procede de um desejo de se colocar fora dos jogos de linguagem-formas de vida, de uma *compulsão a se projetar para fora da existência*. Ela é niilista no sentido fundamental de Nietzsche. A vontade de Teoria (Metafísica, Metalinguagem) procura isentar o homem da condição humana e negar (ultrapassar) a finitude.

Nas *Investigações filosóficas*, Wittgenstein se esforça para desfazer essa compulsão teórica que nos impede de ver e de aceitar os jogos de linguagem-formas de vida e de praticá-los sem tentar romper nossa imanência neles. Essa compulsão é a fonte dos problemas filosóficos. Estes se encontram, portanto, ligados a uma má relação com a linguagem, que certa prática lingüística permitiria corrigir. Essa prática operaria a dissolução dos problemas filosóficos. A fim de chegar a esse resultado, é preciso novamente levar os termos de seu uso metafísico para seu uso ordinário não problemático.

> Nós levamos novamente os termos de seu uso metafísico para seu uso cotidiano.

> As confusões que nos ocupam se produzem quando a linguagem, por assim dizer, gira em falso, não quando ela trabalha.

A descrição e o desempenho dos jogos de linguagem perseguem essa banalização que deve reconduzir o filósofo de sua posição de transcendência atormentada (por problemas insolúveis saídos de miragens lingüísticas) para as práticas imanentes aos jogos de linguagem e formas de vida da existência humana. Os problemas concretos que encontramos no decorrer desta última são, em geral, solúveis. São solúveis, caso por caso, e algumas vezes exigem que escolhamos e inventemos. São solúveis à medida que abandonamos a esperança de controlar antecipadamente tudo o que poderia acontecer no meio de um sistema teórico – tal como uma teoria lógica axiomática da linguagem – que ambicionaria antecipar, em seus princípios e em suas regras, a totalidade do possível e do devir. Tal "teoria" procura negar o tempo, a criatividade e qualquer surpresa do futuro, sobre o fundo, sem dúvida, de uma angústia fundamental.

Para Wittgenstein, e isto é verdade desde o *Tractatus*, a atividade filosófica é basicamente mórbida e pede uma terapia, que apenas uma nova forma de filosofia é capaz de praticar. O interesse, real, de Wittgenstein pela psicanálise de Freud permaneceu limitado. Consciente do caráter "mitológico" dos fundamentos desta, ele jamais pretendeu uma cura propriamente psicanalítica do mal filosófico. Ele propôs, ao contrário, sua própria prática de dissolução lingüística da perplexidade (do mal) filosófica(o) como uma técnica terapêutica de certa eficácia.

Não existe *um* método filosófico, embora haja efetivamente métodos, como diferentes terapias.

2.3. Uma influência imensa e freqüentemente mal compreendida

A prática filosófica do segundo livro de Wittgenstein teve uma influência muito considerável sobre a evolução da filosofia anglo-americana, ao inclinar sua atenção para a linguagem ordinária. Essa filosofia lingüística ou analítica se desenvolveu em Cambridge, depois em Oxford e nos Estados Unidos, com filósofos como Austin, Ryle, Strawson, Searle etc. Todavia, esse interesse positivo para a descrição e a análise da riqueza e da diversidade de usos lingüísticos faz muito imperfeitamente justiça a Wittgenstein, cuja ambição não era nem a de um filósofo-filólogo nem a de um filósofo-lingüista.

A acolhida reservada à obra de Wittgenstein é uma sucessão de mal-entendidos fecundos: ele teve de início a anexação do *Tractatus* pelo neopositivismo; depois, a exploração das *Investigações* pela filosofia analítica e da linguagem ordinária, durante os primeiros decênios da segunda metade do século XX. Finalmente, depois de vinte anos, a filosofia do segundo Wittgenstein é tomada na problemática do pós-modernismo (por exemplo, Rorty) e da crítica deste por pensadores (por exemplo, Apel) preocupados em salvar a universalidade e a normatividade do "jogo de linguagem" da razão. A descrição ilimitada de jogos de linguagem heterogêneos igualmente legítimos ameaça, com efeito, dissolver esta em um relativismo e em um contextualismo sentidos como perigosos.

Para além de todas essas interpretações e solicitações que reintroduzem teorias quando a preocupação de Wittgenstein fora a de desfazer a tentação teórica, o que parece ter-lhe importado, definitivamente, é a relação entre a atividade filosófica e a existência. O que contava para ele era o modo como a existência (e, em primeiro lugar, a existência dele) podia ser satisfeita (apaziguada) ou insatisfeita (atormentada) pela filosofia. Uma atividade filosófica por vezes esclarecedora, freqüentemente obscura, com demasiada freqüência fonte e lugar de miragens dolorosas. A filosofia foi verdadeiramente para Wittgenstein um dos modos (o principal, sem sombra de dúvida) com o qual ele tentou articular uma resposta ao profundo mal-estar de sua existência. Suas sutis descrições lingüísticas estão longe de revelar sempre essa dimensão. Mas é legítimo afirmar que o anti-teoretismo, o anti-platonismo, o anti-essencialismo ou o pragmatismo do segundo Wittgenstein estão mais próximos de um Nietzsche às lutas com o niilismo e a loucura, por exemplo, do que da maioria dos filósofos ingleses ou americanos que a ele se referem.

Leituras Sugeridas

BOUVERESSE J. (1987), *La parole malheureuse*. Paris, Éd. de Minuit (Critique).

BOUVERESSE J. (1987), *Le mythe de l'intériorité*. Paris, Éd. de Minuit (Critique).

BOUVERESSE-QUILLOT R. (1995), *Visages de Wittgenstein*. Paris, Beauchesne.

CHAUVIRÉ C. (1989), *Ludwig Wittgenstein*. Paris, Seuil (Les contemporains 5).

GRANGER G.-G. (1990), *Invitation à la lecture de Wittgenstein*. Aix, Alinéa.

HOTTOIS G. (1989), *Du sens commun à la société de communication*. Paris, Vrin (Problèmes et controverses).

HOTTOIS G. (1979), *L'inflation du langage dans la philosophie contemporaine*. Bruxelas, Éd. de l'Université Livre de Bruxelas (Séries 71).

HOTTOIS G. (1976), *La philosophie du langage de L. Wittgenstein*. Bruxelas, Éd de l'Université Libre de Bruxelles (Séries 63).

HOTTOIS G. (1981), *Pour une métaphilosophie du langage*. Paris, Vrin (Pour demain).

MONK R. (1993), *Wittgenstein. Le devoir de génie*, trad. de A. Gerschenfeld. Paris, O. Jacob.

PEARS D. (1993), *La pensée de Wittgenstein*, trad. de C. Chauviré. Paris, Aubier (Philosophie).

SCHULTE J. (1992), *Lire Wittgenstein*, trad. de M. Charrière e J.-P. Cometti. Combas, L'Éclat (Lire les philosophes 2).

Capítulo XVI

Martin Heidegger

- Uma influência enorme, mas controvertida.
- É preciso reorganizar a questão do ser.
- Primeiro modo de abordagem: a fenomenologia existencial.
- Entre a liberdade e a finitude radicais.
- Segundo modo de abordagem: a história do ser.
- As três etapas da não compreensão do ser.
- O niilismo contemporâneo.
- A questão da técnica.
- A busca de uma outra relação com a linguagem.

PALAVRAS-CHAVE

• angústia • (in)autenticidade • ciência moderna • compreensão • diálogo • diferença ontológica • dualismo sujeito/objeto • esquecimento • inspecionamento ("Gestell") • existência • existencialista/existencial • explicação • facticidade • finitude • hermenêutica • história do ser • liberdade • linguagem • metafísica • metalinguagem • morte • niilismo • objetivação • Ocidente • ontologia • pensamento • fenomenologia • poesia • projeto • (-)se [impessoal] • sendo • sentido • ser • ser-com-o-outro • ser-no-mundo • ser-para-a-morte • sujeito • técnica • tecnociência • tempo • verdade • vontade de poder

Nascido em 1889 em Messkirch, Martin Heidegger empreende primeiro estudos de teologia na Universidade de Friburgo. Em seguida ele se volta para a filosofia e se torna o assistente de Husserl, a quem sucedeu como professor em 1928. Em 1933, é eleito reitor e assim permanecerá durante pouco menos de um ano. Durante esse período, ele manifesta simpatias em relação ao nazismo, sobre as quais não se explicará jamais publicamente e que lhe valerão, principalmente, uma proibição de ensinar de 1945 a 1951. Esses fatos estão na origem de uma releitura política muito crítica da obra de Heidegger, cuja condenação intelectual e moral foi particularmente viva e debatida no decorrer dos anos 1980, depois de sua morte, que aconteceu em Friburgo em 1976.

Apesar dessas críticas saídas de uma reinterpretação do pensamento em função de alguns atos e silêncios do homem, a obra filosófica de Heidegger permanece uma das mais importantes do século XX. Sua influência sobre o pensamento alemão e francês foi imensa e permanece muito considerável. Ela constituiu uma fonte maior do movimento chamado de "existencialista" (desenvolvido na França por J.-P. Sartre) e correntes fenomenológicas pós-husserlianas, marcadas pela hermenêutica (como a hermenêutica filosófica de Gadamer). Heidegger contribuiu profundamente para a renovação da filosofia contemporânea, tornando-a atenta a questões atuais e cruciais (a questão da linguagem, a questão da técnica) e convidando-a a reinterpretar sua origem e sua história (muito particularmente, a da filosofia grega). Opondo-se à preponderância do pensamento tecnocientífico, que interpreta como o herdeiro da tradição filosófica metafísica esquecida do ser, ele trabalhou para a aproximação íntima do pensamento filosófico autêntico e da poesia.

Os escritos de Heidegger compreendem livros, ensaios, conferências, cursos, como também um volumoso *Nachlass* [escritos póstumos]. Uma edição completa de seus escritos acha-se em curso. Notemos alguns dos títulos maiores, publicados separadamente durante muito tempo.

– *Sein und Zeit* (1927) (*Ser e Tempo*).[1]

---

[1] *Être et Temps.* Trad. de F. Vezin. Paris, Gallimard (Bibliothèque de philosophie), 1986.

Martin Heidegger

- *Einführung in die Metaphysik* (1935) (*Introdução à metafísica*).[2]
- *Brief über den "Humanismus". Brief an Jean Beaufret* (1946) (*Carta sobre o humanismo*).[3]
- *Holzwege* (1950) (*Caminhos que não levam a nenhum lugar*).[4]
- *Unterwegs zur Sprache* (1959) (*Encaminhamento para a palavra*).[5]
- *Nietzsche*, 2 vol., (1961).[6]
- *Die Technik und die Kehre* (1962) (*A curva*).[7]

1. O "primeiro Heidegger": a fenomenologia da existência

1.1. A questão da "Curva"

O próprio Heidegger reconheceu a existência de uma curva (*Kehre*) em seu pensamento. Essa curva e o problema da continuidade do pensamento heideggeriano foram muito discutidos. Podemos, todavia, considerar que há:

- uma fidelidade de fundo de Heidegger à questão essencial da filosofia: *a questão do ser*. Essa fidelidade permanece de um extremo ao outro;
- uma evolução, até uma curva, na abordagem dessa questão:
- o "primeiro Heidegger", que se expressa principalmente no *Ser e Tempo*, parte da descrição da *existência humana*, uma vez que é por meio dela que a questão filosófica do ser é colocada;

---

[2] *Introduction à la metaphysique.* Trad. de G. Kahn. Paris, Gallimard (Tel 49), 1987.

[3] *Lettre sur l'humanisme.* Trad. de R. Munier. Paris, Aubier (Philosophie de l'esprit), 1983.

[4] *Chemins qui ne mènent nulle part.* Trad. de W. Brokmeier. Paris, Gallimard (Tel 100), 1986.

[5] *Acheminement vers la parole.* Trad. de J. Beaufret (e outros). Paris, Gallimard (Tel 55), 1986.

[6] Trad. de P. Klossowski. Paris, Gallimard (Bibliothèque de philosophie), 1972.

[7] *Le tournant.* Trad. de J. Lauxerois e C. Roëls, em *Questions IV.* Gallimard (Classiques de la philosophie), 1976.

– o "segundo Heidegger" procede a uma meditação sobre a *história* dessa questão e, portanto, da filosofia, assim como sobre o modo como essa questão foi radicalmente ocultada em nossa civilização tecnocientífica; essa história é, ao mesmo tempo, a história do ser na qual a iniciativa do homem é limitada;

• uma evolução na *escritura* heideggeriana: cada vez mais, Heidegger escreveu à margem de textos filosóficos, praticando a hermenêutica; cada vez mais, seu modo de filosofar se aproximou da prosa poética, que utiliza termos evocativos em vez de conceitos claramente definidos. O estilo de Heidegger evoluiu ao mesmo tempo em que seu interesse pela linguagem se aprofundava.

1.2. A fenomenologia existencial

Em *Ser e Tempo*, Heidegger quer voltar à questão essencial da filosofia, que foi largamente ocultada pela tradição filosófica: a questão do ser, do *sentido do ser*. Mas, para poder responder a essa questão, é preciso, previamente, compreender aquele que coloca essa questão: o homem. De todos os que estão *sendo*, o homem é o único que coloca a questão do ser e do sentido. É que o homem está no mundo de um modo incomparável ao modo de ser de todos os outros que estando sendo: o homem existe, ele é *existência* (Dasein, literalmente: da-sein = ser aí).

É por isso que *Ser e Tempo* desenvolverá uma análise das estruturas da existência. É "a analítica existencial". Ela é uma introdução à questão do ser, uma prévia para a ontologia propriamente dita. Heidegger não ultrapassará essa introdução: *Ser e Tempo* é, portanto, um livro inacabado.

O método utilizado é a *fenomenologia*, mas em um sentido muito diferente da fenomenologia husserliana, que permanece ligada à idéia de um sujeito transcendental, universal e racional.

A fenomenologia heideggeriana recusa sobrecarregar-se com essas noções filosóficas clássicas. Elas são obstáculos para uma descrição da experiência humana, naquilo que ela oferece de mais original e, portanto, de perceptível para cada um, caso ele queira fazer o esforço de uma tomada de consciência do que é existir – "ser-aí" – para um ser humano. Àquele que se esforça para meditar a existência sem preconceito nem desvio, as próprias estruturas da existência se revelam. A fenomenologia explicita, portanto, a experiência da existência na qual deveríamos, todos nós, poder reconhecer-nos. Essa ambição de universalidade se expressa, principalmente, pela diferença entre "existencialista" e "existencial": o existencialista é superficial, variável, "ôntico"; o existencial é profundo, constante, "ontológico".

1.2.1. *O ser-no-mundo*

A experiência original autêntica não revela, de um lado, um sujeito (individual ou genérico) e, do outro, objetos. Essa oposição dualista é metafísica, e é preciso libertar-se dela. Originalmente, eu sempre me percebo já engajado em um mundo, que é um conjunto de coisas interligadas, à minha disposição, e que têm cada uma sua significação. Heidegger pensa particularmente nas coisas, de início, encontradas como instrumentos ou utensílios, dos quais posso apropriar-me. Existir é ser-para-o-mundo, ser-no-mundo. Eu jamais estou fora ou acima do mundo, como um puro espírito ou um olhar-espelho absoluto. A partir do momento em que existo, encontro-me em uma totalidade complexa, em que as coisas, conforme suas significações, remetem-se umas às outras (o prego ao martelo, um e outro à prancha [de madeira], esta à cabana, que construo *a fim de* me abrigar). Como vemos, essa totalidade de coisas significantes que compõem o mundo se refere, finalmente, à minha existência, na ocorrência da necessidade ou da preocupação de encontrar um abrigo. O mundo aparece sempre de início como um mundo de sentido, e esse sentido encontra sua fonte e seu fim na existência.

A ilusão de uma verdade e de um saber objetivos puros

O que é primeiro para a existência não é, portanto, a coisa objetiva, que a ciência pretende analisar em si e independentemente de sua significação e de sua utilidade para a existência. A relação dita "objetiva" com as coisas é uma relação derivada, que supõe uma colocação entre parênteses da existência prática. Esta, porém, não é total. Conhecer e explicar objetivamente, apreender as relações objetivas de causa para efeito, permite predizer os acontecimentos e, portanto, agir com garantia e controlar o meio ambiente. A objetividade responde ainda a um interesse, uma preocupação, uma necessidade.

Sentido e existência são prévios à verdade, tal como a ciência moderna a define. Querer conhecer e explicar cientificamente é legítimo, contanto que não esqueçamos que o conhecimento é apenas *uma* modalidade da existência, um modo de ser no mundo. Essa modalidade, porém, tem infelizmente a tendência de se tomar como a única válida e de se projetar fora do mundo e da existência. Essa negação abusiva do ser-no-mundo e no-sentido está na origem daquilo que chamamos também de crise do sentido no mundo contemporâneo. Ela caracteriza não só a ciência moderna, mas também a metafísica em geral, que, desde o início da filosofia, está em busca de um ponto de vista de sobrevôo, fonte de um saber puro e *desinteressado*, neutro e universal, próprio de um tipo de vida – a vida contemplativa ou teorética – que não seria mais uma *existência*. Uma vida que não seria mais afetada pelo tempo (o devir) e que, tornando os homens como Deuses, os arrancaria da finitude.

Compreender e explicar

Originalmente, ser-no-mundo é *compreender e interpretar* as coisas e o mundo. É apenas pelo fato de a compreensão-interpretação ser primeira que o mundo e de as coisas fazerem sentido. Compreender e interpretar é acolher e projetar uma rede de significações. Não existe um modo único de compreender-interpretar: as perspectivas, as leituras da existência e do mundo são inumeráveis e matizadas, coletivas e pessoais, mais ou menos originais. Dizer que a existência humana é fundamentalmente compreensivo-interpretativa é dizer que ela é basicamente hermenêutica. A *explicação* é apenas uma forma derivada e orientada de interpretação das coisas, que permite realizar alguns objetivos. O conhecimento científico explicativo é, portanto, apenas uma modalidade particular de compreensão. Mais precisamente, ele pressupõe certa interpretação prévia do mundo em termos de objetos integralmente quantificáveis e mantendo ligações exclusivamente mecânicas. A explicação se pretende erradamente mais fundamental que a compreensão.

Podemos resumir essa posição, partilhada por um grande número de pensadores contemporâneos, declarando que: a "natureza" que a ciência explica pressupõe o "mundo" e a "existência" que a fenomenologia descreve.

1.2.2. *A existência como "projeto atirado"*

Esse aspecto foi popularizado pelo existencialismo, e Sartre dele fez um *slogan*: "A existência precede a essência". Diversamente dos outros seres, o ser humano se distingue pela *liberdade*. Existir não é simplesmente ser aí, idêntico e imutável em relação a si mesmo; também não é mais alcançar uma essência potencial preexistente e que realizaríamos pouco a pouco, como quando seguimos um plano; existir é (se) projetar, é se inventar, escolher e se escolher. Essa liberdade é angustiante, porque é radical. Não existe, com efeito, em nenhum lugar um modelo, natural ou divino, que me ensinaria qual ideal humano eu devo imitar e que me guiaria nas decisões que devo tomar no decorrer da existência. A essência mais íntima da existência humana é a liberdade, ou seja, a não-essência (a não-definição ou indefinição). Eu sou um "projeto" atirado no mundo, e minha tarefa mais profunda é assumir esse ser-aí aberto, incumbido de agir para viver e sobreviver, sem que alguma luz garantida possa iluminar-me.

A existência é a fonte do sentido e não existe fonte superior (Deus ou a moral) suscetível de legitimamente lhe impor um sentido. "Projeto-atirado", a existência apresenta um duplo aspecto de *contingência* (ou não-necessidade):

- projeto, ela é tão-somente possibilidade e liberdade;
- atirada, ela é um fato sem nenhuma necessidade ou razão. Tal é a *facticidade* de qualquer existência, seu ser-sempre-já-aí: eu me descubro sempre já embarcado no mundo, sem que eu tenha querido e sem que qualquer providência o tenha decidido.

A inautenticidade

A revelação da liberdade radical e, portanto, também da responsabilidade radical quanto ao sentido que o indivíduo dará à sua existência é de tal modo angustiante que, na maior parte do tempo, os homens se cegam a esse respeito. Eles procuram respostas inteiramente feitas e não fazem muito esforço para encontrá-las. Pior: pelos outros, pela educação, cultura, sociedade, moral, costumes, religiões, ideologias, modos, opiniões etc., em todos os níveis, desde o nascimento até a morte, em todo lugar e constantemente, respostas são impostas, ora sutilmente, ora de modo obrigatório. Primitivamente, e na maior parte do tempo, os indivíduos se encontram, portanto, na inconsciência de sua radical liberdade. Eles se encontram na *inautenticidade* – no anonimato mais ou menos eufórico do *Se* [denotando a impessoalidade]. São alienados (estranhos à sua própria liberdade) e se satisfazem, por preguiça e por medo, com essa situação em que a maioria das respostas às questões e às decisões essenciais já parece garantida. Ter acesso à autenticidade da existência é, portanto, difícil: um combate jamais definitivamente ganho.

Ser-com-o-outro

Existir não é apenas ser-no-mundo; é também, inevitavelmente, ser-com-o-outro. Heidegger não ignora essa dimensão. Mas, assim como logo veremos, é dos outros em geral (o Se e o "diz-se") e também do outro em particular que vêm as respostas inautênticas, totalmente feitas. Há de fato um lugar, em Heidegger, para uma relação autêntica com o outro, que é a solicitude. Mas, se concebermos que tal encontro privilegiado com o outro possa favorecer a consciência de minha liberdade, esta última, ao me remeter a mim mesmo, ao mesmo tempo me remeterá à minha solidão fundamental. Ainda que ela não esteja fechada para relações não alienantes com alguns outros (amigos, por exemplo), a existência autêntica parece condenada à solidão, pelo fato de que ela se vive como uma liberdade sem recursos ou socorros decisivos fora de si mesma.

1.2.3. *O tempo, o ser-para-a-morte e a finitude*

Embora seja radical, a liberdade do homem não é a de um Deus a quem tudo seria possível e imediatamente acessível. Na realidade, a liberdade mais profunda do homem é a possibilidade de viver ou não de um modo autêntico. Porém, o que é a existência autêntica, além da consciência de que somos um projeto-atirado?

Intervém aqui o tema essencial da *finitude*. A existência é uma existência temporal e, por isso, finita, radicalmente limitada.

De um lado, a temporalidade – que inclui a historicidade – impõe à existência o peso do passado, das escolhas que fiz com as faltas que não posso desfazer, mas que posso apenas assumir, na consciência de uma insuperável culpabilidade.

Mas a temporalidade é também a lembrança permanente da finitude de meu futuro: existir é *ser-para-a-morte*. Minha possibilidade-limite mais extrema é minha morte. Minha liberdade e todo o sentido de que ela é capaz tropeçam nessa possibilidade última. Tudo o que posso fazer a esse respeito é reconhecer minha finitude, existir, pensar e escolher a partir da consciência antecipada de minha morte. A capacidade de assumir minha existência na constante lucidez desse ser-para-a-morte, que é o mais intimamente meu – morrer é a única coisa que ninguém pode fazer em meu lugar – constitui o ponto culminante da autenticidade. Mais uma vez, ela remete à experiência da angústia e da solidão. O homem autêntico vive na antecipação incessante da morte, selo supremo de sua finitude e de sua liberdade. Integrando o pensamento de sua morte, o homem decidido acede à autenticidade e à liberdade, ou seja, ele se torna capaz de viver e de escolher com toda a consciência.

A existência não é, portanto, simplesmente um projeto-atirado (no sentido principalmente em que ela não criou a si mesma: eu não sou o autor ou o "projetador" de meu nascimento); ela é um projeto *finito*. A analítica ou a fenomenologia da existência é uma fenomenologia da finitude radical do homem, de quem Heidegger retira qualquer ilusão de permanência metafísica ou religiosa.

2. A história do ser e o niilismo contemporâneo

2.1. Da temporalidade da existência à história do ser

Ser e Tempo, embora inacabado, encontra a temporalidade como o horizonte da questão do ser, pois o homem que coloca a questão é fundamentalmente temporal. Doravante, Heidegger não vai mais se ocupar da análise metódica das estruturas da existência humana, e sim da evolução da questão do ser — do sentido do ser — no decorrer da história do pensamento ocidental.

O postulado e a constatação de base são que *o ser jamais foi pensado em sua verdade*. Não só porque os pensadores colocaram mal e elaboraram mal a questão, mas também porque o ser não se entrega: ele não se revela ou então apenas se desvela, ao mesmo tempo, velando-se, dissimulando-se. A história do ser se torna, portanto, de algum modo, a história das maneiras cuja resposta à questão do ser falhou, acarretando progressiva-mente a perda dessa questão, seu *esquecimento* e até o esquecimento desse esquecimento. Essa história é a história da filosofia enquanto *metafísica*. A metafísica — as respostas metafísicas — deve, portanto, ser destruída ou desconstruída, pois ela é obstáculo para a questão fundamental, da mesma forma que para um autêntico pensamento do ser, que ainda está por vir.

Martin Heidegger

A obra de Heidegger pretende apenas fazer alguns passos no caminho que leva a essa autêntica meditação do ser. Desenvolver essa meditação exige que modifiquemos nossa relação com a linguagem.

2.2. A diferença ontológica

O mal-entendido filosófico por excelência é a confusão do ser e do que está sendo. Desde o ponto de partida, a metafísica se extraviou, pensando o ser exclusivamente em função do que está sendo, ou seja, identificando o ser e o que está sendo. Essa confusão leva tanto a identificar o ser com a totalidade do que está sendo, como a identificar o ser com um que está sendo superior ou transcendente, mais freqüentemente chamado de Deus.

É preciso, portanto, aprender a pensar a diferença do ser e do que está sendo – que Heidegger chama de *diferença ontológica*. Essa diferença não é uma separação absoluta; existe uma ligação entre o ser e os que estão sendo. Dos que estão sendo, diz-se, com efeito, que eles *são*. Mas é preciso acrescentar que eles não são o *ser*. Eles *são* em uma diversidade de sentidos (por exemplo, o ser humano é diferente do ser árvore ou seixo), dos quais nenhum se identifica ao sentido do ser como tal.

O ser é, portanto, *o outro* de tudo o que está sendo. Se avaliarmos que os que estão sendo são tudo o que é, então o ser como tal é o não-ser, o nada. Mas esse *nada* tem uma importância eminentemente positiva, pois é ele que atribui seu ser aos que estão sendo, é ele que lhes permite ser.

2.3. As três etapas maiores da História do ser

Embora admitisse que houve clarões de verdade bem no início do pensamento filosófico (de onde seu interesse pelos pré-socráticos), Heidegger considera que, desde Platão, em todo caso, a filosofia decididamente se engajou no caminho ilusório da metafísica. Esse erro se agravou, no início da modernidade, com Descartes;

ele culmina em Nietzsche e termina em nossa contemporaneidade tecnológica.

2.3.1. *O erro platônico*

Platão identifica o ser com as *idéias*. As idéias são o que existe de mais real, ou seja, de mais aquilo que está sendo. O ser é, desse modo, identificado erradamente a formas essenciais, cujas características maiores são a visibilidade e a permanência: a eterna presença. As idéias são intemporais (a relação fundamental com o tempo é esquecida) e se mostram com toda a clareza ao espírito racional capaz de percebê-las. A verdade coincide, a partir disso, com a visão dessas idéias e se expressa no saber teórico. O saber teórico – a metafísica como ciência suprema das idéias – é verdadeiro, se refletir adequadamente as estruturas ideais, essenciais e imutáveis do real.

Platão, em poucas palavras, identificou o ser com os que estão sendo transcendentes; ele pensou o outro da matéria e do devir (do sensível), mas não o outro de tudo o que está sendo. Procurando o ser daquilo que está sendo, e não o ser como tal, ele introduziu uma diferença hierarquizante entre os que estão sendo. Ele colocou abaixo os que estão sendo efêmeros materiais, que são apenas aparências, e acima os que estão sendo ideais essenciais, que atribuem às coisas materiais um pouco de estabilidade e de realidade. Verdadeiro, visível, real, estável, permanente, ideal, transcendente, ser e o que está sendo são amalgamados, e essa reunião oculta a questão do ser como outro de *tudo* o que está sendo.

2.3.2 *A virada cartesiana e a modernidade*

A virada cartesiana é a da modernidade, mas ela se inscreve na continuidade da redução platônica do ser àquilo que está sendo.

O pensamento cartesiano-moderno caracteriza-se pelo primado do *sujeito*, que se torna o que está sendo supremo, fundamento último de todos os outros que estão sendo, assimilados a objetos. Procurando a verdade, o homem pode estar absolutamente *certo* apenas de duas realidades:

- a sua própria, enquanto *sujeito pensante* (a certeza indubitável do *cogito*);
- suas próprias *representações* (*Vor-stellung*), ou seja, aquilo que ele põe diante de si (diante de sua consciência), em seu pensamento. As representações claras e evidentes são *objetivas* porque elas são aquilo que o sujeito pensante põe diante de si (*objectare* = colocar, pôr diante), ou seja, aquilo que ele constitui e apreende diretamente e do qual pode estar seguro.

Essa vontade de *certeza*, característica da modernidade, caminha junto com o desenvolvimento do pensamento analítico, calculador, metódico (processual e técnico), que quantifica e mede. Daí a importância das matemáticas para a constituição desse saber garantido, que se desdobrará sob o nome de ciência moderna.

Esse saber certo garante também a existência do sujeito no meio do que está sendo: ele oferece um domínio objetivo da natureza e permite, graças à ciência e à técnica, dominá-la. Sem dúvida, é o Deus verídico (conforme Descartes) que garante a adequação entre minhas representações evidentes e as leis da natureza, mas a certeza a respeito da existência desse Deus verídico ainda é fundada na evidência que tenho da idéia desse Deus. O sujeito pensante humano aparece de fato como o fundamento último de toda a verdade e de toda a realidade.

A filosofia moderna será, portanto, uma *filosofia da subjetividade* – um antropocentrismo. A garantia radical que o sujeito adquire desse modo refere-se ao:

- plano *teórico* do saber: uma *ciência* garantida, objetiva, verdadeira;
- plano *prático* da sobrevivência: uma técnica cada vez mais poderosa, tornando o homem "senhor e proprietário da natureza";
- plano *moral*: o homem é livre, autônomo, fonte e fundamento de todos os valores e leis. Uma regra não é obrigatória porque é revelada ou tradicional, mas porque sua representação será percebida pelo sujeito pensante (racional) como evidentemente obrigatória. A moral kantiana explicitará esse aspecto da modernidade que permaneceu embrionário em Descartes.

A filosofia moderna institui um dualismo não mais entre o futuro e a eternidade, como Platão, mas entre o homem – o sujeito pensante e livre – e todo o resto daquilo que está sendo. É o dualismo do sujeito e do objeto.

2.3.3. *Nietzsche e o acabamento niilista da metafísica*

Heidegger consagrou a Nietzsche dois grossos volumes centrados em torno das noções de "niilismo" e de "Vontade de poder", expressão que o próprio Nietzsche teria reservado como título de uma obra capital, jamais realizada.

Conforme Heidegger, Nietzsche dá acabamento à história da metafísica ocidental – e, portanto, do esquecimento do ser – sem conseguir dela se libertar.

Quais são os aspectos desse acabamento que culmina sob a forma do niilismo contemporâneo?

- *Existem apenas os que estão sendo.* Somente a totalidade daquilo que está sendo é ainda considerada. Isso já é verdadeiro para o conjunto da metafísica. Mas esta preservava a preocupação de uma diferença (por exemplo, o devir e o mundo das idéias, o corporal e o espiritual). Essa diferença não era a diferença ontológica, pois ela só distinguia os que estão sendo de nível distinto, mas ela era como que a memória confusa da diferença ontológica ou sua mira desajeitada. Essa distinção se esfuma totalmente no niilismo contemporâneo, que homogeneíza o que está sendo. Fundamentalmente, "tudo vale" e "nada mais tem valor em si". Essa homogeneização radical, que consome o esquecimento do esquecimento da diferença ontológica, perpassa a filosofia desde sua origem e culmina no niilismo contemporâneo. Toda a história do Ocidente é niilista, e esse destino tem seu acabamento hoje.

- *A temporalização radical do que está sendo.* Ela não consiste em pensar a ligação interna entre o tempo e o ser. Ela volta a considerar tão-somente o futuro. Um futuro que o homem concebe como um processo ilimitado, desprovido de sentido e de finalidade.

  Ora, a totalidade do que está sendo no processo infinito do tempo é apenas a expressão da *vontade de poder*, no sentido de uma criatividade-produtividade incessante de formas e de conteúdos. A vontade de poder passa, desse modo, não só para o ser do que está sendo, da Natureza, mas também do Homem, ou seja, do sujeito.

  Como o processo é infinito, todos os instantes que o compõem, todas as formas e todos os conteúdos são chamados a voltar, e a voltar eternamente. É o pensamento do *Eterno Retorno do Mesmo*, que é apenas um aspecto da idéia de um processo ilimitado, sem finalidade ou sentido.

- *A vontade de vontade.* A vontade de poder, não tendo finalidade fora de si mesma, visa apenas a seu próprio desenvolvimento, seu crescimento infinito. Ela é vontade de vontade, e seu poder persegue apenas o poder. A partir disso, ela não cessa de inventar finalidades e de calcular os meios para atingi-las; contudo, uma vez realizadas, ela as abandona ou as capitaliza, para se voltar para novos objetivos etc.

Produto da vontade de poder natural, o homem tornou-se o sujeito dessa vontade. É por meio de seu pensamento e de sua ação que ela doravante se expressa. É o *homem* que inventa finalidades e valores a partir de uma liberdade ou de uma espontaneidade radicais. O homem niilista não cessa de reinterpretar o que está sendo, de elaborá-lo, de operá-lo, de destruir, estocar e criar novas formas e novos conteúdos.

Todas as finalidades, todos os valores aparecem doravante como colocados – sem razão ou necessidade – pela subjetividade humana. É o reino do relativismo e do decisionismo, das morais e das concepções do mundo, sem qualquer fundamento além do ato irracional e contingente que os institui de modo efêmero.

Tendo como preocupação o desdobramento do poder – sempre mais e de novos possíveis atualizados – o homem preocupa-se muito particularmente com sua *sobrevivência*, condição necessária da expansão para frente de sua vontade de poder. Ele também atribui uma importância capital ao domínio e ao controle do que está sendo em devir, ou seja, da natureza.

Ciências e técnicas aparecem como meios privilegiados da vontade de poder humana, que reduz a verdade à eficácia, o pensamento ao cálculo e o real a uma matéria infinitamente operável e explorável.

Nietzsche morre em 1900, mas o niilismo que ele expressa convém perfeitamente a certa descrição do século XX, colocado sob o signo da tecnociência ou da tecnologia. Heidegger vê nesta o acabamento da metafísica e, portanto, a etapa última da História do Ser, tal como ela se engatou com a filosofia ocidental, durante dois mil e quinhentos anos.

3. A questão da técnica

3.1. A técnica não é humana

O reino da técnica convida a caracterizar nossa época, ou seja, certa época da História do Ser e da relação do homem com o Ser, em referência ao mais extremo esquecimento. A técnica, que se aplica cada vez mais ao homem (objetivação, manipulação, exploração do homem), não é um fenômeno cuja importância e significação se esgote com o humano. O sentido e a essência da técnica não são compreensíveis em função simplesmente de certa concepção do homem (antropologia) e da história da humanidade.

A representação corrente, que assimila a técnica a um conjunto de instrumentos e de utensílios a serviço dos homens e do progresso (sob a reserva de seu bom uso) é a visão superficial, antropocentrista e instrumentalista. Essa concepção, muito espalhada, não permite pensar o fenômeno técnico. Ela faz parte desse fenômeno, depende da ideologia tecnicista e, além disso, do esquecimento metafísico da questão do ser.

Como devemos, a partir disso, pensar o reino contemporâneo da técnica? A única resposta é: *a técnica e seu primado são a maneira como, hoje, o Ser se dissimula e o homem o esquece.*

3.2. "A ciência não pensa"

A técnica situa-se no prolongamento da História do pensamento ocidental, desde o desvio metafísico platônico, que se intensifica com Descartes e a invenção da ciência moderna, e que culmina no niilismo contemporâneo. Por conseguinte:

- a ciência (como projeto de conhecimento teórico) é basicamente tecnicista. A técnica expressa a natureza ou o destino profundos da ciência. Ora, esta *não pensa*: ela *calcula*. Ela é o contrário do pensamento autêntico, que medita;

- mais radicalmente: é o conjunto do pensamento teórico – a *theoria* –, à qual se identifica o projeto filosófico-metafísico do saber, que é, desde o ponto de partida, um projeto técnico. O pensamento teórico é técnico, porque procede de uma vontade de controle, de dominação do conjunto do que está sendo. Da teoria especulativa à técnica operativa, passamos apenas de um controle simbólico para um controle efetivo, concreto, daquilo que está sendo. Há 2.500 anos, portanto, o Ocidente seria fundamentalmente tecno-lógico.

3.3. "A essência da técnica não é técnica"

Heidegger não se interessa pelas técnicas em sua diversidade física e seu dinamismo concretos. Tal interesse, focalizado sobre os que estão sendo (as máquinas) e seus poderes efetivos, permanece niilista e não desvela nada. O que Heidegger requer é a *essência* ou o *ser* da técnica, que o universo técnico dissimula e cujo desvelamento supõe que rompamos com o ser-no-mundo metafísico e com o modo tecnológico de pensar e de falar.

3.4. "É na linguagem que se revela o ser da técnica"

Não é nas *coisas técnicas* que se revela o ser da técnica, mas na linguagem. Qual linguagem? A linguagem que fala da ciência e da técnica, herdada da metafísica e cujas raízes remontam ao grego, ao latim, ao passado da língua germânica e, para além disso, ao indo-europeu. É colocando-se à escuta hermenêutico-etimológica da linguagem (dos termos e dos textos da tradição) que poderemos compreender o que são a ciência e a técnica, o sentido original delas. Aprender a ouvir o que a linguagem nos diz é o único "método" para abordar a verdade das coisas.

Qual é o sentido profundo da *techne*, quais laços de sentido esse termo estabelece com outros termos fundamentais, como *poiesis, theoria, aletheia* (verdade), *aition* (causa) etc.? Como esses termos e suas traduções (latinas, alemãs...) evoluem através dos textos que tramam a história do pensamento ocidental? Eis as questões que é preciso levantar para ganhar alguns clarões sobre o ser do fenômeno técnico contemporâneo.

Heidegger considera que desse encaminhamento lingüístico o termo alemão "*Gestell*" é o mais expressivo da essência da técnica contemporânea. Esse termo permite estabelecer uma série de relações significativas com *vorstellen* (representar), *herstellen* (produzir), *bestellen* (comandar), ... e *stellen* (pôr, como *thesis* etc.).

"*Gestell*" pode ser traduzido diversamente em outras línguas, principalmente como "exame, inspeção". Sob o signo do *Gestell*, o homem estabelece com o que está sendo (e, portanto, consigo mesmo) apenas uma relação de exploração, de maquinação, de produção, de manipulação e de operação ilimitadas.

3.5. "Onde jaz o perigo, cresce também aquilo que salva"

Essa frase, tomada de Hölderlin (poeta que Heidegger leu e comentou), aparece como conclusão da conferência sobre *A questão da técnica*.[8]

Com o fenômeno técnico, o (não-)pensamento metafísico culmina, torna-se concreto e universal (ocidentalização tecnológica do planeta): o esquecimento do pensamento do Ser atinge seu ápice. O perigo, para o homem, de perder o que o diferencia de todos os outros que estão sendo – ou seja, justamente sua relação pensante com o Ser – é extremo. Chegando a esse ponto, onde não é mais possível para o homem ir mais adiante sem se negar radicalmente, é permitido esperar que um

---

[8] *La question de la technique*. Em *Essais et conférences*, trad. de A. Préau. Paris, Gallimard (Tel 52), 1986.

sobressalto salutar se produza. Arrancando-se, por fim, de seu extravio mais que bimilenar, o homem é capaz de deter-se e reatar com o pensamento meditativo, de perceber aquilo que aconteceu na aurora da filosofia. E, tendo realizado esse grande "passo para trás", que permite voltar àquilo que os pensadores pré-socráticos tinham entrevisto, ele poderá comprometer-se com outro caminho não esquecido da questão do Ser. Esse caminho é um caminho de linguagem.

4. A questão da linguagem

A filosofia é uma atividade de linguagem. A questão da linguagem é-lhe, portanto, essencial. Mas, conforme Heidegger, a filosofia – a metafísica – estabeleceu com a linguagem uma relação falsa. Ela colocou a linguagem sob o signo do que está sendo, ou seja, do objeto e da objetivação universal. É essa relação falsificada e forçada que é preciso desfazer, a fim de estabelecer com a palavra e com o pensamento uma relação livre. À palavra *e* ao pensamento: Heidegger não reconhece a oposição (metafísica) entre língua e pensamento; o que vale para uma também vale para o outro.

4.1. A concepção objetivadora da linguagem

Eis os traços principais dessa concepção dominante na filosofia ocidental e com os quais já nos deparamos freqüentemente:

- os termos são as etiquetas das coisas e os enunciados são as imagens dos fatos descritos. Distinguem-se dois tipos de objetos (ou de coisas que estão sendo): *os objetos lingüísticos* (nomes, proposições etc.) e *os objetos extralingüísticos* (coisas, fatos etc.);
- a função essencial da linguagem é a *descrição* ou a *representação*;
- essa função é convenientemente realizada a partir do momento em que a descrição proposta é *verdadeira*, ou seja, quando o enunciado reproduz (copia, reflete) fielmente a

realidade descrita. A verdade não é, portanto, mais que uma relação de *adequação* entre duas coisas que estão sendo (o fato e o enunciado), assim como o declara uma tradição que remonta a Platão e a Aristóteles. A verdade de uma proposição é verificada pelo olhar (sensível ou espiritual: teórico) que constata a adequação;

- essa concepção – que postula que, essencialmente, o homem é um produtor e utilizador de cópias, que a linguagem é um conjunto de cópias, o real o modelo ou a medida dessas cópias e a própria verdade uma cópia perfeitamente realizada – é partilhada pela filosofia (metafísica), pela ciência (antiga e moderna) e pelo senso comum. Essa concepção coloca tudo sob o signo da objetivação universal. Ela cultua a precisão, a univocidade, a definição rigorosa: quanto mais preciso, mais verdadeiro. Ela privilegia também o olhar (theoria);

- conforme essa concepção, a verdade a respeito da própria linguagem implica a objetivação e a análise da linguagem por meio de uma *metalinguagem*. A essência da linguagem seria descrita pelas metalinguagens que constituem a gramática, a lingüística, a lógica ou qualquer outra ciência da linguagem;

- ligada à história da metafísica e da ciência (do pensamento teórico), a concepção objetivadora culmina na *tecno-logia* contemporânea. Ela está, portanto, associada à vontade de controle e de dominação calculadora. No que se refere à própria linguagem, suas expressões mais espetaculares são o desenvolvimento da cibernética e da informática.

4.2. A outra relação com a linguagem

A concepção objetivadora e teórica torna a pessoa surda para a questão do ser e atenta apenas para os que estão sendo. Ora, é *na linguagem* (na palavra) que o ser ressoa: revela-se e retira-se.

A linguagem permanece, portanto, capital: o futuro do ser e do homem é jogado na linguagem que, não mais que o homem ou que o próprio ser, não é simplesmente algo que está sendo.

A fim de romper com a concepção objetivadora e teórica da linguagem, é preciso:

- colocar-se à *escuta da linguagem* (dos termos, dos textos etc.), aprender a *deixar que a linguagem fale*. Para Heidegger, primeiro é a linguagem que fala, e não o homem (o sujeito);

> A linguagem fala. O homem fala apenas à medida que responde à linguagem (Carta de 1964) – Dizer é originalmente ouvir (...) e dizer em retorno (*Abordagem de Hölderlin*).[9]

- a escuta da linguagem concretiza-se na prática da hermenêutica e de uma espécie de etimologia-hermenêutica, da qual Heidegger fará abundante uso. A nova relação com a linguagem alimenta-se na plurivocidade e na evolução do sentido dos termos;
- mais originalmente, a escuta da linguagem é *diálogo*: diálogo com outrem, mas principalmente com os textos e com a própria linguagem. No diálogo, o que eu digo não se dirige a um objeto ou a um fato mudos, mas a um interlocutor, ou seja, a um outro que fala. O ser da linguagem e o ser do homem são diálogos;

> Nós somos um diálogo (*Abordagem de Hölderlin*).

- a *poesia* é o lugar em que o ser não objetivador da linguagem pôde, por excelência, expressar-se. Os poetas, graças a seu

---

[9] *Approche de Hölderlin*. Trad. de H. Corbin (e outros). Paris, Gallimard (Tel 269), 1996.

diálogo poético com a linguagem e com as coisas, desdobram um mundo e uma história. Eles não procuram dominar.

Apenas uma palavra – uma meditação – hermenêutica, poética, dialógica é capaz de romper com o extravio objetivador, teórico e técnico da linguagem ocidental que afasta do ser. Tal palavra-meditação reconhece que:

> A linguagem é a casa do ser. O homem permanece em seu abrigo (*Carta sobre o humanismo*).

Tal palavra meditativa e não objetivadora ou calculadora jamais aconteceu ainda na filosofia, embora haja alguns traços dela em sua origem. Apenas ela é capaz de salvar-nos do niilismo contemporâneo. Heidegger aparece como o arauto dessa palavra poética e meditativa em devir.

5. Uma difícil reafirmação da filosofia

Uma relação ambivalente

Heidegger adota, em relação à filosofia, uma atitude *ambivalente*, que é partilhada por um número considerável de pensadores contemporâneos.

De um lado, a filosofia enquanto metafísica (ou seja, toda a filosofia, com exceção dos clarões originais) está extraviada e deve ser destruída/desconstruída. Heidegger concebe um trabalho sistemático de dissolução da filosofia ocidental e da atitude que a governa. Essa idéia de uma necessária desconstrução da história da filosofia por um trabalho sobre os textos e sobre a linguagem encontra-se, sob modalidades muito diversas, em diversos outros pensadores do século XX, como Wittgenstein, Derrida, Rorty etc.

Por outro lado, a filosofia, liberta da metafísica, é possível. Heidegger a compreende em primeiro lugar sob uma forma relativamente clássica, a ontologia. Em seguida, ele evocará como uma meditação, um dizer do ser, próximo da poesia, sem entretanto identificá-la com esta última.

Essa palavra meditativa, ainda a vir e, contudo, entrevista na origem da filosofia, é a única resposta em uma época em que culmina a crise niilista do sentido, última conseqüência do pensamento metafísico.

A técnica e a linguagem

Salientando tanto a *técnica* como a *linguagem*, Heidegger expressa, a seu modo, a aposta capital de nosso tempo.

Ele o faz tanto mais lucidamente por pensar a *ligação* essencial da ciência (teórica) e da técnica (operativa). A primeira prolonga o projeto da *theoria* metafísica; a segunda dá o acabamento. A única resposta possível ao reino da tecnociência seria uma revalorização da linguagem, associada a um modo de pensar e de dizer que, não repetindo a atitude teórica metafísica, não reconduza, *in fine*, à tecnociência.

Heidegger resiste a ser anti-tecnociência. Ele estaria oposto apenas ao imperialismo das ciências e das técnicas. Todavia, ao ouvi-lo a partir do interior da civilização tecnocientífica, é difícil não ouvir nele tons marcantes de ciento-tecnofobia. É preciso, entretanto, reconhecer-lhe o mérito de ter apreendido o desafio capital da tecnociência para o pensamento contemporâneo e não manter, a respeito da técnica, uma concepção instrumentalista antropocêntrica banal.

Heidegger, porém, não é um herdeiro das Luzes ou da *Aufklärung*. O humanismo progressista é, também, antropocêntrico e, portanto, esquecido da questão do ser. O humanismo, associado aos progressos das ciências e das técnicas, é fiel às noções modernas de razão, sujeito, vontade, *pertence à metafísica*. Também não há muito lugar, em Heidegger, para uma filosofia social e política, que só nos desviaria do pensamento meditativo. Importa apenas o face a face entre o Ser e o Homem sob a figura do pensador-poeta. Sem dúvida, a linguagem é diálogo, mas é a um diálogo com o Ser e com a própria Linguagem que somos convidados. E, com certeza, não para um debate ou para uma discussão com os outros homens.

Para Heidegger, o mito não é o oposto do logos (filosófico): ele é apenas mais antigo e mais próximo da linguagem do Ser.

A importância insigne da linguagem afirma-se através das conclusões que precedem. Heidegger é um dos mais eminentes representantes do interesse, extremo e universal, manifestado pela filosofia em relação à linguagem, no século XX. Esse interesse é, ao mesmo tempo, original e tradicional. Ele é consubstancial à filosofia, à poesia, ao mito e à religião. Todos valorizam ao extremo a atividade simbólica ou lingüística do homem, uma vez que fazem dessa atividade, a mais "propriamente humana", a marca da pertença do homem a um mundo ou a uma ordem ontológica diferente e superior à natureza sensível e material. O homem como tal se define pela disposição da Palavra (o logos), pela relação com o Verbo. Heidegger partilha inegavelmente esse ideal de *homo loquax* e não de *homo faber*.

O interesse explícito de Heidegger pela linguagem também pesou sobre a evolução da fenomenologia em direção à hermenêutica; ele diversamente encorajou a aproximação entre a filosofia e a escritura literária em geral, particularmente a poética.

Leituras Sugeridas

Boutot A. (1991), *Heidegger*. Paris, PUF (Que sais-je? 2480).

Cotten J.-P. (1974), *Heidegger*. Paris, Seuil (Écrivains de toujours 95).

Ferry L., e Renaut A. (1988), *Heidegger et les modernes*. Paris, Grasset (Figures).

Grondin J. (1987), *Le tournant dans la pensée de Heidegger*. Paris, PUF (Épiméthée).

Haar M. (1986), *M. Heidegger*. Paris, Librairie générale française (Le livre de poche. Bibliothèque essais 4048).

Janicaud D. e Mattéi J.-F. (1983), *La métaphysique à la limite*. Paris, PUF (Épiméthée).

Kelkel A. (1980), *La légende de l'être*. Paris, Vrin (Bibliothèque d'histoire de la philosophie).

Vattimo G. (1985), *Introduction à Heidegger*, trad. de J. Rolland. Paris, Éd. du Cerf (Études d'auteurs).

Capítulo XVII

A hermenêutica filosófica

- **DILTHEY:**
  - Uma metodologia para as ciências humanas.

- **GADAMER:**
  - A crítica da hermenêutica metodológica.
  - O diálogo hermenêutico ilimitado da Tradição.

- **RICOEUR:**
  - Importância e ambigüidade do simbólico.
  - Da hermenêutica da suspeita à hermenêutica da manifestação do sentido.
  - O confronto entre a hermenêutica e a corrente estruturalista.
  - A hermenêutica no coração do problema contemporâneo.

PALAVRAS-CHAVE

- ciências humanas (Geisteswissenschaften) • círculo hermenêutico
- compreender • corte epistemológico • diálogo • descontinuidade
- desejo • estrutura • estruturalismo • exegese • fim do homem
- fim do sujeito • hermenêutica • história • historicismo
- horizonte de sentido • inconsciente • interpretar • linguagem
- método • narração • niilismo • psicanálise • religião • sentido
- símbolo • sistema • sujeito • suspeita • tradição

A etimologia grega do termo "hermenêutica" significa "interpretar, explicar". A hermenêutica é a arte (a técnica, o método) de explicar o sentido verdadeiro de um texto. Ela visava primitivamente aos textos sagrados: a exegese da Bíblia. O sentido desses textos é, com efeito, raramente literal. Arrisca-se a permanecer incompreendido ou mal compreendido, se o leitor não for guiado até sua verdadeira significação. A importância da hermenêutica religiosa é, portanto, *normativa*: não se trata simplesmente de explicitar os diversos sentidos de um texto, e sim de depreender a única significação autêntica, o "bom" ou "verdadeiro" sentido. Este é semelhante a um conteúdo objetivo – um *núcleo* de sentido – enterrado no texto, ao qual a arte ou o método hermenêutico, aplicados com competência, abririam acesso. A hermenêutica sagrada pode ser acompanhada de um dogmatismo, pois ela é a fonte da única leitura autorizada (pela Igreja). Libertar a interpretação da Bíblia da autoridade exclusiva de Roma foi uma das apostas da Reforma no século XVI.

A história da hermenêutica encontra diretamente a da filosofia apenas a partir do século XIX. Esse encontro não cessará de ganhar importância em seguida. Sua significação e sua importância são em primeiro lugar epistemológicos e metodológicos: espera-se que a hermenêutica seja o único método apropriado para as novas ciências do homem, em oposição às ciências da natureza. É pela metade do século XX que a hermenêutica, sob o impulso de Heidegger e de Gadamer, irá investir muito mais completa e profundamente a filosofia, subvertendo a própria ontologia. A importância do encontro entre a hermenêutica e a filosofia, entretanto, tinha sido prefigurada por Nietzsche.

1. A hermenêutica metodológica

1.1. Um método para as ciências humanas

Enquanto que, desde o século XIX, o estatuto e a metodologia das ciências da natureza (física, química, biologia, nelas compreendendo, até certo ponto, a medicina, que se torna experimental com Claude Bernard) estão bem estabelecidos, disciplinas novas continuam em busca de um reconhecimento comum equivalente. Trata-se principalmente

A hermenêutica filosófica

da filologia (ciências da linguagem), da história, da psicologia e da sociologia. Dois caminhos estão abertos:

- *ou*: essas novas ciências, centradas sobre o ser humano e sobre as produções humanas (textos, cultura, instituições etc.) devem esforçar-se para se aproximar ao máximo do ideal metodológico das ciências da natureza, que são causais, quantificadas e objetivas;
- *ou então*: considera-se que seu campo de investigação – as expressões da subjetividade individual e coletiva – é específico e irredutível, e que ele exige, conseqüentemente, uma abordagem própria.

A atenção dada à hermenêutica nesse debate, que se prolonga ainda hoje, inscreve-se na segunda perspectiva. Sob sua forma mais geral e escolar, ele oporá o *compreender-interpretar*, que convém às ciências humanas, à *explicação*, própria das ciências naturais. O debate, que é epistemológico (pois se trata da determinação das formas do saber em relação a seus objetos de estudo) e metodológico (pois se trata de definir os meios apropriados à aquisição dos diversos saberes), desenvolve-se em primeiro lugar e principalmente na Alemanha, em que as ciências humanas são chamadas de "Geisteswissenschaften" ("ciências do espírito"). Wilhelm Dilthey (1833-1911), o iniciador principal dessa problemática, considera que:

- as "Geisteswissenschaften" constituem uma forma de conhecimento tão legítimo quanto o das "Naturwissenschaften";
- elas têm como tema o espírito, a vida do espírito ou da alma, cognoscível por meio de suas *expressões*, que são objetivações perceptíveis (por exemplo, todos os produtos lingüísticos, particularmente os textos, mas também as instituições, as expressões artísticas, os gestos e comportamentos significativos etc.);

- o estudo dessas expressões da vida do espírito exige um método apropriado, que é a compreensão e a interpretação;
- esse método deve ser explicitado por uma série de regras que guiam a boa interpretação e que constituem a hermenêutica.

Chamamos de hermenêutica a arte de compreender as expressões da vida fixadas pela escritura (Dilthey).

1.2. O círculo hermenêutico e o historicismo

A regra fundamental da hermenêutica reside no reconhecimento de uma circularidade metódica: o *círculo hermenêutico* enuncia que a parte só é compreensível a partir do todo e que este deve ser compreendido em função das partes. O aprofundamento hermenêutico do sentido de um texto, por exemplo, realiza-se não só por um vaivém entre as partes que o compõem e a totalidade que ele é, mas também entre ele mesmo e a totalidade maior, da qual ele próprio é tão-somente uma parte. Essa dialética não é verdadeiramente limitada: o texto remete ao livro, que remete à obra, que remete a um contexto existencial e cultural, que remete a uma época, uma história etc.

O *historicismo* é um corolário desse procedimento: para compreender uma expressão do espírito, é preciso situá-la em seu contexto histórico. É apenas se fizermos o esforço de renunciar a todos os preconceitos, que nos vêm de nossa época e de nossa cultura, transportando-nos para o contexto histórico e cultural da obra estudada, que poderemos apreender o sentido original e autêntico desta. Interpretar é, portanto, fazer hipóteses de leitura, que não cessaremos de corrigir, no caminho progressivo de uma compreensão cada vez mais profunda e *objetiva*. O intérprete deve evacuar a subjetividade ligada a qualquer compreensão imediata e apressada, que falseia o acesso a essa objetividade do sentido original e acarreta as más compreensões e as interpretações superficiais. Começamos sempre por compreender mal e superficialmente.

A hermenêutica filosófica

Essa vontade de análise metódica e de objetividade mostra que a hermenêutica do século XIX continua fascinada pelas ciências da natureza, da qual ela pretende, contudo, afastar-se. Trata-se de fundar a *cientificidade* das ciências humanas, e esta exige que a uma questão colocada convenha apenas uma única resposta, reconhecida por todos aqueles que aplicam o único (bom) método para responder. Assim deve ser tanto em relação a questões "Qual a significação de...?" como a questões "Qual é a explicação de...?". Esse aspecto da hermenêutica do século XIX será criticada no século XX, ao mesmo tempo em que o historicismo (o relativismo histórico integral) que a ela se associa.

2. H.-G. Gadamer e a hermenêutica filosófica

Nascido em Marburgo em 1900, Hans-Georg Gadamer foi aluno de Heidegger, do qual ele desenvolverá a fenomenologia-hermenêutica de modo original. Gadamer tenta arranjar ao mesmo tempo a ligação com a filosofia do sujeito, ainda perceptível em *Ser e Tempo*[1] e o papel central da linguagem, reconhecido pelo segundo Heidegger. Embora Gadamer não siga Heidegger no caminho da História do Ser (que marginaliza demasiadamente a história dos homens), a importância motora que ele atribui à Tradição lingüística modera muito consideravelmente o papel dos indivíduos, atravessados e envolvidos pelo grande diálogo da História. É, portanto, principalmente o *estilo* do segundo Heidegger, muito mais poético do que teórico ou conceitual, que Gadamer recusa adotar.

Gadamer foi a figura mais importante da hermenêutica filosófica no decorrer destas últimas décadas. Ele é autor de uma obra fundamental: *Wahrheit und Methode* (1960) (*Verdade e Método: as grandes linhas de uma hermenêutica filosófica*).[2]

---

[1] *Être et Temps.* Trad. de F. Vezin. Paris, Gallimard (Bibliothèque de philosophie), 1986.

[2] *Vérité et Méthode: les grandes lignes d'une herméneutique philosophique.* Trad. de P. Fruchon (e outros). Paris, Seuil (L'ordre philosophique).

2.1. História, tradição, linguagem

Gadamer assimilou a leitura de Hegel: a filosofia é filosofia da história na história. Mas a história é tradição, basicamente lingüística. A fim de existir e de durar, a história deve ser escrita. O escrito é também a condição da fecundidade ou da produtividade da tradição: ele pode ser incansavelmente retomado, lido, interpretado, comentado.

O que é fixado por escrito destaca-se da contingência de sua origem e de seu autor (*Verdade e método*).

Essas retomadas geram novos sentidos, novos escritos, nos quais se prolonga e se transforma o único e mesmo destino dos homens enquanto homens: escrever/ler – ler/escrever. A atividade humana essencial é hermenêutica: receber e criar sentido, conservá-lo, modificá-lo, sofrer-fruir o sentido.

O sujeito ou o indivíduo não está ausente dessa concepção, mas ele é indissociável de sua época e de seu mundo, histórico e cultural, ou seja, tecido pela linguagem, que prolonga uma trama multimilenar. O sujeito está *na* tradição, nem diante, nem acima, como se ela fosse um objeto ou um lugar do qual seria possível sair. A subjetividade hermenêutica não é transcendente nem transcendental. É a partir de nosso horizonte histórico, de nosso mundo de linguagem, que somos chamados a encontrar as obras do passado e a entrar, com elas, em diálogo. Nesse diálogo, o leitor-intérprete traz seu próprio fundo de sentido: seus pressupostos, suas précompreensões, seus preconceitos. Sem dúvida, essa contribuição pode falsificar o diálogo, impedir o encontro, mas ele é inevitável e, também, fecundo. Não há sentido em querer abordar uma obra do passado de modo perfeitamente neutro, "objetivo". O único modo consiste em interpelá-lo, como um interlocutor que se dirige a um outro. Somente então o passado torna-se falante e que o diálogo se estabelece. Para isso, não é preciso que o leitor-intérprete se apague, e também não convém que ele se imponha, permanecendo surdo à alteridade, à distância temporal, à relativa estranheza de onde a obra a ele se dirige.

O diálogo hermenêutico com a tradição é a ocasião de uma *fusão dos horizontes de sentido* (passado e presente): um sentido novo surge como produto dessa fusão. Esse acontecimento revela a obra passada sob um ângulo diferente e transforma ao mesmo tempo a compreensão do presente. A fusão dos horizontes é a operação dialógica ou hermenêutica, graças à qual a tradição se enriquece com significações e verdades novas. O sujeito é apenas um dos pólos: tudo tende a acontecer como se a própria tradição lingüística (um momento passado expresso em uma obra) estabelecesse a si mesmo (o momento presente do qual depende o leitor) um diálogo por meio da consciência hermenêutica do leitor-intérprete. Mais que um centro absoluto de referência, o sujeito humano aparece como um intérprete.

> Esse diálogo é o próprio devir histórico, no qual eu já me encontro sempre e pelo qual já sou sempre atravessado.
> Desse modo, o diálogo autêntico jamais é aquele que gostaríamos de ter.

Conforme dizíamos mais acima, existe em Gadamer a tentação de uma hipóstase do diálogo hermenêutico da tradição, ao modo de um destino do qual os indivíduos participam, mais ou menos ativamente, mas que não governam nem de alguma forma dominam. Eles podem apenas procurar compreendê-lo em um movimento de explicitação-interpretação, na realidade infinito, porque a fecundidade do sentido em devir é ilimitada. A hermenêutica é infinita: não há, no fundo da obra, um núcleo de significação unívoca e objetiva, cuja explicação hermenêutica aproximaria-se para, finalmente, ser apreendido, como que de uma verdade definitiva subtraída do devir temporal. O sentido da obra é inesgotável, e ele não cessa de se enriquecer nos filhos de suas interpretações, alimentando leituras sempre novas.

2.2. Crítica da hermenêutica metodológica e epistemológica

Fundamentalmente, a relação do homem com o mundo é lingüística e, por conseguinte, da ordem da compreensão. Nesse sentido, a hermenêutica é um aspecto universal da filosofia e não simplesmente a base metódica daquilo que chamamos de Geisteswissenschaften (*Verdade e Método*).

A cisão entre o sujeito e o objeto, a determinação de um método, balizando e garantindo a aquisição garantida de um saber objetivo e universalmente válido, caracterizam a forma moderna da ciência. Conforme vimos, a hermenêutica de Dilthey inscrevia-se nessa perspectiva, à medida que se pretendia metódica e visava a um saber objetivo do sentido, postulando, principalmente, a colocação entre parênteses da subjetividade do intérprete.

Gadamer está consciente das cumplicidades cientificistas dessa hermenêutica herdada do século XIX. Ele denuncia a obsessão do método e do conhecimento objetivo, certo e idêntico para todos; rejeita a assimilação do *sentido* a uma espécie de objeto que seria possível e necessário de apreender de um modo neutro, como um conhecimento científico verdadeiro qualquer. Para Gadamer, a *circularidade hermenêutica* não é um instrumento de conhecimento metódico que permite progredir no conhecimento objetivo do sentido; ela é um destino. Nós estamos *no* círculo, nós não o utilizamos como um instrumento. Não podemos fazer abstração de nossa subjetividade, de nossa pertença a um espaço histórico e cultural – que é nossa pertença à tradição – quando nos relacionamos com o passado dessa tradição que nos formou. A racionalidade cientificista, a vontade de método, a preocupação com a objetividade

A hermenêutica filosófica

têm sua história e são também o produto da tradição, do passado, com o qual elas pretendem abusivamente se relacionar como que a partir do exterior. Ao interpretar o passado, *nós próprios* também nos compreendemos, e o único modo de nos compreender está na hermenêutica desse passado que nos constitui. Essa hermenêutica prolonga o (sentido) passado, declarando-o sempre de modo diverso; ela gera o (sentido) presente e o (sentido de) futuro, na continuidade e na mudança. As rupturas, as oposições e as diferenças absolutas são ilusórias e falsas.

Esquematicamente, é possível apresentar a configuração da hermenêutica do século XIX ao fim do século XX do seguinte modo:

- Dilthey, reagindo contra o imperialismo moderno das ciências naturais e querendo preservar a especificidade das ciências humanas, define a hermenêutica em uma perspectiva *moderna*, metódica, cientificista, objetivista.
- Heidegger e, mais expressamente, Gadamer, no prolongamento da crítica da modernidade cientificista, operada pela fenomenologia husserliana, reagem contra o imperialismo metodológico e epistemológico da modernidade. A hermenêutica não é definida mais como fundamento e método de um grupo de ciências (do homem, do espírito, do sentido, da cultura etc.). Ela é *filosófica* e irredutível à racionalidade das ciências modernas, que ela critica, questiona e põe em perspectiva. Do *sentido* não existe *ciência*. O sentido não é objetivável: ele é um *acontecimento* que tem lugar por ocasião da prática hermenêutica. Ele é questão de sensibilidade, de gosto, de intuição, de imaginação, muito mais que de método, de objetividade e de progresso. A hermenêutica é, portanto, mais *poética* que científica. Não compreendemos *melhor*, mas apenas *diversamente*. Por diversos aspectos, essa evocação anuncia o *pós-modernismo* (por exemplo, Rorty).

- É por isso que não devemos ficar surpresos de ver reaparecer a hermenêutica *em sua função metódica e progressiva* no seio da corrente que prolonga, hoje, mais expressamente, a modernidade: a nova Escola de Frankfurt, representada por K. O. Apel e J. Habermas. Nesse quadro, a hermenêutica gadameriana e heideggeriana é criticada, porque ela teria como conseqüência o abandono da maioria dos ideais modernos de emancipação, de universalidade, de verdade, de esclarecimento e de progresso. A hermenêutica "pós-moderna" renunciaria à possibilidade de julgar e, portanto, de preferir, por *razões* universalmente justificáveis, tal cultura, forma de vida ou moral a tal outra, tal sentido a tal outro. Ela se satisfaria com a criação de significações sempre novas, sem se preocupar com a finalidade de sua sucessão ou da avaliação de sua diversidade, por ter abandonado qualquer ambição normativa.

3. As duas hermenêuticas de P. Ricoeur

Nascido em 1913, Paul Ricoeur foi professor nas universidades de Estrasburgo, Paris, Nanterre e Chicago. Se ele é de fato o principal representante da hermenêutica na França, sua obra cabe mal sob essa única caracterização: ela começou por uma filosofia da vontade, que se prolonga e se redefine, no decorrer destas últimas décadas, como uma filosofia da ação, particularmente atenta às questões éticas.

Entre os títulos publicados nas Éditions du Seuil:

- *La symbolique du mal* (1960).
- *De l'interprétation: essai sur Freud* (1965).
- *Le conflit des interprétations: essai d'herméneutique* (1969).
- *La métaphore vive* (1975).
- *Temps et récit* (3 volumes, 1983-1985).
- *Soi-même comme un autre* (1990).

A hermenêutica filosófica

3.1. As expressões simbólicas

Filósofo, Ricoeur permanece ligado à reflexão. Mas ele considera que os dados da consciência imediata não devem ser recebidos como dinheiro vivo. A transparência do *cogito* e do pensamento, que se pretende apreender e conhecer imediatamente a si mesmo, é ilusória. Para se conhecer, a consciência deve considerar suas expressões empíricas, os sinais pelos quais ela se manifesta, individual e coletivamente. Entre esses sinais se deixa circunscrever uma classe especial: a dos sinais cuja significação literal não coincide com aquilo que eles *querem dizer*. Esses sinais, cujo sentido primeiro remete a um ou diversos sentidos segundos, são *símbolos*. Eles requerem interpretação. Eles constituem o campo da hermenêutica.

Chamo de símbolo qualquer estrutura de significação em que um sentido direto, primário, literal, designa por acréscimo um outro sentido indireto, secundário, figurado, que só pode ser apreendido por meio do primeiro. Essa circunscrição das expressões com duplo sentido constitui propriamente o campo da hermenêutica (*O conflito das interpretações*).

As expressões simbólicas encontram-se principalmente em certos textos (tradições mitológicas e religiosas, literatura etc.), mas igualmente na vida cotidiana (sonhos, fantasmas, expressões neuróticas etc.). Ricoeur interessou-se por uns e por outros, mas mais particularmente pela simbólica bíblica (por exemplo, a sujeira ou a mancha como símbolos do pecado).

3.2. A hermenêutica da suspeita e a hermenêutica da revelação

A produção de símbolos e, ao mesmo tempo, a hermenêutica são, elas próprias, bifaciais. O símbolo pode servir para *dissimular* ou para *revelar*.

A função dissimuladora pede uma hermenêutica *desmistificadora* e mantém a suspeita em relação a toda expressão simbólica, sempre percebida como a máscara de um desejo, de uma intenção ou de uma significação que não é confessada.

A função reveladora ou de manifestação pede uma hermenêutica do *desvelamento* progressivo, que tenta traduzir um sentido profundo, não inconfessável mas inefável. Essa hermenêutica alimenta-se no sentido do *sagrado*, um sentido para a expressão do qual os conceitos e os termos próprios são carentes.

Ricoeur exercitou-se nas duas hermenêuticas.

A hermenêutica desmistificadora é exemplarmente ilustrada pela *psicanálise* freudiana, mas ela procede mais globalmente dos três "mestres da suspeita", que são Nietzsche, Marx e Freud. A hermenêutica psicanalítica é redutiva e regressiva; ela pratica uma "arqueologia do sujeito", remetendo todas as significações, psicológica e culturalmente elaboradas, à significação única do desejo sexual, ou seja, ao não-senso de uma pulsão. Ela não oferece, definitivamente, nenhum sentido, nenhuma orientação, nenhuma finalidade positiva. Ela é, ao contrário, destrutiva das normas e dos valores.

A hermenêutica da manifestação remete, por sua vez, à *fenomenologia das religiões*. Ela é a interpretação da simbólica sagrada, cuja intenção é a preservação e a restauração do sentido e do valor. Oferece um sentido cuja importância é fundamentalmente escatológica, porque se refere aos fins últimos (sem dúvida, não perfeitamente definíveis, e daí a necessidade da simbolização) da humanidade e do espírito. Ela é, portanto, progressiva, seguindo uma intenção quase profética: revelação do Sentido.

Essas últimas precisões permitem pressagiar a resposta que Ricoeur fornece ao problema que põe a dualidade da hermenêutica, problema que interpela a reflexão filosófica.

3.3. A articulação das duas hermenêuticas

A dualidade da hermenêutica coloca um problema que é ele próprio hermenêutico ou "meta-hermenêutico", uma vez que se trata de um problema de duplo sentido. Como articular as duas hermenêuticas?

A hermenêutica filosófica

São elas irredutivelmente distintas e opostas? Ou então uma conciliação é possível, sugerindo, por exemplo, que a hermenêutica da suspeita é apenas a passagem obrigatória – a prova crítica e desmistificadora prévia, a redução de ilusões e de ídolos – em vista da hermenêutica da revelação?

Ricoeur, um filósofo cristão, inclina-se para essa última hipótese. Praticar apenas a hermenêutica da suspeita e pretender analisar o sentido do sagrado como sendo sempre apenas uma máscara do desejo corresponderia a uma atitude niilista, cega para uma parte essencial da experiência humana. Impelir até o extremo os pensamentos da suspeita convida, na realidade, a suspeitar deles mesmos e a reconhecer que eles não detêm a palavra final. Em última análise, a hermenêutica é positiva, afirmativa do sentido, encontra o valor, ainda que sua expressão permaneça alusiva, parcial e imperfeita. A hermenêutica, segundo Ricoeur, aponta na direção de uma ontologia (talvez uma teologia), um Sentido do Ser, que é Espírito, que o conceito e o termo próprio falham em apreender plenamente. Mas o trabalho de explicitação conceitual e de teorização, de interpretação-tradução filosófica dos símbolos, de modo nenhum é derisório. Ricoeur não pretende "ultrapassar" a filosofia: ele recusa apenas identificá-la com a pura reflexão da consciência. Abandonada a seu imediatismo, a consciência permanece vazia, exclusivamente crítica, negativa.

Concluindo, a filosofia alimenta-se em sua passagem pela hermenêutica dos símbolos. Por outro lado, a hermenêutica desmistificadora, de bom grado praticada pela filosofia nos séculos XIX e XX, deve ser interpretada como uma etapa ou um meio em vista da hermenêutica da restauração do sentido, para além do niilismo.

4. Hermenêutica versus estruturalismo

A filosofia hermenêutica de Ricoeur não é desprovida de preocupações metodológicas e epistemológicas. O problema da dualidade hermenêutica é propriamente de natureza metodológica e levanta questões espistemológicas. Desse modo, ele repõe, a respeito da psicanálise, o problema da articulação do compreender e do explicar. Os fenômenos psicanalíticos situam-se, com efeito, no ponto de conexão das pulsões (que são forças biológicas e dependem da explicação causal) e das representações (fantasmas, sonhos, que são da ordem do sentido e exigem ser interpretados).

Todavia, é a respeito de um outro setor das ciências humanas que Ricoeur vai entrar no debate em relação à oposição entre compreender e explicar: a antropologia e a etnologia, que Claude Lévi-Strauss empreendeu fundar conforme o método estruturalista (*La pensée sauvage*) (*O pensamento selvagem*) (1962).[3] Na França, a abordagem estruturalista encontra sua origem no *Cours de linguistique générale*[4] (*Curso de lingüística geral*), de Ferdinand de Saussure (1857-1913), publicado pela primeira vez em 1916. A lingüística, desse modo, torna-se, de algum modo, o paradigma das ciências humanas que, principalmente no decorrer dos anos sessenta e em reação ao existencialismo, se pretenderão estruturalistas. O movimento afetou particularmente não só a própria filosofia (Luis Althusser, Michel Foucault), mas também a psicanálise (Jacques Lacan) e a crítica literária (Roland Barthes).

4.1. O que é o estruturalismo?

Perfil da abordagem estruturalista

Os princípios estruturalistas voltam a:

- conceder a prioridade ao sistema, à sincronia, à lógica, à forma, à axiomática e à combinatória, em relação à prática

---

[3] Paris, Pocket (Agora 2), 1985.
[4] Paris, Payot (Bibliothèque scientifique), 1989.

A hermenêutica filosófica

457

ou ao acontecimento particulares, à diacronia ou à história, ao conteúdo ou à substância: o estruturalismo é *a-histórico e formal*;

- *destacar o sistema de suas referências empíricas*: as estruturas são formas que "se mantêm", independentemente dos conteúdos particulares que os concretizam; elas são amplamente autárquicas como um jogo que é jogado segundo certas regras ou como uma combinatória de elementos que existem tão-somente em relação ao sistema no qual eles têm sua função. Desse modo, os sons de uma língua existem do ponto de vista estruturalista apenas se tiverem uma função distintiva, tal como a diferenciação de ao menos um par de palavras (em uma língua em que nenhum par de palavras seria diferenciado pela oposição *p* e *b* ou *f* e *v*, por exemplo, essa oposição não teria mais função e, portanto, realidade estrutural). Em um idioma em que, para significar "vermelho, ruivo, laranja, acobreado etc.", dispuséssemos apenas do único termo "vermelho", declararíamos que "a lua é vermelha". Por outro lado, essas diferenças de cor, não sendo mais ditas, deixariam, na maioria do tempo, de serem conscientemente percebidas. Elas não desempenhariam mais nenhum papel na cultura que ignora os recursos lingüísticos para representá-las. De um ponto de vista estruturalista, a língua aparece como uma rede ou uma grade, cuja forma e finura são muito pouco dependentes do real ao qual ela é aplicada. A experiência bruta, imediata, do real – independentemente de sua malha simbólica – seria, em si, informe, caótica, pletórica e desprovida de qualquer significação;

- *abandonar a concepção referencial da natureza e da origem do sentido*: o sentido de um termo não é seu referido (o objeto ou o conjunto de objetos extralingüísticos que ele designa); o sentido é estrutural, ou seja, relacional e imanente à linguagem; o significado de um termo é o produto das relações de oposição, de diferença ou de proximidade, que ele estabelece com os outros termos da língua. Por exemplo, a significação de "vermelho" é determinada pelas relações que esse termo mantém com os outros nomes de cores no seio do campo semântico português da cor; essa significação muda se a estrutura semântica mudar, empobrecer ou enriquecer. Poderíamos dizer: o sentido está *na* grade simbólica, efeito de malha; ele não resulta da aplicação da grelha ao real extralingüístico;

- *diminuir fortemente a importância do sujeito e da consciência*: as estruturas impõem-se ao homem (sejam elas inatas ou adquiridas) e determinam seu comportamento de modo essencialmente *inconsciente*. As significações, as razões, justificações e motivações que o indivíduo ou a sociedade confere a seus usos, costumes, empreendimentos e ações são totalmente superficiais. A lógica inconsciente e quase objetiva que nos faz agir pessoal e coletivamente jamais nos aparece como tal. Nós somos agidos pelas estruturas inconscientes, ao passo que acreditamos agir por nossa própria iniciativa e em função de intenções conscientes. Esse determinismo das estruturas é quase causal. A liberdade de nossas decisões é basicamente ilusória, nossa capacidade de modificar essas estruturas é extremamente fraca. Apenas uma ciência dessas estruturas, o saber estruturalista, é suscetível de nos fazer conhecê-las e de nos fornecer, talvez, os meios para modificá-las;

- introduzir um *corte epistemológico*. Esse corte é um fato: o sujeito consciente é cortado de si mesmo (daquilo que o condiciona e que ele não pode conhecer pela observação, pela introspecção ou pela reflexão imediatas). Ela é também uma obrigação: o sujeito *deve* cortar-se metodicamente das explicações espontâneas que ele concebe, se quiser ter acesso a um conhecimento efetivo de si mesmo, da sociedade e da história. O sujeito, individual e coletivo, deve objetivar-se

A hermenêutica filosófica

para se conhecer. Há objetivismo e positivismo no estruturalismo;

- introduzir *descontinuidades sincrônicas e diacrônicas*: as estruturas são totalidades autárquicas e auto-referenciais justapostas (por exemplo, diferentes sistemas culturais em uma mesma época) ou sucessivas (no decorrer da história). Nenhuma razão ou nenhum sentido supra-estrutural permite passar de uma para a outra de modo contínuo e progressivo ou justificar a preferência de uma em detrimento da outra. Nenhum critério universal (ou seja, não dependente de uma estrutura particular) permite escolher e agir a favor ou contra tal estrutura estabelecida. Toda passagem, toda preferência parecem irracionais ou arbitrárias, devidas ao acaso ou produzidas pela violência. Uma estrutura nasce, é destruída ou remodelada ao sabor do aleatório das causas e das forças, sem motivo. Nenhum espaço e nenhum tempo homogêneo permitem colocá-las na balança para compará-las: elas são incomensuráveis, e não há um ponto de vista que, saliente e neutro, possa julgá-las.

O fim do sujeito

O lugar filosófico do estruturalismo é, na realidade, pouco preciso. A seu respeito muito se falou de um pensamento do *fim do sujeito* ou do *fim do homem*. É verdade que o estruturalismo, na esteira do pensamento da suspeita, destrói a imagem moderna do homem, ser livre, voluntário, consciente, autor responsável de suas palavras e de seus gestos. É verdade também que as análises estruturalistas, que pretendem conceder ao homem um saber objetivo sobre si mesmo, não parecem abrir nenhuma esperança propriamente humanista de emancipação, de responsabilidade voluntária e eficaz da humanidade por si mesma, de ação sobre as estruturas consideradas escravizantes.

O estruturalismo parece fundamentalmente redutivo; ele remete a forças e a causas, a cristalizações desprovidas de qualquer sentido "humano". Ele reconduz a estruturas cuja origem é contingente, mas cuja necessidade se impõe a partir do momento em que são estabelecidas.

O máximo de sentido que o estruturalismo parece capaz de conceder é o dos jogos do *poder* e do *desejo*, que fornecem a energia motriz das estruturas inconscientes. O poder e o desejo são as manifestações antropológicas elementares de um universo de forças e de causas. Qualquer outro sentido aparece como absolutamente ilusório. Tal como o vemos, o estruturalismo parece fundamentalmente rebelde a qualquer assimilação, a qualquer redenção dialética ou hermenêutica, a qualquer restauração do sentido e da finalidade como irredutíveis ao jogo cego de forças e de causas. O estruturalismo francês ilustra um dos ápices daquilo que chamamos de "crise do sentido e dos valores"; ele é típico do niilismo contemporâneo.

4.2. O debate

O estruturalismo dominou o pensamento francês durante mais de uma década, a partir dos anos sessenta. Ele estabeleceu cumplicidades múltiplas, freqüentemente inesperadas, com outras correntes ideológicas e filosóficas, como o marxismo (Louis Althusser) ou a fenomenologia (Maurice Merleau-Ponty). Essas alianças eram parciais e não deixavam de ter profundas diferenças. O estruturalismo também influenciou, em graus diversos, personalidades filosóficas francesas entre as mais marcantes: Gilles Deleuze, Jacques Derrida, Michel Foucault. Apenas as correntes de pensamento saídas ou próximas do existencialismo espiritualista religioso (do personalismo cristão, principalmente) permaneceram fora dessa influência. É nesse último campo que se situa o pensamento de Paul Ricoeur. Sua discussão crítica do estruturalismo se expressou principalmente na revista *Esprit*, no decorrer dos anos sessenta; ela o levou a uma polêmica com Claude Lévi-Strauss.

- *A posição de Lévi-Strauss*
  Este coloca-se essencialmente no terreno da metodologia e queria evitar pressuposições filosóficas (de natureza ontológi-

A hermenêutica filosófica

ca). Ele considera que a hermenêutica constitui um método de abordagem e de análise dos fatos humanos (todos os fenômenos de sentido: comportamentos, linguagens, instituições, expressões simbólicas como mitos, ritos etc.) sem dúvida muito conhecida, mas também reconhecida como infecunda e inútil. A hermenêutica pecaria por subjetivismo. Suas interpretações não seriam científicas. Elas seriam, ao contrário, arbitrárias. A hermenêutica recusa *explicar* os fenômenos de sentido, ou seja, recusa remetê-los *ao não-senso das estruturas* subjacentes, que são as únicas objetivas. Em poucas palavras, a hermenêutica não pode nem quer deixar a última palavra para o não-sentido, que é "não-termo ou não-símbolo". Ela procura, sob as significações imediatas e superficiais, um sentido profundo e mais autêntico. Se ela encontra estruturas, ela lhes põe mais uma vez a questão de seu sentido. Ela sempre procura, espera e conta com uma palavra, um sujeito que fale por trás do sentido ou do não-sentido evidentes. Para Lévi-Strauss, essa atitude é mais religiosa que científica; ela mina mais que funda a cientificidade das ciências humanas.

• *A defesa de P. Ricoeur*
A resposta de Ricoeur a essas críticas é dupla: coloca-se ao mesmo tempo sobre o plano da metodologia e sobre o plano filosófico geral.
Em relação ao primeiro, Ricoeur defende a complementaridade entre explicar e compreender. Essa tese não é muito nova; ela está próxima da defendida pelos fundadores da hermenêutica como método das *Geisteswissenschaften*. Ela preserva, para além da complementaridade, o primado da hermenêutica: qualquer explicação deve não só ser completada, mas retomada pela compreensão, a única que leva a uma verdadeira compreensão dos fenômenos analisados, pois revela seu sentido e não só sua gênese e mecanismo.

Na realidade, esse primado metodológico da hermenêutica enraíza-se na segunda consideração, propriamente filosófica. Só é possível nos atermos à análise estruturalista e ao não-sentido das estruturas se nos satisfizermos em descrever e constatar. Mas a existência e a experiência humanas exigem também que julguemos e escolhamos. A questão "O que devo fazer?" se coloca com tanta acuidade como a questão "Como e o que eu posso conhecer?". O estruturalismo convida a não escolher, a não agir, a permanecer cego diante dos sofrimentos e das injustiças gerados pelas estruturas estabelecidas. Em todo caso, ele se acomoda perfeitamente com a indiferença e a inação. Ele não promove nenhum lugar sério para uma filosofia moral e da ação. Quando conhecemos uma estrutura em sua objetividade, a questão se coloca: é preciso preservá-la, modificá-la ou destruí-la? Essa questão não é articulável de modo sensato pelo pensamento estruturalista, porque ele evacuou o sujeito consciente, voluntário e responsável por seus atos, ao mesmo tempo em que qualquer referência a uma norma transcendente.

Lembremo-nos de que o itinerário filosófico de Paul Ricoeur se inicia sob o signo de uma filosofia da vontade. Sem dúvida, ele pôde ser tentado, em um ou outro momento de seu percurso, por uma hermenêutica de tipo poético, que se satisfaria em desempenhar jogos do sentido em sua infinita diversidade, em um estilo pós-moderno, sem ter de julgar. Mas é claro que a questão ética e o problema de uma filosofia prática ou da ação sempre foram o alvo de seu pensamento. Essa preocupação constante, de novo mais clara em seus últimos escritos, pode apenas deplorar a impotência ou a indiferença do objetivismo estruturalista.

• *Das estruturas sem história à hermenêutica dos relatos*
A hermenêutica é também basicamente histórica: compreen-

A hermenêutica filosófica

der um acontecimento é ser capaz de situá-lo em um relato que faz sentido. A história, a tradição e a narração são o lugar em que o sentido pode viver. Essa vida do sentido exige a continuidade de um fio que liga o presente ao passado mais longínquo e que é preciso prolongar na invenção do futuro. Essa incansável operação de retomada e de tessitura, que faz com que, apesar das diferenças, o todo se mantenha coeso, é o trabalho hermenêutico. O estruturalismo não se inquieta muito com isso; ele até nega sua possibilidade. A história estruturalista é escandida por rupturas e desconti-nuidades que nenhum ponto de sentido permite transpor, uma estrutura substituindo brutalmente outra, sem razão. Os relatos que podemos imaginar imediatamente são, do ponto de vista estruturalista, apenas fábulas sem interesse, ilusões de sentido ou, seguindo o vocabulário psicanalítico, "racionalizações". O trabalho narratológico da busca do sentido, o único que permite justificar escolhas, decisões, atos, é radicalmente desvalorizado pelo estruturalismo. Ri-coeur não cessou de reafirmar sua importância essencial, vital, para o ser humano. É por ocasião das histórias, reais e fictícias, contadas pelos seres humanos, que as ações, os empreendimentos, os acontecimentos e os caracteres são comparados e avaliados. No fato de contar, descrever e julgar se entrelaçam.

A narração é uma transição natural entre descrição e prescrição.

A teoria narrativa está no cerne da teoria da ação e da teoria moral (*Si mesmo como um outro*).

5. A grande atualidade do pensamento hermenêutico

A corrente hermenêutica é de primeira importância na paisagem filosófica do século XX por diversas razões.

Em primeiro lugar, ela estabeleceu relações complexas – de convergência parcial e de oposição – com a maioria das outras correntes: fenomenologia, estruturalismo, Escola de Frankfurt, filosofia da linguagem, pós-modernismo etc.

Em segundo lugar, ela está centrada sobre a questão da linguagem, que é determinante para a filosofia do século XX.

Em terceiro, ela toma posição em relação à civilização tecnocientífica contemporânea.

No total, ela alimenta certa imagem da condição humana, na qual a questão da linguagem e a da tecnociência encontram seu respectivo lugar.

5.1. A questão da linguagem

A corrente hermenêutica contribuiu poderosamente para o fenômeno de *superinvestimento da linguagem*, que é o traço mais característico da filosofia no século XX. H. G. Gadamer defendeu a natureza lingüística de qualquer compreensão, pré-compreensão e interpretação. Ele salienta a "lingüisticidade" da tradição e, mais precisamente, sua textualidade, porque ela é escrita. Ele assimila o futuro da história ao diálogo global que, pela interpretação dos sujeitos falantes que somos nós, a tradição não cessa de estabelecer a si mesma. O diálogo hermenêutico é o presente gerando o futuro na continuidade (mas não na repetição pura e simples) do passado. E mais: conforme Gadamer, o ser, propriamente falando, é indissociável da linguagem, porque o homem estabelece com aquilo que existe uma relação essencial e originalmente hermenêutica:

Uma hermenêutica universal que se refere à relação geral do homem com o mundo.

O ser que pode ser compreendido é linguagem (*Verdade e Método*).

P. Ricoeur afirma, desde os anos sessenta:

> Há um domínio sobre o qual hoje coincidem todas as pesquisas filosóficas: o da linguagem (*Sobre a interpretação*).

Esse reconhecimento jamais foi desmentido; ele tomou hoje a forma do desenvolvimento da narratologia.

5.2. A relação com a ciência contemporânea

Ainda que o estruturalismo ilustre mal a realidade da pesquisa e do desenvolvimento tecnocientíficos contemporâneos, ele participou da ideologia cientificista e tecnicista contra a filosofia transcendental, a fenomenologia e a hermenêutica.

A crítica hermenêutica do estruturalismo é uma expressão significativa da *resistência filosófica em relação ao primado das ciências e das técnicas* assim como das ideologias que elas segregam. A hermenêutica encarna um aspecto não desprezível da estratégia filosófica de crítica, de assimilação e de subordinação das práticas tecnocientíficas.

Um elemento capital dessa estratégia consiste em negligenciar a realidade técnica da ciência contemporânea e a identificar esta, no essencial, a teorias e discursos, ou seja, a práticas de simbolização, a da linguagem. Uma vez que essa identificação logoteórica da (*Pesquisa e Desenvolvimento Tecnocientíficos*) é adquirida, sua assimilação e seu domínio crítico pela filosofia não colocam mais um problema maior. Elas assumem um porte e uma acuidade totalmente diferentes se reconhecermos a natureza técnica da ciência contemporânea, seu poder operativo reconstrutor, irredutível à linguagem e ao símbolo.

5.3. Certa concepção do homem

A hermenêutica filosófica mantém certa imagem da humanidade, da existência e da condição humanas. O ser humano como tal não tem outra vocação além da de receber, preservar, perpetuar, gerar o sentido. Concretamente, isso significa que ele é essencialmente e deve permanecer o *"ser vivo que fala"*, o *"animal simbólico"*. A atividade humana por excelência é *ler-escrever*. Citando Charles Taylor, Ricoeur o reafirma:

> O homem é um animal *self-interpreting* (*Si mesmo como um outro*).

Que se auto-reinterpreta e *não* que se auto-reconstrói.

Diante dessa alternativa, a posição dos filósofos que preconizam a hermenêutica se perfila claramente no seio de nossa civilização e de nossa história. A única resposta digna do homem ao problema – ao sofrimento, à finitude – de sua condição é e deve permanecer essencialmente *simbólica*. O *problema* da humanidade é uma *questão* que lhe é dirigida. Ela interpela prioritária e ultimamente seu *poder-dizer*, não seu *poder-fazer*. A solução do problema é a articulação de uma resposta, que é linguagem e que apresenta um sentido. Essa resposta jamais é definitiva. A busca do sentido é infinita: ela expressa simbolicamente a transcendência do homem e mantém indefinidamente sua finitude.

Exclusivamente simbolizadora, a hermenêutica filosófica, ainda que "leiga", permanece muito mais próxima da religião do que o utopismo tecnocientífico. Diante da dinâmica de reconstrução e de superação operativas da finitude desdobrada por esta, a hermenêutica filosófica adota uma reação espontaneamente tecnocientífica. A hermenêutica tem fé apenas no verbo: ela ambiciona restaurar a confiança na linguagem em que, como no niilismo contemporâneo, essa fé conhece uma crise profunda.

A hermenêutica filosófica

Devo, na verdade, dizer que é ela (a confiança na linguagem) que anima toda a minha pesquisa (*Sobre a interpretação*).

Leituras Sugeridas

Gadamer H.-G. (1996), *La philosophie herméneutique*, trad. de J. Grondin. Paris, PUF (Épiméthée).

Grondin J. (1993), *L'horizon herméneutique de la pensée contemporaine*. Paris, Vrin (Bibliothèque d'histoire de la philosophie).

Grondin J. (1993), *L'universalité de l'herméneutique*. Paris, PUF (Épiméthée).

Hottois G. (1979), *L'inflation du langage dans la philosophie contemporaine*. Bruxelas, Éd. de l'Université Libre de Bruxelles (Séries 71).

Hottois G. (1981), *Pour une métaphilosophie du langage*. Paris, Vrin (Pour demain).

Mongin D. (1994), *Ricoeur*. Paris, Seuil.

Warnke G. (1990), *Gadamer, Herméneutique, tradition et raison*, trad. de J. Colson. Bruxelas, De Boeck Université (Le point philosophique).

Capítulo XVIII

A filosofia das ciências depois do neopositivismo

1. K. Popper e o racionalismo crítico

- Crítica do empirismo indutivista.
- A falsificabilidade, critério de cientificidade.
- Uma analogia entre a evolução da vida e o crescimento do conhecimento.
- Uma pesquisa livre em uma sociedade e em um mundo abertos.
- O antifundacionalismo radical e a questão do decisionismo.

PALAVRAS-CHAVE

• critério de cientificidade • decisionismo • empirismo
• epistemologia evolucionista • evolucionismo • falibilismo
• (anti)fundacionalismo • fundamento • indução • liberalismo
• princípio de falsificabilidade • problema • racionalismo crítico
• reformismo • sociedade aberta • teoria • totalitarismo
• trilema de Münchhausen

Karl Popper nasceu em Viena, em 1902: sua formação de base é científica (matemática e física). Antes da guerra, ele freqüentou o Círculo de Viena, mas sem dele fazer parte. O essencial de sua carreira se desenvolveu em Londres, onde ele ensinou a lógica e a metodologia das ciências de 1945 a 1969. É provavelmente a figura mais importante da filosofia das ciências, posterior ao neopositivismo, cujo representante mais eminente fora R. Carnap. Popper morreu em 1994.

— *Logik der Forschung* (1934) (*A lógica da descoberta científica*).[1]
—*The Open Society and its Enemies* (1945) (*A sociedade aberta e seus inimigos*).[2]
— *The Poverty of Historicism* (1945) (*Miséria do historicismo*).[3]
— *Conjectures and Refutations. The Growth of Scientific Knowledge* (1963) (*Conjecturas e refutações. O crescimento do conhecimento científico*).[4]

O próprio Popper designou seu procedimento filosófico com o nome de "racionalismo crítico", porque o exercício da razão pode apenas ser crítico (e não fundador ou positivamente construtor). É principalmente sob a forma de uma metodologia do progresso científico que ele desenvolveu essa concepção. O racionalismo crítico é por vezes chamado de "falibilismo": ele denuncia em todos os domínios a crença na infalibilidade. Cometer erros é inevitável; é até um direito e uma necessidade para progredir, com a condição, porém, de reconhecê-los e de eliminá-los.

1.1. A crítica da epistemologia indutivista

Popper critica qualquer concepção que explique e justifique o conhecimento e o progresso científicos, invocando uma operação específica do espírito chamado de "indução", que pretende produzir verdades gerais, algumas mais ou menos prováveis, a partir da observa-

---

[1] *La logique de la découverte scientifique.* Trad. de N. Thyssen-Rutten e Ph. Devaux. Paris, Payot (Bibliothèque scientifique), 1988.

[2] *La societé ouverte et ses ennemis.* Trad. de J. Bernard e Ph. Monod. Paris, Seuil, 1979.

[3] *Misère de l'historicisme.* Trad. de H. Rousseau. Paris, Presse Pocket (Agora 22), 1988.

[4] *Conjectures et réfutations. La croissance de la connaissance scientifique.* Trad. de M.-J. e M. B. De Launay. Paris, Payot (Bibliothèque scientifique), 1985.

ção repetida de casos particulares. Desse modo, Popper se inscreve em falso contra o postulado maior da tradição empirista (de F. Bacon ao empirismo lógico), que identifica a indução como *o* método (racionalmente fundado ou não) da ciência moderna.

Segundo Popper, o empirismo indutivista se engana quando afirma:

- a realidade psicológica e/ou a legitimidade (lógica) da generalização indutiva como motor e garantia da ciência: não é pela indução que a ciência progride nem por ela pode justificar suas aquisições;
- que um enunciado universal (ou uma teoria) pode ser verificado e declarado verdadeiro a partir de enunciados particulares que não o contradizem. Nenhuma observação particular de um ou de diversos cisnes brancos pode garantir a verdade de uma asserção universal como: "Todos os cisnes são brancos", porque nada garante que um dia não observaremos um cisne de outra cor;
- *a passividade do espírito* no processo de conhecimento e de aprendizagem em geral: o espírito que conhece não é um espelho nem uma cera virgem em que se inscreveriam as sensações que, repetidas, se abstrairiam como conceitos;
- *o princípio de verificabilidade como critério de sentido*, reduzindo assim a metafísica ao não-senso.

1.2. O princípio da falsificabilidade e a demarcação da ciência

As teorias jamais são verificáveis empiricamente. (...) é a falsificabilidade e não a verificabilidade de um sistema que é preciso tomar como critério de demarcação (*A lógica da descoberta científica*).

O jovem Popper manifesta grande interesse pelas concepções psicanalíticas (Freud, Adler) e marxista. Mas ele se pergunta também sobre a legitimidade da pretensão científica da teoria marxista, pela qual os homens dariam até sua vida. A resposta vem de Einstein, que, como Freud e Marx, defendia uma teoria revolucionária: a teoria da relatividade. Ora, Einstein julgava dever estabelecer o caráter científico de sua teoria não pela acumulação dos fatos que caminham em seu sentido e eliminando os outros, mas determinando uma experiência crucial, um teste, sob a forma de uma predição deduzida da teoria (mas não dedutível da teoria rival: a mecânica newtoniana) e que a observação poderia muito precisamente confirmar ou não. Esse fato predito pela relatividade era a curvatura dos raios luminosos sob o efeito da gravitação. Isso pôde ser observado pelo eclipse solar de maio de 1919.

Considerando esse procedimento como exemplar, Popper julgou que a atitude científica devia caracterizar-se por:

- *invenção* de hipóteses, de conjecturas, que tenham um porte geral (leis, teorias);
- dedução, a partir dessas hipóteses teóricas gerais, de enunciados particulares concretos que afirmem que se deveria poder observar tal fato ou obter tal resultado de experiência: é a *predição-teste*;
- adesão à teoria por tanto tempo quanto ela não for falsificada ou refutada, e a vontade constante de pô-la à prova dos fatos e da discussão;
- *recusa de procurar imunizar* a teoria por meio de diversos subterfúgios, tais como as hipóteses *ad hoc*.

Poder conceber para uma teoria uma prova de falsificabilidade – ou seja, circunstâncias precisas em que poderíamos ser levados a abandonar irrevogavelmente – torna-se, desse modo, o *critério da cientificidade de uma teoria* ou de *demarcação entre ciências e pseudociências*. Tal atitude científica autêntica consiste não só em não se esquivar, mas muito mais em procurar essa espécie de prova.

A filosofia das ciências depois do neopositivismo

Ora, é preciso de fato constatar que as teorias psicanalíticas e marxistas se caracterizam mais pela evitação de tais testes cruciais. De que modo?

- pela utilização de termos vagos ou que não correspondem a nada de observável, desempenhando um papel essencial na teoria;
- pela utilização de termos que permitem apagar ("ultrapassar") qualquer observação que contradiria a teoria: as noções de "ambivalência" na psicanálise, de "habilidade da razão" ou de "superação dialética" no marxismo, postulam contradições, antíteses. O freudismo e o marxismo não são postos em dificuldade por estas; muito ao contrário, eles delas se alimentam. Essas teorias não são, portanto, jamais refutadas pela colocação em evidência de uma incoerência ou de um conflito;
- pela observação seletiva de "dados" ou de "fatos" que não são encontrados e descritos apenas em função da teoria, que eles só podem, portanto, "verificar". Não *vemos* muito simplesmente aquilo que não funciona no sentido da teoria porque a própria luz que permite ver vem toda da teoria. É a ausência de distância crítica. Ela caracteriza a crença, a ideologia, a fé, e imuniza a teoria na qual se crê, tornando-a infalível. A partir disso, o dogmatismo, servido pela habilidade de interpretar tudo sempre no "bom sentido".

1.3. A epistemologia evolucionista

O modelo geral do progresso do conhecimento científico é simbolizado por:

"...P1 → TT1, TT2, TT3... → EE → P2..."
(P – problema; TT: teoria tentada; EE: eliminação de erro)

A ciência nasce nos problemas e termina nos problemas (*A busca inacabada*).[5]

As reticências significam que o processo prossegue indefinidamente e que não há início determinado. Com efeito, só existe problema em função de uma teoria (hipótese, expectativa, intenção), e teoria para resolver problemas.

Popper utiliza as noções de "problema" e de "teoria" em um sentido muito elástico, que lhe permite abordar suas próprias concepções do neodarwinismo, e o empirismo indutivista do lamarckismo. O procedimento de Einstein se encontra, desse modo, situado no prolongamento do da ameba. Como assim?

Todo organismo vivo é como uma "teoria encarnada", que mantém com seu meio ambiente uma relação ativa de expectativas, de antecipações, de ensaios, de problemas encontrados, que ele resolve ou não. O fracasso pode acarretar a morte do indivíduo, até o desaparecimento da espécie. O sucesso, para o indivíduo, consiste em *aprender* (e, portanto, em modificar suas expectativas e seu comportamento de um modo adaptado) e, para a espécie, em *mudar* (desse modo, uma linhagem microbiana torna-se resistente à penicilina por mutação). As mutações genéticas são como tantos ensaios não intencionais sobre a base de um genoma dado, que o meio ambiente seleciona (eliminação das mutações não adaptativas).

O que é específico ao ser vivo humano é que, graças à *linguagem*, que permite a representação e a crítica, esse ser vivo pode desenvolver o processo da aprendizagem e do progresso do conhecimento sem nele se engajar fisicamente. É desse modo que se desenvolve a ciência (que Popper percebe sob uma forma que permanece fundamentalmente logoteórica):

---

[5] *La quête inachevée.* Trad. de R. Bouveresse. Paris, Presse Pocket (Agora 36), 1994.

A filosofia das ciências depois do neopositivismo

- os cientistas inventam e testam consciente e voluntariamente teorias para resolver problemas que eles de início se colocaram a partir de teorias existentes;
- entre as teorias reina uma concorrência, uma luta pela sobrevivência: as teorias são eliminadas ou porque não sobrevivem a um teste de falsificabilidade ou porque teorias mais poderosas, capazes de resolver mais problemas, as suplantam;
- são, portanto, as teorias que morrem, e não os indivíduos que inventam essas teorias, diferentemente do que acontece com os organismos vivos que testam, ativa e fisicamente, um novo comportamento em resposta a um problema encontrado;
- a acumulação do saber humano – e, portanto, a soma de problemas que a humanidade é capaz de resolver – desenvolve-se fora do organismo humano. Esse saber é relativamente autônomo em relação aos indivíduos: ele não está inscrito no genoma nem no cérebro; está nos livros, nas memórias objetivas, disponível principalmente para as novas gerações, que continuarão, pela invenção e pela crítica, a desenvolvê-lo. Esse conjunto de conhecimentos progressivos constitui aquilo que Popper chama de "Mundo 3": ele é uma produção especificamente humana por meio da linguagem. É o mundo dos problemas e das hipóteses teóricas.

O mundo 3 é o mundo das teorias, dos livros, das idéias, dos problemas (*A busca inacabada*).

Segundo Popper, nem o darwinismo, nem o racionalismo crítico são, propriamente falando, teorias científicas. Não lhes podemos impor um teste de falsificabilidade. São quadros gerais ou "programas de pesquisa", que fazem ver o mundo, a humanidade, a ação, a natureza etc. em certa perspectiva. Eles encorajam normativamente alguns comportamentos e atitudes, como a criatividade, o confronto crítico, a discussão argumentada, o risco calculado etc. Essas concepções gerais, embora estejam centradas em torno da atividade científica, dizem respeito igualmente à metafísica e à filosofia política.

1.4. A sociedade aberta e o universo não resolvido

No plano da filosofia política, o racionalismo crítico toma a forma do liberalismo reformista. Popper crê no progresso da sociedade, mas com a condição de proceder de modo crítico, ou seja, ensaiando reformas limitadas, a fim de resolver problemas determinados e eliminando seletivamente as soluções não tão boas. Essa posição não se realiza sem evocar a de um pragmatista como Dewey, por exemplo.

Popper é hostil a qualquer concepção determinista, dogmática e totalitária. Ele critica a crença na existência de leis gerais e de um sentido necessário e previsível da história. Ele denuncia essa ilusão perigosa sob o nome de "historicismo" e visa principalmente ao marxismo. Ele critica também toda forma de totalitarismo, seja revolucionário ou dogmático. O totalitarismo revolucionário pretende transformar a sociedade de modo total e produzir de uma só vez a sociedade perfeita. O totalitarismo dogmático considera que a sociedade, eventualmente instituída depois de uma revolução, não deve mais evoluir, que ela forma um todo fechado (sociedade fechada), a ser conservado e perpetuado e, portanto, a ser reproduzido identicamente de geração em geração. Além de Hegel e de Marx, o alvo principal de Popper foi Platão, que foi, segundo ele, a fonte de toda a filosofia política totalitária (Platão descreve a ordem ideal e definitiva da Cidade em *A República*).[6]

---

[6] *La République.* Trad. de P. Pachet. Paris, Gallimard (Folio essais 228), 1994.

A história é imprevisível desde que nos afastemos um pouco do presente; ela é aberta e permeável à liberdade. São os homens que a fazem a partir daquilo que lhes é dado – a sociedade em que vivem – e que devem reformar no sentido, principalmente, de uma diminuição do sofrimento. Entre o reformismo político que promove os valores democráticos liberais (tolerância, liberdades individuais, livre exame, regulação dos conflitos pela discussão argumentada e pelo consenso etc.) e a metodologia popperiana da pesquisa científica, existe um laço estreito. Há, de início, um parentesco: de uma e de outra parte, procede-se por ensaios críticos. Há também um condicionamento recíproco: é apenas na democracia que a pesquisa científica aberta e livre é possível e, inversamente, a prática dessa pesquisa aberta e crítica constitui uma muralha contra as ideologias dogmáticas e totalitárias.

Se a sociedade e a história são abertas e indeterminadas, o próprio universo é *não-resolvido*. O futuro não está contido no passado nem no presente: ele não se deixa deduzir logicamente nem determinar mecanicamente a partir deles. Ele é apenas condicionado por eles. Isso propicia uma margem de indeterminação, que vai crescendo à medida que nos afastamos do presente. Há no presente apenas *propensões*, mais ou menos intensas, favoráveis ao advento de tal ou tal futuro, mas os jogos não estão feitos. A metafísica de Popper é uma metafísica não determinista do *futuro aberto*, onde nada jamais é definitivo e absoluto, mas onde nem tudo é igualmente possível ou válido, não importa onde e não importa quando.

1.5. O racionalismo crítico e a questão do fundamento

O racionalismo crítico é antifundacionalista. Esse antifundacionalismo foi especialmente posto em evidência por Hans Albert (*Traktat über kritische Vernunft*, 1968),[7] sob a etiqueta de "trilema de Münchhausen" (alusão ao

---

[7] Tübingen, Mohr (Siebeck), 1975.

barão Von Münchhausen, que se retira de um pântano puxando-se pelos próprios cabelos). Esse "trilema" condena toda busca de fundamento a um dos três impasses seguintes:

- ou a uma regressão infinita;
- ou a um empreendimento circular (círculo vicioso, petição de princípio);
- ou a uma parada dogmática (recurso a uma revelação, a uma intuição, a uma evidência inevitável etc.).

Sonho e nostalgia de um fundamento absoluto devem ser abandonados, porque ilusórios ou nefastos, em favor da atitude racionalista crítica (*ratio critica*) que reconhece que nenhuma tese jamais é definitiva, não melhorável, não passível de revisão ou não criticável.

O racionalismo crítico oferece uma descrição normativa da ciência – ele diz aquilo que ela deve fazer a fim de progredir, fixa as regras do jogo –, mas não funda a ciência nem alguma verdade científica. Ele rompe, desse modo, com a relação tradicional da filosofia com a ciência, que é uma relação de fundação da ciência pela filosofia, cujos momentos importantes são o cartesianismo, o empirismo indutivista, o kantismo, a fenomenologia e o empirismo lógico. O que importa, para Popper, não é a fundação, mas o *crescimento da ciência*.

Como não há fundamento racional último, o racionalismo crítico – a atitude racionalista em geral – não é ele próprio absolutamente fundado. Isso significa que não podemos demonstrar de modo universalmente obrigatório que é preciso adotar uma atitude racional, feita de experimentação e de discussão argumentada. A escolha da razão não seria racional: ela seria uma decisão, um salto, do qual podemos, se o fizermos, mostrar a fecundidade, mas do qual não podemos logicamente mostrar *a priori* a necessidade. O racionalismo surgiria assim de um fundo – que não é um fundamento ("Grund"), mas um abismo ("Abgrund") – de irracionalidade pelo efeito de uma *decisão*, em favor da qual não há nem argumentação nem demonstração racional. Com efeito, a fim de poder desenvolver estas e a elas aderir, é preciso *já estar decidido* em favor da razão. A razão não se pode fundar racionalmente sem círculo.

Na base do racionalismo crítico haveria, portanto, um *decisionismo*. Este foi julgado, por alguns pensadores, inaceitável e perigoso. Seria particularmente inquietante na política, pois ele implica, principalmente, que a escolha em favor do reformismo democrático, da discussão argumentada e do debate público não pode ser racionalmente fundada. Esse perigo do racionalismo crítico foi denunciado pela nova Escola de Frankfurt (J. Habermas e principalmente K. O. Apel), que defende a possibilidade e a necessidade de consolidar e até de fundar racionalmente a escolha em favor da discussão racional universal.

1.6. Atualidade e importância

O pensamento de Popper é de uma importância de primeira ordem para compreender nosso mundo contemporâneo, tanto no plano científico como no plano político. Estranha às crenças religiosas e ideológicas, sua filosofia não é desprovida de convicções que são, em suma, as hipóteses que ele formula para o futuro da humanidade. Essas convicções refletem e encorajam a PDTC e o contexto socioeconômico-político que parece o mais favorável a ela. Esse contexto é o liberalismo, que salienta os valores de liberdade, de competição e de evolução. Popper não acreditava nas ideologias igualitaristas: segundo ele, sacrificar a liberdade em nome da igualdade leva ao totalitarismo, que destrói as liberdades, sem, ao mesmo tempo, conseguir instaurar e preservar a igualdade. É preciso, entretanto, lembrar-se que o essencial de seu pensamento se formou em torno da metade do século XX, em uma época em que o perigo totalitário era múltiplo e em que o ideal de liberdade estava longe de ser reduzido ao liberalismo econômico.

Teremos notado que, em Popper, a concepção da ciência permanece, quanto ao essencial, logoteórica. Essa concepção apresenta um ponto relativamente cego no que se refere à importância da técnica para a ciência contemporânea (ver a definição do Mundo 3, por exemplo). Desse modo, Popper vê o crescimento da ciência como o resultado da luta mútua entre hipóteses teóricas que sobrevivem ou que perecem quando são confrontadas com a realidade. Ele não percebe que, cada vez mais, as tecnociências lançam à prova menos teorias que artefatos complexos e "inteligentes". Basta, a esse respeito, notar, por exemplo, a importância da robótica no domínio da conquista espacial. Tudo acontece como se, saindo de organismos que arriscavam a qualquer momento perecer, fazendo experiência e tentando resolver problemas, o homem se pusesse, por sua vez, a produzir "organismos" mais artificiais (ou híbridos), que desempenham um papel experimentador, semelhante ao dos seres vivos no decorrer da evolução. Essa perspectiva enriquece mais do que contradiz a concepção popperiana, na qual o Mundo 3 inclui cada vez mais máquinas (tecnociências), além dos livros (ciências) que o povoam há muito tempo.

2. T. S. Kuhn: a ciência na história e na sociedade

- Uma contestação radical da imagem padrão da ciência.
- Ciência normal e revolução científica.
- Uma relativização histórico-cultural das ciências.
- O fazer da ciência e o fazer da política.

PALAVRAS-CHAVE

• anomalia • ciência normal • culturalismo • debate científico • método • paradigma • política • progresso científico • realismo • relativismo • revolução científica • retórica • tecnociência

A filosofia das ciências depois do neopositivismo

Thomas Samuel Kuhn é um historiador e filósofo das ciências, nascido em 1922, cuja obra mais célebre é *The Structure of Scientific Revolutions* (1962) (*A estrutura das revoluções científicas*).[8] Sobre a base do estudo do desenvolvimento histórico real da ciência, esse livro contesta o modo como, desde a Renascença, a quase totalidade dos filósofos das ciências descreveu a ciência e sua evolução.

2.1. A concepção dominante da ciência

A crítica da imagem dominante da ciência se atém às idéias seguintes:

- a idéia de um *método universal e único*, que seria próprio da ciência moderna (por exemplo, o método indutivista);
- a idéia de um *critério universal e distintivo da cientificidade*, que permitiria distinguir rigorosamente a ciência das pseudociências e teorias não científicas (por exemplo, o critério da falsificabilidade);
- a idéia de um *progresso linear, contínuo e cumulativo* da ciência: esse progresso seria uma linha reta única, sem rupturas, descontinuidades ou revoluções. Consistiria em uma acumulação de conhecimentos (verdades ou leis), cada vez mais vasta, obtida graças à aplicação monótona do "método científico". Uma teoria substituiria outra teoria, incluindo-a: dizer que ela é mais "poderosa" é o mesmo que dizer que ela contém mais verdade;
- a idéia do *realismo e da objetividade* da ciência: a ciência seria uma descrição cada vez mais precisa da realidade objetiva, da qual nos aproximaríamos como de uma imagem cada vez mais clara, fiel ou adequada.

---

[8] *La structure des révolutions scientifiques.* Trad. de L. Meyer. Paris, Flammarion (Champs 115), 1983.

Essa quádrupla crítica é fundamental. Ela se aplica de F. Bacon ou Descartes até Popper, passando por Kant e pelo neopositivismo. Ela denuncia a concepção empírico-racionalista, tornada clássica desde as Luzes, que considera que, com a ciência, a humanidade encontrou a chave de sua salvação, uma chave essencialmente diferente da religião, do mito ou até da metafísica, que seriam definitivamente desqualificadas e relegadas no passado.

2.2. A história dos "paradigmas": ciência normal e revolução científica

2.2.1. A noção de "paradigma"

A noção de "paradigma" é, em Kuhn e naqueles que nele se inspiram, totalmente central, embora difícil de definir, por causa do uso muito leviano que dele é feito.

O paradigma é o quadro no interior do qual se desenvolve a atividade científica em um momento determinado. Mas esse quadro compreende muitos aspectos, por vezes gerais e precisos, abstratos e concretos:

- uma visão do mundo, ou seja, uma cosmologia ou uma metafísica (por exemplo, o materialismo atomista, o cosmo pré-copernicano etc.);
- uma linguagem, um vocabulário, associado a essa visão do mundo (por exemplo, o termo "átomo", cujo sentido, entretanto, não cessou de evoluir, desde Demócrito até hoje);
- um conjunto de teorias mais precisas e técnicas, mas compatíveis com a visão do mundo geral (por exemplo, a mecânica clássica no seio de uma cosmologia pós-copernicana e atomística);
- um conjunto de problemas, de questões, de aplicações descritíveis na linguagem teórica considerada;

A filosofia das ciências depois do neopositivismo

- um conjunto de técnicas e de procedimentos que permitem resolver esses problemas;
- exemplos privilegiados ou modelos de solução.

O paradigma de uma ciência se expressa mais claramente por meio dos manuais que servem para ensinar e, portanto, para "formar" os cientistas. Ele constitui uma espécie de matriz comum ou de molde, associado a uma educação ou "treinamento" comuns que fazem com que os especialistas falem das mesmas coisas nos mesmos termos e adotem as mesmas atitudes. Ele é a armadura simbólica de uma comunidade científica.

2.2.2. Ciência e revolução científica

A ciência normal

Ordinariamente, a atividade científica se desenvolve no interior de um paradigma estabelecido. Este define a "ciência normal". Ela supõe o consenso dos cientistas sobre a natureza das:

> entidades fundamentais de que o universo é composto (...). Como elas reagem entre si e agem sobre os sentidos. Quais questões podemos legitimamente nos colocar sobre tais entidades e quais técnicas empregar para procurar soluções (...). As respostas às questões desse tipo são firmemente integradas à iniciação que prepara o estudante e lhe dará acesso à prática profissional (*A estrutura das revoluções científicas*).

A atividade científica normal consiste em aplicar e explorar o paradigma, ou seja, a resolver problemas (enigmas) que não arriscam a pôr fundamentalmente em questão esse paradigma ou uma fração considerável do paradigma. Kuhn insiste muito sobre a estabilidade de um paradigma, sobre o fato de que, quando experiências ou observações parecem contradizer ou indicar seus limites, suspeitamos sempre mais de um erro de cálculo ou de experimentação, sem contestar o paradigma (a teoria estabelecida e que goza de autoridade). Existe uma espécie de imunização do paradigma dominante em relação a contra-exemplos. Esse aspecto da pesquisa científica normal é quase que oposto à concepção de Popper, que considera que o cientista procura, ou deveria procurar, infatigavelmente, enfraquecer sua teoria por meio da prova dos fatos. Ao contrário, segundo Kuhn, para ser um bom cientista é preciso principalmente ter assimilado bem o paradigma e nele crer firmemente. Em outras palavras, o espírito crítico não seria uma característica da pesquisa científica normal.

Anomalias e revolução científica

É apenas quando os contra-exemplos não pesquisados se acumulam e se torna cada vez mais difícil eliminá-los que começaremos a falar de *anomalias*. Alguns cientistas irão, então, pôr o paradigma em questão. Há uma crise.

O abandono de um paradigma em favor de outro constitui uma *revolução científica*. A revolução copernicana, que faz passar do cosmo medieval para o universo da mecânica clássica que culmina em Newton, ou a passagem da física newtoniana ao universo relativista de Einstein são exemplos de revoluções científicas que implicam uma mudança de paradigma.

As características da mudança de paradigma

Kuhn descrê a mudança de paradigma, acentuando sua irracionalidade e de um modo que relembra as descontinuidades históricas das mudanças de estruturas segundo o estruturalismo:

- a mudança é global, muito mais próxima de uma *conversão* (nova cristalização mental) do que de uma dedução ou de uma indução. É uma mudança de mundo, de linguagem, de visão. O físico galileano *vê* a queda de uma pedra de modo diferente do que o do filósofo aristotélico;

> O novo paradigma (...) aparece imediatamente, por vezes no meio da noite, no espírito de um homem profundamente mergulhado na crise. A passagem para o novo paradigma é uma revolução científica.

- os fatores que o determinam são *múltiplos*: não há experiências cruciais que decidem a mudança. Os fatores sociológicos e psicológicos (crenças, desejos, interesses) desempenham um papel que não é absolutamente marginal. Por exemplo, a obsessão alquímica de Newton teve uma função motriz em suas pesquisas físicas, e uma crença de origem platônica teria impelido Galileu a dizer que a linguagem da natureza é matemática. É preciso observar que o antigo paradigma pode resistir, parcialmente, durante todo o tempo em que vivem aqueles que o utilizaram e que não são capazes de abandoná-lo;
- os paradigmas são *incomensuráveis*: as entidades do antigo paradigma não cessam simplesmente de existir no novo (por exemplo, as causas finais de Aristóteles desaparecem na física clássica). Isso significa que os partidários de paradigmas diferentes, vivendo em "mundos diferentes", não vêem os mesmos fenômenos. Mas os mal-entendidos são numerosos, porque continuamos freqüentemente utilizando os mesmos termos (por exemplo, planeta, estrela, átomo, energia ou força), o que dá a impressão falsa da continuidade e do aprofundamento de uma mesma realidade, assim como a sensação enganadora de acumulação de um saber homogêneo;
- a mudança de paradigma deve ser ainda compreendida a partir da idéia seguinte, partilhada por certo número de filósofos das ciências (como W. O. Quine, crítico do

neopositivismo): *todo conjunto de fenômenos é suscetível de ser explicado-interpretado diversamente* (a partir de diversas teorias-paradigmas) de modo convincente. Essa diversidade de explicações-interpretações plausíveis depende, principalmente, daquilo que se deseja *fazer* com a teoria ou daquilo que se espera (por exemplo, predizer exatamente acontecimentos, dominar tecnicamente a natureza ou fruir de uma concepção psicologicamente apaziguadora e satisfatória). É por isso que não há ponto de vista exterior e superior – nenhuma metalinguagem universal nem metateoria neutra – a partir do qual seria possível escolher racionalmente (ou seja, de modo aceitável por todo o mundo) entre diversas teorias ou diversos paradigmas. Não existe igualmente um acesso à realidade em si – objetiva – que permitiria medir a adequação de um paradigma. Jamais temos acesso à realidade em si; o real se entrega apenas por meio de uma grade paradigmática e simbólica (linguagem, cultura, educação, tradição, mito, teoria científica);

• como não há um marco exterior, um critério absoluto como a razão ou a realidade, que permitiria comparar e medir os paradigmas, não podemos dizer que a passagem de um paradigma para outro seja um *progresso*. Mas esse fato não impede aqueles que operam a passagem de ter a impressão de progresso.

2.3. Apostas e debates

2.3.1. *A tentação do relativismo e do irracionalismo*

Kuhn faz do cientista um "crente" que ordinariamente não exerce mais seu espírito crítico (ele aplica as receitas da pesquisa para a ciência normal) e a quem acontece de se converter por "razões" que são, de fato, motivações de ordem diversa, em que o acaso, o contexto histó́ri-

A filosofia das ciências depois do neopositivismo

co, os interesses pessoais e corporativos, as circunstâncias sociais, a força retórica e a propaganda desempenham um papel determinante.

A concepção de Kuhn termina, como vimos, em uma imagem da ciência ponto por ponto oposta à descrição empírico-racionalista clássica.

Ela leva a abandonar a unicidade, a universalidade, a progressividade, a objetividade e o valor de verdade da ciência. Não há nem progresso interno no desenvolvimento científico (de Copérnico a Einstein, por exemplo) nem progresso em relação às concepções précientíficas (mitos, metafísicas, religiões). O relativismo das concepções do mundo parece inevitável, ainda que aconteça a Kuhn negar ter tirado tais conseqüências, deixando-as para aqueles que se inspiraram em seus trabalhos (como Feyerabend).

Esse modo de apresentar as ciências – como um modo de se relacionar com o mundo, que não há lugar de privilegiar de outro modo – não é, na realidade, muito original na filosofia. Uma parte importante da filosofia da linguagem (na esteira do segundo Wittgenstein), da fenomenologia hermenêutica (Heidegger) ou do neopragmatismo pós-moderno (mas já também W. James) afirma de perto a mesma coisa. Todavia, enquanto o impacto desses filósofos sobre os cientistas e teóricos das ciências foi insignificante, acontece de modo diferente com Kuhn, porque ele pretende tirar sua concepção da ciência da análise objetiva da história das ciências.

Diversos filósofos e filósofos das ciências exploraram e radicalizaram as idéias de Kuhn.

Assim, por exemplo, Paul Feyerabend (*Against Method*, 1975 – *Contra o método: esboço de uma teoria anarquista do conhecimento*)[9] defende o *anarquismo metodológico* como único remédio para os riscos dogmáticos esclerosadores do Método; ele salienta, ainda mais que Kuhn, o papel

---

[9] *Contre la méthode: esquisse d'une théorie anarchiste de la connaissance.* Trad. de B. Jurdant e A. Schlumberger. Paris, Seuil (Points sciences 56), 1988.

da argumentação, da persuasão, da retórica e da propaganda no triunfo de uma teoria científica.

Richard Rorty, por sua vez, considera que as ciências constituem um conjunto de jogos de linguagem que não atingem mais uma realidade objetiva universal do que a poesia ou a filosofia. Entre fazer ciência e fazer literatura ou política não haveria diferença essencial que justificasse o valor superior que somos, em nossas sociedades, tentados a atribuir à ciência e à invocação de um "fato" ou de uma "verdade" científica para pôr fim a uma discussão.

2.3.2. *Ciência, retórica e política*

Se a autoridade de uma teoria científica não vem de sua maior verdade ou objetividade, se ele é questão de persuasão, de retórica e de esperteza, de habilidade para arrebatar a adesão dos outros por não importa qual meio, então a autoridade do cientista (do *expert*) não é legitimada por uma referência neutra (não subjetiva, não dependente de crenças e de preconceitos) à realidade. Então sua autoridade não é de natureza diferente da de não importa qual outro poder ou autoridade. Pretender a verdade é tão-somente um modo astucioso de pretender dominar, pois nós nos "inclinamos diante da verdade" e "respeitamos os fatos".

> (Se) uma teoria científica é uma leitura. Toda leitura é uma interpretação que serve um poder (uma ideologia, uma classe ou um sexo). Em outras palavras, as teorias científicas não têm outras razões de ser além das que lhes conferem os interesses de classe ou a vontade de excluir o Outro. O mesmo que dizer que elas são irracionais (P. Jacob, *O empirismo lógico, seus antecedentes, suas críticas*).[10]

---

[10] *L'empirisme logique, ses antécédents, ses critiques.* Paris, Éd. de Minuit (Propositions), 1980.

A filosofia das ciências depois do neopositivismo

Nessa linha de pensamento, chegamos à conclusão de que "fazer ciência" é ainda "fazer política", embora de um modo na maioria das vezes dissimulado, até inconsciente – porque se trata sempre de conquistar o poder.

Esse modo de apresentar a ciência requer diversas observações:

- é inegável que existe uma *politização* intensa da pesquisa e do desenvolvimento científico. É a política que decide setores a promover, liberação de subvenções para tal programa de pesquisa. A ciência é uma aposta importante do político, e os cientistas são, em certa medida, obrigados a servir o poder, se quiserem levar a cabo suas pesquisas. A política científica é uma realidade;

- todavia, não é da *politização* da ciência que se trata na assimilação acima descrita. A politização vem de fora da pesquisa científica. Ela pode orientá-la, encorajá-la, freá-la. Ela não pode substituí-la. A assimilação descrita visa à própria pesquisa científica em sua natureza profunda. Ela sugere que triunfemos em um debate científico, que imponhamos uma teoria científica, do mesmo modo que vencemos em um debate político e que impomos um programa político. Isso é simplesmente falso, e qualquer sociedade cujos "cientistas" aderissem a essa concepção veria rapidamente a pesquisa e o desenvolvimento científico desaparecerem ou se paralisarem. A ilustração disso foi fornecida pela URSS, sob Stalin, que tinha desejado que a biologia se conformasse com a ideologia comunista, excluindo da pesquisa todo intelectual que chegasse a conclusões contrárias à doutrina oficial (o lyssenkismo). O resultado foi a estagnação e a regressão da biologia soviética. De fato, o poder político é um poder fundamentalmente subjetivo: ele resulta da dominação da vontade de um indivíduo sobre os outros indivíduos. Ele está ligado à luta das consciências entre si, visando cada uma a se auto-afirmar, a se impor aos outros. Hegel descreveu perfeitamente isso, mas ele compreendeu muito mal a ciência moderna. Esta visa ao poder sobre as coisas, sobre a natureza. Como a natureza não é um sujeito, ela não se deixa dominar pela persuasão, pelo progresso pessoal, pela retórica e pelos sofismas. Um verdadeiro debate científico é resolvido pela experiência, pela resistência ou não do real, que confirma ou infirma uma predição e que se deixa ou não manipular tecnicamente em vista da realização de um fim.

A confusão tem uma dupla origem:

- muitos teóricos contemporâneos das ciências se interessaram não tanto pela própria ciência, e sim pelos cientistas, que são homens, operando em um contexto profissional, econômico, social e político que os influencia e que devem levar em conta. Desde a primeira metade do século XX se desenvolveu a sociologia das ciências (R. Merton, "Science, technology and society in seventeenth-century England" [1938]), assim como a psicologia da pesquisa científica e, mais recentemente, a antropologia ou a "etnologia" da pesquisa científica. Tais pesquisas colocaram no proscênio todos os aspectos – históricos, contextuais, sociais, biográficos etc. – que a metodologia da pesquisa científica se esforça por fazer abstração;
- todo esse debate filosófico em torno da ciência moderna e contemporânea continua a tomar uma visão quase que exclusivamente logoteórica da ciência e apaga largamente sua dimensão *técnica*. A ciência, concebida assim como teórica, representacional e simbólica, lingüística, exprimindo-se em textos, discursos, livros, debates, assemelha-se muito a outras produções humanas que são, com efeito, puramente simbólicas: filosofias, ideologias, religiões, mitos, literaturas etc. Se reduzirmos a ciência à sua aparência logoteórica – a única acessível aos intelectuais, aos pesquisadores em ciências hu-

manas e aos filósofos –, então poderemos crer que ela se faz essencialmente falando e escrevendo, discutindo e trocando argumentos, e que o modo com que se termina um debate científico não é diferente, essencialmente, daquele com que se termina uma discussão política, estética, ou não importa qual debate cultural.

Concluindo, podemos esquematizar a polêmica como opondo os partidários do *realismo* da ciência e os do *culturalismo* das ciências. Os primeiros afirmam que a ciência é especial porque oferece uma imagem verdadeira (realista) dos fenômenos. Os segundos sustentam que as imagens propostas pelas ciências não gozam de nenhum privilégio e que elas são metáforas como as outras produções culturais (ideológicas, míticas etc.). Ora, o conjunto dessa polêmica parte de um pressuposto comum, ou seja, que *a ciência seria uma atividade prioritariamente lingüística e representacional (simbólica)*. É esse pressuposto que deve ser criticado e denunciado a partir do reconhecimento da natureza tecnocientífica, prática e operativa da pesquisa contemporânea. A natureza técnica da ciência progressivamente se impôs desde o início da ciência moderna, em ruptura com o antigo projeto filosófico do saber, que era, de fato, logoteórico e simbólico. A tecnociência oferece, sem dúvida, *poder*, mas esse poder (sobre as coisas e, portanto, também sobre os homens, na medida em que eles são redutíveis a coisas biofísicas) não é de natureza política (subjetiva ou intersubjetiva). Esse poder tecnológico pode apenas ser utilizado pelo poder político, que não é sua fonte.

LEITURAS SUGERIDAS

BAUDOUIN J. (1991), *Karl Popper*. Paris, PUF (Que sais-je? 2440).

BAUDOUIN J. (1994), *La philosophie politique de Karl Popper*. Paris, PUF (Questions).

BOUVERESSE R. (1986), *K. Popper*. Paris, Vrin (Bibliothèque d'histoire de la philosophie).

BOYER A. (1978), *K. Popper: une épistémologie laïque*. Paris, Presses de l'ENS.

CHALMERS A.-F. (1990), *Qu'est-ce que la science? Récents développements en philosophie des sciences: Popper, Kuhn, Lakatos, Feyerabend*, trad. de M. Biezunski. Paris, Librairie générale française (Le livre de poche. Bibliothèque essais 4126).

KUHN T. S. (1983), *La structure des revolutions scientifiques*, trad. de L. Meyer. Paris, Flammarion (Champs 115).

MALHERBE J.-F. (1979), *La philosophie de K. Popper et le positivisme logique*. Paris, Presses Universitaires de Namur (Bibliothèque de la Faculté de philosophie et lettres de Namur 55)/PUF.

POPPER K. (1994), *La quête inachevée*, trad. de R. Bouveresse. Paris, Presse Pocket (Agora 36).

Capítulo XIX

A Escola de Frankfurt:
Teoria Crítica e filosofia da comunicação

1. A primeira Escola de Frankfurt

- HORKHEIMER, ADORNO:
  - Toda teoria da sociedade deve ser crítica.
  - A racionalidade instrumental ou tecnológica se tornou totalitária.
  - A razão moderna é colocada sob o signo da dominação.
  - O ideal da modernidade transformado em tecnocracia a serviço de interesses particulares.

- MARCUSE:
  - O capitalismo desviou as forças libertadoras da técnica.
  - Crítica das filosofias unidimensionais.
  - O utopismo revolucionário.

PALAVRAS-CHAVE

• capitalismo • ciências humanas • decisionismo • dialética • dominação • Luzes • marxismo • modernidade • princípio de realidade • princípio de rendimento • princípio do prazer • racionalidade instrumental • razão • revolução • sociedade • tecnocracia • tecnologia • teoria crítica • trabalho

A primeira Escola de Frankfurt se reúne em torno do Institut de Recherche Sociale, da qual Max Horkheimer assume a direção, em 1931, dos filósofos e dos pesquisadores em ciências humanas, entre os quais os mais conhecidos são Theodor Wiesengrund Adorno (1903-1969), Herbert Marcuse (1898-1979), Erich Fromm (1900-1980) e Walter Benjamin (1892-1940). Horkheimer (1895-1973) é o verdadeiro fundador da Escola, que conheceu, sob seu impulso, rapidamente reforçado por Adorno, um desenvolvimento importante, apesar das dificuldades históricas. Bem depressa os principais atores juDeus da Escola — os nazistas fecham o Instituto desde 1933 — devem exilar-se. Marcuse permanecerá nos Estados Unidos até o fim de sua vida, ao passo que Horkheimer e Adorno voltam a Frankfurt em 1950. O exílio americano os confronta precocemente com a sociedade de consumo e de comunicação de massa, negadora, segundo eles, da cultura, do indivíduo e da liberdade. Eles a colocarão em questão a partir de um horizonte marxista comum. Mas esse marxismo é igualmente criticado, particularmente em suas formas comunistas totalitárias.

Horkheimer e Adorno trabalharam muito juntos e redigiram uma obra em comum: *Dialektik der Aufklärung* (1944) (*A dialética da razão: fragmentos filosóficos*).[1] Horkheimer permanece, entretanto, o conceitualizador principal da Teoria Crítica e da colocação em questão da racionalidade instrumental. Adorno (também musicólogo), em troca, desenvolveu uma obra pessoal original no domínio da estética e da filosofia da arte em relação com a crítica da sociedade moderna. No decorrer dos anos sessenta e setenta, H. Marcuse conheceu uma celebridade importante como inspirador dos movimentos de contestação estudantil. Sua crítica da civilização *tecno-lógica* merece atenção particular.

De M. Horkheimer, citamos:

— *Eclipse of Reason* (1947) (publicado em alemão com o título *Zur Kritik der instrumentellen Vernunft* [1967] e, em francês, *Eclipse de la raison* [Eclipse da razão]).[2]

---

[1] Trad. de E. Kaufholz. Paris, Gallimard (Tel 82), 1983.
[2] Trad. de J. Laize. Paris, Payot (Critique de la politique), 1974.

– *Kritische Theorie* (1968) (*Teoria Crítica: ensaios*).[3]

De Adorno:

– *Philosophie der neuen Musik* (1949) (*Filosofia da nova música*).[4]

– *Minima Moralia* (1951) (*Minima moralia: reflexões sobre a vida mutilada*).[5]

– *Negative Dialektik* (1966) (*Dialética negativa: as férias da dialética*).[6]

1.1. A Teoria Crítica

A corrente filosófica da Escola de Frankfurt aparece no quadro de um Instituto de pesquisa em *ciências humanas* e da elaboração de uma teoria da sociedade. A expressão "teoria crítica", que designa o método defendido pela Escola de Frankfurt, pretende salientar que a análise teórica da sociedade não pode permanecer puramente constatativa, descritiva, passiva. A teoria social não deve submeter-se ao ideal positivista-objetivista nem ao princípio da neutralidade axiológica da ciência em geral. Por quê?

Porque a teorização – o estudo e a análise teóricos – é uma atividade do pensamento ou da razão que inspira um ideal próprio, ideal que o mundo histórico concreto não realiza. A sociedade é plena de irracionalidades, de injustiças; a liberdade e a transparência nela não reinam. Como, portanto, o real não é racional, a razão não pode contentar-se em refleti-lo, e o pesqui-

---

[3] *Théorie critique: essais.* Trad. de G. Goffin (e outros). Paris, Payot (Critique de la politique), 1978.

[4] *Philosophie de la nouvelle musique.* Trad. de H. Hildebrand e A. Lindenberg. Paris, Gallimard (Tel 42), 1990.

[5] *Minima moralia: réflexions sur la vie mutilée.* Trad. de E. Kaufholz e J.-R. Ladmiral. Paris, Payot (Critique de la politique), 1983.

[6] *Dialectique négative: les vacances de la dialectique.* Trad. pelo grupo da tradução do Collège de philosophie. Paris, Payot (Critique de la politique), 1992.

sador em ciência social não pode contentar-se com um ideal contemplativo ou se refugiar em uma objetividade neutra, ao mesmo tempo indiferente e dominante, que conserve o real e o perpetue sem mudança.

A teoria social deve avaliar de modo crítico a sociedade que ela analisa em função de certos valores, que são os da razão universal e livre. Essa crítica que julga, por exemplo, o grau de liberdade que uma determinada sociedade permite a seus membros, tem um efeito emancipador e progressista. Tais são, ao menos, a preocupação e a esperança dos mantenedores da Teoria Crítica, que não distinguem entre ciência social e filosofia social.

A associação entre a ciência e a filosofia no estudo teórico e crítico da sociedade caracteriza o marxismo. Mas as sociedades comunistas (estalinismo) mostram bem que os efeitos emancipadores da crítica jamais são garantidos. A história é o resultado de um confronto entre o mundo e o pensamento que trabalha e luta para racionalizar o mundo. O triunfo da razão de modo nenhum é garantido, contrariamente ao que queria fazer crer a filosofia da história inspirada por Hegel ou por Marx.

1.2. Crítica da racionalidade instrumental

1.2.1. *O que é a racionalidade instrumental?*

A razão instrumental é a razão que define os *meios* para realizar um determinado fim. Ela se interessa exclusivamente pelos instrumentos ou utensílios e calcula o procedimento mais eficaz para atingir um determinado objetivo.

A racionalidade instrumental, que o homem que trabalha e age sempre utilizou, encontrou sua expressão culminante em nossa civilização *tecno-lógica*. Esta expressa perfeitamente os dois aspectos da racionalidade instrumental:

• o reino da *lógica* e do *formalismo*: o pensamento lógico formal determina os meios conceituais, os encadeamentos necessários, para estabelecer uma verdade. Ele é operativo, calculador

A Escola de Frankfurt: Teoria Crítica e filosofia da comunicação

e estabelece relações estreitas com as matemáticas. É o aspecto *teórico* da racionalidade instrumental, já criticado por Husserl, que denuncia sua distância em relação à subjetividade e ao mundo da vida (*Lebenswelt*);

• o reino da *técnica*: a atividade técnica determina meios *físicos* eficazes para realizar concretamente um objetivo. É o aspecto *prático* da razão instrumental que reduz a ação humana ao trabalho técnico organizado.

A Escola de Frankfurt não nega a utilidade e a necessidade da racionalidade instrumental. Ela faz parte da condição humana: raciocinar e agir eficazmente, inventar utensílios e instrumentos, determinar o caminho mais seguro e mais rápido em vista de um resultado, trabalhar e se organizar são indispensáveis em um mundo que não é um paraíso. A sobrevivência da humanidade tem esse preço. Mas a sobrevivência pura e simples não basta para definir uma vida verdadeiramente *humana*. Garantir as condições da sobrevivência não diz nada sobre o sentido da vida nem sobre os fins da existência. Estes não dependem do pensamento instrumental, lógico, utilitário e técnico. Ora, os mantenedores da Escola de Frankfurt constatam que hoje a razão e a atividade instrumentais se estenderam a tal ponto que não deixam mais lugar para outras formas de pensamento e de ação.

1.2.2. *A razão instrumental totalitária*

Na civilização tecnológica, seja ela de regime capitalista ou socialista (comunista), a razão instrumental se tornou a tal ponto dominante e global que ignora ou despreza tudo aquilo que não se alinhe sobre ela. Como chegamos a isso?

• *As Luzes invertidas*

Horkheimer e Adorno publicam a *Dialektik der Aufklärung* no amanhã da Segunda Guerra Mundial e tentam compreender esse escândalo da razão e da história: como a modernidade pôde gerar a barbárie, ela, que começou sob o signo das Luzes (da *Aufklärung*), do progresso, da emancipação, do combate civilizador contra os obscurantismos, as servidões e as alienações? A explicação proposta é dialética: a razão emancipadora, idealista e crítica das Luzes se teria revertido em seu contrário. Mas a dialética da Teoria Crítica é mais pessimista que a de Hegel ou de Marx: a inversão da tese em antítese não é garantida por uma síntese próxima. Em vez de esperar ou de crer no determinismo da história, vale mais procurar explicar a causa precisa da inversão.

Ora, a análise mostra que o mal se encontra no ponto de partida da modernidade. O ideal desta, tal como foi definido por F. Bacon e R. Descartes, era tornar o homem "senhor e possuidor" da natureza. Trata-se de um ideal de *dominação, de apropriação e de exploração* que instrumentaliza a natureza a serviço do homem. Ao colocar toda a sua energia nesse projeto, a razão moderna se compreendeu cada vez mais exclusivamente sobre os planos teóricos e práticos, como *soberania* e *dominação*. Ser racional se tornou sinônimo de analisar, organizar, manipular, controlar, determinar os meios eficazes e seguros, os meios mais econômicos e produtivos. Infelizmente, essa abordagem, que visava primitivamente aos objetos naturais, chegou, ao se universalizar, a incluir a consideração dos sujeitos humanos e da sociedade inteira. Para explorar a natureza, é preciso conhecimentos garantidos e técnicas, mas é preciso também homens para colocá-los em ação. É preciso organizar a divisão do trabalho humano do modo mais eficaz. Essa organização implica hierarquias, a dominação do homem sobre o homem e, definitivamente, a objetivação e a instrumentalização do ser humano. Na sociedade comunista, que colocou tudo sobre o desenvolvimento da técnica e sobre a organização chamada de racional da sociedade – sobre a planificação –, o ideal moderno, desse modo, afundou-se na burocracia totalitária, perfeitamente irracional e ineficaz. Mas um totalitarismo igual ou até idêntico é a porção da civilização americano-ocidental, produtora de uma cultura de massa, padronizada, negadora do indivíduo, incapaz de

A Escola de Frankfurt: Teoria Crítica e filosofia da comunicação

se pôr ainda em questão e dispensadora de liberdades aparentes que não ameaçam a permanência do sistema.

• *Tecnocracia e decisionismo*

O que caracteriza a razão instrumental é que ela se apóia apenas sobre o cálculo dos meios. Essa delimitação é sensata por todo o tempo em que não ambicionar remeter a ela *toda* a razão, como se esta pudesse ocupar-se legitimamente *apenas* dos meios. O triunfo da razão instrumental é perigoso, porque exclui a razão dos discursos e práticas que se referem não aos meios, mas aos fins, aos valores, às opções e às decisões. Se a razão for confinada na questão do "como realizar", qual instância irá definir *aquilo que devemos realizar e por quê?*

O problema não é imediatamente evidente, porque a civilização tecnológica acredita, em grande parte, desenvolver-se na continuidade dos ideais modernos. Esses vestígios, que se tornaram inertes de valores e de fins, que outrora foram muito vivos e que tiveram de se impor contra resistências irracionais e obscurantistas muito fortes, servem hoje de álibi para o sistema. Recebemos como evidente que o desenvolvimento tecnológico tem como finalidade o progresso humano e que fora dele não há salvação. A verdade é que em uma civilização tecnológica não há mais lugar para discutir racionalmente a respeito dos fins e dos valores da civilização.

O reino da racionalidade instrumental como único exercício reconhecido da razão tem conseqüências capitais para a política na sociedade em que ele se instalou. Ele prende a sociedade na tenaz da *tecnocracia* e do *decisionismo*, que esvaziam a discussão pública.

De um lado, os fins e os valores, não podendo ser racionalmente discutidos, são abandonados ao arbitrário de *decisões* irracionais, efeitos dos desejos e dos interesses particulares daqueles que têm o *poder* de os impor. E esse poder dependerá, em uma parte muito considerável, do poder técnico de que dispõem aqueles que tentam impor sua vontade. A racionalidade instrumental pode, portanto, ser perfeitamente colocada a serviço da não-razão e terminar, eventualmente, na destruição de toda razão. Pensemos na Segunda Guerra Mundial, saída do desvio da razão instrumental pela barbárie nazista.

Por outro lado, o reino da razão instrumental, legitimando aqueles que são seus principais depositários e eliminando qualquer debate sobre os fins e os valores, tende a remeter aos tecnólogos (os cientistas e técnicos *experts*) o encargo de todas as decisões que se referem à sociedade. A tecnocracia que disso resulta não tem, em princípio, outro fim senão o de preservar e desenvolver o bom funcionamento do sistema, ou seja, de estender sempre mais a razão instrumental, de acumular os meios eficazes de produção, de controle, de predição, de manipulação. A extensão ilimitada do poder técnico sobre as coisas e sobre os indivíduos coisificados se torna, desse modo, o único sentido da sociedade tecnocrática.

De modo mais geral, a sociedade tecnocrática é tentada a pedir aos *experts* para resolver todas as questões – sociais, econômicas, políticas – que sobrevêm, nelas compreendendo as relativas aos fins e aos valores, para os quais eles não têm, em princípio, nenhuma competência particular. Essa tendência leva à despolitização dos cidadãos em sociedades que são, no entanto, democráticas, que se remetem para qualquer escolha às opiniões dos *experts* e técnicos.

1.3. Marcuse e a crítica da sociedade tecnológica

Nascido em Berlim em 1898, Herbert Marcuse estuda sob a direção de Heidegger antes de se voltar para o marxismo e a Escola de Frankfurt. Em 1934, ele emigra para os Estados Unidos, onde será de início reconhecido como um especialista do marxismo soviético e onde ensinará até sua morte (1979). É no decorrer dos anos sessenta e setenta que ele se torna internacionalmente célebre como figura intelectual de proa da contestação estudantil. Profeta da Revolução, ele não crê mais na força subversiva dos trabalhadores, doravante integrados ao sistema capitalista tecnocrático, mas na das "novas esquerdas", reunindo todos os

A Escola de Frankfurt: Teoria Crítica e filosofia da comunicação

marginais e críticos radicais da sociedade americana (minorias diversas, negros, estudantes e intelectuais, hippies etc.) confrontada igualmente com a guerra no Vietnam. As duas obras mais representativas de Marcuse filósofo revolucionário são:

– *Eros and Civilization. A Philosophical Inquiry into Freud* (1955) (*Eros e civilização. Contribuição a Freud*).[7]

– *One-dimensional Man. Studies in the Ideology of Advanced Industrial Society* (1964) (*O homem unidimensional: estudo sobre a ideologia da sociedade industrial*).[8]

1.3.1. *A tecnologia, o princípio de realidade e o princípio do prazer*

Próximo nesse ponto do psicanalista Wilhelm Reich, Marcuse tenta articular noções tomadas do freudianismo e do marxismo. Encontra em Freud a oposição entre os princípios de realidade e do prazer, e em Marx a possibilidade *tecnológica* de superá-la.

Para sobreviver em um mundo que não é um éden, o homem deve respeitar o princípio de realidade e, na maioria das vezes, renunciar à satisfação imediata de suas necessidades e de seus prazeres. A necessidade da luta, do trabalho e da organização exige o domínio do indivíduo sobre seus instintos e seus desejos, assim como o controle social. A história da humanidade é a da subordinação do princípio do prazer (tendência à satisfação imediata) ao princípio de realidade (que adia a satisfação). É nesse quadro que os técnicos se desenvolvem.

Marcuse considera, entretanto, que nas sociedades industriais avançadas o nível tecnológico alcançado permitiria pôr fim a essa subordinação

---

[7] *Eros et civilisation. Contribution à Freud.* Trad. de J.-G. Nény e B. Fraenkel. Paris, Éd. de Minuit (Arguments), 1982.

[8] *L' homme unidimensionnel: étude sur l'idéologie de la société industrielle.* Trad. de M. Wittig. Paris, Éd. de Minuit (Arguments), 1968.

e à repressão dos instintos e dos desejos que ela implica. A automação e a produtividade técnicas são tais que o trabalho deveria ser considerado como marginal ou residual. O desenvolvimento tecnológico deveria sem tardar desembocar em uma sociedade de lazer, uma existência liberada e pacificada, lúdica e feliz, sem repressão ou controle ou dominação.

1.3.2. *Do princípio de realidade ao princípio de rendimento*

A crítica fundamental dirigida por Marcuse à sociedade capitalista é ter desviado a tecnologia de sua finalidade autêntica, que é a libertação do ser humano. Enquanto a maioria das exigências do princípio de realidade poderia ser suprimida, o capitalismo a mantém, substituindo-a pelo princípio de rendimento, para o maior lucro de um pequeno número. Excitando a ilusão de um nível de vida material sempre mais elevado e a necessidade da concorrência e da competição universais, o capitalismo tecnocrático continua no caminho da dominação e da exploração da natureza e do ser humano, em favor de alguns indivíduos.

> A força da tecnologia poderia ser liberadora – por meio da instrumentalização das coisas –, mas tornou-se um entrave para a liberação – por meio da instrumentalização dos homens (*O homem unidimensional*).

A democracia "à americana" é, na realidade, apenas um "totalitarismo doce e sutil" – o do *Welfare State* (o Estado-Providência) –, que tolera a liberdade desde que ela não exceda o sistema: desse modo, o consumidor, com a condição de se submeter às exigências de um trabalho eficaz e produtivo, terá uma escolha sempre mais ampla de produtos padronizados.

A integração incansável (ou quase) de todas as forças revolucionárias perigosas no sistema é garantida por dois fatores:

- a *des-sublimação repressiva*: ela reduz a energia erótica – o desejo polimorfo e infinito – à sexualidade, cuja liberação não ameaça o sistema materialista da sociedade capitalista;

A Escola de Frankfurt: Teoria Crítica e filosofia da comunicação | 503

- a *tecnologia social*: a sociedade inteira é um sistema complexo, mas funcional, no qual cada indivíduo ou cada grupo ocupa um lugar e um papel determinados; o conjunto é perfeitamente organizado e controlado, de tal modo que as disfunções são imediatamente neutralizadas.

A razão tecnológica reina concretamente sobre a sociedade industrial; sob suas aparências democráticas, ela é basicamente totalitária, porque se aplica doravante aos seres humanos e às instituições, da mesma forma que à natureza.

A tecnologia permite instituir formas de controle e de coesão social ao mesmo tempo novas, mais eficazes e mais agradáveis (*O homem unidimensional*).

Como podemos ver, com Marcuse a racionalidade instrumental adquiriu uma identidade e uma concretitude novas: ela coincide com o extraordinário desenvolvimento da tecnologia sob todas as suas formas. Essas técnicas não são neutras: elas têm uma importância política, pois mantêm e consolidam o sistema capitalista. Tal como foi utilizada até agora, a tecnologia continua a serviço da dominação e da exploração; ela não é libertadora, mas repressiva e totalitária.

1.3.3. *O pensamento e a filosofia unidimensionais*

O pensamento adaptado à democracia tecnológica e capitalista é positivo e realista. É um pensamento *sem transcendência nem distância*, que não procura ultrapassar a ordem existente. Falta-lhe a dimensão vertical, que impele à ruptura e à contestação radical. Esse pensamento é conformista, integrista e reconhece apenas problemas tecnicamente solúveis. Sua crítica se exerce dentro do sistema, horizontalmente, no sentido da continuidade.

Marcuse identifica o tipo de filosofia que corresponde a esse espírito. Floresceu no século XX no mundo anglo-americano. São particularmente visados o operacionalismo de Bridgman, o neopositivismo, a filosofia analítica e lingüística. Todos eles são desprovidos de força crítica: partilham o espírito funcionalista e tecnocrático, que reduz qualquer significação (conceito) a funções e a processos ou se contentam em descrever o estado de coisas existente, sem querer mudar nada nele. Marcuse crê encontrar em Wittgenstein a expressão culminante dessa miséria filosófica que identifica o sentido ao uso constatado e que rejeita qualquer pensamento diferente além do descritivo e conservador. O ápice é atingido no positivismo terapêutico, com o qual Wittgenstein foi por vezes ligado. Essa corrente (anti)filosófica descreve a filosofia que critica, nega, rejeita e ultrapassa como uma doença cujo tratamento é lingüístico. O filósofo deveria deixar de utilizar a linguagem de um modo disfuncional e que faz sofrer. Ele deve ser reconduzido ao uso corrente e ao senso comum que o acompanha. No seio destes últimos, as questões especulativas e críticas radicais se dissolverão por si mesmas. Marcuse pergunta qual é o doente. É o intelectual que critica e rejeita a ordem imposta ou é a sociedade que a impõe e a aceita? Não há qualquer dúvida para ele de que o sistema é profunda e globalmente desumano e inaceitável e de que é a sociedade que é preciso mudar. As críticas de Marcuse não deixam de ter interesse, ainda que completamente cegas em relação à radicalidade e ao potencial desconstrutivo da prática filosófica do segundo Wittgenstein.

1.3.4. A "Grande recusa" e a Revolução

Marcuse considera que o sistema (a sociedade tecnocapitalista) não é reformável e passível de reconstrução, parte por parte e progressivamente. O espírito de reforma progressiva faz parte do sistema; esse espírito é técnico e unidimensional. Apenas é portadora de esperança e de mudança real a rejeição global do sistema. A Grande Recusa é um apelo à Revolução. Marcuse quer uma ruptura, uma "catástrofe", que elimine o regime tecnopolítico reinante e colocado sob o signo da dominação. Ele quer uma mudança *qualitativa* global, que se refere ao mesmo tempo à sociedade, ao pensamento, à ciência e à técnica. Ele é o chantre de uma *outra* razão.

A evocação dessa "outra vida sobre a Terra" permanece muito vaga. Ela fala de uma "existência pacificada", de um mundo em que a dominação e a exploração teriam desaparecido, em que a ciência e a arte, a técnica e a natureza, o indivíduo e a sociedade estariam reconciliados. Neste mundo em que a "des-sublimação repressiva" teria cedido o passo para a "sublimação não repressiva", fonte de uma erotização generalizada da vida, o princípio do prazer se desdobraria sem freio nem conseqüências destrutivas, e a existência seria lúdica e criativa.

Nessas evocações de um romantismo tão generoso quanto irrealista, Marcuse valoriza o sonho, a imaginação, o jogo, a arte, tudo aquilo que se opõe ao sério positivo. Sua utopia permanece vaga e basicamente negativa: ele sabe aquilo que recusa e critica, mas não tem plano preciso nem garantia a propósito desse *outro* mundo que ele designa. Marcuse permanece, desse modo, fiel à Teoria Crítica que defende o pensamento *negativo*. Toda filosofia autêntica só pode ser negativa, pois ela procede do antagonismo entre o pensamento e a realidade. A Grande Recusa e o convite à Revolução são as expressões radicais desse antagonismo.

LEITURAS SUGERIDAS

AMBACHER M. (1969), *Marcuse et la critique de la civilisation américaine*. Paris, Aubier (Outre-monts 11).

ASSOUN P. L. (1990), *L'École de Francfort*. Paris, PUF (Que sais-je? 2354).

JAY M. (1989), *L'imagination dialectique. École de Francfort 1923-1950*, trad. de E. E. Moreno e A. Spiquel. Paris, Payot (Critique de la politique).

MARCUSE H. (1968), *L'homme unidimensionnel: étude sur l'idéologie de la société industrielle*, trad. de M. Wittig. Paris, Éd. de Minuit (Arguments).

RAULET, G. (1992), *Herbert Marcuse: philosophie de l'émancipation*. Paris, PUF (Philosophies 39).

WIGGERSHAUS R. (1993), *L'École de Francfort: histoire, développement, signification*, trad. de L. Deroche-Gurcel. Paris, PUF (Philosophie d'aujourd'hui).

2. A segunda geração

- Filosofias tradicionais e contemporâneas são conservadoras.
- O conhecimento não é desinteressado.
- Subordinar o trabalho e a atividade tecnocientífica à interação comunicacional.
- Não há razão a-histórica e a-lingüística.
- Toda linguagem é racional.
- Uma nova utopia: a Sociedade da Comunicação Universal Emancipada.
- Uma nova moral: a ética da discussão.

PALAVRAS-CHAVE

• argumentação • cientificismo • comunicação • consenso • crítica ideológica • democracia • direitos do homem • discussão • emancipação • espaço público • ética da discussão (ou do discurso) • ética procedural • expertocracia • hermenêutica • interação • interesses do conhecimento • linguagem • política • razão • racionalismo • sociedade de comunicação • tecnocracia • Teoria Crítica • trabalho • universalidade

---

Embora diferenças por vezes consideráveis os distingam, uma grande proximidade de concepção geral existe entre Karl-Otto Apel e Jürgen Habermas.

Um e outro assumem a herança da Teoria Crítica, mas atenuando sua importância basicamente negativa e revalorizando os recursos construtivos, afirmativos, até fundadores (Apel), da Razão. Um e outro prolongam a *Aufklärung* (Kant, a filosofia das Luzes), tentando integrar o materialismo histórico (Marx), a psicanálise (Freud), a hermenêutica (Heidegger, Gadamer) e, principalmente, a filosofia da linguagem (Wittgenstein) em um racionalismo assim renovado e tornado complexo.

K. O. Apel (nascido em 1922) ensina em Frankfurt a partir de 1972. Em 1973, ele reúne, sob o título *Transformation der Philosophie*,[9] um grande

A Escola de Frankfurt: Teoria Crítica e filosofia da comunicação

número de artigos importantes, que permitem seguir sua evolução filosófica, desde a hermenêutica até uma posição transcendental de inspiração kantiana que assimilou a "virada lingüística". Devemos indicar também:

– *Die "Erklären / Verstehen"-Kontroverse* (1979).[10]
– *Diskurs und Verantwortung* (1988) (*Discussão e responsabilidade*).[11]

Nascido em 1929, J. Habermas, ao mesmo tempo filósofo e sociólogo, tende a uma articulação crítica interdisciplinar da filosofia e das ciências humanas. Sua tese foi publicada sob o título *Strukturwandel der Offentlichkeit* (1962) (*O espaço público. Arqueologia da publicidade como dimensão constitutiva da sociedade burguesa*).[12] "Offentlichkeit" significa o espaço público no seio do qual se forma a opinião pública. Essa primeira obra depende, ao mesmo tempo, da ciência política, da história, da sociologia e da filosofia. Depois de ter sido o assistente de Adorno, Habermas ensina primeiro em Heidelberg (junto de Gadamer), depois em Frankfurt a partir de 1964. Como Marcuse, são os movimentos estudantis esquerdistas dos anos sessenta que vão torná-lo célebre. Suas exigências de racionalidade o levam, no entanto, a criticar os excessos e a falta de seriedade da contestação, que se volta então contra ele. Habermas se tornará, desse modo, durante os anos setenta, o alvo ao mesmo tempo da esquerda e da direita. Ele também deixará, durante alguns anos, a Universidade de Frankfurt para dirigir o "Institut Max Planck de Recherche sur les conditions d'existence du monde scientifique et technique". Mais ainda que K. O. Apel, Habermas prolonga e renova a inspiração da Teoria Crítica, concentrando-se sobre a crítica

---

[9] Frankfurt am Main, Suhrkamp, 1973.

[10] Frankfurt am Main, Suhrkamp, 1979.

[11] *Discussion et responsabilité.* Trad. de C. Bouchindhomme (e outros). Paris, Éd. du Cerf (Passages), 1996.

[12] *L'espace public. Archéologie de la publicité comme "idéologie".* Trad. de M. B. de Launay. Paris, Payot (Critique de la politique), 1993.

das ideologias (especialmente filosóficas). Essa fidelidade se expressa mais claramente em seus escritos de antes de 1970, como:

— *Erkenntnis und Interesse* (1968) (*Conhecimento e interesses*);[13]
— *Technik und Wissenschaft als "Ideologie"* (1968) (*A técnica e a ciência como "ideologia"*).[14]

Em seguida, ele se consagrará a uma grande filosofia da comunicação, considerada em suas dimensões epistemológicas e éticas. Assim irá se impor, a partir dos anos oitenta, a noção de uma nova ética, chamada de "comunicacional" ou "procedural", ética "do discurso" ou ainda "da discussão", à qual o nome de K. O. Apel está igual e estreitamente associado. Em 1981, Habermas publica uma verdadeira suma em dois volumes: *Theorie des kommunikativen Handelns* (*Teoria do agir comunicacional*).[15]

2.1. Recusa do conservadorismo não crítico da filosofia

A denúncia do conservadorismo filosófico visa tanto à tradição quanto à atualidade.

• *A filosofia tradicional*

Ela se pretende "teorética", "pura", a–histórica e a–lingüística: ela é *pensamento* de uma verdade eterna, universal e definitiva. Essa pretensão filosófica à universalidade (o próprio da Razão) é legítima em si. O erro ou a ilusão consistem em fazer como se as condições reais já estivessem reunidas, na sociedade histórica concreta, para que a universalidade do discurso humano seja efetiva, sem nada mais esperar. É por isso que

---

[13] *Connaissance et intérêts.* Trad. de G. Clémençon. Paris, Gallimard (Tel 38), 1979.
[14] *La technique et la science comme "ideologie".* Trad. de G.-R. Ladmiral. Paris, Gallimard (Tel 161), 1990.
[15] *Théorie de l'agir communicationnel.* Trad. de J.-M. Ferry e J.-L. Schlegel. Paris, Fayard (L'espace du politique), 1987.

os *monólogos* teóricos dos filósofos, todos eles pretendendo a verdade universal (ou seja, aceita por todos os homens), não cessaram, de fato, de se opor ao longo de toda a história. Seu desprezo ou sua indiferença em relação às condições sociais (políticas, econômicas, psicológicas) reais da comunicação e da palavra não encorajou o progresso social para uma universalidade autêntica do discurso. A filosofia tradicional seria, portanto, sociopoliticamente conservadora em relação à sociedade existente, que ela não se preocupa em fazer progredir. Ela crê erradamente que reflete uma verdade universal superior, da qual todos os homens poderiam apropriar-se imediatamente, ao passo que essa universalidade é a meta ou o ideal que a humanidade deve esforçar-se para atingir historicamente.

No que se refere à *filosofia contemporânea*, a crítica de suas implicações conservadoras e não progressistas se orienta em duas direções: as filosofias que subscrevem o objetivismo das ciências exatas e as filosofias que se extraviam no subjetivismo contextualista e historicista.

• *Positivismos e cientificismos*

Sua característica é a negação do sujeito em favor do objeto e da objetivação. A única universalidade, a única racionalidade, seria objetiva e produzida pelas ciências exatas e da natureza ou pelo método dessas ciências aplicado ao mundo humano (indivíduos, sociedades, história, cultura etc.), que se trataria, portanto, de objetivar, de explicar, de quantificar, e não de compreender. Positivismos e cientificismos identificam abusivamente a universalidade científica (a sociedade dos intelectuais) com a universalidade dos homens (humanidade). Fazendo isso, eles negam a humanidade – a subjetividade capaz de reflexão e de liberdade – em favor unicamente do objeto (a natureza, a matéria) e de seu controle. Considerando que qualquer problema (inclusive "humano") deve ser tratado tecnocientificamente, eles se acomodam, no plano político, com uma tecnocracia ou expertocracia. Essa "elite" que decide não tem a preocupação da emancipação universal da sociedade, mas apenas a de sua própria reprodução e do crescimento do saber e do poder objetivos. Ela quer regular a sociedade como uma megamáquina perfeitamente funcional em suas menores engrenagens individuais, e não levar cada um de seus membros à tomada de consciência de sua liberdade e à expressão sem dificuldade de sua autonomia. A sociedade tecnocrática – não democrática – é repressiva, dominadora e conservadora. O sujeito é nela reduzido a uma oligarquia (a elite tecnocrática), que governa em nome de uma verdade que é a do objeto e não a do ser humano, uma verdade que permite também, de fato, que essa oligarquia garanta sempre mais seu poder.

> O fantasma cibernético de uma auto-estabilização das socie-dades (...) leva a cabo, sobre um modo utópico negativo, hipóteses vagas que estão na base da consciência tecnocrática (*A técnica e a ciência como "ideologia"*).

Por seu próprio título, *A técnica e a ciência como "ideologia"* denuncia o desvio cientificista e tecnicista da sociedade e do pensamento.

• *Fenomenologia, hermenêutica e filosofia lingüísticas*

O segundo front filosófico contemporâneo, acusado de conserva-dorismo, é mais compósito. Ele reúne as correntes fenomenológicas, hermenêuticas e lingüísticas que criticam positivismos e cientificismos sem, todavia, reatar com um pensamento progressista. Heidegger e Wittgenstein são os alvos exemplares da crítica.

Heidegger é representativo, com Gadamer, da fenomenologia-hermenêutica, cuja única preocupação seria preservar e enriquecer a diversidade das interpretações do mundo e da história. Descobrir e inventar sempre novas perspectivas e descrições, de sentidos diferentes, sem fazer julgamento, ou seja, sem pretender nem *melhor* compreen-der nem estabelecer hierarquia entre as visões do mundo e os valores, conduziriam ao relativismo (historicismo, culturalismo, etnologismo, contextualismo) e ao ceticismo. Tal atitude, típica de certo pós-modernismo, acarretaria uma ruptura com o espírito da *Aufklärung* (as Luzes), que afirmava, principalmente, a superioridade e a universalidade da razão ocidental, em detrimento das concepções míticas ou religiosas, consideradas obscurantistas. O desvio de Heidegger para uma "História do Ser" – que rompe com qualquer humanismo progressista em favor de uma espécie de remitologização – e a idéia gadameriana de um "Diálogo da Tradição" – do qual os indivíduos não são mais que os vetores – encorajam o retorno de um fatalismo. A confiança na razão e na capacidade dos homens de *fazer* seu futuro de modo sempre mais refletido e livre, em vez de sofrê-lo, desaparece. O erro político de Heidegger, que foi um tempo favorável ao nazismo (e a suas crenças anti-humanistas), seria uma conseqüência extrema do abandono da fé das Luzes na perfectibilidade histórica e universal do homem pelo homem. A hermenêutica "pós-moderna" pensa respeitar melhor a alteridade, ambicionando tão-somente compreender sempre *de modo diferente*. Mas essa hermenêutica descritiva é conservadora e desprovida de capacidade crítica; ela não tem nem critério nem arma para condenar aquilo que seria tentada a considerar como uma interpretação indevida, injusta, ou uma forma de vida inaceitável. É preciso, portanto, introduzir novamente uma dimensão *normativa* na atividade hermenêutica e negar que *todos os sentidos têm valor*. Essa capacidade ética de julgar, e não simplesmente de compreender, só pode vir da razão.

A filosofia analítica da linguagem, particularmente a de Wittgenstein, merece uma crítica semelhante. Dessa vez, as exigências críticas da razão são dissolvidas na descrição dos "jogos de linguagem-formas de vida". Essa descrição, que consiste, principalmente, em remeter os enunciados metafísicos a frases não problemáticas da linguagem ordinária, seria a única atividade filosófica legítima. A pretensão normativa da filosofia (da razão) de se extrair da linguagem ordinária e do senso comum para criticá-los e substituí-los por um discurso mais válido (mais verdadeiro, mais justo, mais coerente etc.) é condenada como ilusória e mórbida. As conseqüências conservadoras no plano sociopolítico são, aqui, mais evidentes ainda do que na corrente da fenomenologia-hermenêutica.

Em todos os casos, se tratará, portanto, de reafirmar a legitimidade da razão, reconhecendo, todavia, que ela não escapa nem da linguagem nem da história.

2.2. O trabalho, a interação e os interesses do conhecimento

Em suas obras de 1968, J. Habermas prolonga e renova a crítica, central desde os inícios da Escola de Frankfurt, da redução de toda razão unicamente à racionalidade instrumental, operada pela tecnologia e pela ideologia tecnocrática ou expertocrática. Essa redução é cada vez mais aceita como uma evidência indiscutível, uma espécie de novo senso comum. Sua crítica comporta dois momentos essenciais:

- a afirmação de que a razão tecnocientífica não é neutra ou desinteressada, e a colocação em evidência dos interesses do conhecimento;
- a distinção de duas atividades humanas fundamentais: o trabalho e a interação.

De modo geral, essa crítica volta a enraizar a racionalidade tecnocientífica no sujeito humano (coletivo e histórico), portador de uma razão mais ampla que a racionalidade instrumental sozinha. A teoria do conhecimento ou a epistemologia postulam, desse modo, uma antropologia.

Os três interesses do conhecimento

Habermas distingue três tipos de saber, articulados a três interesses:

- as ciências *empírico-analíticas* (ciências exatas, da natureza, experimentais), cujo interesse ou finalidade é *técnico*, ou seja, de predição garantida, de controle, de domínio, de manipulação;

A Escola de Frankfurt: Teoria Crítica e filosofia da comunicação

- as ciências *histórico-hermenêuticas* (ciências "humanas", *Geisteswissenschaften*, *Humanities*), cujo interesse ou finalidade é *prático*, ou seja, de compreensão, de entendimento intersubjetivo;
- as ciências *críticas* (Teoria Crítica, psicanálise, crítica ideológica), cujo interesse ou finalidade é *emancipador*, ou seja, de libertação, de autonomização das pessoas.

Os dois primeiros interesses encontram seu sentido último no terceiro: o domínio objetivo e a compreensão interindividual devem idealmente ser colocados a serviço de uma tomada de consciência sempre mais ampla pelos indivíduos de sua autonomia enquanto pessoas (seres racionais e livres, no sentido de Kant). As ciências empírico-analíticas permitem, pelo domínio técnico, libertar os indivíduos de servidões, acasos, determinismos causais, ligados à sua condição de seres materiais, biofísicos. As ciências críticas visam a libertar os indivíduos das pressões, submissões, condicionamentos, que encontram sua origem não na natureza, mas na própria humanidade. Trata-se, portanto, de agir pela emancipação em relação a tudo o que faz obstáculo à autonomia pessoal, do exterior (instituições sociopolíticas e jurídicas injustas, dogmáticas, repressivas), ou do interior (interiorização pelo indivíduo de condicionamentos sufocantes provindos de sua educação familiar e de sua socialização, como um "supereu" tirânico ou crenças que impedem o desabrochar pessoal). Essas estruturas (Habermas fala de "símbolos dissociados") se impõem ao indivíduo de modo "quase-causal" (determinista, obrigatório e pouco ou não consciente). Mas eles podem ser dissolvidos ou corrigidos pela tomada de consciência, pela reflexão crítica e pela discussão esclarecida, por um trabalho simbólico (da linguagem), do qual a psicanálise oferece a ilustração mais elaborada.

Os interesses do conhecimento são interesses da razão e, portanto, da humanidade em geral. Eles são antropológicos e universais. O pensamento de Habermas abre uma antropologia filosófica.

O trabalho e a interação

A crítica habermasiana da racionalidade tecnocrática e, para além dela, de toda pressão ou dominação alienantes, assume ainda a forma de uma descrição dos dois tipos de atividades humanas fundamentais:

- o *trabalho*: esse termo designa toda atividade instrumental, ou seja, toda colocação em ação de meios em vista da realização de um fim. O fim permanece exterior a essa atividade, que nele encontra seu termo: o fim é dado e jamais é posto em questão. O grande sociólogo e historiador Max Weber (1864-1920), que influenciou profundamente a reflexão filosófica sobre as ciências humanas, analisou longamente essa atividade como "racional em referência a um fim". As ciências empírico-analíticas dependem dessa única forma de atividade, que é técnica.
- a *interação*: esse termo designa a atividade comunicacional, lingüística ou simbólica, ou seja, mediada por signos. Ela opera não entre o sujeito e o objeto (como o trabalho), mas entre os sujeitos. Ela apresenta dois aspectos complementares, que correspondem ao segundo e ao terceiro tipo de saberes, com seus interesses próprios de compreensão-entendimento e de emancipação.

Trabalho e interação são introduzidos como estruturas antropológicas irredutíveis:

> Não é possível fazer a interação remontar ao trabalho nem fazer o trabalho derivar da interação (*A técnica e a ciência como "ideologia"*).

Em si, o trabalho, que é atividade técnica, não tem sentido. O sentido vem da interação. Esta é linguagem, mas linguagem como *logos*, que é o próprio do homem. O logos designa ao mesmo tempo a linguagem e a razão, ou seja, a exigência de universalidade, de comunicação ilimitada e livre, ponderada com a linguagem. Essa idéia de que a exigência racional e universal de emancipação é ponderada com a própria estrutura da linguagem ou da comunicação estará cada vez mais no centro da filosofia da segunda geração da Escola de Frankfurt.

2.3. A razão na linguagem e na sociedade de comunicação

2.3.1. *Crítica do monologismo do pensamento clássico*

A consciência e a razão que Apel e Habermas querem promover, reconhecendo sua historicidade e sua lingüisticidade, não são a razão ou a consciência metafísicas e idealistas de um Descartes ou até de um Kant. A razão moderna clássica é intemporal e não lingüística: ela é pensamento puro, substância espiritual fora do tempo e do espaço. Seu bom uso (ver as "regras do Método") leva a verdades definitivas, cuja aquisição e validação de modo nenhum exigem que os indivíduos discutam entre si para prová-las. A ciência e a verdade, segundo Descartes, desenvolvem-se como um *monólogo* dedutivo, necessário, evidente. Apel chama de "solipsismo metódico" esse procedimento filosófico praticado pela maioria dos filósofos da tradição e, de modo exemplar, por Descartes. Ele procede da ilusão de uma anterioridade e de uma independência do pensamento em relação à linguagem. Ora, o pensamento é apenas um monólogo interior que pressupõe a aprendizagem da linguagem. Não existe pensamento ou razão sem linguagem, e esta é intrinsecamente comunicação, diálogo, troca, social. Como Wittgenstein mostrou, uma linguagem radicalmente "privada" é um mito; a linguagem é fundamentalmente intersubjetiva, pública.

2.3.2. *Da racionalidade inevitável da linguagem*

Não existe razão, portanto, que não seja lingüística. Mas, assim como já o expressava o velho termo de *logos*, a recíproca é igualmente verdadeira: não existe linguagem que não seja racional.

Todo pensamento é enunciado, todo enunciado é comunicação e comporta uma reivindicação, um pedido de reconhecimento: o de sua *validade*, que assume, na maioria das vezes, a forma de uma pretensão de ser aceito como *verdadeiro*. Essa pretensão é radical: ela deve poder ser reconhecida, em princípio, por qualquer um que compreenda o enunciado. A pretensão à validade ou à verdade tem uma importância universal. A dimensão racional de todo discurso está nessa pretensão ao reconhecimento universal.

Mas o reconhecimento da razão em ação em toda comunicação é desigualmente explícito segundo o tipo de discurso. É na prática da *argumentação*, ou seja, no *debate* ou na *discussão*, que ele aparece mais claramente. Ser racional, hoje, é praticar a discussão argumentada mais aberta e a mais livre possível. A racionalidade é, doravante, comunicacional.

Para K. O. Apel, a argumentação é um "fato último e inevitável". Afirmar o contrário leva a uma autocontradição pragmática. Esta não é da espécie lógica "Eu afirmo ao mesmo tempo A e não-A", mas da espécie: "Eu afirmo não-A e devo para isso pressupor A". Desse modo fazem todos os relativismos, ceticismos ou irracionalismos que, no próprio momento em que negam expressamente qualquer verdade, exigem-na implicitamente para sua própria tese.

Contrariamente ao que pretende K. Popper, não haveria, portanto, previamente à prática da razão, uma escolha radical, arbitrária, a favor ou contra ela. A fim de poder escolher, é preciso ser capaz de representar para si (pensar, enunciar) os ramos da alternativa, ou seja, *dispor de uma linguagem* e postular a razão em ação em toda palavra. A afirmação de Popper é, por outro lado, uma *tese* que, como tal, pode ser discutida e deve poder ser sustentada. Não há, portanto, lugar pensável (concebível sem contradição) exterior ao campo da argumentação.

2.3.3. *A Sociedade da Comunicação Universal Emancipada*

Apel quis precisar as *condições necessárias, transcendentais*, de todo discurso ou comunicação. Elas são, ao mesmo tempo, factuais (reais, empíricas) e contrafactuais (ideais e a serem realizadas). Todo discurso postula:

(a) uma sociedade de comunicação factual, real: é o contexto social, histórico (cultural, político) no qual tomamos a palavra. Esse contexto é particular, limitado, imperfeito. As condições da comunicação estão longe de nele estar idealmente realizadas conforme as exigências da razão;

(b) uma sociedade de comunicação contrafactual: é o conjunto das condições transcendentais e ideais postuladas, mas não efetivamente realizadas por toda prática lingüística, à medida que ela veicula a razão. Uma expressão completa da racionalidade do discurso postula uma *sociedade de comunicação ilimitada, emancipada e universal*. Fazer justiça à racionalidade em ação na comunicação implica a livre participação de todos no debate, sem nenhuma exclusividade nem pressão, nem limitação de tempo;

(c) a sociedade de comunicação universal e emancipada, enquanto projeto a realizar historicamente e como finalidade da história humana. Ela expressa e deve resolver a tensão entre (a) e (b), entre a realidade e aquilo que essa realidade pressupõe e implica ideal e teoricamente e que não deve permanecer puramente teórica. A sociedade de comunicação universal e emancipada é, de algum modo, a utopia da Nova Escola de Frankfurt. Sua realização deve satisfazer o interesse emancipador fundamental, associado à linguagem humana (à interação). É com sua vinda que a filosofia como Teoria Crítica e reconstrutiva da sociedade concreta deve operar.

2.4. A ética da discussão

A base filosófica geral da ética da discussão se apóia na tese de que não há sentido, pensamento, verdade ou valor sem *linguagem*, e que esta é interação, intersubjetividade simbólica para a vocação universal. A interação comunicacional generalizada representa aquilo que se tornaram a subjetividade transcendental kantiana e o *Lebenswelt* husserliano depois da "virada para a linguagem", tomada pela filosofia contemporânea.

Essa concepção comporta conseqüências importantes para as práticas tecnocientíficas e políticas.

Ainda que a racionalidade *tecnocientífica* (instrumental) seja operativa e eficaz, independentemente dos consensos e acordos que a orientam e a envolvem, ela tem sentido e legitimidade humana apenas em função desses acordos e dessas orientações simbólicas. A solidariedade simbólica – o "manter junto", garantido pelo diálogo e pelo consenso – de uma sociedade é única e propriamente humana. Ela é mais fundamental que toda solidariedade ou coesão de tipo funcional ou sistêmico, que assimila a sociedade a uma megamáquina e os problemas sociais a questões técnicas. O debate entre Jürgen Habermas e Niklas Luhmann (sociologia sistêmica) ilustrou essa posição.

A legitimidade *política* também deve enraizar-se no entendimento comunicacional com vocação universal, e não na pseudolegitimidade que refere a um fundamento (Lei, Ordem, Verdade etc.) subtraído a qualquer discussão. Tal fundamento remete ou a uma Verdade objetiva e eficaz (e acarreta uma política tecno- ou experto-crática), ou a uma Verdade transcendente (e exige um Estado teocrático). Apenas o regime democrático é aceitável do ponto de vista da ética da discussão, porque apenas em seu seio é praticada a legitimação pelo entendimento comunicacional e pelo debate argumentado e público, produtor de consenso.

Quais são, mais precisamente, as características e as exigências da ética apropriada ao agir comunicacional?

A Escola de Frankfurt: Teoria Crítica e filosofia da comunicação

- O reconhecimento de que nenhuma moral (norma, valor etc.) pode ser colocada fora de debate, imunizada em relação à crítica. Sobre um ponto, entretanto, Apel e Habermas divergem. O segundo não partilha a posição fundacionalista do primeiro, que considera que a meta-regra que nos obriga a argumentar é indiscutível, pois não podemos rejeitá-la sem tê-la já implicitamente aceito (contradição pragmática). A argumentação seria, desse modo, o único fundamento necessário e intransponível.
- A determinação e a progressiva realização das condições nas quais a interação comunicacional pode ser mais perfeitamente praticada. Isso comporta:
- a publicidade (Öffentlichkeit) da discussão;
- a participação, no debate, do maior número de interlocutores, especialmente daqueles que têm interesse direto no objeto do debate;
- a ilimitação do debate (levando em conta, entretanto, as necessidades e as urgências da ação e da reação);
- a igualdade e a liberdade dos participantes do debate: sem relações de autoridade, de dominação ou de pressão;
- o princípio da argumentação: toda afirmação pode ser discutida; o argumento que resiste a todas as objeções é, provisoriamente, o melhor, ou seja, o mais racional;
- o princípio do consenso: o entendimento, o acordo argumentado e justificado, é o fim e o término normal da interação comunicacional; o acordo, assim obtido, justifica a decisão e a ação;
- o princípio da revisibilidade: todo acordo deve poder novamente ser posto em questão, se aparecerem argumentos novos.

A intuição fundamental que atribuímos à argumentação pode ser caracterizada (...) pela intenção de convencer um *auditório universal* e de obter para uma expressão o assentimento geral (*Teoria do agir comunicacional*).

Devo submeter minha máxima a todos os outros, a fim de examinar pela discussão sua pretensão à universalidade (...).A participação efetiva de cada pessoa interessada é a única a poder prevenir a formação de perspectiva que introduziria a interpretação de interesses cada vez pessoais (Habermas, *Moral e comunicação*).[16]

O conteúdo de toda lei universal que podemos ter no espírito deve poder ser aceita por todos aqueles que por ela são afetados (Apel, *O problema de uma macro-ética da responsabilidade em relação ao futuro*).

Essas fórmulas ilustram bem a "transformação da filosofia transcendental" (Apel) – assim historicizada e "lingüisticizada" – e mostram em que sentido conservar o imperativo categórico de Kant, reinterpretando-o.

A ética da discussão é uma ética:

- *formal, metodológica, procedural*: ela enuncia *como* podemos chegar a conclusões moralmente justificadas. Diz como produzir normas e legitimar decisões, como determinar o que é bom. Ela não precisa, por si mesma, o conteúdo desse bem; ela não é substancial;
- *universal, racional*: ela pretende ser válida para todos os homens, porque é conforme à essência do homem, que é "zoon logon echon" (o ser vivo capaz de linguagem-razão). Ela visa, por outro lado, a incluir todos os seres humanos no debate, sem qualquer exclusividade. Ela se distingue, portanto, de todas as morais substanciais (que precisam uma concepção do bem e uma hierarquia dos valores), que são *particulares*, ou seja, tributárias de uma

---

[16] *Le problème d'une macro-éthique de la responsabilité à l'égard du futur*. Trad. de Ch. Boucindhomme. Paris, Le Cerf (Passages), 1986.

comunidade, de uma tradição, de uma classe social, de uma profissão...

- *ideal, utopista, construtivista*: ela não é praticável perfeitamente aqui e agora; é apenas mais ou menos bem respeitada conforme o grau de abertura, de extensão e da ausência de pressão dos debates. Mas sua idealidade expressa uma insatisfação e uma tarefa, um dever e um projeto: agir para a realização progressiva da Sociedade de Comunicação Universal e Emancipada. Perfazer as condições concretas (sociais, políticas, psicológicas, institucionais, econômicas etc.) do exercício da ética da discussão constitui a tarefa filosófica, ética e meta-ética ao mesmo tempo, por excelência.

De facto, a filosofia da comunicação e a ética da discussão legitimam e encorajam a democracia, os direitos do homem, o debate pluralista e pluridisciplinar, a resolução pacífica e negociada dos conflitos, o desenvolvimento das sociedades abertas e evolutivas. Elas condenam, em contrapartida, as sociedades, as culturas e os comportamentos de tipo fundamentalista e autoritário, as comunidades petrificadas e fechadas sobre si mesmas. Elas as consideram como imorais, alienadas e anti-humanistas.

Leituras Sugeridas

Apel K. O. (1994), *L'éthique de la discussion*, trad. de M. Hunyadi. Paris, Le Cerf (Humanités).

Apel K. O. (1990), *Penser avec Habermas contre Habermas*, trad. de M. Charrière. Paris, L'Éclat.

Ferry J.-M. (1987), *Habermas, l'éthique de la communication*. Paris, PUF (Recherches politiques).

Habermas J. (1986), *Morale et communication*, trad. de Ch. Bouchindhomme. Paris, Le Cerf (Passages).

Habermas J. (1990), *La technique et la science comme "idéologie"*, trad. de G.-R. Ladmiral. Paris, Gallimard (Tel 161).

Capítulo XX

Três filósofos franceses da diferença

1. Para situar os filósofos da diferença

- A filosofia francesa pós-estruturalista.
- A diferença do estilo e a desconstrução da identidade.
- A riqueza da filosofia francesa do fim do século.

PALAVRAS-CHAVE

• diferença • estilo • estruturalismo • identidade • linguagem • niilismo • pós-modernismo

No início da segunda metade do século XX, o pensamento francês passa por tendências que podemos caracterizar sumariamente:

- em torno dos anos 50: o *existencialismo* (Sartre: *O Ser e o Nada*,[1] em 1943), saído da fenomenologia (Husserl, Heidegger): esta inspira também outros filósofos, como Maurice Merleau-Ponty (*Phénomenologie de la perception*, em 1945);[2]
- fim dos anos 50 e início dos anos 60: o pensamento *marxista* se impõe e tende a dominar. Sartre publica sua grande síntese existencial-marxista, *Critique de la raison dialectique*, em 1960;[3]

---

[1] *L'Être et le Néant*. Paris, Gallimard (Tel 1), 1995.
[2] Paris, Gallimard (Tel 4), 1976.
[3] Paris, Gallimard (Bibliothèque de philosophie), 1985.

- no decorrer dos anos 60: o *estruturalismo*, originalmente concebido pelo lingüista Ferdinand de Saussure (1857-1913), torna-se a abordagem característica das ciências humanas com Claude Lévi-Strauss (*La pensée sauvage*, 1962),[4] Roland Barthes e Jacques Lacan. Louis Althusser relê Marx a partir do estruturalismo (*Pour Marx*, 1965),[5] mas essa corrente estabelece com o marxismo relações muito ambivalentes, freqüentemente conflituosas. Mais que simples método, o estruturalismo tende a se desenvolver como uma filosofia total do ser humano individual e coletivo; ele se opõe à filosofia do homem centrada sobre o sujeito consciente racional e livre.

Os três filósofos apresentados aqui – Michel Foucault, Gilles Deleuze e Jacques Derrida – começaram a se impor no decorrer desse último período. Eles foram, em graus diversos, assimilados ao pensamento estruturalista, no qual, entretanto, não se reconheciam ou se reconheciam pouco. Foucault, Deleuze e Derrida explicitamente tomaram suas distâncias em relação ao estruturalismo. A evolução de Deleuze e de Derrida progressivamente acentuou as características *pós-modernas* de sua obra. A única filiação filosófica positiva e comum que podemos atribuir-lhes é Nietzsche. Mas Nietzsche não é precisamente um "pai". O "pai" filosófico a cuja lei eles tentam subtrair-se é Hegel.

Era difícil agrupar esses pensadores (aos quais outros, igualmente significativos, teriam podido ser juntados) sob um mesmo título: o de "filósofos da diferença" expressa essa dificuldade, que não deixa de ter seu paradoxo. Ele indica no máximo um "ar familiar" e faz justiça às diferenças irredutíveis que separam esses pensadores que muitíssimo pouco se comunicaram entre si em seus escritos, como se cada um tivesse querido respeitar a singularidade do outro. A respeito da "Di-

---

[4] Paris, Presse Pocket (Agora 2), 1985.
[5] Paris, Éd. de la découverte (Fondations), 1986.

Três filósofos franceses da diferença

ferença e suas variantes", François Laruelle observou que ela constitui a problemática "mais envolvente e mais compreensiva do pensamento contemporâneo" (*Les philosophes de la différence*).[6] Essa tentativa de reunião não deve fazer esquecer que os pensadores franceses da diferença expressam uma pós-modernidade particularmente acentuada.

1.1. A diferença

Caracterizar o último período – os anos sessenta e setenta – para o qual é possível falar, com alguma verossimilhança, de um *estilo filosófico francês original*, pelo termo de "diferença", comporta:

- que se trata, de fato, por um lado essencial (mas não exclusivamente), de *estilo*, ou seja, de práticas filosóficas que se distinguem de início pela forma, pela escrita, pela escolha lexicológica, pelo gosto da retórica: práticas freqüentemente *auto-referenciais*, ou seja, referidas a elas mesmas ou, ao menos, à *linguagem*, e não a algum sujeito, objeto ou tema extralingüístico; a diferença é, portanto, de início, a do estilo;
- que se trata de criticar ou de "desconstruir" todos os discursos e práticas da *identidade*; o alvo dessa desconstrução é imenso, pois ele se confunde com a filosofia e, mais geralmente, com o próprio pensamento ocidental, colocado sob o signo da *razão*, fundamentalmente respeitosa do princípio de identidade. Descartes é denunciado, mas também Hegel, porque a dialética sempre reencontra o um e o mesmo no termo da curva pelo outro. A diferença não se reduz à contradição ou à oposição dialéticas (que a síntese ou a totalização superam) nem à distinção lógica (a de uma espécie dentro de um *mesmo* gênero).

---

[6] Paris, PUF (Philosophie d'aujourd'hui), 1986.

Os filósofos da diferença desfazem as identificações, as localizações, as hierarquias, as separações estáveis, definitivas, absolutas, assim como o léxico metafísico que a elas se associa: essência, fundamento, universal, uno, sujeito, objeto etc. Eles cultivam a *metáfora* que, sem cessar, desloca o sentido e a referência dos termos. Assim como eles procuram também confundir por meio de seu próprio discurso as armadilhas da identificação, a rigor, é vão pretender expor sua concepção como se se tratasse de uma teoria ou de um conjunto de teses claramente enunciáveis e suportáveis. Eis ainda por que o termo "diferença" convém menos mal para lhes impor uma relativa e paradoxal identidade comum.

> Escrever (...) para não ter mais rosto. Não me digam para permanecer o mesmo: é uma moral de estado civil (Foucault, *L'archéologie du savoir*).[7]

Onde as diferenças afirmadas pelos filósofos da diferença se pretendem *positivas* são as diferenças que produzem a diversidade e a multiplicidade irredutíveis, ao mesmo tempo em que as singularidades e as descontinuidades insuperáveis ou superáveis de modos não convergentes.

Existe hermenêutica na filosofia da diferença, mas uma hermenêutica – uma liberdade de interpretar, de "fazer sentido" – que teria rompido com suas conivências idealistas e fenomenológicas. Uma hermenêutica fragmentada, que não refere a nenhuma unidade ou totalidade de sentido original ou final.

As filosofias da diferença conotam por vezes mais o empirismo, o positivismo ou o nominalismo do que o idealismo e a metafísica. Mas trata-se, de fato, de uma conotação (questão de estilo) e, sem dúvida, não de uma identidade.

---

[7] Paris, Gallimard (Bibliothèque des sciences humaines), 1987.

Essa hermenêutica que conota o empirismo e destrói o idealismo reconhece tão-somente uma tradição e um mestre: o niilismo – negativo e, principalmente, afirmativo – de Nietzsche. A filiação com Marx e com Freud – os outros dois "mestres da suspeita" – é real, mas mais ambivalente, porque associada à denúncia de tudo aquilo que ainda os liga à tradição racionalista e idealista.

1.2. E depois?

Foucault, Deleuze e Derrida são sem qualquer dúvida três nomes emblemáticos da filosofia francesa original dos anos sessenta e setenta. Seus escritos e sua influência (nela incluindo o além-Atlântico) permanecem importantes na virada do milênio. Todavia, a partir da mesma época, diversos outros filósofos, igualmente significativos e atuais, inscreviam também *sua* singularidade: Emmanuel Lévinas (1906-1995), com uma sensibilidade particular pela ética; Michel Serres (nascido em 1930), talvez o mais atípico de todos os filósofos da diferença; Jean-François Lyotard (nascido em 1914), promotor do pós-moderno. Mas a filosofia francesa do fim do século XX não se reduz a esse movimento que constituiu, por um quarto de século, sua originalidade. Ao lado deste, que foi também e que permanece muito criticado (como particularmente verboso e lúdico), a filosofia francesa, no decorrer destas últimas décadas, notavelmente se diferenciou e se enriqueceu com todas as tendências. Seria abusivo dizer que uma delas domina ainda e sela a imagem de marca filosófica da França. Como se a diferença tivesse passado da linguagem para a realidade filosófica. A paisagem atual compreende, assim, personalidades e orientações que testemunham grande vitalidade e diversidade, em todas as direções: fenomenologia, hermenêutica, pragmática, filosofia analítica, filosofia das ciências e das técnicas, racionalismo crítico, ciências cognitivas, bioética, filosofia política...

Leituras Sugeridas

DESCOMBES V. (1979), *Le même et l'autre*. Paris, Éd. de Minuit (Critique).

HOTTOIS G. (1979), *L'inflation du langage dans la philosophie contemporaine*. Bruxelas, Éd. de l'Université Libre de Bruxelles (Séries 71).

HOTTOIS G. (1981), *Pour une métaphilosophie du langage*. Paris, Vrin (Pour demain).

LARUELLE F. (1986), *Les philosophes de la différence*. Paris, PUF (Philosophie d'aujourd'hui).

2. Michel Foucault e a arqueologia dos saberes-poderes

- A história: uma seqüência descontínua de estruturas subjacentes e inconscientes.
- Loucura e razão: a grande divisão da era clássica.
- A objetividade mortífera da ciência moderna.
- A ciência dissimula, sob o saber, as estratégias de poder e de desejo.
- O poder é difuso e não depende de nenhum sujeito.
- A ordem do discurso e a questão da linguagem.

PALAVRAS-CHAVE

• arqueologia • ciências humanas • ciência moderna
• descontinuidade • desejo • discurso • epistemê • estrutura
• força • história • homem • linguagem • loucura
• medicina • modernidade • poder • política • razão • saber
• vontade de saber

Nascido em Poitiers em 1926 de um pai cirurgião, M. Foucault faz estudos de filosofia, de psicologia e de psicopatologia. Professor em diversas universidades francesas e no estrangeiro, ele é nomeado, em 1970, para o Collège de France, onde ensinará até sua morte (1984).

Suas obras principais analisam temas geralmente escolhidos nos limites da ordem simbólica, em que a linguagem–instituição se desregula ou é violentamente contestada: a loucura (*Histoire de la folie à l'âge classique*, 1961),[8] o crime (*Surveiller et punir*, 1975),[9] a sexualidade (*La volonté de savoir*, 1976).[10] Sua atenção se dirige sobre a apreensão desses lugares e momentos de desordem por saberes científicos novos, como a psiquiatria ou a criminologia. É também esse interesse pela emergência de novas "ciências humanas", no contexto da cultura e das instituições de uma época, que está no cerne de sua obra mais conhecida: *Les mots et les choses* (As palavras e as coisas) (1966).[11]

Em *L'archéologie du savoir* (1969),[12] Foucault se esforça para teorizar seu "método". Ele finge, desse modo, dar uma aparência "científica" a um empreendimento basicamente crítico da ciência e que permanece uma questão de estilo e de gênio pessoal, não muito passível de tematização e transmissível.

2.1. Da história e da epistemologia à arqueologia dos saberes

Foucault denuncia as representações correntes da história e da epistemologia.

Da história: a História com letra maiúscula, que tem um início e um fim e se apresenta como um grande relato contínuo e com sentido. Essa representação antropoteológica da História se dá um Sujeito: o Homem ou, mais precisamente, a consciência e a liberdade em ação no tempo e no mundo, que resplandecerão no Fim.

---

[8] Paris, Gallimard (Tel 9), 1976.
[9] Paris, Gallimard (Tel 225), 1993.
[10] Paris, Gallimard (Tel 248), 1994.
[11] Paris, Gallimard (Tel 166), 1990.
[12] Paris, Gallimard (Bibliothèque des sciences humaines), 1987.

Da epistemologia: enquanto teoria em busca das formas *a priori* e a-histó-ricas do conhecimento ou ainda como reconhecendo a historicidade do saber (as formas são relativas a uma época), mas em sentido progressivo: a ciência evolui, mas essa mudança é um progresso contínuo em direção à verdade.

Cada época tem sua *epistemê*, ou seja, a grade simbólica, por meio da qual apreende todas as coisas, e que define, principalmente, o que ela chama de saber e de verdade. Essas estruturas não são "visões do mundo" (noção subjetiva e idealista); elas são inconscientes e, de certo modo, objetivas. Para uma determinada época, há uma *epistemê* comum, sub-terraneamente, nos diversos saberes, nas diversas práticas e nas múltiplas facetas da cultura. Essas estruturas determinam postos, funções, disciplinas, instituições, prerrogativas, das quais os indivíduos são investidos para exer-cê-las, sofrê-las e fruí-las. O que uma época chama de "racionalidade" é tão-somente uma expressão dessas estruturas que aparecem, mudam e desaparecem de modo contingente. Nenhuma razão universal as ultrapassa para estabelecer sua necessidade e seu encadeamento. Apenas o acaso as condiciona e suas diferenças são tais que a descontinuidade as envolve. De uma *epistemê* para a outra, não há continuidade nem progresso, mas ruptura. Elas são como que cristalizações simbólicas sempre diferentes.

A arqueologia foucaldiana dos saberes se esforça, por meio de uma atenção analítica aplicada ao conjunto do campo simbólico de uma época, para descobrir e explicitar a *epistemê* subjacente, que explica a emergência e o desenvolvimento de tal ciência particular. Essa arqueo-logia – que é, portanto, uma forma original de epistemologia histórica – foi exclusivamente aplicada por Foucault às ciências *humanas*. Os arquivos que ele utilizou são quase que exclusivamente *textos*.

2.2. A grande divisão: a loucura e a razão

A loucura deve ser reprimida, a fim de que:

- a razão seja possível, ou seja, o reino das identidades estáveis, até absolutas;

Três filósofos franceses da diferença

- a ciência moderna seja possível, porque ela depende da possibilidade de apreender elementos e relações perfeitamente identificáveis e estáveis (repetíveis);
- a história seja possível, porque a loucura é o contrário da história, compreendida como a realização progressiva de uma obra, de um trabalho, de um sentido.

Razão, ciência e história convergem na exclusão da loucura e até na esperança de uma redução da loucura, graças ao desenvolvimento de novas racionalidades e métodos científicos (psiquiatria, psicanálise), que assimilam a loucura a uma patologia, cujas causas são passíveis de serem descobertas e controladas.

Mas essa divisão inaugural da era clássica – e indiretamente da modernidade até hoje – é operada não contra a loucura (como se ela já estivesse lá) e a favor da razão (como se ela fosse diferente da loucura). Ela foi operada no seio daquilo que não tem nome próprio e que é anterior ao par razão-loucura tal como o conhecemos e utilizamos. A divisão inaugural é uma decisão que instituiu a razão *e* a loucura. Retroativamente, aquilo que não tem nome (a matriz caótica de onde vem e para onde volta toda estrutura, toda cristalização provisoriamente estável) foi assimilado à loucura. Essa identificação é a ilusão – a loucura – da razão moderna. Ela se agrava, fazendo da loucura um objeto para a ciência, como se a ciência pudesse dizer a verdade sobre a loucura, ao passo que é ela que detém a (não-)verdade de toda ciência e de toda razão. Pela apreensão científica da loucura, a razão tenta conservar o controle.

Segundo Foucault, a grande divisão se produziu no meio do século XVII. Ele inaugura a era clássica, antes da qual loucura e razão se comunicavam e não significavam, portanto, a mesma coisa que depois de sua cisão. A *epistemê* era diferente. Ora, não há "coisas" ou "significações" (por exemplo, *a* loucura) que preexistiriam e persistiriam, independentemente das estruturas simbólicas e das práticas sociais no seio das quais as coisas se tornam significantes e reais.

Entre Erasmo (1496-1536) ou Montaigne (1533-1592) e Descartes, uma ruptura e uma descontinuidade se inscrevem, marcando uma alteridade radical.

2.3. A arqueologia dos saberes objetivos do homem

Tomemos o exemplo da medicina (*Naissance de la clinique*, 1963).[13] Foucault situa no fim do século XVIII e no início do XIX a emergência da medicina moderna (objetiva, causal, experimental e técnica). Esse acontecimento postula uma mutação epistemológica que se refere não só ao saber, mas também às práticas, aos poderes e às instituições: linguagem, olhar e gesto foram transformados. A natureza daquilo que chamamos de "doença" foi radicalmente modificada.

A medicina tradicional apreende as doenças como realidades em si, entidades que têm sua essência e que devem seguir seu curso natural, cujo fim é a cura ou a morte. O médico pode apenas assistir esse curso da natureza no lugar mais apropriado, que é a residência do doente.

A linguagem da medicina moderna não tem medida comum com essa abordagem: ela fala de sintomas, procura causas sob a forma de agentes infecciosos que irritam os tecidos, descreve o papel do médico como ativo e decisivo. Seu olhar visa ao diagnóstico, ao prognóstico e à determinação da intervenção mais eficaz. Esse olhar que objetiva se prolonga nos gestos técnicos e armados de técnicas que permitem penetrar os corpos (como o estetoscópio e a prática da autópsia, que fundamenta a anatomia patológica). Porque o corpo objetivado é opaco: a fenomenologia dos sintomas não permite garantir, com toda certeza, a verdadeira causa. Para isso, é preciso analisar, operar, abrir. Essas práticas, porém, não são exercidas na família: o lugar apropriado da apreensão objetiva e operatória das

---

[13] Paris, PUF (Quadrige 100), 1993.

doenças e do tratamento dos doentes se torna o hospital. Com a mudança epistêmica, toda mudança, nela compreendendo o estatuto institucional da medicina, tornou-se profissão liberal, protegida e organizada em uma corporação.

Nessa história da recristalização da arte médica sob a forma de uma ciência moderna, Foucault insiste muito sobre a ligação entre a objetividade requerida e a morte. Apenas a autópsia de cadáveres permite dizer e ver suas verdadeiras causas. Ele fundamenta, sobre essa constatação, a tese segundo a qual o saber moderno e o tipo de verdade procurada rompem com a vida. Mudando de *epistemê*, teríamos passado de um "saber da vida" para um "saber da morte". Querer *conhecer* a vida no sentido moderno seria o contrário de um saber (ou arte de) viver.

> Conhecer a vida só é dado a um saber cruel, redutor, (...) que a deseja apenas morta.
>
> É à morte que a doença e a vida dizem sua verdade (*Naissance de la clinique*).

Em *Les mots et les choses*, Foucault analisa duas descontinuidades epistemológicas (a emergência da era clássica, e depois a da era moderna), no decorrer de um período que se estende do século XVII ao XIX. No cerne da mutação do clássico para o moderno, há a passagem de uma *epistemê* centrada sobre a *representação* (que domina a cultura clássica) para uma *epistemê* cujo foco é a *produção* (associada às noções de história e de evolução). Foucault segue nesse momento a emergência da biologia, da economia política e da filologia, que empreendem objetivar três aspectos essenciais do homem: como ser que vive, que trabalha e que fala. O aparecimento do tema do *homem* na cultura ocidental remonta, segundo Foucault, a essa época. Ele é imediatamente associado à vontade de conhecer e de objetivar. E tem, como justificação, o *humanismo*, que pretende que o aumento do saber objetivo sobre o homem caminha a par com a emancipação deste.

Notemos toda a ambivalência da relação de Foucault com Marx:

- Marx, como Foucault, analisa as estruturas subjacentes que explicam em profundidade as diversas facetas de uma cultura, de uma época e de uma sociedade;
- mas, para Marx, essas estruturas são fundamentalmente econômicas (meios e relações de produção), e a ciência que as descreve objetivamente é a economia política;
- para Foucault, as estruturas subjacentes não são exclusivamente nem prioritariamente econômicas; a economia política enquanto ciência humana é tão-somente uma expressão particular de estruturas e de forças mais profundas que ela não descobre;
- para Foucault, o marxismo é apenas uma forma de antropologismo-humanismo moderno, que repete, a seu modo, a História e o Homem com letras maiúsculas, crê no progresso, no sentido e na continuidade.

2.4. Saber, poder, desejo e palavra

Foucault tem a intuição de uma espécie de caos de fundo da realidade humana. Ele encontra, na superfície desse caos, estruturas, códigos, ordens, organizações de forças. Todas essas "racionalidades" são singulares e contingentes, aleatoriamente saídas do caos original. Elas se expressam nos ritos, nas tradições, nas instituições de uma cultura e de uma época; elas tornam possível a sociedade.

2.4.1. *Modernidade e vontade de saber*

A originalidade do mundo moderno jaz em sua modalidade própria de regulação do caos humano: ele regula com o auxílio do *saber, das ciências*. A vontade de regular, de controlar, de modificar a orientação toma a forma da *vontade de saber*. Ora, sob essa forma, a autoridade muda radicalmente de aspecto:

Três filósofos franceses da diferença

- ela parece *não subjetiva*: a autoridade da ciência e a legitimidade de seus enunciados são totalmente diferentes das do Príncipe, do Sacerdote ou do Iniciado; diferentes também das da Tradição. Todas essas autoridades não científicas remetem a um sujeito, individual ou coletivo, dos quais a ciência parece poder se dispensar;
- a autoridade do saber pretende a *objetividade*; sua legitimidade se refere às próprias coisas, ao real. Os sujeitos devem alinhar-se sobre as leis objetivas a partir do momento em que elas são conhecidas. Esse dever não é arbitrário e caprichoso, imprevisível, diversamente dos poderes impostos por uma subjetividade humana. Objetivadas, a permissão e a proibição tendem a se confundir com o possível e o impossível; o pecado, a falta ou o crime (a homossexualidade, por exemplo) são rebatizados como "doenças" (do indivíduo e/ou da sociedade).

O saber é o modo como o *poder* se impõe aos sujeitos sem ter o ar de emanar de sujeitos. O empreendimento de Foucault consiste em:

Definir as estratégias de poder que são imanentes à vontade de saber (*La volonté de savoir*).

Salientemos a que ponto essa abordagem da ciência moderna caminha inversamente à representação ordinária que, sob o léxico da verdade, da universalidade, da objetividade, da "neutralidade axiológica", apaga completamente a dimensão de poder e de força veiculada pelos saberes.

2.4.2. Características do poder moderno

O poder moderno, sob a forma do saber, não é mais que as antigas modalidades "pré-científicas" de exercício do poder separado do *desejo*.

A vontade de saber-poder é fonte de alegrias e de sofrimentos novos, ligados, particularmente, ao prazer e à dor que a humanidade sente na objetivação de si mesma. Foucault descreveu abundantemente o desejo de (auto-)análise, especialmente a respeito da história moderna da sexualidade. A articulação do saber-poder com o desejo e com o prazer manifesta que o poder não é apenas repressivo, mas também *produtivo*.

O saber-poder exige que tudo seja *dito*, explicitado, ou seja, analisado e objetivado. Essa é a condição do controle, mais particularmente do controle objetivo, suscetível de ser exercido por todos e por cada um, anonimamente, publicamente. A inflação dos "discursos sobre" (sobre a sexualidade, por exemplo, ou sobre a loucura) de modo nenhum é índice de uma liberação. Ela expressa apenas uma nova forma de controle daquilo que é, desse modo, infinitamente descrito e analisado: um controle *por meio do saber*.

Uma característica capital do poder moderno é a *multilocalidade*, a *ubiqüidade* de algum modo, mas não no sentido de uma vigilância universal e única que se salienta. Não existe um metapoder: o poder moderno associado ao saber não é transcendente. Ele é radicalmente imanente, inteiramente repartido por meio da multidão de sujeitos-objetos (indivíduos objetivados e que objetivam) em relação, que formam a sociedade. Existem, entretanto, lugares de maior densidade do poder: nas prisões, nos exércitos, nas escolas, nos hospitais etc.; em torno do sexo, da loucura, do crime... Foucault fala de bom grado de "micropoderes":

> O poder está em todo lugar. Uma rede sutil de discursos, de saberes, de prazeres e de poderes (*La volonté de savoir*).

O saber-poder de modo nenhum é propriedade do Estado, e a política científica de um Estado (encorajando tal setor da Pesquisa e do Desenvolvimento) nada tem a ver com a função política da ciência. O caráter difuso do saber-poder acarreta que ninguém (nenhum indivíduo, nem coletivo) pode apoderar-se dele ou governá-lo

Três filósofos franceses da diferença

O poder, portanto, não é referenciável a um ou diversos sujeitos conscientes: apenas aparentemente é combinado. Se ele organiza e parece caminhar por uma direção, é por causa da convergência dos micropoderes e dos jogos de forças locais. As estratégias de poder são intencionais (elas têm uma finalidade), e não subjetivas: essa finalidade não é colocada por um sujeito consciente.

A modernidade é, portanto, caracterizada por uma mutação das modalidades de ação do poder, cuja forma privilegiada é o saber. Estamos sob o controle da Ciência, mas esta não tem sua sede em nenhum Sujeito (transcendental): ela está entre todos os sujeitos, entre o indivíduo e si mesmo.

2.5. A questão da linguagem

Foucault se interessou por todas as práticas sociais e por todos os aspectos da ordem simbólica. Ele mostrou que as *epistemê* e as mutações epistêmicas são realidades dinâmicas complexas que empenham todos os aspectos da existência humana. Entretanto, deu atenção e importância especiais aos discursos, aos textos: à linguagem.

De início, porque a linguagem é o meio por excelência de articulação do poder, a partir do momento que ele se exerce sob a forma do saber. As ciências existem em seus enunciados. O poder do saber está concentrado na verdade dos enunciados científicos.

> É no discurso que poder e saber vêm articular-se (*La volonté de savoir*).

Em seguida, porque toda a sociedade sempre procurou canalizar, controlar e regular o discurso: não importa quem disse, não importa o que, não importa como, não importa quando. Ora, na época da vontade de saber e de verdade, essa regulação, essas divisões e delimitações do discurso são submetidas à autoridade da ciência. Para serem admitidos, reconhecidos, os discursos são cada vez mais obrigados a fingir a vontade de verdade, a mimar a ciência. Assim acontece com os discursos que falam do homem, obrigados a assumir, para serem críveis, a forma de "ciências humanas". Os discursos que não adotam esse estilo são excluídos como sem seriedade. Foucault diagnostica no Ocidente moderno uma "logofobia" específica: um temor da proliferação livre de discursos diferentes dos científicos. O medo das palavras "acontecimento", "imprevisibilidade", "descontínuo", "que provoca ruptura", "diferente", que não teriam a aparência da expressão de um sujeito consciente, preocupado em envolver sempre melhor a verdade.

A questão da linguagem intervém ainda de modo talvez mais radical. Em *Les mots et les choses*, Foucault afirma que o *Homem* é uma invenção simbólica relativamente recente, da qual ele crê distinguir o desuso próximo. Esse desuso é também o da anunciada filosofia moderna como sendo fundamentalmente antropológica, antropocentrada e humanista. Ora, é a partir desse horizonte moderno que as "ciências humanas" se desenvolveram no decorrer destes dois últimos séculos.

O que , segundo Foucault, está a ponto de tomar o lugar da questão do ser do homem? A linguagem, a questão do ser da linguagem.

> O homem está a ponto de perecer, à medida que brilha mais for-
> te em nosso horizonte o ser da linguagem (*Les mots et les choses*).

Como interpretar tal indicação?

Lembrando-nos de que a *arqueologia* foucauldiana encontra no fundo das ciências e das práticas humanas uma articulação – de estruturas e de descontinuidades – de natureza simbólica, mais especialmente lingüística, mas que não é a palavra de nenhum sujeito, de nenhuma consciência, e que não é a respeito do sujeito ou do homem. Essa articulação inconsciente organiza e desorganiza, não para o homem, mas para ela mesma, na multiplicidade das forças e dos acasos que a atravessam, rompem ou cristalizam. A questão do ser da linguagem é a dessa (des)articulação, da qual o "homem" (no sentido da antropologia

Três filósofos franceses da diferença

filosófica e do humanismo) é tão-somente uma figura contingente e efêmera.

2.6. Algumas perspectivas

Salientemos, como conclusão, alguns aspectos importantes de uma obra extremamente densa.

- Os livros de Foucault preservam, bem mais que os de Deleuze ou de Derrida, uma referência extralingüística e um estilo empirista, até positivista. Foucault fala de práticas, de instituições, de prisões, de hospitais, do sexo, dos médicos etc. Essa referência extralingüística é, entretanto, *in fine*, enganadora, porque todos esses referidos não são precisamente realidades que existiriam fora da ordem simbólica, que é, por prioridade, a ordem do discurso. É, portanto, da linguagem que Foucault fala e é, em última análise, a própria linguagem que dita o que ele diz.
- Foucault ilustra o niilismo. Um niilismo basicamente negativo, ainda que ele não negue a criatividade e a produtividade do não-senso e da contingência. Esse niilismo, que reconhece apenas jogos de forças aleatórias, não mantém nenhuma ilusão sobre o homem e sobre a história.
- Na paisagem da epistemologia contemporânea, Foucault depende do campo histórico-político-cultural, que se preocupa em mostrar como as ciências são condicionadas por todos os aspectos não científicos da sociedade, pela cultura, pelo direito, pelo político. As *epistemê* foucauldianas podem evocar os paradigmas de Kuhn. A importância dada por Foucault ao *poder* e sua concepção deste constituem a originalidade de suas análises.
- A epistemologia foucauldiana e as representações da ciência moderna que ela veicula são fundamentalmente

condicionadas pela opção de se interessar apenas pelas *ciências humanas* (ou no limite destas: alguns aspectos da biomedicina, por exemplo). O estatuto epistemológico das ciências humanas é singular e, desde sempre, controvertido. O par "palavra-coisa" nelas não funciona como nas ciências da natureza; as "coisas" tendem a nelas ter apenas realidade simbólica, lingüística. A questão da técnica e da operatividade técnica não é colocada ou aparece apenas incidentalmente e nunca no coração do saber, cujo poder permanece intrinsecamente simbólico. Estejam corretas ou não, as conclusões que Foucault tira a respeito das ciências humanas não são simplesmente transferíveis para as outras ciências, para as tecnociências contemporâneas. A propósito destas, a questão do poder se coloca também – e de modo central desde Francis Bacon –, mas de modo completamente diferente das ciências humanas.

• Uma originalidade do pensamento foucauldiano está em sua concepção do poder. Ele o dissocia não só da política no sentido comum, mas ainda, muito mais radicalmente, da subjetividade humana. A essência do poder não está na imposição por um sujeito de sua vontade a outro sujeito. Os sujeitos ocupam estruturas de poder e extraem fruição e sofrimento dessa participação nos jogos do poder. Mas o poder de modo nenhum é objetivo, se entendermos com isso pressões e forças físicas, materiais (que são, bem entendido, também *utilizadas* pelas estruturas de poder). Nem subjetivo, nem objetivo, o poder é simbólico ou estrutural: ele ordena os sujeitos e, por meio de sua representação, também certo número de objetos e de processos físicos, naturais e técnicos.

Três filósofos franceses da diferença

Leituras Sugeridas

Colombel J. (1994), *Michel Foucault*. Paris, O. Jacob.
Deleuze G. (1986), *Foucault*. Paris, Éd. de Minuit (Critique).
Hoy C. D. (ed.) (1989), *M. Foucault. Lectures critiques*. Paris-Bruxelas, De Boeck
Université (Le point philosophique).
Sheridan A. (1986), *Discours, sexualité et pouvoir*, trad. de Ph. Miller. Bruxelas,
Mardaga (Philosophie et langage).

3. Gilles Deleuze, fenomenólogo pós-moderno

- Da lógica da identidade e da referência ao alógico paradoxal do sentido.
- Por uma sociedade des-edipianizada e um capitalismo esquizofrênico.
- Pensamentos-rizoma em vez da árvore da razão.
- Um pós-modernismo simbólico no limiar das tecnociências.

PALAVRAS-CHAVE

• acaso • acontecimento • capital • capitalismo • corpo sem órgãos • (de)codificar • desejo • (des)territorializar • diferença • Édipo • esquizo-análise • esquizofrenia • experiência • identidade • inconsciente • jogo • lógica • máquina que deseja • metáfora • multiplicidade • niilismo • operativo • paradoxo • pós-modernidade • processo • psicanálise • rizoma • sentido • singularidade • sociedade • tecnociência

A existência de Deleuze (1925-1995) foi inteiramente consagrada à redação de sua obra. Suas primeiras obras são monografias, nas quais seu pensamento se esboça à margem de "grandes filósofos" (como *Nietzsche et la philosophie*, 1962)[14]. Em seguida, seus livros se tornam

---

[14] Paris, PUF (Bibliothèque de philosophie contemporaine), 1994.

cada vez mais pessoais e "fora das normas", irredutíveis à escrita tradicionalmente chamada de "filosófica", com referências entre as quais os filósofos de modo nenhum são maioria. A virada é feita desde *Différence et répétition* (1968);[15] torna-se radical com a *Logique du sens* (1969).[16] Em 1972, *L'Anti-Oedipe*,[17] escrito em colaboração com o psicanalista Félix Guattari, provoca escândalo entre os intelectuais e filósofos francesas de obediência freudo-lacananiana e marxista. É o primeiro volume de uma série intitulada "Capitalismo e esquizofrenia", que se encerra com *Mille plateaux* (1980).[18]

A obra de Deleuze, que conta com cerca de vinte e cinco títulos, é marcada por sua fidelidade e sua originalidade que são, em grande parte, as de uma linguagem com seu vocabulário metafórico privilegiado: nômade, sedentário, acontecimento, singularidade, experiência, (des)territorializar, multiplicidade, (de)codificar, rizoma, esquizo-análise, corpo sem órgãos, processo, máquina, estrato etc.

Assim como o de Foucault, o pensamento de Deleuze cresceu à sombra do de Nietzsche e da questão do niilismo afirmativo. Ele participou, com um estilo particularmente radical, na destruição contemporânea da modernidade, de Descartes a Hegel.

3.1. A lógica do sentido

3.1.1. *A negação do sentido na lógica clássica*

A fim de compreender o porte do livro de Deleuze, é útil precisar aquilo que diz respeito ao sentido na lógica contemporânea clássica (desenvolvida a partir da metade do século XIX com os

---

[15] Paris, PUF (Épiméthée), 1993.
[16] Paris, Éd. de Minuit (Critique), 1989.
[17] Paris, Éd. de Minuit (Critique), 1973.
[18] Paris, Éd. de Minuit (Critique), 1980.

trabalhos dos matemáticos George Boole e Augustus De Morgan). A filosofia foi exemplarmente expressa pelo *Tractatus logico-philoso-phicus* (Wittgenstein).[19] Com efeito, tudo é estabelecido para afastar a questão do sentido ou para reduzi-la:

- a significação de um termo é identificada com o referido (objeto extralingüístico) que designa; a de uma proposição com o fato que ela descreve ou com suas "condições de verdade" (qual fato deve acontecer para que ela seja verdadeira?);
- a verdade de uma proposição consiste em sua adequação ao fato que ela descreve; a verdade é, portanto, objetiva e elimina qualquer referência ao sujeito (que afirma a proposição e percebe o fato);
- palavras, enunciados e inferências devem respeitar os três princípios do pensamento lógico: identidade, não-contradição, terceiro excluído. Eles definem o pensamento lógico como estritamente binário e estável: "A é A", "ou então A é verdadeiro (positivo), ou então A é falso (negativo)", "se A é verdadeiro, então não-A é falso" etc.

A filosofia da lógica clássica submete o discurso à lei da referência (a realidade extralingüística, seja ela empírica ou ideal) suposta estável, una e universal. Ela postula que a referência é indiscutivelmente a mesma para todos os sujeitos que são, também eles, idênticos sob o único ângulo que importa: a razão única e universal.

Todavia, desde a Antiguidade e de modo renovado a partir do fim do século XIX, os lógicos constataram que essa evacuação do sentido e do sujeito em favor da referência e do objeto não se realiza sem suscitar dificuldade, especialmente *paradoxos*.

---

[19] Trad. de G.-G. Granger. Paris, Gallimard (Bibliothèque de philosophie), 1993.

Gottlob Frege (1848-1925) é levado a distinguir a referência e o sentido, sendo este concebido como um aspecto daquela, uma perspectiva, que os termos expressam a respeito de um referido único. O exemplo clássico é o planeta Vênus (referido único), igualmente mas diferentemente designado pelas expressões "estrela matutina" ou "estrela vespertina", cujo sentido não é o mesmo.

Bertrand Russell (1872-1970) elabora duas teorias lógico-filosóficas (a "teoria dos tipos" e a "teoria das descrições definidas"), a fim de resolver tecnicamente toda uma série de paradoxos ligados ao pressuposto segundo o qual os termos e enunciados da linguagem natural são basicamente referenciais. Ora, o reino exclusivo da referência só poderia ser aplicado a uma língua lógica depurada, que será o ideal do neopositivismo.

O filósofo e lógico americano Willard van Orman Quine (nascido em 1908) rompe com este último e recusa identificar a semântica (teoria da significação) apenas à teoria da referência e da verdade objetiva; ele considera que a *significância* é irredutível à referência e indispensável para explicar um grande número de fenômenos lingüísticos. Ele também mostra que o discurso implica sempre referência *e* significância, indissociavelmente, embora conforme graduações variáveis (por exemplo, alguns enunciados são muito mais diretamente referenciais que outros).

Outro modo de relativizar a referência e de reintroduzir uma dimensão de subjetividade ou de intersubjetividade é desenvolvido pela filosofia da linguagem ordinária (em reação ao ideal lógico da linguagem), com o segundo Wittgenstein e Peter F. Strawson (nascido em 1919), cuja abordagem pragmática define o sentido como *uso* e remete a referência a *um* uso particular da linguagem entre um número indefinido de outros.

A conclusão que se impõe é que o *sentido* sempre resistiu ao empreendimento lógico, que não cessou de tentar reduzi-lo a seu outro (a referência) ou de eliminá-lo ou de ignorá-lo (como fenômeno sem interesse, marginal ou residual).

3.1.2. *Uma teoria paradoxal*

Sobre o pano de fundo do que precede, compreendemos que uma "lógica do sentido" é um empreendimento impossível ou contraditório. O sentido é *aquilo* que não se teoriza, não se domina, não se deixa tematizar. Teoria e lógica valem apenas para a referência. Como sair desse impasse? Explorando o fato de que, aos olhos do lógico teórico, o sentido sempre se manifestou sob a forma de paradoxos e desenvolvendo positivamente uma teoria do sentido feita de séries de paradoxos. Assim se apresenta a *Logique du sens*, colocada sob o signo não da seriedade (lógica clássica), nem da ironia (nostalgia da seriedade), mas do *humor*, típico da sensibilidade deleuziana inspirada, nesse caso, por Lewis Carroll.

Entretanto, no que segue, jamais devemos esquecer de que Deleuze é filósofo e que aquilo que ele diz se refere não tanto aos termos e enunciados comuns (geralmente muito afastados do paradoxal), mas aos termos e enunciados filosóficos que sustentam a pretensão de expressar o *sentido último e verdadeiro das coisas*. É a seu respeito que se fragmenta a natureza paradoxal do sentido, que o discurso comum (a doxa) encontra apenas muito ocasionalmente e foge por definição.

- *Positividade dos paradoxos*: qualquer tentativa de apreender (identificar e submeter à lógica da identidade) o sentido gera paradoxos, ao sabor dos quais o sentido se manifesta e se dissimula (à identificação). Esses paradoxos tomam a forma do *círculo* ou da *regressão (proliferação) infinita*. Nenhuma estabilização do sentido, nem objetiva (pela referência) nem subjetiva (pela Razão transcendente ou transcendental) é possível. O sentido é: "A instância paradoxal (que...) carece de sua própria identidade, de sua própria semelhança, de seu próprio equilíbrio, de sua própria origem" (*Logique du sens*).

Mas essa fuga do sentido só é uma experiência negativa do ponto de vista do lógico (ou do metafísico) clássico. Ela é, na realidade, inteiramente positiva, pois essa mobilidade não cessa de produzir discurso e significação ao infinito. Assim, podemos indefinidamente construir metalinguagens, comentar-interpretar-explicitar textos (a hermenêutica), fiar metáforas poéticas e figuras de retórica.

Minha impotência em dizer o sentido daquilo que digo (é...) também o poder infinito da linguagem de falar sobre as palavras.

- *Disjunções negativas, produtos contraditórios, neutros e terceiros-incluídos*: o confronto do sentido com a lógica binária e da identidade se expressa pelos nem... nem... (disjunções negativas) ou pelos e... e... (produtos contraditórios) em relação às alternativas exclusivas e exaustivas, oferecidas pelo pensamento lógico. Desse modo, o sentido não é nem verdadeiro nem falso; nem particular, nem universal; nem coisa, nem palavra; nem material, nem ideal etc. O sentido é anterior (e posterior) a essas diferenciações, anterior (posterior) a qualquer diferenciação estável e ao espaço estruturado (diferenciado) que elas articulam. Ele é, portanto, ao mesmo tempo, coisa e palavra, verdadeiro e falso, particular e universal etc. O sentido é *neutro* ou *indiferente* em relação a todas essas distinções. Ele não cessa de *diferir*, ou seja, de produzir essas diferenças *e* de a elas se subtrair. Ele brinca com o princípio do terceiro-excluído ("A *ou* não-A e nada além disso"); ele é justamente esse terceiro não-atribuível que a lógica exclui. Ele está onde os opostos não se opõem mais ou ainda não se opõem.
- *Nem "bom senso", nem "senso comum"*: móvel, inatingível, múltiplo, o sentido jamais é *unívoco*; ele é ambíguo, ambivalente; não indica *uma* direção; ele pode, a qualquer momento, fiar em não importa qual direção. Ele não é nem sequer deli-

mitável em relação ao não-sentido. A partir da experiência do sentido, a oposição entre sentido e não-sentido e sua firme separação (ideal positivista e lógica) são desprovidas de sentido. Não existe sentido *verdadeiro*, pois o sentido é estranho à distinção entre verdadeiro e falso. Sentido e não-sentido se comunicam, intercambiam-se continuamente. Razão universal, Sujeito transcendental, Deus (etc.) são termos inventados para produzir a ilusão de um "bom sentido comum". Contudo, quando os perscrutamos, seu próprio sentido se dissimula.

- *Superfícies e profundeza*: o sentido não é "profundo", ao cabo de uma busca (análise, interpretação) que, finalmente, o desalojaria. Ele está nos efeitos de superfície, desliza no fiar das palavras, desposa os reflexos ondulados do discurso. A lógica ("o alógico") do sentido confunde os mitos da Altura e da Profundidade, todas as imposturas do "meta" (metafísica, metalinguagem), da origem, do fundamento, da essência e da verdade ou da realidade "por trás" das aparências.

- *Nem palavra, nem coisa*: embora inseparável da linguagem, associado à proliferação dos significantes, o sentido é tão-somente efeito do discurso: ele se refere ao real. Mas o real não é uma ordem estável de objetos imutáveis; o real é *acontecimento, experiência*. Ele "faz sentido" por ocasião da proposição que o "descreve". E esse acontecimento-experiência do "fazer sentido" por ocasião de um julgamento (proposição) é o sentido desse julgamento. O sentido é acontecimento e o acontecimento é sentido. Seu advento é sempre singular. A única localização possível para o sentido é, mais uma vez, intermediária, *entre* as palavras e as coisas, onde a linguagem e o fora-da-linguagem se articulam, diferenciam-se e aliam-se. Esse lugar, sempre móvel, é a experiência imprevisível e, portanto, não passível de predição, aberta. O sentido é acontecimento, que é experiência.

Essa descrição não deixa de evocar ecos fenomenológicos, mas de uma fenomenologia que teria renunciado completamente a qualquer nostalgia transcendental e essencialista. Porque o real, para Deleuze, é tão fugidio e instável, móvel e imprevisível, como a linguagem: ele é *devir*, radicalmente. É por isso que o sentido está tanto do lado do real como do da linguagem, e tal parceria não ajuda muito a identificá-lo.

A instância paradoxal do sentido destrói a síntese "ontológica", ou seja, a representação clássica, segundo a qual a ordem estável do real se reflete na ordem estável do discurso. O sentido é o que torna possíveis as ontologias, sem se deixar prender em nenhuma ordem ontológica. A fenomenologia deleuziana é poética, criadora de ontologias.

- *O jogo puro*: em geral, um jogo segue regras que canalizam o acaso, limitam a liberdade e determinam um vencedor. Esse jogo sério não é o jogo puro. Este, ao qual se atribui o sentido, não segue nenhuma regra definida; ou melhor, ele não cessa de inventar regras, cada jogada importa novas regras ou muda as regras da jogada anterior. O jogo puro não é segundo as regras; ao contrário, elas sempre são postas e depostas, transgredidas, modificadas pelo jogo puro. O jogo do sentido não respeita nem lógica, nem gramática: ele não se subscreve ao julgamento de não-sentido (fora do jogo) trazido pela lógica e pela gramática. O jogo puro é, ao mesmo tempo, o da linguagem e do mundo: ele está na origem das regras que, local e temporariamente, o discurso e o futuro parecem seguir.

- *A metáfora*: etimologicamente, "metáfora" significa "transposição" e, desde Aristóteles, "transferência de sentido". O sentido é metafórico. Não como o quer a retórica tradicional (subordinada à lógica), resultado de um afastamento imposto ao sentido próprio de uma palavra, mas anteriormente ao acontecimento de qualquer sentido chamado de próprio. A significação própria, bem identificada e definida, deriva do sentido metafórico, por delimitação, estabilização, separação. O sentido é metafórico, ou seja: ele é incessante transposição de si mesmo, jamais para onde pensamos tê-lo encontrado. Em rigor, não importa qual palavra é suscetível de expressá-lo (e de falhar). Algumas palavras, expressões e contextos chegam a ele melhor, entretanto, desde o momento em que eles são marcados por uma irredutível ambigüidade ou ambivalência, especialmente pela auto-referência. Essas expressões podem ser inteiramente artificiais, "desprovidas de sentido" e, ao mesmo tempo, ricas de "efeitos de sentido, de altura e de profundidade". Tais são os termos esotéricos e acrônimos (que operam a fusão de termos com significações opostas ou heterogêneas). Parodiando Carroll, a busca do sentido se torna, desse modo, a caçada ao Snark.

3.1.3. *Qual sentido para a "lógica do sentido"?*

Deleuze apresenta seu livro como "um ensaio de romance ló-gico e psicanalítico". Trata-se do sentido. Mas o sentido, segundo Deleuze, existe apenas no fio do discurso, ao sabor dos deslocamentos metafóricos que ele não cessa de operar. Esse livro também é auto-referencial: o sentido que ele quer dizer só tem existência na própria escrita desse livro, que deveria ser continuado metaforicamente ao infinito.

Ao mesmo tempo, entretanto, esse livro e esse sentido são expressivos de uma experiência característica da pós-modernidade, uma experiência que Deleuze não cessará de perseguir: a do niilismo afirmativo.

> Fazer circular a cabana vazia (do sentido) e fazer falar as singularidades pré-individuais e não pessoais, em suma, produzir o sentido, é a tarefa hoje (*Logique du sens*).

A partir das últimas seções da *Logique du sens*, a psicanálise se torna cada vez mais central. Isso não surpreende, à medida que o "alógico" do sentido está muito próxima da do inconsciente freudiano ou lacaniano. Todavia, mais profundamente, a experiência deleuziana terá de operar a desconstrução da psicanálise e se abrir à experiência do esquizofrênico.

3.2. O Anti-Édipo

A experiência do esquizofrênico é a de Antonin Artaud, figura de referência na crítica deleuziana da psicanálise freudo-lacaniana. Diversos aspectos dessa crítica não deixam de lembrar Marcuse e W. Reich.

3.2.1. *A crítica da psicanálise*

Segundo Deleuze, a grande descoberta de Freud foi o inconsciente como produtividade de desejo ilimitada, para a qual tudo é possível. Mas Freud teria recuado diante "desse mundo de produção selvagem e de desejo explosivo" que não reconhece nenhuma ordem. Ele dissimulou sua descoberta, descrevendo o inconsciente como significante e estruturado em torno de um único desejo: a libido sexual e sua evolução. Édipo está no centro dessa redescrição do inconsciente pela teoria psicanalítica.

Essa "edipianização" do inconsciente é repressiva e ordenadora (ela dirige e põe ordem). Essa ordem é a da separação das gerações e dos sexos, fundamento da identidade pessoal: "Sou filho de..., pai de..., esposo de...". Sua aceitação implica o reconhecimento da estrutura familiar (base da sociedade), da autoridade paterna (paradigma da Lei), da alteridade inacessível (o outro sexo) e da finitude com todas as suas delimitações, fixadas de modo essencial: o nascimento e a morte, eu e o outro... Aquele que aceita essa ordem é *normal e moral*, e, eventualmente, tão feliz quanto um homem pode ser.

Mas a edipianização acarreta um empobrecimento radical do desejo:

- o desejo é concebido como negativo. Ele é *falta* de um objeto preexistente e fixado pela natureza ou pela sociedade, objeto ao qual o desejo aspira e que permanece inacessível ou proibido (a mãe). Ora, o desejo é, ao contrário, originalmente positivo, produtivo, criador de realidade (de experiências novas) e livre de qualquer realidade predeterminada;
- o desejo é apresentado como *unívoco* (em sentido único): ele jamais significa algo além do desejo sexual e incestuoso, ainda que, por causa do interdito ou da impossibilidade que atingem esse desejo original, o desejo se expresse diversamente e vá de objeto em objeto. Mas essas metamorfoses são apenas máscaras e elaborações que transferem e sublimam o desejo edipiano. Contra esse desejo ético, Deleuze afirma que o "verdadeiro" desejo é múltiplo, polissêmico, livre de qualquer "bom senso" único imposto;
- o desejo é *culpável*: enquanto edipiano (incestuoso), ele o é fundamentalmente. Reconhecer essa falta e principalmente a lei que, na infância, todo indivíduo inconscientemente transgrediu é a única redenção psicanalítica. Ela consiste em transferir o desejo para outra mulher (que não a mãe) e a se tornar, por sua vez, pai, transmissor da lei. Essa culpabilidade do desejo faz pensar no pecado original e leva Deleuze, que defende a inocência do desejo, a falar dos psicanalistas como "novos sacerdotes".

Em suma, a edipianização constitui uma verdadeira "castração do desejo". O indivíduo edipianizado é também sempre mais ou menos neurótico, algumas vezes paranóico, a partir do momento em que ele superinveste a estrutura edipiana e se identifica menos com o "bom pai de família" do que com a Lei, o Juiz, o Poder centralizador, segregacionista e fascista.

O esquizofrênico é o indivíduo que resiste à edipianização ordinária e a qualquer psicanálise edipianizante: seu delírio irrefreável, incontrolável e radicalmente não significante o exclui do campo psicanalítico (e da sociedade, que o encerra).

3.2.2 *A crítica da sociedade capitalista burguesa*

Na realidade, a psicanálise edipiana está a serviço da repressão social: ela é seu produto e sua colaboradora. Resolver o Édipo é interiorizar a lei (do pai, mas também, e principalmente, da sociedade), respeitá-la e fazê-la respeitar, transmiti-la a seus filhos. Para Deleuze, a repressão social é primeira.

Toda sociedade é repressiva da multiplicidade caótica dos desejos. Toda sociedade canaliza os fluxos do desejo, impõe códigos (regras), fixa as identidades. Primitivamente, essa codificação social é inscrição sobre o corpo da Terra: a sociedade *territorializa*: ela identifica e fixa os indivíduos que desejam em relação a um recorte territorial que lhes atribui sua identidade simbólica (de Grego, de Servo, de Franco etc.). Essas codificações são a condição de existência e de permanência da sociedade.

A sociedade capitalista é, entretanto, inteiramente especial. Ela se caracteriza ao mesmo tempo pela desterritorialização e pela decodificação sem limites *e* por uma constante recodificação:

- *a decodificação ilimitada do capitalismo*: essa decodificação é intrinsecamente associada ao próprio capital e ao dinheiro como valor abstrato e onipotente (apto a ser substituído por não importa o quê), livre de qualquer uso imposto, suscetível de se concretizar sob não importa qual forma, permitindo a troca não importa qual valor e favorecendo uma circulação-desligamento universal. Como "decodificação generalizada", destruição de qualquer identidade e valor ontológicos, o capitalismo é profundamente niilista e esquizofrênico.

A decodificação dos fluxos, a desterritorialização do sócio formam, desse modo, a tendência mais essencial do capitalismo. Ele não cessa de se aproximar de seu limite, que é um limite propriamente esquizofrênico.

Embora se inspire em algumas análises de Marx, Deleuze se distingue claramente do marxismo, à medida que faz do capitalismo um julgamento, ao menos parcialmente, positivo (ele é libertador, esquizofrênico), e principalmente porque rejeita a recodificação associada à ideologia marxista, à sua concepção da História e da Sociedade futura;

• *as recodificações capitalistas*: enquanto deveria levar à experiência e à liberdade esquizofrênicas, trazidas pela decodificação generalizada das sociedades, o capitalismo não cessa de reintroduzir códigos, limites, identidades (de empreendimentos ou de funções, por exemplo). Ele não cessa de reencadear o desejo, de colocá-lo em ação, de funcionalizá-lo, mas para produzir sempre mais capital, ou seja, mais decodificação, desterritorialização, desregulação. Tal é a *sociedade capitalista burguesa*, que produz os esquizóides e os fecha, por falta de poder nomalizá-los por meio de Édipo.

Essa contradição da sociedade capitalista parece insuperável: a decodificação capitalista universal, caso não se acompanhasse de uma constante recodificação do desejo, levaria ao caos que nega qualquer sociedade. É por isso que o capitalismo é o limite de qualquer sociedade.

3.2.3. *A experiência exemplar do esquizofrênico*

Contra a psicanálise, Deleuze propõe uma "esquizo-análise", operando uma "des-edipianização" do inconsciente. Ela visa ao indivíduo e à sociedade. Sua importância é política: ela é revolucionária. É a sociedade (e a família que a representa) que transforma o esquizofrênico em doente: sua doença vem como reação à edipianização forçada. Como para Foucault, a loucura é uma construção sociopolítica. Em si mesmo, o esquizofrênico é "livre, irresponsável, solitário e alegre", revolucionário e nômade, radicalmente não-territorializado. Ele experimenta infinitamente as *máquinas do desejo* sobre o *corpo sem órgãos*.

Por *máquinas do desejo* Deleuze designa qualquer estrutura-processo que produz e consome. A noção é inteiramente transversal: ela se aplica indiferentemente ao físico, ao biológico, ao psíquico, ao societário, tanto ao homem como à natureza. Uma folha, um estômago, um olho, um seio, um fantasma, um livro... são máquinas que desejam. Elas se articulam entre si, se juntam e se dividem, entram em sinergia e em contraste, deixam passar, interrompem, mudam e trocam os fluxos do desejo. Elas concretizam transitoriamente a energia-desejo amorfa e infinitamente polimorfa.

O *corpo cheio sem órgãos* é esse desejo-energia sem limite e sem forma estável. Ele está aquém e além de qualquer organização, de qualquer organismo fixado e limitado pelas máquinas que desejam, que são os órgãos com suas funções social e biologicamente determinadas.

> As máquinas que desejam fazem de nós um organismo; mas (...) o corpo sofre por estar assim organizado, por não ter outra organização ou nenhuma organização.

O corpo sem órgãos se assemelha ao *ápeiron* de Anaximandro, à vontade de poder de Nietzsche, ao inconsciente pré-edipiano: ele é a matriz energética sem forma de todas as organizações e de todos os processos possíveis e impossíveis. É com o corpo sem órgãos que Édipo, a Família, a Sociedade, a Psicanálise rompem: eles impedem o indivíduo de a ele voltar, de se libertar de sua identidade e de seu sentido, de se tornar disponível para experiências de desejo novas. Embora ele esteja no limite totalmente indiferenciado, o corpo cheio sem órgãos foi diversamente designado no decorrer da História: ele foi a Terra, ele é, hoje, o Capital. É, com efeito, na superfície deste e tirando de sua onipotência que, na sociedade capitalista, tudo se troca, circula, se cria, se consome e se transforma.

O capital é de fato o corpo sem órgãos (...) do ser capitalista.

Inteiramente entregue à experimentação de novas máquinas de desejo na superfície de seu corpo sem órgãos, o esquizofrênico brinca com dualismos e hierarquias, com a ordem lógica e a cronologia, com alternativas (ou... ou...), que pretendem a exclusão e a exaustividade (o terceiro-excluído), assim como com contradições que tropeçam no impossível. O esquizofrênico mistura todos os códigos, particularmente o código binário: ele é pelo múltiplo e não pelo dual. Não submetido pela identidade, o esquizofrênico se entrega, "em um deslizamento rápido", ao livre jogo das identificações simbólicas transitórias e simultâneas.

Eu, Antonin Artaud, eu sou meu filho, meu pai, minha mãe e eu.

Schreiber é homem e mulher, pai e filho, morto e vivo.

Todos os nomes da história, é eu (Nietzsche, citado por Deleuze).

O esquizofrênico não (re)conhece o sujeito, ele não tem "eu" fixo, porque o eu se fixa apenas por meio de Édipo. As alegrias e os sofrimentos infinitos do desejo-delírio têm o preço dessa não-fixação.

Em *Mille plateaux* (1980), que encerra a série "Capitalismo e esquizofrenia", que inaugurava *L'Anti-Oedipe*, Deleuze repete: enquanto a psicanálise visa àquele que constrói seu eu, a esquizo-análise convida a encontrar seu corpo sem órgãos e a desfazer o eu.

3.3. Uma fenomenologia pós-moderna

• *A crítica da modernidade*: trata-se de recusar e de desfazer o mito da Razão em suas formas clássicas e contemporâneas, nelas compreendendo o racionalismo comunicacional e a ética da discussão (Apel, Habermas). Deleuze, como Lyotard, denuncia as ilusões e os abusos do *consenso*, nova figura do "bom senso comum". O racionalismo em geral e a modernidade dependem do Uno e do pensamento unificador, cuja metáfora diretriz é a Árvore. Sob sua forma mais simples, o racionalismo é dicotômico: o uno se divide em dois, cada metade se divide igualmente em dois etc. Mais complexo, ele pode fingir a acolhida da multiplicidade (os ramos, as raízes), mas levando-a de novo firmemente à unidade de um tronco comum.

Contra o "pensamento-árvore" ou o "pensamento-raiz", Deleuze pratica a metáfora do *rizoma*, que prolifera em todos os sentidos, desprovido de unidade, de centro e de ordem estável, e do qual "não importa qual ponto pode ser conectado a não importa qual outro". Não territorializado, o rizoma não reconhece nenhuma supercodificação (meta-código) unificadora. Ele é o lugar instável, móvel e metamorfo em que nascem, circulam e se perdem os códigos, e em que as diferenças mais radicais podem encontrar-se e juntas produzir um novo pedaço de rizoma. *Mille plateaux* é um produto do pensamento-escritura rizomático.

> Escrevemos este livro como um rizoma. Nós o compusemos de platôs.

> O livro não é imagem do mundo (...). Ele faz rizoma com o mundo (*Mille plateaux*).

O pós-moderno, assim como o niilismo, quer ser, definitivamente, não tanto negativo e reativo (crítico da modernidade), e sim positivo e criativo. Ele cultiva *diferenças* afirmativas, ou seja, diferenças pelas quais um ser (ato, acontecimento, valor, processo etc.) se afirma de um modo criativo por si mesmo, ao passo que as diferenças negativas ou reativas visam apenas a se distinguir do outro ou a se opor ao outro. Ao comer o cordeiro, o lobo não quer negar o cordeiro (o ser-cordeiro); ele se afirma lobo (ele afirma seu ser-lobo) muito simplesmente. A diferença como *singularidade* não é nem dialética nem lógica. Estas remetem sempre a uma unidade original, final ou eterna. A diferença dialética é negação da afirmação e alcança a unidade afirmativa da síntese; a diferença lógica é distinção estável no seio de um *mesmo* gênero.

- *Experimentar, funcionar, operar em vez de querer dizer*: o importante é experimentar, tornar-se, ver se isso funciona e o que isso faz. Esse experimentalismo é aberto, indefinidamente. Nenhum sentido primeiro ou último o guia, limita-o *a priori*, antecipa-o. As metáforas maquinistas de Deleuze são desconstrutivas do querer dizer e do significar, características do idealismo. Livro, vespa, órgão, orquídea... são máquinas e experiências. Máquinas que funcionam por si mesmas e, ao se conectarem, são também experiências que o indivíduo pode alcançar simbolicamente, se o seu desejo a elas o leva: tornar-se lobo, árvore, vespa, flor... ramificar-se sobre um livro.

- *Conectar as diferenças*: no rizoma que prolifera, a coisa caminha em todos os sentidos, tudo funciona, e as próprias disfunções são freqüentemente criativas. As máquinas rizomáticas se conectam umas às outras e essa aptidão à conexão é muito aberta e móvel. A natureza e a evolução natural oferecem uma infinidade de exemplos de simbioses e de ecossistemas funcionais, assim como de organizações inauditas, mutações que têm sucesso. Acontece o mesmo com o mundo dos objetos técnicos (conforme o mostrou G. Simondon) e com o mundo da cultura, com inumeráveis mestiçagens. Mas há mais: a aptidão à conexão não está confinada ao interior de alguma ordem nem de algum reino. As conexões e organizações rizomáticas fazem entrar em sinergia as heterogeneidades mais radicais, transpondo todas as diferenças chamadas de "ontológicas". Minerais e vegetais e animais e técnicas e ciências e símbolos: a vespa e a orquídea, o órgão e a máquina, a bactéria e o reagente químico, o fantasma de um erudito e o embrião na proveta, uma sensação presente e uma lembrança sepultada, o estribo, o homem, o cavalo e um novo modo de conduzir a guerra...

As conexões das singularidades (ou das heterogeneidades) não devem ser remetidas a nenhum centro referencial comum nem a ser projetadas sobre alguma superfície universal e homogeneizante. Nenhum pensamento único, nenhum sujeito transcendental, nenhum campo universal de representação permite reuni-los com o uno e com o mesmo. Pensar, representar – de formas variadas e irredutíveis, como os jogos de linguagem de Wittgenstein – são ainda processos, modos de funcionar (ou de não funcionar ou de disfuncionar), máquinas (de desejo e/ou repressivas).

A fenomenologia pós-moderna de Deleuze se mantém na descrição dessas conexões, que são metáforas (transferências, comutações) reais, fazendo caminhar junto, na multiplicidade e na metaestabilidade, os seres vivos, os artefatos e os símbolos. Embora se expresse na unidade relativa do livro, essa fenomenologia não respeita evidentemente a diferença dos gêneros: ela alimenta, ao contrário, a comunicação das literaturas, das ciências e das filosofias...

3.4. Alguns problemas

3.4.1. *A questão ética*

O pós-modernismo se caracteriza por uma opção *estética*, centrada sobre a experiência-fruição (de início, sensorial) e a criação; a fenomenologia é *descritiva*, explicitadora, por vezes interpretativa. Nem uma, nem outra se preocupam com a ação e as conseqüências da ação (ou da inação). Como não há hierarquia estável dos valores, como existem apenas diferenças, a fenomenologia pós-moderna é incapaz de *julgar*. Isso não impede que ela possa escolher, ou seja, preferir (questão de prazer, de desejo e não de dever moral) uma diferença a outra. De modo esquizofrênico, a fenomenologia pós-moderna se declara irresponsável e inocente, como o próprio desejo.

Essa atitude é, evidentemente, criticável. Todas as criações, todas as experiências, todos os desejos são "bons" para realizar? Se o ser-lobo que devora o cordeiro afirma de fato uma singularidade positiva para ele, do ponto de vista do cordeiro esse acontecimento é simplesmente a negação (atroz) de sua própria singularidade de ser-cordeiro. Podemos argumentar que ser devorado pertence ao "destino" do ser-cordeiro, faz parte de algum modo de seu ser-cordeiro. Contestável até no plano dos seres naturais (o cordeiro não deseja ser devorado), essa consideração é totalmente inaceitável no plano humano. Uma diferença humana repousa precisamente no fato de que o homem não segue suas pulsões e desejos como uma multiplicidade de instintos ou de tropismos. É nessa diferença que a ética – e a liberdade humana que é irredutível ao jogo do desejo – encontra lugar para se estabelecer.

3.4.2. *A questão da sociedade*

A questão da vida em sociedade está próxima da questão da ética, que não pode fazer a economia de alguns princípios, ainda que apenas o de respeitar as diferenças (os outros), à medida que elas não usam nenhuma violência ofensiva. Vemos com dificuldade como uma sociedade segundo o coração de Deleuze seria possível, pois tal sociedade seria desprovida de qualquer organização estável. Ela subordinaria toda organização a sinergias e a cristalizações temporárias e aleatórias, provindas de caprichos dos desejos individuais. A esquizo-análise é destrutiva da interiorização da ordem social (os códigos) pelos indivíduos. Ela é, por conseguinte, destrutiva dessa própria ordem, à medida que a persistência desta, enquanto instituição humana, tem como base apenas os indivíduos e as relações codificadas que eles mantêm. É possível conceber sociedades desterritorializadas (não solidárias de um território), mas não sociedades sem códigos (regras, leis) e despreocupadas com o princípio de realidade. Toda sociedade deve ter uma organização limitadora e reguladora dos desejos individuais, mas essa ordem social pode mudar, evoluir, reformar-se.

A esquizo-análise só pode, portanto, se referir ao indivíduo e, no seio de uma sociedade determinada, apenas a um número limitado de indivíduos, sob o risco de desagregar a sociedade. O próprio esquizo-frênico é viável apenas nas margens de uma sociedade suficientemente organizada e flexível para tolerá-lo.

3.4.3. *A questão das tecnociências*

Deleuze reconhece diferenças irredutíveis entre ciências, filosofias, literaturas, assim como as múltiplas possibilidades de conectá-las umas às outras. Ele se recusa a reunir tudo a um discurso ou a um jogo de linguagem dominante ou global. Por outro lado, seu estilo – seu léxico, suas metáforas – conota fortemente a técnica, a máquina, o operativo, o funcional, em contraste com o vocabulário idealista do sujeito, da consciência e da intencionalidade. Por fim, ele chega a tirar seus exemplos do mundo dos objetos e dos processos técnicos. Seu pensamento dá provas de uma sensibilidade inegável em relação à operatividade técnica efetiva.

Essa sensibilidade tem, no entanto, limites muito estritos, que a confinam muito mais ao mimetismo simbólico, e não encorajam uma abertura e uma atenção efetivas às técnicas e às ciências conforme sua dimensão operativa. Para Deleuze, as ciências permanecem basicamente uma questão de discurso e as experiências são as que o indivíduo pode fazer com seu equipamento "natural". Ele não visa muito aos possíveis operatórios concretos das conexões biotecnológicas ou neurotecnocientíficas. Apenas excepcionalmente ele se aventura pelos caminhos da mutação-experimentação-operação dos seres vivos humanos, cujo imaginário tecnocientífico é ávido e que agitam os comitês de (bio)ética. O *cyborg* lhe permanece estranho, assim como os futuros que poderão gerar as organizações e conexões inauditas e múltiplas dos seres da natureza, dos seres técnicos e dos seres humanos. É preciso fazer todas as experiências possíveis, mas *simbolicamente*. E sem psicofarmacologia:

> Chegar a se saciar, mas com água pura (*Mille plateaux*).

Essa contenção faz de Deleuze de fato um *fenomenólogo* moderno, muito aquém, por exemplo, de um Simondon – que era, ao mesmo tempo, filósofo e técnico amador – ou de um Engelhardt, resolutamente aberto à transformação da natureza e do corpo humano conforme aos desejos dos indivíduos.

Essa contenção merece diversos comentários.

Ela tem como conseqüência que Deleuze percebe mal alguns aspectos da sinergia entre o capitalismo e a técnica. Considerando apenas as emancipações simbólicas (decodificar, desterritorializar), ele interpreta a fuga para frente do capital como um simples movimento circular de decodificação, recodificação, decodificação... absurdo e contraditório. Ele não vê a parte enorme do capital investida na PDTC (Pesquisa e Desenvolvimento Tecnocientíficos), nas tecnociências que desterritorializam não só as identidades simbólicas, mas também, e principalmente, as identidades físicas, biológicas, antropomórficas, do mesmo modo que a natureza não cessou de fazer no decorrer da evolução. Reinsuflado na PDTC, o capital pode emancipar o homem não só em relação às instituições e codificações simbólicas, mas em relação às limitações que lhe impõem sua natureza biofísica, ou seja, em relação à "condição humana", à finitude. Estas não são abaladas pelo delírio do esquizofrênico, pela libertação simbólica do desejo, pela fenomenologia pós-moderna. Ao contrário. Simulando conceder imediatamente uma liberdade ilimitada, passível de fruição aqui e agora, convidando a se contentar com o jogo com as palavras e com o jogo com os sentidos, a esquizo-análise e a fenomenologia pós-moderna têm efeitos de desvio em relação à PDTC. No mesmo movimento, elas têm efeitos de conservação da "natureza humana" e da identidade do homem, não como Senhor da Criação, mas apenas como Senhor dos nomes da Criação. Um senhor simbólico, real prisioneiro de sua finitude.

Se Deleuze tivesse levado mais em consideração os desejos e os possíveis sem-limites que atravessam as dinâmicas tecnocientíficas que desterritorializam operativamente a natureza humana, sem dúvida ele teria encontrado as questões éticas que essas dinâmicas suscitam e em relação às quais os jogos simbólicos do esquizofrênico parecem benignos e infantis.

LEITURAS SUGERIDAS

BUYDENS M. (1990), *Sahara, l'esthétique de G. Deleuze*. Paris, Vrin (Pour demain).

MENGUE P. (1993), *Gilles Deleuze*. Paris, Belfond (Les dossier Belfond).

ZOURABICHVILLI F. (1994), *Deleuze: une philosophie de l'événement*. Paris, PUF (Philosophies 54).

4. Jacques Derrida e a escritura da diferança

- A experiência da voz e a ilusão do pensamento.
- Desconstruir a metafísica idealista.
- As estratégias da escritura contra o logofonocentrismo onipresente.
- Existem apenas signos de signos.
- As metáforas da diferança.

Três filósofos franceses da diferença

PALAVRAS-CHAVE

- a-referencial • auto-referencial • desconstrução • diferança
- escritura • estruturalismo • fenomenologia • fonocentrismo
- idealismo • indizível • jogo • linguagem • literatura
- logocentrismo • metáfora • querer-dizer • Sa (significante)
- Se (significado) • secundariedade • signo • texto • voz

A obra de Jacques Derrida, nascido na Algéria em 1930, já é abundante e sempre em curso de escritura. Mencionemos alguns títulos que se tornaram clássicos: a trilogia de 1967 (*La voix et le phénomène*;[20] *De la grammatologie*;[21] *L'écriture et la différence*[22]), *Marges de la philosophie*[23] e *La dissémination*[24] em 1972, *Glas* (1974),[25] *Éperons* (1978),[26] *La carte postale* (1980)[27]... Os textos de Derrida ilustram, talvez do modo mais radical, o fenômeno de inflação da linguagem na filosofia da segunda metade do século XX. Essa obsessão lingüística focaliza, na ocorrência, a *escritura*. A acentuação do tema da escritura funciona como um antídoto contra o idealismo, a metafísica, a ontologia.

4.1. A desconstrução do logofonocentrismo

4.1.1. *O que são o logocentrismo e o fonocentrismo?*

O logocentrismo caracteriza a História ocidental como gravitando em torno da noção de *logos* (que significa "razão *e* linguagem"). Mas

---

[20] Paris, PUF (Quadrige 156), 1993.

[21] Paris, Éd. de Minuit (Critique), 1967.

[22] Paris, Seuil (Point essais 700), 1979.

[23] Paris, Éd. de Minuit (Critique), 1972.

[24] Paris, Seuil (Point essais 265), 1993.

[25] Paris, Denoël/Gonthier (Bibliothèque médiations 203-204), 1981.

[26] Paris, Flammarion (Champs 41), 1991.

[27] Paris, Flammarion (La philosophie en effet), 1980.

essa focalização apaga a dimensão *lingüística* (material, sensível) do logos e retém apenas o pólo da *razão*, que é pensamento, sentido puro, ideal, espiritual. Esse esquecimento ou essa cegueira a respeito da linguagem e constitutiva do *pensamento* ocidental proviria, conforme as análises de Derrida, da experiência da voz, do enunciado oral que expressa aquilo que queremos dizer. A expressão oral é um significante de tal modo leve, efêmero, tão próximo do sujeito que fala, do qual ela não se pode destacar, que ele se encontra espontaneamente apagado, cozido, transparente, a ponto de dar a ilusão de que apenas importam e existem a consciência que pensa e as significações (intenções) que ela quer (dizer).

Essa ilusão da ausência de mediação lingüística (nascida da fraca consistência material da voz) que dá a consciência pensante como *imediatamente* presente a ela mesma e imediatamente presente ao sentido ou ao referido puro a que ela visa, constitui o *fonocentrismo* ("phonê" significa "voz" em grego). O idealismo, a metafísica, a ontologia, dele decorreriam.

> Quando eu falo, não só tenho consciência de estar presente àquilo que eu penso, mas (...) o significante parece se apagar ou se tornar transparente para deixar o conceito se apresentar a si próprio como aquilo que ele é, não remetendo a nada mais que à sua presença. A exterioridade do significante parece reduzida. Naturalmente, essa experiência é uma ilusão (*Positions*).[28]

Mas essa ilusão é estrutural, ou seja, necessariamente inscrita na própria prática da linguagem humana que, desse modo, suscitou todo um mundo (o mundo do pensamento, do espírito, das idealidades, do sentido, mundo espiritual e, portanto, ontologicamente distinto) e toda uma forma de vida (a vida pensante ou do espírito, a vida teorética ou ainda filosófica). No seio desse mundo e dessa vida, a multiplici-

---

[28] Paris, Éd. de Minuit (Critique), 1972.

Três filósofos franceses da diferença

dade, as diferenças e as contradições – a do sujeito e do objeto, por exemplo – parecem superáveis. Além disso, tradicionalmente, esse mundo e essa vida foram designados como a "verdadeira" pátria dos seres humanos, esses vivos *que pensam*.

O fonocentrismo tem como conseqüência uma desvalorização geral da linguagem, culminante a propósito da *escritura*. Esta é concebida como o muito marginal e imperfeito instrumento em vista da conservação do sentido enunciado. Material, a escritura entrega às misérias e aos acasos do mundo sensível o sentido puro que ela recolhe. Uma ordem hierárquica atravessa desse modo toda a história ocidental: 1) o real (= o Significado e o Referido); 2) a expressão oral (contingente, imperfeita, mas quase invisível); 3) a escritura (acessório-cópia material duradoura do oral). De 1 a 3, afastamo-nos da "própria coisa" (o Se/Re ou Significado/Referido), que se mantém pura, na origem, presente sem distância na consciência "que quer dizer". A escritura aparece, desse modo, no lixo do pensamento ocidental.

4.1.2. *A desconstrução do idealismo sob todas as suas formas*

> O logocentrismo é, *também*, fundamentalmente um idealismo.
> Ele é a matriz do idealismo (...); a desmontagem do logocentrismo
> é simultaneamente uma desconstituição do idealismo ou do espiri-
> tualismo em todas as suas variantes (*Positions*).

A desconstrução não se realiza sem lembrar a destruição heideggeriana da metafísica, à qual Derrida deve muito, mas ele considera que ela não foi muito longe e que acaba por renovar o logofonocentrismo, em vez de destruí-lo. A desconstrução designa o conjunto das técnicas e das estratégias utilizadas por Derrida para desestabilizar, fissurar, deslocar os textos explícita ou invisivelmente idealistas. Para esse fim, é preciso mostrar que materialidade (escritura) e "não-senso" (indizível) afetam os textos mais puramente espiritualistas ou idealistas ou, ainda, que os textos mais materialistas (positivistas, cientificistas etc.) apresentam cumplicidades logofonocentristas.

O logofonocentrismo é, desse modo, onipresente; sua desconstrução é uma tarefa difícil, astuciosa e infinita. Derrida sabe perfeitamente que não saímos da filosofia e, portanto, do idealismo. Podemos no máximo agir com astúcia e fazer de modo a não estar totalmente dentro. Podemos mostrar que aqueles que acreditavam e queriam estar completamente dentro também estão, em parte, fora, sem o saber. A partir do momento que utilizamos a linguagem, a ilusão estrutural age. Ela age de modo que não nos possamos impedir de secretar a metafísica, admitindo a possibilidade de desconstruir incansavelmente esse produto.

De início, Derrida dirige sua crítica desconstrutiva sobre duas correntes de pensamento contemporâneas, aparentemente opostas: a *fenomenologia* e o *estruturalismo*.

A respeito da *fenomenologia* de Husserl, ele põe em evidência todas as técnicas pelas quais a filosofia tenta colocar a linguagem (e mais especialmente a escritura) entre parênteses, a fim de considerar tão-somente o puro "querer dizer" da consciência, assim como as significações ideais, correlatas das visões intencionais dela. Ora, a linguagem resiste à sua colocação entre parênteses. Ela resiste tanto mais pelo fato de que a *escritura* (a forma mais material da linguagem) se revela como o instrumento estabilizador, que permite transformar as visões de sentidos fluidos e transitórios, experimentados pela consciência e na voz, em significações-idealidades essencialmente fixas. Essas significações-idealidades parecem quase-objetivas, independentes das consciências intencionais ou dos sujeitos que falam, que têm a ilusão de descobri-las como "dados". Elas parecem também independentes dos contextos e das mudanças.

Em suma, a escritura permite a autonomização do sentido em relação ao sujeito que fala. Ela é a condição da metamorfose do sentido em uma idealidade objetiva e permanente, que o sujeito pensante tem a ilusão de alcançar graças à intuição (visão espiritual) ou à intenção.

Mas a fenomenologia e a filosofia em geral revertem e apagam esse processo. O sentido é dado como primeiro e fundamental. A expressão oral e principalmente a escritura do sentido são apresentadas como acontecimentos segundos e contingentes, ao passo que ela é primeira e constitutiva, e a escritura se acha derivada e marginal.

Do *estruturalismo*, Derrida reconhece a contribuição desconstrutiva. O estruturalismo dessubstancializa a noção de sentido, assimilando-o a um jogo de diferenças, de oposições funcionais, de tal modo que os efeitos de sentidos diferenciados provenham da rede simbólica e não da realidade fora da linguagem (não de um Re/Se – Referido/Significado – que preexistiria à linguagem). Todavia, F. de Saussure, o inventor do estruturalismo, continua a manter, sob muitos aspectos, uma posição logocentrista: ele utiliza o vocabulário idealista (pensamento, mental etc.); distingue o Sa (Significante) e o Se como dois aspectos ligados, mas, ao mesmo tempo, radical e substancialmente distintos e, principal-mente, ele valoriza a linguagem oral (a palavra) em relação à escritura, que ele exclui do domínio da lingüística científica.

O campo da desconstrução derridiana é muito extenso; é até sem limites, mas apresenta zonas de intensidade e de qualidade muito diver-sas. Declarar-se empirista, positivista ou materialista não põe ao abrigo da suspeita. Essas posições continuam geralmente a crer na existência de um Re/Se fora da linguagem (o objeto, o fato, os dados, o nome etc.), que o pensamento (verdadeiro) refletiria e representaria, graças à linguagem e à escritura. Aqui também, o pensamento, de início, teria acesso diretamente à *presença* daquilo que está sendo e que ele repre-sentaria a seguir. Ora, segundo Derrida, não existe presença imediata; há apenas *representações*, *signos* e nunca Re/Se, nem no início, nem no fim da seqüência dos signos-representações. A repetição (a represen-tação, o signo) está na origem: o que é declarado como primeiro (a origem) é, de fato, derivado, segundo. Não existe origem nem um marco primeiro ou final, no qual o sentido poderia apoiar-se para de-ter sua derivação. Não existe, portanto, *história*: não há esse "tornar-se totalidade" percorrido por *um* sentido desde a origem até o fim, que envolveria tudo e dispensaria a significação própria de cada coisa e de cada acontecimento.

4.1.3. *Estratégias da desconstrução*

Tal como Derrida a formalizou, e embora ela não se reduza a essa técnica, a desconstrução é um duplo movimento de reversão e de neutralização. Se considerarmos um par de conceitos metafísicos – voz/escritura, espírito/matéria, por exemplo – sua desconstrução postula:

- uma fase de *reversão*, porque o par era hierarquizado e é preciso em primeiro lugar destruir essa relação forçosamente instituí-da; é preciso, portanto, afirmar a prioridade da escritura sobre a voz, da matéria sobre o espírito... Mas uma simples reversão opera apenas uma mudança de metafísica, um deslocamento no interior do círculo logocêntrico (do espiritualismo ao materialismo, por exemplo); ele não o abole.
- a fase de *neutralização* vai extrair o termo, valorizado pela etapa precedente, do par metafísico em que era tomado. A "matéria" não é a matéria tal qual era compreendida no par inicial. Ela não é "nem espiritual, nem material" no sentido metafísico desses termos. Revertido e neutralizado, o par desconstruído não encontra uma hierarquia em que o termo promovido conservaria simplesmente sua antiga acepção e revestiria os privilégios logocêntricos do termo rebaixado. A *escritura* (desconstruída) não é, portanto, nem a escritura no sentido ordinário (subordinado à voz), nem, na verdade, uma espécie de supervoz. Derrida utiliza, de bom grado, o prefixo "arqui" para designar o estatuto das noções desconstruídas. A *arqui-escritura* é a escritua na origem (e, portanto, a negação da origem), é a origem do par voz/escritura, assim como de todos os outros pares. O termo desconstruído se torna uma

espécie de *indizível* em relação à lógica binária de onde ele provém; ao mesmo tempo, ele se torna o *"archê"*, ou seja, a origem paradoxal da lógica binária – do par – em que ele era tomado.

A desconstrução se aplica a *textos*, na maioria das vezes textos da história da filosofia. A estratégia consiste em fazer aparecer nesses textos, aparentemente homogêneos e atravessados por uma intenção de sentido unívoco, termos *indizíveis*. Estes abalam e arruínam a bela lógica dos monismos e dos dualismos. Eles manifestam a parte de Sa (significante) em todo Se, a inércia da matéria na sutileza do espírito, as ambigüidades e aporias de um costume que se pretendia lógico. Derrida aplicou a desconstrução a textos de Platão (com o indizível "pharmakon", remédio-veneno), de Mallarmé (com o indizível "hymen", virgindade-matrimônio), de Rousseau (com o "suplemento": nem um mais, nem um menos; nem um acidente, nem uma essência) etc.

A desconstrução é uma prática de escritura que opera sempre à margem e sobre textos. Ela é radicalmente "secundária", e a mensagem que a acompanha é que tudo é segundo (ou secundário), que não existe um primeiro, um imediato. Existem apenas signos de signos, os Sa de Sa, e os efeitos de Se e de Re. Em nenhum lugar há um Se ou Re anterior ou último que comandaria a cadeia dos Sa e lhe atribuiria Sentido.

4.2. A difer*a*nça

Em 1968, Derrida intitula sua conferência na Société Française de Philosophie: "La différ*a*nce" ("A difer*a*nça"). Por esse grafema, ele indica diversos aspectos importantes de sua prática:

- a difer*a*nça é a diferença extraída do jogo binário do mesmo e do outro: é a arquidiferença, que arruína o culto da identidade e sua estratégia de recuperação tautológica ou dialética de qualquer alteridade, de qualquer diferença; a difer*a*nça está na origem de todas as oposições lógicas e dialéticas; isso implica que não há unidade originária antes das dicotomias conceituais e, portanto, que não há origem, porque a origem é sempre diferida, já é segunda, deslocada;

- a diferança marca, em relação à diferença, que é metafísica, um afastamento que se *escreve* (o *a*), mas que não se entende, que escapa à voz; isso lembra que a escritura é o reprimido, o inaudito do logofonocentrismo; a diferança é aquilo que nenhuma voz pode trazer à presença, pois ela é muda; silenciosa, em todo lugar ativa, em nenhum lugar presente; tal é a diferança;

A diferança difere (*Marges de la philosophie*)

- diferir é não ser idêntico e remeter para mais tarde; diferir é perpetuamente deslocar, confundir, deslizar; é também ser não-identificável, não-delimitável. Fonte de todas as diferenças, a diferança não é, entretanto, como uma substância ou uma energia produtiva, que existiria anterior e independentemente daquilo que ela produz; a diferança não está, literalmente, fora do deslocamento em todos os sentidos ilimitado que ela induz; ela *é* o devir, a deriva, a circulação universal dos signos;
- ela não é, portanto, propriamente falando, nominável; só a designamos por metáfora ou por metonímia e, desse modo, não importa qual termo pode servir-lhe de procurador provisório; a diferança é o deslocamento metafórico-metonímico sem origem dos Sa;
- se a diferança é anterior ao conceito e se ela só "difere" no fio dos deslocamentos metafóricos, a metáfora é também anterior ao conceito; o conceito é o resultado de uma decisão que rompe a metastabilidade polissêmica da metáfora. O conceito é o produto da seleção de *um* sentido metafórico,

cujo caráter metafórico (a inesgotável propensão de prolife-rar segundo significações diferentes) se desgasta e acaba por desaparecer. Assim acontece com as metáforas da luz e da sombra, que estão no ponto de partida de tantos conceitos filosóficos. Segundo Derrida, o conceito não é "superior" à metáfora; ele não diz de modo mais transparente e mais verdadeiro aquilo que a metáfora só poderia sugerir de modo canhestro. O conceito é apenas mais pobre, mais esquecido da latência instável do sentido e das infinitas possibilidades da retórica. O par metáfora/conceito é ele próprio metafísico, cristalização binária saída do jogo da diferança. A retórica precede a lógica e a dialética: ela é o solo movediço sobre o qual deslizam indefinidamente os signos e suas significações, que as conceitualizações-iden-tificações decididas bloqueiam localmente algumas vezes, principalmente na filosofia.

4.3. Escrever, deslocar textos

4.3.1. *A recusa do "querer dizer" e a cadeia a- e auto-referencial dos Sa*

Os textos derridianos não têm começo (eles são implantados sobre outros textos) nem fim (eles são pretextos para outros textos); são um momento do jogo da diferança. Rompendo com qualquer Se e qualquer Re, eles são uma cadeia ou um processo de Sas que "não querem dizer nada" nem nada designar. Nesse sentido, a escritura é a-referencial. Mas, ao mesmo tempo, ela "quer dizer" a diferança que escapa, precisamente, do regime do querer dizer. Como a diferança é a processão dos signi-ficantes em perpétuo deslocamento, ou seja, a escritura, esta refere de algum modo a si mesma, sem jamais poder apreender-se firmemente e bloquear o movimento metafórico. Nesse sentido, ela é auto-referencial. O Se ou Re da cadeia é a própria cadeia que prossegue.

(...) a escritura literalmente não-quer-dizer-nada. Não que ela seja absurda (...), ela tenta manter-se no ponto de sufocação do querer-dizer. (...) o jogo da diferança que faz com que nenhuma palavra, nenhum conceito, nenhum enunciado maior venha a resumir e comandar, desde a presença teológica de um centro, o movimento e o espaçamento textual das diferenças (*Positions*).

4.3.2. *Escritura e criação*

Cada Sa da cadeia designa a própria cadeia; mas essa designação "como abismo" é sempre carente, imprópria, metafórica. Ela apenas impele o processo para outro Sa. Desse modo, escritura, texto, diferança, jogo, cadeira, Sa, desconstrução, suplemento, pharmakon etc. querem e não querem dizer a mesma coisa. O jogo da diferança opera potencialmente com não importa qual signo e com todos; é toda a linguagem (que é in-finita) que nela se afunda e que dela jorra.

Essa metaforicidade universal e livre da escritura é positiva e criativa, e não simplesmente desconstrutiva da metafísica. Ela é dispensação, disseminação lúdica da linguagem e de seus signos. Jogo, mas sutil e que produz um prazer. Como o niilismo, a desconstrução é emancipação criativa, da mesma forma que é destrutiva.

Ela multiplica as palavras (...) em uma substituição sem-fim e sem fundo, cuja única regra é a afirmação soberana do jogo fora-de-sentido. (...) uma espécie de *potlatch* de signos (*L'écriture et la différence*).

Embora ela intervenha na maioria das vezes, mas não necessariamente, à margem de textos filosóficos, a escritura não é mais filosófica do que literária. Ela desloca as fronteiras dos gêneros. Ela é compósita. Essa abordagem da filosofia e da literatura ou da escritura em geral é justificada também pelo objetivo inicial da desconstrução do logofonocentrismo. Com efeito, este, que culmina no idealismo da filosofia, apaga a materialidade do Sa, ou seja, a escritura, a forma, o grafismo... A literatura, ao contrário, por ser arte e estilo, tem a preocupação de salientar a forma, mais que o conteúdo. Acentuar o *texto* filosófico leva a aproximar a filosofia da escritura literária.

Esse traço pós-moderno vai ao encontro da muito antiga (Platão) subordinação da arte e do literário à filosofia. Apenas esta última seria séria, porque preocupada com a realidade e com a verdade, ao passo que a arte e a literatura se comprazem na *ficção*.

Um gesto desconstrutivo consiste, precisamente, em reverter e depois neutralizar o par hierarquizado no seio do qual, desde a origem da filosofia, a realidade (verdade) prima sobre a ficção (falsidade).

4.3.3. *Uma efetividade ético-política*

A auto-referência e a auto-suficiência filosófico-literária não esgotam a obra de Derrida.

No decorrer de sua evolução, ela explorou dimensões "existenciais" (afetivas, psicanalíticas) da diferança, como o "double bind" (a indecisão desestruturante daquele que é tomado sob exigências ou ordens contraditórias).

Ela explorou também os efeitos "an-árquicos" da desconstrução. Uma preocupação principal desta é a liberdade. Ela comporta a insubordinação em relação a qualquer ordem natural ou institucional que se pretendesse absolutamente fundada e intransgredível.

Se ela tivesse de definir o homem, a escritura o diria *artificioso*, subtraindo-se a qualquer tentativa de lhe atribuir uma natureza ou uma essência, sempre a ponto de se reconstruir em outro lugar e diversamente, perpetuamente em devir e em deslocamento. *Homo technicus*, bem mais que *homo loquax*. E apesar disso. Essa potência criativa radical da humanidade só é, *de facto*, atualizada pela escritura de modo simbólico. Nesse sentido, como a maioria dos outros filósofos pós-modernos, Derrida confirma a finitude humana e se contenta em mimar simbolicamente sua transcendência técnica e sua infinita liberdade criativa.

5. Concluindo

Ao cabo dessa tríplice apresentação (Foucault, Deleuze e Derrida), alguns aspectos relativamente comuns podem ser destacados:

* uma *crítica do poder* sob todas as suas formas repressivas, de suas ordens e hierarquias opostas à *livre e múltipla afirmação das diferenças*;
* uma *contestação da filosofia tradicional*, compreendida como representando a ordem, o poder, as hierarquias, as delimitações, e fundando-as de modo absoluto; essa contestação visa especialmente ao racionalismo e ao eu-sujeito, sede da razão;
* uma *atenção à linguagem*, não como objeto de análise e de estudo lógico e científico, mas como matéria operada e operante; essa atenção é radicalmente imanente e rejeita a posição metalingüística fora ou acima da linguagem; ela é intervenção *adlingüística*, na margem dos textos; é por vezes provocadora de inflação e confina com uma espécie de fechamento a- e auto-referencial do discurso; ela põe, em todo caso, o problema do desprendimento excessivo de alguns discursos filosóficos em relação à sociedade e ao mundo em que o filósofo toma a palavra;
* *anti-naturalista, anti-essencialista e anti-fundamentalista*, a filosofia da diferença é, de certo modo, tecnicista e operacionalista, mas *simbolicamente*; ela é como o mimo lingüístico da operatividade e do poder tecnocientíficos ilimitados, dos quais, entretanto, desconfia e que denuncia por vezes como tecnocráticos; ela perpetua, portanto, de modo ambíguo, a definição clássica do homem como o "ser vivo que fala", o "animal simbólico" e a resposta simbólica à condição humana.

Os filósofos pós-modernos da diferença foram o alvo de numerosas contestações. Às críticas vindas de posições filosóficas tradicionalistas (metafísicas, espiritualistas, ontoteológicas), acrescentaram-se críticas saídas dos defensores da modernidade. Essa colocação em questão visa ao irracionalismo e ao anti-humanismo alegados do estruturalismo e do pós-estruturalismo francês, típicos dos anos sessenta e setenta. A expressão mais elaborada desse racionalismo progressista contemporâneo cabe à segunda Escola de Frankfurt (Apel, Habermas). Desde o fim dos anos oitenta, Luc Ferry, principalmente, deu-lhe uma voz na França.

LEITURAS SUGERIDAS

DERRIDA J. (1972), *Positions*. Paris, Éd. de Minuit (Critique).

GIOVANNANGELI D. (1979), *Écriture et répétition*. Paris, Union générale d'éditions (Le monde en 10/18. Esthétique 1350).

HOTTOIS G. (1979), *L'inflation du langage dans la philosophie contemporaine*. Bruxelas, Éd. de l'Université Libre de Bruxelles (Séries 71).

HOTTOIS G. (1981), *Pour une métaphilosophie du langage*. Paris, Vrin (Pour demain).

LARUELLE F. (1986), *Les philosophes de la différence*. Paris, PUF (Philosophie d'aujourd'hui).

STEINMETZ R. (1994), *Les styles de Derrida*. Bruxelas, De Boeck Université (Le point philosophique).

Capítulo XXI

Pós-modernismo e neopragmatismo

- Uma noção na moda, vaga e controvertida.
- LYOTARD:
  - O desaparecimento dos grandes meta-relatos da História.
  - A modernidade desviada pela tecnociência e pelo tecnocapitalismo.
  - Os problemas levantados pelo fim da razão universal.
- RORTY:
  - Crítica da "virada lingüística" da filosofia.
  - Crítica da filosofia como Superciência e Teoria do Conhecimento.
  - A ciência não está fora de debate nem é supracultural.
  - Do homem especular fechado para a humanidade poética e aberta.
  - Dissolver a pulsão da transcendência.
  - Entre a ironia e a solidariedade.
  - Da prioridade da democracia liberal sobre a filosofia.
  - Tomemos cuidado com o éden pós-moderno.

PALAVRAS-CHAVE

• ciência • ciências humanas • consenso • contingência
• conversação • cultura pós-filosófica • democracia • (re)descrição
• diferença antropológica • diferendo • direitos do homem
• discussão • estetismo • etnocentrismo • filosofia do espírito
• heterológico • história • humanidades (*humanities*) • ironia
• linguagem • linguagem comum • linguagem ideal • literatura
• liberalismo • meta-relato • modernidade • narração
• neopragmatismo • objetividade • Ocidente • poeta • pós-
modernismo • pragmatismo • pulsão de transcendência
• relativismo • solidariedade • tecnocapitalismo • tecnociência
• virada lingüística • universalismo • utopismo • verdade

O termo "pós-modernismo" tem uma significação e uma referência vagas, mais próxima da designação de uma "família" (no sentido de Wittgenstein) do que de um conceito claramente delimitado. Há também autores que se acham aparentados ao pós-modernismo por motivos diversos e que necessariamente nele não se encaixam. Esse é o caso, por exemplo, na filosofia, dos americanos Richard Rorty ou H. T. Engelhardt e dos franceses Jean-François Lyotard ou Michel Serres, ou ainda do italiano Gianni Vattimo.

O pós-modernismo encontra sua origem no domínio da arte, mais especialmente na *arquitetura* (o americano Charles Jencks), no decorrer dos anos setenta. Ele se opõe ao ideal arquitetural modernista, caracterizado pela valorização do funcional e da construção futurista, que rompe decididamente com o passado e que ignora a história. A ideologia modernista de bom grado corta e retoma o passado, mais do que tenta restaurá-lo ou articular o passado *e* o futuro em um espaço não homogêneo e plural.

1. Uma definição crítica do pensamento pós-moderno

1.1. Distância em relação à modernidade

O pós-moderno requer, de início, uma definição em oposição à época e ao mito da modernidade (cristalizado nos séculos XVII e XVIII), que se caracterizam:

- pelo universalismo racionalista;
- pela fé na ciência e na técnica;
- pela dominação-exploração da natureza pela humanidade;
- pela fé no fato de a humanidade se encarregar de si mesma: humanismo progressista;
- pelo desprezo do passado ou por sua integração ao modo de etapas históricas prévias que preparam ou anunciam a modernidade (os "grandes relatos");
- pelo utopismo.

1.2. Características do pós-modernismo

Descrito de modo positivo, o pós-moderno se caracteriza:

- pelo *hiper-culturalismo*: revalorização da riqueza e da diversidade históricas (historicismo) e culturais (tradicionalismo) da humanidade, das quais o homem pós-moderno retira sua água e as quais acomoda livremente. Sob esse ângulo, o modernismo é tão-somente *uma* tradição entre outras. O pós-modernismo é de bom grado fazedor de citações, eclético; sua originalidade também é tomada de empréstimo, uma questão mais de talento do que de gênio criativo;
- pela *rejeição de diferenças hierarquizantes*: todos os mitos, todas as histórias, todas as culturas, todos os jogos de linguagens-formas de vida têm seu valor próprio: nenhuma preferência pode ser

universalizada e objetivamente fundada, e menos ainda legitimamente imposta. O pós-moderno é tolerante, de bom grado mais relativista e cético do que dogmático ou fanático;

• pelo *abandono dos "grandes relatos"* da legitimação da civilização ocidental: história judaico-cristã, hegelianismo, positivismo, progressismo das Luzes, socialismo e marxismo, evolucionismo etc., que pretendiam, todos eles, conduzir a humanidade a uma salvação única e garantida. O pós-modernismo rompe com as grandes ideologias da História que outras correntes de pensamento prolongam (por exemplo, a nova Escola de Frankfurt com J. Habermas e K. O. Apel).

Podemos ainda acrescentar que:

• o pós-modernismo prefere o *pensamento analógico*, plurívoco, flexível, móvel, "fraco" etc. ao raciocínio unívoco, lógico, técnico, demonstrativo e normativo. Os *valores* pós-modernos são a tolerância, o pluralismo, a liberdade, o pacifismo; a *tonalidade afetiva* é o não-passional e o desapego "cool"; politicamente, o pós-moderno está ligado à democracia, à filosofia dos direitos do homem em um sentido amplo e ao cosmopolitismo; ele é a favor de uma economia talvez não de mercado, mas, em todo caso, de abundância e gerida de modo pragmático;

• tomando suas distâncias em relação a qualquer reivindicação da Razão, do Absoluto, da Verdade (etc.), o pós-moderno postula a regulação dos conflitos por meio da discussão e da negociação. Ele é a favor da elaboração de *consensos* e de *solidariedades suficientes* para desativar a engrenagem da violência. Mas os consensos são sempre factuais, contextuais e provisórios. Os *dissensos* são inevitáveis e enriquecedores em um mundo da diversidade em devir: é preciso apenas aprender a geri-los de modo pacífico. O consenso racional com objetivo universal, apresentado como uma necessidade e uma obrigação, fundadas na Razão ou na essência da linguagem, é uma ilusão que pertence ao Mito da Modernidade;

- o pós-moderno tem o sentido da *contingência* universal, nela compreendendo a da crença na Razão Universal, própria do Ocidente e a certo período histórico. Ele se acomoda com o caráter aleatório e local (terrestre) da vida e do homem, assim como a formas histórico-culturais nas quais a humanidade se expressou. Não parece crer muito na utopia de uma superação da condição natural-cultural do homem, a qual se trata apenas de gerir do melhor modo possível.

1.3. As principais críticas

A corrente de pensamento pós-moderna foi o alvo de objeções que provêm ao mesmo tempo daqueles que querem preservar as idéias modernas e daqueles que jamais aderiram a elas. Acontece, então, que o racionalista progressista e o integrista fundamentalista fiquem igualmente chocados pela mentalidade pós-moderna. Eis algumas das críticas formuladas:

- *A ausência de identidade bem definida e de consistência*, a fraqueza no plano intelectual e moral. A incapacidade de *julgar*, dada a inexistência de critérios que afirmaríamos como fundados e universais. Todo o pós-moderno estaria abandonado às preferências irracionais e flutuantes do gosto (que "não se discute"). Essa ausência de delimitação seria até cronológica: encontraríamos a mentalidade "pós-moderna" em todas as épocas, particularmente a *pré*-moderna, por exemplo, na Renascença, e Michel de Montaigne ofereceria uma excelente ilustração dela (ceticismo moderado, relativismo, pluralismo, tolerância, empirismo pragmático etc.). Talvez a mesma mentalidade caracterizasse os períodos de decadência, sincretistas, ecléticos.

- *O estetismo* e o *hedonismo*, freqüentemente indicados a propósito do pós-modernismo, refletiriam um neoconservadorismo satisfeito, próprio das sociedades desenvolvidas, assim como de uma ausência de criatividade e de originalidade. Os pós-modernos se contentariam em explorar e em fruir o patrimônio natural, histórico e cultural.
- *O abandono de qualquer dinâmica de universalização e de unificação* que tenha a preocupação pelo conjunto da humanidade seria, afinal, catastrófico. Tolerância, individualismo e etno-relativismo levariam à indiferença e alimentariam o egoísmo individual e coletivo, terminando na fragmentação da humanidade, segundo linhas de desigualdades e de injustiças ampliadas.
- *O irrealismo*: tanto no plano intelectual como no moral e político, o pós-moderno seria extremamente artificial, viável apenas sobre o fundo dos adquiridos (sociais, políticos, econômicos, tecnocientíficos) da modernidade, cuja desconstrução ou dissolução seria, em longo prazo, suicida.
- *O americanismo*: o modelo do pós-modernismo seria a sociedade americana que se apresenta empiricamente como a melhor forma de civilização pelo próprio fato da expansão planetária de seu modo de vida. Mas essa imagem dada do modelo americano estaria singularmente truncada em relação à realidade da sociedade americana.

Ao cabo dessa introdução muito geral do fenômeno da pós-modernidade, iremos apresentar os dois filósofos que ilustraram o pós-modernismo do modo mais ativo e mais original, embora com ênfases sensivelmente distintas: Jean-François Lyotard e Richard Rorty. Este último prefere hoje ser designado como um "neopragmatista".

2. Jean-François Lyotard na origem do pós-moderno

Pioneiro do pós-modernismo filosófico na França, J.-F. Lyotard (1924-1998) se preparou para esse empreendimento começando, primeiro, pelas diversas críticas contemporâneas das idéias modernas: a fenomenologia (Husserl), o marxismo, a Escola de Frankfurt (Adorno, Horkheimer), a filosofia da linguagem comum (Wittgenstein) etc., da qual, a seguir, denunciou também as cumplicidades modernistas. Sua abordagem associa de modo original a filosofia política e a filosofia da linguagem. Há todo um itinerário filosófico de Lyotard do qual não tratamos aqui: um pensamento inicialmente de inspiração marxista e crítico da fenomenologia, ao qual sucede, sob o signo de Nietzsche, uma filosofia do desejo não sem analogias com a série "capitalismo e esquizofrenia" de G. Deleuze. Essa filosofia denuncia o marxismo e prepara a tomada de consciência de uma "condição pós-moderna".

> Chegar a tomar Marx como se ele fosse (...) um autor cheio de afetos, seu texto como uma loucura e não como uma teoria (*Économie libidinale*, 1974).[1]

Sobre o pós-moderno, ele publicou especialmente:

> – *La condition postmoderne* (*A condição pós-moderna*) (1979).[2]
> – *Le différend* (*O diferendo*) (1983).[3]
> – *Le postmoderne expliqué aux enfants* (*O pós-moderno explicado às crianças*) (1988).[4]

---

[1] Paris, Éd. de Minuit (Critique), 1974.

[2] Paris, Éd. de Minuit (Critique), 1988.

[3] Paris, Éd. de Minuit (Critique), 1984.

[4] Paris, Librairie générale française (Le livre de poche. Bibliothèque essais 4183), 1993.

2.1. A derrota dos grandes meta-relatos modernos

Simplificando ao extremo, temos como "pós-moderna" a incredulidade em relação aos meta-relatos (*La condition post-moderne*).

Esses grandes relatos são as histórias e as representações mais gerais e mais fundamentais das que admitimos deter o sentido último e a justificação última daquilo a que os homens aderem e daquilo que empreendem. A grande função desses meta-relatos é a legitimação das práticas morais, sociais e principalmente políticas. Lyotard distingue dois gêneros: os *Mitos*, que justificam em função da Origem e fundam assim o presente, ao mesmo tempo em que o futuro; as *Histórias,* que buscam a justificação não no início, mas no Fim. A modernidade desenvolveu diversas grandes histórias, que gravitam todas em torno da idéia de emancipação da humanidade:

- o meta-relato mais característico da modernidade européia é o das Luzes (*Enlightenment, Aufklärung*): é a história do progresso da humanidade, graças ao desenvolvimento das ciências e das técnicas, à luta contra o obscurantismo pelo ensinamento para todos, em vista de uma sociedade igualitária e fraterna, liberta das escravidões da natureza, da ignorância e da injustiça. O Fim da história coincide com a vinda de uma sociedade emancipada e universal. Esse meta-relato do triunfo do racionalismo moderno continua a funcionar bem ou mal ainda hoje para justificar a PDTC;
- sob uma forma mais idealista e espiritualista, o meta-relato da emancipação progressiva aparece em Hegel como a história da Idéia sobre o caminho do Espírito Absoluto. Essa história é racionalização – uma reformulação conceitual e filosófica – do grande relato judaico-cristão, que ocupa um lugar intermediário entre o mito e a história;

Pós-modernismo e neopragmatismo

- a mesma estrutura se encontra ainda, mas sob uma forma totalmente secularizada, antropológica e materialista, no marxismo, que combina elementos tomados das duas formas precedentes.

Há muitos outros relatos-moldura (como, por exemplo, o da hermenêutica progressiva do Sentido ou do Ser) que matizam as narrativas dominantes.

Lyotard acredita poder constatar que os meta-relatos da modernidade obtêm cada vez menos a adesão dos homens; eles não são mais de fato toleráveis, ainda que continuem a funcionar de um modo mecânico. Eles permanecem, portanto, ainda com freqüência, implicitamente, a referência que legitima *in fine* e para a qual não dispomos de qualquer alternativa.

Os meta-relatos modernos se encontram desmotivados, porque não mantiveram suas promessas: o mundo progressivamente produzido e no qual vivemos não é o éden de liberdade, de fraternidade e de igualdade universais anunciado.

A história moderna é uma linha interrompida: as ciências conheceram evoluções radicais (na física, na biologia) e se tornaram "tecnociências", associando-se estreitamente ao capitalismo. O que aconteceu no decorrer da Segunda Guerra Mundial – Auschwitz – não pode ser recuperado por nenhuma razão (ainda que dialética: não há "Aufhebung" possível) nem assimilado por qualquer sentido. Além de exceder toda história aceitável pelos seres humanos, as abominações nazistas aniquilaram o próprio sentido da história.

Auschwitz é o crime que abre a pós-modernidade (*Le postmoderne expliqué aux enfants*).

Essa constatação da desagregação dos meta-relatos da modernidade coloca problemas importantes (de legitimação, de sentido). Mas ela não é obrigatoriamente desoladora e não deve inclinar à nostalgia.

Os grandes relatos não devem ser defendidos a qualquer preço. Sua intenção de unidade, de universalização, de totalidade e de totalização foi um fator de legitimação do dogmatismo, do fascismo e do totalitarismo. Foram a justificação de tantos males e abusos perpetrados em nome da única Verdade e do único Progresso concebíveis por aqueles (entre os quais numerosos intelectuais) que foram subjugados por esses grandes relatos. A derrota dos meta-relatos modernos é um penhor de tolerância, de pluralidade, de liberdade. Ela encoraja o respeito daquele que é diferente ou marginal, a consideração do singular e do particular, o reconhecimento da indeterminação e da contingência do acontecimento. Este não se encontra já sempre inserido na trama de uma história necessária, que terminaria bem ou mal, inexoravelmente.

2.2. O reconhecimento crítico da tecnociência

Embora fale de bom grado do "discurso" ou dos "jogos de linguagem" da ciência, Lyotard reconhece também que esta não é exclusivamente uma questão de debate verbal, que teria suas regras próprias, particularmente propícias à produção de acordos e de consensos. Ele reconhece:

> A fusão das técnicas e das ciências no enorme aparelho tecnocientífico (*Le postmoderne expliqué aux enfants*).

Sua concepção do saber não é exclusivamente logoteórica, e ele salienta a importância determinante da *operacionalidade técnica eficaz*, do melhor desempenho, como critério de avaliação (o antigo valor de "verdade") das práticas científicas. Mas ele descreve esse tornar-se tecnociência da ciência contemporânea de um modo fundamentalmente crítico. Lyotard nele vê a marca de uma ideologia tecnicista, tecnocrática e sistemista, associada ao grande capitalismo multinacional, que "destrói o projeto moderno com o ar de realizá-lo". A expansão e o domínio

Pós-modernismo e neopragmatismo

universais (globalização planetária das técnicas, das ciências e do comércio) do tecnocapitalismo apenas arremedam o ideal de emancipação universal dos indivíduos. A tecnociência atribui à modernidade a ilusão da perpetuação triunfal de seu ideal, ao passo que ela não propicia à humanidade nem liberdade verdadeira, nem igualdade, nem justiça, nem fraternidade. Ela subordina o saber ao poder, a ciência à política e à economia; ela segue a regra segundo a qual "a razão é sempre a do mais forte".

2.3. A valorização do diferendo

Lyotard tirou de Wittgenstein o sentido de uma diferença radical entre os "jogos de linguagem-formas de vida". Sua incomensurabilidade desqualifica qualquer metalinguagem que pretendesse fazer sua teoria unitária e que quisesse projetar suas diferenças sobre a superfície homogênea de um discurso único privilegiado. O *diferendo* é: a inexistência de um recurso "meta", habilitado a resolver as oposições a partir de regras e de critérios universalmente reconhecidos.

> Diversamente de um litígio, um diferendo seria um caso de conflito entre duas partes que não poderia ser dividido imparcialmente, por falta de uma regra de julgamento aplicável às duas argumentações (*Le différend*).

O discurso do universal e da razão não é, em si mesmo, mais que um jogo de linguagem entre os outros. Lyotard é muito crítico em relação ao modo tirânico do *consenso*, cuja elaboração filosófica se encontra entre os adeptos da nova Escola de Frankfurt (K. O. Apel e J. Habermas). Essa filosofia se esforça para perpetuar o grande relato moderno da emancipação universal, nela integrando elementos críticos, vindos da filosofia da linguagem, do marxismo, do freudianismo e das ciências sociais. Sua força de persuasão, porém, vem de suas cumplicidades com o sistema tecnoeconômico dominante, que tem necessidade do consenso e da adaptação dos indivíduos para funcionar eficazmente.

A valorização do diferendo e a crítica da universalidade não deixam, entretanto, de suscitar problemas muito difíceis e atuais. Como se satisfazer com a justaposição, sem comunicação nem regulação comum, dos indivíduos ou das coletividades com sua forma de vida, seu jogo de linguagem, sua identidade cultural próprios, esperando que tudo estará bem? O diferendo não é apenas fonte de diversidade; ele gera também desigualdades e conflitos. A modernidade quis ultrapassar – graças à invenção do *espaço público universal* e dos *direitos do homem*, e com a ajuda das ciências e das técnicas – a diversidade das entidades culturais e das histórias particulares dos indivíduos e dos povos. A modernidade convocou todos os indivíduos e todos os povos a progressivamente formar de modo unânime uma identidade universal – a da Razão e da Liberdade –, fim último da humanidade. O homem tradicional, pré-moderno, tinha apenas – em si mesmo – de perseverar e de brilhar em seu ser particular: seu ser grego, hutu ou Cashinahua etc. Não se trataria de dissolvê-lo em uma identidade universal prospectiva. Hoje, quando o meta-relato moderno se desagrega, as identidades tradicionais particulares tendem a ressurgir, algumas vezes com grande violência, sob a forma, principalmente, de renovações nacionalistas. Uma das causas desse retorno dos símbolos de legitimação tradicionais e locais seria a resistência à mentira da universalidade capitalista, a esperança frustrada da modernidade.

> Como saber se as guerras feitas pela instância singular (a França, os Estados Unidos, o Ocidente etc.) em nome da instância universal são guerras de libertação ou de conquista?
>
> O mercado mundial não realiza uma história universal no sentido da modernidade (*Le postmoderne expliqué aux enfants*).

Pós-modernismo e neopragmatismo

A única resposta do tecnocapitalismo ao perigo de explosão dos diferendos consistiria no consumo turístico e folclórico desses diferendos.

3. Richard Rorty e o neopragmatismo

Nascido em 1931, Rorty ensina filosofia no Departamento de "Humanities" da Universidade de Virginia. Depois de contribuir para o sucesso da expressão "pós-moderno", denunciou seus abusos e imprecisão e prefere, há alguns anos, voltar a uma autodescrição mais clássica (e que, por outro lado, jamais havia abandonado completamente), dizendo-se "pragmatista" ou "neopragmatista". Entre os "neopragmatistas", ele alinha, mas por razões muito diversas e conforme graus muito desiguais, uma série de filósofos americanos (Goodman, Quine, Davidson, Putnam etc.) que, dando à questão da linguagem uma atenção muito grande, superaram a filosofia "lingüística ou analítica", tipicamente anglo-saxônica, para reatar com a única tradição filosófica propriamente americana: o *pragmatismo*.

É esclarecedor distinguir dois grandes períodos na obra de R. Rorty:

- a crítica da filosofia anglo-saxônica, ou seja, da filosofia analítica e lingüística em: *The Linguistic Turn* (1967)[5] e *Philosophy and the Mirror of Nature* (1979) (*L'homme spéculaire*).[6] Esta segunda obra põe em questão a epistemologia e a ontologia modernas, que se prolongariam, modificadas, na filosofia contemporânea anglo-saxônica do espírito (*Philosophy of Mind*) e da linguagem;

---

[5] Chicago, University of Chicago Press, 1992.
[6] Trad. de T. Marchaisse. Paris, Seuil (L'ordre philosophique), 1990.

- a elaboração progressiva de um pragmatismo pós-moderno original, que põe a própria atividade filosófica em perspectiva: *Consequences of Pragmatism* (1982) (*Conséquences du pragmatisme: essais, 1972-1980*),[7] *Contingency, Irony and Solidarity* (1989) (*Contingence, ironie et solidarité*).[8]

Esse último período é mais centrado sobre a filosofia moral, social, jurídica e política, assim como sobre a filosofia da arte.

Rorty deve muito a Dewey, Wittgenstein e James. Mas seu pensamento também se abriu à influência de filósofos "continentais", como Heidegger, Nietzsche ou Gadamer. Trata-se de pensadores que pertencem à orientação hermenêutica, nos quais existe uma tendência a apagar as fronteiras entre filosofia e literatura. Rorty não cessou de contribuir para o desenvolvimento do diálogo entre os filósofos e os outros atores das "Humanities" (literatura, ciências humanas), assim como entre os filósofos anglo-americanos e os pensadores europeus "continentais".

3.1. Crítica da "virada lingüística" da filosofia anglo-saxônica

A esperança e a ambição da virada lógico-lingüística da filosofia eram superar, finalmente, os desacordos que sempre dividiram a filosofia tradicional. Tratava-se de adotar um ponto de vista, um método, uma linguagem comuns e efetivamente universais, para abordar as questões filosóficas tradicionais e resolvê-los ou dissolvê-los, colocando todos os filósofos de acordo.

Dois caminhos principais foram tomados: o primeiro consistia em regular os problemas, reformulando-os com o auxílio de uma lingua-

---

[7] Trad. de J.-P. Cometti. Paris, Seuil (L'ordre philosophique), 1993.
[8] Trad. de P.-E. Dauzat. Paris, A. Colin (Théories), 1993.

gem lógica ideal, isenta de todas as imperfeições da linguagem comum, fonte presumida dos problemas filosóficos; a segunda consistia em levar o uso metafísico dos termos a seu uso comum não problemático, mas mal observado pelos filósofos. Nos dois casos, os problemas filosóficos são reduzidos a problemas de linguagem; no primeiro, porém, a causa está na linguagem comum, ao passo que, no segundo, a causa está no uso filosófico desta última.

Em sua crítica, Rorty observa que há não só oposição entre os partidários de uma linguagem ideal e os fiéis a uma linguagem comum, mas que, além disso, o desacordo reina dentro de cada campo (a respeito da forma da linguagem ideal, a respeito da descrição do uso lingüístico comum). A diversidade polêmica insuperável das metafísicas ressurgiu, portanto, na pluralidade irredutível das filosofias da linguagem. Rorty conclui disso que é preciso abandonar o sonho clássico, e muito especialmente *moderno*, de uma solução filosófica universal, inspirada pelo mito da razão (logos) e o sonho de uma teoria definitiva. Os filósofos da linguagem apenas prolongaram esse sonho de forma nova. É, portanto, o postulado de uma solução universalmente convincente, ou seja, científica, lógica e racional, que é preciso denunciar. Esse postulado assimila a filosofia a uma espécie de "superciência".

3.2. Crítica dos privilégios do saber

3.2.1. *O primado do conhecimento*

Em sua obra maior, *Philosophy and the Mirror of Nature* [*A filosofia e o espelho da natureza*], Rorty combate uma constelação de crenças fundamentais, estreitamente associadas à filosofia ocidental. Trata-se, no fundo, do modo pelo qual a própria civilização ocidental se definiu, há mais de dois mil anos, mas principalmente desde a Renascença, e especialmente por meio da filosofia. Os principais componentes dessa constelação são:

- o primado do saber — da ciência — identificado com um projeto de representação adequada (verdadeira, objetiva, universal) do real;
- a determinação da filosofia como Ciência da ciência ou Teoria do Conhecimento, que define as normas e os critérios da cientificidade e da verdade;
- o privilégio concedido à faculdade humana de conhecer (espírito, razão, intelecção), idealmente descrita como uma espécie de *espelho* e dependendo de uma ordem de realidade superior ao real, material e mutante;
- a definição do homem como o ser essencialmente dedicado ao conhecimento (ideal da vida teorética).

Essa mitologia domina a filosofia desde sua instituição (ver Platão e suas metáforas da visão), mas ela encontrou um novo impulso na época moderna, sob o impulso de Descartes e de Locke, que levaram ao desenvolvimento da "filosofia do espírito" (*Philosophy of Mind*). Esta, de um lado, descreve a filosofia como a Superciência: ela é constituída pela reflexão introspectiva das experiências conscientes, a respeito das quais o sujeito que reflete não se pode enganar e às quais ele tem um acesso imediato. E, por outro lado, como a Teoria do Conhecimento: esta determina, sempre com o auxílio da reflexão *a priori*, os quadros, processos, critérios e as regras imutáveis de todo conhecimento, ou seja, de todas as outras ciências.

Essa descrição da filosofia do espírito vale, bem entendido, para a *Philosophy of Mind* anglo-saxônica, mas ela se aplica igualmente à filosofia transcendental (neokantismo) e à fenomenologia. Ela testemunha, simultaneamente, uma intensa valorização da ciência e a ambivalência da filosofia a seu respeito. Com efeito, à medida que a ciência moderna se tornou o paradigma do conhecimento, a filosofia é considerada na seguinte alternativa: ou ela é marginalizada pela relação com a ciência, pelo mesmo motivo que os outros aspectos da cultura, ou ela se apresenta como uma ciência superior, capaz de fundar *a priori* a ciência moderna empírica.

3.2.2. *A crítica do primado do conhecimento*

Essa crítica se refere ao lugar reservado ao conhecimento no conjunto da cultura e sua importância essencial na definição do ser humano. Ele leva a uma redefinição da filosofia.

A ciência, parte não privilegiada da cultura

Para Rorty, nenhuma prática humana pode ser fundamentalmente privilegiada em relação a todas as outras sobre a base de propriedades extraordinárias que a colocariam em relação com uma realidade transcendente. A ciência deve ser considerada como uma prática cultural ou social, um jogo de linguagem entre outros. As discussões científicas são, portanto, resolvidas como as outras por acordos entre os homens. Elas não podem ser resolvidas, em última análise, pela referência a um real radicalmente extralingüístico (o fato objetivo e a experiência evidente, *indiscutíveis*), ou por graça de um método ou o exercício de uma faculdade (intuição, reflexão), cujos resultados estariam *fora* de discussão. Em poucas palavras, a verdade científica não deve ser imposta, porque ela seria científica e, portanto, neutra, objetiva, independente de interesses relativos e subjetivos de homens em interação. Ela é assunto de consenso, de argumentação, de justificação, de discussão, de solidariedade, da mesma forma que as outras atividades humanas. *O conhecimento não prima pela conversação*, e jamais é legítimo pôr fim a um debate referindo-se a uma entidade fora de debate, quer se trate da autoridade de um *fato* chamado de "objetivo" ou de uma *revelação* chamada de "transcendente". As discussões só podem ser legitimamente fechadas porque os interlocutores estão de acordo sobre os motivos (que são também enunciados) para encerrá-las, em todo caso provisoriamente.

Redescrições do homem

Resumido em termos clássicos, o pensamento de Rorty afirma o primado da vontade e da liberdade sobre a razão.

Para ele, não há alguma coisa como uma "essência" humana ou

uma "diferença antropológica", fixada por uma ordem natural ou transcendente imutável. E a vocação suprema da humanidade não é a de refletir essa ordem ilusória, graças a uma dificuldade superior (o espírito) que a poria em contato com ela. A vocação do homem é a criação no devir e não a contemplação do eterno.

O modo como os seres humanos se descrevem e se identificam como *humanos*, marcando sua diferença no seio do que é vivo e do cosmo, só depende deles (e não de uma essência determinada de uma vez por todas pela ordem divina ou pela ordem da natureza). Essa autodescrição é mais ou menos ampla e aberta: muitos povos se identificaram como "os homens", considerando os outros como "bárbaros". Mas existe também uma sensibilidade não exclusiva, aberta ao conjunto da humanidade e até, para além disso, ao desenvolvimento de um respeito em relação a uma parte mais ou menos vasta do que é vivo, do qual a espécie humana seria apenas separada por uma diferença radical (de tipo ontológico: dualismo). As "diferenças essenciais" paralisam as coisas e não permitem as redescrições suscetíveis de tornar o mundo "mais humano".

A atividade de redescrição criadora, salientada por Rorty, apresenta, entretanto, uma finalidade apenas ética. Ela é a atividade "humana" por excelência, o exercício da única liberdade real do homem: a de poder sempre redescrever, recontar de outra forma o mundo, a história, a sociedade e ele próprio. Essa atividade é basicamente simbólica: é como artista ou como poeta que o homem deve viver a condição humana. Sob alguns aspectos, a posição de Rorty se aparenta com a de um estetismo (que se satisfaz, sem julgar, em fruir a diversidade das criações). Ela oscila, de fato, entre esta e a preocupação ética.

A atividade filosófica deve ser compreendida como uma espécie de descrição e de narração entre as outras, mais ou menos diferente das outras, mas de modo nenhum superior. Convém inspirar-se em filósofos que contribuíram para a desconstrução dos privilégios da palavra filosófica ou para a promoção de uma filosofia criativa e perspectivista, como Nietzsche, Dewey, Wittgenstein, Heidegger, Gadamer etc. Os filósofos

Pós-modernismo e neopragmatismo

podem e devem contribuir para relançar indefinidamente e de modo criativo e enriquecedor a conversação dos homens entre si.

3.3. O desejo de sair da linguagem e da condição humana

Rorty critica a tentação "heterológica", ou seja, o desejo de sair da linguagem: pôr fim à discussão entre os seres humanos por meio da referência a um "fora-de-debate". Essa tentação se expressa, na maioria das vezes, pela afirmação de enunciados *indiscutíveis*, declarados *verdadeiros*, independentemente do acordo ou do desacordo de outrem. Ela reveste formas múltiplas: teológica, metafísica, positivista, cientificista etc. Ela é basicamente dogmática, totalitária e repressiva. Gosta do nível "meta" (metafísica, metalinguagem etc.), que pretende propulsar acima das contingências materiais, culturais, históricas, acima das *doxai* (opiniões). Conforme Rorty, ela se expressou abundantemente por meio da filosofia: a pulsão para o absoluto ou transcendência constituiria *a* pulsão filosófica por excelência. Ela está estreitamente aparentada com aquilo que Freud chamou de "pulsão epistemofílica", que superinveste a cognição e supervaloriza a ciência, monstruosamente, em detrimento, por exemplo, do desabrochar afetivo e relacional.

A pulsão de transcendência é julgada por Rorty como "ilusória, perigosa, inútil". Sua boa abordagem é terapêutica.

Principalmente descrita como desejo de "sair da linguagem", essa pulsão corresponde também ao desejo de "sair da condição humana". Embora não fale muito disso, Rorty condena o porte "utópico" da pesquisa e do desenvolvimento tecnocientíficos contemporâneos. Nestes, a pulsão heterológica reveste uma forma mais claramente "hetero- ou trans-antropológica", a de uma vontade de refundição radical e ilimitada da condição humana.

A capacidade criativa e recriativa do homem deve permanecer, para Rorty, essencialmente simbólica. Nesse sentido, Rorty é muito tradicional e próximo da religião. Embora denuncie qualquer essencialização da diferença antropológica que trata a linguagem (o pensamento) como "um dom dos Deuses" ou o sinal de uma pertença do homem a um outro reino ontológico (a alma, a substância espiritual), Rorty se esforça, a todo custo, para salvar a antiga definição filosófica do homem como "o ser vivo que fala" ou "o animal simbólico". A relação essencial do homem com sua condição é lingüística e de descrição; ela não é técnica nem de transformação física. O homem é e deve permanecer um ser de conversação, deve cuidar de sua condição, organizando-a.

3.4. Apagamento da distinção dos gêneros

Entre as diversas partes da cultura, designadas de bom grado sob o apelativo de "humanities", que Rorty gostaria de estender a todas as atividades humanas, não deveria haver nem hierarquia, nem diferença radical. É sobre um leque contínuo que é preciso situar a filosofia, a poesia, o romance, a crítica literária, a sociologia, o ensaio, a mitologia, a história etc. *e* as ciências em geral, nelas compreendendo as ciências matemáticas e naturais. Todos eles são jogos de linguagem ou práticas sociais variadas e diversamente religadas.

> Pensar no conjunto da cultura, da física à poesia, como em uma atividade una, contínua e sem interrupção, na qual as divisões são apenas institucionais e pedagógicas (*Objectivism, Relativism and Truth* (1991) (*Objectivisme, relativisme et vérité*).[9]

A ciência é um gênero literário e a literatura é um gênero de pesquisa. Nenhuma distinção absoluta e independente de acordos históricos e contextuais dos seres humanos existe entre os enunciados de fato e os enunciados de valor, da mesma forma que entre verdade e ficção; os discursos da ciência e os discursos políticos estão em continuidade...

---

[9] Trad. de J.-P. Cometti. Paris, PUF (L'interrogation philosophique), 1994.

3.5. Para além da oposição universalismo/relativismo

A crítica da racionalidade e da universalidade, caras à modernidade, operada pelo neopragmatismo pós-moderno foi sentida como uma deriva perigosa, porque levaria ao relativismo e ao irracionalismo. Essa acusação é discutível. O pragmatismo pode ser descrito como relativista apenas se o entendermos pelo aspecto de que ele é "relacionalista, contextualista e processoralista". Isso quer dizer que nada pode ser considerado legitimamente como absoluto (absolutamente verdadeiro, válido, útil etc.). Mas isso não quer dizer, por esse fato, conforme sugere a acusação de relativismo cético, que tudo vale, seja qual for a situação. Ao contrário, o pragmatismo considera que é tão-somente pela relação com determinado contexto, no quadro particular das relações que nele se estabelecem e dos processos que aí se desenrolam, que alguma coisa é verdadeira, válida, útil. Em relação a uma situação determinada, nem tudo dá certamente no mesmo, e as escolhas entre os possíveis não são desprovidas de conseqüências. Ora, a situação tomada em consideração pode ser mais ou menos extensa, conforme um leque que vai do indivíduo (em um momento de sua existência) ao conjunto da humanidade em sua evolução. Se "relativismo" quer dizer "relacionalismo" e convida a julgar e a escolher, levando em conta a complexidade relacional e evolutiva das situações, então o neopragmatismo é relativista. Mas ele é, ao mesmo tempo, universalista, porque, enquanto filósofo, o pragmatista tentará incluir em sua descrição e em sua avaliação a tomada em consideração de um máximo de perspectivas e de relações.

O neopragmatista considera, entretanto, que essa visão, a mais larga possível, a mais rica de experiências, jamais coincide com um olhar panorâmico, neutro, objetivo ou absoluto. Ela permanece situada; pertence ao mundo, à sociedade de onde ela procede. Mas essa pertença, que seria desonesto negar, não é sujeição: ela não impede a comparação e a crítica. Não podemos deixar de ser etnocêntricos, mas com uma capacidade muito variável para a descentralização. As pessoas aculturadas em sociedades abertas e multiculturais são, sem dúvida, mais móveis a esse respeito que os indivíduos educados nas comunidades fechadas, dogmáticas e exclusivas.

Neopragmatista e pós-moderno, Rorty quer promover as sociedades abertas e inclusivas, e assim trabalhar para o alargamento do *nós*, que constitui sua própria comunidade e sua identidade de americano. Ele pensa que seria bom estender progressivamente a sociedade democrática e liberal para o conjunto da humanidade.

3.6. Ironia e solidariedade

Por *ironia*, Rorty entende a capacidade individual de redescrições (da situação, da história de um indivíduo). Ela pode ter uma importância muito considerável, pois renova a identidade, os valores, as "palavras primitivas" daquele que, desse modo, "se recria". Sob tal ângulo, cada indivíduo pode renascer de sua própria constituição, tornando-se *causa sui*, simbolicamente. Embora todos os indivíduos sejam potencial e inconscientemente poetas, nem todos expressam essa capacidade com força e originalidade iguais. Muitos se contentam em participar, graças à leitura, por exemplo, das criações novas de alguns indivíduos geniais. Quando o poder redescritivo se aplica a outrem, chegando até a redefinir sua identidade e abalar sua hierarquia de valores, ela pode tornar-se *cruel* e gerar o sofrimento. Como vemos, Rorty acentua fortemente a maleabilidade do homem que fala e simboliza.

Enquanto a ironia é um exercício basicamente individual, eventualmente cruel quando se aplica a outrem, a *solidariedade* se refere à essência da cultura e do social. É a uma forma de solidariedade que Rorty quer levar a pretensão científica à objetividade. Esta não é a expressão de uma relação entre um enunciado e um real extralingüístico que cada indivíduo, isoladamente, pudesse verificar. Ela é a expressão de um acordo intersubjetivo, de um consenso. Os sucessos da ciência não são o efeito da adequação das teorias científicas ao real; eles são os produtos de virtudes de cooperação ativa dos cientistas entre si, de seu *modus vivendi*.

Rorty valoriza a solidariedade em si mesma, mas com a condição de que seja múltipla, flexível, aberta. A extensão da solidariedade a grupos de homens cada vez mais numerosos e diversos, sem exclusividades, é a linha moral, social e política que devemos encorajar. Ela é questão de educação e de evolução da sensibilidade e do sentimento, muito mais que de raciocínio e de teoria. Para melhorar o respeito universal pelos direitos do homem, Rorty confia mais na literatura do que na filosofia. Os direitos do homem não têm necessidade de ser fundados, mas propagados. A igualdade, a dignidade e a fraternidade não se enraízam em uma "essência humana universal" (que se refere à Razão ou à Natureza). Esses valores dependem apenas da (boa) vontade dos homens, da capacidade de abertura e de integração de certas sociedades ou comunidades no sentido do acolhimento de uma diversidade humana cada vez mais vasta. A estratégia racionalista e modernista da fundação, que desfez os fundamentalismos religiosos e estabeleceu a tolerância, assim como as liberdades e os direitos individuais, não é mais apropriada para as sociedades pós-modernas.

Uma questão capital é a da gestão harmoniosa do exercício da ironia, de um lado, e da prática da solidariedade, do outro. Individual, a ironia não está, entretanto, confinada à esfera privada, pois ela se expressa principalmente pela escrita, nas publicações. Ela é criação livre, que não se preocupa com a solidariedade; ela seria até de bom grado destrutiva de qualquer solidariedade sentida como obrigatória. Mas a solidariedade que procurasse demasiadamente se premunir contra a ironia crítica e criativa se tornaria rapidamente sufocante, totalitária e unidimensional. Esse problema está no coração da democracia liberal e interpela a filosofia. Na filosofia, a ironia e a solidariedade estão igualmente ativas.

3.7. O primado da democracia sobre a filosofia e a cultura pós-filosófica

A filosofia deveria ser mantida tão separada da política quanto o deveria ser a religião... a tentativa de fundar a teoria política sobre teorias totalizantes da natureza do homem ou do fim da história fez mais mal que bem (Rorty em Guadalajara, 1985).

Rorty afirmou a prioridade da democracia sobre a filosofia. Isso quer dizer:

- que o pensamento filosófico e a atividade política não estão sistematicamente ligados, no sentido em que tal orientação filosófica implicaria necessariamente tal atitude política;
- que a filosofia não é a fonte da legitimidade democrática; ela não funda e não deve fundar a democracia; esta seria mais uma condição de possibilidade daquela: o exercício do pensamento tem necessidade de liberdade;
- que a superioridade (o caráter preferível) da sociedade e da política democrática liberal é uma questão empírica e não decorre, portanto, de nenhuma Verdade, Razão ou Necessidade, que a filosofia teria como papel descobrir e formular;
- que a filosofia deve ser considerada como uma atividade *privada*, da mesma forma que a pintura ou a poesia: o filósofo não está investido de nenhuma função e de nenhuma vocação públicas particulares. Ele não é aquele que diz a Lei ou o Valor nem a Verdade. Sustentar o contrário pode levar a regimes totalitários (o comunismo marxista) ou fascistas. As filosofias de Nietzsche ou de Heidegger não devem, portanto, ser avaliadas ou utilizadas em função de critérios públicos ou políticos; elas devem ser recebidas como criações que dependem da esfera privada.

Na cultura *pós-filosófica* designada por Rorty, a filosofia teria-se tornado uma atividade não essencialmente diferente da literatura. A pulsão para o absoluto, que tradicionalmente anima a filosofia, seria desse modo contida, como ilusão de um ou de alguns indivíduos. Sua pretensão a ser a expressão de uma Realidade, de uma Verdade ou de um Sentido Universais permaneceria sem eco. Em uma cultura pós-filosófica, a pulsão metafísico-religiosa de negação da condição humana e de suas solidariedades seria amplamente dissolvida – com o auxílio do terapeuta – e gerada de tal modo que não constituiria mais um perigo para a sociedade. Uma sociedade pós-filosófica não experimentaria mais a necessidade de nenhum substituto filosófico ou científico de Deus. Ela seria não-essencialista, não-fundamentalista, e atribuiria igual crédito a todas as vozes que alimentariam sua conversação. É dessa livre *conversação* que Rorty quer ser o filósofo. Ele a acolhe, fazendo dialogar, dentro de seus próprios livros, os pensadores e os escritores mais diversos. O que é bom é que a conversação continua indefinidamente e todos os azimutes, do modo mais rico e mais apaixonadamente possível, entre os indivíduos e as coletividades.

Essa filosofia da conversação não é, evidentemente, redutível ao ideal da Discussão ou do Diálogo racional e universal emancipado, cuja orientação seria definitivamente unívoca e essencialmente pre-determinada. Esse ideal prolonga o mito da modernidade – da Razão – e é representado hoje pela Nova Escola de Frankfurt (K. O. Apel e J. Habermas).

3.8. A utopia pragmatista pós-moderna e a contingência radical

A utopia rortiana

A utopia rortiana é, em larga medida, já realizada no seio das so-ciedades democráticas e liberais de abundância econômica e cultural, que se tratariam apenas de estender ao conjunto do planeta. Sob tal ângulo, Rorty não carece de parentesco com alguns pensadores do fim da história, tais como Francis Fukuyama ou, sob o ângulo da denúncia, Peter Sloterdijk: chegou uma civilização no seio da qual não é preciso mais esperar nem desejar um abalo histórico (polí-tico, cultural) maior. Sem dúvida, o pensamento de Rorty salienta o futuro e a possibilidade de tornar a sociedade ainda melhor, mas esse progressismo é uma questão de gestão frutífera e de reformas locais. Pondo de lado essas melhorias particulares, a organização material e institucional feliz da condição humana é adquirida e exige apenas ser preservada e estendida a todos. A função pública do Estado liberal é dupla: diminuir o sofrimento e garantir a liberdade de conversação.

Esse conservadorismo reformista prudente procede em parte do sentido da *precariedade e da contingência*. Para Rorty, *nós*, ocidentais do fim do século XX, temos de fato *oportunidade*. Nada − nem Deus, nem a História, nem a Razão − garante essa sociedade que é a nossa e para a qual a aventura humana levou, ao sabor de acasos e de ensinamentos da experiência. Tomar cuidado dessa oportunidade é o que de melhor temos a fazer.

Rorty reconhece seu etnocentrismo ocidental, mas não sente necessidade de justificá-lo de outro modo, senão pelo interior da experiência positiva que ele tem da sociedade ocidental e que ele acredita repetível ou extensível à maioria dos outros seres humanos. Esse etnocentrismo se pretende basicamente aberto às alteridades; ele é inclusivo e não exclusivo. É cosmopolita à medida não só de sua extensão planetária em marcha, mas também porque os prazeres que ele permite postulam a troca infinitamente rica e variada da diversidade cultural e histórica da humanidade. O mundo e a história aparecem ao consumidor cultural pós-moderno como um imenso supermercado simbólico, no qual cada um deveria poder buscar livremente.

Recusa do utopismo tecnocientífico

O neopragmatismo pós-moderno, embora saliente a abertura não antecipável do futuro, é crítica em relação ao utopismo tecnocientífico, que sonha e trabalha afanosamente para uma refundição radical da condição humana e nega a insuperável finitude desta. Para Rorty, esse desejo utopista prolonga a pulsão para o absoluto. A pulsão de transcendência foi, em todos os tempos, a expressão de uma recusa, de uma fuga ou de uma vontade de transgressão dos limites da condição humana. Esse desejo é perigoso (pois fonte possível de novos sofrimentos) e vão.

A humanidade nada mais é que o produto local, totalmente contingente e infinitamente precário, de forças cósmicas em relação às quais sua ação é quase nula. A única vitória possível sobre o devir cósmico e histórico é a da recriação simbólica, da redescrição poética e hermenêutica. Ela permite, aos animais simbólicos que somos nós, dar um sentido humano novo ao não-sentido do mundo e do tempo, dos quais proviemos; ela nos concede também a satisfação "divina" de nos tornarmos *simbolicamente* os autores de nós mesmos.

> A criação de novas descrições, de novos vocabulários, de novos gêneros como a atividade essencialmente humana: ela sugere mais o poeta que o sábio como o homem que realiza a natureza humana (*Consequences of Pragmatism*).

> Quer seja como espécie ou como indivíduo, viemos à existência do mesmo modo que os répteis. Mas, diversamente dos répteis, temos a possibilidade de nos recriar, de nascer uma segunda vez, abandonando as autodescrições que nos foram ensinadas e inventando novas (*L'espoir au lieu du savoir: introduction au pragmatisme*).[10]

---

[10] Trad. de C. Cowan e J. Poulain. Paris, A. Michel (Bibliothèque du Collége international de philosophie), 1995.

LEITURAS SUGERIDAS

BRÜGGER N., FRANDSEN F., PIROTTE D. (eds.) (1993), *Lyotard, les déplacements philosophiques*, trad. de E. Danino. Bruxelas, De Boeck Université (Le point philosophique).

COMETTI J.-P. (ed.) (1992), *Lire Rorty: le pragmatisme et ses conséquences*. Combas, L'Éclat (Lire les philosophies 3).

HOTTOIS G. e WEYEMBERGH M. (eds.) (1994), *Richard Rorty. Ambiguïtés et limites du postmodernisme*. Paris, Vrin (Pour demain).

LYOTARD J.-F. (1988), *La condition postmoderne*. Paris, Éd. de Minuit (Critique).

RAJCHMAN J. e WEST C. (ed.) (1991), *La pensée américaine contemporaine*, trad. de A. Lyotard-May. Paris, PUF (Philosophie d'aujourd'hui).

RORTY R. (1995), *L'espoir au lieu du savoir*, trad. de C. Cowan e J. Poulain. Paris, A. Michel (Bibliothèque du Collège international de philosophie).

VATTIMO G. (1987), *La fin de la modernité*, trad. de Ch. Alunni. Paris, Seuil (L'ordre philosophique).

Capítulo XXII

Filosofia da técnica
e das tecnociências

1. Ciência, técnica e tecnociência

- O desprezo tradicional em relação à técnica.
- Da ciência moderna às tecnociências contemporâneas.
- A PDTC na ética, na política e na economia.
- O modelo bioético.
- O difícil nascimento da filosofia da técnica.
- A ambivalência da tecnociência: tecnofobo/filias.
- Articular a sociedade, a natureza e a PDTC.

PALAVRAS-CHAVE

• bioética • ciência moderna • comitê de ética • filosofia da técnica • futuro • logoteoria • RDTS (Recherche et Développement Techno-Scientifiques): PDTC (Pesquisa e Desenvolvimento Tecnocientíficos) • técnica • tecnociência • tecnofilia • tecnofobia

1.1. A avaliação filosófica tradicional

Tradicionalmente, e ainda hoje para uma parte considerável, a técnica é pouco ou mal considerada pela filosofia. Essa situação remonta à avaliação platônico-aristotélica, que distingue:

- *Ontologicamente*, duas ordens de realidade:
  - a das estruturas essenciais, necessárias, imutáveis e imateriais;
  - a das coisas e dos acontecimentos materiais, não necessários, mutantes e modificáveis, efêmeros e dependentes do acaso.

- *Epistemologicamente*, dois tipos de saber:
  - o saber propriamente científico (*epistemê*), universal, definitivo, que objetiva a realidade essencial. O espírito ou a razão tem a faculdade de "ver" essas essências e, desse modo, de conhecê-las. Esse saber se expressa em um tratado sistemático; ele é *logoteórico*: *logos* (discurso) e *teoria* (contemplação);
  - o saber prático e técnico, que se refere à realidade sensível, à ação (*práxis*) e à produção (*poiesis*) no mundo do devir. Esse saber é muito imperfeito, incerto, apenas provável. É um saber-agir, que exige prudência (*phronesis*), e um saber-fazer, que é, precisamente, o saber *técnico* (*technê*).

- *Eticamente*, diversas formas desigualmente valorizadas de existência:
  - a existência inferior do homem que trabalha, produzindo e organizando as coisas materiais; essa existência é vil e grosseira, dificilmente digna de um homem, mais apropriada à condição do escravo do que à do homem livre. O *Homo Faber* e sua atividade técnica são radicalmente desconsiderados;
  - a existência do homem de ação, que interage menos com a matéria do que com seus concidadãos, pela comunicação e pela discussão. A linguagem (*logos*, ou seja, também a "razão", que é o próprio do homem) nela desempenha um papel preponderante. Os problemas encontrados são de natureza ética ou política;
  - a via teorética ou contemplativa, a do filósofo que dispõe do saber e cuja atividade fundamental é a contemplação

espiritual das verdades ou essências eternas, assim como o ensinamento que deve levar os outros homens à Verdade. A linguagem ou discurso filosófico é a expressão e o reflexo dela. A existência logoteórica é a forma de vida superior. Apenas ela é, de fato, apropriada à natureza do homem, que é o *zoon logon echon*, o "ser vivo dotado do *logos*" ou "ser vivo que fala/pensa".

Portanto, como vemos, a fruição do saber é a única perfeitamente conforme à essência do ser humano. Ela é isenta de qualquer compromisso com a matéria, com o tempo e com a ação. Ela não tem, portanto, qualquer implicação ética ou política. Por outro lado, o mundo pelo qual ela se interessa é eterno e imutável; é o das essências, no qual o homem não pode intervir. Em si, a ciência é "boa"; ela é até o bem supremo. Mas é indiferente em relação aos bens (prazeres) e males (sofrimentos) sensíveis. Contanto que suas necessidades vitais estejam satisfeitas, o indivíduo pode, graças ao acesso ao saber, transcender sua condição miserável de mortal, submetida aos acasos do destino. A técnica, permanecendo artesanal, está completamente separada da ciência. Não há nenhuma interação entre elas.

1.2. A ruptura moderna

A partir da Renascença, as relações entre a ciência e a técnica vão começar a se modificar por causa, ao mesmo tempo, da explosão das invenções e de uma nova concepção da ciência. Esta se torna saber das causas dos fenômenos sensíveis. Ela visa sempre à formulação de leis gerais (algumas vezes assimiladas às estruturas essenciais do mundo), mas estas se referem ao modo de encadeamento e de produção dos acontecimentos e dos fatos materiais. Quem conhece a causa de um fenômeno é, em princípio, senhor desse fenômeno que se tornou *efeito*, pois ele pode decidir ou não ativar a causa produtora do efeito-fenômeno. E isso com tanta freqüência quanto o desejar. É por isso que F. Bacon pôde dizer que o saber é também poder (poder fazer, produzir, modificar). A ciência causal moderna é não só ciência do universo, mas também ciência da ação ou da intervenção eficazes *no* universo, porque ela permite prever e produzir. A ciência causal moderna é infinitamente mais próxima da técnica do que a ciência filosófica antiga; ela é, de certo modo, técnica.

Todavia, até o século XX, ela não será muito considerada como tal. Ela continua, de fato, a ser pensada como prolongamento do saber logoteórico "puro", indiferente à ação e à produção, "bom em si", porque abordagem progressiva da Verdade sob a forma da Logoteoria final, que formula a ou as lei(s) última(s) do universo.

A técnica continua a ser expulsa dessa pureza da ciência. Ela é definida como ciência *aplicada*. A aplicação da ciência a torna impura, fazendo-a perder sua bondade ou sua inocência essenciais. A aplicação técnica da ciência será, com efeito, *boa* ou *má*.

1.3. A tecnociência contemporânea

O termo "tecnociência" aparece em meados dos anos 70. Ele designa a ciência contemporânea, expressando claramente o contraste com o projeto logoteórico da ciência antiga, assim como com a representação ainda dominante da ciência moderna, que continua a assimilar esta a um empreendimento fundamentalmente teórico, independente da produção e da ação.

Tecnociência evoca a Pesquisa e o Desenvolvimento Tecnocientíficos – a PDTC – em sua complexidade, que comporta principalmente:

- a ausência de hierarquia estável entre pesquisas, descobertas e invenções teóricas *e* técnicas. Técnica e teoria estão em constante interação; o avanço de uma condiciona o avanço da outra, e vice-versa;
- o emaranhamento dinâmico das diversas tecnociências. Esse concurso colaborador de todas as especialidades científicas e

técnicas culmina, por exemplo, na medicina contemporânea, extremamente aguda no plano tecnológico, e combinando todas as facetas das tecnociências biológicas, químicas (medicamentos), informáticas (análise, visualização), físicas (lasers, próteses, novos materiais)...;

- a PDTC é basicamente dinâmica, ativa e produtiva. Ela progride, desenvolvendo as capacidades de modificar, até de criar, seus objetos: em química há muito tempo, em biologia, com as mutações provocadas e as plantas e animais transgênicos, nas ciências cognitivas com a inteligência artificial, a realidade virtual, a cibernética etc.;

- a PDTC é processo, nos antípodas da atitude contemplativa: o momento teórico (a antiga reflexão, especulação ou contemplação) não é mais a finalidade. Ele é um momento do processo, o da construção de uma hipótese ou modelo operativos, que devem permitir avançar;

- o quadro filosófico "tradicional" mais apropriado à PDTC é o pragmatismo, sob suas diversas formas;

- sendo ativa e produtiva naquilo que se refere tanto à pesquisa (experimentação) quanto à difusão das descobertas-invenções, a PDTC comporta aspectos e conseqüências econômicas e suscita problemas éticos, sociais e políticos. Uma questão crucial se torna a da *responsabilidade*, tanto mais difícil pelo fato de a PDTC ser amplamente imprevisível. Essa responsabilidade se estende das sociedades nacional e internacional para o gênero humano, considerado em suas condições atuais e próximas de sobrevivência e de existência, assim como em seu futuro em longo prazo;

- a PDTC está em interação constante com o meio simbólico (cultural, social, psicológico, institucional etc.) no qual ela se desenvolve e que varia de uma região do mundo para outra. Desejos (fantasmas, esperanças, angústias) estão na origem, e as possibilidades que ela concretiza suscitam outros desejos, fantasmas, esperanças e angústias, assim como novos modos de vida. Essa interação do possível tecnocientífico e da vida simbólica se expressa com freqüência sob a forma de doenças, inquietações, questões e problemas *éticos*.

1.4. A tecnociência e os problemas ético-políticos: o exemplo da bioética

1.4.1. *O que é a bioética?*

Interrogações filosóficas de porte ético e político acontecem a respeito de não importa qual grande setor da PDTC, da conquista espacial ao crescimento das redes eletrônicas de comunicação e das tecnologias da realidade virtual. É, entretanto, no domínio das tecnociências biomédicas que a interrogação foi a mais desenvolvida, dando nascimento a um campo multidisciplinar, em que todas as ciências da natureza e do homem, o direito, a teologia e a filosofia intervêm: a *bioética*. O termo aparece no início dos anos 70 e designa de início o projeto progressista de uma aplicação das ciências e das técnicas biológicas e médicas, a fim de melhorar a qualidade de vida da espécie humana. Todavia, o termo perde rapidamente suas conotações otimistas, para designar o conjunto dos *problemas* com dimensão ética suscitados pela PDTC biomédica, assim como os debates e os procedimentos que tendem a seu esclarecimento, à sua gestão ou resolução.

Os problemas bioéticos são muito numerosos e complexos; assumem também um relevo diferente da disciplina a partir da qual são abordados. Um jurista, um teólogo ou um biólogo não vêem absolutamente as mesmas questões quando consideram, por exemplo, um embrião humano *in vitro*. É possível, no entanto, delimitar as principais questões do debate bioético:

• a intervenção na procriação humana (procriática);
• a intervenção sobre o genoma humano (eugenia);

Filosofia da técnica e das tecnociências

- a intervenção na personalidade humana (do comportamento ao cérebro);
- a intervenção no corpo humano (experimentação, transplante de órgãos, prótese);
- a intervenção na finalidade da vida humana (tratamentos paliativos, eutanásia);
- a preservação da natureza (equilíbrio ecossistêmico);
- a intervenção na biodiversidade genética da natureza (transgênicos).

1.4.2. *Grandes problemas e comitês de ética*

Os problemas se colocam em dois níveis:

- o da *pesquisa* tecnocientífica: devemos ou não empreender ou continuar tal pesquisa (questão dos limites e da interdição eventual de certas pesquisas, questão da liberdade de pesquisa) e *como* (responsabilidade e respeito de outros valores além do da liberdade da pesquisa, por exemplo, a propósito da experimentação sobre o ser humano);
- o do desenvolvimento e da difusão dos resultados (descoberta, invenção) da pesquisa: modalidades de inserção social, econômica, cultural; condições de acesso (por exemplo, no que se refere a tecnologias biomédicas de ponta).

As dificuldades e a amplidão dos problemas colocados são tais que levaram ao desenvolvimento de *instituições* originais, chamadas de "comitês de ética". Neles, há um esforço para esclarecer e resolver as questões colocadas, discutindo e confrontando os pontos de vista. Em princípio, os comitês de ética devem ser não só multidisciplinares, mas também *pluralistas*, a fim de não levar a impor abusivamente ao conjunto de uma sociedade os valores de uma comunidade ou de um grupo ideológico ou de interesses particulares. A função do filósofo dentro desses comitês é não tanto a de tomar posição em favor de uma convicção moral determinada, e sim de ajudar o esclarecimento do debate: explicitação dos valores e dos princípios em jogo, colocação em evidência dos pressupostos, análise dos argumentos e dos contra-argumentos etc. Sua intervenção é amplamente *metaética*: seu papel é principalmente o de velar pela ética da discussão, que exige que os pontos de vista dos diferentes interessados possam expressar-se livremente e sem pressão e que sejam considerados e discutidos. O limite da intervenção filosófica depende da urgência e da necessidade de chegar a conclusões ou a decisões, porque a maior parte das questões pede para ser resolvida, ao menos provisoriamente, em um prazo relativamente curto.

Os comitês de ética se desenvolveram nos Estados Unidos desde os anos 70, dentro de hospitais em que se pratica a pesquisa científica sobre o ser humano. De locais, eles se tornaram nacionais e internacionais, no decorrer das décadas seguintes. Desse modo, apareceram principalmente: o *Comitê Consultatif National pour l'Éthique des Sciences de la Vie et de la Santé* (França, 1983), o *Comité Directeur pour la Bioéthique du Conseil de l'Europe* (1985), o *Groupe de Conseillers pour l'Éthique des Biotechnologies de la Communauté Européenne* (1991), o *Comité International de Bioéthique de l'UNESCO* (1993).

Essa internacionalização tende a fazer justiça em escala real – que é a da humanidade e do planeta – na qual se coloca a maioria dos grandes problemas e imperativos bioéticos, como:

- o respeito pela dignidade humana, entendendo-se que a noção de "dignidade" pode apresentar um conteúdo variável conforme as tradições e os contextos, e que também é possível fazê-la evoluir e enriquecê-la;
- o respeito e a preservação da natureza em sua biodiversidade;
- o respeito pela diversidade cultural e a questão da universalização da PDTC, confrontada com tradições estrangeiras em relação à história ocidental;

Filosofia da técnica e das tecnociências

- o problema da educação e da informação, compreendendo o desenvolvimento da cultura tecnocientífica e da participação mais ampla e mais esclarecida possível dos cidadãos nas grandes opções da PDTC;
- as preocupações em relação às gerações futuras;
- o problema da liberdade da pesquisa tecnocientífica;
- a questão geral, englobando a maioria das precedentes, da conciliação entre a salvaguarda das riquezas naturais e culturais herdadas do passado *e* o enriquecimento no futuro da diversidade – o possível – do mundo. Como maximizar a criação e tornar mínima a destruição?

1.5. Da filosofia das ciências à filosofia da técnica

1.5.1. *O pressuposto logoteórico da teoria do conhecimento e da filosofia das ciências*

A reflexão sobre o saber – sua natureza e suas formas, seu modo de aquisição e de progressão, sua confiabilidade – começa desde os inícios da filosofia grega. Importante já em Platão (que hierarquiza as diversas formas de saber), ela é sistematizada por Aristóteles. Essa reflexão crítica constitui a *teoria do conhecimento*, parte essencial de qualquer filosofia, ao menos até o século XIX. À medida que ela pressupõe que o próprio saber é representação (*theoria*) e discurso (linguagem), a teoria do conhecimento aparece como uma "superteoria" ou uma "metalinguagem", que determina e avalia todos os outros discursos e representações científicas. A teoria do conhecimento se apresenta como a Logoteoria suprema, julgando as logoteorias científicas, relativas ao real. A crítica kantiana da razão pura cognitiva ilustra perfeitamente essa situação. Entretanto, observemos que, embora a importância da linguagem e da lógica tenha sido reconhecida muito cedo na filosofia inglesa, a teoria do conhecimento se elaborou, na maioria das vezes, em termos de *faculdades* humanas, como uma espécie de psicologia geral.

No século XX, a expressão "teoria do conhecimento" cedeu amplamente o lugar às de "epistemologia" e de "filosofia das ciências". Estas reconhecem a independência e a diversidade das ciências, assim como o caráter menos constitutivo do que secundário em relação à filosofia das ciências. A filosofia não é mais quase considerada como *fundadora* das ciências (graças à teoria do conhecimento); ela é mais uma espécie de auxiliar, eventualmente crítico, cuja necessidade não é sempre evidente. É na corrente do empirismo lógico e do neopositivismo que a nova filosofia das ciências de início se concretizou, como análise lógica e reconstrução da linguagem científica.

Desenvolvimentos mais recentes – filosofia da linguagem comum, neopragmatismo, história das ciências, retórica (Kuhn, Feyerabend, Rorty etc.) – destruíram o sonho de uma linguagem universal e unitária da ciência. Eles também puseram em questão a pretensão dos discursos ou dos "jogos de linguagem" científicos, com privilégio da verdade objetiva. Essa evolução não modifica, entretanto, o que aparece como o pressuposto essencial da abordagem filosófica das ciências há já dois mil e quinhentos anos: a atividade científica seria basicamente uma atividade de representação e de enunciação. O pós-moderno sugere simplesmente que as logoteorias científicas seriam ficções, metáforas, do mesmo modo que a literatura ou a mitologia. Assim como a filosofia antiga ou moderna, ele não leva em conta a técnica. Ele tende também a atenuar as diferenças entre a ciência antiga, a ciência moderna e as ciências contemporâneas.

1.5.2. *A filosofia da técnica*

1.5.2.1. *Nascimento e desenvolvimento sob o signo da máquina e do engenheiro*

Se considerarmos a expressão, a "filosofia da técnica" nasce em 1877, quando um filósofo geógrafo, de origem alemã, mas emigrado para os EUA, Ernst Kapp, publica *Grundlinien einer Philosophie der Tech-*

nik.[1] Nesse livro, ele define técnicas como prolongamento dos órgãos do ser humano, indissociáveis do futuro humano e do valor superior do homem no seio da natureza. Kapp descreve o homem, literalmente, como um "Deus ex Machina", um Deus que saiu da máquina.

Embora ele não utilize a expressão "filosofia da técnica" e não muito o termo "técnica", Karl Marx já havia, no decorrer das décadas precedentes, reconhecido e desenvolvido toda a importância e o porte filosóficos da técnica, bem mais que muitos filósofos da técnica posteriores. Desde a primeira metade do século XIX, encontramos empreendimentos de "filosofia da máquina" (T. Walker) e de "filosofia da manufatura" (A. Ure).

Desde o aparecimento de uma reflexão filosófica sobre a técnica até a metade do século XX, as técnicas, as práticas e as ciências consideradas são as do engenheiro, no universo industrial das máquinas. Numerosos pensadores da técnica foram, ao mesmo tempo, engenheiros e filósofos. Pouco depois da Segunda Guerra Mundial, até se desenvolveu na Alemanha uma reflexão sistemática, reunindo regularmente filósofos e membros da Associação dos engenheiros alemães (a VDI, fonte de numerosas publicações) a propósito de questões não simplesmente técnicas, mas suscitadas pela técnica. No meio dessa tradição de engenheiros filósofos emerge a figura de Friedrich Dessauer, que expressou seu pensamento por meio de diversas obras (de *Philosophie der Technik,* em 1927, a *Streit um die Technik* [*Debate em torno da técnica*], em 1956). Dessauer professou um curioso platonismo cristão, segundo o qual a intervenção técnica prolonga a criação original da natureza por Deus, concretizando *idéias* contidas no entendimento divino. Essa "teologia da técnica" implica que só pode ser inventado aquilo que já existe, potencial e idealmente, no espírito de Deus. Todo artefato

---

[1] Publicado por ocasião do centenário de *Anleitung zur Technologie...*, de J. Beckmann. Göttingen, 1777, reed. em 1978.

que se afasta dessas normas não é viável: o homem – cujo papel na invenção técnica não é tanto criativo, e sim auxiliar – deve esforçar-se para realizar do melhor modo a "solução técnica" que preexiste desde toda a eternidade. Essa espécie de "criacionismo" é muito excepcional na filosofia da técnica, geralmente mais próxima de uma perspectiva evolucionista, cuja planificação e cujos limites, desde toda a eternidade e previamente, não foram detidos por Deus.

1.5.2.2. *A analogia biológica e a complexificação contemporânea*

Da primeira metade do século XIX até a metade do século XX, a filosofia da técnica foi alimentada por duas fontes de inspiração que ela se esforça para combinar: a invenção das máquinas e a evolução dos seres vivos. O próprio Marx havia observado bem, em uma nota do *Capital*, a analogia possível entre a tecnologia moderna e a tecnologia orgânica da evolução da vida. Por outro lado, lembremos que, etimologicamente, "órgão" significa "instrumento, utensílio". Essa abordagem analógica implica que:

- o mundo vivo e o mundo técnico são *evolutivos*; essa evolução apresenta um passado (principalmente para o ser vivo) e um futuro (principalmente para as técnicas);
- os dois mundos têm suas *leis próprias*, que é preciso respeitar, sem o que seres vivos e artefatos deixam de ser viáveis e funcionais;
- *o homem pertence aos dois mundos*, natural e técnico; este último se torna cada vez mais um meio artificial completo, produzido pelos homens, mas ao qual eles devem também se adaptar. O mestre, iniciado e herói do mundo das máquinas, é o engenheiro. Nesse estágio, a técnica afeta diretamente apenas o meio e o ser humano indiretamente. O homem é *operador*, mas ainda não operado, ainda que uma retroação importante, negativa ou positiva, produza-se do meio operado para o homem operador.

Filosofia da técnica e das tecnociências

Biologismo e evolucionismo estão igualmente presentes no pensamento francês da técnica, de Jacques Laffitte (engenheiro, autor de *Réflexions sur la science des machines*, 1932)[2] a Gilbert Simondon, passando por alguns aspectos da filosofia de Henri Bergson (1859-1941).

No decorrer da segunda metade do século XX, a localização da filosofia da técnica se torna mais complicada, à medida que a importância da questão da técnica se estende universalmente. Essa complexificação do pensamento da técnica se explica principalmente:

- pela *complexificação* objetiva do universo das ciências e das técnicas, com o emaranhamento crescente delas. A distinção entre filosofia das ciências e filosofia das técnicas só é justificada pelo desejo de acentuar um ou outro dos aspectos solidários de uma mesma realidade complexa e polimorfa: a PDTC. Doravante, melhor seria falar da "filosofia das tecnociências" e precisar a cada vez qual aspecto desta se quer estudar mais particularmente;
- pelas duas revoluções tecnocientíficas realizadas nos anos 60 e 70, a revolução *informática* e a revolução *biológico-molecular*; as relações entre o homem e a técnica não cessaram de se modificar. Essas revoluções são produtivas de "máquinas" e de um "meio artificial" em um sentido totalmente novo: o próprio ser vivo é "maquinado" (pelo gênio genético), e o meio artificial se torna imaterial (redes informáticas, ciberespaço, realidade virtual etc.). As técnicas não cessam de aumentar suas capacidades de afetar física e psicologicamente o ser humano, de forma direta e não simplesmente de modo indireto, através da modificação do meio;

---

[2] Paris, Vrin, 1972.

- pela *ambivalência* em relação às ciências e técnicas tornou-se crescente desde o fim da Segunda Guerra Mundial; ela se destaca pelo otimismo dominante, característico da filosofia da técnica anterior. A expressão dessa ambivalência segue o movimento dos temores, decepções, entusiasmos e esperanças, freqüentemente muito distantes da realidade da PDTC. Ela está nos antípodas não só do otimismo, mas também da vontade de informar e de educar honesta e completamente, própria das Luzes que, principalmente por meio da *Enciclopédia*, tinham desejado atribuir igual importância às ciências *e* às técnicas;
- pela multiplicação explosiva das reflexões filosóficas ou aparentadas (teológicas, sociológicas, econômicas, politológicas, históricas, desembocando sobre "ensaios") em torno das técnicas e dos problemas que elas suscitam.

1.6. Tecnofobias e tecnofilias

1.6.1. *Tecnofobia metafísica*

Etimologicamente, "tecnofobia" significa "medo da técnica"; com esse termo, designaremos globalmente as atitudes fundamente antitécnicas ou antitecnocientíficas.

Característica das origens e da tradição, a tecnofobia apresenta aspectos comuns com a filosofia (ontoteológica) e com a religião. Ela mergulha suas raízes na mitologia: a Queda, a Torre de Babel, Ícaro, Prometeu etc. Ela alimenta o imaginário artístico e cria mitos modernos: Fausto, Frankenstein etc.

A idéia de base é que a condição humana, caracterizada pela *finitude*, não pode ser superada. O limite é, ao mesmo tempo, uma impossibilidade e uma interdição. Querer transgredi-lo acarreta não só o fracasso, mas também a punição. Fracasso e punição assumem geralmente a forma de uma catástrofe, que é a resposta da natureza ou de Deus ao descomedimento. Este consiste em querer "bancar Deus",

Filosofia da técnica e das tecnociências

ou seja, comportar-se como criador cósmico, ao passo que o homem não é mais que criatura, e que apenas Deus ou a natureza são autêntica e legitimamente criadores.

A tecnofobia está estreitamente associada com a própria instituição da filosofia. Esta, como vimos, é *idealista* (Platão); ela promove a linguagem e o olhar, não a ação e o trabalho. A vitória sobre a morte (e sobre tudo aquilo que a condição humana comporta de insuportável: sofrimentos, acidentes etc.) se realiza por meio da ligação imaginária com um mundo estável, eterno, necessário. Esse mundo não material é o verdadeiro mundo e a verdadeira pátria da humanidade. Esta, portanto, não tem de se preocupar com a modificação de sua condição material, cujos limites são, por outro lado, fixados igualmente de modo imutável. O homem se destaca de sua miséria e "se eterniza", dedicando-se à contemplação do mundo transcendente. Encontramos na base dessa atitude o sentido fundamental do niilismo nietzscheano.

De modo mais geral, a tecnofobia caminha com o primado do *homo loquax* (o homem que fala) sobre o *homo faber* (o homem que trabalha). Religião e filosofia são solidárias de certa forma de vida que privilegia a *simbolização*, a atividade introvertida (o discurso interior) e o desinvestimento do mundo. Essa forma de existência é chamada de favorável à "vida do espírito", a única digna do ser humano. Confrontada com a alternativa das duas relações com a condição humana – de simbolização (representar, falar, cantar, orar etc.) e de refundição –, a tecnofobia se apóia no interior da primeira.

A tecnofobia caracteriza hoje a filosofia nostálgica ou herdeira da tradição ontoteológica, metafísica e idealista. Ela se encontra espalhada entre os pensadores próximos da fenomenologia, da hermenêutica e da filosofia da linguagem comum.

1.6.2. *O humanismo tecnófilo*

A tecnofilia expressa uma apreciação positiva em relação à técnica. Ela apresenta, como a tecnofobia, graus e matizes. Encontrável em todos os tempos (por exemplo, nos sofistas gregos), ela só revestiu uma real importância a partir do século XVIII, com a filosofia das Luzes.

Sua forma geral é um *instrumentalismo antropocentrado*. Isso significa que as técnicas são definidas como um conjunto de utensílios, de meios, de instrumentos a serviço da humanidade. A técnica, portanto, só tem sentido e legitimidade por relação com certa concepção do homem – uma antropologia –, que determina a "verdadeira natureza humana", suas "necessidades autênticas". A técnica deve permitir a satisfação destas e, por conseguinte, o desabrochamento do ser humano.

O humanismo tecnófilo alimenta uma confiança otimista na natureza humana. Esta é basicamente *boa*. Os problemas da humanidade são, portanto, problemas *técnicos*, solucionáveis pelo desenvolvimento das artes e das ciências. Esses problemas são relativos à natureza (que deve ser dominada e explorada por e para a humanidade) e à sociedade (que é preciso organizar de modo justo e funcional, com uma atenção particular à educação). O progresso das ciências e das técnicas coincide com o da humanidade e o desenvolvimento de uma "cultura tecnocientífica" universal. Esse progresso é escatológico, pois tem uma finalidade que coincide com o *fim da história*, a utopia realizada. Embora não possamos antecipá-lo com precisão, esse fim será um estado de equilíbrio e de reconciliação: do homem com a natureza, dos seres humanos entre si, de cada um consigo mesmo. Sem dúvida, foi no pensamento marxista que esse imaginário se expressou com a maior força filosófica.

O humanismo tecnófilo não exige nenhuma refundição essencial da natureza humana; ele crê em seu desabrochamento feliz. O homem permanece fundamentalmente o "zoon logon echon", o ser vivo que fala ou que simboliza, e vai poder, graças à organização técnica de sua condição material e social, fruir feliz e completamente sua essência: viver a vida do espírito, a vida simbólica, mas sobre a Terra e pela duração limitada de sua existência. O humanismo tecnófilo considera possível uma finitude feliz, universalmente reconciliada e desprovida de qualquer nostalgia dos supramundos.

Filosofia da técnica e das tecnociências

O humanismo tecnófilo caracteriza os pensadores que invocam a seu favor as Luzes, os filósofos próximos do pragmatismo, os herdeiros do marxismo e alguns pós-modernos. De certo modo, para os cidadãos afortunados das sociedades desenvolvidas que têm livre acesso a todas as técnicas e ao grande mercado (também cultural) do mundo, a utopia do humanismo tecnófilo estaria realizada e o fim da história teria acontecido. Apenas permaneceria a tarefa – técnica – de sua extensão à totalidade do planeta.

1.6.3. *A tecnofilia evolucionista*

O humanismo tecnófilo considera a condição humana como perfectível, mas não como modificável e a ser modificada essencialmente. Não se trata de transformar a realidade biofísica do homem do modo como a natureza a produziu. O humanismo não leva seriamente em consideração a evolução biocósmica, no decorrer da qual o *homo sapiens* apareceu. Apenas lhe importa a *história* que começa com esse aparecimento e cujo desenvolvimento e acabamento não exigem nenhuma transformação radical. O *homo sapiens* tem apenas o futuro de *homo sapiens sapiens*.

A perspectiva evolucionista, em troca, leva em conta a temporalidade biocósmica em seu duplo e imenso porte, para o passado *e* para o futuro. Ela salienta a extraordinária brevidade da história humana e a absurdidade que consiste em absolutizá-la, em querer considerar tão-somente essa duração muito limitada. Ela salienta também o caráter contingente dos acontecimentos infinitamente numerosos que escandiram a evolução e que tornam não necessárias as formas que ela assumiu, nelas compreendendo a forma de vida humana. Ela parte, portanto, da hipótese segundo a qual essa forma não é imutável nem não-modificável, principalmente naquilo que se refere a todas as limitações que ela apresenta. Ela considera também que, na ausência de uma ordem ontoteológica necessária, o futuro reservado à forma de vida humana depende dos seres humanos e de sua capacidade e vontade de intervenção no universo.

A perspectiva evolucionista é sensível ao imperativo tecnocientífico – "é preciso fazer tudo o que é possível fazer" – e inclinada ao postulado segundo o qual "nada é, *a priori*, impossível". Como o devir é radicalmente imprevisível e aberto, e os limites podem e devem ser superados, a perspectiva evolucionista não reconhece qualquer termo para a aventura cósmica, se este não for a produção do absoluto ou Deus. Técnica e tecnociência se encontram, desse modo, a serviço do espírito, mas em um sentido não antecipável e sem dúvida não redutível àquilo que conhecemos hoje do espírito, como uma atividade do cérebro humano, associada à forma de vida humana natural-cultural.

O evolucionismo tecnófilo não assume *necessariamente* essa orientação propriamente *teúrgica*, segundo a qual a finalidade da técnica seria a *Grande Obra* da produção de Deus. O pensamento evolucionista pode, com efeito, salientar a extraordinária e irredutível *diversidade* das formas de vida, em vez de se concentrar sobre a emergência, julgada acidental, do homem e sobre o empobrecimento progressivo da diversidade biológica. Ele pode, então, ver nas tecnociências instrumentos de transformações livres e imprevisíveis dos indivíduos e coletividades humanas nos sentidos mais variados, sobre a Terra ou em outros lugares. Essa multiplicidade seria, de um lado, a conseqüência da diversidade cultural da humanidade engajada em um grande número de histórias, de evoluções e de mutações não destinadas a convergir.

A tecnofilia evolucionista teúrgica, desejosa de arregimentar toda a humanidade no trabalho de produção do absoluto, expressa uma tendência que, da tradição judaica e grega até a modernidade, sempre marcou profundamente o Ocidente monista (monoteísta e racionalista).

A tecnofilia policultural caracteriza mais uma sensibilidade recente ou arcaica (politeísmo, paganismo); ela retoca diversos aspectos do pós-modernismo, que seria também tecnocientífico e não simplesmente simbólico ou cultural.

Filosofia da técnica e das tecnociências

1.7. Os dois eixos problemáticos da filosofia das tecnociências

Considerados em curto e médio prazo, as questões levantadas pela PDTC se reúnem segundo duas grandes direções:

1. as relações entre PDTC e sociedade;
2. as relações entre PDTC e natureza.

(1) agrupa principalmente as seguintes questões: autonomia e força motora da PDTC em relação aos outros aspectos (político, econômico, ideológico etc.) da sociedade; possibilidade, significação e importância de uma "cultura tecnocientífica", tecnocracia, "expertocracia", formação da opinião pública (educação, informação, manipulação) e participação democrática nas grandes opções políticas da PDTC ("escolha de sociedade"); relações entre a civilização tecnocientífica ocidental e as culturas e tradições não ocidentais;

(2) agrupa principalmente as seguintes questões: representações da articulação homem-natureza (luta, dominação, senhorio, harmonia, cooperação, gestão, exploração, contrato, aliança etc.); estatuto do ser vivo ("direitos dos animais"); esgotamento dos recursos e gestão dos grandes equilíbrios ecossistêmicos e bioesféricos (poluição, desaparecimento de espécies vivas); intervencionismo com alvo na evolução (plantas e animais transgênicos).

É claro que essas duas orientações problemáticas não são independentes: a "natureza" está cada vez mais *na* sociedade tecnocientífica, cuja extensão é, sob muitos aspectos, planetária, mas cujo desenvolvimento é muito desigual. Além disso, o homem é um ser vivo, produto tanto da natureza como da sociedade e, como tal, alvo das biotecnologias.

Os três pensadores que estudaremos ilustram a filosofia das tecnociências conforme três perspectivas, cujo caráter, a cada vez típico, pode ser esquematizado do seguinte modo:

- *Hans Jonas* reage aos problemas suscitados pela PDTC e à mentalidade utópica que o acompanha voltando-se para o passado: a tradição metafísica e religiosa, a filosofia pré-crítica. Como resposta a uma problemática contemporânea, ele quer reanimar uma atitude *pré-moderna*. Ele é tecnocientófobo;
- *Gilbert Simondon* perpetua, em grande parte, a posição típica da *modernidade*. Ele põe as tecnociências sob o signo do progresso, que é também o da humanidade em um sentido universal. Os problemas suscitados pelas tecnociências são solúveis, principalmente com o auxílio de uma educação, de uma aculturação e de uma informação apropriadas. Ele ilustra o humanismo tecnófilo;
- *Hugo Tristram Engelhardt* não crê nas respostas pré-modernas ou modernas como remédios para problemas colocados pela civilização poliética e tecnocientífica. É preciso aceitar a irredutível diversidade simbólica (cultural) da humanidade e admitir que indivíduos e coletividades exploram, em direções diferentes, os possíveis tecnocientíficos. O desafio consiste em gerar essa complexidade da maneira mais pacífica e menos desagradável possível. Engelhardt pertence à família do *pós-moderno*. Ele está aberto à tecnofilia evolucionista.

LEITURAS SUGERIDAS

AXELOS K. (1974), *Marx, penseur de la technique*. Paris, Union générale d'éditions (Le monde en 10/18, 840-841).

ELLUL J. (1977), *Le système technicien*. Paris, Calmann-Lévy (Liberté de l'esprit).

Filosofia da técnica e das tecnociências

GOFFI J.-Y. (1988), *La philosophie de la technique*. Paris, PUF (Que sais-je? 2405).

HOTTOIS G. (1996), *Entre symboles et technosciences*. Paris-Seyssel, PUF-Champ Vallon (Milieux).

HOTTOIS G. (ed.) (1988), *Évaluer la technique*. Paris, Vrin (Pour demain).

HOTTOIS G. (1990), *Le paradigme bioéthique*. Bruxelles-Montréal, De Boeck-Erpi (Sciences, éthiques, sociétés).

HOTTOIS G. (1984), *Le signe et la technique*. Paris, Aubier (L'invention philosophique).

HOTTOIS G. e MISSA J.-N. (eds.) (2001), *Nouvelle encyclopédie de bioéthique*. Bruxelas, De Boeck Université.

HOTTOIS G. (1999), *Essai de philosophie bioéthique et biopolitique*. Paris, Vrin.

HOTTOIS G. e SOJCHER J. (eds.) (1983), *Éthique et technique*. Bruxelas-Paris, Éd. de l'Université de Bruxelles et Vrin.

SÉRIS J.-P. (1994), *La technique*. Paris, PUF (Les grandes questions de la philosophie).

2. Hans Jonas: uma reação metafísica à tecnociência

- Tecnociência e niilismo põem em perigo a existência e a essência da humanidade.
- Humanismo e democracia são insuficientes.
- A filosofia da natureza funda o valor da humanidade.
- Uma atitude ética e política discutível.

PALAVRAS-CHAVE

• democracia • evolução • finalismo • fundacionalismo • heurística do medo • homem • humanismo • imperativo tecnocientífico • medo • metafísica • natureza • niilismo • tecnociência • utopia • valor

Judeu de origem alemã, Hans Jonas (1903-1993) deixa seu país sob a pressão do nazismo. Ele ensinará sucessivamente em Israel, na Grã-Bretanha, no Canadá e nos Estados Unidos, onde se estabelecerá definitivamente. Suas pesquisas caminham em duas direções, que correspondem também às duas grandes fases de sua evolução intelectual, embora não seja o caso de dissociá-las exageradamente:

- a primeira é histórica e teológica: ela compreende uma tese de doutorado sobre santo Agostinho e numerosos estudos sobre o pensamento gnóstico;
- a segunda se refere à filosofia da vida e da natureza, confrontada com questões e problemas novos, suscitados pelo desenvolvimento das ciências e das técnicas.

É essa segunda problemática que proporcionou a Jonas uma audiência e uma celebridade consideráveis no decorrer dos últimos anos de sua existência. Emerge principalmente um livro:

Das Prinzip Verantwortung. Versuch einer Ethik für die technologische Zivilisation (1979) (*Le principe Responsabilité. Une éthique pour la civilization technologique*).[3]

2.1. Perigo absoluto

2.1.1. *A importância nova do agir e seus perigos*

Segundo Jonas, o agir humano mudou profundamente no decorrer destas últimas décadas, em porte (potência, extensão espacial e temporal) e em qualidade (leque das intervenções possíveis, complexidade, precisão). Essa transformação é devida aos desenvolvimentos tecnocientíficos e à dimensão coletiva (grande número de atores adicionados ou organizados) da ação.

As conseqüências dessa transformação são a colocação em perigo da natureza e da humanidade:

---

[3] Trad. de J. Greisch. Paris, Le Cerf (Pasajes), 1990.

Filosofia da técnica e das tecnociências

- Outrora e ainda recentemente, as intervenções dos homens na natureza eram muito modestas e não ameaçavam os grandes ritmos e equilíbrios naturais. A cidade, meio artificial por excelência, permanecia uma ilhota no meio do oceano da natureza. Hoje, o meio artificial estende redes e exploração ao conjunto do planeta, ameaçando a biosfera global e localmente. Confrontada com o tecnocosmo em perpétuo crescimento, a natureza se tornou precária, vulnerável; sua autopreservação é apenas garantida. Ela exige, doravante, da parte dos seres humanos, vigilância, responsabilidade e contenção. Hans Jonas foi um dos primeiros a desenvolver uma consciência, filosoficamente elaborada, dos problemas ecológicos.
- A *existência* da humanidade está igualmente ameaçada: indiretamente, pelas ameaças que pesam sobre a biosfera, da qual os seres humanos continuam dependentes; diretamente, por causa do desenvolvimento dos meios tecnológicos, de destruição maciça (armas nucleares, químicas e biológicas).
- A *essência* da humanidade estaria também em perigo, porque as tecnociências abordam cada vez mais o ser humano como uma realidade biofísica modificável, manipulável ou operável sob todos os seus aspectos: da concepção à morte, do corpo ao cérebro, do indivíduo à espécie. Ciência moderna e tecnociência "naturalizaram" e "operacionalizaram" o homem: este é um ser vivo produzido pela evolução natural, como os outros seres vivos, sem que lhe caiba uma distinção que o tornaria membro de uma sobrenatureza: ele é, portanto, também contingente e transformável, operável sob todos os aspectos. Jonas vê na nova abordagem da morte, considerada pela biomedicina como um acontecimento acidental eventualmente suprimível, o ponto culminante da ameaça que pesa sobre a imagem do homem. Essa imagem é a de um ser de finitude (ser-para-a-morte), cuja transcendência ou evolução devem ser compreendidas em um sentido espiritual ou simbólico, exclusivamente.

2.1.2. *O niilismo*

Os riscos associados com as tecnociências permaneceriam limitados, caso não se tivesse imposto ao mesmo tempo um estado de espírito niilista. Isso significa:

- o desaparecimento de todos os "parapeitos" teológicos, metafísicos ou ontológicos. Estes mantinham a crença na existência de limites absolutos, que o saber (a verdade religiosa ou metafísica) nos apresentava como intransponíveis e dos quais a moral proibia as tentativas de transgressão. Antes da destruição niilista da religião e da metafísica, havia uma "ordem natural" e uma "natureza humana" que apresentavam, por si mesmas, um valor e um sentido sagrados, que deviam ser respeitados absolutamente;

- que a ciência moderna, primeiro como método, colocou entre parênteses os valores, as significações e as finalidades que a tradição dizia estarem inscritas no mundo. Essa metodologia (garantia da objetividade da *abordagem* científica) rapidamente se ontologizou. Passou-se da suspensão como método para a tese de que *não há na natureza ou no universo nenhum valor em si nem qualquer finalidade determinada*. O mundo, esvaziado de seu sentido, e as coisas naturais (entre elas os seres vivos) se tornaram meros objetos. Paralelamente, os homens – os sujeitos – se tornaram a fonte exclusiva de qualquer valor, de qualquer finalidade e de qualquer significação. Apenas a vontade, individual ou coletiva, dos seres humanos pode decidir atribuir ou não um valor às coisas. Apenas os seres humanos introduzem no mundo finalidades (fins) e procuram os meios para realizá-los. Na ausência de Deus e de qualquer sentido ou fim naturais determinados, a liberdade humana de inventar fins e impor valores parece sem limites, abissal;

Filosofia da técnica e das tecnociências

- que essa transformação do lugar do homem no universo, que se afirma desde a Renascença, é também sentida como uma emancipação ilimitada da humanidade em relação a todas as pressões de sua condição. O niilismo não deixa de ter parentesco com o espírito de utopia, que nasce pela mesma época, e cujo desenvolvimento completo implica a negação da finitude humana. Há uma convergência entre o fato de que todas as barreiras simbólicas (morais, religiosas, metafísicas) sejam contestadas e progressivamente destruídas e o fato de que, com o desenvolvimento das ciências e das técnicas, a concepção de um real cada vez mais livremente manipulável se impõe. Uma expressão contemporânea dessa convergência é "o imperativo tecnocientífico" em que utopismo e niilismo se encontram;

- de um lado, que também o ser humano é submetido ao processo de naturalização, de objetivação e de operacionalização; ele é o alvo das tecnociências. Do outro lado, ele continua o sujeito, única origem de qualquer valor e de qualquer finalidade. Nessas condições, nada se opõe àquilo que alguns homens empreendem, sobre si mesmos ou sobre outros, não importa qual experimentação, associada a finalidades e a (des)valorizações arbitrariamente decididas, ao sabor de sua vontade ou de seu desejo.

Para Jonas, é a conjunção do niilismo e da transformação tecnocientífica do agir humano que faz pesar sobre a existência e a essência humanas um perigo absoluto.

2.2. Retorno ao fundacionalismo metafísico

2.2.1. *A desconfiança em relação aos valores humanistas*

O humanismo e todos os seus valores (liberdades individuais, fé no progresso das ciências e das técnicas, tolerância, pluralismo, livre-exame, democracia etc.) dependem, segundo Jonas, do niilismo. O humanista, com efeito, julga que apenas o homem – o sujeito humano – é fonte de sentidos, de valores e de finalidades. Seja qual for sua eventual moderação, o humanismo não pode oferecer uma muralha segura contra os excessos da tendência (o niilismo) da qual ele próprio é parte. O humanismo, assim como o ilustra exemplarmente a obra de Ernst Bloch (*Le principe Espérance*, 1959)[4] – à qual *Le principe Responsabilité* se pretende uma réplica crítica – é de bom grado utópica e tecnófila. Ele tem fé na possibilidade de modificar a condição humana e é tentado a se munir de todas as possibilidades tecnocientíficas e políticas que auxiliam a emancipação da humanidade em relação às servidões da finitude. A aliança – comunista ou capitalista (liberal) – do humanismo e do materialismo é uma fonte maior da exploração da biosfera. Não é preciso esperar da democracia e da opinião pública, manipuláveis e não submetidas a princípios exteriores e superiores (moral, religião, sabedoria), que elas garantam, evitando as catástrofes, o futuro da natureza e da humanidade. Jonas não crê muito nas virtudes da democracia representativa, da educação e do debate público para resolver os problemas levantados pelo muro de arrimo recíproco da PDTC e do espírito niilista. A vontade humana sozinha (individual ou coletiva) não oferece nenhuma garantia contra os abusos e erros dessa mesma vontade (que é liberdade, em si, ilimitada). O homem sozinho não é capaz de garantir o valor e a sobrevivência da humanidade. É, portanto, imperativo garantir de outro modo – independente e eventualmente contra a vontade (a liberdade) dos homens – o valor e a sobrevivência do homem. Essa garantia deve ser absoluta, não dependente do desejo individual ou coletivo; ela deve ser teológica ou, ao menos, ontológica ou metafísica.

---

[4] Trad. de F. Wuilmart. Paris, Gallimard, 1976-1991.

2.2.2. *A fundação metafísica do valor da humanidade*

É preciso fundar absolutamente o valor da humanidade, tal qual ele existe e sempre existiu. Uma parte filosoficamente capital do *Princípio Responsabilidade* empreende tal fundação por meio da elaboração de uma metafísica. O essencial repousa em uma concepção finalista da natureza, combinando motivos aristotélicos e evolucionistas:

- a observação da natureza viva manifesta em todo lugar em ação processos e comportamentos funcionais ou intencionais, ou seja, finalizados. Órgãos e organismos do mundo vivo não são inteligíveis de outro modo. Ora, o que é visado como um fim é também, do ponto de vista do organismo que o visa, valorizado. Fins e valores caminham lado a lado. Eles preenchem a natureza, e o ser humano de modo nenhum é sua fonte;
- se considerarmos a evolução em seu conjunto, observaremos, ao cabo do tempo, a aparição de seres vivos cujo comportamento finalizador é cada vez mais rico e diversificado. Para nos convencermos disso, basta comparar o comportamento de uma ameba ou de um gastrópode e o de um mamífero superior. Em outras palavras, o sentido da evolução é o aumento de finalidade. Esse processo culmina com o ser humano, que é o ser vivo mais rica e ativamente finalizador. O fim da evolução natural seria, portanto, o homem, o ser vivo que não cessa de inventar fins. Ora, fim é igual a valor. O homem, fim supremo da natureza, é também o valor supremo. Este − o valor da humanidade − não depende, portanto, da humanidade: ele é imposto pela própria natureza, ou seja, fundado na natureza;

- a humanidade deve respeitar esse valor que lhe é próprio: ela deve, portanto, respeitar a si mesma tal qual a natureza a gerou. Sem dúvida, como é o ser vivo inventor de fins e de valores por excelência, o ser humano pode e deve exercer sua liberdade e sua criatividade finalizadoras, mas no respeito pela natureza e por sua natureza. Não pode, portanto, intervir na ordem natural, que aparece como que sagrada. O homem só pode exercer sua liberdade criadora no plano *simbólico* (a arte, por exemplo). Ele é criatura (de Deus ou da natureza) antes de ser criador e não pode, sem catástrofe, perturbar a ordem criada, da qual ele é parte.

A conclusão se impõe: o niilismo e as tecnociências que seguem o imperativo técnico vão ao encontro desse exercício essencialmente simbólico da liberdade humana no respeito por uma ordem natural – ontológica, até teológica. Contra esse imperativo, e até além do imperativo categórico de Kant (que remete apenas à razão e à vontade humanas), é preciso afirmar outro imperativo, fundado na própria natureza das coisas e que se enuncia:

> Age de tal modo que as conseqüências de tua ação sejam compatíveis com a permanência de uma vida autenticamente humana sobre a Terra (*O princípio Responsabilidade*).

A ação em questão é tecnocientificamente mediada; trata-se de proteger a *existência* e a *essência humanas*; essa proteção implica a da natureza, porque "uma vida autenticamente humana" está ligada à Terra.

Torna-se claro que, ao seguir Jonas – e sua definição do ser humano como "finalidade da natureza", criador livre no plano simbólico apenas –, são tecidos inteiros da PDTC que será necessário proibir, seja por prudência (risco de desvios), seja porque seriam intrinsecamente maus (contra-a-natureza).

2.3. A colocação prática

2.3.1. *A heurística do medo*

Uma heurística é um processo de descoberta. Trata-se, aqui, de descobrir valores e de adotar medidas a fim de garanti-los.

Jonas considera que, muito freqüentemente, um valor (o "preço" de alguma coisa) se revela apenas quando ela foi lesada ou perdida. O medo de perder alguma coisa manifesta sua importância. Imaginar que uma ameaça pesa sobre uma coisa permite, portanto, descobrir seu valor e inspira procedimentos de precaução e de proteção.

A heurística do medo é, ao mesmo tempo, método de descoberta axiológica e fonte de sabedoria. Ela deve governar a ética e a política, confrontadas com os riscos conjugados da PDTC e do niilismo, a fim de preveni-los. Como? Antecipando sistematicamente as conseqüências futuras de toda ação e retendo, entre todos os cenários, aquele que é o pior, ainda que sua probabilidade seja fraca. Por quê? Porque o valor daquilo que está em jogo – a natureza e, principalmente a existência e a essência da humanidade – é absoluto, e não é preciso, a seu respeito, correr o menor risco. Ser responsável exige que cultivemos o medo a propósito do futuro que poderíamos produzir, a fim de nos inspirar uma grande prudência em nossas ações presentes.

Praticamente, a heurística do medo leva a deter todo empreendimento da PDTC do qual imaginarmos que possa ter conseqüências contra-a-natureza, sob a forma de abusos, de desvios, de eventuais derrapagens. Como o futuro é imprevisível e podemos sempre imaginar o pior, a heurística do medo, tomada literalmente, convida a parar uma partida, difícil de avaliar mas certamente maior, da PDTC. Ela é basicamente desconfiada em relação à dinâmica de progresso e de evolução que não é, com efeito, de modo nenhum desprovida de riscos. É principalmente no domínio da bioética e da ecoética (ética ambiental) que as virtudes moderadoras da heurística do medo se exerceram.

2.3.2. *O governo dos sábios*

Não é preciso esperar que as pessoas e que a opinião pública se coloquem espontaneamente do lado da contenção, da moderação e da prudência, especialmente em uma civilização que valoriza o consumo da novidade e que mantém a utopia do progresso ilimitado. O povo é como uma criança irresponsável, que é preciso guiar. O modelo da ética da responsabilidade, segundo Jonas, é expressamente parental, ou seja, paternalista. Ele implica que façamos o bem dos outros e, eventualmente, apesar deles.

A fim de "salvar" a natureza e a humanidade para as gerações futuras, o poder deve ser exercido por um governo de sábios esclarecidos pela heurística do medo e capaz de impor as medidas salutares.

Esse poder não é o de uma democracia, porque o povo é cego, e a opinião, manipulável. De onde vem, a partir disso, a legitimidade do governo dos sábios?

Segundo Jonas, ela repousa sobre a "natureza das coisas", como ele próprio expôs em seu livro principal. Ela se impõe desde que tenhamos compreendido a realidade e a natureza do "perigo absoluto" (niilismo e tecnociência) e que tenhamos aderido a uma metafísica finalista. É, portanto, definitivamente o filósofo – e, neste caso, Jonas – que legitima o poder político, chamado a salvar a humanidade do niilismo tecnocientífico, no qual a modernidade a introduziu.

2.4. Conclusões críticas

Vamos mencionar, como conclusão, algumas das objeções dirigidas à filosofia tecnófoba de Jonas.

- O *retorno ao fundacionalismo* sob a forma de uma metafísica destinada a apoiar de modo indiscutível normas éticas imponíveis a todos é, sem dúvida, o ponto menos aceitável do pensamento de Jonas. Os abusos, erros e perigos do proce-

Filosofia da técnica e das tecnociências

dimento fundacional e fundamentalista (como o dogmatismo e o fanatismo, a inquisição e a censura que acarretam a supressão das liberdades de pensamento e de expressão, a interrupção de qualquer progresso e de qualquer reforma etc.) são ignorados. Com efeito, as críticas tão numerosas dirigidas pelos filósofos contemporâneos em relação à vontade de fundar de modo absoluto (ver o racionalismo crítico ou o pragmatismo, por exemplo) são rejeitadas por Jonas, porque elas também dependem do niilismo.

• A *filosofia política* de Jonas decorre de seu fundacionalismo e de sua recusa de considerar os aspectos positivos e emancipadores do niilismo destrutivo de qualquer valor ou verdade absolutos e de qualquer dogmatismo. Essa política é autoritária e não democrática. Ela dá o poder a uma oligarquia: uma elite *que monopoliza o verdadeiro saber e a sabedoria* e que é, portanto, a única habilitada a impor as leis e regras à massa *ignorante, irrefletida e não-educável*. Sem dúvida, o exercício da democracia não é simples nas sociedades tecnocientíficas complexas, mas a volta a formas de governo e de legitimações pré-modernas com abandono do *ideal democrático* não constitui uma resposta aceitável.

• A *filosofia da natureza finalista* que apresenta o ser humano como o ápice da evolução é igualmente pré-moderna e não apoiada pelas ciências físicas e biológicas. A concepção jonassiana da natureza é particularmente *confinada*: ela se limita espacialmente à Terra (absolutizando assim os problemas ecológicos) e temporalmente à gênese da humanidade, sem nenhuma consideração pelos bilhões de anos de existência futura presumida do universo.

• A *concepção do homem* é igualmente insatisfatória. Ela salienta sua liberdade, mas a restringe a um exercício simbólico, interditando-lhe qualquer intervenção tecnobiofísica sobre a natureza e sobre si mesmo. A humanidade deve, fundamentalmente, aceitar a condição biofísica que a natureza (ou Deus) lhe concedeu. Ela deve fugir do desejo utópico de modificar ou de ultrapassar concretamente essa condição. Essa ultrapassagem – a transcendência do homem – pode ser apenas simbólica ou espiritual: como tal ela é possível sobre a base de sua condição natural (uma vez que o homem *é* o animal simbólico, o ser vivo do *logos*), e *apenas* sobre a base da preservação dela.

• O *milenarismo* de Jonas: este radicaliza e absolutiza problemas reais, principalmente ecológicos e bioéticos. Essa absolutização cultiva um aspecto de apocalipse iminente do qual apenas uma *reação moral*, igualmente radical e absoluta, pode ainda nos salvar. Essa atitude é típica dos anos 70, que descobrem os problemas ecológicos e bioéticos. Jonas lhes atribui um porte quase ontológico ou metafísico: eles ameaçam a existência e a essência da humanidade. Ele disso conclui que é preciso atacá-los em sua raiz: a própria modernidade, niilista e tecnocientífica. Sua reação é metafísica. Uma atitude mais esclarecida consiste em tentar resolver esses problemas de um modo pragmático e relativo, sem renunciar, absurdamente, a todas as aquisições da modernidade.

LEITURAS SUGERIDAS

HOTTOIS G. (ed.) (1993), *Aux fondements d'une éthique contemporaine: H. Jonas e H. T. Engelhardt.* Paris, Vrin (Problèmes et controverses).

HOTTOIS G. e PINSART M.-G. (eds.) (1993), *Hans Jonas: nature et responsabilité.* Paris, Vrin.

JONAS H. (1996), *Entre le néant et l'éternité*, trad. de S. Courtine-Denamy. Paris, Belin (L'extrême contemporain).

Filosofia da técnica e das tecnociências

3. Gilbert Simondon e a promoção de uma cultura tecnocientífica

- Diagnóstico e remédio para uma civilização esquizofrênica.
- As virtudes humanistas da tecnociência.
- Entre modernidade e pós-modernidade.

PALAVRAS-CHAVE

- comunidade • cultura • emancipação • futuro • humanismo
- individuação • metastável • modernidade • PDTC
- sociedade • simbólico • técnica • tecnociência • tecnofilia
- universalidade

Gilbert Simondon (1924-1989) é, sem nenhuma dúvida, o mais importante filósofo francês da técnica. A originalidade de seu pensamento e também sua singularidade no seio da produção filosófica francesa são tais que ele ainda não recebeu toda a audiência que mereceria. É o autor de três obras, redigidas pelo fim dos anos cinqüenta e publicadas respectivamente em 1958 (*Du mode d'existence des objets techniques*),[5] em 1964 (*L'individu et sa genèse physico-biologique*)[6] e em 1989 (*L'individuation psychique et collective*).[7]

3.1. Dissociação da civilização contemporânea entre "duas culturas"

3.1.1. *As "duas culturas"*

É no decorrer dos anos 50 que nasce um debate que é, ainda hoje, de intensa atualidade. Nossa civilização estaria dividida entre duas cul-

---

[5] Paris, Aubier (L'invention philosophique), 1989.
[6] Paris, J. Millon, 1995.
[7] Paris, Aubier (L'invention philosophique), 1989.

turas: a cultura tradicional, principalmente literária, e a cultura científica e técnica. O inglês C. P. Snow, ele próprio cientista e escritor, formula a expressão, doravante clássica, do debate, em uma conferência de 1959: *The Two Cultures* (*Les deux cultures*).[8]

Dilacerado entre essas duas tendências que são incapazes de se comunicar mutuamente e, portanto, de se reconciliar, o mundo contemporâneo parece irremediavelmente esquizofrênico. A divisão é profunda, porque de fato se trata de duas "formas de vida", de dois modos de se relacionar com a condição humana e de "ser-no-mundo", que se opõem, atribuindo uma importância muito diferente à simbolização e à linguagem natural.

(a) Para os partidários da cultura tradicional: a linguagem natural e a simbolização espontânea ou elaborada (as artes) têm uma importância essencial. É graças à cultura, basicamente lingüística, que o ser humano assume sua condição e descobre o sentido dela. É pela cultura assim compreendida que ele *é* essencialmente *humano*. A relação com as coisas materiais, a ação e a produção, não são essenciais em relação à atividade simbólica (espiritual). Passado e história são mais valorizados que o futuro. A condição humana é julgada fundamentalmente imutável.

Hans Jonas ilustra bem essa ótica, mas ela é corrente na filosofia continental: metafísicos, fenomenólogos e hermeneutas pertencem geralmente ao mesmo campo. De seu ponto de vista, não existe, estritamente falando, *duas* culturas. Apenas a cultura tradicional, simbólica e literária é autenticamente *cultura*. Ciências e técnicas são da ordem do conhecimento e da competência; elas são destinadas a servir, a serem utilizadas e aplicadas, mas não liberam nenhum *sentido*.

---

[8] Paris, J.-J. Pauvert (Libertés nouvelles), 1968.

(b) Para os partidários da cultura científica e técnica: esta é de fato uma cultura no sentido pleno do termo. Mas o olhar sobre os fenômenos culturais é mais antropológico, etnológico e empírico: a cultura não se reduz às produções simbólicas, mas inclui as produções materiais, principalmente as técnicas. A importância da linguagem verbal é relativizada. Ela é mais um instrumento do que um valor ou um fim em si mesma. Ela permite a comunicação e, portanto, a organização de um grupo de seres humanos em vista, principalmente, do domínio e da transformação de seu meio ambiente. Uma cultura compreende todos os procedimentos desenvolvidos por um coletivo humano durável, em reação a suas condições de existência, que são modificáveis. Os partidários da cultura tenocientífica crêem na capacidade de melhorar, até de transformar radicalmente a condição humana. Essa fé os leva ao trabalho, à ação e ao futuro, mais do que à interpretação do passado e a sublimação simbólica daquilo que existe.

3.1.2. *Diagnóstico e remédio*

G. Simondon vê na clivagem entre ciências-técnicas e culturas tradicionais o problema fundamental de nossa civilização, que produz obstáculo para a integração harmoniosa desta. Segundo ele, não há oposição essencial entre tecnociência e cultura. O diferendo é contextual e histórico. Normalmente, a cultura é uma interface, amplamente simbólica, entre o ser humano e seu meio, que torna possíveis relações e comunicação adaptadas. Ora, nosso problema se deve ao fato de que a cultura (literária, filológica), que continua a ser ensinada e valendo como "a cultura autêntica", tornou-se anacrônica. Ela era a cultura apropriada a um meio (principalmente um estado de desenvolvimento das ciências e das técnicas) muito diferente do meio ambiente tecnocientífico, que é o nosso.

O problema não é, portanto, o de uma antítese irredutível entre ciências-técnicas, de um lado, e cultura, do outro lado. É o de uma defasagem da cultura dominante em relação ao meio real e atual. A tecnocientofobia não é mais que o efeito de uma má representação do universo tecnocientífico, sentido como incompreensível, incontrolável e estrangeiro para uma sensibilidade herdada do passado e para uma cultura obsoleta, incapaz de continuar garantindo seu papel regulador. Nessa situação de bloqueamento e de dissociação, a tecnociência é diabolizada, porque a cultura disponível não permite simbolizá-la de modo apropriado.

O remédio deve provir da invenção progressiva de uma nova cultura, de acordo com o mundo tecnocientífico e suscetível de desempenhar o papel de interface entre o ser humano e ela. A invenção-construção de tal cultura postula uma nova visão do mundo, ou seja, uma nova filosofia, e deve desembocar na refundição da educação-aculturação.

A filosofia de G. Simondon deve, portanto, ser compreendida globalmente como uma tentativa de reparação da dissociação contemporânea e de seus efeitos perversos (rejeição, esclerose, reação etc.). Ela procura encontrar as articulações que permitirão religar, sem as reduzir, os seres da natureza, os seres humanos e os objetos técnicos, todos eles colocados em uma mesma perspectiva de futuro, de individuação e de progresso.

3.2. As virtudes humanistas das ciências e das técnicas

Simondon desenvolveu uma filosofia da natureza (física e biologia), uma filosofia da técnica, que é também uma filosofia das tecnociências ou da PDTC, e uma filosofia do homem ou antropologia filosófica. Nós nos limitamos aqui à exposição de alguns dos traços essenciais que permitem pôr em relação sua filosofia das tecnociências e sua filosofia do homem. Juntos, eles oferecem o quadro filosófico geral de uma cultura tecnocientífica.

Filosofia da técnica e das tecnociências 641

3.2.1. *Valorização e autonomia da técnica*

- *Valorização da técnica e das tecnociências*: elas se aplicam ao passado (Simondon está inteiramente no viés da avaliação tradicional) e, mais do que nunca, ao presente. A PDTC é um ator positivo e capital do futuro do homem e da sociedade contemporânea. A tecnofilia simondoniana atravessa todos os seus escritos. A primeira virtude da PDTC é, hoje e para o futuro previsível, seu papel motor. Em nossa civilização, é doravante "aí que as coisas se passam", e não mais prioritariamente sob a forma da invenção simbólica (lingüística, mais particularmente). Todavia, a fim de que isso possa acontecer e continuar a progredir, é preciso um *acompanhamento simbólico* apropriado e, portanto, uma imaginação simbólica (moral, política, artística etc.: sociocultural) permanente. Na falta desse acompanhamento, encontramo-nos na situação de uma sociedade dividida ou defasada, com seus bloqueios, mal-estares e disfunções, mais ou menos graves e destrutivas. A tarefa de uma cultura tecnocientífica apoiada em uma filosofia das tecnociências é a de oferecer esse acompanhamento simbólico para a PDTC.

- *Autonomia relativa da evolução dos objetos e do mundo técnicos*: a obra de 1958 (*Du mode d'existence des objets techniques*) [*Sobre o modo de existência dos objetos técnicos*] é a ilustração convincente dessa tese. Ela não implica uma autonomia absoluta nem uma espécie de hipóstase da técnica (à maneira de Jacques Ellul: *Le système technicien* [*O sistema técnico*], 1977). É dos objetos técnicos (lâmpadas, motores etc.) que se trata, a respeito dos quais Simondon observa que eles evoluem com uma individuação crescente: eles são sempre mais funcionais, mais unitariamente integrados, melhor integráveis em conjuntos etc. Ora, esse aperfeiçoamento progressivo, que elimina as formas arcaicas, exige que seja respeitada a normatividade própria da técnica. Essa normatividade objetiva explora a legalidade, também objetiva, do mundo físico: da natureza, da qual F. Bacon havia de fato reconhecido que só a "comandamos se lhe obedecermos". O reconhecimento da especificidade do modo de ser e de evoluir das entidades tecnocientíficas não impede que indivíduos e coletividades orientem a PDTC, por exemplo, com o auxílio de uma política que favoreça tal possibilidade de aplicação ou tal programa de pesquisa. Mas salientar a liberdade dos seres humanos não significa considerar que lhes é permitido fazer não importa o que e não importa como com as realidades tecnofísicas. Ao contrário: essa liberdade só terá oportunidade de crescer à medida que ela se verificar capaz de reconhecer a especificidade dos objetos do mundo físico e técnico.

> O objeto técnico é válido ou não conforme suas características internas (...). A adoção ou a rejeição de um objeto técnico por uma sociedade não significa nada a favor ou contra a validade desse objeto; a normatividade técnica é intrínseca e absoluta (*A individuação psíquica e coletiva*).

3.2.2. *Universalidade e emancipação*

• *Fator de universalização*: esse aspecto decorre diretamente da autonomia. Sendo independentes das subjetividades individuais ou coletivas sempre particulares, as normas tecnocientíficas são objetivas e universais. Simondon retoma expressamente por sua conta o ideal das Luzes e da Enciclopédia, no coração da Modernidade. Mas é toda a história da filosofia que expressa uma individuação com vocação universal: o futuro da Razão. Esta não é fundamentalmente oposta à técnica, assim como o mostram suas origens jônicas: Tales, Anaximandro, Anaxímenes – os "primeiros filósofos" – são, com fundamento, descritos por Simondon como engenheiros ou técnicos. Eles extraem diretamente da universalidade da natureza (pela descoberta e pela invenção) para além da particularidade da comunidade à qual eles pertencem. Simondon salienta ainda que os grandes projetos da PDTC (conquista espacial, genoma humano etc.) apresentam uma importância transnacional que se refere à evolução da espécie humana como tal, e não apenas o poder ou a glória de uma determinada nação.

- *Importância emancipadora*: esse aspecto é complementar do precedente. A emancipação permitida pela PDTC é dupla: material e simbólica. É costume salientar as virtudes libertadoras das ciências e das técnicas em relação às servidões materiais da condição natural dos seres humanos. Não é tanto o de pôr em evidência sua força de libertação simbólica. A prática da pesquisa e a aquisição de conhecimentos e de saber-fazer eficazes não se acomodam com limitações e obrigações de nenhum poder simbólico instituído (político, religioso). A dinâmica tecnocientífica não pode sobreviver em um meio social e cultural fechado e rígido, hostil a qualquer questionamento e a qualquer evolução, visando tão-somente a se reproduzir e, eventualmente, a se estender, de modo idêntico. Uma vez mais, isso se refere também à filosofia em suas origens:

Não devemos esquecer que a primeira aparição de um pensamento individual livre e de uma reflexão desinteressada (a filosofia) é o fato de técnicos (trata-se dos primeiros filósofos da Jônia), ou seja, de homens que se souberam destacar da comunidade por meio de um diálogo direto com o mundo (*A individuação psíquica e coletiva*).

Fator essencial de universalização e de emancipação, ciências, técnicas e tecnociências são profundamente humanistas.

- *Uma simbolização apropriada para a PDTC*: a PDTC não se acomoda com não importa quais instituições sociais e culturais. É preciso que estas protejam o livre-exame, as liberdades de pensar, de pesquisar, de se informar e de informar, de criticar, de debater etc. Como a PDTC é motora e dinâmica, sempre em movimento e em evolução, a regulação social (leis, direito, moral etc.) não pode ser por demais rígida nem demasiadamente pesada. Ela deve estar aberta à reforma permanente, à mudança, e prever procedimentos para esse fim. Ela deve ser capaz de negociar sem violência a assimilação daquilo que é diferente e novo. Em tal sociedade, tudo é, em princípio, sempre passível de revisão e nada pode ser declarado definitivo. A simbolização sociocultural e as instituições jurídico-políticas apropriadas à PDTC estão nos antípodas das comunidades fundamentalistas, integristas, totalitárias, de essência religiosa ou ideológica. Simondon opõe nesse sentido a *sociedade* à *comunidade*. A primeira é aberta, no tempo e no espaço. Sua vocação é universalista, mas aceitando a mudança que a universalização progressiva implica. A comunidade, ao contrário, é fechada: ela visa tão-somente sua própria repetição identitária. Ela não é suscetível de evoluir nem de se estender, reformando-se. A cultura comunitária é uma cultura petrificada, exclusiva, sem futuro. Teocracia, mas também tecnocracia, todas as formas de totalitarismo e de fundamentalismo são de natureza comunitária. O espírito comunitário impõe verdades e normas sem a possibilidade de modificá-las, uma vez que elas são apresentadas como a Verdade e a Lei. O fechamento comunitário vale também para a utopia, quando ela se encarna no projeto de uma sociedade fechada sobre si mesma no espaço e no tempo, uma sociedade perfeita e definitivamente estável, que gira regularmente, como máquina bem lubrificada. Uma sociedade apropriada à PDTC é uma sociedade *metastável*, o que não

Filosofia da técnica e das tecnociências

quer dizer caótica, e sim capaz de modificar sua estrutura, de inventar a si mesma de formas e normas novas.

- *Uma relação livre com a técnica*: a boa relação com a técnica é, no fundo, a do *pesquisador*. Sem dúvida, não é a do tecnocrata que quer impor *uma* técnica e "maquinizar" a sociedade. Simondon denuncia dois extremos opostos: a subordinação do ser humano à técnica (à máquina) e a subordinação da técnica não ao ser humano, mas a uma configuração simbólica (moral, programa ideológico etc.) privilegiada (fonte dominante e exclusiva do direito, da verdade). Quando a técnica é assim radicalmente instrumentalizada, a serviço, por exemplo, de um determinado projeto de sociedade, ela perde todas as suas virtudes de contestação, de evolução, de emancipação. Escrava do símbolo, ela irá ajudar o símbolo a dominar. Se definirmos de antemão a humanidade ou a sociedade ideal e, em seguida, utilizarmos a técnica e a ciência para realizar esse ideal, destruiremos o essencial, ou seja, a livre pesquisa-e-invenção. Esta se refere às ciências e às técnicas, mas também à humanidade e à sociedade, que podem e devem evoluir. O importante é organizar as condições de uma *co-evolução da humanidade e da técnica*, a menos conflituosa possível. Reagir aos riscos da tecnociência e à alienação tecnológica do ser humano por uma retomada em mãos autoritárias, em nome de uma religião, de uma sabedoria ou de uma moral recebida como Verdade e Salvação, amputando ou detendo a PDTC – à maneira de Jonas – equivale a substituir um mal por outro, uma alienação por outra, negadora da liberdade. Dogmatismo tecnológico e dogmatismo ideológico são igualmente anti-humanistas. Mas, para poder estabelecer com as tecnociências uma relação livre – maior e adulta – é preciso compreendê-las e, idealmente, tomar parte, ainda que modestamente, em sua dinâmica. Para isso, mais uma vez, é indispensável uma aculturação tecnocientífica. A alienação reina quando esta não existe.

3.3. Conclusões

3.3.1. *Um modernismo atual e matizado*

A tecnocientofilia de Simondon, sua insistência sobre os ideais de universalidade e de emancipação, seu otimismo e sua esperança progressista e humanista, a atenção que ele concede à aculturação e à educação indubitavelmente fazem dele um herdeiro maior da modernidade. Essa modernidade de Simondon é muito atual, na medida em que leva em consideração focal nossa civilização tecnocientífica e os problemas concretos que ela suscita. Não é apenas o ideal teórico das Luzes que Simondon retoma por sua conta: ele quer prolongar e atualizar sua prática (e daí sua atenção ao universo técnico e aos problemas de aculturação e de educação, próprios do século XX). Sob sua forma puramente especulativa e idealista, a filosofia das Luzes e da *Aufklärung*, desligada de nosso tempo e cega para a importância das tecnociências, algumas vezes pôde, ao contrário, assumir posições e servir valores e finalidades tecnófobas, típicas de uma tradição que se tornara anacrônica.

O modernismo de Simondon é ainda atual porque é relativo e matizado, aberto, de certo modo, ao pós-moderno. Simondon atribui uma importância capital ao pensamento *analógico*, que ele chama de *transdutivo*, e que é a verdadeira fonte da simbolização. Simbolizar quer dizer "religar". Apenas o pensamento analógico é capaz de religar tudo, respeitando a diversidade sem negar as diferenças. É nisso que ele se distingue do pensamento lógico, que depende estritamente do princípio de identidade e que só assimila o diferente reduzindo-o ao idêntico. Simondon é um cantor da diversidade, da riqueza das individuações naturais, culturais e técnicas. E, quando ele sonha com a universalização, é em uma expansão analógica que pensa, e em uma espécie de ecumenismo sem limites. Apenas as analogias, tecidas pelo pensamento simbólico, podem religar os seres biológicos, culturais e técnicos. Apenas o pensamento analógico

Filosofia da técnica e das tecnociências

pode celebrar em cada um deles a *vida*, sob formas irredutivelmente diversas e, todavia, aparentadas. Apenas o pensamento analógico pode reparar a dissociação de nossa civilização, inventando uma cultura tecnocientífica.

A insistência sobre a analogia, o múltiplo, a diversidade, a fecundidade extraordinária dos futuros de individuação (formas de vida, linhagens técnicas, culturas) tempera fortemente o modernismo de Simondon e o impele, de certo modo, para a pós-modernidade. Nesse caminho, que termina por salientar mais o simbólico que o técnico, Simondon se afasta de sua intuição fundamental, que é a da resistência, da alteridade, da especificidade, da autonomia do modo de existência dos objetos técnicos. Mas é verdade também que essa intuição visava à sua própria superação, graças à produção de uma cultura técnica.

O maior mérito de Simondon é talvez o de ter, no conjunto, conseguido ocupar um lugar mediano, reconhecendo e valorizando igualmente a técnica, a natureza e a cultura em suas diversidades respectivas *e* esforçando-se para fazê-las se comunicarem. Essa preocupação o levou a desenvolver uma filosofia – obra *simbólica* por excelência – que é, ao mesmo tempo, da natureza, da técnica e da cultura.

3.3.2. *Transformação técnica e transformação simbólica*

A concepção simondoniana das relações entre o homem e a tecnociência apresenta um ponto cego que se explica, em parte, pelo estado das técnicas na época – fim dos anos 50 – em que o pensamento de Simondon se cristalizou. Trata-se da ausência quase total de atenção à apreensão operativa direta do ser humano pelas tecnociências, tal como ela não cessou de se desenvolver, principalmente na PDTC biomédica, no decorrer da segunda metade do século XX.

As técnicas que Simondon considera são, quanto ao essencial, as técnicas do engenheiro: os utensílios, os instrumentos e as máquinas que transformam o meio exterior ao ser humano. Este último não é diretamente afetado por essa engenharia. Ele o é apenas de modo indireto e como reação. O homem é afetado pela técnica por meio das interfaces da cultura e da simbolização. O que no homem é modificável e deve evoluir é a cultura simbólica, em sentido muito amplo, da qual cada geração herda e que ela contribui para preservar e para transformar. O homem é um ser simbólico, e é no plano simbólico (espiritual) que ele pode e deve evoluir (é "a individuação psíquica e coletiva"). Sua evolução não parece dever – poder? – ser também biofísica.

Todavia, a mancha cega não é total. Muito excepcionalmente, Simondon reconhece – e parece até convocar – uma evolução do homem na qual este não seria apenas o operador da técnica, mas também o operado pela técnica.

> No estado atual do desenvolvimento das técnicas, o homem intervém antes de tudo como operador (...), o homem é muito raramente, enquanto homem, aquele a quem a operação técnica atinge (*Os limites do progresso humano*).[9]

Essa perspectiva não é contraditória da outra, segundo a qual a tecnociência afeta diretamente apenas o meio exterior ao homem. Mas ela a torna mais complexa, até estranha. Podemos, com efeito, descrever a forma e a matéria biofísica do ser humano – seu corpo, incluindo seu cérebro – como o meio exterior mais próximo do homem. O homem – propriamente falando – novamente se torna, a partir disso, o espírito, e não é identificável a nenhum dos aspectos materiais – naturais ou não – que ele pode revestir. O homem é essa liberdade inapreensível em ação no mundo material e que se serve da técnica para se emancipar sempre mais dos limites que lhe impõe o mundo físico, do qual seu corpo, com todos os seus órgãos, é parte.

---

[9] *Les limites du progrès humain*. Na *Revue de métaphysique et de morale*, n. 3, 1959; *Cahiers philosophiques*, n. 42, março de 1990.

Filosofia da técnica e das tecnociências

LEITURAS SUGERIDAS

COLETIVO (1994), *Gilbert Simondon. Une pensée de l'individuation et de la technique*. Paris, A. Michel.

HOTTOIS G. (1993), *Simondon et la philosophie de la "culture technique"*. Bruxelas, De Boeck Université (Le point philosophique).

4. H. T. Engelhardt: ética, política e tecnociência em um mundo pós-moderno

- O que a ética se torna em um mundo pós-moderno?
- A autonomia deve primar a beneficência.
- Do pós-modernismo simbólico à pós-modernidade tecnocientífica.

PALAVRAS-CHAVE

• bioética • comunidade moral • consenso • esfera privada • espaço público • Estado • laicidade • liberalismo • meta-moral • modernidade • multiculturalismo • negociação pacífica • pessoa • pluralismo • pós-modernidade • princípio de autonomia • princípio de beneficência • racionalismo • tolerância • universalidade

---

Doutor em medicina e em filosofia, Hugo Tristram Engelhardt Jr. (1941-) ensina em Houston (Texas). Ele é, há alguns anos, um dos representantes mais renomados da bioética internacional. Sua obra mais conhecida e mais importante até hoje se intitula: *The Foundations of Bioethics* [*Os fundamentos da Bioética*] (1986).[10]

---

[10] New York, Oxford University Press, 1996.

4.1. Da ética em um mundo pós-moderno

4.1.1. O *problema*

Engelhardt reflete a partir da realidade social existente no mundo ocidental, mas igualmente perceptível em escala planetária: a de sociedades multiculturais, pluralistas, poliétnicas, "politeístas". Sociedades que se caracterizam pelo fato de que todos os seus membros não partilham os mesmos valores ou a mesma hierarquia de valores e não atribuem o mesmo conteúdo à noção de "vida boa". Em bioética e em ética médica, essa situação se ilustra no cotidiano e muito concretamente. Por exemplo: a situação do médico católico, solicitado para um aborto por uma militante feminista em um hospital público.

Como convém gerir as diferenças morais que separam e opõem "estrangeiros morais", obrigados entretanto a coabitar e cooperar durante uma parte importante de sua existência? É possível definir uma "lógica do pluralismo" ou o caos e a violência são inevitáveis?

Engelhardt distingue quatro tipos de interação e de soluções unificadoras para as controvérsias e as divergências relativas àquilo que devemos ou não fazer:

- a interação violenta e o uso da força, inclusive a força física, para unificar a ação dos indivíduos;
- a unificação por conversão;
- a discussão, que leva progressivamente ao triunfo dos argumentos racionais (aceitáveis por todos) e ao consenso, que expressa a solução racional do problema;
- o estabelecimento empírico, pragmático e convencional de procedimentos a seguir, a fim de regular controvérsias morais de modo não violento.

A primeira não é, evidentemente, uma resposta viável e aceitável. A conversão é um processo incontrolável, aleatório, sobre

Filosofia da técnica e das tecnociências

o qual não podemos normalmente contar para aproximar pontos de vista opostos. Além disso, ela se liga a crenças que reivindicam a Verdade, e cujo dogmatismo, a recusa de qualquer concessão, pode desembocar sobre o uso da força em relação àqueles que permanecem rebeldes à graça de uma conversão espontânea. Mas Engelhardt não reconhece mais a resposta racionalista: a evocação de uma Razão universal, suscetível de esclarecer de modo determinado deveres e interditos, é tão-somente um mito, o mito da modernidade. A fé racionalista não é muito diferente das crenças religiosas. Conforme a história bem o mostrou, ela pode igualmente desembocar no dogmatismo e no uso da força. O racionalismo jamais foi universal: ele é uma tradição e depende de uma comunidade particular, que parece, por outro lado, em declínio no seio das sociedades pós-modernas.

4.1.2. Elementos para uma solução

A saída deve ser procurada do lado da definição de procedimentos pacíficos de gestão e de resolução dos conflitos gerados pelo encontro com estrangeiros morais. O que é preciso postular e o que isso implica?

Um pressuposto fundamental

O postulado de base, que condiciona a própria possibilidade da existência ética, é a vontade de resolver os problemas sem apelar para a violência. Para Engelhardt, entramos na esfera da ética apenas a partir do momento em que decidimos não recorrer à força para impor nosso ponto de vista. Essa esfera ética é transcendental e formal, ou seja, independente de qualquer determinação positiva daquilo que é bom ou mau. Ela é acessível a qualquer indivíduo, sejam quais forem, por outro lado, suas crenças, com a condição de que ele tenha a – boa – vontade.

É preciso, portanto, distinguir dois planos:

- o das comunidades morais particulares (a igreja católica, o partido comunista ou o budismo etc.) que têm sua visão da vida boa;
- o plano metamoral ou propriamente ético, que corresponde ao postulado evocado acima. A partir do momento que alguém se subtraia a ele, em nome de uma moral particular absolutizada e que procure impor suas convicções pela força, ele cai fora da esfera ética.

Engelhardt distingue de bom grado entre duas significações da racionalidade e da laicidade: num primeiro sentido, o racionalismo leigo corresponde a uma moral particular com seus valores próprios (materialistas e hedonistas, por exemplo); no segundo, a racionalidade leiga tende a identificar-se com a universalidade da esfera metamoral, defendendo apenas a tolerância, a não-violência e o respeito pela autonomia das pessoas.

O respeito pelas pessoas, por sua autonomia e sua associação em comunidades

A noção kantiana de *pessoa* está no centro da ética de Engelhardt. A pessoa é caracterizada como consciente, capaz de raciocinar e de escolher livremente, dotada de um senso moral (distinção do bem e do mal). A pessoa é uma entidade autônoma, ou seja, apenas ela tem a autoridade legítima para impor a si regras de conduta e o respeito dos valores. A única regra intangível é justamente o respeito pela pessoa e pela autonomia pessoal, em si e em outrem. Essa tese implica principalmente:

- o primado do "princípio de autonomia" sobre o "princípio de beneficência". Segundo este último, o comportamento moral compreende naturalmente a propensão a fazer o bem, tal como aquele que age o concebe. Mas nem todas as pessoas têm a

Filosofia da técnica e das tecnociências

mesma concepção do bem (e de seu bem em particular). O primado do princípio de autonomia exige que jamais imponhamos a outrem nossa própria concepção do bem contra sua vontade. A regra a seguir não é mais: "Faça a outrem aquilo que *você* gostaria que ele lhe fizesse", e sim: "Faça a outrem aquilo que *ele* gostaria que lhe fizessem". Entretanto, com uma ressalva importante: o outro não pode *exigir* que lhe façam seu bem; ele, principalmente, não nos pode pedir que lhe providenciemos um bem contrário à nossa própria convicção moral a respeito daquilo que é bem ou mal;

• toda pessoa é livre para se associar com outras, partilhando a mesma concepção da vida boa, a mesma hierarquia de valores morais. Essa faculdade de associação livremente consentida ou desejada é a única fonte de legitimidade das comunidades morais particulares e das normas que elas enunciam. Essa legitimidade é estritamente interna e vale apenas para as pessoas que a elas aderem e também pelo tempo que a elas aderirem. As normas enunciadas por uma comunidade moral não podem, portanto, ser impostas ao exterior desta, a outras comunidades ou, de modo geral, a todas as pessoas. Elas não são universais. Engelhardt é inteiramente liberal naquilo que se refere à formação de comunidades morais particulares: todos os consensos pacificamente obtidos são aceitáveis, com a condição, entretanto, de que seu conteúdo não esteja em oposição ao princípio ético fundamental do respeito pelas pessoas e pela negociação pacífica.

O procedimento

É eticamente aceitável apenas a negociação pacífica. Sua definição é muito ampla e principalmente negativa: ela é oposta a qualquer recurso à força física. Ela constitui, portanto, uma interação essencialmente simbólica, na maioria das vezes lingüística, da qual uma forma importante é a discussão argumentada. Mas esta não esgota os modos simbólicos de interação e de influência ou persuasão. Aqui, ainda, Engelhardt é extremamente liberal, e seu pós-modernismo elimina qualquer privilégio e qualquer exemplaridade na ética da discussão, conforme Apel–Habermas, cuja perspectiva permanece racionalista. Engelhardt julga válidas todas as espécies de acordos e de contratos, contanto que tenham sido concluídos pacificamente, e ainda que nos pareçam totalmente irracionais. Desse ponto de vista, ele não é moderno nem kantiano: não lhe parece contrário à ética que uma comunidade recorra ao suicídio coletivo, se todos os seus membros com isso consentirem.

A noção de negociação pacífica não repousa sobre a distinção entre uma argumentação que seria racional (e, portanto, universalmente válida) e um discurso interessado ou um empreendimento de persuasão que usa de sofismas. A ética do discurso e a invocação do racionalismo são apenas uma *retórica* particular. O uso da publicidade e do poder dos meios de comunicação é perfeitamente legítimo. Cabe às pessoas pôr à prova seu espírito crítico ou se deixarem seduzir. Pretender protegê-las contra os abusos (ou contra suas próprias inclinações) leva a querer fazer "o bem delas", eventualmente apesar delas, ou seja, leva ao desprezo por sua autonomia.

Se o procedimento no sentido mais geral é a interação simbólica e não violenta, é indispensável, entretanto, definir também procedimentos mais precisos para que a vida coletiva em uma sociedade pluralista seja possível. Esses procedimentos são o modo pelo qual a sociedade gera e regula pacificamente um conflito de valores, quando ele surge. Eles não pretendem a universalidade nem a racionalidade: são técnicas institucionais sobre as quais as pessoas e as diversas comunidades se colocaram de acordo para regular seus conflitos. O importante está em sua eficácia, em sua capacidade de gerar e resolver efetivamente os conflitos de modo pacífico e bastante satisfatório para todas as partes interessadas, de modo que todos possam e queiram continuar a viver juntos. É principalmente no domínio da bioética que novos procedi-

Filosofia da técnica e das tecnociências

mentos foram instituídos nestes últimos anos. Eles tomaram a forma, notadamente, de comitês de ética multidisciplinares e pluralistas. Estes têm como missão dar um parecer ou preparar regras para responder aos problemas que implicam conflitos de valores e controvérsias entre comunidades morais particulares, em escala nacional ou internacional.

O Estado limitado e o uso defensivo da força

Apenas um uso da força é eticamente legítimo: consiste em utilizá-la contra aquele que não respeita o princípio fundamental da autonomia das pessoas. Quando uma pessoa ou uma comunidade quer, pela força, impor seus valores, sua moral, a pessoas ou a uma outra comunidade, estas últimas não têm outro recurso, para se defender, além do de também elas utilizarem a força.

Essa função de proteção do princípio de autonomia é o papel principal do Estado. Este deve velar para que a autonomia das pessoas seja respeitada; deve velar também para que os contratos livremente consentidos por pessoas sejam honrados; deve velar, finalmente, para que os procedimentos de regulação pacífica em caso de conflito moral entre comunidades sejam bem seguidos.

O Estado deve dispor do monopólio da força, mas ele não está autorizado a usá-la, exceto em casos definidos. Concebido desse modo, o Estado é de tipo liberal e mínimo: ele visa a maximizar o exercício pacífico das liberdades individuais e não a aumentar suas próprias atribuições. A filosofia política de Engelhardt compreende, todavia, um princípio de justiça e a preocupação de redistribuição parcial das riquezas, a fim de atenuar as desigualdades e as disfunções sociais demasiadamente importantes e de garantir certo número de serviços públicos indispensáveis, oferecidos de modo transcomunitário. Assim, por exemplo, certo número de cuidados médicos de base serão garantidos pela política da saúde pública para todas as pessoas. Contudo, caberá a elas recorrer ou não (conforme seus meios e suas convicções) a certo número de técnicas médicas, eventualmente de ponta e muito onerosas.

Espaço público e esferas privadas

Tocamos aqui num ponto essencial da filosofia política em um mundo pós-moderno. O respeito pela diversidade e pela autonomia, julgadas positivas, implica que deixemos à iniciativa privada um máximo de empreendimentos e de responsabilidades. A idéia do Estado liberal mínimo acarreta a preocupação de legiferar minimamente, não interferindo nas esferas privadas, compreendidas no sentido mais extenso. Para Engelhardt, as questões socialmente sensíveis, relativas ao aborto, à eutanásia, ao diagnóstico pré-natal, à terapia gênica (etc.) dependem exclusivamente da esfera privada e das morais comunitárias. Essas questões, que se referem às convicções individuais mais íntimas, não podem ser resolvidas publicamente em um ou outro sentido. O espaço público deve apenas permanecer suficientemente aberto para que comunidades e pessoas, com convicções morais muito diferentes, possam coexistir e, em certa medida, cooperar e dialogar.

Mas a questão "O que deve ser deixado à liberdade pessoal e às convicções comunitárias, e o que deve ser regulado de modo público e transcomunitário (nacional ou internacional)?" é extremamente difícil. Ela depende principalmente da definição de "pessoa", ou seja, do tipo de entidade que iremos reconhecer como interlocutor moral, suscetível, portanto, de ser um estrangeiro moral e que pede para ser respeitado como tal, em sua autonomia própria.

A extensão da comunidade moral

Em sentido estrito, uma comunidade moral compreende apenas pessoas (indivíduos conscientes, racionais, sensíveis, livres). Elas têm um valor inalienável, um valor por si mesmas, ou seja, independentemente dos atos de valorização de outras pessoas. O valor de uma pessoa e o direito absoluto dela à autonomia não têm de ficar à espera do reconhecimento de outra pessoa. "Pessoa" não é sinônimo de "ser humano". "Ser humano" é a caracterização de uma espécie biológica:

um embrião pode ser humano, um indivíduo mergulhado em coma irreversível pode ser humano, mas não são pessoas. Seu valor será o que as pessoas, uma comunidade moral particular, decidirão atribuir-lhes. Esse valor poderá, por exemplo, ser absoluto (o respeito incondicional pela vida *humana*) ou apenas relativo, levando em conta uma série de fatores que as pessoas avaliam.

O valor atribuído a entidades não pessoais por uma comunidade moral depende não do princípio de autonomia, mas do princípio de beneficência, cujo conteúdo varia de uma comunidade para outra. A aplicação do princípio de beneficência pode ser muito extensa: pode, por exemplo, incluir a preocupação com o bem-estar dos animais ou dos seres vivos em geral. Mas isso não significa que os animais tenham direitos: apenas as pessoas os têm, e as pessoas podem considerar que têm *deveres* em relação aos animais ou a certos animais, por razões e motivações múltiplas, que elas podem enunciar e discutir entre si. O animal ou o ser vivo pode, mas não deve, tornar-se um objeto de consideração moral e ser incluído na comunidade moral. Seu estatuto permanecerá, todavia, radicalmente diferente do estatuto das pessoas.

Viver em dois níveis

Pós-modernismo e niilismo estão estreitamente ligados: eles rompem com a idéia de que é possível e desejável ter acesso a um fundamento ou a uma verdade absolutos, e que seria legítimo impô-los universalmente. Eles reconhecem o primado da liberdade, que é múltiplo e imprevisível. Ora, em um mundo de liberdades irredutivelmente plurais, dois caminhos se abrem: ou a luta violenta das liberdades entre si, ou então a autolimitação das liberdades, que permite sua coexistência. O segundo caminho, que é o único ético, exige que cada ser consciente seja capaz de viver sobre dois planos ao mesmo tempo:

- o de suas convicções pessoais, da comunidade à qual ele pertence, na qual ele crê, que ele defenderá pela força se ela for atacada, e que procurará eventualmente promover e estender por meios pacíficos, porque ele adere a seus valores. Esse plano é o das raízes, da identidade simbólica, das solidariedades vividas histórica e contextualmente por uma pessoa;

- o da tolerância, da capacidade de reconhecer o outro e, portanto, de relativizar suas próprias convicções ou, em todo caso, de admitir que até a convicção absoluta de estar na verdade e no bem jamais autoriza a impor ao outro essa verdade, esse bem e essa identidade, da qual, no entanto, não se duvida. Esse segundo nível é universal, mas ele é também vazio e não tem outra função senão a de relativizar o primeiro e de lhe oferecer, talvez, a oportunidade de mudar, de evoluir, de se enriquecer, porque terá preparado o lugar do estrangeiro.

Engelhardt, que se proclama cristão *e* defensor de uma bioética *leiga*, como a única possível e desejável em um mundo pós-moderno, ilustra pessoalmente essa indispensável dualidade ético-moral da existência contemporânea.

4.2. Pós-modernismo simbólico e pós-modernidade tecnocientífica

4.2.1. *O pós-modernismo simbólico*

As correntes pós-modernas se desenvolveram à margem da crítica literária, da estética, da hermenêutica, todas elas práticas essencialmente simbólicas. O próprio niilismo, aparecido na filosofia de Nietzsche, não excedia a contestação do privilégio atribuído a alguns termos (verdade, realidade, espírito etc.) e a alguns discursos (religião, metafísica, ciência etc.): o super-homem de Nietzsche está próximo do gênio poético, profético e geralmente artístico, e não do *cyborg*. As liberdades reivindicadas contra qualquer tradicionalismo dogmático eram de pensamento, de imaginação, de expressão. A morte de Deus era a de um símbolo e de instituições religiosas. Seu efeito era de desligamento simbólico, muito particularmente moral. A natureza profundamente simbólica do pós-modernismo é tal que se caracteriza pelo desejo de ligar a si práticas que, no todo ou em parte, não são simbólicas ou são consideradas apenas em seu aspecto simbólico. É assim que as ciências contemporâneas – tomadas como essencialmente logoteóricas – puderam ser aproximadas da literatura, da criação poética, da imaginação mitológica, da hermenêutica ou, ainda, do debate político. Assim compreendidas, as ciências contemporâneas não ofereceriam nada mais que novas interpretações, perspectivas ou representações do mundo, ao lado de mitos, religiões, metafísicas e ideologias. A filosofia de R. Rorty ilustra essa concepção desenvolvida na ignorância das tecnociências, até em oposição aberta ou sutil a seu respeito.

4.2.2. *Pós-modernidade tecnocientífica*

Engelhardt tem uma visão realista e tecnicista da ciência contemporânea. Ele sabe que ela não se faz como a literatura e que as conversações não bastam para fazê-la avançar. Sabe também que a criatividade que ela desenvolve não tem apenas efeitos simbólicos. A liberdade tecnocientífica é material, física, biologicamente operativa, (re)construtora, manipuladora. Ela se inspira no imperativo tecnocientífico: "Atualizar, realizar tudo o que é possível". E, a partir do niilismo ambiente, mantido principalmente pelo pós-modernismo simbólico, não vemos por qual motivo, sobre qual fundamento, restringiríamos essa liberdade. Apenas uma limitação permanece propriamente ética: que a liberdade tecnocientífica seja exercida no respeito pela autonomia das pessoas.

Contudo, segundo Engelhardt, as pessoas não se identificam com os seres humanos. O ser humano é uma espécie biológica, aparecida no decorrer da Evolução, que apresenta certa configuração genética, orgânica, fisiológica, corporal. A pessoa de modo nenhum é necessariamente antropomorfa: formas de vida extraterrestres poderiam revelar-se pessoas, ou seja, seres conscientes, livres, inteligentes e sensíveis. E seres humanos que individual ou coletivamente decidiram modificar sua forma corporal ou sua herança em função de finalidades livremente escolhidas por eles são e permanecerão também pessoas, ainda que as diferenças os afastassem cada vez mais dos seres humanos "naturais".

A pós-modernidade tecnocientífica consiste nessa liberdade, não mais simplesmente simbólica, mas operativa, de manipulação (re)criadora cósmica. Ela postula apenas o respeito por si mesma (da liberdade, em todo lugar em que ela se afirma sem violência agressiva em relação à liberdade do outro) e a prudência (em relação a conseqüências destrutivas).

> Há uma diferença entre *nós* enquanto pessoas e *nós* enquanto seres humanos.

> Se a natureza humana nada tem de sagrado (...), não há razão para que ela não seja radicalmente modificada, sobre a base de razões particulares e com prudência.

> Mudanças maiores serão inevitáveis se permanecermos uma espécie livre e progredindo tecnologicamente. (...) Com efeito, não há razão para pensar que apenas uma espécie sairá da nossa (*The foundations of bioethics*).[11]

4.3. Questões como conclusão

4.3.1. *Dificuldades a propósito da autonomia*

O primado do princípio de autonomia sobre o princípio de beneficência constitui a base da metamoral formal, universal, de Engelhardt, que se dirige exclusivamente às pessoas. As pessoas, sendo por definição autônomas, teriam apenas subsidiariamente um dever de beneficência. Contudo, o que é uma pessoa? Todo indivíduo consciente, sensível e ra-

---

[11] New York, Oxford University Press, 1986.

Filosofia da técnica e das tecnociências

zoável é considerado como pessoa. De fato e, geralmente, de direito, isso equivale a identificar pessoas e cidadãos adultos, sem levar em conta sua história ou seu contexto psicológico, social, econômico, material etc. Ora, todos os indivíduos estão muito longe de ser iguais diante da autonomia: o exercício consciente de sua liberdade é perturbado e limitado por forças e estruturas interiores (mais ou menos conscientes), assim como por sua situação factual, momentânea ou durável. Tomemos um exemplo extremo: Que autonomia real cabe à "escolha" de um miserável iletrado do Terceiro Mundo, tendo de sobreviver e alimentar sua família, que vende para um traficante de órgãos um rim com destino ao "mundo desenvolvido"? Mas essa questão da autonomia *real* das pessoas se põe continuamente com intensidade e evidência desiguais. A autonomia de uma pessoa depende de uma multidão de fatores particulares, dos quais alguns flutuam: educação, saúde, experiência, contexto afetivo, situação econômica etc. A autonomia pessoal é um *ideal*, mais que um dado sobre o qual cada um poderia contar em suas relações com outrem. Kant havia perfeitamente visto esse caráter ideal do princípio moral da autonomia e imediatamente o colocava também como um fim, um bem, sempre a visar, mas jamais atingido.

A autonomia, muito imperfeita, das pessoas arrisca-se a ser tanto mais molestada que Engelhardt parece considerar apenas a interdição de usar a força *física*: o respeito pela autonomia de uma pessoa equivaleria a não obrigá-la materialmente. Isso significa ignorar que, em nossas sociedades "evoluídas", o essencial da força se exerce de modo imaterial, sem pressão física, por meio de palavras, imagens, símbolos e instituições (administração, justiça, cultura etc.). O analfabetismo, a falta grave de cultura, de educação e de competência são violências, porque impedem a autonomia. O falatório publicitário, a propaganda ou a persuasão retórica hábil são violências em relação àqueles que não dispõem de meios para a eles resistir. A violência e as relações de poder que não respeitam a pessoa de outrem são muito mais freqüentemente simbólicas do que técnicas e físicas.

A conclusão é que a regra do primado do princípio de autonomia (que abandona a relação interpessoal para o único jogo da liberdade, que não usa pressão física) sobre o princípio de beneficência só se pode aplicar simplesmente em um mundo ideal de pessoas realizadas, uma espécie de "reino dos fins" terrestre. Em nossas sociedades, constituídas por indivíduos muito desiguais diante do exercício da autonomia, o princípio de autonomia não pode ser aplicado de modo automático e formal, universalmente igual. Ao contrário, ele exige que *cada um promova, em si e no outro, a autonomia pessoal*. Ele contém, portanto, um princípio de beneficência: a convicção de que a autonomia é um bem a promover, ao mesmo tempo em que as condições de seu desabrochamento. Essas condições são principalmente econômicas, políticas, culturais etc. Elas se referem a toda a humanidade, à medida que admitimos que todos os membros da espécie humana são ou devem tornar-se pessoas. A metamoral contém uma moral cujo respeito condiciona a possibilidade da metamoral universal. É apenas em um mundo em que reinam a igualdade e a justiça que o princípio de autonomia poderá, legitimamente, prevalecer.

Parece que um desabrochamento ético da pós-modernidade postula que seja realizado o ideal da modernidade. Sem ele, o universo pós-moderno será o dos individualismos, dos egoísmos, dos particularismos, das desigualdades: da instrumentalização das pessoas sob a máscara de seu reconhecimento formal.

4.3.2. *A fragmentação pós-moderna da humanidade*

Como acabamos de ver, o abandono prematuro do ideal universalista da modernidade arrisca-se a ter conseqüências antiéticas, contrárias ao ideal de autonomia das pessoas, sobre o qual a pós-modernidade desejaria construir um mundo da diversidade.

Essa diversidade é geralmente concebida como cultural e simbólica. Sob essa forma, ela não faz mais que reatar com o estado tradicional da humanidade, que sempre foi dividida em uma multiplicidade de culturas. Estas não teriam muita ou nenhuma comunicação entre si. É a essa situação multimilenar que a modernidade empreendeu pôr fim desde a Renascença. A ambigüidade desse empreendimento foi freqüentemente denunciada: a universalidade da cultura moderna seria apenas a extensão de uma cultura particular, a civilização ocidental, que é forte por causa de sua superioridade tecnocientífica. Os ideais da modernidade seriam apenas a máscara da colonização, da exploração e, definitivamente, da ocidentalização do planeta. O pós-modernismo foi abundantemente alimentado e justificado por essa crítica.

Todavia, o sonho pós-moderno de uma humanidade restituída à sua diversidade cultural arrisca tornar-se uma realidade muito diferente da visão de um mundo múltiplo, pacífico e harmonioso. Legitimando a ruptura da solidariedade universal (suspeita de ocidentalismo imperialista), o pós-modernismo permite também o desenvolvimento unilateral de comunidades, de nações ou de grupos de nações, até de entidades de poder que nada têm em comum com entidades nacionais ou comunitárias, no sentido de um poder sempre aumentado e, acima de tudo, partilhado. Ainda que tal desenvolvimento se realize, graças à PDTC, com cada vez menos exploração e violência físicas, ainda que a coexistência das formas de vida se torne cada vez mais pacífica, permanecerá que, concretamente, o poder será muito desigualmente repartido. Isso significa que algumas comunidades, nações ou entidades de poder terão a capacidade unilateral de aniquilar as outras. Sem dúvida, essa já é a situação, mas seria desejável legitimá-la ou acentuá-la?

Tanto mais que a pós-modernidade, segundo Engelhardt, não se contentaria em ser apenas cultural ou simbólica. A fragmentação tecnocientífica da humanidade em uma multiplicidade de "espécies técnicas" ou "tecno-simbólicas", provavelmente muito desiguais em relação à sua capacidade de sobreviver e de evoluir, mergulha-nos em um universo que o filósofo tem muita dificuldade de conceber e de avaliar. Um universo evolucionista no qual a luta multiforme parece ter mais oportunidade de dominar do que a harmonia cosmopolita do universo-cidade.

Leitura Sugerida

Hottois G. (ed.) (1993), *Aux fondements d'une éthique contemporaine: H. Jonas et H. T. Engelhardt*. Paris, Vrin (Problèmes et controverses).

Índice das palavras-chave

★ *Os números remetem aos números dos capítulos*

A

A posteriori: 5; 14.
A priori: 5; 14.
Absoluto: 6.
Abstração: 3.
Ação: 5; 12; 15.
Acaso: 9; 20.
Acontecimento: 20.
Afetividade: 2.
Afeto: 13.
Alegria: 2.
Alienação: 2; 7.
Ambivalência: 13.
Amor fati: 10.
Análise: 13; 14.
Angústia: 16.
Anomalia: 18.
Anticlericalismo: 4.
Antinomia: 5.
Antítese: 6.
Antropocentrismo: 8.
Arreferencial: 20.
Argumentação: 19.
Arqueologia: 20.
Arquétipo: 13.
Arte: 10.
Associações livres: 13.
Ateísmo: 2; 4.
Atomismo lógico: 15.
Autenticidade, Inautenticidade: 16.
Autonomia: 2; 5; 13.
Auto-referencial: 20.

B

Bem Supremo e Bem Soberano: 5.
Bioética: 9; 22.
Burguesia: 7.

C

Cálculo utilitarista: 8.
Capital: 7; 20.
Capitalismo: 7; 19; 20.
Caráter adquirido: 9.
Catarse: 13.
Causalidade: 3; 5.
Causas finais e causas eficientes: 1.
Certeza: 2.
Ciência formal: 5.
Ciência moderna: 1; 11; 16; 20; 22.
Ciência normal: 18.
Ciência: 7; 10; 14; 21.
Ciências humanas: 17; 19; 20; 21.
Cientificismo: 7; 8; 11; 12; 19.
Círculo hermenêutico: 17.
Codificar, Decodificar: 20.
Cogito: 2.
Cognitivismo: 8.
Coisa e mundo em si: 5.
Comitê de ética: 22.
Compossibilidade: 2.
Compreensão, Compreender: 16; 17.
Comunicação: 19.

Comunidade: 22.
Comunidade dos Pesquisadores: 12.
Comunidade moral: 8; 22.
Conceito: 5.
Confusão das palavras e das coisas:
1; 14.
Consciência: 6; 11; 13.
Consenso, Consensualismo: 8; 19;
21; 22.
Conseqüencialismo: 8.
Contexto: 12.
Contingência: 21.
Continuísmo: 12.
Contínuo: 2.
Contrato ou pacto social: 3; 4.
Conversação: 21.
Corpo: 11; 13.
Corpo sem órgãos: 20.
Corte epistemológico: 17.
Costume: 3.
Crença: 12.
Criação: 10.
Criacionismo: 9.
Crise: 11.
Cristianismo: 6; 10.
Critério de cientificidade: 18.
Critério do sentido: 12; 14.
Crítica: 5.
Crítica ideológica: 19.
Cultura: 22.
Cultura pós-filosófica: 21.
Culturalismo: 18.

D

Darwinismo: 9.
Darwinismo social: 9.
Debate científico: 18.

Decisionismo: 18; 19.
Deísmo: 2; 4.
Democracia: 3; 4; 8; 12; 19; 21; 22.
Desconstrução: 20.
Descontinuidade: 17; 20.
Descrição, redescrição: 21.
Descritivismo: 8; 14.
Desejo: 2; 13; 17; 20.
Despotismo esclarecido: 4.
Determinismo: 2.
Determinismo histórico: 7.
Deus: 1; 2; 5; 6.
Devir: 10; 22.
Dialética: 6; 7; 19.
Diálogo: 16; 17.
Diferança: 20.
Diferença antropológica: 21.
Diferença ontológica: 16.
Diferendo: 21.
Dinheiro: 7.
Direito de resistência: 3.
Direito natural: 3.
Direito positivo: 3.
Direitos do homem: 19; 21.
Discurso: 20.
Discussão: 19; 21.
Dominação: 19.
Dualismo: 2; 10.
Dualismo sujeito/objeto: 16.
Dúvida metódica: 2.

E

Economia política: 7; 8.
Economismo: 7.
Édipo: 13; 20.
Educação: 4.
Emancipação: 19; 22.

Índice das palavras-chave

Empirismo: 3; 4; 8; 12; 18.
Enciclopédia: 4.
Entendimento: 5.
Enunciados analítico e empírico: 14.
Epistemê: 20.
Epistemologia evolucionista: 9; 18.
Escatologia: 7.
Escritura: 20.
Esfera privada: 8; 22.
Espaço: 5.
Espaço público: 19; 22.
Espécie: 9.
Espírito absoluto: 6.
Espírito objetivo: 6.
Esquecimento: 16.
Esquizo-análise: 20.
Esquizofrenia: 20.
Essência: 11.
Essência nominal ou fenomenal: 3.
Essência real: 3.
Estadismo: 8.
Estado: 3; 6; 8; 22.
Estado de natureza: 3; 4.
Estetismo: 21.
Estrutura: 13; 17; 20.
Estruturalismo: 13; 17; 20.
Estilo: 20.
Eterno retorno do mesmo: 10.
Ética da discussão: 19.
Ética procedural: 19.
Etnocentrismo: 21.
Eu: 13.
Eudemonismo: 8.
Eugênico e eugenismo: 9.
Europa: 11.
Evidência: 2.
Evolução: 5; 9; 22.
Evolucionismo: 9; 18.

Exegese: 17.
Exemplo: 15.
Existência: 16.
Existencialista/existencial: 16.
Experiência: 3; 5; 11; 12; 20.
Experimentação: 1.
Experimentalismo: 12.
Expertocracia: 19.
Explicação: 16.

F

Facticidade: 16.
Falibilismo: 12; 18.
Família: 15.
Fato: 8.
Felicidade: 5.
Fenomenalismo: 3; 14.
Fenômeno: 5; 11.
Fenomenologia: 6; 11; 16; 20.
Filosofia analítica: 15.
Filosofia da linguagem: 15.
Filosofia da natureza: 6.
Filosofia da técnica: 22.
Filosofia do espírito: 21.
Fim da história: 6; 7.
Fim do homem: 17.
Fim do sujeito: 17.
Fim, finalidade: 5; 9.
Finalismo: 5; 9; 22.
Finitude: 5; 13; 16.
Física matemática: 1; 2.
Fisicalismo: 14.
Fixismo: 9.
Fonocentrismo: 20.
Força: 10; 20.
Forças, meios e relações
    de produção: 7.

Forma *a priori*: 5.

Formas de vida: 15.

Fundacionalismo, antifundacionalismo: 18; 22.

Fundamento: 2; 18.

Futuro: 1; 22.

G

Gene: 9.

Genealogia: 10.

Genética: 9.

Geocentrismo: 1.

Grande ser: 8.

Guerra: 5.

H

Harmonia universal: 2.

Hedonismo: 8.

Heliocentrismo: 1.

Hermenêutica: 10; 16; 17; 19.

Heterológico: 21.

Heteronomia: 5.

Heurística do medo: 22.

História do ser: 16.

História: 5; 6; 7; 17; 20; 21.

Historicismo: 17.

Holismo: 12.

Homem: 20; 22.

Horizonte de sentido: 17.

Humanidade: 6; 8.

Humanidades: 21.

Humanismo: 1; 4; 22.

I

Idealismo: 2; 3; 6; 10; 11; 20.

Idéia: 5; 6.

Idéia inata: 2; 3;

Identidade: 13; 20.

Ideologia: 7; 9.

Imaginário: 13.

Imanência: 1.

Imaterialismo: 3.

Imperatico técnico ou tecnocientífico: 1; 22.

Imperativos hipotético e categórico: 5.

Inconsciente: 13; 17; 20.

Inconsciente pessoal e coletivo: 13.

Individuação: 22.

Individualismo: 2.

Indizível: 20.

Indução: 1; 3; 18.

Indústria: 8.

Infinito: 1; 2.

Inflação da linguagem: 15.

Infra- e superestruturas: 7.

Inspeção: 16.

Instituição: 4; 15.

Instrumentalismo: 12.

Intenção: 5; 11.

Interação: 12; 19.

Interesse: 8; 12.

Interesses do conhecimento: 19.

Interpretar: 17.

Intersubjetividade: 15.

Ironia: 21.

Isso: 13.

J

Jogo: 20.

Jogos de linguagem: 15.

Julgamento: 5; 13.

Índice das palavras-chave

L

Laicidade: 4; 22.
Lei causal: 3.
Lei da evolução: 9.
Lei dos três estados: 8.
Lei moral: 5.
Liberalismo: 8; 9; 12; 18; 21; 22.
Liberdade: 2; 3; 4; 5; 6; 16.
Liberdades individuais: 8.
Libido: 13.
Linguagem: 1; 12; 13; 14; 15; 16; 17; 19; 20; 21.
Linguagem científica: 14.
Linguagem ideal: 15; 21.
Linguagem ordinária: 15; 21.
Literatura: 20; 21.
Livre exame: 12.
Livre pensamento: 2.
Lógica: 5; 6; 10; 14; 15; 20.
Logocentrismo: 20.
Logoteoria: 1; 14; 15; 22.
Loucura: 20.
Lucro: 7.
Lugar: 1.
Luta de classes: 7.
Luta pela vida: 9.
Luzes: 4; 19.
Lyssenkismo: 9.

M

Mal: 2.
Maltusianismo: 8.
Máquina que deseja: 20.
Máquina: 7.
Marxismo: 7; 19.
Materialismo: 2; 3; 4; 8.

Materialismo histórico: 7.
Mecanicismo: 2; 3; 4; 8.
Mediação: 6.
Medicina: 20.
Medo: 3; 22.
Metafísica: 5; 10; 14; 16; 22.
Metáfora: 10; 13; 20.
Metalinguagem, metalinguística: 14; 15; 16.
Metamoral: 22.
Meta-relato: 21.
Metastável: 22.
Método: 1; 2; 11; 12; 17; 18.
Metonímia: 13.
Modernidade: 2; 11; 19; 20; 21; 22.
Mônada: 2.
Monismo: 2; 12.
Monologismo: 2.
Moral da convicção: 8.
Moral da intenção: 8.
Moral da responsabilidade: 8.
Moral deontológica ou do dever: 5; 8.
Moral dos fortes: 10.
Moral dos fracos: 10.
Moral provisória: 2.
Morte: 16.
Movimento: 1; 2.
Multiculturalismo: 22.
Multiplicidade: 10; 20.
Mundo da vida: 11.
Mundo possível: 2.
Mundos sublunar e sideral: 1.

N

Narração: 17; 21.
Natureza: 1; 2; 5; 9; 22.
Negociação pacífica: 22.

Neodarwinismo: 9.
Neopositivismo: 12; 14; 15.
Neopragmatismo: 21.
Niilismo: 10; 13; 16; 17; 20; 22.
Nominalismo: 8; 12.
Númeno: 5.

O

Objetivação: 16.
Objetividade: 21.
Objetivismo: 11.
Ocidente: 11; 16; 21.
Ontologia: 16.
Operacionalismo: 1; 12.
Operatório: 20.
Organismo: 5.
Organon: 1.

P

Panteísmo: 1; 2.
Paradigma: 18.
Paradoxo: 20.
Paz perpétua: 5.
PDTC (Pesquisa e Desenvolvimento Tecnocientífico): 22.
Pensamento: 15; 16.
Pensamento analítico: 2.
Percepção: 3.
Perspectivismo: 10.
Pesquisa: 12.
Pessoa: 5; 22.
Pluralismo: 12; 22.
Poder: 1; 3; 20.
Poesia, poeta: 16; 21.
Política: 1; 3; 18; 19; 20.

Positivismo: 8.
Positivismo lógico: 14.
Pós-modernismo, pós-modernidade: 20; 21; 22.
Postulado da razão prática: 5.
Pragmática: 12.
Pragmatismo: 12; 21.
Práxis: 7.
Prazer: 8.
Princípio de autonomia: 22.
Princípio de beneficência: 22.
Princípio de continuidade: 2.
Princípio de falsificabilidade: 18.
Princípio de razão: 2.
Princípio de realidade: 13; 19.
Princípio de rendimento: 19.
Princípio de utilidade: 8.
Princípio de verificabilidade: 14.
Princípio do melhor: 2.
Princípio do prazer: 13;19.
Privado e público: 3.
Problema: 12; 18.
Processo: 20.
Progresso: 4.
Progresso científico: 18.
Processos primários: 13.
Projeto: 16.
Proletariado: 7.
Propriedade privada: 7.
Psicanálise: 13; 17; 20.
Psicologismo: 11.
Pulsão: 13.
Pulsão de transcendência: 21.

Q

Querer-dizer: 20.

Índice das palavras-chave

R

Racionalidade instrumental: 19.
Racionalismo crítico: 18.
Racionalismo: 2; 4; 19; 22.
Racismo: 9.
Razão: 2; 6; 11; 19; 20.
Razão prática: 5.
Razão teor(ét)ica: 5.
Real: 13.
Real extralingüístico: 14.
Realismo: 1; 18.
Redução: 11.
Reducionismo: 2.
Referido, referência: 13; 14; 15.
Reformismo: 18.
Regra: 15.
Relação: 12.
Relativismo: 11; 18; 21.
Religião: 8; 12; 17.
Repressão: 13.
Responsabilidade: 8.
Ressentimento: 10.
Retórica: 18.
Revolução: 7; 19.
Revolução científica: 18.
Revolução copernicana: 1; 5.
Rizoma: 20.

S

Saber: 20.
(-)se (impessoal): 13.
Secundariedade:15; 20.
Seleção natural: 9.
Semântica: 14.
Semiótica: 12.
Sendo: 16.

Sensibilidade: 5.
Sensualismo: 3; 4.
Sentido: 10; 11; 13; 15; 16; 17; 20.
Ser: 16.
Ser-com-o-outro: 16.
Ser-no-mundo: 16.
Ser-para-a-morte: 16.
Sexualidade: 19.
Sonho: 13.
Signo: 20.
Significação: 12.
Significante (Sa): 13; 20.
Significado (Se): 13; 20.
Singularidade: 20.
Socialismo: 8.
Sociedade: 3; 4; 8; 12; 19; 20; 22.
Sociedade de comunicação: 19.
Sociedade aberta: 18.
Sociedade sem classes: 7.
Sociedade universal: 5.
Sociobiologia: 9.
Sociocentrismo: 8.
Sociologia: 8.
Sociologismo: 8.
Solidariedade: 21.
Solipsismo: 3.
Sofismo naturalista: 14.
Sofrimento: 8; 10.
Soupcon: 7; 17.
Subjetivismo: 11.
Substância: 2; 3.
Substância extensa e pensante: 2.
Sujeito: 11; 13; 16; 17.
Sujeito transcendental: 5.
Super-homem: 10.
Supereu: 13.
Símbolo: 13; 17.
Simbólico: 13; 22.

Sintoma: 13.

Sintaxe: 14.

Síntese: 6.

Sistema: 17.

T

Técnica: 1; 7; 16; 22.

Tecnocapitalismo: 21.

Tecnociência: 16; 18; 20; 21; 22.

Tecnocracia: 1; 3; 19.

Tecnofilia: 22.

Tecnofobia: 22.

Tecnologia: 19.

Teleologia: 5.

Tempo: 5; 6; 9; 16.

Teocracia: 3.

Teologia racional: 2; 5.

Teologia: 6.

Teorética: 1; 11.

Teoria: 15; 18.

Teoria Crítica: 19.

Terapia filosófica: 15.

Territorializar, desterritorializar: 20.

Tese: 6.

Texto: 20.

Tolerância: 3; 4; 22.

Totalitarismo: 18.

Trabalho: 6; 7; 19.

Tradição: 17.

Transcendental: 5; 11.

Transferência: 13.

Transformismo: 9.

Trilema de Münchhausen: 18.

U

Unidade das ciências: 14.

Universalidade, universalismo: 2; 4; 5; 11; 19; 21; 22.

Universo: 1.

Uso: 15.

Utilidade: 12.

Utilitarismo: 8.

Utopia, utopismo: 1; 7; 21; 22.

V

Valor: 10; 12; 22.

Valores de uso e de troca: 7.

Variação imaginária: 11.

Veracidade divina: 2.

Verbalização: 13.

Verdade: 10; 12; 14; 15; 16; 21.

Verdade empírica *a posteriori*: 3.

Verdade formal *a priori*: 3.

Vida: 10.

Virada lingüística: 14; 15; 21.

Vitalismo: 4.

Vivido: 11.

Vontade: 5; 10.

Vontade boa: 5.

Vontade de poder: 10; 16.

Vontade de saber: 20.

Vontade geral: 4.

Voz: 20.

Índice dos nomes de pessoas

A

Adler (Alfred) 349, 358, 472
Adorno (Theodor W.) 493-495, 497, 507, 583
Albert (Hans) 477
Alembert (J. Le Rond d') 146-149, 154, 155,
Althusser (Louis) 456, 460, 524
Anaximandro 17, 554, 642
Anaxímenes 17, 642
Andrônico de Rodes 26, 27
Anselmo (Santo) 45-47, 90, 176
Apel (Karl-Otto) 97, 334, 364, 398, 415, 452, 579, 506-508, 515-517, 519-521, 556, 575, 580, 587, 601, 654
Arquimedes 34
Aristóteles 34-38, 41, 46, 47, 49, 54, 59, 60, 62-64, 121, 216, 401, 437, 485, 548, 613
Artaud (Antonin) 550, 555
Agostinho (Santo) 40-46, 50, 626,
Austin (John L.) 400, 415
Autrecourt (Nicolas d') 51
Averróis 47
Avicena 47
Axelos (Kostas) 230
Ayer (Alfred) 384, 386, 392, 399, 400

B

Bacon (Francis) 58, 64, 65-67, 76-78, 130, 136, 209, 230, 247, 328, 390, 471, 482, 498, 540, 607, 642
Bacon (Roger) 51, 59, 117
Barthes (Roland) 456, 524
Bayle (Pierre) 105, 146
Benjamin (Walter) 494
Bentham (Jeremy) 246, 247, 249, 251, 254, 257, 259
Bergson (Henri) 617
Berkeley (Georges) 118, 123-125, 194
Bernard (Claude) 86, 444
Bleuler (Eugen) 349
Bloch (Ernst) 230, 630
Boole (George) 543
Bradley (Francis Herbert) 339
Bréhier (Émile) 13, 40
Breuer (Josef) 348
Bridgman (Percy W.) 328, 504
Bruno (Giordano) 53, 56-58, 104
Buffon (comte de) 155

C

Carnap (Rudolf) 384, 385, 392-394, 411, 470
Carroll (Lewis) 545, 549
Comte (Auguste) 235, 237-244, 390
Condillac (Étienne Bonnot de) 148, 153, 155
Copérnico (Nicolau) 55, 56, 58, 68, 69, 172, 487

D

Darwin (Charles) 154, 189, 263, 264, 266-282
Davidson (Donald) 589
De Morgan (Augustus) 543
Deleuze (Gilles) 364, 399, 460, 524, 557, 539, 541, 542, 545, 548-562, 574, 583
Delledalle (Gérard) 345
Demócrito 35, 482
Derrida (Jacques) 25, 117, 398, 402, 439, 460, 524, 527, 539, 562-569, 571, 573, 574
Descartes (René) 17, 66, 73, 81-98, 107, 108, 110, 114-116, 121, 146, 153, 209, 309, 312, 320, 328, 362, 377, 390, 411, 427, 429, 430, 433, 482, 498, 515, 525, 532, 542, 492
Dessauer (Friedrich) 615
Dewey (John) 325, 330, 340-345, 376, 590, 594
Diderot (Denis) 105, 142, 146, 148, 149, 153-156, 158
Dilthey (Wilhelm) 445, 446, 450, 451

E

Einstein (Albert) 328, 472, 474, 484, 487
Ellul (Jacques) 624, 641
Engelhardt (Hugo Tristram) 561, 578, 624, 636, 649-663
Engels (Friedrich) 213, 228, 233, 285

Epicuro 35-37, 154
Erasmo 76, 532
Eriúgena (João Escoto) 45
Euclides 34

F

Ferry (Luc) 167, 441, 508, 521, 575
Feyerabend (Paul K.) 396, 487, 492, 614
Fichte (Johann Gottlieb) 194
Fontenelle (Bernard Le Bovier de) 147, 155
Foucault (Michel) 398, 456, 460, 524, 526-542, 554, 574
Fourier (Charles) 236
Frege (Gottlob) 411, 544
Freud (Sigmund) 232, 347-381, 414, 452, 454, 472, 501, 506, 527, 550, 595
Fromm (Erich) 494
Fukuyama (Francis) 601

G

Gadamer (Han-Georg) 398, 418, 443, 444, 447-451, 464, 467, 506, 507, 510, 590, 594
Galileu 58, 69-73, 85, 87, 96, 104, 209, 309, 390, 485
Gast (Peter) 288
Gilson (Étienne) 40
Goethe 106
Goodman (Nelson) 396, 589
Górgias 18
Guattari (Félix) 542

Índice dos nomes de pessoas

H

Habermas (Jürgen) 364, 398, 452, 479, 506-508, 512, 513, 515, 518-521, 556, 575, 580, 587, 601, 654

Hare (Richard M.) 262

Hegel (Georg Wilhelm Friedrich) 17, 106, 193-197, 199-210, 214, 215, 221, 233, 288, 307, 345, 448, 476, 479, 486, 498, 524, 525, 542, 584

Heidegger (Martin) 16, 177, 305, 321, 322, 394, 398, 402, 417-441, 444, 447, 451, 487, 500, 506, 510, 511, 523, 590, 594, 600

Helvétius (Claude Adrien) 148, 153, 155, 247

Heráclito 17

Herder (Johann Gottfried) 106

Hobbes (Thomas) 118, 120, 122-124, 131-139, 142, 143, 159, 398

Holbach (Barão d') 148, 151, 153, 155

Hölderlin (Friedrich) 435, 438

Horkheimer (Max) 493, 494, 497, 583

Hume (David) 51, 118, 119, 125-131, 164, 172, 191, 239, 247, 251

Husserl (Edmund) 305-323, 363, 411, 418, 497, 523, 566, 583

Hutcheson (Francis) 251

J

Jacobi (Friedrich Heinrich) 106

Jacques (Francis) 399

Jakobson (Roman) 372

James (Henry) 335

James (William) 325, 327, 329-340, 344, 346, 487, 590

Jencks (Charles) 578

Jonas (Hans) 230, 624-638, 645, 663

Jung (Carl Gustav) 349, 358, 367-371, 381

K

Kant (Emmanuel) 17, 90, 131, 161-191, 194, 197, 210, 221, 252, 255, 263, 289, 299, 306, 363, 390, 482, 506, 513, 515, 520, 632, 661

Kapp (Ernst) 614, 615

Kepler (Johannes) 59

Kraft (Viktor) 384, 390, 393

Kuhn (Thomas) 58, 282, 389, 480-487, 492, 539, 614

L

La Mettrie (Julien Offroy de) 147, 153

Lacan (Jacques) 367, 371-381, 398, 456, 524

Laffitte (Jacques) 187, 617

Lamarck (Jean-Baptiste de Monet de) 154, 264, 267, 269, 270

Lambert (Johann Heinrich) 306

Laruelle (François) 275, 525, 528

Leibniz (Gottfried Wilhelm) 81, 94, 106-116, 164, 309

Lessing (Gotthold Ephraim) 106

Lévinas (Emmanuel) 527

Lévi-Strauss (Claude) 398, 456, 460, 561, 524

Linné (Carl von) 264

Locke (John) 118-121, 124, 125, 130-132, 138-143, 146, 153, 159, 247, 398, 592

Lucrécio 35, 36, 154

Luhmann (Niklas) 518

Lyotard (Jean-François) 323, 364, 527, 556, 577, 578, 582-587, 604

Lyssenko (Denissovitch) 282, 283, 285

M

Malebranche (Nicolas de) 94

Malthus (Thomas Robert) 248, 267

Marcuse (Herbert) 232, 346, 364, 493, 494, 500-505, 507, 550

Marx (Karl) 201, 202, 211-233, 236, 242, 285, 454, 472, 476, 496, 498, 501, 506, 524, 527, 534, 553, 583, 615, 616, 624

Mendel (Gregor) 273, 274, 282

Mendelssohn (Moses) 106

Merleau-Ponty (Maurice) 318-321, 398, 460, 523

Mill (James) 246

Mill (John Stuart) 246, 249, 250, 255, 257, 262, 340

Montaigne (Michel de) 381, 532, 581

Montesquieu (Charles-Louis de Secondat) 142, 147, 152, 155

Moore (Thomas) 74, 76

Morris (Charles) 330

N

Neurath (Otto) 384, 385, 392

Newton (Isaac) 59, 153, 154, 263, 484, 485

Nietzsche (Friedrich) 17, 287-303, 360, 413, 415, 419, 428, 430, 432, 444, 454, 524, 527, 541, 542, 554, 555, 583, 590, 594, 600, 658

O

Ockam (Guilherme de) 59

Osiander (Andreas) 68

P

Parmênides 20-22, 39, 196, 198, 199, 297

Peirce (Charles Sanders) 325, 327, 329-335, 340, 346

Platão 16-29, 39, 41, 45, 50, 61-63, 74, 196, 198, 216, 411, 412, 427, 428, 430, 437, 476, 569, 573, 592, 613, 619

Plotino 43

Popper (Karl) 131, 281, 384, 469-482, 484, 491, 492, 516

Porfírio 43

Protágoras 18

Proudhon (Pierre-Joseph) 213, 236

Ptolomeu 54, 68

Putnam (Hilary) 589

Q

Quesnay (François) 152, 155

Quine (Willard van Orman) 333, 485, 544, 589

R

Rée (Paul) 288

Reich (Wilhelm) 232, 501, 550

Índice dos nomes de pessoas

677

Reichenbach (Hans) 384

Ricardo (David) 247

Ricoeur (Paul) 323, 364, 367, 398, 443, 452-456, 460-467

Rorty (Richard) 336, 364, 415, 439, 451, 488, 577, 578, 582, 589-604, 614, 659

Rousseau (Jean-Jacques) 142, 145, 147, 151, 155, 157-162, 470, 569

Royce (Josiah) 339

Russell (Bertrand) 396, 402, 404, 544

Ryle (Gilbert) 400, 415

S

Saint-Simon (comte Henri de) 235-237, 245

Salomé (Lou Andreas) 288

Sartre (Jean-Paul) 319, 322, 418, 423, 523

Saussure (Ferdinand de) 373, 456, 524, 567

Scheler (Max) 321

Schelling (Friedrich Wilhelm Joseph von) 194

Schlick (Moritz) 384, 386, 392

Schopenhauer (Arthur) 287-290, 360

Searle (John) 400, 415

Serres (Michel) 398, 527, 578

Sidgwick (Henry) 246

Simondon (Gilbert) 558, 561, 617, 624, 637, 639, 640-649

Singer (Peter) 260

Sloterdijk (Peter) 601

Smith (Adam) 247, 248, 279

Snow (Charles Percy) 638

Sócrates 18, 23, 24, 27, 412

Spencer (Herbert) 268, 276-278, 281

Spinoza (Baruch de) 81, 99-107, 114, 116, 146

Strawson (Peter F.) 400, 415, 544

Swedenborg (Emanuel) 335

T

Taylor (Charles) 466

Tales 17, 642

Tomás de Aquino (Santo) 46-48, 50, 54

Toland (John) 106

Turgot (Robert Jacques) 155

V

Vattimo (Gianni) 303, 441, 578, 604

Voltaire: 109, 146, 147, 149, 151, 153, 155

W

Wagner (Richar) 288

Waismann (Friedrich) 384

Wallace (Alfred) 266

Weber (Max) 222, 254, 365, 514

Weismann (August) 273

Wittgenstein (Ludwig) 7, 17, 177, 364, 378, 384, 391, 397, 399-416, 439, 487, 504, 506, 510, 511, 515, 543, 544, 558, 578, 583, 587, 590, 594

Wolff (Christian) 164, 175

Z

Zenão de Cicio 34

Índice Geral

Sumário 7

Prólogo 9

Uma introdução em memória 15

1. Nascimento da filosofia 15

2. Os sofistas e Sócrates 18

3. Platão: a instituição da filosofia como idealista e dialética 19

    3.1. *A ciência e a opinião* 20

    3.2. *O idealismo dialético* 21

    3.3. *O ideal logoteórico* 24

4. Aristóteles: a articulação sistemática da filosofia 26

    4.1. *A ciência e seu objeto* 27

    4.2. *Uma concepção finalista da natureza que desemboca na metafísica* 30

    4.3. *Ética e saber prático* 32

5. O materialismo antigo 34

    5.1. *O mundo e o conhecimento materialistas* 35

    5.2. *A moral epicurista* 37

6. A "filosofia cristã" 40

    6.1. *O agostinismo* 42

    6.2. *O tomismo* 46

7. Nominalismo e proto-empirismo ou as primícias da modernidade 49

1. A chegada do pensamento moderno na Renascença 53

1. A revolução cosmológica 53

    1.1. *O cosmo medieval* 54

    1.2. *A revolução copernicana* 55

    1.3. *O universo infinito de Bruno* 56

2. A nova ciência 58

    2.1. *A ciência antiga como logoteoria* 60

        2.1.1. Definição 60

        2.1.2. Uma dupla ilustração 61

    2.2. *O "novo método" de F. Bacon* 64

        2.2.1. O "Novum Organum" 64

        2.2.2. Uma nova imagem da ciência e da natureza 66

    2.3. *A ciência matemática: realismo e operacionalismo* 68

        2.3.1. O prefácio de Osiander 68

        2.3.2. A ciência experimental e matemática de Galileu 69

            2.3.2.1. *Os dois sistemas do mundo* 69

            2.3.2.2. *Instrumentação, experimentação e matematização* 71

    2.4. *A dupla ruptura induzida pela ciência moderna* 73

3. O utopismo 74

    3.1. *As características do pensamento utópico* 75

    3.2. *A Utopia de Th. Moore* 76

    3.3. *A Nova Atlântida de F. Bacon* 77

2. Os racionalismos na Era Clássica 81

1. René Descartes e a instituição da razão moderna clássica 81

    1.1. *O método da ciência* 82

        1.1.1. O modelo matemático do método 82

        1.1.2. A unidade das ciências 84

        1.1.3. O paralelismo físico-matemático e o determinismo

            mecanicista universal 85

    1.2. *O fundamento do método e da ciência* 87

        1.2.1. A dúvida 88

        1.2.2. *O cogito* 88

Índice Geral

681

      1.2.3. Deus 89

      1.2.4. A veracidade divina.. 92

      1.2.5. As duas substâncias e o paralelismo físico-matemático.................... 92

   1.3. *A questão do homem* 93

   1.4. *Método e moral*..94

   1.5. *Importância e limites da modernidade cartesiana*.........................95

2. Baruch de Spinoza: um racionalismo individualista e ético 99

   2.1. *Deus ou a Natureza* 100

   2.2. *O desejo e a afetividade*...101

   2.3 *A ética* 102

      2.3.1. Desalienar o desejo 102

      2.3.2. A vida filosófica 103

      2.4. Destino de uma obra revolucionária...........................104

3. G. W. Leibniz e a razão ao infinito.....................................106

   3.1. *"Tudo está ligado": continuidade e solidariedade* 108

   3.2. *O "Melhor dos mundos possíveis" e o princípio de razão suficiente* 109

   3.3. *A explicação do mal e o reconhecimento da liberdade*....................111

      3.3.1. A explicação do mal 111

      3.3.2. A liberdade humana 112

   3.4. *A finitude humana, a fé e a moral*......................................113

   3.5. *Diversidade do racionalismo*..114

3. Ciência, moral e política no empirismo inglês 117

1. Teoria do conhecimento e concepção do mundo 119

   1.1. *Os princípios do empirismo* 120

      1.1.1. A experiência, a abstração e a linguagem 120

      1.1.2. Nem intuição intelectual nem "idéias inatas"....................121

   1.2. *Concepção do mundo: entre o materialismo e o imaterialismo* 122

      1.2.1. Hobbes, o materialista 122

      1.2.2. Berkeley, o imaterialista.......................................123

      1.2.3. A prudência de Locke..124

   1.3. *Hume e a constituição empirista da ciência moderna*.....................125

      1.3.1. Análise crítica da "ligação causal".............................126

1.3.2. Análise crítica da indução..127

1.4. *Ciência empírica, lógica formal e pseudo-saber metafísico*............................129

1.5. *A separação entre o ser e o dever*..130

2. Ética e política 131

  2.1. *Hobbes: a política do cálculo e da força* 132

  2.1.1. Para uma ciência política..132

  2.1.2. As bases da filosofia política...133

    2.1.2.1. *O estado de natureza* 133

    2.1.2.2. *O pacto*...134

    2.1.2.3. *O Estado* 135

  2.1.3. Um humanismo lúcido e duro 136

  2.2. Locke, entre moral e política..138

  2.2.1. Estado de natureza, moral e direito natural...138

  2.2.2. A convenção ou o contrato: o estado social 139

  2.2.3. Os limites do poder e o direito à resistência..140

  2.2.4. A importância histórica das idéias de Locke..142

4. A filosofia francesa no "Século das Luzes" 145

1. O espírito das Luzes 149

  1.1. *A efervescência humanista leiga*..149

  1.2. *Religião e moral*..151

  1.3. *Teoria do conhecimento e concepção da natureza* 153

2. O empreendimento da Enciclopédia..155

3. O pensamento ético-político de Jean-Jacques Rousseau....................................157

  3.1. *O estado de natureza e a sociedade pervertida* 158

  3.2. *O contrato social* 160

5. Kant e a filosofia crítica ou transcendental..163

1. A Crítica do conhecimento 167

  1.1. *Aquilo de que se trata: "O que posso saber?"* 168

  1.2. *As formas transcendentais a priori da razão em sua função*
  de conhecimento..169

  1.2.1. As formas a priori da experiência...169

Índice Geral   683

1.2.2. As formas a priori do entendimento 170

1.2.3. A revolução kantiana 172

1.3. *As três "idéias" e a tentação metafísica* 173

1.4. *Crítica da metafísica como ilusão da razão* 175

2. A moral segundo a Crítica da razão prática 177

2.1. *Da razão teórica cognitiva à razão prática* 178

2.2. *O ponto de partida* 179

2.3. *A "boa vontade" e o "agir por dever"* 179

2.4. *A representação da lei moral* 180

2.4.1. Lei moral e lei causal 180

2.4.2. Imperativos hipotéticos e categóricos 181

2.4.3. Formulações do imperativo categórico 181

2.4.4. Autonomia e heteronomia 183

2.5. *Os postulados da razão prática* 184

2.5.1. A dualidade humana 184

2.5.2. Do "bem supremo" ao "bem total ou soberano" 185

3. O finalismo na natureza e na história 187

3.1. *A teleologia na natureza* 187

3.2. *Da filosofia da natureza à filosofia política, do direito e da história* 189

6. Dialética e idealismo em G. W. F. Hegel 193

1. O método: a dialética 196

1.1. *A noção geral de "dialética"* 196

1.2. *Os três "momentos" da razão dialética* 197

1.3. *A dialética requer tempo* 199

1.4. *A dialética é mediata* 200

1.5. *A dialética do "senhor e do escravo"* 201

2. O sistema: dialética, história e idealismo 202

2.1. *Da filosofia da natureza à filosofia da história* 202

2.2. *Filosofia da história, filosofia social e política* 204

2.2.1. O Estado e "a razão do mais forte" 205

2.2.2. Etapas da História do Espírito do Mundo 206

2.3. *A História e a Filosofia* 207

2.3.1. A filosofia na história 207

2.3.2. O Fim da História e o fim da filosofia 207

3. Uma modernidade ambígua 208

7. Karl Marx e o materialismo histórico dialético 211

1. O alcance excepcional da filosofia marxista.............................. 212

    1.1. *Filosofia, história e política* 212

    1.2. *Juventude e maturidade* 213

2. Quadro filosófico geral.. 214

    2.1. *A relação com Hegel* 214

    2.2. *Uma concepção do Homem* 215

    2.3. *Convergência da história e da moral marxistas*............... 216

3. Alguns conceitos diretores 217

    3.1. *A invenção do dinheiro. Valor de uso e valor de troca* 217

    3.2. *O capital e o capitalismo*.. 218

    3.3. *A sociedade dual e a luta de classes* 219

    3.4. *Forças, meios e relações de produção: a alienação* 220

    3.5. *Infra- e super estruturas* 221

    3.6. *Economismo: ciência ou ideologia*................................. 223

        3.6.1. As superestruturas são ideológicas 223

        3.6.2. Sobre o estatuto da ciência marxista 224

    3.7. *A escatologia marxista* 226

    3.7.1. A Revolução: em direção à Sociedade sem classes 226

    3.7.2. O Fim da História e a Humanidade realizada....................... 227

4. Contribuições muito atuais... 228

8. O positivismo e a corrente utilitarista.................................... 235

1. Na França: o positivismo de Auguste Comte............................. 235

    1.1. *Saint-Simon e a sociedade industrial científica* 236

    1.2. *O positivismo*... 237

    1.3. *Da sociologia à religião da humanidade* 241

        1.3.1. Sociologia e sociocentrismo 241

        1.3.2. O culto do Grande Ser 242

    1.4. *A dimensão temporal* 243

Índice Geral 685

2. A corrente utilitarista inglesa 245
    2.1. *Para situar a corrente utilitarista* 247
    2.2. *Uma finalidade hedonista e eudemonista* 248
    2.3. *A importância coletiva* 250
    2.4. *Uma ciência e um cálculo empíricos* 252
    2.5. *Um conseqüencialismo não deontológico* 254
    2.6. *Liberalismo e sensibilidade social* 255
    2.7. *O utilitarismo: uma corrente filosófica subestimada* 257
        2.7.1. Um humanismo progressista 258
        2.7.2. Para além do antropocentrismo 259
        2.7.3. Dificuldades muito reais 260

9. O pensamento evolucionista: teorias científicas, filosofias, ideologias 263

1. A revolução darwiniana 263
    1.1. *Do fixismo ao transformismo* 264
        1.1.1. O fixismo aristotélico-cristão 264
        1.1.2. O transformismo segundo Lamarck 264
    1.2. *Darwin* 266
        1.2.1. A noção de evolução 267
        1.2.2. As idéias fundamentais 268
        1.2.3. Importância da revolução darwiniana 270
    1.3. *A síntese neodarwiniana contemporânea* 273
        1.3.1. De Darwin à genética contemporânea 273
        1.3.2. Perspectivas tecnocientíficas e questões (bio)éticas 275
2. Filosofias, ideologias e debates evolucionistas 276
    2.1. *A síntese filosófica de Spencer* 277
    2.2. *A exportação das idéias darwinianas* 278
        2.2.1. O darwinismo social e moral 278
        2.2.2. A epistemologia evolucionista 281
        2.2.3. Ideologias antidarwinianas 282

10. Nietzsche: hermenêutica e niilismo 287

1. Uma linguagem metafórica para um real plurívoco 290

2. Uma filosofia hermenêutica: o perspectivismo 291

    2.1. *Da hermenêutica do livro à hermenêutica do mundo* 291

    2.2. *O perspectivismo* 292

    2.3. *Lógica e ciência de um ponto de vista perspectivista* 293

    2.4. *A genealogia da moral* 294

        2.4.1. A moral dos fortes 295

        2.4.2. A moral dos fracos 295

3. O sentido do niilismo 296

    3.1. *A crítica do niilismo tradicional, próprio da religião e da metafísica* 296

        3.1.1. Uma atitude geral da humanidade 296

        3.1.2. A crítica da metafísica idealista e dualista 297

    3.2. *O desmoronamento moderno do niilismo tradicional: a crise do sentido*

        e dos valores 299

    3.3. *O niilismo afirmativo* 299

        3.3.1. A vontade de poder 300

        3.3.2. O Eterno Retorno do Mesmo 301

        3.3.3. O Super-homem e a criação artística 302

11. Husserl e a fenomenologia 305

1. A crítica da ciência moderna 307

    1.1. *A crítica do psicologismo e as insuficiências da ciência* 308

    1.2. *A crise das ciências européias* 308

        1.2.1. A Europa e a idéia de uma ciência universal e necessária,

        extraviada na modernidade 308

        1.2.2. A saída fenomenológica da crise: enraizar de novo as ciências

        no mundo da vida 310

2. A fenomenologia, ciência rigorosa 311

    2.1. *O "Retorno às próprias coisas" e o vivido da consciência* 311

    2.2. *A estrutura intencional da consciência e a intuição das essências* 312

        2.2.1. A consciência e seu "objeto" 312

        2.2.2. A busca das essências 313

Índice Geral

2.2.3. Os dois níveis da consciência 314

2.3. *A redução* 315

3. O resultado idealista e seus problemas-limite 316

3.1. *O idealismo fenomenológico* 316

3.2. *A transcendência do real e seus problemas* 318

4. Importância e fecundidade da corrente fenomenológica 320

4.1. *A fenomenologia e o projeto ocidental de saber* 320

4.2. *Do empreendimento coletivo na corrente fenomenológica* 321

12. O pragmatismo, filosofia americana 325

1. Uma corrente especificamente americana 326

1.1. *A origem histórica. As relações com o neopositivismo e o operacionalismo* 327

1.2. *Um método* 328

2. Charles Saunders Peirce: uma acentuação científica e metodológica 330

2.1. *A definição do pragmatismo* 331

2.2. *A crença na ciência* 331

2.3. *Falibilismo e continuísmo* 333

2.4. *O pragmatismo e a pragmática* 333

3. William James e a difusão de um pragmatismo muito aberto 335

3.1. *A verdade segundo o pragmatismo* 336

3.2. *O primado do agir e do fazer sobre a teoria e sobre o verbo* 337

3.3. *A questão da religião* 339

3.4. *Pluralismo* 339

4. John Dewey: a dimensão social e educativa 340

4.1. *Uma filosofia da interação e da pesquisa* 341

4.2. *Naturalismo, sociedade e democracia* 343

4.3. *Continuísmo* 344

13. Freud e a psicanálise 347

1. A psicanálise freudiana 347

1.1. *A gênese da psicanálise* 347

1.2. *Noções principais:* 351

1.2.1. O inconsciente ou "Isso" 351

1.2.2. O Supereu 353

1.2.3. O Eu e a consciência.. 355

1.2.4. O método.. 356

1.2.5. A sexualidade e o complexo de Édipo 358

1.3. *Algumas considerações filosóficas* 360

1.3.1. A questão da cientificidade 361

1.3.2. A questão do Eu consciente e autônomo 362

1.3.3. Uma antropologia filosófica.. 364

2. No movimento psicanalítico: Jung e Lacan 367

2.1. *C. G. Jung e o retorno ao Significado* 367

2.2. *Lacan e a radicalização do significante* 371

2.2.1. Significantes e estruturas.. 372

2.2.2. As três ordens, o Eu e o sujeito 375

2.2.3. Atualidade do lacanismo 379

14. O neopositivismo ou positivismo lógico 383

1. O "Círculo de Viena" 384

2. Ciência e filosofia: a partilha do discurso.. 385

3. Uma concepção limitativa da linguagem... 386

3.1. *A partilha do sentido e do não-sentido* 386

3.2. *A partilha dos enunciados analíticos e empíricos* 386

3.3. *A partilha dos enunciados realistas e dos enunciados metalingüísticos* 387

3.4. *A partilha do informativo e do emotivo*............................... 389

4. A linguagem unitária da ciência 390

4.1. *O fenomenalismo* 391

4.2. *O fisicalismo* 392

5. A crítica da metafísica 394

5.1. *Erros sintáticos e semânticos* 394

5.2. *A confusão metafísico-metalingüística* 395

15. Ludwig Wittgentein e a filosofia da linguagem 397

1. A filosofia da linguagem no século XX.. 397

1.1. *Importância e extensão*.. 397

Índice Geral   689

1.2. *Por que esse interesse pela linguagem?* 399

2. Ludwig Wittgenstein 402

    2.1. *A primeira filosofia: o Tractatus logico-philosophicus* 403

        2.1.1. A forma do Tractatus 403

        2.1.2. A concepção da linguagem 403

        2.1.3. O papel da filosofia 406

        2.1.4. A contradição do Tractatus...407

    2.2. *A segunda filosofia: as Investigações filosóficas*................................408

        2.2.1. A crítica da mitologia do Tractatus 408

        2.2.2. Os jogos de linguagem são irredutivelmente diversos 408

        2.2.3. O sentido como uso...411

        2.2.4. A filosofia...413

    2.3. *Uma influência imensa e freqüentemente mal compreendida* 414

16. Martin Heidegger 417

1. O "primeiro Heidegger": a fenomenologia da existência............................419

    1.1. *A questão da "curva"*...419

    1.2. *A fenomenologia existencial* 420

        1.2.1. O ser-no-mundo..421

        1.2.2. A existência como "projeto atirado".................................423

        1.2.3. O tempo, o ser-para-a-morte e a finitude 425

2. A história do ser e o niilismo contemporâneo 426

    2.1. *Da temporalidade da existência à história do ser*...............................426

    2.2. *A diferença ontológica*...427

    2.3. *As três etapas maiores da História do ser*......................................427

        2.3.1. O erro platônico 428

        2.3.2. A virada cartesiana e a modernidade 428

        2.3.3. Nietzsche e o acabamento niilista da metafísica.......................430

3. A questão da técnica..433

    3.1. *A técnica não é humana*...433

    3.2. *"A ciência não pensa"*...433

    3.3. *"A essência da técnica não é técnica".*...434

    3.4. *"É na linguagem que se revela o ser da técnica"*.............................434

3.5. *"Onde jaz o perigo, cresce também aquilo que salva"* 435

4. A questão da linguagem 436

    4.1. *A concepção objetivadora da linguagem* 436

    4.2. *A outra relação com a linguagem* 437

5. Uma difícil reafirmação da filosofia 439

17. A hermenêutica filosófica 443

1. A hermenêutica metodológica 444

    1.1. *Um método para as ciências humanas* 444

    1.2. *O círculo hermenêutico e o historicismo* 446

2. H.-G. Gadamer e a hermenêutica filosófica 447

    2.1. *História, tradição, linguagem* 448

    2.2. *Crítica da hermenêutica metodológica e epistemológica* 450

3. As duas hermenêuticas de P. Ricoeur 452

    3.1. *As expressões simbólicas* 453

    3.2. *A hermenêutica da suspeita e a hermenêutica da revelação* 453

    3.3. *A articulação das duas hermenêuticas* 454

4. Hermenêutica versus estruturalismo 455

    4.1. *O que é o estruturalismo?* 456

    4.2. *O debate* 460

5. A grande atualidade do pensamento hermenêutico 463

    5.1. *A questão da linguagem* 464

    5.2. *A relação com a ciência contemporânea* 465

    5.3. *Certa concepção do homem* 466

18. A filosofia das ciências depois do neopositivismo 469

1. K. Popper e o racionalismo crítico 469

    1.1. *A crítica da epistemologia indutivista* 470

    1.2. *O princípio da falsificabilidade e a demarcação da ciência* 471

    1.3. *A epistemologia evolucionista* 473

    1.4. *A sociedade aberta e o universo não resolvido* 476

    1.5. *O racionalismo crítico e a questão do fundamento* 477

    1.6. *Atualidade e importância* 479

Índice Geral

2. T. S. Kuhn: a ciência na história e na sociedade 480
   2.1. *A concepção dominante da ciência* 481
   2.2. *A história dos "paradigmas": ciência normal e revolução científica* 482
      2.2.1. A noção de "paradigma" 482
      2.2.2. Ciência e revolução científica 483
   2.3. *Apostas e debates* 486
      2.3.1. A tentação do relativismo e do irracionalismo 486
      2.3.2. Ciência, retórica e política 488

19. A Escola de Frankfurt: Teoria Crítica e filosofia da comunicação 493
1. A primeira Escola de Frankfurt 493
   1.1. *A Teoria Crítica* 495
   1.2. *Crítica da racionalidade instrumental* 496
      1.2.1. O que é a racionalidade instrumental? 496
      1.2.2. A razão instrumental totalitária 497
   1.3. *Marcuse e a crítica da sociedade tecnológica* 500
      1.3.1. A tecnologia, o princípio de realidade e o princípio
         do prazer 501
      1.3.2. Do princípio de realidade ao princípio de rendimento 502
      1.3.3. O pensamento e a filosofia unidimensionais 503
      1.3.4. A "Grande Recusa" e a Revolução 504
2. A segunda geração 506
   2.1. *Recusa do conservadorismo não crítico da filosofia* 508
   2.2. *O trabalho, a interação e os interesses do conhecimento* 512
   2.3. *A razão na linguagem e na sociedade de comunicação* 515
      2.3.1. Crítica do monologismo do pensamento clássico 515
      2.3.2. Da racionalidade inevitável da linguagem 516
      2.3.3. A Sociedade da Comunicação Universal Emancipada 517
   2.4. *A ética da discussão* 518

20. Três filósofos franceses da diferença 523
1. Para situar os filósofos da diferença 523
   1.1. *A diferença* 525
   1.2. *E depois?* 527

2. Michel Foucault e a arqueologia dos saberes-poderes 528

    2.1. *Da história e da epistemologia à arqueologia dos saberes* 529

    2.2. *A grande divisão: a loucura e a razão* 530

    2.3. *A arqueologia dos saberes objetivos do homem* 532

    2.4. *Saber, poder, desejo e palavra* 534

        2.4.1. Modernidade e vontade de saber 534

        2.4.2. Características do poder moderno 535

    2.5. *A questão da linguagem* 537

    2.6. *Algumas perspectivas* 539

3. Gilles Deleuze, fenomenólogo pós-moderno 541

    3.1. *A lógica do sentido* 542

        3.1.1. A negação do sentido na lógica clássica 542

        3.1.2. Uma teoria paradoxal 545

        3.1.3. Qual sentido para a "lógica do sentido"? 549

    3.2. *O Anti-Édipo* 550

        3.2.1. A crítica da psicanálise 550

        3.2.2. A crítica da sociedade capitalista burguesa 552

        3.2.3. A experiência exemplar do esquizofrênico 553

    3.3. *Uma fenomenologia pós-moderna* 556

    3.4. *Alguns problemas* 559

        3.4.1. A questão ética 559

        3.4.2. A questão da sociedade 559

        3.4.3. A questão das tecnociências 560

4. Jacques Derrida e a escritura da diferança 562

    4.1. *A desconstrução do logofonocentrismo* 563

        4.1.1. O que são o logocentrismo e o fonocentrismo? 563

        4.1.2. A desconstrução do idealismo sob todas as suas formas 565

        4.1.3. Estratégias da desconstrução 568

    4.2. *A diferança* 569

    4.3. *Escrever, deslocar textos* 571

        4.3.1. A recusa do "querer-dizer" e a cadeia a- e auto-referencial

            dos Sa 571

Índice Geral

4.3.2. Escritura e criação..572
4.3.3. Uma efetividade ético-política...573
5. Concluindo...574

21. Pós-modernismo e neopragmatismo 577
1. Uma definição crítica do pensamento pós-moderno.........................579
    1.1. Distância em relação à modernidade 579
    1.2. Características do pós-modernismo...579
    1.3. As principais críticas..581
2. Jean-François Lyotard na origem do pós-moderno...........................583
    2.1. A derrota dos grandes meta-relatos modernos 584
    2.2. O reconhecimento crítico da tecnociência 586
    2.3. A valorização do diferendo...587
3. Richard Rorty e o neopragmatismo 589
    3.1. Crítica da "virada lingüística" da filosofia anglo-saxônica.....................590
    3.2. Crítica dos privilégios do saber..591
        3.2.1. O primado do conhecimento.......................................591
        3.2.2. A crítica do primado do conhecimento 593
    3.3. O desejo de sair da linguagem e da condição humana 595
    3.4. Apagamento da distinção dos gêneros 596
    3.5. Para além da oposição universalismo/relativismo...............................597
    3.6. Ironia e solidariedade 598
    3.7. O primado da democracia sobre a filosofia e a cultura pós-filosófica...........599
    3.8. A utopia pragmatista pós-moderna e a contingência radical....................601

22. Filosofia da técnica e das tecnociências 605
1. Ciência, técnica e tecnociência 605
    1.1. A avaliação filosófica tradicional 605
    1.2. A ruptura moderna 607
    1.3. A tecnociência contemporânea 608
    1.4. A tecnociência e os problemas ético-políticos: o exemplo da bioética............610
        1.4.1. O que é a bioética? 610
        1.4.2. Grandes problemas e comitês de ética.......................611

1.5. *Da filosofia das ciências à filosofia da técnica* 613

1.5.1. O pressuposto logoteórico da teoria do conhecimento e da filosofia
das ciências 613

1.5.2. A filosofia da técnica 614

1.5.2.1. *Nascimento e desenvolvimento sob o signo da máquina
e do engenheiro* 614

1.5.2.2. *A analogia biológica e a complexificação contemporânea* 616

1.6. *Tecnofobias e tecnofilias* 618

1.6.1. Tecnofobia metafísica 618

1.6.2. O humanismo tecnófilo 619

1.6.3. A tecnofilia evolucionista 621

1.7. *Os dois eixos problemáticos da filosofia das tecnociências* 623

2. Hans Jonas: uma reação metafísica à tecnociência 625

2.1. *Perigo absoluto* 626

2.1.1. A importância nova do agir e seus perigos 626

2.1.2. O niilismo 628

2.2. *Retorno ao fundacionalismo metafísico* 629

2.2.1. A desconfiança em relação aos valores humanistas 629

2.2.2. A fundação metafísica do valor da humanidade 631

2.3. *A colocação prática* 633

2.3.1. A heurística do medo 633

2.3.2. O governo dos sábios 634

2.4. *Conclusões críticas* 634

3. Gilbert Simondon e a promoção de uma cultura tecnocientífica 637

3.1. *Dissociação da civilização contemporânea entre "duas culturas"* 637

3.1.1 As "duas culturas" 637

3.1.2 Diagnóstico e remédio 639

3.2. *As virtudes humanistas das ciências e das técnicas* 640

3.2.1. Valorização e autonomia da técnica 641

3.2.2. Universalidade e emancipação 642

3.3. *Conclusões* 646

3.3.1. Um modernismo atual e matizado 646

3.3.2. Transformação técnica e transformação simbólica 647

Índice Geral

4. H.T. Engelhardt: ética, política e tecnociência em um mundo
pós-moderno..649
    4.1. *Da ética em um mundo pós-moderno*...650
        4.1.1. O problema 650
        4.1.2. Elementos para uma solução..651
    4.2. *Pós-modernismo simbólico e pós-modernidade tecnocientífica* 658
        4.2.1. O pós-modernismo simbólico 658
        4.2.2. Pós-modernidade tecnocientífica...659
    4.3. *Questões como conclusão*...660
        4.3.1. Dificuldades a propósito da autonomia 660
        4.3.2. A fragmentação pós-moderna da humanidade.......................662

Índice das palavras-chave 665

Índice dos nomes de pessoas 673

Índice geral 679

Impressão e acabamento
GRÁFICA E EDITORA SANTUÁRIO
Em Sistema CTcP
Rua Pe. Claro Monteiro, 342
Fone 012 3104-2000 / Fax 012 3104-2036
12570-000 Aparecida-SP